U0362279

普通高等教育"十一五"国家级规划教材

中国政治制度史

（第四版）

张创新　著

清华大学出版社
北京

内 容 简 介

本书对先秦至中华人民共和国成立之前的政治制度发生、发展、变化进行了较深入的研究。内容包括中国国家产生的途径、特征及其对后代的影响;国家元首制度的发展轨迹;中央政府与地方政府转变的历史类型和各自特点及其转换的历史原因;政府监察制度的发生、发展及其历史沿革;历史上国家官吏管理机制,即选官制、官编制、考课制、致仕制等制度;历史上有作为的管理者的治国方法等。与其他的同类教材比较,本书更注意从政治学和历史学理论相结合角度出发,侧重在史料分析的基础上,对历史上的政治制度进行深层次的剖析并给予规律性的认识,在基础理论方面提出了一些新见解。

图书在版编目(CIP)数据

中国政治制度史/张创新著. —4 版. —北京:清华大学出版社,2015(2023.8重印)
ISBN 978-7-302-37153-3

Ⅰ. ①中… Ⅱ. ①张… Ⅲ. ①政治制度史－中国 Ⅳ. ①D69

中国版本图书馆 CIP 数据核字(2014)第 148337 号

责任编辑:周 菁
封面设计:傅瑞学
责任校对:王荣静
责任印制:沈 露

出版发行:清华大学出版社
　　　网　　址:http://www.tup.com.cn,http://www.wqbook.com
　　　地　　址:北京清华大学学研大厦 A 座　　　　　邮　　编:100084
　　　社 总 机:010-83470000　　　　　　　　　　　邮　　购:010-62786544
　　　投稿与读者服务:010-62776969,c-service@tup.tsinghua.edu.cn
　　　质量反馈:010-62772015,zhiliang@tup.tsinghua.edu.cn
印 装 者:三河市君旺印务有限公司
经　　销:全国新华书店
开　　本:185mm×260mm　　　印　　张:35　　　字　　数:643 千字
版　　次:2015 年 4 月第 4 版　　　　　　　　　　印　　次:2023 年 8 月第 9 次印刷
定　　价:78.00 元

产品编号:059180-02

《中国政治制度史》已经出第四版了,使我十分欣慰。之所以欣言而兴,其原因有三:一是它得到社会认可。二是它得到同行专家好评。三是它得到清华大学出版社的热情鼓励。

人们常说十年磨一剑。我的这本书得已出版说明了这一道理。实践告诉我们,科学研究不能浮躁,而需踏实;不能急功近利,而需长期挥汗如雨,方能得到理想的成果。总的看来本书的主要内容通过四次出版而逐步完善。

一版书的问世,奠定了《中国政治制度史》的基本框架及其基本概念,它总结了中华人民共和国成立以前的政治制度的发生、发展、变化及其内在的规律性。

二版书的出版,侧重叙论并举、叙中有论,论从史出,偏重于理论的升华,体例的创新。我想一部质量较高的专门史成书,应当建立在对这一课题的核心问题深入个案研究的基础之上,否则专著的质量就大打折扣。于是,我逐步形成了"中国古代国家起源论""古代国家元首论""中央政府行政长官""中央政府执行机构""地方政府多重决策机构"等八个子课题,再围绕子课题发表系列论文,以文成书的基本思路,进而打破了专门史撰写的旧的思想模式,选择了以问题为中心的路径。

三版书的发行,着重对中国现代政治制度的修订与思考。这时中国社会正处在社会转型时期,体现在中国政府研究方面的最大特点是社会性质的转变和多种不同类型政府的更替,"中心"问题便是"不同类型政府的比较"。探索不同类型政府的内在规律性便凸显出来,进而揭示中国政府的发展趋势,最终中国人民选择了走建立人民民主政权的道路。

四版书与读者见面,更多体现对中国政治制度史微观方面的审视。当代政治学思想家有句名言,"细节决定成败"。我们研究的是历史上的政治制度,这种研究主要依赖于对史料的分析与综合,即通过留下的痕迹和当时见证人的记录或传述去看过去。因此,史料是政治制度研究的实际出发点和根据,没有史料就没有历史的认识:史料不充分,认识就不充分,认识就不全面;史料不准确,认识就会发生误差。因此,这里对史料分析与综合就显得十分重要。"论从史出"的"史"即是史料,而"论"则是结论、理论、规律的认识。无"史"怎么能看"论"呢? 如果有,那只能是空论,空论只有百害而无一利。因此,第四版的文字的润色与史料的挖掘主要集中在三个方面:一是史料的选择,做到选择那些能准确说明当时问题实质的文献资料;二是史料的校对,史料的准确是分析问题的前提条件,因此对本书引用史料的校对又是重要问题,对一本有五十多万字专著中的史料重新核对便是一种苦中有乐的工作;三是理论认识上的升华,只有对史料选择合理、校对准确,才能对以往的客观事实给予准确的评价并得出适当的结论。

我沉醉与中国政治制度史的研究已有三十余年,虽然取得了点成绩,但仍有些担忧,忧的是还有没有因疏忽而产生的谬误,或因资料收集不全而结论出现偏差呢? 希望同行给予批评与指正,我定有则改之,无则加勉吧! 同时,第四版的《中国政治制度史》得到清华大学出版社,尤其本书的责任编辑的热情支持,在这里特表衷心感谢!

张创新

2014 年 3 月 16 日于吉林大学

博士生导师工作室

中国政治制度史是政治学专业的一门基础课程,本书是为了教学需要,在多次讲授的基础上编著的。

中国素以历史悠久著称于世,产生了许多杰出的政治家、思想家、军事家和各类优秀的管理人才,出现了汉、唐、明等走在世界历史前列的强大王朝。历代统治者在国家政治制度建置方面,积累了丰富的经验。尽管各个朝代所建置的政治制度有许多的历史局限性和阶级局限性,但作为管理国家的一门艺术,创造了人类灿烂的文明。当然其中也有一些落后的制度。我们力图以马列主义观点为指导,对中国四千多年的政治制度的发生、发展及其演变过程给予规律性认识,并对正反两方面的经验教训进行比较,做了一定的探讨,作为历史借鉴,无疑是有益的。

本书的主要特点如下:

(一)以马列主义政治学理论为指导,系统地研究了从夏朝至中华人民共和国成立以前的政治制度的发生、发展、变化、沿革及其规律。

(二)对中国政治制度中的国家元首制度的特点及其更替的规律性根据历史发展阶段给予总结。从其称谓来看,先后为王、皇帝、总统、主席等;从其更替方式来看,由血缘继承制逐渐走向选举制;从其职权来看,由集权于一身,间或分权出现,逐渐走向形式上的五权分立,最后出现了代表人民利益掌握国家权力。

(三)对中国历代政府中行政首脑与中央其他权力机构的关系,按历史朝代的沿革作了比较系统的分析。就政府的类型而言,有王权政府、皇权政府、合众政府、军阀政府、人民政府。就其职能而言,有立法、行政、军事、司法、监察等几个系统。为了管理需要,又有中央政府与地方政府的划分。因而,在中央与地方的关系上,又给予规律性总结。

在本书构思过程中,我国著名的法学家、政治学家王惠岩教授认真审阅了本书的写作大纲并提出修改意见,在此表示衷心感谢。

作 者

2003 年 12 月 20 日于吉林大学

目 录

第一章　国家起源的途径和特征

国家起源思想是政治学的根本理论,亦是中国政治制度史深入探索的前提。国家并不是从来就有的,它是古代社会发展到一定历史阶段的产物。在人类历史上,"曾经有过不需要国家,而且根本不知国家和国家权力为何物的社会"①,这就是原始社会。

第一节　氏族公社及其原始民主制

国家产生前的社会形态是原始社会。原始社会分为原始群与氏族公社两个阶段。原始群是原始社会的第一个阶段,氏族公社是原始社会的第二个阶段。前者是后者的必要准备,后者是前者的必然趋势。前者与本书宗旨关系不大,故此不赘述。

一、氏族公社的基本结构

原始群发展到氏族公社,归根结底是由于社会生产力发展的必然结果。氏族公社是原始社会比较典型的社会组织形式。它是由母系氏族公社和父系氏族公社所构成,并以血缘关系为纽带,同族内部禁止通婚的人们的集团。而氏族公社的基本结构即是构成氏族公社主要要素及其相互关系。

(一) 母系氏族公社的基本结构

大约距今 10 万年到 4 万~5 万年以前,人们的生产活动,由狩猎扩展到渔捞。

---

① 恩格斯:《家庭、私有制和国家的起源》,见《马克思恩格斯选集》,第 4 卷,北京,人民出版社,1972 年,170 页。

1

这就要求他们比较牢固地结合在一起,使原来那种不稳定的松散的原始群组织,逐渐被一种固定的生产集体所代替。这样,社会组织就相应地由原始人群转化为氏族公社组织。公元前4万~5万年左右,即在山顶洞人时期,我国进入了母系氏族社会阶段。大约在六七千年以前,历史上所称的仰韶文化标志着我国以母系为中心的氏族公社已经发展到繁荣阶段。①

首先,以农业为主的生产部门成为社会生产的主流。当人类告别古猿类时,所面临的最大课题就是生存。在生存中求发展,在发展中求生存。为生存,人类以群体方式抵御野兽的侵害,以群体方式共同劳动,获取生活必需品。从管理活动角度看,其最大特点是自然分工。出外狩猎、捕鱼,主要是青壮年男子的工作;采集植物、看守住所、烤炙食品、加工皮毛、缝补衣服、养老抚幼,主要是妇女的事情。于是逐渐形成了以狩猎、捕鱼和采集为主体的社会生产结构。就人们获得生活必需品时所受自然条件影响程度而言,狩猎、捕鱼较大,采集则较小。妇女在长期的采集活动中,通过无意地观察植物的发芽、生长、开花、结果,到有意地用她们积累的经验栽培作物,成为古代决定性生产部门——农业耕种的发明者。妇女劳动有保障而男子劳动无保障。因此,妇女的活动具有头等重要性。这就决定了妇女的地位要高于男子。特别是采集业逐渐被种植农业所代替,以农业为主要生产部门的社会形成后,妇女高于男子的地位得以更加巩固。在我国北方的黄河流域,磁山·裴李岗文化的新石器时代早期遗址发现的储存粟类的窖穴,南方的长江流域河姆渡文化遗址的居民开始栽培水稻②就是最好的佐证。另据《白虎通》卷2云:"至于神农,人民众多,禽兽不足,于是神农因天之时,分地之利,制耒耜,教民农作。"也说明母系氏族社会不但已经有了农作物的栽培,而且农业经济有了较大的发展。"由于生产力不断提高和依靠氏族力量,社会生产逐渐完成了以狩猎、捕鱼和采集为主,到以农业为主和以狩猎和采集为辅的转变。"③

其次,妇女成为婚姻关系中的主角。恩格斯说:"氏族制度,在绝大多数场合下,都是从普那路亚家庭中直接发生的。"又说:"不过,我们既然看到氏族不仅是必然地,而且简直是自然而然地从普那路亚家庭发展起来的。"④"普那路亚"是夏威夷语,意为亲密的伴侣。这种婚姻不同于原始群婚制,其突出的特点是:不仅排除了父母与子女、祖与孙之间的两性关系,进一步排除了直系嫡兄弟姊妹之间,甚

---

① 关于仰韶文化的性质,另一说认为仰韶时代已进入父系氏族社会,《人民日报》,1988-01-17。

② 中国社会科学院考古研究所:《新中国的考古发现和研究》,北京,文物出版社,1984年,35页,145页。

③ 白钢:《中国政治制度史》,第2卷,北京,人民出版社,1996年,6页。

④ 恩格斯:《家庭、私有制和国家的起源》,见《马克思恩格斯选集》,第4卷,北京,人民出版社,1972年,36~37页。

至母方旁系亲属的婚姻关系,而实行一个集团兄弟与另一个集团姊妹之间的相互群婚。在群婚家庭的一切形式下,谁是某个孩子的父亲是不可能确定的,但谁是他的母亲却是知道的。即使母亲把共同家庭的一切子女都叫作自己的子女,对于他们都担负母亲的义务,但她仍然把自己的亲生子女与其余的孩子区别开来。《白虎通》卷1说:"古之时,民人但知其母,不知其父。"正是说的这种状况。

再次,氏族成员的思想观念是原始平等的。所谓原始平等,是指氏族内部彼此依靠、相互合作而求生存现象的一种抽象。其思想观念产生原因有三:一是自然强制力的结果。当时人类对洪水、雷电、地震等自然灾害无能为力;对各种危害生命的毒蛇猛兽亦毫无办法。二是氏族内部没有利害冲突。人与人之间要么是兄弟姐妹关系,要么是"亲密伙伴"关系,任何族内成员都是平等的,一切问题都是由当事人解决,并以习俗加以调整。三是处在人类未开化状态。恰如威廉·葛德文在其《政治正义论》中指出的:"在人类未开化的状态下,人们很少知道疾病、柔弱和奢侈;因此,一个人的力气和他周围的人的力气几乎差不多。在人类未开化状态下,一切人的智力都是很有限的,他们的需要,他们的观点和他们的见解几乎是在同一水平上。"①在氏族内,没有人剥削人和人压迫人的现象。氏族成员之间充满着团结合作友好的感情,共同遵守氏族的习惯。"天下为公"②,"而无私耕私织,共寒其寒,共饥其饥"③,正说明了这种情况。"神农无制令而民从"④,"刑政不用而治,甲兵不起而王"⑤,就是反映了当时社会的情景。

最后,母系氏族村落的遗址提供了当时社会结构的大量的资料。由于生产力发展水平的制约,任何氏族成员都不可能离开氏族而单独生存。因此,全体氏族成员居住在一起,是氏族制度存在的前提。陕西临潼姜寨村遗址,为我们揭示了母系氏族社会繁荣期的对偶家庭、母系家庭、胞族、部落的社会结构。姜寨部落的原始居民,住在四周有壕沟围绕的村落里。他们去村东可以去氏族墓地,或可以去村东田野上从事农业生产,或去南边山地狩猎;村西的临河是大片平地,为姜寨村居住的各氏族提供了农业生产和放牧以及采集的广阔场所。⑥

(二) 父系氏族公社的基本结构

大约四五千年前,龙山文化标志着我国进入了以父系为中心的氏族公社阶

---

① 〔英〕威廉·葛德文:《政治正义论》,第1卷,何慕李译,北京,商务印书馆,1982年,97～98页。

② 《礼记·礼运》。

③ 《尉缭子·治本》。

④ 刘安:《淮南子·汜论训》。

⑤ 商鞅:《商君书·画策》。

⑥ 西安半坡博物馆,山西考古研究所:《姜寨》,北京,文物出版社,1988年,67～69页,340～360页。

段。随着生产力的发展,农业、畜牧业、手工业显著提高,日益要求男子在生产活动中发挥重要作用。这就使男子成为生产中的主要力量,并居于主导地位,而妇女在生产中逐渐被排斥到次要地位,从辅助劳动进而退至家内劳动,进而完成了母系氏族公社向父系氏族公社的转化。

首先,这种转化表现在生产力的进步上。一般地说,生产力包括三要素,即劳动者、生产资料和生产工具。其中生产工具是生产力发展水平的重要尺度。黄河中游龙山文化的庙底沟二期发现的挖土工具木耒即是父系氏族公社阶段的新创造。它是"一种双齿木叉形的工具"。[①] 王湾和大河村遗址出土的可绑木柄的扁平长形平头石铲,是在母系氏族公社时期人们所使用的石刀基础上的一个新发展,它既可以起到石刀的作用,又由于可绑木柄,延伸了人们的"手臂",进而扩大了人们劳动的工作面。伴随着农业生产的发展,长条半月形石刀和石镰也相继出现,从而可以提高劳动生产率。农业生产的发展又为畜牧业进步提供了可靠的饲料来源,促进饲养牲畜的种类增多和数量的加大。据考古和文献资料记载,父系氏族公社的居民不但饲养猪和狗,而且还饲养牛、羊、鸡。"庙底沟 26 个灰坑中家畜骨骼数量远远超过了同地仰韶文化的 168 个灰坑所出的家畜骨骼的数量。"[②]生产工具的发明与发展是劳动者的生产经验与劳动技能相结合的结晶,是"物化的知识力量"[③]。这说明人是生产力中具有决定性的因素,又得以人力资源的深入开发。

其次,随着生产的发展,剩余产品的增多,社会分工的日趋显著,交换关系变迁,氏族内部贫与富的现象出现了。山东宁阳县发掘出的氏族社会末期的公共墓地——大汶口墓,其中已有大、中、小三类不同的墓葬,随葬物也有显著的差别,反映了氏族社会末期的个别贫富分化,已经渐次扩展为全社会的现象了。一部分富有者占有剩余生产品,逐渐积累了大量财富用以奴役一般的贫困的平民。更重要的是由于人们的劳动可以产生剩余生产品,在各生产部门都使用了奴隶的劳动。上述的畜牧业、手工业各部门,据说都使用了大批的奴隶。于是,战俘不再全部被杀死而将其中一部分作为奴隶。早在尧、舜时,就与黎族、苗族部落经常冲突,将战俘称为民,舜命皋陶用刑法制苗民,命契播百谷食黎民,实际是强迫苗民、黎民当奴隶,来耕种养活贵族。

---

① 中国社会科学院考古研究所编:《新中国的考古发现与研究》,北京,文物出版社,1984 年,72 页。

② 中国社会科学院考古研究所编:《新中国的考古发现与研究》,北京,文物出版社,1984 年,72 页。

③ 见《马克思恩格斯全集》,第 46 卷(下),北京,人民出版社,1965 年,219 页。

再次,氏族内部父系家族间的贫富加剧,促进个体家庭经济发展,婚姻关系由父系家庭的一夫一妻制取代了母系家庭的对偶婚制。关于这个问题我们可以从考古发现的父系氏族公社的房屋得到印证。其表现:一是房屋面积显著缩小。安阳后冈、浚县大赉店龙山文化时期房屋"边长通长为 3～4 米",而小的房屋只有"4.2 米×2.7 米"[①]。二是房屋的结构多为半地穴式,平面呈"吕"字形。内室较大,2.76 米×2.6 米,且有圆形的灶,外室较小,1.63 米×1.7 米,且有方形窖穴,以供储藏之用。[②]

最后,氏族内组织链仍以血缘为纽带,更具向心力。其一,不同的是由过去以母系计算血缘,转而以男系确定血缘。这一纽带是由若干个体家庭组成父系家长制家族,即通常是一位老年男子和他们的几代子女组成。族内在该老年男子(父系家长)领导下,共同生产、共同消费。男子娶妻、女子出嫁,生子女属男子,血统以男系计算。其二,由血缘相近的若干父系家长制家族组成父系氏族公社,其首领由选举产生,但多半以公社内最有权势和最富有的父系族长担任。其三,由若干共同祖先的父系氏族公社联合为"胞族"。《史记·五帝本纪》说:"昔高阳氏有才子八人……高辛氏有才子八人。"高阳氏即颛顼,高辛氏即帝喾。而颛顼、帝喾即黄帝族所繁衍的众多氏族中的最著名的两支。"才子八人"就是说颛顼、帝喾各由八个氏族组成。据《山海经》记载,颛顼子族的名称有伯服、季遇、淑士、老童、中轮、欢头等,而帝喾子族有中窑、晏龙、黑齿、季厘等。其四,由胞族组成部落联盟。著名的黄帝部落即是最好的例证。据史籍记载:黄帝部落最初发展为二十五个胞族,但是随着时代的发展,进入父系氏族公社时期,只存在十四个。恰如《国语·晋语》里的胥臣所说:"黄帝之子二十五宗,其得姓者十四人,为十二姓:姬、酉、祁、纪、滕、箴、任、荀、僖、姞、儇、依是也。唯青阳与苍林氏同于黄帝,故皆为姬姓。"

二、氏族公社的民主制

作为多数人统治的民主,起源于古希腊政治学家亚里士多德对古希腊城邦国家的分类。我们称之为国家形态,或国家形式。但是作为一种社会现象的民主却起源很早。在国家出现前的原始社会里,曾出现了原始民主,我们称之为非国家

---

① 杨健芳:《仰韶时期已进入父系氏族社会了吗?》,《考古》,1962(11):92～97 页。

② 中国社会科学院考古研究所:《新中国的考古发现与研究》,北京,文物出版社,1984 年,83 页。

形态的民主。对这种原始民主,恩格斯称为古代"自然长成的民主制"[①]。列宁亦称之为"古代的民主萌芽"[②]。

1. 母系氏族公社的民主制

与原始社会极端低下的生产力水平相适应,氏族成员共同占有生产资料,共同劳动,平均分配,共同消费。据《礼记·礼运》记载:当时"天下为公","而无私耕私织,共寒其寒、共饥其饥"。这种"耕""织"对以生存为最高原则的氏族成员集体讲,十分重要。它既反映了其成员彼此依靠、互相协作的平等观念,又是当时的人们生活资料平均分配的真实写照。另据巩启明等考证:在姜寨村落遗址中,仅有两座陶窑,"可能是全村的公共产业"[③]。这种平等与民主现象,在他们的公共墓地上也得到佐证。在较大的村落中,都有氏族的公共墓地。"宝鸡北首岭已发现当时墓葬四百多座,西安半坡有二百五十多座,华县元君庙近六十座,洛阳王湾七十余座。在半坡墓地的北、中二区,墓葬栉比,有些几乎在东西一条直线上,各墓之间距离也都差不多。元君庙的墓大体作南北向直线排列,也显得有条不紊。这些现象体现了氏族社会公共墓地的传统和制度。"[④]同时,"当时死者的随葬品一般在质量或数量方面都差不多"[⑤]。"各墓间差别不大。"[⑥]

氏族议事会此时出现。"它是氏族的一切成年男女享有平等表决权的民主集会。"[⑦]而场所是议事会的重要的条件。反映这种议事会的场所,在我国母系氏族公社的村落遗址多处被发现,如半坡遗址、姜寨村落遗址、宝鸡北首岭遗址等。反映母系氏族生活较全面的是仰韶文化,其中最有说服力的便是西安半坡遗址。它是一个典型的母系氏族村落,总面积约5万平方米,包括居住区、制陶窑场、公共墓地三部分。在居住区中,有一座规模很大的长方形房屋,是氏族的公共活动场所。氏族会议、节日和宗教的活动,都在这里举行。它位于居住区的中央。"其结构和建筑方法与半地穴的房屋相同,门是向东开的,这个房子复原后总面积约160平方米。……它是全公社最重要的建筑物,工程质量是全公社最高的。"[⑧]主持这

① 恩格斯:《家庭、私有制和国家的起源》,见《马克思恩格斯选集》,第4卷,北京,人民出版社,1972年,101页。

② 列宁:《战争与革命》,见《列宁选集》,第3卷,北京,人民出版社,1972年,72页。

③ 巩启明等:《从姜寨早期村落布局探讨其居民的社会组织结构》,《考古与文物》,1981,(1):63～72页。

④ 郭沫若主编:《中国史稿》,第1册,北京,人民出版社,1976年,43～49。

⑤ 中国社会科学院考古研究所:《新中国的考古发现与研究》,北京,文物出版社,1984年,63页

⑥ 中国社会科学院考古研究所:《新中国的考古发现与研究》,北京,文物出版社,1984年,63页

⑦ 恩格斯:《家庭、私有制和国家的起源》,见《马克思恩格斯选集》,第4卷,北京,人民出版社,1972年,84页。

⑧ 西安半坡博物馆:《西安半坡》,北京,文物出版社,1982年,3页。

种活动的,大都是班辈较高年岁较大的妇女。一切重大事件,如氏族首领的选择和更换,血族复仇等决定,都要在这种会议上解决。氏族的一切成年男女都有权参加并有发表言论的自由,因此,氏族制度的本质是民主的。

氏族首领是由氏族民主议事会选举产生的。"通常是氏族内年长而有能力的妇女,或具有某种对氏族发展有功的专长或发明的妇女,她们在氏族享有全体的尊崇和信赖,因此被选为氏族的酋长。"[①]即所谓:"天下为公,选贤与能。"[②]但是有时男子也可任氏族首领,其前提条件有三:一是女族长提名;二是氏族议事会全体通过;三是被提名者要么是女族长的兄弟或儿子,要么是女族长姐妹之子。造成这种现象出现是由当时婚姻关系和财产继承(尤其是母系氏族晚期已出现少量的生活必需品的私有现象)关系所致。已当氏族首领的男子属于母系氏族的人,而他们的"父亲"则被看成另外氏族成员,无权担任公职。这种现象出现的本质原因则是妇女在社会经济生活中的特殊地位所决定的,由于当时男女之间存在着以性别为基础的自然分工,男子主要职责是从事狩猎,妇女则从事植物食品的采集。狩猎所得常带有极大的偶然性,而采集相对来说则是较可靠的生活资料来源。当然女子的社会地位要高于男子。氏族的首领没有任何特权,只有管理生活,协调氏族成员之间的关系,代表氏族处理与其他氏族关系的义务。氏族首领如果不称职,可以撤换,严重危害氏族共同利益的要受到驱逐的惩罚。"流共工于幽州"[③],便是典型一例。可见,首领的产生方式是原始民主制度集中的表现。

军事首领则是临时选举产生的。所谓临时,即是战争的需要,使本氏族不被其他氏族"吃掉",地盘不被其他氏族占领。战时为军事首领,平时为氏族内的普通成员。一般地说,军事首领由氏族内的男子担任。关于这一点,有如下佐证:一是母系氏族公社繁荣时期村落选址四周壕沟的出现。壕沟即是防止外来氏族侵略的防护措施。如半坡村落遗址和姜寨村落遗址便是有力的证明。二是特殊的男性墓葬。华县元君氏族墓地的 458 号为一男性老人的单人二次葬。宝鸡北首岭墓地 77M17,长方形竖穴墓内,一成年的仰卧伸直无头的男性葬,都是生前因战功而得到氏族成员尊敬和怀念的体现。死者可能是因对氏族有贡献的首领或军事首长。[④]

---

① 白钢:《中国政治制度通史》,第 2 卷,北京,人民出版社,1996 年,17 页。

② 《礼记·礼运》。

③ 《尚书·舜典》,见《今古文尚书全译》,江灏等译校,贵阳,贵州人民出版社,1991 年,27 页。

④ 白钢:《中国政治制度通史》,第 3 卷,北京,人民出版社,1996 年,18~19 页。

2. 父系氏族公社的民主制

随着母系氏族出现较为独立的经济单位,私有财产则应运而生。财产继承关系便是母系氏族公社向父系氏族公社转变的经济杠杆。但是母系氏族公社时期留下来的原始民主精神尚未殆尽,所不同的是这种民主制原来在女子范围内表现得更充分,而到父系氏族之时,在男子的范围内表现得更为突出。

首先,部落联盟酋长的产生是通过"四岳"的商议。即今人所称的禅让制。尧的继承人是舜,舜就是通过"四岳"推荐的。据《尚书·尧典》曰:"帝曰:'咨!四岳。朕在位七十载,汝能庸命,巽朕位?'""师锡帝曰:'有鳏在下,曰虞舜。'"在《尧典》里"咨、四岳",反复出现,"四岳"是什么?《汉书·百官公卿表》释为"四方诸侯"。又《史记·五帝本纪·正义》引孔安国说:"四岳即上羲和四子也。分掌四岳之诸侯,故称焉。"换言之,即"联盟议事会"①。舜的接班人是禹,禹亦是通过选举而成为部落联盟酋长的。即"帝舜荐禹于天,为嗣"。②"朕志先定,询谋佥(都)同,鬼神其依龟筮协从。"③"帝(舜)曰:'格,汝禹,朕宅帝位,三十有三载,耄期倦于勤,汝惟不怠,总朕师。'"④值得注意的是舜和禹成为部落酋长,虽然都是选举产生的,但是二者亦有略微差异。舜继尧为联盟的首领,是经过"四岳"推举,讨论和慎重考察之后,才获通过的,但是禹则不然,他是因治水成功得到人民爱戴后,由舜钦定的。

其次,涉及联盟内部的重大问题,需要部落联盟民众大会认可。一是吸收少量部落联盟。黄帝部落联盟打败夷人蚩尤部落联盟以后,在吸收少量部落加盟时,曾召开部落联盟民众大会认可。据《韩非子·十过》云:"昔者黄帝合鬼神于西太山之上,驾象车而六蛟龙,毕方并𬴂,蚩尤居前,风伯进扫,雨师洒道,虎狼在前,鬼神在后,腾蛇伏地,凤皇覆上,大合鬼神,作为清角。"其中"大合鬼神"即部落联盟民众大会的具体佐证。二是吸收苗蛮部落入盟。禹时,有"昔禹致群神于会稽之山"⑤之说。《左传》哀公七年描写更为具体:"致群神""会诸侯""万国"等语,亦说明禹时召开部落民众大会。

再次,部落联盟议事会可对联盟内外事做出决策,并民主选出解决问题的具体人选。议事会是联盟最高权力机构。它是由参加联盟的各部落酋长组成。原始社会末期,水灾成为威胁部落联盟成员生命财产安全的头等大事。因此,"尧听

① 金景芳:《谈谈中国由原始社会向奴隶社会过渡问题》,见《光明日报》,1978-02-02。
② 《史记·夏本纪》,北京,中华书局,2012 年。
③ 《尚书·大禹谟》,北京,中华书局,2012 年。
④ 《尚书·大禹谟》,北京,中华书局,2012 年。
⑤ 《国语·鲁语》,上海,上海古籍出版社,1978 年。

四岳,用鲧治水",结果"九年而水不息"。① 至舜时,做的第一件事,便是召开部落联盟酋长大会,惩办主持防水治洪无功的鲧。"试之而无功,故百姓不便。……殛鲧于羽山。"接着召开联盟大会推选防治洪水的负责人,与会酋长都推举夏部落酋长禹担任,"皆曰:'伯禹为司空(主管工程建设与水利工程之官,著者注),可美帝尧之功。'"值得注意的是另一件大事。"部落联盟内的名氏族酋长,尧时未有分职"②,据《史记·五帝本纪》记载:禹、皋陶、契、后稷、伯夷、夔、龙、倕、益、彭祖等参加联盟的部落酋长,"皆举用,未有分职"。而舜时,则进行了调整,进行了分工,使之各有所司,分别负责洪水、刑罚与治安、思想教育、农业生产、手工业生产、山林川泽,共祭祀天地、典禾等事宜。

三、氏族公社的人才选拔类型

《礼记·礼运》说:"大道之行也,天下为公,选贤与能,讲信修睦。……货恶其弃于地也,不必藏于己,力恶其不出于身也,不必为己。是故谋闭而不兴,盗窃乱贼而不作。"也就是说,在原始社会,不论母系氏族社会还是父系氏族社会都是"天下为公"的。"货恶其弃于地也,不必藏于己,力恶其不出于身也,不必为己",说的是经济情况,反映这时的经济是没有私有财产的原始氏族经济。"谋闭而不兴,盗窃乱贼而不作",说明这时还没有阶级和阶级斗争。"选贤与能"讲的是这时选拔人才即氏族公社公仆必须具备"贤与能"的条件。不过结合当时的历史条件,"贤"与"能"有其具体含义。其人才可分如下几类。

1. 原始发明型人才

从树居生活改为地面生活,人类面临更多挑战:获取食物的方式不同了,地面上的敌害也更多了,生活环境亦发生巨大变迁。如果说"从猿到人的转变发生在使用天然工具到制造工具之间",那么"从猿群到社会转变则在从工具的制造到氏族公社的出现之间"③。可见,工具制造是人类向氏族公社迈进的重要标志。换句话说,人类向氏族迈进需要大量发明工具的人才。伏羲氏教人"作结绳而为网罟,以佃以渔"④。"有虞氏上陶。"⑤结绳为网以捕鱼,制造陶器以利蓄物。之后,人类

---

① 《史记·夏本纪》,北京,中华书局,2012年。
② 《史记·夏本纪》,北京,中华书局,2012年。
③ 韩民青:《当代哲学人类学》,第1卷,南宁,广西人民出版社,1998年,40页。
④ 《周易·系辞下》.见《十三经注疏》,北京,中华书局,1980年。
⑤ 《世本》,北京,北京图书馆出版社,2004年。

中的佼佼者又发明众多的农业生产或农产品加工工具。黄帝造车[①]，蚩尤作兵器[②]，赤冀作臼[③]，雍文作杵臼[④]，垂作耒耜[⑤]。

人类由树居生活转为地面生活，需要与之相适应的生活条件。为此，有作为的人们又发明与人类生活息息相关的必需品。燧人氏"钻燧取火以化腥臊"[⑥]促进了人类自身健康。胡曹、伯余制衣[⑦]，伯益作井[⑧]，后稷教民稼穑，树艺五谷，使百姓得到养育[⑨]。神农"尝百草之滋味"[⑩]发现药材，始有医药。夏鲧作城[⑪]，"尧使禹作宫"，进而结束了自有巢氏以来人类巢式生活，转而为宫居生活。

人类自地面生活以来，不但生活环境有了巨大变化，饮食种类有了重大变迁，而且精神生活亦有了较大改观。而精神生活的改观又依赖于发明者总结人类生产活动之经验，而理性升迁的结果。《尚书·舜典》曰：舜命契"作司徒，敬敷五教"，命夔"典乐，教胄子"。契和夔就是当时从事精神教育的人员，不仅用"五教"教育人民，还用"歌诗蹈之舞之"[⑫]。同时掌握一定文化知识的"巫"，所从事的祭鬼神、祭祖先、占卜吉凶亦属精神教育的范畴。舜时的乐正——夔仿效山川溪谷的声音，"作乐从大章，天下大和"[⑬]，亦起到以音乐陶冶人们精神的作用。

综上述之，从反映原始社会人类生活的典籍中，我们不难看出，当时所谓的发明创造是紧紧贴近人们生活这个层面而展开的。它们的价值（发明创造）突出体现了对于主体（人类）的有用性。舍此，就失去了发明创造的源泉。这是历史给予我们的有益的启迪。

2. 公共事务管理型人才

不论母系氏族公社，还是父系氏族公社都是聚族而居的。据马新、齐涛考证，这聚族而居者，距今七八千年前的母系氏族公社时期，少则近百人，多则 600～700 人，居住面积 6 万余平方米[⑭]，而到父系氏族公社发展时期，尤其是出现了城邑和

---

① 《周易·系辞下》，见《十三经注疏》，北京，中华书局，1980 年。

② 《大戴礼·用兵》。

③ 《吕氏春秋》，见《诸子集成》，北京，中华书局，1986 年，第六册。

④ 《世本》，北京，北京图书馆出版社，2004 年。

⑤ 《世本》，北京，北京图书馆出版社，2004 年。

⑥ 《韩非子·五蠹》，见《诸子集成》，北京，中华书局，1986 年，第五册。

⑦ 《世本》，北京，北京图书馆出版社，2004 年。

⑧ 《世本》，北京，北京图书馆出版社，2004 年。

⑨ 《庄子·天地》，见《诸子集成》，北京，中华书局，1986 年，第三册，12 页。

⑩ 《淮南子·修务训》，见《诸子集成》，北京，中华书局，1986 年，第七册。

⑪ 《吕氏春秋·君守》，见《诸子集成》，北京，中华书局，1986 年，第七册。

⑫ 马新，齐涛：《中国远古社会史论》，北京，科学出版社，2003 年，157 页。

⑬ 《说苑·君道》，《说苑全译》，王锳、王天海译，贵阳，贵州人民出版社，1992 年，卷 1。

⑭ 马新、齐涛：《中国远古社会史论》，北京，科学出版社，2003 年，157 页。

村落之时,人口则会更多,居住面积会更大。这种情况造就了公共事务管理型人才。

首先,氏族村落的建造需要统一管理。据考古挖掘研究证明,距今七八千年前的兴隆洼一期遗址的北城子村落、西湖村落、西河村落等村落布局,已有了统一规划,明确的分区。每一村落一般由生活居住区、公共活动区、墓葬区以及防护设施组成。以兴隆洼村落为例,其主体部分有壕沟环绕。居住区由 10 余排半地穴式房屋组成,每排又有 10 间房屋,显系统一营建。公共活动区由 2 间 100 平方米的大房子组成,位于村落中心部位[①]。距今 7000～5500 年前,村落的内部结构与功能又进入了新的发展时期,重要标志是内部结构日益复合化、有序化。以姜寨村落为例,由三大部分组成,即生活区、墓葬区和窑场。生活区的中心是一个 4000 平方米左右的广场,广场四周分布着五组房群,各户的房门都朝向广场,每一房群又都由一座大房子、一座中型房子及若干座小房子组成。另外,生活区中还有牲畜夜圈场两个,大小窑穴若干。[②] 可以看出,这样有计划、有组织的活动,只有群体意识极强、组织相当严密的集体才能完成。同时,村落设计反映出管理者的高超的设计才能和管理艺术。虽然我们无法指出设计者的真名实姓,但是可以窥见远古人类管理型人才凸显的事实。

其次,氏族内的公共事务需要高超的管理艺术。它集中体现在两方面:一是经济事务需要处理。村落内的共同食物储备、共同的陶器制造和共同的猎获物需要合理的分配、住宅家居需要合理的布局和建造,面对外来的侵扰与争夺,需要共同御外。总之这些公共事务的分配、合作事务的组织需要管理型人才的问世。二是共同信仰祭祀事务需要进行。原始人类先是自然崇拜,山河日月,草木禽兽都可能会成为人们的崇拜物,同时亦出现对祖先崇拜的现象,这些崇拜现象的出现对远古人类的精神世界产生重大影响,对中华民族形成具有凝聚力的作用。"自距今 5000 多年以来,随着远古人们物质生活与精神生活水平的提高,出现了不少大型的祭坛。分布范围十分广泛,从南方的长江流域、中原的黄河流域到东北的辽河流域都有祭坛遗址的发现。"[③]这些共同的信仰祭祀活动,个人不会是主体,而群体组织是其自然现象。而组织活动的设计便是管理人员的重要职责。可见,有崇拜活动出现的时候便有管理人员组织,有祭坛出现的地方便有管理人员问世。

再次,部落联盟出现要求公共事务管理组织的出现。原始人类的社会组织发展的基本特征即是由小到大的,其基本轨迹是:氏族—部落—部落联盟。至父系

---

①　刘国祥:《兴隆洼文化聚落形态初探》,《考古与文物》,2001(6)。

②　马新,齐涛:《中国远古社会史论》,北京,科学出版社,2003 年,163 页。

③　马新,齐涛:《中国远古社会史论》,北京,科学出版社,2003 年,127 页。

氏族公社后期发展到其顶峰阶段,即人们通常所说尧、舜、禹时期。这时已经出现了明显的纵向分层(即氏族长—部落首领—部落联盟酋长),横向分工(舜就已"设官分职",管理水利、治安、农业等各项事务)现象,说明人类在管理水平上已进入一个新阶段,一方面这是尧、舜、禹对人类管理水平提高所作出的贡献;另一方面也是人类管理水平的阶段性总结的结晶。

3. 能打善战的统帅型人才

中华民族由分散的氏族走向统一的共同体其根本原因是物质生产和人类自身生产的结果。而导致这一结果出现的杠杆则是武力征服和暴力夺权。武力＋暴力的态势需要统帅型人才问世。早在神农氏时,"诸侯相侵伐,暴虐百姓,而神农氏弗能征。于是轩辕乃习用干戈,以征不享,诸侯咸来宾从"①。可见当时"诸侯咸来宾从"的直接原因是"轩辕乃习用干戈",干戈即武力征服手段,形成各诸侯的统治中心。当然"轩辕"无疑即是军事型人才的代表。至于氏族之间的争夺,就更为残酷:黄帝杀蚩尤、灭夸父、屠刑天,颛顼——一说为祝融——剪除共工,帝喾诛灭房王。至于著名的战役,既有炎、黄之间的阪泉之战,炎、黄与蚩尤之间的逐鹿之战,又有共工、颛顼之争,共工与祝融之役,还有尧舜征苗之战。所有这些争战为统帅人才出现创造了前提条件。从某种意义上说,统帅人才的出现也加强了中华一体的速度。

4. 具有一技之长的专门型人才

一技之长的专门型人才与原始发明型人才既有区别又有联系。任何一项原始发明都是在一个方面,或为解决社会亟待解决的社会问题而进行的发明,从这一角度看原始发明型人才又是一技之长的专门型人才。但是从当时历史社会去考查一技之长的专门型人才又有别于原始发明型人才。其最大区别是一技之长的专门型人才具有家族性。他们的一技之长并非首发,而是继承前辈的技艺并有所创新,有所升华。

这方面的事例举不胜举。大禹治水便是突出一例。禹之父鲧在尧时亦是民选治水之人。据《说文·贝部》认为:"贤,有才也。"《尚书·咸有一德》说:"任官惟贤","未有贤于鲧者"。当时防治水患的才能,大家不及鲧。鲧防治水患的办法即"陻洪水"②,陻同堙,即堵塞。结果"九年之功而水不息"③。在舜时,禹继父鲧之业,继续治水。"伤先人父鲧功之不成被诛",禹不得不接受这一惨痛的教训,对他来说只能成功不能失败。为此,在治水方法上,禹采用了与鲧修城"雍防百种"

---

① 《史记·五帝本纪》,北京,中华书局,2012 年,12 页。
② 《尚书·洪范》,见《今古文尚书全译》,江灏等译校,贵阳,贵州人民出版社,1991。
③ 《史记·夏本纪》,北京,中华书局,2012 年,12 页。

截然不同的"疏川导滞"。其实就总体上讲,禹并不是完全采用疏导,而是因地制宜,疏、导、堵兼用,同时发动和组织当地部落,划分地段负责治理。即《史记·夏本纪》云:"命诸侯百姓兴人徒傅土。"进而取得治水成功。可见,鲧、禹所在的夏部落有治水一技之长。其原因有二:一是夏部落所活动之地正是水患之处,即"河灾之羡溢,害中国之尤甚"①。人类为了生存,必防水患。二是长期与洪水搏斗,因而使夏部落在防水方面比其他部落具有更多的经验。②

此外,据《荀子·解蔽》说:"奚中作车。"杨倞注云:"奚仲,夏禹时车正。"可见,禹时奚仲为车正,其后在夏朝国家行政机关中亦担任车官。弃在农业生产方面精通,弃之后不窋在夏国家机关中也负责农业。

第二节　中国早期国家起源理论及其具体途径

理论是历史的产物,历史是理论的基础。中国早期国家起源的理论是中国早期国家形成的产物。反之,中国早期国家形成的历史又是中国早期国家起源理论的基础。由于中国早期国家形成过程中,其物质生产和人类自身生产又有自己的特殊性,进而导致中国早期国家起源又具有自己的特殊途径。

一、国家起源于两种生产决定说

两种生产,即物质生产和人类自身的生产决定社会制度,这并不是一个简单的结论,而是人类社会发展过程的总结,表明了国家产生的原因。在原始社会生产力低下时,社会制度由人的生产来决定,即由血缘关系来决定,它所要求的社会制度是氏族制度;生产力发展了,社会制度就由生产关系来决定,它所要求的社会制度是具有公共权力的国家制度。氏族制度瓦解,国家便出现了。所以说,国家的出现,不是从外部强加给社会的一种力量,而是社会内部两种生产发展的结果。

正如恩格斯在《家庭、私有制和国家的起源》中所说:"根据唯物主义观点,历史中的决定性因素,归根结底是直接生活的生产和再生产。但是,生产本身又有两种。一方面是生活资料即食物、衣服、住房以及为此所需的工具的生产;另一方面是人类自身的生产,即种的繁衍。一定历史时代和一定地区内人们的生活于其下的社会制度,受着两种生产的制约:一方面受劳动的发展阶段的制约;另一方面

---

①　高光晶:《中国国家起源及形成》,长沙,湖南人民出版社,1998年,12页。
②　高光晶:《中国国家起源及形成》,长沙,湖南人民出版社,1998年,121页。

受家庭的发展阶段的制约。劳动愈不发展……社会制度就愈在较大程度上受血族关系的支配。"①恩格斯的这段论述,深刻地揭示了决定社会制度的因素是受这两种生产的制约,为我们研究国家起源指明了方向。

1. 原始社会组织出现是两种生产制约的结果

两种生产对决定社会制度的因素的制约,体现在漫长的历史演变过程中。所谓制约社会制度的"劳动的发展阶段",是指生产力的发展水平及与当时生产力性质相适应的生产关系。制约原始公社制度的是劳动发展的低级阶段。这个阶段的生产工具非常简陋,生产力水平很低,孤立的个人很软弱,还不能以个人的力量为生存而斗争。为了生存,人们不得不以集体的形式进行劳动、制作工具和获取生活资料,用集体的力量去同自然力和野兽作斗争,基于这种集体劳动的必要性,便形成了生产资料和生产品的公有制。马克思曾经指出:"这种原始类型的合作生产或集体生产显然是单个人的力量太小的结果,而不是生产资料公有化的结果。"②

所谓制约社会制度的"家庭的发展阶段",是指人们婚姻关系发展变化的形式,即人种的繁衍的变化形式。家庭形式即婚姻形式随着社会物质生产的发展而不断变化。人类最古老、最原始的家庭形式是群婚,即整个一群男子和整个一群女子互为所有的婚姻形式。群婚的第一个阶段的家庭形式是血缘家庭,群婚集团是按辈分划分的,能依辈分追溯世系的血缘关系。群婚和血缘家庭,尚不能构成社会组织。其后,群婚发展为普那路亚家庭,即兄弟姐妹之间禁止通婚的家庭形式。氏族就是由普那路亚家庭直接引起的。兄弟和姐妹间的婚姻关系的禁例一经确立,群婚集团便转化为氏族了。这样也就形成了原始的社会组织。

氏族组织的出现,表明了家庭形式的发展变化对社会产生的重大影响。研究氏族组织对研究国家的起源具有深刻的意义,它不仅是为了说明在国家之前人类社会并非像社会契约论者所说,是处于一种"自然状态";也并非像暴力论者所说的,国家是暴力、战争征服的结果;更重要的是为了表明社会形态与两种生产的相适应性,说明国家产生的原因是社会内部两种生产作用的结果;同时通过对氏族制度特点的研究,说明氏族组织与国家的区别,从而说明国家是历史现象,不是从来就有的,也不是永远存在的。

概括地说,与生产力低下相适应的氏族制度具有如下特点:

首先,氏族内部禁止通婚。这是氏族的根本规则,是维系氏族的纽带。这种

---

① 恩格斯:《家庭、私有制和国家的起源》,见《马克思恩格斯选集》(第四卷),北京,人民出版社,1973年,2页。

② 《马克思恩格斯全集》,第19卷,北京,人民出版社,1963年,434页。

以血缘关系联系成员,是氏族制度的本质。部落和部落联盟有疆域,这仅仅是氏族居住的地方,而非联结氏族成员的组织领域。这时联结社会成员的纽带仍然是血缘关系,管理社会成员的社会组织还是以血缘关系为基础,而非按地区管理居民。

其次,氏族制度的组织机构——议事会,是一切成年男女平等表示意见的民主集会。这种调整氏族成员间关系的组织机构的根本特点是不存在具有强制性的公共权力,即没有运用暴力并强迫人们服从暴力的特殊机关。

再次,氏族成员有互相帮助、互相保护的义务。本氏族成员受侮辱和受迫害,全体成员都为被害者复仇。典型的就是氏族社会的血族复仇的习惯。

由此可见,在原始制度下,人与人之间的关系是平等的,个人利益与集体利益是一致的。由于生产力水平低下,人们为了生存需要共同劳动,共同分享劳动成果。适应这种生产力低下和人与人之间平等关系的条件,管理公共事务的氏族制度的组织,是没有暴力而且不需要暴力的社会组织,因为人们之间并不存在根本的利害冲突,这样的组织就完全可以解决和处理社会内一切可能发生的矛盾。氏族制度是适应生产力水平低下和原始共产制生产关系的社会组织,人与人之间的关系是按血缘的规则来进行活动,由血缘关系维系着社会。这完全体现了马克思主义关于两种生产决定社会制度的基本观点。

2. 氏族公社的瓦解是两种生产发展所致

随着生产力的发展,社会结构产生了变化,与物质生产低下相适应的血缘关系再也无法维系社会了,决定社会制度的再也不是血缘关系,而是生产关系,这样就导致了氏族制度的解体。社会生产的发展,表现为三次社会大分工。由于畜牧业与农业第一次社会大分工的出现,使经常的交换成为可能;人的劳动能生产出比维持其生活所必需的更多的生产品,劳动力成了人们向往的事情,使人剥削人有了可能。过去把俘虏杀死,现在将其变成奴隶,人们就分成了主人与奴隶、剥削者和被剥削者。随着男子在生产中作用的增强,男子成了畜群的所有者,在氏族中跃居主导地位。随之而来的对偶婚的出现,使母权制氏族被父权制氏族所代替,并出现了家长制家庭。把非自由人包括在家庭内和父权制是家长制家庭的主要特点,其结果就必然导致家庭的财产包括奴隶归家庭所私有和父亲的财产由其子女继承,女性的财产不能叫外氏族继承,只允许她们在氏族内部结婚。财产的个体家庭私有和氏族内部的通婚,从根本上冲击了氏族制度,使氏族制度出现了一个裂口。正如恩格斯所说:"由于母权制的倾覆、父权制的实行、对偶婚制向专偶制的逐步过渡而被确认,并且永久化了。但是这样一来,在古代的氏族制度中就出现了一个裂口:个体家庭已经成为一种力量,并且以威胁的姿态起来与氏族对抗了。"①

由于手工业与农业第二次社会大分工的出现,奴隶制得到了巩固与发展,奴隶的使用不再是零散的现象,已经发展成为社会制度的一个本质组成部分了——奴隶已不是简单的助手,他们成了田野和手工工场的主要劳动力。个体家庭开始成了社会经济单位,出现了富人与穷人的新的阶级划分,各个家庭酋长之间财产上的差别,摧毁了旧的共产制家庭公社,也摧毁了共同耕作制,土地已经完全过渡为私有财产了。出现了部落联盟,军事酋长成了不可缺少的常设公职,并且逐渐成为世袭,议事会也逐渐为显贵所把持。这就奠定了世袭王权和世袭贵族的基础。其结果必然是:"氏族制度的机关就逐渐挣脱了自己在民族中,在氏族、胞族和部落中的根子,而整个氏族制度就转化为自己的对立物:它从一个自由处理自己事务的部落组织转变为掠夺和压迫邻近部落的组织,而它的各机关也相应地从人民意志的工具转变为独立的、压迫和统治自己人民的机关了。"②

由于商业与农业、手工业第三次社会大分工的出现,从社会中分离出一个不从事生产而只从事交换的商人阶级。这是一个寄生的阶级,拥有了大量的财富和对生产的愈来愈大的统治权。金属货币的出现,使非生产者统治生产者和生产获得了新手段。于是产生了高利贷的剥削和土地的买卖与抵押,财富更加集中在少数人手里,穷人的数量日益增多;奴隶的数目也大大增加,强制性的奴隶劳动已成为整个上层建筑赖以建立的基础。由于商业活动、土地的买卖与变化,人们为谋生而流动,原来的氏族与部落的居民杂居起来,自由居民中住有奴隶,本地居民中有外乡人。这就引起了社会结构的改变,人们再不是靠血缘关系进行联结。氏族制度面对这些变化已无能为力,特别是由于自由民和奴隶、进行剥削的富人和被剥削的穷人之间的利害冲突日益尖锐化,原来在没有阶级对立的条件下产生出来的没有任何强制力的氏族制度,在这种对立冲突面前,更是无能为力。于是,就需要有一个第三种力量。它似乎站在相互斗争的各阶级之上,压制它们的公开冲突。这样,氏族制度就被分工及其后果,即社会分裂出的阶级所摧毁,被新的机关——国家所代替了。氏族制度的解体,是社会内部生产发展的必然结果。

由此,我们可以得出结论:马克思主义关于人类社会发展开始就有的两种生产的论点,说明了国家并不是从外部强加给社会的一种力量,国家的产生是社会

---

① 恩格斯:《家庭、私有制和国家的起源》,见《马克思恩格斯选集》,第 4 卷,北京,人民出版社,1973 年,162~163 页。

② 恩格斯:《家庭、私有制和国家的起源》,见《马克思恩格斯选集》,第 4 卷,北京,人民出版社,1973 年,165 页。

内部两种生产发展的结果。只不过作为政治制度研究的重要范畴,关键在于说明两种生产是如何来决定社会制度的,那就是:物质生产低下时,血缘关系决定社会制度;物质生产提高了,使人与人之间的关系改变了,社会结构改变了,从而社会制度也就随着要改变,氏族制度的瓦解过程无不雄辩地证明了这一点。所谓社会结构是指由一定社会的各种群体用一种纽带联结在一起的结构,表现为这种纽带的形式就是社会制度。因此,有什么样的社会结构,就决定有什么样的社会制度。社会制度就是社会结构的组织形式,具体说就是社会组织及其管理形式。氏族制度的瓦解过程也说明了社会结构的变化,必然要求社会制度随之而发生变化。两种生产的发展变化,决定着社会制度的发展变化,这并不是逻辑的推演,而是建立在对大量历史事实进行分析的基础之上的。在两种生产的作用下,原始社会必然是氏族制度而不可能是其他制度。生产发展决定社会结构的变化,氏族制度不能适应这种变化,必然为新的社会制度所代替,而这种制度就是具有公共权力的国家①。

二、中国国家起源的具体途径

关于国家起源的具体途径,一直为中外学者所关注。因为它是揭开国家起源的关键环节。

1. 中外学者论国家起源途径

何谓途径? 即是路径。国家起源具体途径就是国家起源所经过的道路。对此问题中外学者亦有不同认识,且得出了各异的结论。

美国学者乔纳森·哈斯总结前人的科研成果,指出国家产生具体途径有三。一是战争。卡内罗论述了国家起源于战争理论。他认为:"特殊的条件限制和人口压力导致战争的爆发,从而形成国家。"这里的"限制"包括两层含义,其一:自然环境方面,"一个农业生产区为非农业生产区甚至自然资源贫乏的地区所包围"。其二,社会方面,"某地区为一些人口密集而又无从和平扩张地区所包围"。而"人口压力"则突出表现为"人口增长必将最终导致可利用的资源的紧缺"。这种"限制"和"人口压力"必然引起战争。战争的直接结果便是"强者对弱者的征服"②。"当一个有限地区里所有社区都逐步从属于单一的政体时,国家就出现了。"③在他

---

① 此节参见王惠岩:《当代政治学基本原理》,北京,高等教育出版社,2001年,4～8页(略有改动)。

②③ [美]乔纳森·哈斯:《史前国家的演进》,罗林平等译,北京,求实出版社,1988年,117～118页。

看来国家是指在军事强权统一下一定人口的联合。二是贸易。持国家起源于贸易观点者认为:"具有国家水平的权力是通过管理包括基本生活资料在内的大范围贸易系统而得到加强的。"具体来说又包括两种观点:一派认为,地区之间的贸易是以社会分层为基础的国家社会最初产生的媒介。这派理论是以威廉·拉恩杰为代表。他的理论是在对中美洲低地的特殊关系分析上建立的。他认为低地的居民不得不与邻近的有天然资源的高地居民进行交换。低地分为两个地带。最接近高地的地区称"缓冲地带",而低地中心地区称为"核心地带"。"核心地带的生态和地理位置促使它发展为一个复杂的组织机构,以便最大限度地获得生活资料,加强与缓冲地带竞争高地物资的能力。"①于是在"核心地带"建立一个中心贸易系统,这样社会分层和建立国家需要的条件形成了。另一派认为:地区内的贸易是以融合为基础的国家社会最初产生的媒介。这派理论是以赖特和约翰逊为代表的。其主要观点是:"由于人口和环境的变化,导致了对日用品和食物需要的不断增长,促成了劳动的专业分工,这样就产生了从事特殊物质资料交换的管理问题。在解决这类问题的过程中,管理事务逐渐集中到一个特殊的管理阶层手中。"②当这个管理阶层本身再分化出三个不同层次时,即当地各个社区开始分头生产各种不同的物品;产品在地区内的分配,使管理单位发展成为交换中心;这些单位日益连为一体并且交换中心发展为等级制。这时社会在组织方面就达到了国家水平。三是灌溉。魏特夫在《东方专制主义》中从农业灌溉形成与社会组织机制之间的因果联系角度,提供了一个国家形成和发展的理论模式。"尽管他不主张最初的国家必定起因于灌溉,但他实际上指明了世界各地早期国家的发展中,灌溉起着主要作用。"③他接着谈道:"以灌溉为前提的国家最初发展必须具备以下条件:水源充足的可耕地,经济比较充裕而又不远离雨量充足的农业中心地区的农民。"这时"只有通过群体劳动才能引入和积蓄大量的水。这种群体劳动必须是协调一致的,有纪律、有领导的。因此,大批农民要征服干燥的低地和平原,在没有机器技术的情况下,只得希望有一个能使其获得成功的机构:他们必须相互协作,服从统一的权威领导"④不难看出,大规模的灌溉工程迫切要求一个特殊的管理集团来管理大批的劳动力。威特福格尔认为:"一旦这个集团发展为多功能集团,其首领们就是具有国家水平的社会人的专职管理人员。"⑤我国学者也

---

① [美]乔纳森·哈斯:《史前国家的演进》,罗林平等译,北京,求实出版社,1988年,124～126页。
② [美]乔纳森·哈斯:《史前国家的演进》,罗林平等译,北京,求实出版社,1988年,130页。
③④ 卡尔·奥古斯特·威特福格尔:《东方专制主义》,北京,中国社会科学出版社,1989年,47～50页。
⑤ [美]乔纳森·哈斯:《史前国家的演进》,罗林平等译,北京,求实出版社,1988年,127～130页。

有类似的看法："国家就成为大规模治水工程的有机伴生体。在这个过程中,由益、后稷等组成的管理集团也出卖了氏族成员的利益,把一部分权力拱手转给大禹。治水机构此时也随之转变为国家组织。"[①]

我国学者陈淳认为国家起源的具体途径可以归为两类:一是自发论或管理理论;二是被迫论或冲突论。[②] 前者包括自然发生说、灌溉说,后者包括战争说、人口说。此外,还有权力说、贸易说、综合说。因为灌溉说、战争说、贸易说,前文已叙述,此不赘述。自然发生说的代表人物是柴尔德。他认为:农业革命促进了生产力的发展,导致剩余产品的出现,以便使一些专业人士从粮食生产中脱离出来成为专职工匠,这种广泛的劳动分工导致一种政治和经济管理机构的完善而最后演进到国家。与这种自然发生说相近的另外一种观点则是地理环境说。"中国是典型的大陆的地理环境,在远古时期,西部的高山,北方的草原,东南方的大海,对于人们来说都是不可逾越的天然屏障。""这在根本上决定了中国古代国家产生的过程,商品交换不可能发生决定性的作用。"而"地理环境就是历史发展过程中的决定性因素"。人口说的代表人物是杜蒙德。他认为,人口增长所导致的人口与资源平衡失调会促使社会内部政治结构复杂化以增强其适应能力,从而导致原始平均社会向等级社会、阶层社会和国家演进。权力说的代表人物是哈斯。他认为,国家形成的中心点,是由社会首领发展了一个新的经济权力基础,早期国家中最初的经济权力基础支持着武装和意识形态权力基础,三者合一形成坚固的统治权力结构。而这三种权力发展的顶点就是国家的形成。综合说的代表人物是亚当斯。他结合自发论与被迫论,提出一个国家综合起源模式。他认为,国家起源并不存在一种直线的或主动力机制的模式,而是多种变量的或因素的互动和反馈。

我国学者谢维扬先生认为:我国"早期国家由酋邦而不是由部落联盟转变"而来的。他说:"军事民主制的部落联盟并非人类早期国家形成过程中带普遍意义的问题。"[③]一句话,由部落联盟到国家的演变并不是人类早期国家唯一途径。人类早期国家的形成有两种具体途径:一是部落联盟式;二是酋邦式。应当说这两种模式都是由部落构成并高于部落的社会组织。而前者结合易洛魁人部落,摩尔根在《古代社会》一书中有详尽总结。

(1) 联盟是五个部落的联合组织,由于同宗氏族,在一个建立于平等基础上的政府领导下;凡属地方自治有关事宜,各部落均保留独立处理之权。

---

① 王润涛:《洪水传说与中国古代国家的形成》,《湖北大学学报》,1990(2):53～57页。

② 陈淳:《国家起源之研究》,《文物季刊》,1996(2):81～88页。

③ 谢维扬:《中国国家形成过程中的酋邦》,《华东师范大学学报》,1987(5):40～49页。

（2）联盟设立一个首领全权大会,参加会议的首领名额有固定的限制,其级别与权威一律平等,此会议掌握有关联盟一切事宜的最高权力。

（3）设置50名首领,各授以终身的名号,这50名首领分配在各个部落的某些氏族中;这些氏族有补缺之权,即每逢出缺时,由本氏族在自己的成员中选人补任之;本氏族如有正当理由亦有权罢免其本族之首领;但对这些首领的正式任职权利则属于首领全权大会。

（4）联盟首领也就是他们各自所属部落的首领,他们同各部落的酋长一道分别组成各部落会议,凡专属某部落之一切事宜则由该部落会议全权处理之。

（5）每一项公共法令必须得到联盟会议的一致通过始为有效。

（6）首领全权大会是按部落为单位投票的,因而每一部落都可以对其他部落投反对的一票。

（7）每一部落会议都有权召集全权大会;但全权大会无自行召集之权。

（8）任何人都可以在全权大会上发表演说来讨论公共问题;但决定权属于大会。

（9）联盟无最高行政长官或正式首脑。

（10）他们体验到有必要设置最高军事统帅,为此设立双职,使两个统帅可以互相节制。这两名最高军事酋长的权力是平等的。[①]

可见,易洛魁人部落联盟权力结构的特点是:没有最高行政长官或正式首脑;部落最高权力掌握在由50名各部落的首领组成的"首领全权大会"手中;联盟首领亦是他们所在部落的首领,他们同各部落酋长组成各部落会议;部落会议有权召集本部落全权大会,并且任何人都可以在全权大会发表演说来讨论其公共问题,问题的决定权属于全权大会;联盟设立双职的最高军事统帅,但其权力是平等的。

恩格斯在《家庭、私有制和国家的起源》一书中,当谈到希腊人的氏族时亦说:"这些部落和小氏族的组织如下:①常设的权力机关为议事会,这种议事会最初大概是由各氏族的酋长组成的,后来,由于其人数增加得太多,便由其中选出的一部分人组成……议事会对于一切重要问题做出最后决定;……②人民大会。……人民大会由议事会召集,以解决各项重要问题;……人民大会是最高级的权力……③军事首长。……(他是)通过人民选举而获得继承权,……(其职权)除军事的权限以外,还有祭祀的和审判的权限。"当然,这些机关出现了,国家也就被"发明"出来了。

①　[美]摩尔根:《古代社会》(上册),杨东莼等译,北京,商务印书馆,1977年,125～126页。

而酋邦式的共同体的权力结构则有别于军事民主制的部落联盟,具体内容待到下节补叙,此不赘述。

2. 中国早期国家起源于酋邦说

20世纪90年代以前,我国学术界对中国国家起源问题基本上形成了统一的思维定式,军事民主制部落联盟,即是国家产生的前提。甚至比较权威的史学家,亦把恩格斯根据西欧古希腊国家起源的理论套用到中国早期国家起源问题中,认为中国尧、舜、禹时代的所谓"帝"同希腊英雄时代的巴赛勒斯、罗马王政时期的勒克斯一样,都是军事民主制军事酋长的名称。人民大会"中国古籍里没有记载"。但是,后世有"国危""国迁""立君","朝国人","显然是古制之遗。可以断言,人民大会定存在于尧、舜、禹时代"。① 人们不禁要问,为什么古希腊国家成立以后或多或少保留了氏族制度所特有的民主性质并且使西方的社会发展趋于民主政治,而中国早期国家一出现便走向君主专制。

何谓"酋邦模式"? 即进入国家前,人类社会最高权力在一定形式下被占据社会特殊地位的个人所掌握。恰如哈维兰所说:"在这种社会中,政治权力集中于一个人(酋长)身上。"② 其特征,谢维扬先生根据中外学者研究概括如下:

(1) 它的规模要比部落大,是多个部落联合体,占据较大的地域,人口亦较部落为多,但未包括操同一语言的所有人口或绝大部分人口的"语言集团";

(2) 社会出现分层现象,亦即社会中已有一部分人具有比其他人更多的权利和特权,部落社会平等原则已被打破,但还未正式产生阶级;

(3) 农业和畜牧业生产水平较部落社会为高,开始有些"集约化"的因素,手工业已开始发展,在分配上已由部落社会的单纯"互惠"方式转变为由某些权威人士进行再分配,但总的经济发展水平还是较低的;

(4) 出现宝塔形的权力结构,并且以酋长作为这一权力结构的中心,他拥有政治的决断权和许多特权,同时还产生了一些专职的政治官员和其他官员,但酋长和官员尚未完全形式化,同时,也还没有产生正式的暴力镇压的机关;

(5) 作为联合体成员的部落可以不具有血缘渊源上的联系,开始具有一定的超血缘联合的性质。③

可见我国传说时代人们共同体与酋邦模式相似,与部落联盟模式相悖。

第一,在较早时期中,中国传说时代人们的共同体,就已经进入了由较多部落

---

① 金景芳:《谈谈中国由原始社会向奴隶社会过渡问题》,见《光明日报》,1978-02-02。

② 哈维兰:《当代人类学》,上海,上海人民出版社,1987年,467页。

③ 谢维扬:《中国国家形成过程中的酋邦》,《华东师范大学学报》,1987(5):40~49页。

组成部落联合体阶段。居住在中原地区的炎帝与居住在南方的蚩尤族为争夺中原展开了战争。蚩尤大败炎帝,炎帝退向北方,与居住在那里的黄帝族结盟,共同打败了蚩尤。然后黄帝与炎帝又进行了争霸中原大战。结果,逐渐形成以黄帝族为中心的酋邦。之后,到尧、舜、禹的盛世年代,还进行对三苗的战争。其战争的实质是争夺部落联合体内部的最高领导权。

第二,社会已出现分层现象,部落社会的平等原则已被打破。关于这个问题,我们可以从考古挖掘中得到佐证,1978 年,从山西襄汾陶寺遗址清理的 109 座墓葬看,大部分是小墓,小部分是大墓。后者只占十分之一。其中只有 17 座墓中有随葬品。多者 6 件,少者 1 件。① 大汶口文化在中晚期基地上,墓葬间的规模、葬具、随葬品之间存在明显的差别,个别的如大汶口 10 号墓,随葬品多而精,随葬的陶器就有 90 余件,还有玉璧环、玉指环、玉铲、象牙筒等。可是在同一墓地的小墓里,随葬品则屈指可数,甚至无一物,其墓穴也只能容纳尸体。据良渚文化的代表——反山墓地看,其墓地多半是长方形,一般长约 3 米、宽约 2 米,墓深 1.3 米。② 与浙江地区良渚文化小墓相比,反山的墓葬大都属大墓。同时,其随葬品十分丰富。仅玉器随葬就有 193 单件,60 件(组)。其中,玉璧有两种类型:一是加工比较精细,随葬于墓主人身下,可能是代表墓主人自己的财产;二是精选叠放在墓主人腿脚部,可能是别人奉献于墓主人的葬玉。③ 玉璧葬品有无、多寡,可能反映了墓主人生前拥有财富量的差异。这说明当时社会上出现了贫富分化,平等原则已被打破,为阶级的出现创造了条件。

第三,社会上已经出现简单的分工。在我国早期社会中,畜牧业首先从农业中分离出来,这一过程与母系氏族社会相关联。而农业与手工业分离紧紧地与父系氏族社会龙山文化相联系。据《新中国的考古发现和研究》一书说:"从大汶口文化社会经济状况中可以看出,一进入中期以后经济发展较迅速,象牙器、玉器、白陶器的多量出现,轮制陶器技术的开始使用,都说明手工业生产已从农业中逐渐分离出来成为独立的经济部门。"④另外,据考古挖掘证实,河南龙山文化中晚期已出现了铜器。同时,磨制的石器不但比仰韶文化大量的增加,而且工具的种类有所增多。

第四,宝塔形的权力结构出现了雏形。在中国传统时代中,有些部落首领被

---

① 中国社会科学院考古研究所编:《新中国的考古发现和研究》,北京,文物出版社,1984 年,94～95 页。

② 王明达:《反山良渚文化墓地初论》,《文物》,1989(12):48～52 页。

③ 中国社会科学院考古研究所编:《新中国的考古发现和研究》,北京,文物出版社,1984 年,1 页。

④ 徐旭生:《中国古代的传说时代》,北京,文献出版社,1985 年,37～60 页。

称为"帝",而另一些部落首领则没有。拥有"帝"称号的部落首领可以任命其他部落首领在联盟体中担任某项职责。如帝颛顼命垂为"南正",命黎为"火正",帝尧命羲仲管理历法与授时,命鲧治水,帝舜命弃为"后稷",命契为"司徒",命皋陶为"士",命伯夷为"秩宗"。① 值得注意的是,舜担任酋长时对部落联盟机构进行了改革,设置了专职公仆九人。其职和职掌如下:司空,由禹担任,管水利;后稷,由弃担任,管农业;司徒,由契担任,管民政;士,由皋陶担任,管军事与刑罚;共工,由垂担任,管手工业;虞,由益担任,管山川;典礼,由伯夷担任,管祭祀;典乐,由夔担任,管文化教育;纳言,由龙担任,管内务和外交。禹是舜的接班人,辅佐舜管理政务,显然禹的地位要高于他们八人。

第五,酋邦具有超血缘的联合体的性质。徐旭生先生曾说过,在我国传说时代部落中处在中原和长江流域的有三大集团,即"华夏集团""东夷集团""苗蛮集团"②。最后华夏集团不断地凭借"强大的实力对相邻的部落进行征服和兼并",吞掉了其他二集团。"这不仅扩大了黄帝酋邦的政治疆域,而且也使它所包括的居民在族源成分上更加广泛和复杂,为后代形成的超血缘的、新型的民族共同体——华夏族准备了条件。"③

酋邦式与部落联盟式的区别。以我国传说时代人们共同体为代表的酋邦式与军事民主制的部落联盟式的不同在于:

第一,"部落联盟没有最高首脑,中国传说时代的部落联合体却有最高首脑"。

第二,"部落联盟会议的议事原则是全体一致通过,中国传说时代部落联合体却是由最高首脑决断"。

第三,"部落联盟的权力结构经历过由一权制至二权制和三权制的发展过程,中国传说时代部落联合体无此过程"。④

第四,"从管理方式上看,虽然二者都是自设组织,自己管理生产,生活都按氏族进行,公共事务由氏族本身处理,但是,管理和处理事务之权,前者集中在最高首脑之手,而后者则由全体首领'一致同意才能生效。'"⑤

---

① 《尚书·舜典》,见《今古文尚书全译》,江灏等译校,贵阳,贵州人民出版社,1991年,9页。
② 徐旭生:《中国古代的传说时代》,北京,文献出版社,1985年,37～60页。
③ 谢维扬:《中国国家形成过程中的酋邦》,《华东师范大学学报》,1987(5):40～49页。
④ 谢维扬:《中国国家形成过程中的酋邦》,《华东师范大学学报》,1987(5):40～49页。
⑤ [美]摩尔根:《古代社会》(上册),杨东莼等译,北京,商务印书馆,1977年,135页。

第三节　中国早期国家的基本特征及其影响

所谓特征即是作为事物特点的征象、标志等。而国家的特征即是我国与其他国家在国家起源方面不同的征象、标志。日本是由"农村公社"而转入国家的,其发展方向则是不会趋向君主专制。雅典国家是从氏族社会本身内部发展起来的阶级对立中产生的;罗马国家则是在"因平民的胜利而被炸毁了的氏族的废墟上建立的";德意志是在征服罗马国家广大领土,而使氏族组织不知不觉地变成了地区组织的基础上产生的。这三种形式的共同特点,就是它们或多或少地都保留了氏族制度所有的民主性质,使其逐渐走向民主政治。而中国则不同,它从氏族社会向国家过渡时中间经历了"酋邦制",这种形式使中国国家一旦形成便走向君主专制。

一、武力征服——君主专制产生的前提

从文献资料看,五帝之时就是一个战争频繁的时代。这时既有炎、黄之间的阪泉之战,炎、黄与蚩尤之间的涿鹿之战,又有共工、颛顼之争,共工与祝融之役,还有尧、舜征三苗之战。由于战争的需要,联合起来的诸部落是通过"习用干戈""修德振兵"手段而实现的,那些在战争中胜利的部落便成为核心,而其酋长便成为帝,其他失败者的部落便处于"咸来宾从"的地位,其酋长便处于帝者之臣,进而逐渐形成了以"帝"为顶点的金字塔形权力机构的酋邦。这就是国家产生的一大因素。因此,君主的专制不是通过和平方式得以巩固的,而是在不断的激烈的冲突中得以实现的。关于这一点我们从夏初的争斗中可得佐证。一是"益干启位,启杀之"。二是有扈氏和武观的反叛。三是后羿因夏民以代夏政,太康失国,传弟仲康。四是寒浞代羿,灭仲康子后相。

从考古资料看,红山文化的积石冢、祭坛女神庙,良渚文化的高台土冢和龙山文化的城堡说明这三个社会共同体内都已出现了凌驾社会之上并能调动成千上万人从事大规模工程的社会组织,积石冢、祭坛、女神庙和高台土冢都是信仰的产物,而城堡出现意味着社会冲突的剧烈。[1]

从造字法理看,国字,古写作"或",外面的方框是后来加上去的。甲骨文中有"或"

---

① 　叶文宪:《部族冲突与征服战争:酋邦演进为国家的契机》,《史学月刊》,1993(1):1～7页。

字,即古国字。《说文·通训定声》:"或,邦也。从口从戈以守一。"据田昌五先生说:"其所以写作或字,盖为荷戈守土之武士。"①可见战争在国家形成前后的重要作用。

二、暴力夺权——君主专制产生的关键环节

中国传说时代的部落联盟酋长的产生都是以禅让的方式实现的。而启不同,他是以暴力手段,杀死了他的权力竞争者而获取王位的。关于这一点,我们应给予足够重视。

虽然,文献上也有"禹朝诸侯之君会稽之上,防风之君后至,而禹斩之"②的记载,但与"启杀之"至少有以下几点不同:一是二者主体不同。禹当时是部落联盟酋长,而启当时还没有被诸部落所认可。二是二者的对象不同,"禹斩之"的之是禹之下属,而"启杀之"的之是启登首脑位的主要竞争者。三是二者所用的动词不同,禹对下属处置用的是"斩",而启对竞争者用的是"杀"。据《辞源》说:"斩则为杀、砍。"而杀则为杀死。可见,二者语意有轻重之分。杀则侧重于死;而斩者侧重于杀,但杀并非完全到死的程度。我们认为启杀死了其权力竞争者,这是前所未有的,可视为权力之争发生了质的变化。另据《韩非子·五蠹》说:"禹之王天下也,身执耒臿以为民先,股无完肤,胫不生毛,虽臣虏之劳,不苦于此矣。"证明禹是"站在社会之中",而启则不然。《墨子·非乐上》说:"于《新观》曰,启乃谣谥康乐,野于饮食。"证明启是一个荒淫无度的君主,已"成为一种处于社会之外和社会之上的东西"。由上证之,禹和启各代表两个时代的人物,中国奴隶社会的开创者是启而不是禹。

三、家族制的保留——君主专制发展的重要基础

家族即是家庭与宗族的结合体。所谓族是以特定的婚姻形态为纽带结合起来的社会组织形式。而宗族即是家族。它是以家庭为基础的,同一个男性祖先的子孙,虽然已经分居、异财,成了许多个体家庭,但是还世代相聚在一起,按照一定的规范,以血缘关系为纽带结合成为一种特殊的社会组织形式。

原始社会末期,当时在中原存在四个较大的宗族系统:一是神农氏。它最早的族长是炎帝。其中最著名的家族有烈山氏、共工氏。他们最初流动在今陕西省岐山县境,后来扩展到黄河中游和汉水流域。二是伏羲氏。它最早的族长有太

---

① 田昌五:《中国古代国家形态概说》,《社会科学辑刊》,1991(6):72～78 页。
② 《韩非子·饰邪》,北京,线装书局,2013 年。

皞、少皞,活动在今河南省东部和山东省西南部。三是高阳和高辛系统。前者最早的族长叫颛顼,后者为帝喾。四是轩辕氏系统。其最早族长叫黄帝。传说黄帝有子25人,成立25个宗族,即家族,共分12姓。其中姬姓力量最大,为黄帝的嫡传。

进入国家以后,虽然经过原始社会末期,有了大的战争,宗族、部落联盟间的血缘关系遭到一定程度上的破坏,但是血缘宗族关系并没有被根除,相反以新的形式又得以复生。突出表现在,家族组织与国家机构紧密相连,成为专制国家的重要支柱。例如,建立夏朝的夏后氏家族即是从轩辕氏家庭繁衍出来的。当时正式名字称夏后氏,姓姒氏。此时同夏后氏同处一个国内还有三:一是同姓家族,即有扈氏、有男氏、杞氏等。二是同夏后氏联姻家庭,即有仍氏,有虞氏等。三是同夏后氏敌对的家族,即有穷氏,伯明氏等。建立商朝的商族,其始祖契,因协助大禹治水有功,被"封于"商(今商丘),姓子氏。据说商汤之时,有"诸侯"三千,[1]这些诸侯,实质上臣属于商的家族。建立周朝的周族,其始祖为弃。他与尧、舜同时,被人们称为后稷,姓姬,据《左传》说:"武王克商","姬姓之国者四十人"[2]。荀子说周公"兼制天下,立七十一国,姬姓独居五十三人"[3]。无疑这些姬姓之国是周族的分支。

值得注意的是,在夏、商、周三朝,国家结构、家族组织以及军事组织是三位一体的。夏代早期国家的国家结构及政体仍然带有浓厚的部落制残余,这些部落组织与夏代国家结构融合在一起,仍然发挥着作用。在国家元首方面,以传子制的确立为标志,使夏朝王位始终掌握在夏后氏族中。在地方同一居住地的居民,同时又是同一族的成员,基本上以原各部落组织为其地方政权机关,进而形成了中央对地方以原部落所居住的活动范围进行管理的机制。殷商王朝在商王国内通过以血缘关系为纽带的宗族和家族对其广大商族管理和统治,并在此基础上实现对该统治地区进行了有效管理。西周实行宗法制度,既是家族制度又是政治制度。它是以嫡长子继承制为基本特点的权力分配制度。其显著特点是宗法组织和国家组织紧密结合。

四、一权制发展——君主专制强化的催化剂

中国传说时代的部落联合体与易洛魁人以及古希腊、罗马的部落联盟在权力

---

① 《吕氏春秋·用民》,见张双棣等译注,《吕氏春秋译注》,长春,吉林文史出版社,1986年,671页;见《诸子集成》,北京,中华书局,1986年,5页。

② 《左传·昭公:二十八年》,见《春秋左传集解》,上海,上海古籍出版社,1977年,8页。

③ 《荀子·儒效》,见《诸子集成(第二册)》,北京,中华书局,1986年,5页。

结构上的重要不同,是它没有像后者那样的权力结构的发展过程。它实行的始终是最高首领的一权制。[①] 这种一权制产生的前提是血缘宗法关系。国家产生之后,以前原始社会氏族组织并没有被瓦解,相反适应新的形势需要,与国家组织结合在一起。据今人研究:在商王国内,社会组织内部与社会组织之间的血缘纽带并没有切断,当时支撑商王的社会支柱就是商族内的诸商人宗族,特别是同姓宗族,商王国的社会组织结构在一定程度上与商族共同体内的亲族组织是相统一的。[②] 这就决定了商王的权力交替过程中是以血缘关系为核心的,使商王权牢牢掌握在同宗姓族之内。

尤其是商朝中后期直至整个周朝在处理中央与地方关系上又实行分封制。所谓的分封制即是国家元首将土地和人民分封给诸侯,然后让他们去建立统治据点,以拱卫王室。诸侯在其封国内有世袭的统治权,对天子有服从命令,定期朝贡和提供军赋力役等责任。以西周为例,分封的对象有四:一是武王的兄弟;二是功臣谋士;三是古代圣王后裔;四是殷商族之后。分封的目的无非是"封建亲戚,以藩屏周"。从以上分析不难看出,分封制是与宗法制度互为表里的。周王为天下的大宗,其嫡长子为宗子,庶子为小宗,周王以其政治权力封之为诸侯。诸侯、卿大夫、士各为本支小宗,其嫡长子为职位继承者,庶子为小宗,由此再往下分封。这样就形成了从中央到地方的结构严谨的权力体系,其核心是形成了以周天子权力为顶点的一权制的运转机构。

---

① 谢维扬:《中国国家形成过程中的酋邦》,《华东师范大学学报》,1987(5):40～49页。
② 朱凤瀚:《论商人诸宗族与商王朝的关系》,《殷都学刊·增刊》,1985:58页。

第二章　奴隶社会国家政治制度

我国奴隶社会始于夏朝,中传商、西周,直至公元前 770 年周平王东迁洛邑,历时 1300 余年。它是我国奴隶社会的形成、发展、繁荣的时期。这一时期的政治制度为我国政治制度的走势奠定了基础。

第一节　王权政府的国家元首

王权政府的国家元首实际上是我国早期国家对内对外最高的代表。它具有至高无上的权力,是整个国家权力的体现。

一、国家元首称谓沿革

称谓即称呼。古代国家元首的称谓往往与国家政体息息相关;而类型的划分则是研究国家元首发展的一把钥匙。

中国历朝名称不同,国家元首的称谓也不一样。

"帝"是中国国家元首产生前原始社会部落联盟公职人员的称谓。在中国上古史中,黄帝、炎帝以前没有称帝的。黄帝的"帝"与炎帝、帝尧、帝舜、帝禹的"帝"一样,实际上是中国原始社会末期酋邦酋长的称谓。

国家元首的称谓是伴随着国家产生而产生的。作为国家最高权力的体现者——国家元首在中国史籍有据可查者始于《尚书》,其意为君主。《尚书·益稷》:"元首明哉,股肱良哉。"这里的元首指君主,股肱指大臣。

"王"是中国奴隶社会国家元首的统称。夏、商、周三代以前没有称王的。而"王"在奴隶社会不同朝代又有不同称呼。"后"是奴隶制国家初期夏朝的称呼。《史记·夏本纪》有"夏后帝启,禹之子"一说,启是中国奴隶制国家的开创者,其国家元首别称为后。另据范文澜《中国通史简编》修订本第一编说:"战国以前书,从不称夏禹,只称禹、大禹、帝禹,称启为夏启、夏后启。这种区别,还保存两人时代不同的意义。""予一人"是奴隶制国家发展时期商王的别称。《尚书·盘庚上》:"听予一人之作猷。"这里的"予一人"即是商王的自称。它亦是从商朝成汤、盘庚、武丁以至末代帝王帝辛专用象征王权的称号,以表示商王是国家最高权力的体现者。其言便是法律,集政权、族权、神权于一身。"天子"是奴隶制国家鼎盛时期周王的别称。《礼记·曲礼下》云:"君天下,曰天子。"《周书·洪范》亦云:"天子作民父母,以为天下王。"这是因为氏族公社转为国家,一个突出特征便是由血缘划分居民转为按地区划分国民。人类社会在经过漫长的发展,到了西周,那种以血缘划分居民的现象得到更大规模的冲击,这样国家最高统治者权力更大了,统治地域更广泛了,统治人口更多了,其权力无所不包。古时王者郊天,自称"天之元子",取得王位,叫"受天命"。这样以天子作为国家元首的称谓便应运而生。而周天子既是畿内百官的最高首领,又是畿外诸侯的共主,完全继承了"予一人"的权力,而且有过之而无不及,恰如《诗·小雅·北山》曰:"溥天之下,莫非王土,率土之滨,莫非王臣。"

二、国家元首权力的产生与发展

在古代中国,国家元首作为国家权力的实际载体,在政治舞台上占据特殊重要的地位。人们在亲身经历的王朝兴衰和变幻莫测的政治风云中逐渐领悟出一个基本认识:国家元首是维系国家治乱安危或导致王朝盛衰兴亡的核心人物。深入探讨他的权力产生与发展具有重要历史意义。

1. 古代国家元首权力的产生

从血缘上看,禹与启是父子关系。然而从政治上说,他俩却是两种社会形态的代表人物。禹是部落联盟时代历史舞台上最后一位领袖人物。他继父鲧治水,不仅聪明能干,而且吃苦耐劳,一心扑在治水事业上。据说,他和涂山氏女结婚后第四天,离家而治水。他"亲自操橐耜","沐甚雨,栉疾风",甚至"腓无胈,胫无毛"。[①]"居外十三年"[②],"三过其门而不入"[③]。显然,他没有脱离人民群众而凌驾于人民之上。尽管《左传》哀公七年说:"禹合诸侯于涂山,执玉帛者万国。"在他身上具有后来国家元首的某些因素,但是充其量说明他是站在阶级社会门槛上的人

---

① 《庄子·天下》,见《诸子集成》,北京,中华书局,1986年,第三册,5页。
② 司马迁:《史记·夏本纪》,北京,中华书局,2012年,12页。
③ 《孟子·滕文公上》,见《诸子集成》,北京,中华书局,1986年,第一册,5页。

物。而启则大不相同，他不仅有"益干启，启杀之"①，"禹荐授益，而以启人为吏。及老，而以启人为不足任天下，传之于益也。启与交党攻益夺之"②的血腥历史，宣告禅让制度被废除，父子世袭的家天下继承制的确立，而且在夏后启立国之初，就公然召集了"诸侯所由用命"的"钧台之享"③，并且铸造了象征权力的"九鼎"④。更有甚者他利用手中权力，集中财富，过着奢侈放纵的生活，屈原说："启《九辩》与《九歌》兮，夏康娱以自纵。不顾难图后兮，五子用失乎家巷。"⑤

如果说，禹传子家天下标志王权刚刚产生，经启之后十五个王的权力积累与膨胀，终于至夏后桀形成了"残贼海内，赋敛无度，万民甚苦"⑥的局面。那么商王朝开国之君成汤之位既不像黄帝以前那样，由氏族成员选举产生；也不像尧舜那样，因禅让制度由"传贤"得到；更不同禹传子家天下，由父死子继世袭得来；而是"成汤革夏""殷革夏命"，⑦通过军事行动，从夏桀手里夺取过来的。

从成汤立国，到盘庚迁殷以前，约三百年间，商王的权力在社会生活的各个领域中，都呈现不断加强并逐渐扩大的趋势。这既表现在商初的"伊尹放太甲"事件中，又体现在仲丁以后的"九世之乱"里。前者说明商贵族对王权的干预，后者则是同姓家族长对王权的觊觎。至盘庚王时，其权力遇到了贵族与平民两股力量的挑战。于是盘庚召民聚会，向所有敢于反对他的人们宣战："听予一人之作猷。"⑧还进一步威胁说："矧予制乃短长之命。"⑨最后盘庚终于挫败反对迁都势力，从而全面树立起王权的威严，形成了"百姓由宁，殷道复兴，诸侯来朝"的繁荣昌盛局面。这又必然地使王权得到更为有力地加强。

这种王权的加强，还表现在与神权结合起来，利用当时人们对自然界各种事物畏惧心理大肆鼓吹神权政治思想。它是由原始宗教迷信发展而来，进入阶级社会以后，改变其原始性，深深地打上了阶级烙印。殷商奴隶主贵族创造了一种"至上神"的观念，称为"帝"或"上帝"，认为这是上天和人世间的最高主宰。说"帝"是王的祖宗神，王是帝的嫡系子孙，从而把神权和王权合二为一，要服从商王族统治，特别要服从作为商族代表商王的统治。因此，一切事情、活动都要

① 《竹书纪年》，长春，时代文艺出版社，2008年。
② 《史记·燕召公世家》，北京，中华书局，2012年，12页。
③ 《春秋左传集解》，上海，上海古籍出版社，1977年，1233页。
④ 《墨子·耕柱》，见《诸子集成》，中华书局，1986年，第四册。
⑤ 《离骚》，杭州，浙江古籍出版社，2012年。
⑥ 《韩诗外传》第10卷，北京，中华书局，1980年。
⑦ 《尚书·多士》，见《今古文尚书全译》，江灏等译校，贵阳，贵州人民出版社，1991年，329～332页。
⑧ 《尚书·盘庚上》，见《今古文尚书全译》，江灏等译校，贵阳，贵州人民出版社，1991年，162页。
⑨ 《尚书·盘庚上》，见《今古文尚书全译》，江灏等译校，贵阳，贵州人民出版社，1991年，159页。

请示上帝,都要占卜,而且占卜多次。这种占卜,在今天看来是十分可笑的迷信活动,但是当时奴隶主贵族正是利用这种方式来维系在人间的统治,而且发挥了重要作用。

商王权的发展,至商末代君主纣王之时,已显露出专制君主的面目。据史书记载,商纣王利用特权,横征暴敛,"厚赋税以实鹿台之钱,而盈钜桥之粟";他穷奢极欲,"以酒为池""悬肉为林""为长夜之饮";他"重辟刑,有炮烙之法",并随意杀戮重臣,"剖比干观其心","囚箕子","醢九侯","脯鄂侯","囚西伯羑里"①,充分显示出专制君主的残暴、凶狠和为所欲为、支配一切的绝对权力。

2. 古代国家元首权力的扩大

西周时期国家元首是以"天之元子"的身份降临到人世进行统治的。《易·乾文言》说:"元者,善之长也。"形象地说明了周王企图利用天帝的灵光抬高自己的权威。一般地说,以天子作为国家元首的别称始于周。这说明周天子的权力实际上比商"予一人"大,远远超过夏后。西周王权的扩大,可从以下史实说明:

第一,周天子既是内服官的最高首领,又是外服"诸侯"的"共主"。毛公鼎铭文曰:"予一人在位","溥天之下,莫非王土,率土之滨,莫非王臣"。"莫非王土"说明当时周天子统治的地域内的土地都归王所有,这是周天子统治的经济基础。"莫非王臣"说明当时已形成了完整的国家机构。在周朝国家机关的整个体系中,周王地位最高,权力最大,是诸侯政治上的共主和奴隶主阶级的最高代表,同时他还兼有周族族长的职务。这种政治和宗族的双重权力的地位,造成了西周王权的基础。凡属国家大事都由王命来决定,在军事上,他可以征调诸侯军队,有最高军事指挥权。在司法上,他可以裁判诸侯之间的争议。这些又是王权的重要支柱。

第二,分封制和礼乐征伐自天子出的思想确立是王权巩固与扩大的制度上的根本保证。分封制的核心是嫡长子继承制。它既保证了周天子有合法的、明确的继承人,以避免因王权交替而引起的纷争,进而从血缘关系上确认周天子的权威。又利用分封制所造成的地方政权以及它同中央政权的关系所作出的一些制度上的规定,从而导致了地方政权——首先是各诸侯国——对周王室隶属关系的加强。所谓"礼乐征伐自天子出"②,即是诸侯国的建置和制度的设施要奉王命进行,如诸侯国不履行供纳和朝聘义务,周王可以明令征伐或撤销其封国。天子出命往往通过"巡狩"和"述职"方式进行。天子有权对诸侯国进行巡狩并实行赏罚;诸侯国有义务向周天子述职,接受周天子赏罚。巡狩与述职,多是在一年中的春秋两

---

① 《史记·殷本纪》,北京,中华书局,2012年,12页。
② 《论语·季氏》,第一册,北京,中华书局,1986年,5页。

季。即所谓"若节春秋,来承王命"①,"诸侯春秋受职"②,从而加强周天子对地方官的控制。

第三,王与生产劳动相脱离。值得注意的是,"汤武革命",发布的两篇誓词,商汤在《汤誓》中曾提及"舍我穑事而割正夏"的"穑事",而在"武王伐纣"的《牧誓》中却只字未提,这说明,周王与生产劳动已拉开距离,劳心与劳力的分工已明确。虽然西周初年保留"籍田"之礼,只不过"耕一垡"③做做样子而已。但是到了周宣王时,便公开宣布"不籍千亩"④,表明周王彻底与生产劳动断绝关系。

三、国家元首继承制度

在我国奴隶社会不同历史时期,国家元首的称谓也不同。大约在夏称帝后,在商称"予一人",在周称"天子"⑤。秦以及秦以后称皇帝。与此相适应的元首产生方式亦有很大差异。纵观整个奴隶社会,在某种意义上说,国家元首称谓是紧紧围绕着国家元首产生方式不同而发生变化的。元首产生的方式合理,国家政权交替就减少纷争;元首产生的方式不合理,就增加其纷争;违背了历史发展方向而产生的国家元首,则加剧了其纷争,甚至国破家亡。因此,国家元首如何产生不仅是个方法问题,而且是关系到每个王朝政权稳定与否的大问题。因此,历史上有作为的统治者都绞尽脑汁,总结经验,使权力交替更加合理,进而巩固国家的统治。

1. 从传贤到传子

在我国,国家产生前,部落、酋邦的公职人员是通过禅让而产生的。所谓禅让,亦是原始社会末期,以"选贤与能"⑥为标准,用民主方式推举部落联盟酋长的一种制度。这种制度最突出表现在尧、舜、禹时期。据古文献记载,尧为部落联盟酋长,在他年老时,选择舜为继承人。经四岳十二牧会议同意,尧传位给舜,后来舜传位给禹,亦效仿先例得以实现。这似乎在学术界已成定论。

然而,历史本来面貌并非单一取向。应当说,禅让传贤仅仅说明问题的一个方面,当然是当时传位交替的主要形式。但是,绝不能因此而忽视同一问题的另一个方面,即使在当时是次要方面,然而它却是有生命力的潜在力量。《史记·五

---

① 《左传·僖公十二年》,见《春秋左传集解》,上海,上海古籍出版社,1977年,280页。
② 《国语·鲁语上》,上海,上海古籍出版社,1978年。
③ 《国语·周语上》,上海,上海古籍出版社,1978年。
④ 《国语·周语上》,上海,上海古籍出版社,1978年。
⑤ 张创新:《中国古代国家元首称谓小考》,《吉林大学社会科学学报》,1987(2):93页。
⑥ 《礼记·礼运》,见《十三经注疏》,北京,中华书局,1980年。

帝本纪》云，尧与四岳讨论酋长的继承人时，"放齐曰：'嗣子丹朱开明'，尧曰：'吁！顽凶，不用'"，经过考察准备让舜"登帝位"。这段引文告诉我们，尧不是没有想让自己儿子丹朱登位，而是认为他"顽凶"。另据《古本竹书纪年》云："昔尧德衰，为舜所囚"，"复偃塞丹朱，使不与父相见"①。这里舜为什么囚尧，语焉不详。而丹朱之所以被流放，是因为"丹朱之不肖"，而舜"施泽于民久"②的结果。这个纷争大概与继位有关，否则，怎么能"囚尧"，"复偃塞丹朱"呢？舜与四岳讨论继承人问题时，"舜乃豫荐禹於天"③。但另据《韩非子·说疑》云："禹逼舜。"当位者荐，继位者逼，这一荐一逼透露禹继舜位并非一帆风顺，可能受舜之子商均干扰，而最后之所以禹取代商均是因为"舜之子亦不肖"，而禹"施泽于民久"④之故。

以上说明，这个时期，不管是谁占据了酋长职位，都曾想将此位传给自己的儿子，终因"不肖"而没有得逞。同时，当时氏族贵族又以"施泽于民"的政绩而决定其去留。值得注意的：每经一次继位交替，那种传统的氏族民主选举制都进一步被削弱。

这种民主选举制到禹之子——启时，被削弱到最低程度。禹虽然在表面上初授政于皋陶，但因之早亡，又授政于伯益。但暗地里又抑制伯益，不让他做更多的事情。这就造成了伯益"历年少，施泽于民未久"，相反，"启贤，能敬承继禹之道"⑤的形势。当禹死后，虽伯益名为禹的继承人，但实际上，"朝觐讼狱者不之益而之启"，"讴歌者不讴歌益而讴歌启"⑥。在这种情况下"益干启位，启杀之"⑦。正如马克思在《摩尔根〈古代社会〉一书摘要》中说："世袭继承制凡是最初出现的地方，都是暴力（篡夺）的结果，而不是人民的自由许可。"这说明禹之子——启是以暴力手段把"公天下"转为"家天下"，变"大同"社会为"小康"社会的第一人，从而宣布禅让制的最后破产，世袭制的诞生。从夏朝国家元首继承制看，从启开始，13代，16王。其中除仲康、帝扃是传兄外，其余皆传子。可见，夏朝国家元首继承方式主要是传子，传兄只是一种特例。

然而，夏朝王位传子制的确立并非一帆风顺。它主要克服来自两方面的阻力：一是新与旧之争；二是不同奴隶主之间的争斗。二者斗争的焦点都是紧紧围绕着王位传子还是传贤的问题而展开的。前者斗争主要是来自夏部落内部。《史

① 《史记·五帝本纪·正义》，北京，中华书局，2012年，12页。
② 《孟子·万章上》，北京，中华书局，1986年，第一册。
③ 《史记·五帝本纪》，北京，中华书局，2012年，12页。
④ 《孟子·万章上》，北京，中华书局，1986年，第一册。
⑤ 《孟子·万章上》，北京，中华书局，1986年，第一册。
⑥ 《孟子·万章上》，北京，中华书局，1986年，第一册。
⑦ 《竹书纪年》。

记·夏本纪》说:"启遂即天子位,是为夏后帝启。……有扈氏不服,启伐之,大战于甘。……遂灭有扈氏。天下咸朝。"有扈氏在今陕西中部、东部一带,是仅次于夏启氏的一个强大的氏族。他之所以不服,是因为反对启用暴力手段杀死伯益夺取政权,要走尧、舜、禹的道路,亦即走氏族公社制的道路。其实质是维护原始社会末期的旧的民主制的传统。在有扈氏看来,启的行为是大逆不道的,是逆潮流而动的。然而,社会已经发展了,私有财产和私有观念亦产生了。与此相适应的上层建筑亦要发生重大变革。因此,夏启的最后胜利,有扈氏的最终失败,便成为历史的必然。后者斗争在更大范围内展开了,其斗争性质是坚持守旧,还是坚持进步。这种斗争不仅来自夏部落内部,也来自其他部落。启传于太康。太康天天宴饮游玩,不恤民事,引起人民的极大怨愤。东夷有穷氏的首领后羿把太康赶下台。传说尧做首领时,曾派善射的羿射掉给人民造成了严重旱灾的十个太阳中的九个。可见羿是勇于向自然斗争的英雄,因而做了有穷氏的首领,得到了人民拥护。有穷氏的后羿正是利用夏部落人民对太康不满的机会闯进来,夺取夏政权而代之,做了正式国家元首。不久,后羿又被他的亲信寒浞杀掉,寒浞取得王位,仲康之子少康集合了夏遗臣和一些亲信氏族,最后灭掉寒浞。这场王位争夺战也具有传子和传贤性质。它说明,奴隶制时代的传子制还在形成过程中,"还未享有充分的道义上的威望"[1],而传统的传贤制还有巨大的影响。它反映着一种政治制度的确立要进行一场多么长期复杂的斗争。其中包括流血的、不流血的、道义上的、意识形态上的种种斗争形式。

2. 从兄终弟及到父死子继

夏朝最后一个王——桀,虐政荒淫,并召"汤而囚之夏台"[2]。因汤在北方商族中有很大威信,夏桀不得不释放汤。商汤励精图治,积蓄力量,趁"诸侯昆吾氏为乱"之机,推翻夏朝,建立商朝。

商朝王位继承制很有特色,从商第一王汤到商最后一个王纣,共17代,继位为王者30人。其中兄终弟及者14人,父死子继者12人,叔侄相传者4人。如果我们以盘庚迁殷为界,则会发现,盘庚迁殷以前,兄终弟及者9人,约占商代兄终弟及者总数的64%。而父死子继者6人,约占商朝父死子继者总数的36%;盘庚迁殷以后,父死子继者7人,约占商朝父死子继者总数的64%,而兄终弟及者4人,约占商朝兄终弟及者总数的36%。这些数字告诉我们,商朝国家元首继承制度,前期以兄终弟及为主,父死子继为辅,后期以父死子继为主,

---

① 恩格斯:《家庭、私有制和国家的起源》,见《马克思恩格斯全集》,第21卷,北京,人民出版社,1972年,135页。

② 《史记·夏本纪》,北京,中华书局,2012年,12页。

兄终弟及为辅。而且,综观整个商朝国家元首继承制度,兄终弟及越来越弱,父死子继越来越强。

这就向我们提出如下两个问题:一是商朝初期国家元首继承制度为什么会出现兄终弟及的现象?二是商朝后期国家元首继承制度为什么由兄终弟及转向父死子继?

前者的原因大致有二:一是在商朝初期国家元首继承方面遇到一定的实际困难。据《史记·殷本纪》云:"汤崩,太子太丁未立而卒,于是乃立太丁之弟外丙,是为帝外丙。帝外丙即位三年崩,立外丙之弟中壬,是为帝中壬。帝中壬即位四年崩,伊尹乃立太丁之子太甲。"这就告诉我们,前王死时,幼子不一定成年,甚至还在襁褓之中,或者是年幼还没有经过必要的实际锻炼。当幼子还不能很好地担负起王的一切职务时,势必由其诸兄来暂时代为行使职权。而其诸兄地位是平等的,并没有贵贱之分,只有年龄大小之别,这就往往表现为"兄终弟及"。二是商朝初期母权制的遗风还相当严重。商族始祖契是简狄之子。《史记·殷本纪》记载:有娀氏之女名简狄,吞玄鸟之卵,而生契。《诗·商颂·玄鸟》曰:"天命玄鸟,降而生商。"简狄时,商族大约尚处于母系氏族制时期,至契时,已过渡到父系氏族制时期。而商的始祖契,与夏启之父禹属于同一时代的人。也就是说,夏部落进入父系氏族公社末期时,商族刚刚进入父系氏族公社时期。从社会发展来看,商族比夏族落后一个层次。当然商族建立国家后,商族比夏族的母权制的遗风要重得多。因此,反映在国家元首继承制上,正像汉代人所说:"殷道亲亲。"何为"亲亲"?据《史记·梁孝王世家》褚先生补编说:"殷道亲亲者,立弟。"亦即兄终弟及。立弟不是别的,就是重母统。母系氏族社会,关于遗产继承的特点是:兄弟姊妹及姊妹的子女等人有继承权,而自己的子女反而没有继承权。当商汤推翻夏朝进入奴隶社会时,母权制的遗风不能立即消失,相反却要存在相当长时期。

商朝后期,为什么国家元首继承制由兄终弟及转向父死子继呢?其原因有二:一是兄终弟及的国家元首继承制加剧了王位的纷争。这种纷争突出表现是九世之乱,即商朝第十一王中丁到第十九王阳甲,共计九世。"乱"的核心是争夺王位。王位始终在王族内部祖辛和沃甲两个大家族来回争夺。当时社会生产力进一步发展,社会财富出现了明显的剩余,加之奴隶主阶级贪得无厌的私欲,那些失去继承王位的王兄,或没有继承王位的王子,为了得到国家元首的位置,就容易发生争夺王位的纷争。这种纷争的事实教育了当时统治者,使之调整国家元首继承制度以避免其纷争。二是夏朝国家元首继承制对商朝的影响所致。当商汤率军推翻夏桀而进入其统治区时,商族母权制的遗风不能立即消除,相反还要存在相当长时期,因而形成商前期的伊尹放太甲事件、九世之乱,到了商代第二十王盘庚,只好用迁都于殷地的方法来解决由于王位争夺而引出的王室内部的纷争。但是,迁都只能使竞争对手经济条件削弱、政治权力不稳,从而失掉争夺国家元首的可能,并没有消除纷争的隐患。为了解决这一隐患之故,商朝统治者只好效仿夏朝的王位父死子继制。这是因为"野蛮的征服者总是被那些他们所征服的民族的较高文明所征服,这是一条永恒的历史规律"[①]。"在长时期征服中,比较野蛮的征服者,在绝大多数情况下,都不得不适应征服后存在的比较高的'经济情况';他们为被征服者所同化,而且大部分甚至还不得不采用被征服者的语言。"[②]应当指出,在当时的历史条件下,父死子继要比兄终弟及进步,它的进步主要表现在王位纷争显著减少,王室内部逐渐稳定,进而使王权得到加强。

3. 嫡长子继承制的出现

商朝后期,在国家元首继承制方面,效仿夏朝而实行父死子继制。但是,在一妻多子或一夫多妻的情况下,王位纷争在更深层次上展开了。历史证明商朝统治者无法解决这一深层次的纷争,而解决这一矛盾的任务历史地落到了周初统治者身上。

周初,国家元首继承问题,有两次大的斗争教育了当时统治者。一是太伯奔吴;二是"三监"之乱。

古公亶父被周人追尊为"太王"。周太王有三子,长曰太伯,次曰仲雍,三曰季历。季历生子名昌,即后来的周文王。太王立幼子季历而不立长子太伯,一方面说明这时周人在国家元首继承制方面沿袭商朝后期父死子继的做法。1977 年,在陕西岐山周原遗址发现大量周朝甲骨文字材料,证明周的首领和商王国双方发生了婚姻关系。季历的妻子大任,就是商王国内异姓贵族挚化的女儿。可知商朝后期父死子继制对早周必有影响。另一方面说明周人在国家元首继承制方面并非简单沿袭商朝而是有所变革。周太王立幼子季历,于是长子太伯,次子仲雍"奔荆蛮"。太伯逃到荆蛮后,甘愿"文身断发"[③],做了吴的君长,可看出太伯有做君长的强烈欲望。这从另一个侧面告诉我们,太伯、仲雍奔荆蛮前关于国家元首继承问题必有一番争夺。关于这个问题,杨升南先生分析得好。他说:"太伯'奔荆蛮'并非出于'自愿'。《史记》用'奔'字形容他离开周时的情状,就透露出一点实情。《左传》僖公五年,宫之奇说'太伯虞仲,太王之昭也;太伯不从,是以不嗣……亲以宠偪,犹尚害之'。杜预注云:'不从王命,俱让适吴'。嗣,即子嗣,儿子。不嗣,就

---

① 马克思:《不列颠在印度统治的未来结果》,《马克思恩格斯选集》,第 2 卷,北京,人民出版社,1973,70 页。

② 马克思:《所谓原始积累》,见《马克思恩格斯选集》,第 3 卷,北京,人民出版社,1973 年,222 页。

③ 司马迁:《史记·吴太伯世家》,北京,中华书局,2012 年,12 页。

是不再认作是自己的儿子。可见太伯是同其父闹翻脸后而逃的,其起因是他'不从王命'(其父太王之命)。"可见,周太王时王位继承制立子是肯定的,但究竟是传长子、传庶子,还是传幼子,并没有定制。

在严格的一夫一妻制的情况下,王不仅只有一个儿子,何况在一夫多妻制的情况下,周王的儿子就更多!早周虽然继承了商朝后期的父死子继制,但是在当王的儿子并非一个的前提下,让哪个儿子继承王位,必然在统治阶级内部引起激烈的纷争。争夺的中心问题是国家元首的位置,是其权力。而有了权力就意味着有了财产。因此,避免王位争夺,维护统治阶级的稳定和团结,是早周统治者必须解决而且亟待解决的大问题。

发生在周朝建国初期的"三监之乱",就是周统治者进一步解决国家元首继承制度的大事。武王克商以后,如何控制商朝原来统治地区,是摆在周朝统治者面前的一个严重问题。据《尚书·大传》说:师尚父主张把敌人全部杀掉,以绝后患;召公认为应当加以区别,"有罪者杀,无罪者活";周公旦提出了分化利用,既要进行武力监视,又要施以笼络的办法。武王最后决定采用周公旦的办法,封商纣王之子武庚为商后,留在商都,通过武庚控制商人。然后把周武王之弟管叔、蔡叔、霍叔分别分封在商都附近邶、卫、鄘之地,以监视武庚,史称三监。实质上,这是把商最顽固的地方,用最忠实于周王的人分而治之,用武庚这个商王的后裔笼络商民的办法来巩固周朝统治。

周王朝建立仅二年,武王就死了,其子诵继位,史称成王。由于成王年幼,实权掌握在周公旦手中。这一点对于武王的次弟管叔来说,显然是一个不小的刺激。于是,管叔、蔡叔对此不满,扬言,"(周)公将不利于孺子"[①]。孺子即周武王长子成王。从他们所放出的流言表明了周人传子观念很深,他们实为保卫周成王的继承权而反对周公篡位。另外,周武王有兄弟十人,其死后,不立其弟,而立其长子诵为继承人,反映周人已经找到了解决王位纷争的办法,完成了国家元首由父死子继到嫡长子继承制的变革。所谓嫡长子继承制就是《公羊传》隐公元年所概括的两句话:"立嫡以长,不以贤;立子以贵,不以长。"嫡即多妻中的正妻,其余则称"庶妻"。贵即庶妻中最高贵者。按周制,国家元首的继承必须嫡妻长子,至于这个嫡长子是否贤不在考虑之内。假如嫡妻没有生子,这样就不能不立庶妻中贵者之子了。至于这个贵妻之长子的年龄是不是在诸子中为最长,则不在考虑之列。

综上所述,在中国奴隶社会中,王位的继承问题是关系到每个王朝兴亡盛衰

---

① 《尚书·金縢》,见《今古文尚书全译》,江灏等译校,贵阳,贵州人民出版社,1991年,255页。

的大问题。因此,每个王朝的统治者不断总结历史经验,力图找出最好的解决办法。夏代王位继承制度是传子,商代则是兄终弟及或父死子继,周代则建立了严格的嫡长子继承制。这正是不断总结治国经验的结果。应当说,嫡长子继承制在当时有其合理性。因为王的嫡妻只能一人,其长子亦只有一个。这样使储君确定,杜绝诸子和诸弟"疑生争,争生乱"[①]的情形发生,从而有利于政权巩固和发展。至于由此而酿成世卿世禄制和专制主义中央集权制,这是以后的事情,并非周人最初的思想。硬把后来的发展说成当初的思想,进而否定其历史的进步作用,是违背历史辩证法的。

第二节　中央政府最高行政长官

中国古代中央政府最高行政长官称为宰相。宰相位于一人之下,百官之上,总领全国军、政、财等大权。《史记·陈丞相世家》云:"宰相者,上佐天子理阴阳,顺四时,下育万物之宜,外镇抚四夷诸侯,内亲附百姓,使卿大夫各得任其职焉。"

奴隶社会的宰相制度形成并不是一朝一夕的,而是一个历史的过程。它有四个阶段:一是无宰相之名,行宰相之实的实践阶段;二是宰相称谓正式出现阶段;三是宰相官府的形成阶段;四是军政合一的执政阶段。

一、无名宰相制

夏朝无宰相之名,实际上有类似职官。早在原始社会后期即军事民主制时期已经出现类似宰相官职的萌芽。尧在年老时曾对四岳说:"畴咨若予采?"[②]采即事,办理政务的意思。结果经四岳推选舜辅佐军事酋长尧治理政务。当然这里的"官"不同于阶级社会在国家机器中任职的官员,只是管理公共事务的公仆。舜在年老时用同样方法推选禹辅佐政务。值得注意的是,舜担任大酋长时对部落联盟机构进行了改革,设置了专职公仆九人。其职和职掌如下:司空,由禹担任,管水利;后稷,由弃担任,管农业;司徒,由契担任,管民政;士,由皋陶担任,管军事与刑罚;共工,由垂担任,管手工业;虞,由益担任,管山川;典礼,由伯夷担任,管祭祀;

---

① 《吕氏春秋·慎势》,见《吕氏春秋译注(下)》,张双棣等译注,长春,吉林文史出版社,1986年,581页。

② 《尚书·尧典》,见《今古文尚书全译》,江灏等译校,贵阳,贵州人民出版社,1991年,18页。

典乐，由夔担任，管文化教育；纳言，由龙担任，管内务和外交。[①] 禹是舜的接班人，辅佐舜管理政务，显然禹的地位要高于其他八人。《史记·夏本纪》云："帝禹立而举皋陶荐之，且授政焉，而皋陶卒。……而后举益，任之政。""虽授益，益之佐禹日浅，天下未洽。""授之政""任之政""益之佐禹"都说明皋陶、伯益在不同时期辅佐禹治理部落联盟政务。禹之子启开创了中国奴隶社会第一个王朝——夏。这时有扈氏不服。双方大战。据《尚书·甘誓》说："大战于甘，（启）乃召六卿。"六卿即是夏启的左右大臣。《墨子·明鬼下》引载本篇，作"乃命左右六人"。这六卿无疑是指当时朝廷六位最主要的官。郑玄注说："所谓六卿者：后稷、司徒、秩宗、司马、士、共工也。"这六职，可以看作酋邦时期所设之职的继承。由于夏朝与原始社会距离相当近，酋邦的机构运转机制必对夏朝有深刻影响。故此，六卿能对夏王的重大决策提出建议，夏王的决策形成后，也往往先召集他们宣布并负责贯彻执行。同时，大概六位高级官吏亦非平等，其中必有相当舜时禹那样地位的人。

二、有名宰相制

商朝有相之名，亦有相之职。《尚书·君奭》云："我闻在昔成汤既受命时，则有若伊尹，格于皇天。在太甲时，则有若保衡。在大戊时，则有若伊陟、臣扈，格于上帝；巫咸乂王家。在祖乙时，则有若巫贤。在武丁时，则有若甘盘。"其大意是过去成汤既已接受上天的大命，便有个伊尹辅佐成汤，使成汤得以升配于天。在太甲时，有个保衡，大戊时又有伊陟和臣扈，分别辅佐他们，使他们得以升配于上帝。巫咸帮助殷王治理国家。祖乙时有个巫贤，武丁时有个甘盘，亦帮商王治国。可见，这里列出了商代居相位之职的名单，有伊尹、保衡、伊陟、臣扈、巫咸、巫贤、甘盘七人。但这个名单还不全，还应加上仲虺、傅说二人。这些人身居"相"位，都是商王的重要辅佐。其中伊尹、傅说，是商代著名的"贤相"，被传为佳话。

《墨子·尚贤中》云："伊挚……汤得之，举以为己相。"伊挚即伊尹。可见伊尹曾是商王汤的"相"。伊尹为商汤之相前后做了如下几件大事。（1）以烹调技术为名，谈治国平天下之道。《史记·殷本纪》称之："负鼎俎，以滋味说汤。"伊尹教给成汤许多道理，指出要想成就王业，必须像烹制美味佳肴一样，"天子不可强为，必先知道"[②]。伊尹又给成汤出谋说，烹调之时，鼎中的变化精妙，简直不能以言语来形容其奥秘，所以成就王业亦像烹调时掌握火候一样不失良机。（2）辅助汤亡夏

---

① 《尚书·舜典》，见《今古文尚书全译》，江灏等译校，贵阳，贵州人民出版社，1991年。
② 《吕氏春秋·本味》，见《吕氏春秋译注》，长春，吉林文史出版社，1986年，388页。

桀。伊尹被成汤"举任以国政"①后,多次派使去夏,了解夏朝的动向,助汤制定出先剪夏之羽翼,拔掉韦、顾、昆吾等,最后直逼夏桀的老巢之略。(3)辅佐太甲立国。成汤死后,伊尹写了一些文章用作教诲太甲的教本。如《咸有一德》讲君臣如何同心同德,《伊训》讲太甲如何光大列祖之业,《肆命》讲应该发布哪些政治教令,《祖后》讲成汤法度。可是,太甲乃"颠覆汤之典刑",改变了汤的方针政策,在这种情况下,伊尹只好"放太甲于桐"(今河南虞城东北)。经过三年,太甲"悔过自责",伊尹又把他迎回来,交还政权。正因如此,后来太甲政绩突出,一是"诸侯咸归殷",二是"百姓以宁"。《晏子春秋》则把太甲和商代相提并论,如与汤、祖乙、武丁并提,称他是"天下之盛君"。这从另一角度说明,伊尹对商朝政权的巩固起了重要作用。

《史记·殷本纪》云:(武丁得傅说)"举以为相,殷国大治。"傅说为相的功绩,我们可以从武丁说的一段话得知。《国语·楚语上》云:"得傅说以来,升以为公,而使朝夕规谏。曰:'若金,用女作砺;若津水,用女作舟;若天旱,用女作霖雨,启乃心,沃朕心;若药,不瞑眩,厥疾不瘳;若跣,不视地,厥足用伤。'"又据《尚书·说命上》云:"朝夕纳诲,以辅台德。"也就是说,武丁把傅说看得异常重要,自从得傅说以来,升其为公,愿意不分昼夜向他请教,用以匡扶自己的德行。假如武丁是一把刀,就以傅说做磨刀石;假如武丁要过河,就以傅说做船;假如武丁遇到大旱之年,就以傅说做霖雨;希望傅说打开自己的心,用来浇灌他的心。可见,武丁在位五十九年②,统治比较稳定,除其本人素质外,与傅说的辅佐有很大关系。

三、相府宰相制

西周不但有相职,还有相府。西周是我国奴隶社会的鼎盛时期,它的国家机构设置亦达到奴隶制国家的高峰,突出表现在王权的巩固与发展;以嫡长子继承制为核心的王位更替制的确立;国家中央机构完善并制度化、法制化;以分封制为基础的国家地方机构不断变化;国家官吏管理制度趋于合理并且健全。其中宰相制度尤具特色。

西周的宰相制的发展,大致经历三个阶段,即西周初期的二公制,西周中期的二寮制,西周晚期的冢宰制。

首先看二公制。《尚书·君奭》序:"召公为保,周公为师,相成王为左右。"《史记·燕召公世家》:"成王时⋯⋯自陕以西,召公主之;自陕以东,周公主之。"而以

---

① 《史记·殷本纪》,北京,中华书局,2012年,12页。

② 《尚书·无逸》,见《今古文尚书全译》,江灝等译校,贵阳,贵州人民出版社,1991年,339页。

"陕"作为其分界线,"陕"指陕陌,在今河南三门峡市西南,正当东西都王畿的中心点。① 这样王畿的西部宗周地区,由召公主持政务,而东部的成周地区,政务则由周公控制。周人在被占领的殷畿内建立新政权是当时最重要的一项任务。这项任务历史地落到了周公身上。《荀子·儒效》说:"武王崩,成王幼,周公屏成王。"据《尚书大传》云,周公旦做了七件大事:"一年救乱,二年克殷,三年践奄,四年建侯卫,五年营成周,六年制礼作乐,七年致政成王。"概括说来,救乱、克殷、践奄主要表现在平定"三监"之乱和东方小国叛乱两个问题上。武王克商以后,对商遗民采用何种政策?周公旦提出分化利用之策,被周武王采纳。于是把商王畿分为邶、卫、鄘三个封区,分别由武王之弟管叔、蔡叔、霍叔加以监督。殷都以东为卫,由武王弟管叔监之;殷都以西为鄘,由武王弟蔡叔监之;殷都以北为邶,由武王弟霍叔监之,史称三监。实质上,这是把商最顽固地区用最忠实的周人分而治之的韬略。周王朝建立刚二年,武王就死了,其子成王诵继位,但由于成王年幼,实权掌握在周公旦手中。这一点对于武王的次弟管叔来说,显然是一个不小的刺激。管叔、蔡叔对此不满,扬言周"公将不利于孺子"②,于是联合了武庚和他在东方的旧势力:殷、东、徐、奄、蒲姑、淮夷、熊、盈之族十七国共同反周。于是,周王族内部争夺王位的斗争与商遗民复辟的斗争交织在一起。在这种复杂的局势面前,周公旦表现了卓越的政治家的才能。他首先安定了统治集团内部,对太公望和召公这两个关键性人物做耐心而反复的解释工作,着重说明了:武王早死成王年少,"恐诸侯畔周","乃摄行政当国"③,并引用商代的历史,说明辅佐大臣摄政是自古以来的传统,从伊尹辅佐成汤,到甘盘辅佐武丁,莫不如此。终于消除了误会,稳定了王室核心的团结。接着杀了管叔,流放了蔡叔。同时,二次东征镇抚了商遗民的叛乱,不久又平息了奄、蒲姑等小国的反叛。如何统治被征服的反叛地区是战后的一大问题。商都的商后武庚叛乱教育了周公旦,表明重要地区不能再用旧氏族首领的"以夷制夷"之策,必须分封周族中最可信赖的成员统治之。《左传》昭公二十八年说:"昔武王克商,光有天下,其兄弟之国者十有五人,姬姓之国者四十人。"《荀子·儒效》说:"周公……兼制天下,立七十一国,姬姓独居五十三人焉。"周初所封者,基本上是周天子的子弟、同姓及戚属。如:周公旦的长子伯禽被封于曲阜,建立鲁国;姜太公被封到营丘,是为齐侯;召公奭被封到燕,其长子建都于蓟。东方辽阔疆域的开拓,要求统治重心的东移。公元前1020年,周公旦正式营东都洛邑。东都成周经过周公营造,已成东方重镇,其功效是使周人对东部地区的统

---

①　杨宽:《西周中央政权机构剖析》,《历史研究》,1984(1):82～87页。

②　《尚书·金縢》,见《今古文尚书全译》,江灏等译校,贵阳,贵州人民出版社,1991年,255页。

③　《史记·周本纪》,北京,中华书局,2012年。

治有了强大的据点。为了周朝统治的长治久安，周公旦营建成周之后，便开始制礼乐。"礼"的内容是"别"，即所谓"尊尊"；"乐"的核心是"和"，即所谓"亲亲"。有别有和，是巩固周人内部团结的两方面。其具体内容主要有：畿服，即是王畿内的中央政权与地方政权关系的一种规定；爵、谥，前者即是统治阶级内部的等级关系在法律上的规定，后者即是后王对前王功绩的评价。此外，礼乐还有田制、法制、嫡长子继承制等方面的规定。周公旦摄政六年，周政权巩固了，成王也已成人。于是第七年，致政成王，并提出两条格言："人无于水监，当于民监。"①"我不可不监于有夏，亦不可不监于有殷。"②这里提出了两条治国经验：一是历史治政经验；二是以民为监的治国思想。可见，周公旦是一个著名的相，不愧于那个时代的杰出人物；

其次看二寮制。西周初期，以大师、大保管理政事，其地位处在周天子之下，百官之上。自成王以后，大师、大保的长老监护作用越来越强，至西周中期以后，就不见大保担任执政大臣，取而代之的是卿事寮和太史寮两官署。其长官分别为大师、太史。卿事寮长官大师的职掌，主管"三事"和"四方"。所谓"三事"就是指王畿以内的三种政务，即任事、平法、养民。所谓"四方"即是指王畿以外所分封的四方诸侯地区的政务。太史寮长官太史的职掌是，掌管册命、制禄、图籍、记录历史、祭祀、占卜、礼制、时令、天文、历法、耕作等；③

再次看冢宰制。《周礼》一书，列冢宰为六官之首，尊为百官之长，"掌建邦之典，以佐王治邦国"，郑玄注云："冢宰于百官无所不主。"贾疏引郑目录云：冢宰"象天所立之官。冢，大也；宰者，官也。天者，统理万物，天子立冢宰，使掌邦治，亦所以总御众官，使不失职"。有人认为《周礼》不是研究西周官制的信史。学者张亚初、刘雨所著《西周金文官制研究》与此观点相反。他们认为："《周礼》在主要内容上，与西周铭文所反映的西周官制，颇多一致或相近的地方。"白钢先生认为："灭商以后，'周公不就封，留佐武王。'周公虽是内廷官太宰，但可以参与外廷政务。'成王元年，周公为冢宰，摄政'，内廷官正式统驭了外廷百官。"④可见冢宰之官存在是一事实。不过当时周公主要是以外廷官治政，而不主要以内廷官太宰治天下。值得注意的是："《周礼》给冢宰戴了一个大帽子，云其可总揽百官之治，但细考其属六十三官，皆为王之衣食住行等宫中事务官，而这些，与西周金文宰职的

---

① 《尚书·酒诰》，见《今古文尚书全译》，江灏等译校，贵阳，贵州人民出版社，1991年，293页。

② 《尚书·召诰》，见《今古文尚书全译》，江灏等译校，贵阳，贵州人民出版社，1991，309页。

③ 杨宽：《西周中央政权机构剖析》，《历史研究》，1984(1)：82～87页。

④ 白钢：《中国政治制度史》，天津，天津人民出版社，1991年，140页。

内容是十分接近的。"①这就是说冢宰和宰这两个机构本无明显界限,很可能是一个机构两个牌子,或两个机构在一起办公。恰如朱凤瀚同志说:"西周不仅是王家家臣同时亦是王官,王家经济同时也可以视为是王朝经济,这表明西周时代王朝仍与王族密切相关,难以绝对分开,王朝政治统治仍带有浓厚的家族政治的色彩,正是所谓'家天下'。"②西周初年外事颇多,卿事寮、太史寮政事显著,其长官地位当然处在百官之上。随着专制程度的提高,要求权力高度集中,西周晚期又出现了总理两寮及公族事务的冢宰制。周宣王时期的毛公鼎,毛公被任命为总管国家与王家内外之事,总理卿事僚与太史僚,并兼掌公族与三有司、小子、师氏、虎臣等。"其权限远远超过前此历代王朝职官,颇近于后世的宰相,与《周礼》天官冢宰相类。"③冢宰列于六官之首,其地位又高于其他五官,这可以从毛公鼎、番生簋中得到佐证。不过"冢宰之设是反映了西周中晚期以后的实际情况"④。

总之,我们认为宰相制度形成是一个历史过程,即原始社会末期出现萌芽,中经夏、商、周不断发展演变,至西周后期最后完成。

四、执政宰相制

春秋时期是由统一的西周王朝进入分裂的东周时代。作为周王室下各受封诸侯,纷纷崛起,成了独立诸侯国。当时各诸侯国各自都有一套中央与地方机构。大体说来,中原王朝与西周王室的关系比较密切,基本上是承袭西周官制有所取舍。不过宰相制有了较大变化,如果以两次"弭兵之盟"为界,前期是公族执政,后期则是卿大夫执政。至于南方的楚国自称为"蛮夷",官制自成一系统,其宰相制自具特色。

1. 春秋前期公族执政制

所谓的"公族"是指公子、公孙在内的与王同祖的亲属。它包括两种类型:一是广义公族,即是时君所在近亲家族与诸先君遗族,出自同一诸侯始祖者。一是狭义公族,即是由未继位的诸公子、公孙所组成的以国君谥号为氏(为其家族名号)者。我们在这里讨论的公族执政制即是狭义的公族执政制。春秋时期中国境内大约有一百四十多个诸侯国,我们只能举其要而分述其狭义公族执政情况。要者以鲁、宋等国为例,加以说明之。

---

① 张亚初,刘雨:《西周金文管制研究》,北京,中华书局,1986年,41页。
② 朱凤瀚:《商周家族形态研究》,天津,天津人民出版社,1990年,355～356页。
③ 张亚初,刘雨:《西周金文管制研究》,北京,中华书局,1986年,109页。
④ 张亚初,刘雨:《西周金文管制研究》,北京,中华书局,1986年,141页。

在西周初年，鲁国是以头等的侯国就封。受封者是周公旦的儿子伯禽。但是鲁国在春秋之世终未能强盛起来。其中原因之一便是狭义公族间的权力之争。这种权力之争是从鲁庄公开始的，其焦点是谁担任执政，在鲁国称之上卿。鲁庄公是鲁桓公的嫡长子。他有三个弟弟即庆父、叔牙、季友。由于他们都是鲁桓公的儿子，史称"三桓"。结果季友当上了鲁国的上卿，执掌国政。叔牙、庆父不满，结为一党。庄公取了本国大夫党氏女孟任为妻，孟任生子名为般。因孟任之父为本国大夫，门第不当，她未成为正式夫人，其子也未成为合法继承人。所以鲁庄公临死前，向他的三个兄弟征求关于继承人的意见。庄公问叔牙，叔牙与庆父同党，就推举庆父做继承人。庄公察觉他们有篡国阴谋，又问季友，他却表示坚决拥立般。庄公深知季友是个忠臣，就把政权交给他。季友采取果断措施，把叔牙杀了，但没有追查主谋庆父。叔牙死后，季友立其子继承父位，即叔孙氏。庄公死后，季友立公子般为国君，不到两个月，庆父就指使马夫邓扈莘杀了公子般，又嫁祸于邓，把他作为主犯诛杀了。季友被迫出奔陈国。随后，庆父又立庄公的另一个儿子公子启方为国君，是为鲁闵公。闵公又召回季友。闵公二年（前 660 年），庆父又指使卜齮杀了闵公。不到两年，庆父杀了两位国君，激起鲁人的公愤。他自知罪大，被迫逃往莒国。季友另立庄公之子公子申为国君，是为鲁僖公。季友重贿莒国，要莒国交回庆父治罪。庆父向季友求情，要求免死出奔他国，未得同意，于是上吊自杀。其子公孙傲继承他在族中的地位，即孟孙氏。季友平定了乱党后，鲁僖公封给他一座城，又封季友为季孙氏。这是鲁国三家大夫立足开始。又过了32 年，季武子将鲁国之上下二军改为上中下三军，并和叔孙、孟孙三家各得一军，各征其军之土地赋税，即"三分公室"。

值得注意的是，从公元前 694 年鲁桓公死至公元前 662 年鲁庄公病危，中经32 年，几个先君遗族并存，共同参与朝政，对鲁国内政的巩固起到一定作用。三桓揽权出现在庄公死后二年左右时间内，但不管谁掌权，都要立先君之子为国君，所揽之权只是上卿之位。由于庄公之子与三桓均属叔侄关系，每一桓虽居卿位，但又有"挟天子以令诸侯"之威。不过这种情况与历史长河比较起来又是很短的一瞬，待到三桓之子取代三桓之位时，又作为维护鲁君的三股力量趋于平稳，到了公元前 562 年，季孙氏、叔孙氏、孟孙氏"三分公室"。值得注意的是，季孙氏、叔孙氏、孟孙氏并不是指季友、叔牙、庆父之子，而是他们的后裔。"一般来说自公之子（即公之曾孙）一辈即不在国君生前所在家族内生活。而且在公孙之子生活时期，作为其曾祖的国君已逝，而为其祖父的公子、公孙已脱离公室，所以公孙之子与公室已没有直接关系。"①因此,笔者认为,"三分公室"时的"三桓"已经不是以公族身份而是以大夫身份登上历史舞台。"三分公室"实际上是指三家各自分得了一块公室属地上的征赋权,直接控制了原属公室的部分兵力。这说明鲁国军政合一的执政制最后完成。

早在周初大分封时,殷纣王的庶兄微子启因在武王灭商时肉袒投诚,并且没有参加武庚叛乱,便被封于宋(今河南商丘)治理部分殷民。因此,春秋时期的宋国仍是商遗民的聚居地。《史记·梁孝王世家》褚先生补编说:"殷道亲亲。"亲亲者不是别的,就是重母统。母统的核心即血缘关系。商人重视血缘关系的传统仍强烈地感染着其后世子孙。关于这个问题朱凤瀚同志总结得十分精当,宋闵公十年(前682年)宋万弒闵公,其党伐公室,"萧叔大心及戴、武、宣、穆、庄之族以曹师伐之"②。宋成公十七年(前620年),成公卒,昭公继位,将去群公子,"穆、襄之族率国人以攻公"③。宋昭公元年(前619年)宋襄夫人因昭公不礼而因戴氏之族杀昭公之党。④ 宋文公二年(前609年)"宋武氏之族道昭公子,将奉司城须以作乱",宋文公遂"杀母弟须及昭公子,使戴、庄、桓之族攻武氏于司马子伯之馆"⑤。这说明宋国与鲁国不同,当先君死后,权力交替之时,早君的遗族与先君的遗兄不是相互火并,而是保持较密切的亲族关系,以统一的政治集团面目出现,为了一定的政治利益而形成一种共存局面。

这种共同参政的传统,必然反映在宰相的人选方面上。《左传·僖公九年》云:"宋襄公即位,以公子目夷为仁,使为左师以听政,於是宋治。故鱼氏世为左师。"又《史记·宋微子世家》云:"桓公卒,太子兹甫立,是为襄公。以其庶兄目夷为相。"《左传·襄公九年》云:"二师令四乡正敬享。"注:"二师,左、右师也。"从以上引文得出如下结论:(1)宋襄公名兹甫,是桓公的长子。(2)目夷为师,正如《史记》云:为师即为相,师分左右,故相亦分左相、右相。⑥ 当时宋有四乡,分为左右,以左师领左二乡,右师领右二乡。(3)目夷是宋襄公的庶兄,而且"听政"有功,宋国大治,所以他的后人鱼氏世世代代承袭左师即左相。其实右相有时也由君弟担任。《史记·宋微子世家》云:"昭公弟鲍革贤而下士……因大夫华元为右师。"其大意是昭公弟鲍革礼贤下士,因华元请,得右师。右师即右相。值得注意的是,宋

---

①　朱凤瀚:《商周家族形态研究》,天津,天津人民出版社,1990年,465～466页。

②　《左传·庄公十二年》,见《春秋左传集解》,杜预集解,上海,上海人民出版社,1977年,156页。

③　《左传·文公七年》,见《春秋左传集解》,杜预集解,上海,上海人民出版社,1977年,452页。

④　《左传·文公八年》,见《春秋左传集解》,杜预集解,上海,上海人民出版社,1977年,461页。

⑤　《左传·文公十八年》,见《春秋左传集解》,杜预集解,上海,上海人民出版社,1977年,518页。

⑥　另据《左传·成公十五年》:"於是华元为右师",华元,宋国人,右师即右相。见《春秋左传集解》,杜预集解,上海,上海人民出版社,1977年,736页。

桓公在位 31 年,其太子兹甫早已成年,也就是说,太子在桓公生前就有相当大的实力,利用父君之权发展了自己的家族势力。桓公卒后,太子为君,政权稳定是确定无疑。在这种情况下以其庶兄目夷为相,不但不能对君权构成威胁,相反有一定共同的政治利益而相互照应,进而加固了君权。

另查史书后统计,宋国国君在位年数少则 9 年,多则 48 年,这就保证了继位之君在未登位之前已成年并有相当大的实力,而作为相者虽然来自公族,亦不能在权力交替过程中出现大的火并,这就决定了宋国执政制有别于鲁国,而作为有利于巩固君权的一种制度。

综上所述,春秋前期主要诸侯国尽管宰相称谓不同,但是有一点是共同的,即是公族在宰相人选中的作用是十分重要的。他们不但对宰相人选范围有巨大的控制作用,而且对相权巩固与否有巨大影响。

2. 春秋后期大夫执政制

春秋前期,未获得君位的诸公子或公孙,除极少数任宰相职外,出路有四:一是受命为大夫。二是未受命为大夫,但仍获得食邑,因而得有私家财产。三是无食邑之俸而依靠其他贵族私家为生。四是因权力之争受到当政者迫害而亡命于他国。① 其中受命为大夫者在春秋后期有长足发展,权力得到膨胀。有的以大夫身份直接任宰相,有的虽无宰相之名,但行宰相之权。总之,他们的向背,决定了国家的稳定与发展。如鲁国的"四分公室",晋国的"三家分晋"就是最好的佐证。

鲁国的"四分公室"。公元前 552 年,鲁国的季孙氏、叔孙氏、孟孙氏,作三军,三分公室各得其一。当时他们以公族身份瓜分王室财产和军队。随着时间的推移,他们与鲁君的血缘关系逐渐淡化,由狭义公族转为广义公族。同时,三家势力逐渐强大。《左传·昭公五年》云:"五年春,王正月,舍中军、卑公室也。毁中军于施氏,成诸臧氏。初作中军,三分公室而各有其一。季氏尽征之,叔孙氏臣其子弟,孟氏取其半焉。及其舍之也,四分公室,季氏择二,二子各一。"其大意是:五年春天周历正月,废除中军,这是为了降低公室的地位。在施氏那里讨论,在臧氏那里取得协议。开始编定中军的时候,把公室的军队一分为三而各家掌握一军。对于所分得的公室军队,季氏采用征兵或者征税的方式;叔孙氏让壮丁作为奴隶,老弱的作为自由民;孟氏则把一半作为奴隶,一半作为自由民。等到这次废除中军,把公家的军队一分为四,季氏择取四分之二,孟孙氏、叔孙氏各得一份。值得注意的是,《左传》对上边引文注曰:"罢中军,季孙氏称左师,孟孙氏称右师,叔孙氏则自以叔孙为军名。"三桓三分公室时,未有中军说,后来体制改革,出现了中军。再

---

① 朱凤瀚:《商周家族形态研究》,天津,天津人民出版社,1990 年,474~475 页。

后"四分公室"时，季孙氏、孟孙氏不称左军、右军而称左师、右师，又进行一次体制改革。晋国中军称为最高执政官，后又改为左师、右师，即左相、右相。笔者认为鲁国的左师、右师亦是这种体制的变更。这说明三桓的后裔不但控制了军权，亦控制了政权。其实质是军政合一。鲁国是西周周公旦子伯禽的封地，是周制的积极执行者，因而鲁国沿袭周制尚左制。左师季孙氏掌二军，右师孟孙氏掌一军，就实力讲，前者大于后者。明确这一点意义重大，左和右不仅仅具有方位的含义，而且关系到当时的习尚、尊卑、职官的位次。可知季孙氏已经牢牢地掌握鲁国的相权了。

晋国的"三家分晋"。在晋国，先有六卿掌权，后有三家分晋。晋国国君的家族为了使自己没有竞争对手，晋献公大批屠杀近亲。献公死后，其子争夺君位斗争更加激烈。因此，晋文公时，作了一条规定：不给国君家族的子弟一定土地和职位，故晋国就没有公族了。这样，用卿大夫的家族代替了公族，故卿大夫势力不断扩大，逐渐控制了晋国相权，甚至君权。春秋后期，诸卿大夫斗争的结果，只剩下韩氏、魏氏、赵氏、范氏、智氏、中行氏六家最大宗族，史称六卿。

六卿是新兴势力，不把晋君放在眼里，分割了晋国的土地和人民。同时，六卿之间也激烈地互相兼并。公元前 493 年，范氏、中行氏等联合，和韩、赵、魏发生战斗，赵简子誓师时发布命令："克敌者，上大夫受县，下大夫受郡，士田十万，庶人工商遂，人臣隶圉免。"[①]就是说在战斗中打败敌人者，上大夫赏赐给县，下大夫赏赐给郡，士赏四十万亩，庶人工商可以上升为士，奴隶可以被释放。誓词一公布，人人奋战，终于获得全胜。范氏、中行氏败后逃跑。于是，智、韩、赵、魏四家，赶跑了晋出公，进一步控制了晋国政权。后来，韩、赵、魏三家吃掉了智氏并于公元前 453 年平分智家的土地和户口，建立了三个封建政权。问题是为什么韩、赵、魏在大夫之间斗争中取得胜利呢？其答案我们可以从山东临沂西汉墓中发掘出大量论兵的竹简中得出。吴王问孙武，韩、赵、魏取胜的根据是什么，孙武说："范氏、中行氏是一百六十平方步作一亩，魏氏用一百八十平方步作一亩，赵氏用二百四十平方步作一亩。这样，范氏、中行氏的亩制小，收入多，养勇士多，自己骄傲自大，臣下奢侈，希望建立武功，养成好战的习惯，他们最早灭亡。……唯有赵氏的田亩大，又免去税收，养武士少，办事从俭，民众归心……"这里我们不难看出，孙武在分析韩、赵、魏三大夫生存原因时谈到亩制大，剥削轻，养士少，生活节俭，因而得到人民支持，其实质是将军事、行政综合进行分析的，这就从另外一个角度给我们提供一个信息，即军与政是合一的，光要军而不要政则灭亡，范氏、中行氏即是佐证。只有军

---

① 《左传·哀公二年》，见《春秋左传集解》，杜预集解，上海，上海人民出版社，1977 年，1714 页。

政合一才符合当时历史潮流。

综上所述,春秋中后期各国的宰相位是有规律可循的,基本上形成了一种主要卿族轮流执政的独特政体。恰如朱凤瀚同志总结说:执政权不世袭,在当政诸卿内轮流,由当政诸卿依卿位次序递继。除个别情形(如执政者不能胜任,像郑国之伯有)外,执政者一旦继位,即可任职终身,惟告老可提前卸任。[①]

3. 春秋时期楚国令尹执政制

楚国中央机构,在春秋早期,王之下有莫敖,地位显赫,掌管全国军政大权,具有领兵打仗、主持盟会之权力。其职位是世袭的,屈氏世为莫敖。由于莫敖权力太重,楚武王"威莫敖以利",削减其权。公元前701年,莫敖屈瑕率军进攻罗国,结果失败,被迫自杀。此后莫敖地位下降,成为只管宗正之类的官职,由屈氏世袭担任。代替莫敖而执掌全国大政的是令尹。

令尹是楚国承商周尹官之制所独创之官,是楚国宰辅的专有名号。[②] 商朝有伊尹,伊者为姓,本名"挚",尹者为官名。前文已述,伊尹既位在宰辅,实为商朝知名的执政官。周承商制,亦设尹官,《尚书·顾命》有"百尹御事"就是佐证。楚贵族至商初从中原迁于楚地,其习俗受商周影响颇大,从中央到地方亦多有尹之称。但在尹之前加上令字,商周未见,似为楚国发明。《说文》曰:"令,发号也。""尹,治也……握事者也。"令尹即处于发号地位的尹官。《战国策·楚策三·苏子谓楚王章》云:"自令尹以下,事王者以千数。"又《说苑·至公》说令尹为"执一国之柄"者,都说明令尹在楚国处在统领和号令百官的地位。

令尹不分左右,既不同西周成王时的周公和召公,厉王时的虢公长父和荣夷公,幽王时的虢公鼓和祭公敦的二公辅政,又不似春秋之时宋国、鲁国的"右师"、"左师",齐国的"左右二相"执政,而是一元执政。因此,令尹作为楚国的执政官权力更集中,职掌更全面,不但掌管军政大权,而且还握有外交大权。真可谓处在楚王之下,百官之上。

令尹地位如此之高,权力如此之大,那何人能继位此职呢?综观春秋时期楚国任令尹者共计46人,据宋公文同志统计,其出身如下:王子王孙者17人:斗祁、子元、子文、子玉、芳吕臣、子重、子辛、子囊、子庚、子南、王子围、子晳、子西、公孙宁、鄂君子晳、子兰、子椒;王族者22人:子上、成大心、成嘉、斗般、斗椒、孙叔敖、子佩、蓬子冯、屈建、蓬罢、子旗、阳匄、子常、叶公子高、州侯(楚宣王时封君)、昭奚恤、昭鱼、昭阳、景翠、昭雎、州侯(楚顷襄王时封君)、春申君;楚籍而出身不详

---

① 朱凤瀚:《商周家族形态研究》,天津,天津人民出版社,1990年,578~584页。

② 宋公文:《楚史新探》,开封,河南大学出版社,1988年,8页。

者 3 人：保申、唐眛、沈尹；客卿 4 人：彭仲爽、吴起、张仪、李园。① 其中，楚人 42 名，外籍人 4 名。可见楚国令尹主要来源楚籍。值得注意的是在 42 名令尹人选中，有 39 人来自王子王孙王族。其任命方式有两种：一是楚王直接任命。《左传·哀公十七年》引"子穀曰"："彭仲爽，申俘也，文王以为令尹。"二是他人荐举而由楚王所钦定。《说苑·至公》，令尹虞丘子向庄王推荐孙叔敖以自代，"庄王从之"。

不难看出，楚国相制与中原诸国比较起来有如下几个特点：首先，是它的稳定性。①名称稳定。综观春秋，楚国的宰相一直称"令尹"，而中原诸国宰相名称则有变异。虽然楚国宰相"有时也称为'卿''卿士''宰''大夫''国相''相国''将''将军'等，这些都是比作他国制度的拟称，并非楚宰辅的实际称谓"。②员额稳定。楚相——令尹，不分左右，实为独相制；而中原诸国则不同，时而独相制，时而二相制。③选拔范围稳定。春秋时期，楚国 46 个令尹中，除 4 名客卿外，其余皆为楚籍，而且主要来自王族。④产生方式稳定。楚国 46 名令尹，多数由楚王直接任命，少数为他人荐举且楚王允准。⑤相权稳定。综观整个春秋时期，令尹始终"兼理军政、主管外交、襄助楚王统制全国的权力"。⑥令尹在楚官中权力最大，位次最尊，整个春秋无所变化。其次，深受君权制约的一种宰辅制度。君权制约相权主要通过掌握任免，抓住内政、外交、军事等大权不放，杀戮灭族，赏劳劝功等形式实现的。再次，军事色彩和血缘宗法色彩比较浓厚。其一令尹多出身于武职以及所负军事责任重大。其二令尹权大位尊，其所负责任亦重。其三令尹的军权至大，自始至终为楚国最高军事首长。主要表现：一是综观春秋楚国 46 个令尹中有 42 人是王族血统。二是重亲疏原则，严格分清嫡庶，规定作为别子庶子的小宗"五世而迁"（即五代以后，不再与本族人保持宗族关系）等。三是令尹遇有大事必行告庙之礼。②

第三节 中央政府执行机构及其运行机制

中国先秦之时的中央政府执行机构是随着社会发展而不断变化的。其变化的轴心是紧紧围绕着巩固王权，削弱相权而展开的。其变化的趋势则是在王权允许的范围内，最大限度地发挥相权的作用，因此呈现出不同的中央政府执行机构的类型。

---

① 宋公文：《楚史新探》，开封，河南大学出版社，1988 年，35～38 页。
② 宋公文：《楚史新探》，开封，河南大学出版社，1988 年，181～196 页。

一、王廷制的出现

国家中央政府执行机构在夏、商、周三朝实行的是王廷制机构模式。从管理体制上看,夏、商、周三朝一个显著特征是内外服制。王直接统治地区称王畿。在王畿以外的四周诸侯统治地区称领地。王畿在诸侯领地内,故称为"内"。诸侯领地在王畿之外,故称为"外"。在"内"直接为王服务者称为内服官,在"外"直接为诸侯服务者称为外服官。对王来说,由内服官组成的群体属于中央政府,由外服官组成的群体可视为地方政府。本节论述的是内服官,而外服官则留在下节具体阐述。

1. 王廷制官吏概述

所谓王廷制中的王是指在王宫内为王服务的官,而廷则特指在王宫以外朝廷中治理国家行政事务的官吏。由于王是当时国家政府的特殊首脑,他下达的政令往往通过王宫的官吏转发为朝廷政务官,因此,很难将二者分开。笔者认为上述两类官吏都可视为中央政府的重要组成部分,故称王廷制。

首先看夏朝。夏朝中央政府有外廷和内廷之分,外廷官吏主要负责处理日常政务,而内廷官吏则主要负责有关夏王个人的宫内生活事务。

内廷事务官有:掌管夏王饮食的庖正,掌管车服的车正,专为夏王驯养龙的御龙氏。

外廷有政务官与宗教官之别。政务官有:参与夏王决策的六卿,为王出谋划策的四辅臣,主管农业的稷,管理水利工程的水官,管理畜牧业的牧正,统兵打仗的六事,治狱事宜的大理,负责监察的啬夫,宣政令的遒人。宗教官有:负责占卜的官占,负责记录王命和行踪的太史令,负责宗教历法的羲和,负责礼乐的瞽。

再看商朝。商朝效仿夏朝中央政府亦有内廷、外廷之分。

内廷官有:王宫内外总管宰,管理王宫的寝,管理宫内具体事务的臣。臣的身份比较复杂。有为商王管理王室田庄的"小藉臣",有为商王管理众奴的"小众人臣",有为商王管理收刈的"小秅臣",有为商王管理车马的"小多马羌臣"。

外廷官有:管理政务的尹。他是廷官中最高一级官吏,相当于后来的宰相;管理农业生产的小藉臣,具体有管理畜牧业的牧(其下属官吏的负责牧场之官有右牧、中牧、爿牧、易牧等),负责牧场劳动者管理之官的刍正,负责各类家畜管理的官有多马亚、马亚、多马、马小臣,具体说负责管理牛的官有牛正、牛臣,主管羊、猪、犬的官有司;管理建筑工程及手工业的官有司工,此外还有多工、百工;掌管军事的职官有师长、亚、亚任、亚侯、射、戍、使等；负责文化宗教的官有贞人、巫。

最后看西周。西周中央政府亦分内廷与外廷，不过较夏商机构更加完善。

内廷官有：内廷中众卿之首的宰，出纳王命的善夫，掌周王御车的御正，记录周王活动、受周王之命册命臣下的内史或作册，[①]掌管王衣的缀布，为王管理马匹的趣马，宫中小臣之长的小尹，管理王府库藏的庶府。

外廷官分为两个系统：一是负责行政事务的卿事寮；二是负责宗教事务的太史寮。

其中卿事寮的官属有：负责处理中央王朝军政事务的常任，下属有管理土地的司土、主管工事民居等事的司工、掌军事的司马；负责刑的准人，下属有主刑的司寇、掌官中之政令，察狱讼之辟的司士；负责民事的常伯，下属有管理诸侯、王子、王弟采邑的大都，管理卿大夫采邑的卿大夫，管理落后部族的丞以及管理险要地区并防止叛乱的尹。

太史寮的官属有：太史寮的首脑太史，负责宣读策书祝文和记录历史的史，管百官过史（可能是视察、执法之官）的省史，掌祭祀事务的大祝、祝，掌占卜之事的司卜。[②]

综上所述，夏、商、周三朝，国家政体均实行内外服制。这种区分最早记载在《尚书·酒诰》中，其云"自成汤咸至于帝乙"各王都十分谨慎，而王朝官吏们"越在外服，侯甸男卫邦伯。越在内服，百僚庶尹，惟亚惟服宗工，越百姓里居，罔敢湎于酒"。内服、外服即是指商王朝内的职官和在外的执事之官。而夏启进入国家之时，公共权力已经存在，但亦没有按地区划国民而是以宗族划分族民，仍保留部落酋长的职名并领导该宗族之争，无疑类似商朝的外服官。

2. 王廷制的特征

王廷制中央政府执行机构的运行轨迹是草创、充实、完善。这一轨迹告诉我们：执行机构的发展既有阶段性特点，又呈现规律性的运作。认真探讨这一轨迹发展原因和内部动因及其特征，不但是行政科学学科本身的需要，也是古为今用、预见未来的必要前提。概括说来，王廷制中央政府执行机构有如下特征：

首先，中央政府执行机构，由少至多，由单一的横向分工转向横向分工和纵向分层的双向结构态势，同时国家官吏人数呈上升趋势。据历史文献记载，夏、商、

---

① 白钢：《中国政治制度通史》，第 2 卷，北京，人民出版社，1996 年，347 页。

② 参见白钢：《中国政治制度通史》，第 1～2 卷，北京，人民出版社，1996 年；韦庆远：《中国政治制度史》，第 1～3 章，北京，中国人民大学出版社，1989 年；张晋藩，王超：《中国政治制度史》，北京，中国政法大学出版社，1989 年；王惠岩，张创新：《中国政治制度史》（上册），长春，吉林大学出版社，1989 年。

周三代官员的人数是："夏百二十员，殷二百四十员，周六万三千六百七十五员。"①这些数目当然并不精确，但它说明夏、商、周三代的国家机构得到了很大的发展，并且不断扩大和完善。值得注意的是，就目前掌握的史料看，夏朝国家中央执行机构仅仅存在横向的分工，至商朝已出现了纵向二层分级制即外廷官总管尹，其下有小藉臣、刍正、多马亚、牛正、司工、师长等。到了西周则由纵向的二层制转为三层制即卿事寮——三事（常任、常伯、准人）——具体执事官（如司土、司寇、大都等）。中央政府的执行机构为什么会有如此重大变化呢？其一是统治地域不断扩大。夏的治区西到陕东，东至今河南、河北、山东三省交界的地方，南到湖北，北接河北。今河南西部的河、洛流域是夏人居住的中心。商的治区较夏辽阔，包括今河南、山东、河北、辽宁、山西、陕西、安徽、湖北的大部。周不但巩固地统治了原商朝地方，而且不断扩大其势力和影响，东至海，西接四川重庆北，南至江汉地方，北接辽宁。其二是统治的宗族国越来越多。仅周武王伐国就有九十九国，服国有 652 国，加起来总和是 751 国。而《史记·周本纪》谓武王孟津之会，诸侯不期而会的有 800 国。两相比较，国数相差不远，大约周与殷商各有七八百个友邦和附属的小国。加上商既要统治本族，又要驾驭降服之夏族，周既要统治本族，又要驾驭降服之夏族和商族，不可避免地增加了统治难度，导致国家执行机构的庞大。其三，统治人口亦越来越多。统治地域的扩大，降服的宗族国越来越多的直接后果是统治人口的剧增。它要求管理人员和管理层级增多。

其次，从中央政府执政机构来看，夏、商、周均实行内外廷之制，但管理机构有重大变化。夏朝中央政府执政机构就目前所能掌握的史料仅能勾画出一个大概的轮廓，商朝中央政府执政机构较夏朝有很大的发展，尽管从理论上能够得出内廷统驭外廷的结论，但却未见史料佐证。西周则不同，内廷的宰官与周王密切并深得信任，因而可以代王命并可参与外廷政务。"成王元年，周公为冢宰，摄政"②，同时内廷的善夫、内史、作册都有出纳王命的职责。内廷官之首冢宰统驭外廷百官，内臣参政或内臣统驭外臣现象，均为史料所证明，进而证明了王驾驭相、内廷统驭外廷的机制更为合理。这一合理的机制始于西周初年。它的产生并非偶然，它是王权进一步巩固的标志。如上所述，王权政府的国家元首产生的方法经历了一个"之"型。即父死子继—兄终弟及—嫡长子继承制。而嫡长子继承制的确立恰好在西周武王时期，在这之前，统治阶级内部的权力之争重点在王位继承方面，统治阶级绞尽脑汁地构想建立什么样的王位继承方式以避免权力之争。这一方式在西周武王时期终于找到了，即嫡长子继承制，余子分封制。这一制度的实施

① （唐）杜佑：《通典》卷十九《职官一》，北京，中华书局，1984 年。
② 《艺文类聚》卷十二引《帝王世纪》，北京，中华书局，1965 年。

既解决了因王位更替而引起的权力之争,又加强了中央对地方统治关系,从而使权力在统治阶级内部得到比较合理的分配。接踵而来的便是如何处理王与相、内廷和外廷的关系。"周公为宰、摄政"便是这种关系的最佳之作。

再次,适应社会经济发展的中央执政机构迅速发展,反之逐渐缩小。前者突出表现在三朝对主管农业的官员和机构的设置上。周族的祖先不仅曾为夏朝首任"稷"官。周族的始祖弃对农业很有研究,帝舜之时号曰后稷。后稷死后不窋立,至夏又任"稷"官,可见夏初统治者对农业的重视。到了商朝,不但外廷的相直接从事农业管理,而且还有具体从事农业管理的小藉臣,下有管理众人劳动事务的小众人臣,管理收割的小刈臣等。西周管理农业之官是司徒,其下属官较商朝有了进一步发展,如:掌管户籍的司民,掌管地图的职方,掌管农田的农正,掌管粮仓的廪人,掌管山林川泽的虞人,掌管牧养牲畜的牧人,掌筑社坛及藉田疆界的封人。众所周知,在民以食为天的国度里,农业生产在国家经济发展中占有重要地位,尽管奴隶主不把奴隶当人看,但是他们为了自身生存和繁衍后代,亦得保证农业生产第一线上的奴隶糊口之食,这种经济基础的客观需要,导致上层建筑亦需庞大,夏、商、周中央政府执行机构中,主管农业的机关逐渐庞大正是这一观点的佐证。相反阻碍社会经济发展的中央政府执行机构却逐渐萎缩。如占卜机关,夏、商二朝,特别是商朝在中央政府中占有重要地位,商王事无大小,都要占卜,请鬼神指导,而卜、巫、史充当神与人间沟通者,对国家活动具有重要影响。可是到了西周,统治者对天命的观念已发生怀疑,认识到天命是靠不住的,民心的向背才是根本。《左传·襄公三十一年》说:"民之所欲,天必从之。"但是,为了统治的需要,他们把商王天命的思想继承下来,给予新的解释。他们说,各族人都是天帝所生,至于谁来做统治者,要由上帝根据品德来选择。《尚书·召诰》说:"皇天上帝,改厥元子。"所谓元子即天子,它是上帝选定的治理天下的元子。这样就制造了王权天授的理论,以此加强周天子的统治。西周统治者对天命的再认识,直接导致宗教官的下降,其机构亦随之缩小。造成这种现象的根本原因,一方面是社会生产力的发展,而生产力发展的重要尺度则是生产工具,西周农业生产使用的生产工具是:"耕地用耜,除草用钱、镈,收割用铚、艾。钱、镈、铚三字皆从金,说明当时的农业生产工具已用金属制造。"①另一方面适应于王权集权的需要,周天子既是诸侯政治上的共主,又是周族的族长,这种政治的和宗族的双重权力地位,绝不允许占卜之官居于自己之上指手画脚。

最后,建立了有利于巩固周天子统治的行政组织体系。这一体系的核心是以

---

① 金景芳:《中国奴隶社会史》,上海,上海人民出版社,1983年,171页。

血缘氏族分封为纽带的权力分配制度。周王是全国最高统治者，又是姬姓宗族的"大宗"，其王位是嫡长子继承。周王的其他诸子则受为诸侯，即为"别宗"，他们封地和爵位也由嫡长子继承，成为别宗的宗子，他们对周王来说是"小宗"，而在自己的宗族内则为"大宗"。这些诸侯国君又分封兄弟以采邑，称为卿大夫之家。这些卿大夫在自己的封邑内是家族的"大宗"，而在诸侯国内，对诸侯而言却是"小宗"。卿大夫的兄弟又各自是他们父权制家庭中的家长，称之为"士"。这种层层分封，构成了从中央到地方的组织管理体系，这种体系无疑加强了诸侯国对周王室的隶属关系。

二、将相制的问世

历史上的东周，基本上可分为春秋、战国两个阶段。作为统一的中央王朝——东周已是名存实亡。因此，研究这一时期的中央政府执行机构，应着重探讨大诸侯国的中央行政管理机关方能抓住问题的关键。与这一时期宰相由执政制转向将相分职制相适应的，中央政府执行机构也出现了将属机构、相属机构。不过春秋之时实行的是将相合一的执政制，而战国之时则是将相分职的制衡制。

1. 春秋战国时期的将属机构

春秋时期将属机构治军者，在中原称为司马。古时重车战，兵车用马牵引，一车二马或四马拉，因此以"马"名官，掌管军队的官就称为"司马"。其下有校人、主养马、军大夫、军尉、军司空、侯庵等。[①] 分别掌管军中政事、军纪、修路和侦察等事。

战国时期各国都设有将军，而且有上将军、大将军、裨将军之称。在一国之中，大将军的地位仅次于相，是王的左右手，是武职人员的领袖。在大将军之下设左右将，即左右各军的将。《尉缭子·伍制令》说："吏自什长以上，至左右将，皆相保也。"裨将军是大将军的助手。《史记·白起王翦列传》云："白起为上将军，而王龁为尉裨将。"在左右将、裨将以下，还有"万人之将""千人之将""伯长""什长""伍长"等。这就形成了一支以大将为首下至伍长的新型将属机构。[②]

值得注意的是，春秋战国时期南方的楚国中央政府与中原诸国比较有异。春秋早期，楚王之下有莫敖，掌管全国军政权。公元前 701 年，莫敖屈瑕率军进攻罗国失败，被迫自杀。此后，莫敖地位下降。代替莫敖而执掌全国大政的是令尹。令尹平时治民，战时为将。至战国之时，只有楚国与齐、燕、韩、赵、魏、秦不同，自

① 《左传·襄公十九年》，见《春秋左传集解》，杜预集解，上海，上海古籍出版社，1977 年，949 页。
② 陈恩林：《先秦军事制度研究》，长春，吉林文史出版社，1991 年，175～176 页。

有一套官制体系。杨宽先生说终战国之世"楚国始终没有设置将、相"①。其宰辅沿用春秋时"令尹"名称,其高级将帅则称"上柱国"。《战国策·齐策二》说:"楚之法:覆军杀将其官爵……官为上柱国,爵为上执珪。"其下有大司马,主军政;大将军,为最高军事将领,掌指挥征伐。

2. 春秋战国时期的相属机构

春秋时期,在王之下,众治事官之上,有一人总领全国大政,相当于后世的相,当时虽各国名称不同,泛称为"执政",即执掌全国大政之意。在晋国称为中军之帅,文公以后称为元帅;郑国称当国;齐国称相;楚国称"令尹"。"执政"有一、二人相佐助。执政的爵位一般是正卿或上卿。其佐助者右相有右卿士襄助,左相有左卿士襄助。

在"执政"之下,各列国掌管朝政的职官分为治民、管地、理工和刑狱等部门。治民者称为司徒。"司"即伺察、掌管;"徒"即徒役,指服军役和各种劳役的民众。公元前584年郑国大败陈国,陈"使众男女别而累,以待于朝",郑"司徒致民"②。"致民"即致其民众的户口册。可见,其主要职责为治理民事、掌握户口册。管地者为司空,所谓"司空致地"③便是佐证。其主要职责是测量土地的远近,辨别土地的好坏,以便于授予民众耕种,并确定赋税征收数额。值得注意的是,有的列国司空还负责工程建筑。"司空以时平易道路"④,宋国曾一度将"司空"改为"司城"便是例证。刑狱者为司寇。"寇"即盗贼,孔子曾做过鲁国司寇。其主要职责是刑狱、纠察等事,以镇压奴隶和平民的反抗。这一官职,由于各列国的国情不同又有别称,如晋、齐二国曾称为理,楚国曾称为司败,东周王室称为"尉氏"。

此外,还有管理藉田的甸人;掌管百工技艺的工正;掌管迎接宾客的行人以及与少数民族交往的舌人等;镇守边界的官称为关吏、疆吏;国中重要的地区设专人治理,称为封人;国家的山林川泽等自然资源的管理者称为虞人。

值得注意的是宫廷内务官。他们是专为国君私人服务的,但亦执掌部分国家行政事务权。春秋时期,除东周王室外,其他诸侯国只有太史兼册命,而没有内史

① 杨宽:《战国史》,上海,上海人民出版社,1980年,207页。

② 《左传·襄公二十五年》,见《春秋左传集解》,杜预集解,上海,上海人民出版社,1977年,1020页。

③ 《左传·襄公二十五年》,见《春秋左传集解》,杜预集解,上海,上海人民出版社,1977年,1020页。

④ 《左传·襄公三十一年》,见《春秋左传集解》,杜预集解,上海,上海人民出版社,1977年,1151页。

之官。他们主要执掌书记文籍典册。即所谓"君举必书"①。当然,还有一些为国君服务的事务性小官,如师、太师、府人、寺人,这里就不赘述了。

战国时期,在各诸侯国的国王之下,都建立起一套以丞相和将军为文武首脑的制衡体制。这是春秋以来卿大夫一人兼有军政大权的世卿制破坏以后,封建专制主义中央集权制萌芽出现的必然结果。同时也是当时管理军事和进行战争的客观需要。

除相、将之外,见于记载的相属中央政府重要官职有:

御史,由前代史官系统发展起来的,掌管外国使臣的"献书"和充当国王左右的记录,同时还带有监察性质。

尚书,或称掌书、主书,是国王左右掌管文书章奏的官职。

郎中,是国君的侍从武官,统率保卫国王的军队,是宫廷机关系统中的重要官职。

卫尉,负责宫廷警卫。

仆,掌管国家的舆马和封建国家的"马政"。

主客,掌管宾客之事。

廷尉,或称大理、廷理,是掌管狱讼的最高法官。

内史,掌管财政的官吏。

少府,掌管手工业和军事生产的官吏。

综上所述,相属中央机构,一方面是西周国家机构在春秋战国时期的延续,但逐渐由适应奴隶主专政的需要转而适应新兴的地主阶级统治的需要;另一方面,封建王权不断扩大而形成的为国王服务的宫廷机关,也兼管行政管理事务。

3. 将相分职制的变化

从体制上看,相将合一的执政制不利于王权的加强,相反由于执政处在一人之下,百官之上,容易使王权架空。从权力制衡角度看,王权分为文武,分别由二人掌管,便于互相钳制,相互制约,便于制衡。因此,当周天子一统天下的局面被打破,以血缘关系为基础的宗法制度在政治生活中失去作用之时,相将分职的中央行政体制便应运而生。

与这种将相分职制相适应的中央政府执行机构较西周有如下变化:

第一,为王服务的宫廷机关的职官地位下降。突出表现在三个方面:一是西周时期,太师、太保、太傅,合称"三公",权重,位高。但到了春秋战国时多为美称,无多大的实际行政权力。二是西周时掌国王膳食的膳夫,可以出纳王命,而春秋

①《左传·庄公二十三年》,见《春秋左传集解》,杜预集解,上海,上海人民出版社,1977年,184页。

战国不见有执行重大政治使命的记载。三是西周盛兴,宗伯是宫廷要职,而春秋战国之时,则地位不高,仅主祭祀。造成这种现象的根本原因是国家行政职官与国君宫廷职官分职的结果。前者侧重于对国家行政活动的管理,权力呈渐强趋势;后者侧重于对国君的事务管理,其政事逐渐被分割,故权力呈渐弱走向。这种分职反映了随着时代的发展,国家各种组织机构日趋完善,设官分职亦更加细密。

第二,管理祭祀、鬼神和占卜的宗教官,在国家机关中退居到次要地位,而主管行政、军事、司法等具体的政务官,地位逐步提升。春秋战国时期,由于铁器的使用、牛耕的推广,生产力迅速提高,导致井田制的崩溃,封建生产方式出现,从而使人们认识自然的能力得以提高。加上这时战争成为正常的营生,弱国反抗强国,强国吃掉弱国,都需要有强大的经济作为后盾。因而国家各种机构在国家管理的地位也随之调整。

第三,由于奴隶制度濒于崩溃,阶级斗争非常激烈和复杂,因此,管理狱讼和司法机关的司寇,在国家机关中的地位和作用有了明显提高。

第四,出现了与西周不同的高级官职。在卿大夫之上设置了为国君主要辅助的"相",《左传·僖公二十四年》云:"齐桓公置射钩,而使管仲相。"是春秋时最早见于典籍的"相"。由于战争频繁,产生了专门统率军队的武官——将军。将军一职最早设于晋国。这些为秦朝新的"三公"制的产生奠定了基础。

第五,基于兼并战争和国家事务不断发展的需要,各国在原国家机关基础上,建立了一些新的国家中央行政组织。例如:适应战争要求,晋国在将军之下设立管理军事的元尉;适应外交要求,各国设置了"行人",掌管礼仪、宾客;适应管理的要求,各诸侯国均设立了掌管全国和国君车马的官职,齐国称仆,晋国叫仆大夫,郑国曰马师,鲁国置马政。

春秋战国时期,各诸侯国中央执行机构的变化,应当说在当时是一个历史的进步。这种进步突出表现在官职不是世代相传,亦不享有领地,而是由国君自由任用和罢免。这就为封建社会官僚制度的建立做了组织上和思想上的准备。

第四节　地方政府多重管理机构及其运行机制

总的看来,中国古代地方政府的管理机制亦是应时而变的,具体说有以下几种类型:方国制、诸侯制、郡县制、州郡县制、行省制等。这一变化的核心是紧紧地围绕着如何有利于中央政府的控制和指挥,如何有利于中央集权的建制。

一、过渡时期的方国制

我国自夏朝就建立了奴隶制国家。但是,严格地说,夏朝仅仅是由氏族制度向奴隶制国家的过渡时期。这不仅仅反映在夏朝国家元首产生、职权范围等方面,也表现在夏朝中央政府机构不完善,职权分工粗糙等问题,同时还体现夏朝地方政府带有浓厚原始社会部落遗存的性质。关于这一点,商朝亦没有彻底改变。因此,我们这里所论述的方国制,实质上是夏、商二朝的地方政府特色。

1. 夏朝方国制的出现

一般地说,国家的质的规定性,无论东方还是西方都是一致的。但是由于各个地区不同的历史环境和历史条件,国家形成过程中所经历的方式和道路不尽相同。古罗马、古希腊的国家是在长期对氏族组织和氏族制度实行和平改造并逐步彻底破坏和废除氏族组织及氏族制过程中产生的。而中国奴隶制国家是在极为漫长的氏族战争中,通过暴力的征服而形成的,加上当时的中国东方是浩瀚的海洋,南方是茂密的原始森林,西方是崇山峻岭和沙漠组成的天然屏障,北方是无边的草原和皑皑冰雪世界。这种天然的地域环境和血腥的战争决定了中国以氏族的兼并和血缘的吸收方国的形式来划分居民,而不是按地域划分国民。正如张晋藩先生所说:"夏朝的兴起是在许许多多氏族部落的基础上发展起来的",夏朝的"夏商以后中央对地方的行政管理体制是按照部族所居的活动范围地理区域进行管辖的"。[1]

不难看出,地方政府实质上是部族方国管理机关的扩大。地方行政长官即是部族首领。这些首领的称谓并非整齐划一,而是有的称侯、伯,有的称为部落酋长。

《左传·哀公七年》说:"禹合诸侯于涂山,执玉帛者万国。"这里合万国而治水是国家产生的前提条件。可以推论禹之子启建立夏朝之时,方国的数目亦很大。据史籍记载:这些方国的首领是以夏王的同姓和异姓构成。夏后氏的同姓"以国为姓",分布在王朝中心以及以外地区。具体说有:"夏后氏、有扈氏、有男氏、斟寻氏、彤城氏、褒氏、费氏、杞氏、缯氏、辛氏、冥氏、斟戈氏。"[2]实际上可能还多一些。夏后氏异姓的有,己姓之昆吾、苏、顾、温、董,彭姓之大彭、豕韦,以及其他各姓的一些族邦。此外,还有一些来自高辛氏之族邦,如高祖契和有虞氏等,来自伯益之族邦,如嬴姓之葛国等,来自戎人的一些族邦,如有缗氏、有仍氏、有鬲氏。另外还

---

① 张晋藩,王超:《中国政治制度史》,北京,中国政法大学出版社,1987年,24页。

② 《史记·夏本纪》,北京,中华书局,2012年,12页。

有淮夷、九夷以及周人等。

在这众多的"万国"中,夏王族与它的关系并非相同。有的虽与夏王同姓但与夏后氏为敌,如有扈氏;有的与夏联姻的家族,如夏王相要有仍氏之女缗为后,相被寒浞打败,缗正怀孕,逃回母家有仍氏,生子少康。少康又娶有虞氏(即舜的家族)之二女为妻。[①] 有的同夏敌对的家族,如有穷氏、伯明氏等。由于夏族与众多"万国"关系不同,导致中央与地方关系呈现复杂的局面,出现了夏朝前期的夺权与反夺权的斗争。

为了加强中央对地方的控制,从现有的史料我们可以分析出以下初步结论:

夏朝的服国要接受中央王朝的封号。《后汉书·西羌传》云:"昔夏后氏太康失国,诸夷始叛……至于后泄,始加爵命,由是服从。"爵命即是接受中央王朝封号,表示服从中央统辖。

同时夏王随时召之盟会。《竹书纪年》夏后相"七年,于夷来宾","少康即位,方夷来宾","后发即位,元年,诸夷宾于王门"等,"来宾"即见夏王。

夏王还根据需要召服国官员到中央任职。奚氏首领奚仲在中央王朝任车正,商氏首领冥在中央王朝任水官,周氏的不窋在中央王朝任稷,羲和氏首领在中央王朝任天文、历法等官,便是佐证。

此外,众服国还要承担向中央王朝提供军队、缴纳贡品、保卫王族等义务。

2. 商朝方国制的发展

随着商朝中央统治的确立,也初步形成了地方国家机构体系,逐步体现了按地区组织和管理居民的国家特征。总的看来,商朝地方政府可分为三种类型:

一是辖区即商王直接统治区。这些地方仍保持着本族人聚居状态。根据《左传》、《国语》、《史记》等文献,我们今天可以知道它们的名称有:殷氏、来氏、宋氏、空桐氏、稚氏、北殷氏、目夷氏等[②];被周成王罚作奴隶的"殷民六族",即条氏、徐氏、萧氏、索氏、长勺氏、尾勺氏,"殷民七族"即陶氏、施氏、繁氏、锜氏、樊氏、饥氏、终葵氏等[③];同商族联姻的汤妃母家有辛氏、纣妻妲己母家有苏氏等。这些族基本上以王都殷为中心,按照商人的观念,是位于东、南、西、北四土之中的国土,归商王为首的中央政权直接统辖。都城殷称"大邑商",城邑四周叫"鄙"。在商王直接统治地区内,设置了"百姓"和"里君"两个不同系统的地方管理机关。"百姓"既是许多氏族的泛称,又可能是负责管理各个氏族的类似氏族族长的官职。"里君"则是基层行政区的最高官职。这说明了商朝一方面按地域来组织和管理居民;另一

---

① 《左传·哀公元年》,见《春秋左传集解》,杜预集解,上海,上海人民出版社,1977 年,1705 页。

② 《史记·殷本纪》,北京,中华书局,2012 年,12 页。

③ 《左传·定公四年》,见《春秋左传集解》,杜预集解,上海,上海人民出版社,1977 年,1616 页。

方面,仍然利用氏族制度残余的血缘关系,进行政治统治。

二是封国。商朝中后期已出现分封制的萌芽。商王通过分封,把众多的子姓家族,同商族联姻的异姓家族以及归附于商的其他家族,分封到全国各地去做"诸侯"。这些分封到地方上去的家族,从政权方面看,可视为商王朝地方一级政权组织,族长就是地方政权长官。《尚书》说到殷的"外服"(王畿以外的地方)有侯、甸、男、卫、邦、伯等几个等级的诸侯。

为了发展自己的政治势力,商王还经常派遣一些贵族,率领武装去边远地方进行军事征伐。这些贵族叫作"侯"或"甸",他们所控制的部落和地区,后来逐渐发展成诸侯国,即所谓"殷边侯甸"①。"越在外服,侯甸男卫邦伯。"②

侯的本义是伺候的意思,《尚书·君奭》说"屏侯也",可见侯与甸是在边境地带的王国屏藩。此外还有"伯",可能较"侯""甸"更接近内地,它们在当时国家初建的条件下,还不可能有严格的划分。在卜辞中侯与伯不相混,并非等级上的不同,而是所在地区的不同。但无论"侯""甸""伯"都是商王派遣到边境或各地据点的贵族诸侯,他们有王赐的土地和奴隶,有自己的政治组织和武装,他们接受商王的统治和封爵,是商王统治地方的代理人,并对商王负有贡纳和代为征伐的义务,还需要定期"来觐""来见"。同时,商王也保护"侯""伯"等不受侵犯。

三是方国。据古书记载,商初号称"三千"。在商王所直接统治地区的四周,当时可谓"方国"林立。据不完全的统计,仅见于殷墟卜辞中的方国就有土方、井方、巴方、召方、羌方、印方、吉方、大方、亘方、尸方、危方、馘方、盂方、林方、马方、龙方、虎方、鬼方、箕方、缯方以及周原卜辞中的周方,此外尚有而方、丹方等。这些方国的首领被称为"白"(伯),如方白、井白、易白、丹白等。这些方国,大多处于原始社会末期的军事民主制时期和奴隶制的初期阶段,经常对商王朝进行侵掠。商王朝为排除这种侵掠,同时也为了扩大领土,奴役外邦,亦不断地用兵于四周的方国。结果有些方国被征服。所谓"高宗伐鬼方,三年克之"③,即是其中的一例。被征服的方国,其领土被纳入商王朝的势力范围,不再称"方";其首领名之曰"侯",如"仓侯""侯专""侯告"等,不再称"白"(伯)。被征服的方国都要向商朝呈献贡纳,受商朝贵族们的剥削。《诗经·商颂·殷武》说:"昔有成汤,自彼氐羌,莫敢不来享,莫敢不来王,曰商是常。"就反映了这种情况。但是臣服于方国和部落所拥有的土地和人民,并非商王所赐,它们与商王之间的臣属关系非常薄弱,也可

---

① 《大盂鼎》,北京,文物出版社,1994年。

② 《尚书·酒诰》,见《今古文尚书全译》,江灏等译校,贵阳,贵州人民出版社,1991年,290页。

③ 《周易·既济》,见《十三经注疏》,北京,中华书局,1980年。

视为商朝的地方机关。他们与商之间,存在着尖锐的矛盾,经常不断地同商王朝进行战争。

综上所述,商朝初步建立起地方政府机构,设官分职也具备一定的规模,尤其在商朝后期随着阶级斗争和对外战争的发展,得到进一步加强。值得注意的是,商汤在文告中,已使用"万方"一词[①],而殷墟出土卜辞中称"方"的地方尤多。与夏时对比较多用"万国",不难看出"方"是国的异称。由称氏(国)而变为称方,这不是偶然的,它是由以血族团体为基础转变为以地区团体为基础的反映。

二、层层分封的诸侯制

一般地说,西周君王直接统治区为王畿,王畿之外为外服,外服诸侯分为侯、甸、男、采、卫。不管王畿内负责地方政务的机构,还是外服诸侯所设置的官制都应属于西周的地方政府。二者地方政府的主要官吏都是以分封而获得职位的,以此拱卫周王室。

1. 分封诸侯的标准

武王克商以后,摆在西周统治者面前一个重要问题是如何对这片广袤的土地实施有效控制,如何使政令畅达于四面八方。西周初年统治者采用了以血缘相袭的分封诸侯制的对策。据《左传》昭公二十八年说:"其兄弟之国者,十有五人,姬姓之国者,四十人,皆举亲也。"《荀子·儒效》说:"周公兼制天下,立七十一国,姬姓独居五十三人。"《吕氏春秋·观世》说:"周封国四百余,服国八百。"值得注意的是这么多分封国是以什么样的标准进行分封的? 就我们现在掌握的资料分析,至少有如下标准:

首先,以文王子辈为主体。封叔鲜于管,封叔度于蔡,封叔武于郕,封叔处于霍,封伯禽于鲁,封叔封于卫,封毛叔郑于毛,封季载于聃,封文王之子于郜,封雍伯于雍,封振铎于曹,封错叔绣于滕,封毕公高于毕,封文王之子于原,封文王之子于酆,封文王之子于郇,封邘叔于邘,封叔虞于晋,封武王第四子于应,封武王子于韩,封周公子于凡,封周公第三子于蒋,封周公第四子于邢,封周公子于茅,封周公子于胙,封周公第五子于祭。此外姬姓封国还有芮、息、随、贾、沈、密、郑、郜、虢、滑、原、樊等。以上这些诸侯国的受封者皆为文王、武王和周公子弟。就封国的地望讲,多在今关中地区和今黄河中下游一带,这是当时经济最发达的地区,也是周王朝统治的核心。有的封国初封畿内,后迁畿外,如郕、卫、邢等。

---

① 《论语·尧曰》,见《诸子集成》,北京,中华书局,1986年,第一册;《墨子·兼爱下》,见《诸子集成》,北京,中华书局,1986年,第四册。

其次，与周王异姓的功臣谋士。被称为"师尚父"的姜尚，因为"天下三分，其二归周者，太公之谋计居多"①而封于营丘，国号为齐。

其三，对殷，除采取分而治之外，并用以殷治殷策略加以分封。殷纣王的庶兄微子启在武王克商时肉袒投诚，后来武庚叛乱，微子启也未参与。对此，西周统治者采用笼络政策封微子启于宋，企图借此消除商朝遗氏的复仇情绪。同时，将殷氏族：条氏、徐氏、萧氏、索氏、长勺氏、尾勺氏分封给伯禽于鲁，今山东曲阜，将殷民七族陶氏、施氏、繁氏、锜氏、樊氏、饥氏、终葵氏分封给康叔于殷商故墟，国号为卫。

其四，封古代圣王后裔，表法祖之形象，以巩固西周政权。如封神农氏之后于焦，黄帝之后于祝，尧之后于蓟，舜之后于陈，禹之后于杞等。

其五，封那些拥戴周王朝统治的原来方国、部落为诸侯，如姜姬的厉、吕、申、向、许、莱；妫姓的陈；嬴姓的江、黄、纪、莒、葛、梁；偃姓的蓼、六、贰、轸、舒；姒姓的鄫、越；子姓的宋；风姓的任、宿、须句、颛臾；曹姓的邾、邹；曼姓的邓；允姓的郜；祁姓的杜等。

分封诸侯的标准，仅仅是一个手段，手段是为目的服务的，通过分封这种手段，达到以藩屏周之目的。

2. 王畿内的地方政府

所谓王畿即西周王直接统治区，就地望看，以西周王都为中心，"方千里曰国畿"②。

西周国都四周设六乡六遂。国都百里之内为乡。百里之外，二百里之内设遂，乡遂之间曰郊。遂以外称作"稍""县""畺"。

先看乡制。据《周礼·地官·大司徒》记载，乡的组织是："五家为比，使之相保。五比为闾，使之相受。四闾为族，使之相葬。五族为党，使之相救。五党为州，使之相赒。五州为乡，使之相宾。"比有比长，闾有闾胥，族有族师，党有党正，州有州长，乡设乡大夫。

再看遂制。据《周礼·地官·遂人》记载，遂的组织是："五家为邻，五邻为里，四里为酂，五酂为鄙，五鄙为县，五县为遂，皆有地域沟树之，使各掌其政令、刑禁。"邻有邻长，里有里宰，酂有酂长，鄙有鄙师，县有县正，遂有遂大夫。

最后看"稍""县""畺"制。"稍"即离都城二百里至三百里的土地，将这些土地

---

① 《史记·周本纪》，北京，中华书局，2012 年，12 页。

② 《周礼·夏官·大司马》，见《周礼今注全译》，林尹注译，北京，书目文献出版社，1985 年，297 页。

安排王的大夫们,每家采地方 25 里,其余设公邑。"县"离都城三百里至四百里的土地,即小都,将这些土地安排给卿,每家采地方 50 里,其余设公邑。"畺"离都城四百至五百里土地,即大都,安排给三公及亲王子、母、弟的采地,每家百里,其余设置公邑。大夫、卿、亲王子、母、弟的采地及各公邑均设官掌管。

3. 王畿外的地方政府

西周王畿外的地方政府的官员,统称为外服官,故此实行外服诸侯地方行政管理体制。《周礼·夏官·大司马》云:"方千里曰国畿。其外方五百里曰侯服。又其外方五百里曰甸服。又其外方五百里曰男服。又其外方五百里曰采服。又其外方五百里曰卫服。又其外方五百里曰蛮服。又其外方五百里曰夷服。又其外方五百里曰镇服。又其外方五百里曰藩服。"侯、甸、男、采、卫、蛮、夷、镇、藩成为西周王朝控制王畿之外的各地的地方政权。

在各诸侯国自己的封地内,基本上也按照西周王朝的职官机构,设官分职,以进行对奴隶和平民的统治。《尚书·立政》所列"司徒、司马、司空、亚、旅、夷、微、卢烝、三亳、阪尹",就是诸侯国和封疆官吏。"司徒""司马""司空"职司相当于王廷的任人、准夫、牧。"亚""旅"次之,为处理具体政军事务的卿大夫。"夷""微""卢"是少数民族。"烝"是他们的君长。"三亳"是监督商朝先王旧都之官,"阪尹"就是险要之地的守官。[①]

在诸侯直接统治地方政府之下,亦仿照西周的分遂之制。所不同的是大诸侯设三乡三遂,次之二乡二遂,小国设一乡一遂。其机构亦与西周分遂相仿。

在诸侯国内的卿大夫的采邑亦建立了一些行政管理机构,有管理宗族的称为"宰"或"宗老"。有管理祭祀的,称为"祝""史"。有管理军事的,称为"司马"。有管理手工业的,称为"工正"。有管理商业的,称为"贾正"。有的蓄养了许多"士",管理领地收入和其他事务。

同时,诸侯为周天子承担镇守疆土,出兵勤王,缴纳贡赋,朝觐述职,随王祭祀等义务。具体说:(1)有的国君以诸侯的资格兼做王室的卿士,这表示他臣服于周室。(2)派军队到王室或戍守或随王出征,讨伐不从王命者,以保证天子的权威和其主的地位。(3)朝聘。诸侯按一定时期到王廷朝觐述职。(4)贡献。这是诸侯应尽的一项重要义务。诸侯的贡品除当地的特产外,还包括"进人","献俘"。(5)派人为王室服役。役中最重要的是为王室筑城及宫室。

---

① 王守信:《"内服"百官和"外服"诸侯》,《文史知识》,1983(12):47~52 页。

三、颇具特色的国野制

就时间而言,春秋战国时期基本上与历史上东周时期相一致。因此,地方政府的最高层仍沿袭西周的分封诸侯体制。换言之,各诸侯国仍以东周君王为天子。但是,随着各诸侯国的力量增大逐渐背离周天子的统治,并进行某些改革,尤其是诸侯国以下的地方政权的改革,更引起人们的注意。

春秋时期地方组织基本上是国野制。各诸侯国一般都有国、野之分。"国"即是国都及附近地。"野"即是农村。在国中和野中把居民按什伍制编制起来,各级设置官吏管理。如齐国推行"参国伍鄙"制。

所谓"参国"即"制国以为二十一乡,工商之乡六,士乡十五"。即把齐国的国都及其附近分为二十一乡,其中工商乡六个,士乡十五个。而乡以下的组织是:"五家为轨,轨为之长;十轨为里,里有司;四里为连;连为之长;十连为乡,乡有良人焉。"这就形成了轨长、里司、连长、良人的"国"之组织系统。

鄙即野的异名。所谓"伍鄙"即是制鄙"三十家为邑,邑有司;十邑为卒,卒有卒帅;十卒为乡,乡有乡帅;三乡为县,县有县帅;十县为属,属有大夫;五属,故立五大夫,各使治一属焉;立五正,各使听一属焉"。[①] 这就形成了邑、卒、乡、县、属的"鄙"之行政建制,所设之长分别为邑有司、卒帅、乡帅、县帅、属正等官长。

春秋时期,贵族还有大片封地,也有宗族组织。被称为"家"。在"家"中建立了一套统治机构,是国中之国。从一个国家来看,这种"家",可视为国家中的地方组织。总管全"家"政务的称宰,其下有各种官吏,分掌各种事务。值得注意的是,这时家臣已不限于本族甚至本国人。家臣的俸禄已开始变为领取实物,而且去留比较自由。这种主从关系,为进一步打破血缘分封制,促进官僚机构的形成奠定了基础。

值得注意的是春秋前期各诸侯国对地方的统治仍沿袭西周的封国采邑制度。到了中期,由于土地私有制的发展,封国采邑制度已成为社会发展的障碍并且又不便于国君统一调动人力物力从事兼并战争。因此自春秋中叶时起,郡县制便陆续代之而起。晋、楚、秦等大国在兼并的地区不再分封采邑,而建立由国君直接控制的县和郡。

据《史记·秦本纪》载,武公十年(前688年),"伐邽、冀、戎,初县之"。又据《左传·哀公十七年》,彭仲爽是申地战俘。楚文王"以为令尹,实县申、息"。洪亮

---

① 《国语·齐语》,上海,上海古籍出版社,1978年。

吉认为楚文王县申为鲁庄公六年即公元前 688 年[①],这说明春秋中期大国灭小国不以封人,而设官加以统治,改名为县,是从秦楚二国开始。

据《左传·僖公二十五年》,晋文公以"赵衰为原大夫,狐溱为温大夫"。又《左传·昭公》八年,杜注:"灭陈为县,使成为县公。"这是春秋时期设县又一例证。县的长官,楚称县尹、县公,晋称县大夫。

《左传·宣公十三年》,郑伯服楚称"夷于九县"。《左传·昭公二十八年》,晋"分祁氏之田以为七县,分羊舌氏之田以为三县"。证明自县制产生之后很快发展起来。

《左传·哀公二年》,晋国赵简子在战前宣布赏格说:"克敌者,上大夫受县,下大夫受郡。"证明这时晋已有郡,但春秋时期,郡的等级要比县低,所以上大夫受县,下大夫受郡。

县和郡最初都设置在新兼并的边远地区,中央派官驻守,是控制新征服地区的权宜措施,以后逐渐发展成固定的地方制度。春秋时期,晋国的县最多,大约有四五十个县。楚国的县最大,有的县可以提供兵车千乘。

郡县的设置,最初是晋楚等大国在新兼并地区实施的。其中有许多县是灭亡边境附近小国之后改建而成,有的是利用原来边境小国的国都改建而成;有的是利用原来设在边境的别都改建而成。当时,郡设于边境,地位低于县。郡设郡守,县设县大夫。

春秋时的郡县既不同于西周时卿大夫的采邑,也不同于战国及其以后作为地方政权的县郡。因为,它具有从采邑制向郡县制过渡性质。

第五节 政府官吏的人事行政机制

所谓官吏管理机制就是对官吏的选拔、培养、使用、考核、退休等问题认识及其本质的说明。中国古代历朝统治者都很懂得,国家的法律、政令的贯彻与实施,是通过官吏进行的。官吏的才能及其对整个统治阶级的忠实程度,是直接关系到国家政权能否巩固的问题。因此,他们非常重视"吏治"。韩非提出的"明主治吏不治民"既是对历史统治者治国经验的总结,又给其后的统治者治国平天下提供了思想上的指导并被古代中国历朝统治者得以运用。

---

① (清)洪亮吉:《更生斋文甲集·春秋时以大邑为县始于楚论》,上海,上海古籍出版社,2011 年。

一、选官制的类型

中国古代历朝有作为的统治者为了治国平天下的需要总是根据不同时代，不同地区制定有利于巩固统治的选官制度，即使同一选官制度在不同时期，甚至同一时期不同阶段，侧重点亦有很大差别，现概述如下：

世袭制。所谓世袭制即是君主或各大贵族世代享有政治地位，执掌国政，世代享有土地和人民的直接统治权。这种选官制度几乎与国家同时产生，它是原始社会遗风在阶级社会加进新的阶级内容的反映。其突出特点是，国家官吏的职位主要靠家庭显贵而定，往往某一官职对某一显贵来说是世袭的。夏、商二朝的国家元首继承制度要么是父死子继，要么是兄终弟及，足见世袭制根深蒂固。另据史载禹父鲧管水土，无功，禹继父业也管水土。弃管农业，弃之后不窋在夏朝国家机关中也曾负责农业。又如，车正为夏王朝管理车辆之官，《荀子·解蔽》说："奚中作车。"杨倞注云："奚仲，夏禹时车正。"禹时奚仲为车正，他及其之后亦在夏朝国家行政机关中担任车正之官。所不同的是，某一职务，在原始社会对某氏族世袭，并以选贤任能为标志，而在夏朝则是对某家族贵族世袭，并以阶级为标志，而且还要看其家族在国家中的地位。关于这一问题，在商朝的甲骨文中也可得到佐证。在甲骨文中，就发现有相隔二百多年的同职同名的卜官黄、依、及掌射黾。显而易见，黄、依、黾绝不可能是某个人的名字，而只能是他们所属家族的姓氏。这说明，在商朝尽管担任国家官职具体人有变换，但是不仅官职只能由贵族担任，而且某一官职由某一贵族家族担任也是固定不变的。

这种官职世袭制度，使国家统治中融合着家族统治的因素，使家族组织和国家组织不能截然划分，家族组织在一定意义上成了国家组织的一部分，族权成了奴隶主贵族进行政治统治的重要手段。它有利于维护和加强商王在国家中的政治地位。有利于利用最大的贵族家族的族权指挥号令其他贵族家族，以维护他在国家组织中的至高无上的地位。有利于依据血缘关系的远近亲疏，来调整统治阶级内部权力地位的高下，以确定维护奴隶主贵族内部的等级秩序，还有利于奴隶主贵族借家族血缘关系的外衣，来掩盖他们与平民之间的剥削与被剥削、统治与被统治的阶级对立关系，以麻痹平民的阶级意识，用"同宗一家"的观念驱使平民为贵族卖命。族权和政权的互相渗透，是我国古代贵族政治制度的一大特色。

分封制。分封制是周人为巩固政权而创立的一种新型选官制度。分封制萌芽于商朝中后期，而西周把它作为巩固政权的一种政治制度，在全国范围内大规模实行。它与世袭制有相同之点即以血缘为基础的选官制度。所不同的是夏、商二朝的世袭制主要解决中央政府官吏的选拔标准问题,至于地方政权则因二者是以部落和部落联盟的形式进入国家的,当时以血缘为纽带的氏族组织还没有冲破,从理论上讲,当时还没有以地区划分国民,因此是以血缘团体划分国民,而分封制主要解决中央政权中的国家官吏的人选问题。西周国家官吏有别于夏、商二朝的亦是非固定在一个家族进行人选。总之,西周时期不管中央,还是地方上的职官的选拔呈现出由固定在一个家族向非一个家族转换的过渡时期,二者兼而有之。

正因为如此,西周时期便出现了官吏的册命制。所谓"册命"亦即封官授职。它萌芽于商朝,到了西周已经十分完善了。《说文》云:"册,符命也。"册又通策,《左传·昭公三年》又云:"授之以策。"注:"策,受命之书。"书就是今日的公文。《说文》又云:"命,使也。从口从令。"即令从口出。西周统治者十分注意"册命"仪式,并把它作为行政管理的重要内容。实践证明,它是加强中央与地方关系的一大治国方略。故此,搞清册命制的内涵,对今日的干部制度的完善无疑是有裨益的。

册命的时间与地点。册命时间一般在一日之晨,即"旦"或"昧爽"之时。这实质是后世早朝任官制的开端。册命地点多半在太庙。庙是先王朝堂。此地为先王形貌所在,又为后世祭祖之所。在此地任官授职,以表示后继官吏要继承先辈遗风,效忠于前王的一种行为。同时,又是在位的周王,用先王的权威加强向心力和凝聚力的一种方法。

册命仪式。西周册命不但庄严、肃穆,而且有固定的仪式。一般说来,周王进庙后,面向南而立,其左是起草策书的史官,其右是宣读策书的史官。周王及史官即位后,受命者由傧者引入庙,中立于庙廷,面向北而立,并且傧者在右,受命者在左,准备受命。册命仪式开始,先由书写册命的史官将策书授予周王,周王即呼宣读,册命的史官宣读,以表示受命者得到周王的批准并给予受命者在封国内享有的统治权力。因此,这种册命是西周礼仪制度的重要组成部分,是王权高度发展的必然产物。

册命的内容。《左传·定公四年》卫国大夫子鱼下面一段话说得较为详细:"昔武王克商……分鲁公(周公之子伯禽)以大路(礼车),大旂(饰以蛟龙的旗子),夏后氏之璜(半璧形玉器),封父之繁弱(封父:古诸侯国名。繁弱:弓名),殷民六族:条氏、徐氏、萧氏、索氏、长勺氏、尾勺氏,使帅其宗氏(大宗),辑其分族(辑:聚集。分族:旁枝小宗),将其类丑(类丑:族众),以法则周公,用即命于周。是使之职事于鲁,以昭周公之明德。分之土田陪敦(附庸小国),祝、宗、卜、史、备物、典策、官司、彝器,因商奄之民,命以《伯禽》,而封于少皞之虚。"这段史料记载了周王册命周公旦的儿子伯禽为鲁地诸侯时的具体情形。从册封内容上看，有土田、器、车服、官司等，其核心是授土授民。在以农业为主体的国度里，对受命者来讲，土地既是人们赖以生存的主要生活资料，又是权力大小的象征，还是统治民众的依靠。而民众则是物质财富和精神财富的创造者，舍此就没有统治的基础。现代管理学家主张择人任事的同时，还要授职授权，要责权相称。册命就以公文形式，给予受命者相应的职权，让他们施以才干，以达到裂土分封，以屏藩周的目的。

册命的组织机构。西周在周王之下设卿事寮和太史寮主管国家行政事务。而太史寮的官长，掌管册命、制禄、图籍、记录历史、祭祀、占卜、礼制、时令、天文、历法、耕作等。其下属主管册命的官吏叫作册，《顾命》中有"命作册度"，《史记·周本纪》有作册毕公，其中度、毕公均为人名。其职责是记言记事，各种册命的起草和宣读。同时他们又是各种礼仪的参加人，各种政治活动的出席者。因而他们在当时社会上处在非常尊荣的地位，经常受到各种优厚的赏赐。宜侯夨曾是一个作册，后被封为一方之侯。值得注意的是在周初某个王年内，同时出现多名作册。如周昭王时出现了作册益，作册折，按情理讲，必有一个负主要责任的，但这种分工当时尚不明显，到了西周中、后期，各种铜器的铭文上不仅有作册，还出现了作册尹。尹即一官之长。作册尹就是作册的首领。他的出现，说明册命组织的扩大，反映西周统治者对任官制度的重视。

册命公文。国家机关和官吏的各种公务活动中必然要求一定的文字形式即公文。利用公文作为各种信息的传播方式：使上情下达，下情上达，从而达到国家机器正常运转，信息传播渠道畅通之目的。册命公文称之为策书，属于下行公文。它对提高国家管理活动中的行政效率起到了重要作用。周之所以能够统治比夏商大得多的地盘，除了政治、经济、军事原因而外，和利用册命迅速实现大封诸侯有密切关系。正因如此，策书的种类繁多，内容又因人因事而异。从册命名称看，据《左传·定公四年》云："分鲁公……，命以《伯禽》。……分康叔……，命以《康诰》。……分唐叔……，命以《唐诰》。……（蔡叔）其子……，命以《蔡》。"这里的《伯禽》、《康诰》、《唐诰》、《蔡》就是"册命"的具体名称。从册命的缘由和对象看，有初次册命的始命；有因公侯臣宰过世，子孙袭位的袭命，有为新王继位，对先王旧臣重新册命的重命；有加官进禄之命的增命；有改变既往之册命的改命；有对死者追加册命的追命等。总之，策书是专为封官授职的一种公文。

综上所述，册命制度是西周行政管理的重要内容，也是中央对地方加强控制的一种手段。通过册命制度建立了国家统治的行政网络，为西周行政管理中严格实行"唯下是命，唯上是从"的等级服从制奠定了基础。

二、考课制的出现

所谓考课即是国家各级政府对官吏的功过行能进行考核,以此作为官吏升迁的依据的一种制度。其含义有二:一是考,即考察各级官吏任职期间执行国家法令的具体表现。二是课,即依照国家所颁布的法令和行政计划进行督课。量才授职,因能授官,是提高统治效能、保证国家机器正常运转的重要环节,亦是古代政府官吏管理机制的重要组成部分。

古代各朝的各级政府都有一定的执掌考核和监督考核的职司,而考核的最高裁定权则操于国家元首之手,具体说在奴隶社会归于王,在封建社会归于皇帝。

据史籍记载,早在原始社会末期已出现考课制的萌芽。《尚书·舜典》云:"三载考绩,三考,黜陟幽明。"即是说舜帝三年考察一次政绩,考察三次后,罢免昏庸的官员,提拔贤明的官吏。结果"庶绩咸熙"[1],工作兴盛起来。

考课制至西周之时,有了进一步发展,并初步形成了制度。《周礼·天官·大宰》云:"岁终,则令百官府各正其治,受其会,听其致事,而诏王废置。三岁,则大计群吏之治而诛赏之。"又《周礼·天官·宰夫》云:"岁终,则令群吏正岁会;月终,则令正月要;旬终,则令正日成;而以考其治。"两段史料结合分析,考课最终裁决权在王手中,具体考核过程,王无须过问,由大宰负责。其方法是按官员职级高低,执掌职务,逐级考课并上报。职级低的官吏要每日汇总治事,十天一次报告其上司,称为日计;中级官员于每月月底将治绩小计一次,报告给小宰,称为月要;高级官员每年年底总结一年治绩,报告给大宰,称为岁会。岁会要向王汇报。每隔三年一次考课,称为"三岁大比"。[2]

这种日计、月要、岁会,至战国时期统称为上计制度。其具体做法是每年中央的重要官吏和地方长官都必须把赋税收入的预算写在木券上,送交国王。国王把"券"划分为二,由国王执右券,臣下执左券。到了年终,臣下必须向国王汇报执行情况(上计),国王根据原券考核实征数目,决定官吏的奖惩升迁,所谓"符契之所合,赏罚之所生也"[3]。

---

①　《尚书·舜典》,见《今古文尚书全译》,贵阳,贵州人民出版社,1991年,33页。

②　《周礼·遂大夫》,见《十三经注疏》,北京,中华书局,1980年,742页。

③　《韩非子·主道》,见《诸子集成》,北京,中华书局,1986年,第五册。

三、致仕制的产生

致仕制度是古代政府官吏管理机制的重要组成部分。它起源于我国古代,由来已久。《春秋公羊传·宣公元年》记载:"退而致仕。"何休注云:"致仕,还禄位于君。"可见,这里的"致仕"亦即退休。在中国古代历史中,凡是存在较长久的朝代统治者,无不把官吏致仕作为巩固统治、促进国家机构新陈代谢、提高国家机关行政效率的重要内容之一。因此,加强致仕制度的研究,对于了解古代统治者如何调整国家机器,使之正常运转,进而达到治国平天下之目的,具有重要意义。

商周春秋为致仕制度萌芽时期。这时奴隶制国家政体由形成、发展逐渐走向崩溃,与之相适应的以血缘分封为基础的世卿世禄制度逐渐衰败,相反以选贤任能为标准的官吏任命制出现萌芽。于是官吏致仕制度伴随而来。早在殷商时期,就有辞官、告归事例。《史记·殷本纪》记载:"帝太甲既立三年,不明,暴虐,不遵汤法乱德,于是伊尹放之于桐宫。""帝太甲居桐宫三年,悔过自责,反善,于是伊尹乃迎帝太甲而授之政。"《尚书·咸有一德》云:"伊尹既复政厥辟,将告归。"据《史记·高祖本纪》:"高祖为亭长时,常告归之田。"注引孟康曰:"古者名吏休假曰告。"因此,伊尹授政于太甲之后,"将告归"可视为官吏致仕制度萌芽形态,不过这里仅是休假而还没有"还禄位于君"。到了西周时期,官吏年老致仕产生了年龄标准。《礼记·曲礼》云:"大夫七十而致事,若不得谢,则必赐之几杖。"致事即致仕。孔颖达注云:"谢犹听也,君必有命劳苦辞谢之,其有德尚壮则不听耳。"这就告诉我们,大夫一般70岁退休。那些"有德尚壮"的大夫虽年70但也可不退休。君主要赐之几杖。几以利坐卧,杖以利行走。春秋时期,王室衰微,大国争霸,出现了上下相克的政治局面。反映在官吏致仕方面,则出现了复杂现象。当时,有因立太子政见不同而致仕的。卫国庄公"将立州吁,乃定之矣",而州吁是"嬖人之子也",且"有宠而好兵"。于是石碏进谏曰:"臣闻爱子,教之以义方,弗纳于邪。骄、奢、淫、泆,所自邪也。"这些话卫庄公不听,当石碏之子子厚与州吁交往,石碏禁之无用,"乃老"致仕[①]。有的因老举贤而致仕的。"祁奚请老,晋侯问嗣焉。称解狐,其仇也。将立之而卒。又问焉。对曰:'午也可。'"于是午任中军尉。午即祁奚之子[②]。孔子称赞说:"外举不避仇,内举不避子,祁黄羊可谓公矣。"[③]有的因列国争强,以图霸主,任轻者,而致仕。秦景公派士䧅向楚国请求出兵,楚国答应了。但

---

① 《左传·隐公》,见《春秋左传集解》,杜预集解,上海,上海人民出版社,1977年。
② 《左传·襄公》,见《春秋左传集解》,杜预集解,上海,上海人民出版社,1977年。
③ 《吕氏春秋·去私》,见《诸子集成》,国学整理社辑,北京,中华书局,1980年,第六册。

子囊说:"不可,当今吾不能与晋争。……晋君类能而使之,举不失选,官不易方。……韩厥老矣,知䓨禀焉以为政。范匄少於中行偃而上之,使佐中军。"①可见韩厥因年老,不适应大国争霸的战争,让位于知䓨而退休,而范匄比中行偃年轻竟在中行偃之上,让他辅佐中军。值得注意的是,就其身份看,上面所说的石碏②、祁奚③、韩厥④,都是大夫级,说明春秋以前致仕主要限于大夫。

第六节　监察机制的变化与发展

监察作为维护国家机器正常运转和保证国家职能得以实现的重要条件,几乎与国家同时产生。最初它是保证王权顺利实施而客观存在着,其轨迹是自上而下。由监察活动转向为一种监察制度则是萌芽于战国时期,以郡县制为主要标志的中央集权代替世袭分封制之后。

直到公元前221年秦始皇统一中国止称之为先秦。其中包括漫长的夏、商、西周和春秋时期。原始社会末期,虽然也出现一些监察现象,但是它与国家产生后的监察和监察制度并不能同日而语,混为一谈。从严格意义上讲,监察同国家几乎是同时产生的,而监察活动转化为一种规范的监察制度确立于秦始皇统一中国之时。

一、监察释义

"监察"一词中的"监"字,最早出现在殷商甲骨文字和铭名中。唐兰先生考证,认为"监"字似一个人站在盛水的盆边,有自照其面之意⑤。古代没有镜子,人们用器皿盛水来照面。虽殷商之时已有铜镜,但只有高级贵族才能享用,而大多数人只能以水为镜。值得注意的是生活之镜与政治之镜是两码事。关于这一问题古人早有所识。据《尚书·酒诰》云:"古人言,曰:'人无於水监,当於民监。'"此语出于周公旦,他是西周开国元勋。其意无疑告诉人主不要把水当镜子,而应该把臣民当作镜子。为什么呢?《左传》云:"视水见己形,视民行事见吉凶。"《墨

① 《左传·襄公》,见《春秋左传集解》,杜预集解,上海,上海人民出版社,1977年。
② 杨伯峻:《春秋左传·隐公三年》,北京,中华书局,1981年。
③ 杨伯峻:《春秋左传·襄公三年》,北京,中华书局,1981年。
④ 《中国人名大辞典》,韩厥为卿,卿略高于大夫。《辞海》有卿大夫连用之词条。
⑤ 唐兰:《殷墟文字记》,北京,中华书局,1981年,101页。

子·非攻下》又云:"镜于水,见面之寤,镜于人,则知吉与凶。"人主知凶方能使国昌盛,知凶才能使国富强。可见,"监"最初之义,仅仅是照视自己、正视自己、认识自己。但又有引申之义,为借监和戒监。《尚书·召诰》云:"我不可不监於有夏,亦不可不监於有殷。"《论语·八佾》云:"周监於二代,郁郁乎文哉!"值得注意的是随着王权(王即是奴隶社会国家元首的称谓)的逐渐发展与强化,人主"当於民监"之时,"监"的含义渐渐又发展为"以上临下",从上对下的监视和督察。据《诗·大雅·皇矣》云:"监观四方,求民之莫。"又《国语·周语》云:"(周厉王)得卫巫,使监谤者。"至东汉许慎《说文解字》云:"监"即为"临下也"。临下即从上而下监视和督察。

"监察"一词中的"察"字,一般认为晚"监"字而出现,最初之义为"观察""考察"。《尚书·吕刑》云:"察辞于差,非从惟从。"吕刑是吕侯为相,劝导西周穆王明德慎罚,制定的刑律。这里的"察"即考察。"差"指供词中矛盾的地方。其大意是从矛盾处考察供词,不服从的犯人也会服从。又《论语·卫灵公》云:"众恶之,必察焉;众好之,必察焉。"可见,上述之"察"都是以上察下,从上而下的监视与考察。《韩非子》中也记载说:韩昭侯多次考察他的左右对他是否忠诚,因而他的官吏认为昭侯明察,就感到恐惧而不敢为非作歹。[①]《孟子·梁惠王上》也曰:"明足以察秋毫之末。"谓人主目光敏锐,连最细微的东西也看得清楚,后常用以形容国君能观察入微,别具眼力。

值得注意的是"监"与"察"先秦之时始终未连用,直到秦朝,中央设立"三公",方有监察御史之名,"监"与"察"才结合为"监察"一词,而且开始成为专司监察的官名。高丞在《事物纪原·持宪储围部·监察》一书云:"初秦以御史监理诸郡,谓之监察御史,盖监察官名之始也。"又《汉书·百官公卿表》:"监御史,秦官,掌监郡。"《后汉书·陈忠传》:"故三公称曰冢宰……入则参对而议政事,出则监察而懂是非。"至此,监察御史,掌监察之职,虽历代名称时有变,职掌有轻重,但其制一直延续到清末。此后,虽然古代监察制度被废除,但是监察一词及其合理的内核却一直被沿用,直到现在。

二、原始社会监察习俗

原始社会是一个没有私有财产、没有阶级、没有国家和官吏的社会。因此,根本就没有后来国家意义上的监察制度。但是要稳定氏族之间、部落内部事务,却

---

① 《韩非子·内储说上》,见《诸子集成》,国学整理社辑,北京,中华书局,1980年,第五册。

有社会舆论的约束和一定办事准则和相应的制裁方式。

社会习惯的约束。社会中人们公认的习惯对氏族内的每个成员具有相当大的约束力。这种约束力首先反映在部落联盟酋长产生中，众所周知，尧、舜、禹都是通过民主选举产生，而他们的前任又都是通过"禅让"的形式，并"咨四岳"后而继任的。其次处理部落联盟中的重要事务均有民众认可的习俗。据《史记·五帝本纪》记载，舜欲惩灌兜、共工、鲧、缙云氏，事先"宾于四门"，经过"达四门，以宾礼众贤"的程序，尔后"乃流四凶族，迁于四裔以御魑魅"。这种制裁首领办法，实质上是原始社会末期的习惯法。

民众舆论监督。尧、舜、禹时代是我国原始社会末期，这时的部落联盟酋长是人民的公仆，并非是社会主人。据古代文献记载，"尧之王天下也，茅茨不翦，采椽不斫，粝粢之食，藜藿之羹，冬日麑裘，夏日葛衣"。[①] "舜命龙作纳言。"纳言即听下言纳于上，受上言宣于下的喉舌[②]。"禹之王天下也……以为民先"[③]，"亲自操橐耜"。"沐甚雨，栉疾风"，甚至"腓无胈，胫无毛"[④]，"居外十三年"[⑤]，"三过其门而不入"[⑥]，可见，尧、舜、禹是原始社会民众赞颂的公仆式的英雄。人民对于他们的过失，除了"纯粹道德性质"以外，"没有强制手段"。[⑦]

值得注意的是各部落联盟酋长用什么方式采访民众舆论监督呢？据《管子·桓公问》记载："黄帝立明台之议者，上观于贤也；尧有衢室之问者，下听于人也；舜有告善之旌，而主不蔽也；禹立谏鼓于朝，而备讯也。"不难看出，"明台""衢室"，都是传说中部落联盟酋长采纳民意的地方。《三国志·魏志·魏文帝纪》云："轩辕有明台之议，放勋有衢室之问，皆所以广询于下也。"而"告善之旌""谏鼓"等又是古代部落酋长采纳谏言的制度和渠道。所谓"告善之旌"即是设旌以奖励人臣进谏。《史记·文帝纪》云："古之治天下，朝有进善之旌……所以通治道而来谏者。"所谓谏鼓即是置于朝门两侧之鼓，百姓想进谏者，击鼓闻于禹（广称部落首领）。它既是进谏工具，又是纳谏工具。

联盟机构监督。我国古代尧、舜、禹时期，各个氏族都存在氏族议事会，部落

---

① 恩格斯：《家庭、私有制和国家的起源》，见《马克思恩格斯选集》，第 4 卷，北京，人民出版社，1972 年，82 页。

② 《尚书·舜典》，见《今古文尚书全译》，江灏等译校，贵阳，贵州人民出版社，1991 年，33 页。

③ 《韩非子·五蠹篇》，见《诸子集成》，国学整理社辑，北京，中华书局，1986 年，第五册。

④ 《庄子·杂篇·天下》，见《诸子集成》，国学整理社辑，北京，中华书局，1986 年，第三册。

⑤ 《史记·夏本纪》，北京，中华书局，2012 年，12 页。

⑥ 《孟子·滕文公上》，见《诸子集成》，国学整理社辑，北京，中华书局，2012 年，第一册。

⑦ 恩格斯：《家庭·私有制和国家的起源》，见《马克思恩格斯选集》，第 4 卷，北京，人民出版社，1972 年，82 页。

联盟大会。在议事会上,一切成年男女享有平等表决权。从某种意义上说,它也是氏族的最高"督察机关"。首先,氏族首领必须经氏族议事会选举产生,所有的人,无论男女,都参加选举。部落联盟酋长也得经过"四岳"商议,经过民主推选。《尚书·尧典》里,"咨四岳"反复出现,这个"四岳"就是"四方部落首领"。而"咨四岳"不是别的,正是氏族公社的重要机关——联盟议事会。这个议事会由部落酋长组成。其次,氏族日常事务由酋长安排,但涉及氏族内外重大事务,由人民大会决议。关于这一点中国古籍里没有明确记载。但后世的"国危""国迁""立君",于外朝询民的制度,大概是古制遗风。据《周礼·小司徒》云:"凡国之大事,致民;大故,致余子。"何为致民?孙诒让正义曰:"致谓聚众也;百姓即谓年三十以上为正徒卒者也。凡民皆于王门及国门。"又《小司寇》:"掌外朝之政,以致万民而询焉,一曰询国危,二曰询国迁,三曰询立君。"也就是说,当部落遇到战争、迁移、荐举首领时,需要召集人民大会决议。再次,氏族成员和氏族会议具有罢免其首领的权力。《国语·周语上》说:"昔我先王世后稷",鲧治水无功,子禹继父业受任治水,便是最好说明。

三、奴隶社会监察活动

有了国家,便有体现统治阶级意志的监察。监察活动是维护统治阶级利益,调整统治阶级内部关系,限制个别成员"私利"过分膨胀的有力工具,不过夏、商两代尚处于奴隶社会发展时期,国家机器尚处于雏形阶段。周朝虽然处于奴隶社会鼎盛时期,但由于国家机构设置是以宗法血缘为其选官基础的,监察作为统治国家的重要手段,仅仅以活动的形式而存在的,还没有形成制度。而春秋战国时期,国家职能突出表现在外部,即"靠侵略别国领土来扩大本国统治的领土,或者是保护本国的领土不受别国的侵犯。从前的奴隶占有制度和封建制度下的情形是这样"[1]。

首先,君王监察百官方式的多重性。如何治理国家?用什么方法治理百官?可以说,先秦的君主们绞尽脑汁,运用了各种各样的奇谋妙计,从监察角度讲,概括说来有如下办法:其一,巡狩。即天子对诸侯国自上而下的巡察,它具有监察性质。"天子适诸侯曰巡狩。巡狩者,巡所守也。"[2]另据《礼记·王制》说:"天子五年一巡守。岁月二月东巡守,至于岱宗。……五月南巡守,至于南岳。……八月

---

[1]　斯大林:《在党的第十八次代表大会上关于联共(布)中央工作的总结报告》,《斯大林选集》,下卷,北京,人民出版社,1979年,468~469页。

[2]　《孟子·梁惠王下》,北京,中华书局,2012年,12页。

西巡守,至于西岳。……十有一月北巡守,至于北岳。"从以上引文中不难看出巡狩即是"天子适诸侯",即天子对诸侯的监察,就时间而言有二,一是天子每隔 5 年一巡狩,但到了西周之时又转为 12 年一巡狩,而每次巡狩因时间不同而巡狩的方向亦有别。其二,述职。即是诸侯定期向周天子朝觐,以汇报自己的政绩。据《孟子·梁惠王下》云:诸侯"朝于天子曰述职。述职者,述所职也"。诸侯朝见天子,"春见曰朝,夏见曰宗,秋见曰觐,冬见曰遇,时见曰会,殷见曰同"①。同时"诸侯之于天子也,比年一小聘,三年一大聘,五年一朝"②。这里所说的"聘"是指诸侯派大夫前往中央;"朝"是指诸侯亲自到王廷朝觐述职,报告工作。这项制度后来发展成为一项专门的年终考绩制度——上计制度。即天子、诸侯通过自下而上的呈报成绩以加强对各官吏的考核和监察。其三,省视。所谓省视即天子或诸侯国君对他们各自所管辖的地区进行观察。省视与巡狩不同之处有二:巡狩是天子对诸侯国监察,省视是天子和诸侯国君对他们各自统辖区的巡视;巡狩的对象是诸侯国,省视的对象是诸侯国之下的官吏或平民百姓。其四,商周时期,天子派使臣监视诸侯,这些使臣称为监官,被监之国称为监国。

其次,国家兼职监察官员的出现。夏、商、周三代行使监察权的大多为兼职之官。一是遒人。它是宣示政令,采集民意的官。《左传·襄公十四年》引《夏书》说:"遒人以木铎徇于路。"注说:"遒人,宣令之官。遒音酋,徇音殉,巡行而宣令也。木铎,金口木舌之铃。金口金舌则为金铎。金铎用于武事,木铎用于文教。"③又《尚书·胤征》云:"每岁孟春,遒人以木铎徇于路。官师相规,工执艺事以谏。"可见,每年初春,遒人之官摇着铃子在路上巡行,各位官员相互规劝对方的过失,各种工匠艺人也依据技艺规程向上提出意见。显然,遒人有兼采访、纠禁之职。二是啬夫。《尚书·夏书·胤征》云:"啬夫驰。"《仪礼》说:"啬夫承命,告于天子。"杨伯峻先生云:"尹知章注《管子》,则以吏啬夫为检束群吏之官;人啬夫为检束百姓之官。"④三是御史。最早见于殷商的甲骨文。商代有御史、朕御史、我御史等。此时御史职掌是祭祀、占卜和纪事,集神权与政权于一身。西周之时,御史日侍王侧记事,故称"柱下史"。《史记·张丞相列传》说:张苍"秦时为御史,主柱下方(版)书"。《索隐》:"周、秦皆有柱下史。"可见御史掌记事、文书、档案。《历代百官志》又云:"周官御史,次于内史外史之后,盖本史家之属,故杜佑以为非御史之任,然考其掌,如:'赞冢宰以出治令,凡政令之偏私缺失,皆得补察之,故内外百官

①　《周礼·春官·大宗伯》,见《十三经注疏》,北京,中华书局,1980 年,759 页。
②　《礼记·王制》,见《十三经注疏》,北京,中华书局,1980 年,1327 页。
③　杨伯峻:《春秋左传注》,北京,中华书局,1981 年,1017～1018 页。
④　杨伯峻:《春秋左传注》,北京,中华书局,1981 年,1385 页。

悉当受成法于御史,实后世司宪(监察官)之职所由出。'"①春秋战国时,虽然御史还充当国君左右的记录和文书之事,但是其监察职责越来越重。其一是可以代表国君授受他国使臣的献书。如张仪劝说赵王曰:"敝邑秦王献书于大王御史。"②其二是御史开始监郡,其制不始于秦,而始于六国。如《战国策·韩策三》:"安邑之御史死。"吴师道注曰:"六国已遣御史监郡,不自秦始也。"四是地方监察官——"方伯"。夏代和商代前期的"部落联盟",至商代后期称为"方国联盟",③其方国长官为"方伯"。"千里之外设方伯。"④"受命于王,以监察一方者,谓之伯。"⑤西周之时,又有"三监"之制。周灭商之后,如何控制商朝原来统治地区,武王采纳了周公旦的谋略,实行了三监之制。此制,以后发展为秦汉时的监察御史和部刺史制度。

再次,民众舆论监察形式的多样性。凡是推翻一个政权总要先作舆论方面的工作。先秦时期国家统治者在治国平天下的过程中,本能地了解舆论在治国中的重要作用,因此,设官授职了解社会动态。其一设官采民诗。民间诗歌是民众根据当时社会有感而发的思想外在反映的结晶。因此西周之时,设置了采诗官行人、遒人,到民间采诗。"群居者将散,行人振木铎循于路,以采诗献之,太师比其音律,以闻于天子。"⑥中国古代的诗歌集《诗经》,在某种意义上说即是采诗观民风的舆论监督的积淀物。其二设官询民意。如果说采民诗是间接了解民意的方略,那么,设置小司寇、乡大夫等官则是直接询问百姓对政事态度的要职。小司寇"掌外朝之政,以致万民而询焉:一曰询国危,二曰询国迁,三曰询立君"⑦。乡大夫掌"大询于众庶,则各帅其乡之众寡,而致于朝"⑧。其三置乡校。春秋时期的郑国人经常会聚于乡校,议论执政。然明对执政者子产说:"把乡校毁了如何?"子产说:"干什么?人们早晚来这里聚游,议论执政的好坏。他们认为好的,我就照着办;他们认为坏的,我就改正……为什么要毁掉它呢?"于是郑国保留了议论执政的民众舆论阵地,以利于国家的长治久安。其四立谏议。从文献上讲,最初论及这个问题的是周初的政治文告。进谏与纳谏,在《尚书·夏书》的《牧誓》《酒诰》《召诰》中都有一定的涉及。《诗经·民劳》篇最早提出了"谏"这个概念:"王欲玉

① (清)董说:《七国考订补》,上海,上海古籍出版社,1987年。
② (清)董说:《七国考订补·韩职官》,上海,上海古籍出版社,1987年。
③ 高光晶:《中国国家起源及形式》,长沙,湖南人民出版社,1988年,337页。
④ 《礼记·王制》,见《十三经注疏》,北京,中华书局,1980年,1325页。
⑤ 《先秦史》,上海,上海古籍出版社,1982年,378页。
⑥ 《汉书·食货志》,北京,中华书局,2012年。
⑦ 《周礼·秋官·小司寇》,见《十三经注疏》,北京,中华书局,1980年,873页。
⑧ 《周礼·地官·比长》,见《十三经注疏》,北京,中华书局,1980年,719页。

女,是用大谏。"春秋之世,许多人认为国之兴衰,关键在于能否任用谏臣,"兴王赏谏臣,逸王罚之"[①]。战国时代,诸子对进谏与纳谏问题进行深入讨论,除了道家以外,几乎一致认为进谏与纳谏与否直接关系到国家的兴衰存亡。

最后,治理百官的成文法问世。由习惯法转为成文法是治国方式的一大进步。因为成文法尽管打上了统治者的思想烙印,但终归向客观标准迈进一大步。尤其是官法的制定对监察制度的形成奠定了基础。首先官吏的渎职。据《尚书·胤征》记载:(仲康时,羲和氏)"掌六师,羲和废厥职,酒荒于厥邑,胤后承王命徂征。告于众曰:'……先王克谨,天戒臣人,克有常宪……每岁孟春,遒人以木铎徇于路,官师相规……其或不恭邦有常刑。惟时羲和,颠覆厥德,沉乱于酒,畔宫离次,俶扰天纪,遐弃厥司……先王之诛。'"其大意是仲康时执掌天文之官羲和,玩忽职守,荒废于酒,胤侯奉仲康之命往征之。胤侯告诉他的将士们说:先王能谨戒于事,代表上帝教戒臣民,使臣民都能守法。每年的春天,命令宣令官手执木铎周徧宣讲法令。官兵们都互相告诫:如果不恭命,国有常法。惟有这个羲和,颠倒先王的德意,辜负先王的恩惠,沉乱于酒,离开官署职位,率先败坏王的德意,擅离职守……因犯了先王杀头之法。其次,惩治官吏失职。《周礼·秋官》中规定大司寇"以五刑纠万民"。这五刑是:"一曰野刑,上功纠力;二曰军刑,上命纠守;三曰乡刑,上德纠孝;四曰官刑,上能纠职;五曰国刑,上愿纠暴。"其中第四为官刑,其职能就是纠察官吏的不法,惩治官吏的失职。官吏触犯刑律,虽属于司法性质,但无疑也为监察确定了内容和准则。

第七节 军事制度的演变

军队是国家机器的重要柱石。柱石坚固则国家机器方能稳固。因此,奴隶社会的国家元首本能地十分重视军队的建设。况且,中国早期国家产生的重要前提和关键环节是武力征服和暴力夺权,这就使历朝统治者更加增大军队建设的力度。

一、夏代军事制度的出现

夏代是我国历史上第一个出现的奴隶制王朝。它具有从氏族制度向奴隶制国家过渡的性质。这种过渡性质也反映在其军事制度方面。即"寓兵于农""寓将

① 《国语·晋语六》,上海,上海古籍出版社,1978年。

于卿"。①《史记·殷本纪》引作:"夏王率止众力,率夺夏国。""众"是夏代军队组织的基本兵源。夏桀遏止众力,使众不能从事正常的农业生产,招致了众的反对,终于为汤所消灭。可见,"众"平时为从事农业生产的农民,战时为参军打仗的士兵。另据《尚书·夏书·甘誓》记载,夏启在讨伐有扈氏的誓词中说:"嗟!六事之人,予誓告汝……"这里的"六事"既是平时的行政长官,又是战时的军队将领。而"六事之人"就是军队将领统率之下的平时为民、战时为兵的士卒。

夏朝的军队以步兵为主,但车兵已开始出现。《尚书·夏书·甘誓》说:"左不攻于左,汝不恭命;右不攻于右,汝不恭命;御非其马之正,汝不恭命。"可见,当时有车兵的存在。即车左、车右、御者,一车三兵。

夏朝的军队有严格的纪律。据《尚书·夏书·甘誓》说:"用命,赏于祖;弗用命,戮于社,予则孥戮汝。"换言之,服从命令的,我就在先祖的牌位面前赏赐你们;不服从命令的,我就在社神的牌位面前惩罚你们,我或者把你降为奴隶,或者杀掉你们。

夏朝军队使用的武器,主要是木石制造的戈、矛、斧、殳和弓箭,也有少量的青铜兵器。②

二、商代军事制度的发展

商代军事制度是在夏朝基础上发展起来的。商王是军队的最高统帅,经常亲自率军出征,主持战争动员和兵员征集。

商代国家制度实行内外服制。它决定了其军事制度为王畿的王室军和畿外的方国军两军系统。其中王室军有:一是以"众"为兵源的"师旅"编制单位;二是以王室或其他世家大族的族众为兵源的"族"编制单位。二者既有区别又有联系。当以"族"为单位征兵时,"族"自然就成为军队组织,可以独立执行戍守、征伐等军事任务。而以"师旅"为单位征兵时,"族"可以配备在师旅中。③ 商代的方国很多。它们大都是由原始社会的氏族和部落自然发展起来的,而不是出于王室的分封。为了保证本氏族和部落不被其他氏族和部落侵夺亦大都有自己的军队或军事组织,同时还要听从商王的调遣,担负征戍任务。其统帅均是各方国首领。

商代征兵方式和编制较夏代有所发展。一般以临时征兵为主。这种征兵方式,时称"登人"。甲骨文中常有"登人三千""登人五百"的记载,最多的一次征集

---

① 陈思林:《先秦军事制度研究》,长春,吉林文史出版社,1991年,18~19页。

② 黄水华:《中国古代兵制》,北京,商务出版社,1988,4页。

③ 陈思林:《先秦军事制度研究》,长春,吉林文史出版社,1991年,31页。

了一万多人。征集的对象主要是平民,有时为弥补兵力不足,也把奴隶编入军队。[①] 商代军队的编制有两个系统:一是以"族"为编制单位,大概采用氏族制度的"十进制"组织形式。[②] 二是以"师旅"为编制单位。师可能是当时军队的最高编制单位。其长官称之"师氏",其人数为 3000 人。"师"之下称为"族",其人数为 300 人。"族"之下称"卒",其长官为"百夫长",其人数为 100 人。"卒"下有"两","两"应由三"什"组成,大概一两约三十人左右。

商朝军队由步兵和车兵组成,协同作战。战车一般由两匹马驾挽,车上甲士之人。车下配备步兵若干。

三、西周军事制度的完善

西周的兵制继承商朝制度,但有所发展,是奴隶社会兵制的典型。其标志有三:一是军权不断向周天子集中。即"礼乐征伐自天子出"。又《国语·鲁语下》云:"天子作师,公帅之,以征不德。"换言之,周天子组建军,并统率之,以此攻伐不德之族。二是诸侯国的军队组建权和指挥权,受王室支配,被纳入王室军队的附庸轨道。即"元侯作师,卿之,以承天子"。三是在中央机构中,设"司马"一官,协助周王对天下军队控制与管理。[③]

西周已建立了强大的常备军制。周天子直接控制的有三部分军队:一是西六师。守卫镐京,因位于西部,称之为"西六师"。二是"成周八师",驻守洛邑,用以震慑集中在这个地方的商朝贵族。三是"殷八师",驻扎在王国。其中"西六师"是周初便有的,"成周八师"和"殷八师"是周天子为征服新氏族而设置的。其内部编制,从《周礼·夏官》中可见端倪。"凡制军,万有二千五百人为军。王六军,大国三军,次国二军,小国一军。军将皆命卿。二千有五百人为师,师帅皆中大夫。五百人为旅,旅帅皆下大夫。百人为卒,卒长皆上士。二十五人为两,两司马皆中士,五人为伍,伍皆有长。"据考证,师之上为军一级建制则不合于周制。[④] 此外,诸侯国也有军队,但数量不得超过周天子规定的限额。据记载,方伯可设二师,诸侯可设一师。

西周已建立比较严格的禁卫制度。西周的禁卫系统可分为居、行、守三部分。负责"居"的宿卫人员,是腹心之卫,由宫正、宫伯掌领,始终在宫中执役而不随周

---

① 黄水华:《中国古代兵制》,北京,商务出版社,1988 年,4 页。
② 张政烺:《古代中国十进制的氏族组织》,《历史教学》,天津,1951 年,3 期,13～19 页。
③ 陈思林:《先秦军事制度研究》,长春,吉林文史出版社,1991 年,62～63 页。
④ 晁福林:《夏商西周的社会变迁》,北京,北京师范大学出版社,1996 年,388 页。

王出宫,主要职责是纠察王宫内各官府办事及人员增减,制定名册。每天夜晚,在宫中巡行,检查值班人员是否懈怠并预防火灾。对每名出入宫禁人员辨认及对其出入时间的限定。负责"行"的禁卫士卒,是重兵之工,由虎贲、旅贲氏掌领,周王出行,随王出征;周王入宫,担任警卫之责。负责"守"的禁卫卒隶,属环列之卫,由司隶掌领,不入宫内,是在宫外环列守护,周王出行时,也在行宫的外围环列守护。[1]

西周实行征兵制,军队由亲兵、甲士和徒兵等组成。其中亲兵是从"王族"或"公族"中征集的,属于贵族子弟兵。甲士是从"国人"(平民)阶级中征集的。徒兵是从庶人(自由民和农业奴隶)中征集的。上述兵种,甲士是西周主要兵源,其服兵役年龄一般为20岁至60岁。

四、转型时期的军事制度

由奴隶社会向封建社会转化,并非一蹴而就,它总有一个由量变到质变的过程。在我国,从奴隶社会向封建社会转变大约经过春秋、战国时期。其中以战国时田氏代齐为其转型的分界线。伴随着政治、经济、文化的变革,此时军事制度亦发生较大变化。突出表现在"从春秋时期开始,野人不能当兵的制度逐渐被打破,但基本的兵源还是来自国人;到了战国,野人才普遍可以当兵,因为那时各国普遍实行以郡县为单位的征兵制度,国与野的界限已经完全消失了"。[2]

各诸侯国常备军的建立。周平王东迁后,各诸侯国趁机建立自己的常备军。春秋时期,晋、齐、鲁以军建制。晋武公时建一军,至公元前588年作六军。齐国管子作内政以寄军令,有三军建制。鲁国春秋初年只有两军,公元前562年"季武子将作三军"。而楚、秦、郑、宋又以"乘"多少为计。一乘即一辆兵车。楚国的兵车当有万乘之数[3],秦国兵车当在二千乘以上[4],郑、秦兵车大致在千乘以上,小如邾子国,也有六百乘之数[5]。战国时期,常备军数额增大且出现了独立的军事指挥系统。据《战国策》等文献记载:秦国有带甲100万,车1000乘,骑10000匹。魏国有带甲40万。楚国有带甲100万,车1000乘,骑6000匹。赵国有带甲数十万,车1000乘,骑10000匹。为适应军队数额的增大,独立的军事指挥系统应运而

---

① 王镜轮:《中国皇家卫队》,北京,新世界出版社,2002年,2页。
② 王晓卫,刘昭祥:《历代兵制浅说》,北京,解放军出版社,1986年,35页。
③ 童书业:《春秋左传研究》,上海,上海人民出版社,1980年,341~342页。
④ 童书业:《春秋左传研究》,上海,上海人民出版社,1980年,369页。
⑤ 《左传·哀公》,见《春秋左传集解》,上海,上海人民出版社,1977年。

生。赵国设左司马、都尉，齐国设司马，秦、赵、韩、齐、楚还设郎中作为国君的侍卫。秦国设立都尉、中尉。各诸侯国还在郡设立郡尉。

各诸侯国军队兵种的增多和编制趋于规范。春秋时期的兵种有战车甲士，步卒徒兵以及水师等。战国时期各诸侯国不但继承沿袭春秋时期兵种，而且有进一步发展。突出表现在，骑兵已发展为独立的兵种，舟师也有很大发展。公元前 307 年，赵武灵王为了对付北方胡人的袭扰，开始"胡服骑射"，穿少数民族短而紧的服装，练习骑马射箭，组建了中原地区第一支骑兵部队。[1] 吴、越、齐、楚、秦等国都先后建立了强大的水上部队。司马错攻楚的黔中之战时（前 280 年），秦国人有船万艘，可见此时舟师发展的规模。随着军队人数的增多，编制亦提到议事日程上来，并趋于规范。大体说来，齐国编为军、旅、卒、小戎、伍五级。晋国军队编为军、师、旅、卒、偏、两、伍七级。其他各国的常备军多数编为左、中、右或上、中、下三军，极少数编为二军、四军或六军。军下设旅、卒、两、伍等编制。

各诸侯国兵役制度。春秋时期兵役制度前后变化很大。当时政区仍然沿袭西周旧制，即实行国野制。只有居住在国里之人才能当兵，居在野里的人不能当兵。后来为了扩大兵源，各诸侯国纷纷进行军制改革。于是服兵役的范围从"国人"扩大到"野人"，即由庶人转化而来的农民阶级。晋国的"作州兵"，鲁的"作丘甲"，郑国"作丘赋"即是最好的佐证。至战国时期，"由于社会性质发生变化，取消了过去只有贵族或平民上层才能成为甲士的身份限制，从而为各国实行大规模的征兵制度，提供了可能"[2]。战国时期普遍实行的是郡县征兵制。农民是主要征集对象，服兵役的年龄大约从 15 岁至 60 岁。

---

[1] 黄水华：《中国古代兵制》，北京，商务印书馆，1998 年，15～16 页。

[2] 张晋藩，王超：《中国政治制度史》，北京，中国政法大学出版社，1987 年，131 页。

第三章　封建社会国家政治制度

公元前 476 年至 1911 年辛亥革命是中国封建社会,不过 1840 年鸦片战争外国列强入侵中国冲击了中国社会,这时清王朝尚未灭亡,但是中国的社会性质发生了变化。

应当说这一时期的政治制度的变化是多方面的。不论是国家元首、最高行政长官,中央和地方政府执行机构及其运行机制,还是人事行政机制、监察制度都出现了前所未有的新事物,值得我们探索并给予规律性认识。

第一节　从王权政府到皇权政府

王权政府是奴隶社会中国政府的称谓,而皇权政府是封建社会中国政府的称呼。由王权政府向皇权政府过渡实质上反映了中国奴隶社会向封建社会转型。这一过渡或称转型,从根本上说是由物质生产和人类自身的生产所决定的。结合当时历史情况可以反映在政治、经济、文化、科技等诸方面的变革。

一、经济上的变革是两种政府转型的基础

春秋战国之际,经济发展到一个新阶段。当时,在社会经济部门中,最主要的还是农业。称之为"新",突出的标志是铁器的普遍使用和牛耕的广泛推行。

早在西周时期已有冶铁业。成王时的《班毁》铭文有"戠人"二字,郭沫若先生称之为冶铁工人。[①] 到春秋时有的国家用铁的记录便逐渐多起来。管仲与齐桓公

---

① 　郭沫若:《〈班毁〉的再发现》,《文物》,1972(9):2～10 页。

谈话中说:"美金以铸剑戟,试诸驹马;恶金以铸锄、夷、斤、斸,试诸壤土。"①美金是青铜,恶金就是铁。从文献中得知,农业生产工具,如耒、耜、铫等;手工业生产工具,如鍼、刀、斤、锯、锥、凿等,都是铁制的。从考古出土遗物看,长沙楚墓里有铁器出土,江苏六合吴国墓葬发现铁器,洛阳中州路墓出土铁器,这都是春秋时使用的工具。到了战国时期,铁器农具使用更加普遍了。"根据考古发掘,北自辽东半岛,南至广东,东起海滨,西到川陕这一广大地区都发现了战国中、晚期的铁农具。"②其中辉县的魏墓出土的有犁铧、镬、锄、臿、镰、斧等。③ 辽宁抚顺莲花堡燕园遗址出土的铁农具占全部出土农具的90%以上。

铁工具的广泛应用,也为牛耕创造了条件。春秋时耕地广泛利用牛耕。当时人们命名,时常把牛和耕联系在一起,如冉耕,字伯牛;司马耕,字子牛;还有叫牛子耕的。没有广泛利用牛耕,就不会有这种名字。《国语·晋语》也提到,祭祀宗庙的牺牲可以用作"畎亩之勤",反映出牲畜在农业耕作上开始普遍应用起来了。

铁工具的使用,牛耕的广泛应用,大量荒地开垦为耕地,扩大了耕地面积。春秋初年,宋郑之间有大量荒地,以后逐渐成为耕田。同时,促进了耕作技术发生根本变化。突出表现在对土壤选择和施肥的重视,把不同土壤分成上中下三等,根据不同土质种植不同农作物,时称"土宜"。耕作技术的进步,又使农业生产有了飞跃的发展。

随着生产力的发展,社会生产关系发生变化。突出表现在王权政府的重要经济支柱——井田制逐渐崩溃。早在西周末年,有一部分奴隶主贵族向新兴地主阶级转变时,就用奴隶"辟草莱,任土地"和"慢其经界"侵蚀井田制的公田办法,获得大量私有土地,改变了奴隶制国家的土地国有的制度。至春秋战国时期由于铁器和牛耕的使用,这种"辟草莱""慢其经界"的现象更多。新开垦出的土地,归开垦者所有,叫作"私田"。由于私田数量的不断增多,使以井田制为主的奴隶主贵族阶级的土地国有制发生了动摇。加上"按军功行赏"和土地买卖现象更为普遍,土地由国有转为私有已成历史的必然。于是适应皇权政府产生的重要经济基础——土地私有制便逐渐形成。

二、新型阶级的产生是两种政府转型的前提

春秋时期,阶级关系发生明显的变化。一部分大贵族没落了,而另一部分作

---

① 《国语·齐语》,上海,上海古籍出版社,1978年。
② 刘泽华等:《中国古代史》(上册),北京,人民出版社,1979年,191页。
③ 中国科学院考古研究所:《辉县发掘报告》,北京,科学出版社,1956年,12页。

为新兴势力,他们改变了剥削方式,将一部分土地租给直接生产者,并向他们征收一定数量的地租,这一部分新兴势力就是封建社会地主阶级的最初代表。一部分庶人、工、商的身份有了若干改善,并起着动摇着奴隶社会基础的作用。平民的分化更加显著。"士"的含义已有了变化。以个体经营为特色的小农阶层,有了成为社会基础的可能。春秋典籍中的"隐民""私属徒"等,便是具有封建关系下依附农民的性质。

随着地方经济的发展,诸侯和卿大夫在政治上的独立性加强了。周初"诸侯并列,王室独尊"的局面,已被彻底破坏。周天子所专用的一些礼乐,各国诸侯也应用起来了。诸侯专有的东西,卿大夫照样有了。诸侯支使天子,卿大夫支使诸侯,犯上作乱,层出不穷。这就是所谓"名与器"的"僭越"。列国之间展开了以扩展领土、夺取财富和迫使小国臣服为目的的无休止的兼并战争。在兼并战争中,齐、晋、秦、楚、吴、越等大国,先后称霸。后来北方大国中逐渐强大起来的卿大夫,彼此间也互相兼并。兼并战争成了春秋政治的重要内容,它一方面使人民遭受极大的痛苦,另一方面也为全国的统一准备了条件。

为了进行兼并战争,贵族们更加残酷地剥削、镇压奴隶和平民,以至于造成"民参其力,二入于公,而衣食其一"[1]和"国之诸市,屦(草鞋)贱踊(假腿)贵"[2]的情况。人民已经无法继续生活下去,他们被迫起来反抗,许多国家都发生了庶人和工匠的暴动,如周襄王八年(前644年)冬天,齐国筑郿城役人暴动;周襄王十一年(前641年),梁国奴隶暴动,推翻了梁君,史书上称为"民溃"。与梁相似的沈国也因民溃而灭亡。此外周"百工作乱"延续20年之久,一度将周王赶跑;卫国手工业奴隶暴动,杀死了卫庄公和继位的卫侯辄。此外,不断见于史书的所谓"盗贼公行";郑国"群盗聚于萑苻之泽",鲁国季康子患盗,以及遍及各国的"国人骚动"都反映春秋时期空前高涨的阶级斗争形势。

春秋时期,持续一百多年的奴隶和平民反抗斗争,不仅致命地打击了奴隶制度,同时也是孕育新社会的根本力量。新兴的地主阶级正是利用了这个斗争,才取代了旧贵族势力的统治。

春秋战国之际,随着地主经济的发展,地主阶级的阶级力量逐渐强大起来,他们在奴隶制度崩溃之势已成的情况下,企图建立地主阶级的封建政权来代替奴隶主贵族专政的政权,借以确立地主阶级的统治地位,保持封建经济的发展。为此,他们利用了奴隶和平民的反抗,同奴隶主贵族展开了争夺政权的斗争。从春秋到战国经过各诸侯国接连不断的兼并战争。原来140余国只剩下20多个,并最后

---

① 《左传·昭公三年》,见《春秋左传集解》,杜预集解,上海,上海人民出版社,1977年。
② 《左传·昭公三年》,见《春秋左传集解》,杜预集解,上海,上海人民出版社,1977年。

形成了秦、齐、楚、魏、赵、韩、燕七个大国争雄局面。

由于各国经济和政治的发展情况不同，因此，各国地主阶级夺取政权的时间有先后，具体的途径也有不同。大体上三晋和田齐，都是在奴隶革命比较彻底扫荡了奴隶主贵族势力的基础上，采取政治革命的手段，夺取了政权。然后再经过新政权，实行系列变法措施，进一步完成了地主阶级的政治革命，奠定了封建制国家的基础。早在公元前481年，齐国的政权实际上就已掌握在田氏手中；公元前453年晋国的韩、赵、魏三家瓜分晋国，也建立了封建政权，并于公元前403年正式成为诸侯国。而楚、秦、燕、赵，虽然内部的旧势力仍然有一定的基础，但在内外严峻的革命形势的压力下，国君被迫任用地主阶级的政治代表，进行自上而下的变法。通过变法，逐步确立了封建的经济、政治制度，将国家政权纳入封建制的轨道。

战国时期各国变法，在性质上与春秋各国的社会改革不同，前者是摧毁旧制度的地主阶级的政治革命，后者只是在奴隶制所许可的范围内某种程度的改良。因此，战国时期各国变法的具体步骤和措施虽有不同，但都遭到奴隶主贵族的顽抗，进行过流血的斗争。然而，奴隶制度的历史终究到了末路，尽管七国之中，某些国家变法有反复、有失败，但总的来说，奴隶主贵族旧势力的反抗，并未能阻挡历史潮流的发展。经过变法，各国政权的基本性质已经不是奴隶主贵族对广大奴隶的专政，而是地主阶级对广大农民的专政。各国政权借以建立的经济基础，基本上不再是奴隶制而是封建地主阶级的土地制度。各国实行的各种政策措施，进一步促进了封建经济的巩固和发展。

封建政权在各诸侯国的建立，标志着当时社会已不再是奴隶社会，而是封建社会。作为封建社会的上层建筑一旦产生后，必然成为"大的积极力量，积极促进自己基础的形成和巩固，采取一切办法帮助新制度去根除、去消灭旧基础和旧阶级"①。因此，从战国初年开始，地主阶级就运用政权的力量不断巩固和发展封建制度，积极进行社会制度的变革。

三、思想上的变法运动完成了两种政府转型的飞跃

地主阶级夺取政权之后，奴隶主在经济上、政治上失去优势，但奴隶制残余还存在，奴隶主思想和传统还有广泛影响。思想观念问题和传统势力的残余，只能用转变人们的脑筋去解决。

---

① 斯大林：《马克思主义和语言学问题》，见《斯大林全集》，北京，人民出版社，1953年，315～326页。

当时新兴的地主阶级面临的迫切需要解决的问题有二:一是如何统治农民,实行什么样的方针、政策和策略对巩固其统治更为有利;二是封建割据与社会发展要求统一,这一矛盾也很突出,如何解决这一矛盾。所有这些问题是战国变法运动的直接原因。

在各国变法中,魏国和秦国的变法,具有更为典型的意义。公元前445年,魏文侯即位,在50年的时间内,任用了李悝、吴起、乐羊、卜子夏、段干木等一批封建的政治家、法律家、军事家和思想家,实行政治改革,取得了显著的成绩。

李悝是当时杰出的政治家和法律家,曾任魏相及魏文侯的老师。他吸收了奴隶制时期的统治经验,结合晋国的传统,适应当时的政治、经济发展的形势,把魏国的封建制度推向一个新阶段,因此,成了战国初期一个头等富强和最先进的封建国家。

李悝的改革措施主要有以下几点:

(1)消除奴隶主贵族的残余势力,扶植地主阶级势力。李悝建议魏文侯,废除奴隶主贵族享有特权的世袭禄位制度,把无功受禄的人视为"淫民"加以剔除,不让他们平白地享受政治特权。他要求按照"食有劳而禄有功"的精神,把禄位赐给有功劳的人,地主阶级的代表由此而登上政治舞台。李悝主张按照地主阶级的标准,"任人唯贤",推行法治。在这一原则指导下,他大力提倡和重用新兴地主阶级的代表人物,"夺淫民之禄,以徕四方之士"[①]。这一原则一方面体现了新的封建官僚制度代替了旧的"世卿世禄"制;另一方面意味着国君权力的加强。李悝又发展了魏国原有的武卒受田、免赋税的制度,许多人因此成为地主。被排挤的"淫民",为了维护自己的利益,也不得不逐渐转为地主。

(2)推行"尽地力之教"。"尽地力"有两层含义。一是要求把所有可耕之地全部加以利用,包括开垦荒地;二是要求大家"治田勤谨",提高单位面积产量。目的在于挖掘土地潜力,提高农作物产量,增加封建政府的田租收入。把国家掌握的荒地,分给农民耕种,好田一家一百亩,坏田一家二百亩,抽取"什一之税"。这个措施,对于增强国家税收,巩固封建统治的经济基础,起了一定作用。

(3)实行"平籴法"。年成好时,政府以平价购入粮食,灾年再以平价出售,借以平衡丰年和荒年的粮价。目的是防止官僚商人囤积居奇,影响社会生产和秩序。

(4)集诸国刑典,著"法经"六篇,用严酷的刑法保护地主阶级的政权和私有财产,维护封建的社会秩序。春秋末叶以来,各国相继制定成文法典,如郑国的刑书

---

① 《说苑·政理》,见《说苑全译》,王锳等译注,贵阳,贵州人民出版社,1992年。

和竹刑,晋国的刑鼎,宋国的刑器,楚国的仆区法等。李悝的"法经"是集这些法典的大成,为我国封建时代第一部比较系统的成文法典。"法经"的第六篇是:一盗法,二贼法,三囚法,四捕法,五杂法,六具法。盗法是有关窃盗之类的规定;贼法是有关杀伤之类的规定;囚法、捕法是有关断狱、捕亡之类的规定;杂法是有关"轻狡、越城、博戏、借假不廉、淫侈越制"等规定;具法是关于犯罪所应具备的条件和适用刑罚的原则等规定。第一、二、五部分的内容相当于现代的刑法分则,第六部分的内容相当于刑法总则,第三、四部分的内容相当于刑事诉讼法。李悝之所以把盗和贼法列于法典之首,是因为他认为"王者之政,莫急于盗贼"[①],所谓盗贼不仅是指侵犯地主财产权的盗窃劫掠行为,而且着重指人民群众对于封建政权和君上大权的反抗。这是贯穿在"法经"中的一条思想,也是维护封建国家统治的阶级本质的表现。

李悝所著的"法经",是我国封建社会初期最具有代表性的一部法典,它不但表现了封建法律专政锋芒和维护封建国家统治的本质,而且也初步确立了封建的法治原则和体系,对当时各国变法的实际活动有着深刻的影响,对后世封建法制的发展,也具有重要的奠基作用。

毛泽东同志曾说过:"军队是国家政权的主要成分"[②]。魏文侯除了利用李悝实行政治、经济变法之外,还派吴起改革军事制度。吴起对士兵进行严格的挑选、训练和考核。考核的标准:身穿三层甲,头戴铁盔,腰佩利剑,操十二石的强弩,带箭五十支,肩扛长矛一杆,背三天干粮,半天能行一百里。凡考核及格者,免去一家徭役,并奖给田宅。[③] 吴起还根据士兵的不同特点,对军队采取新的编制,把身强力壮、善于近战的士兵编在一起,把机智灵活、善于爬坡越沟的士兵编在一起,把能吃苦耐劳、善于长途奔袭的士兵编在一起,以便在战争时根据对方的弱点以及地形,交互使用或者相互配合使用这些军队,使每个士兵的优点得到充分发挥。[④] 吴起在魏国创立的这套军事制度,后人称为"武卒制"。

李悝、吴起的变法,使魏国经济、军事得以迅速发展,地主政权逐渐巩固,国力逐渐强大,成为战国初年一个强盛的封建国家。

战国时代,另一个具有更重要的典型意义的是秦国的商鞅变法。商鞅变法最全面、最彻底、最集中地反映了各国所执行的封建化政策的趋向和实质。

"少好刑名之学"的商鞅(公孙鞅),原是卫国破落贵族的后裔,因秦国宠臣景

---

① 《晋书·刑法志》,北京,中华书局,2012年。

② 毛泽东:《战争和战略问题》,见《毛泽东选集》(合订本),北京,人民出版社,1969年,512页。

③ 《荀子·议兵》,见《诸子集成》,北京,中华书局,1986年,第二节。

④ 《吴子·图国》,见《诸子集成》,北京,中华书局,1986年,第六册。

监的引见,得见秦孝公,孝公很欣赏商鞅的富民强兵、成就霸业的建议,任命他为"左庶长",并且"定变法之令"。公元前 359 年和前 350 年,商鞅在秦国进行了两次变法。变法的主要内容如下:

(1)"废井田,开阡陌"。从法律上确认封建的土地所有制和土地买卖的合法性。所谓阡陌,说南北以阡,东西以陌。具体地说是把原来"百步为亩"小田界阡陌和每一顷田的大田界"封疆",统统破除,并且允许土地买卖。这就从法律上维护土地私有制,有利于地主经济的发展。这一政策彻底地摧毁了奴隶主贵族的经济基础,用法律的形式确认、巩固和发展了封建社会的经济基础,推动了生产力的发展,并逐渐地扶植了土地兼并,形成了"富者田连阡陌,贫者无立锥之地"的形势。

(2)实行"重农抑商",发展小农经济。商鞅认为农业是"本业",是国家富强的基础,而商业和手工业是"末业"。由于商品经济发展,农民中已有一部分人弃农经商。为了保证封建国家的财源和兵源,为了巩固封建的经济基础,发展一家一户的小农经济,秦国一方面实行重农抑商的政策,凡"僇(努)力本业,耕织致粟帛多者复其身(即免除徭役);事末利及怠而贫者举以为收孥(官奴隶)"[1];另一方面,又规定"民有二男以上不分异者,倍其赋"[2]。

(3)废除世卿世禄制度,根据军功制定新的尊卑爵职的制度。"宗室非有军功论,不得为属籍","有军功者,各以率受上爵"。[3] 并规定军功以在前线斩得敌人的多少来计算,斩敌人甲士首级一颗的给爵一级,田一顷,宅九亩,庶子一人。杀敌越多,赏赐越厚。根据"劳大者其禄厚,功多者其爵尊"的原则,建立一套军功爵制。秦国军功爵共分二十级,最低一级是"公士",最高一级是"彻侯"。并且确立了与各级官吏相应的政治、经济特权,如做官、取得田宅和家奴、享用特定的衣服和车骑等。从而严重地打击了奴隶主贵族势力,破除了奴隶制社会的等级制度,促进了封建官僚制度的发展。

(4)建立了以国王为中心的封建中央集权的政治制度。"集小都乡邑聚为县,置令丞,凡三十一县。"又把李悝的"法经"搬到秦国,改法为律,实行严刑峻法,赏罚分明。迁都咸阳后,在新建的宫阙上颁布法令,实行编户制,五家为伍,十家为什,互相连坐告奸。告奸的按杀敌给赏,不告奸的腰斩,匿奸的以降敌论处。禁止互相斗殴,斗殴的按轻重程度受刑罚。由于实行这些办法,秦国人民因此"勇于公战,怯于私斗"。

秦国商鞅变法,在时间上虽然迟于东方各国,但由于吸取了东方各国变法的

---

① 《史记·商君列传》,北京,中华书局,2012 年。

② 《史记·商君列传》,北京,中华书局,2012 年。

③ 《史记·商君列传》,北京,中华书局,2012 年。

经验,加上秦国旧势力的基础薄弱,因此实行得比较彻底。经过变法巩固了秦国的封建制度,使秦国由一个政治经济落后的国家,一跃而为当时最先进、最强盛的封建国家,并为以后的统一六国奠定了重要的基础。

正如黄中业先生概括的那样:战国变法运动的历史表明,在变法的诸多法令和措施中,"食有劳而禄有功"打破出身门第的特权的桎梏,在政治上为地主上升为统治阶级奠定了基础;"因能而授官"突破"世卿世禄"制度的樊篱,从组织上为地主阶级掌握国家政权创造了客观条件;"集小都乡邑聚为县"冲破了"采邑制"框框,为中央集权制国家的地方政权建立提出了可行的组织模式;"塞私门之清","移风易俗"等改变官场和社会风气的措施,是推行改革的必要条件;"燔诗书而明法合","焚书坑儒"在意识形态领域达到了统一思想的预期目的,为统一国家的出现创造了条件。[①] 以上五项原则,对改变社会上层建筑的性质起到了决定性的作用。这几项原则的实施,改变了社会制度的性质,完成了中国社会由奴隶制向封建制的飞跃,由王权政府向皇权政府的转变。

第二节　皇权政府的国家元首

社会形态更替,国家元首称谓的改变,皇帝继承方式亦发生变化,同时由于社会发展的复杂性又导致皇帝出现不同类型。而把皇帝分为不同类型又为我们深刻剖析这种社会现象提供了一个新视角。

一、皇帝称谓的出现

"皇帝"是封建社会国家元首的称谓。始于秦始皇。《资治通鉴·秦纪》记载秦王嬴政"自以为德兼三皇,功过五帝,乃更号曰:'皇帝'"。其权力至高无上,总揽全国军政大权,是国家最高统治者,所有政事全凭皇帝个人独断专行,所有官吏都必须听命于皇帝的调遣,按照皇帝的命令行事,即所谓"天下之事无大小皆决于上"(同上)。从此,"皇帝"便成为中国封建社会诸朝国家元首的专有名词。之后,皇权政府国家元首在不同历史时期又有别称。一般说来,汉朝至隋朝皇帝别称多用谥号。所谓谥号是帝王死后由礼官根据其生平事迹议定的一种带有褒贬色彩的称号。如:汉朝刘彻的谥号为"孝武皇帝",刘秀的谥号称"光武皇帝",隋朝杨坚

---

① 黄中业:《战国变法运动》,长春,吉林大学出版社,1990年,6页。

的谥号称"文皇帝"。唐朝至元朝皇帝别称多用庙号。所谓庙号是帝王死后在太庙立室奉祀时特立的名号。如:唐朝李世民的庙号为"太宗",宋朝赵匡胤的庙号为"太祖",元朝忽必烈的庙号为"世祖"。明清两朝皇帝别称多用年号。所谓年号亦即封建皇帝纪年的名号。如:明神宗朱翊钧称万历皇帝,清圣祖玄烨称康熙皇帝。

封建社会国家元首称谓的别称为什么因时而变呢?考其原因,隋以前皇帝的谥号能概括他们的"行"与"功"。因此,时人多用其谥号称呼他们。然而,随着时间的推移,建朝立国的人越来越多,重复的皇帝谥号越来越多。如:汉朝刘彻称武帝,晋朝司马炎、北周的宇文邕亦称武帝,其他如明帝、文帝等谥号亦有重复。这一现象的存在极容易造成国家元首别称的混乱,人们不得不考虑用另外一种称谓代替之。于是用庙号作为国家元首的称谓应运而生。经过长时间的使用,用庙号作为国家元首别称亦不断重复出现。如:后梁、后周、宋、元等朝开国之君的庙号均为太祖。为了避免国家元首别称的人为混乱,时人使用年号代替庙号作为国家元首的称谓。年号始于汉武帝。明朝以前,不但有时一个皇帝有多个年号,如汉武帝有建元、元朔等 11 个年号,而且不同朝代年号也多次重复。据今人统计,重复的年号共有 200 多个,仅太和年号,三国魏明帝、东晋废帝、十六国时后赵、成汉、北魏孝文帝等都曾使用过。但是,到了明清两朝,新君即位建元,不再改元,基本上一个皇帝一个年号,因而年号本身就可以成为皇帝的别称。

综上所述,中国古代国家元首称谓的变化,并不仅仅是一个形式问题,而往往意味着国家政体的变革或同一国家内不同时期的更替。

二、皇帝的类型

中国古代君主始于何时,目前学术界已有共识。普遍认为古代君主与国家同步产生。有了国家便有君主。国家产生前,处于军事民主制时期的部落联盟酋长充其量是主持其事务的公职人员。但对中国古代君主类型划分却有重大分歧。

从政绩、行为活动方面看,有的人将它分为"明君""暴君""昏君"。[①]

从建业功绩及其在历史上所起的作用看,有的人将它分为创业型、守成型、鼎革型、荒淫型、误国型、残暴型、傀儡型。[②]

从掌握国家最高权力强弱不同方面看,有人把它分为事必躬亲型、委任官僚

---

① 尚黎:《中国历代名君》,开封,河南人民出版社,1987 年,1 页。

② 白钢:《中国皇帝》,天津,天津人民出版社,1993 年,1 页。

型、说和感化型和严厉督责型。①

从个人品格方面看,有的人把它分为果断顽强型、奸诈诡谲型、多疑残忍型、懦弱昏庸型、神秘怪癖型、平庸平凡型。

此外,从统治地位范围大小方面看,有人把它分为统一政权型、区域政权型。从君主的民族属性看,有人把它分为汉族型、少数民族型。

应当说上述的分类都有一定的道理。但是如果我们从皇帝这一事物发生、发展、消亡的全过程考察,不难看出,上述分类都是从静态比较分析中得出的结论。对皇帝的分类比较是正确的,有比较才能有鉴别,有鉴别才能把皇帝分为不同类型。但仅仅局限在比较这一层面上是不够的,尤其静态比较就更值得商榷。因为,一切事物都是发展和变化的,不运动的事物是不存在的。只有在动态的基础上对事物进行比较,才能揭示事物的规律性。事实上中国皇帝的类型的变更是紧紧围绕着皇权强弱而变化的。皇权的消长描绘着皇帝类型的轨迹。基于这种认识我认为皇帝应做如下分类:

开国型。一般地说各个朝代的创立者和多数的二世都属于这种类型皇帝。其特点是:从起家源头看,要么本身是农民起义的领袖或者借助农民起义的强大力量,而登上皇帝的宝座。如汉高祖刘邦、唐高祖李渊、明太祖朱元璋等。要么采取宫廷政变的形式而皇袍加身。如宋太祖赵匡胤通过陈桥兵变后立为宋朝开国元首,司马炎利用高平陵之变逼迫魏元帝让位,建立西晋等。不管通过哪种形式取得政权,他们共同的特征则是以武力做后盾,"马上得天下"。从治国思想上看,开国皇帝都经过由"马上得天下"到"下马治天下"的思想转变。刘邦本来讨厌儒生,后来竟封"精儒"叔孙通为奉常。朱元璋本来斗大字不识,后来竟把知识分子视为"国宝"。从治政方针看,开国君主多半实行与民休息的开明政策,惩治贪污、注意发展社会生产。造成这种政治现象的重要原因之一则是他们当中有不少人出身低微,历尽坎坷,比较了解社会下层的人间烟火,又熟知深宫宅院的豪华官贵。这种人生经历不能不对最高执政者制定决策以深刻的影响。

守业型。开国型君主之后便是守业型君主。这是皇帝制度发展中一个合乎逻辑的环节。所谓守业型皇帝是"指那些继承开国皇帝所建立的基业,保守祖宗的规则而未使王朝倾覆的嗣君"②。除了一些短命王朝如秦朝、隋朝以及割据的地方政权外,中国封建社会诸朝都存在这种类型的皇帝。他们不但数量多而且贤明与庸蠢不一。因此,要具体人具体分析。其特点是,从来源上看,守业型皇帝都是依靠与前皇血缘关系而继位的。因此,他们继位容易,而治国难。难就难在其中

---

① 霍存福:《权力场》,沈阳,辽宁人民出版社,1994年,1~2页。

② 白钢:《中国皇帝》,天津,天津人民出版社,1993年,55页。

有些人没有打天下的丰功伟绩,亦没有治理天下的计谋韬略,因而在文武百官中权威不高。从治政方针上看,大都继承祖制,很少创新。史籍多次出现的"法祖""祖宗法度不可违"便是最好的例证。从治政结果上看,主要取决于他们的个人素质。历史上出现的"文景之治""开元之治""康熙盛世",不能不与文帝、景帝、唐玄宗、康熙大帝个人治国有方密切相关。

中兴型。在中国封建社会中,凡是存在比较长久的朝代,接守业型皇帝之后便是中兴皇帝。所谓中兴就是复兴。即是一个朝代经过长期发展由盛转衰,后经过有作为的皇帝颁布诏令、制定制度,使该王朝又重新发展起来的皇帝。如汉宣帝、明孝宗、清咸丰皇帝。这些皇帝之所以有所作为,一是制定了应时而变的法规、法令。一般地说,守业型皇帝多半遵祖宗之法,行先祖之诏令。他们很少有根据时势变化而制定新法令。相反中兴皇帝则不同,他们根据社会变化而制定出新的法规,以新法治理新生事物。二是精减国家机构,减少国家行政开支。《汉书·宣帝纪》记载:宣帝下诏:"令太官损膳省宰,乐府减乐人,使归就农业。"又云:"吏不廉平则治道衰,今小吏皆勤事,而俸禄薄。"《明史·孝宗本纪》云:"孝宗独能恭俭有制,勤政爱民。"三是减轻人民的负担。《汉书·宣帝纪》云:"盖闻农者兴德之本,今岁不登,已遣使者振贷困乏。"另据《明史·孝宗纪》统计:孝宗先后 15 次下诏免税粮或振饥之事。涉及江西、湖广、陕西、南畿、南京、浙江、山东、直隶、河南、山西、两畿、广西、广东、山东等地区,振饥之广,覆盖面之大,下诏次数之多前所未有。

衰败型。封建社会诸朝的中兴应当说是暂时的历史现象。这是由最高统治者的阶级本质所决定的。中兴皇帝虽然能制定有利于社会发展的一些制度、诏令或有利于缓解统治者与被统治者之间矛盾的一些措施。但不能解决统治者与被统治者之间的根本矛盾。值得注意的是由中兴转向亡国,总是经过由量变到质变的转变过程。这一转变集中体现在国家最高统治者的腐败,而腐败的核心则是奢。于是便出现了衰败型皇帝。唐代李商隐《咏史》说:"历览前贤国与家,成由勤俭破由奢。"奢侈导致国家破败。具体说它有三种表现:(1)不理政务。唐朝后期懿宗李璀、僖宗李儇就是突出例证。可以说唐太宗、唐玄宗时期达到了唐朝繁荣顶峰,昭宗、哀宗则葬送了大唐王朝。而懿宗、僖宗则处在唐朝由盛转亡的过渡阶段。昭宗、哀宗终日寻欢、不务政事,每月要举行十几次大型宴会,每次出游要耗费钱财十万余贯,金帛五车。懿宗、僖宗不理国政,但对踢球、斗鸡、音乐、赌博却十分精通,仅乐工费每天竟高达几万钱。(2)相互比富。不理政事而相互比富是古代衰败型皇帝的共同特征。以西晋为例,王恺在晋武帝的支持下与石崇比富。王恺用饴糖制锅;石崇用蜡烛当柴;王恺用丝作布障,四十里;石崇用锦作布障,五十里;石崇用椒涂屋;王恺用赤石涂房。应该看到,比富的东西都是民脂民膏,是人民的鲜血和汗水的结晶。下梁歪,正是上梁不正所致。(3)大兴土木。为了追求个人奢侈的欲望,秦始皇统一中国以后,大规模地兴建雄伟的宫殿和骊山陵墓,结果秦始皇死后三年而秦亡。真是无独有偶,隋炀帝亦步其后尘大修宫殿和苑园,仅在位十余年,便被农民起义军所推翻。

亡国型。中国封建社会历史表明,皇帝由奢侈导致国破,由国破转向亡国这是历史的辩证法。秦二世胡亥、西汉皇帝刘衎、东汉献帝刘协、魏元帝曹奂、蜀汉后主刘禅、吴末帝孙皓、西晋愍帝司马邺、东晋恭帝司马德文、隋炀帝杨广、唐哀帝李柷、北宋钦帝赵恒、南宋末帝赵昺、元顺帝妥帖睦尔、明毅宗朱由检、清宣统皇帝溥仪都逃脱不了历史的惩罚。综观这些亡国之君有如下特点:(1)小皇帝登位、大权旁落,导致亡国是历史普遍现象。西汉平帝刘衎 6 岁登位,大权在王莽手中。东汉献帝刘协 9 岁登位,大权握在董卓手中。魏元帝曹奂 15 岁登位,权握司马昭手中。西晋愍帝司马邺 13 岁登位,权握司马睿手中。唐哀帝李柷 13 岁登位,权握朱全忠手中。南宋末帝赵昺 8 岁即位,权握陆秀夫手中。元顺帝妥帖睦尔 13 岁登位,权握哈麻手中。明毅宗朱由检 17 岁登位,内忧外患。清宣统皇帝溥仪 3 岁登位,权握在载沣手中。(2)内患出现是亡国的根本原因。此时内患突出有二:一是对内剥削程度超过人民负荷能力、横征暴敛,导致农民起义此起彼伏。秦末、唐末、明末、清末农民起义便是佐证。二是统治阶级内部矛盾愈演愈烈,尤其是上层矛盾更为激烈。秦末沙丘之变,胡亥、赵高下伪诏杀死公子扶苏,囚禁了蒙恬,进而夺权。隋末杨广以阴谋手段篡夺了杨勇的太子位,后又以"桃木人事件"除掉皇位强有力的竞争者杨秀便是突出的案例。(3)外忧出现是亡国的重要条件。金军南下,北宋灭亡;元兵南下,南宋倒台;清兵叩关,大明亡国就是有力的证明。

总之,皇帝的类型应分为开国型、守业型、中兴型、衰败型、亡国型。这正体现了皇帝这一事物发生、发展、灭亡的全过程,它既说明每一朝代皇帝类型变化的轨迹,又体现了不同朝代同一事物的共性。

三、皇权再分析

一般论著皆说:皇权至高无上,无所不包,无所不容。其根据是:"天下之事无大小皆决于上。"[①]

---

① 《史记·秦始皇本纪》,北京,中华书局,2012 年。

　　这种观点值得商榷。所谓权力,有人说:"根据自己的目的去影响他人行为的能力。"①还有人说:"依据职务而产生的支配地位和状态,靠习俗或法律规定而享有。"②前者侧重从实践角度对权力的定义,而后者侧重从理论角度对权力的说明。如果从理论与实践结合角度来研究皇帝的权力,我们就会发现在位的皇帝的权力并非时时至高无上。其理由有二:一是"天下之事无大小皆决于上"是《史记·秦始皇本纪》中的一段话。它是司马迁对秦始皇的终身评价。结合秦始皇执政十余年,确实其"皇权"至高无上。值得探讨的是用评价秦始皇的结论去概括整个中国封建社会332个皇帝的权力都至高无上未免言过其实,把复杂的历史简单化了。结合活生生的中国封建社会皇权发展,我们的确看到另外一幅情景:汉朝董仲舒的天人感应说,使神权与皇权紧密结合,造成皇权膨胀;魏晋南北朝,门阀盛行,世家大族把持国权,皇权较秦朝大为卑落;外戚、宦官干政,致使皇权旁落,明清废丞相,皇权膨胀至极……各朝皇权呈(胀落)波状形态。于是皇权似乎变成了变色龙,忽而至高无上,忽而旁落转移。二是打开有关中国皇帝的论著,对皇帝的理解,有两个论点,其一认为皇帝是指国家机关。作为国家元首,他是国家权力的最高代表。皇帝的意志就是国家的意志,臣民服从皇帝的意志,就是服从国家的意志。从这个意义上讲,皇权即是国家权力,这种权力异于其他的社会权力。它具有特殊的强制性。因而这种职位的皇权不会在同一皇帝在位时旁落(这就是历史上出现的"挟天子以令诸侯"的现象),亦不能用膨胀来说明皇权自身的变化,除非朝代被推翻。无疑这是指皇位上的职责,它仅仅是活生生皇权的载体,应该说这种载体上的"皇权"永远是至高无上的。不管哪个朝代,不管何人在位,都应是国家最高权力的代表。其二认为皇帝是活生生的人,是掌握国家最高权力的人,他是真正的皇权的主体。我认为对皇权的主体的研究才真正抓住了皇权的真谛。因为作为国家机关的皇帝仅仅是其权力的载体。皇权的载体,并不能真正体现皇权的主体。有皇帝的载体但是不一定真正掌握皇权,因为载体上应有的权力和掌握这种权力是两码事。只有皇权的主体真正发挥作用,才能掌握皇权载体上的权力。撇开皇权的主体,载体上的权力仅仅是"外壳"。换言之,皇权是指权力的实质和形式上的拥有者。仅有形式或实质上的皇权都是不全面的,历史上出现的皇权的旁落现象,即是在位的皇帝仅有形式上的权力,而没有实质上的权力。而"垂帘听政"、"外戚夺权"现象又说明他们仅有实质上的权力而没有形式上的权力。从这个意义上讲,皇权形式与实质上的统一取决于在位皇帝的个人素质及皇权的行使方式。这个素质包括决策水平、用人方式、组织能力、协调方式、个人性格等。

---

　　① 李景鹏:《权力政治学》,哈尔滨,黑龙江教育出版社,1995年,32页。
　　② 霍存福:《权力场》,沈阳,辽宁人民出版社,1994年,53页。

"秦皇汉武""唐宗宋祖"的权力是至高无上的,就是说他们影响和驾驭下属的能力是超群的。秦始皇"以衡石量书,日夜有呈,不中呈不得休息"[①],这一方面反映他治理国家不中呈不得休息的勤奋的个人性格;另一方面又说明他通过"呈"做出决策方案。阅读燕人卢生所点图书签语之后做出"亡秦者胡也"[②]的批语,使将军蒙恬发兵30万人北击胡的重大军事决策。[③] 汉武帝根据董仲舒提出的"强干弱枝""一统天下"的理论,首先颁布了"推恩令"削弱了王国实力,扩大了朝廷的直辖区;接着又颁布"酎金令",以饮酎大典进贡的酎金斤两和成色不足为名,削夺了106个列侯的爵位,稳定了政局;最后又颁布了"左官律"和"附益法",前者指明凡在王国任官者为"左官",这些官吏不得在朝内任职,防止诸侯王在中央插手,后者限制士人与诸王交游,较好地解决了统治阶级内部矛盾,进而加强了中央对地方的控制。唐朝有作为的皇帝李世民用人秉公,不避亲疏,求贤若渴,唯才是用,压抑世族,士庶并用。因此,李世民周围既有文臣魏征、房玄龄、杜如晦、马周等,又有武将李靖、李𪟝、秦琼、罗成之流。明代开国皇帝朱元璋更是视才为"宝",破格取人,是才参用,虚怀纳谏,致使放过牛、当过和尚、要过饭的朱元璋,在群雄并争中击败了所有敌手,而且在动荡不安的年代里稳治天下。这就是皇权至上的佐证。

其实,即使再有作为的皇帝在皇权至高无上之时,也不是像有些书籍说的那样:君临一切,权力无限。这里的"上"就是说他的职位之上,再没有比他大的职位,在这个职位之后再没有"垂帘听政"者。即使在这时,皇权亦是有限的。古代一切有作为的思想家,在研究君主专制之时,也研究了皇权如何被制约的问题,同时,一些有作为的皇帝亦注意纳谏和进谏,并没有把皇权推到无限的地步。要么怎能会有"水能载舟,亦能覆舟"的警句呢?具体说,见于史籍者至少有以下四点。(1)以"天命"制约皇权。古代统治者在宣扬"君权神授"之时,一方面皇帝之所以能统治天下,是因为其手中权力是神赐予的,臣民应服服帖帖地接受皇帝的统治。另一方面,皇权应为神授。这样神便成为制约皇权的理想物。恰如孟子曰:"顺天者存,逆天者亡。"当然神权从来没有凌驾皇权之上。但亦不能否定神权对皇权的制约作用。(2)以"贤臣"制约皇权。被后人乐道的"贤臣"应首推唐朝的魏征。他对制约皇权起到重要作用。626年,唐太宗下诏:凡中男身体粗壮者,均可征兵。魏征坚决反对。太宗问他为何如此固执?魏征回答曰:把中男尽点入军,那么他们的田地由谁种,国家又从哪里取得赋税。于是,唐太宗马上撤销了"简点入军"

---

① 《史记·秦始皇本纪》,北京,中华书局,2012年。
② 《史记·秦始皇本纪》,北京,中华书局,2012年。
③ 《史记·秦始皇本纪》,北京,中华书局,2012年。

的诏令。① (3)民众制约皇权。民众作为一个群体对皇权的制约十分明显。《孔子家语》云:"夫君者舟也,庶人者水也,水所以载舟,亦所以覆舟。"这说明民众与皇帝既相互关联,又相互制约。唐太宗有句名言:"有道则人推而为主,无道则人弃而不用。"②这又说明皇帝安危,君权大小有无,还要受到民众力量的制约。秦、隋是我国封建社会比较重要的王朝,在历史发展中有承上启下的作用,但都二世而亡,其根本原因是皇帝滥用权力,超过民众允许的范围。相反其后继者汉、唐两朝的开国者则比较懂得"水能载舟,亦能覆舟"的道理。故此,治国较久。(4)以"仁义道德"制约皇权。孟子说:"天子不仁,不保四海;诸侯不仁,不保社稷;卿大夫不仁,不保宗庙。"③又说:"得道者多助,失道者寡助。"④可见,仁义和道德确实能从思想上制约皇权。当然能否制约皇权,制约程度的深浅,还取决于皇帝本身及其社会诸种因素,但至少对皇帝起过制约作用,这确实被历史所验证。

综上所述,王权政府的国家元首权力是不断扩大的,在不同历史时期表现形式又有所差异。《春秋》曰:"国之史事,在祀与戎。"祀即祭祀,戎即武力。这虽是春秋时期的记载,但可以肯定地说是前人的遗风。因此,夏王的主要职权,一是率军对外战争;二是主持祭祀。用武力抵御其他国家和部落侵扰,用祭祀维系其对内统治。而祭祀既要祭天,又要祭祖。以祭天用天命维护自己统治,以祭祖用血缘关系巩固自己的天下。商王是奴隶主贵族的总代表,掌握国家大权。他是奴隶制国家最高权力的体现者,集政权、族权、神权于一身。这一权力是通过占卜来实现的,将天命与王权结合起来。王字甲骨文写作"大""天",完全是一副君临大地,绝地通天的专制君主的写照。《尚书·汤誓》中商王成汤说:"尔不从誓言,予则孥戮汝。"(你不听我的话,我就杀你。)《尚书·盘庚》中商王盘庚也说:"听予一人之作猷。"(听我一人的计谋。)这说明商王不但掌握人民的生杀予夺权,而且掌握国家的决策权。当时,国家一切活动谓之"王事",亦即有关征伐、迁都、筑都、任官、农业生产皆由王决定。周天子的权力是建立在同姓分封的基础上的。周王实际权力比商王大,远远超过夏王。这是因为氏族公社转为国家,一个突出特征是由血缘划分居民转为按地区划分国民。人类社会经过漫长的发展,到了西周,那种以血缘划分居民的现象得到更大规模的突破,这样国家最高统治者的权力更大了,统治地域更广泛了,统治人口更多了。同时,周天子为了统治的需要,把商王天命思想继承下来,给予新的解释。他说,各族人都是天帝所生,至于谁做统治者

---

① 《贞观政要·纳谏》,见《贞观政要全译》,叶光大等译注,贵阳,贵州人民出版社,1991年。

② 《贞观政要·政体》,见《贞观政要全译》,叶光大等译注,贵阳,贵州人民出版社,1991年。

③ 《孟子·离娄上》,见《诸子集成》,北京,中华书局,1986年,第一册。

④ 《孟子·公孙丑下》,见《诸子集成》,北京,中华书局,1986年,第一册。

要由上天根据品德来选择。《尚书·召诰》说:"皇天上帝,改厥元子。"所谓天子,就是上天选定的治理天下的元子。从而制造出了王权天授的理论。这样周天子既是畿内百官的最高首领,又是畿外诸侯的共主,完全继承了"予一人"的权力,而且有过之而无不及,恰如《诗·小雅·北山》曰:"溥天之下,莫非王土,率土之滨,莫非王臣。"不过到了东周前期,由于大国争霸,王室衰微,王权下移,"礼乐征伐自天子出"被"礼乐征伐自诸侯出"所代替。又由于诸侯国卿大夫势力发展,"礼乐征伐自诸侯出"又被"大夫专权"所代替,最后出现了"陪臣执国命"的现象。这表明周天子的权力从宝塔尖上跌落在地,标志着社会制度行将变革,人类社会正向封建社会过渡。

皇权政府国家元首的职权有二性。亦即皇权不可分割性,权力高度集中;皇权不可转让性,皇位终身制。秦始皇之所以把皇权政府的元首定为"皇帝",是因为表明他的权力远远高于三皇五帝,从而要人们对他更加敬畏。其权力至高无上,总揽全国军政大权。所有政事全凭皇帝个人独断专行,所有官吏都必须听命于皇帝的调遣,按照皇帝的命令行事,即所谓"天下之事无大小皆决于上"。这种至高无上的皇权被后来历代统治者所沿袭,而且有过之而无不及。不过能否达到无上的程度又要取决于在位皇帝的个人素质。具体说这种皇权包括以下几方面:(1)立法权。包括法律令格例式等诸项。如:宋仁宗"定选举县令法"①。元世祖"初立军官以功升散官格"②。明太祖"更定大明律","定六部职掌及岁终考绩法"③。清太宗"定小事赏罚例"并"颁八旗临阵赏罚令"④。(2)行政权。包括建元、任官、官制、勋爵、财政、军事等诸项。如宋太宗"定任子官制",诏"诸州置农师"。元世祖"封皇子真金为燕王,领中书省事"。明太祖"除书籍田器税"。清太宗"设都察院"。(3)司法权。包括亲审和赦免等项。如宋太祖"亲录开封府系囚,会宥者数十人"。⑤ 元成宗即皇帝位"大赦天下"⑥。明仁宗即皇帝位亦"大赦天下"⑦。清太宗"以受尊号礼成,大赦"⑧。

值得注意的是,这三权是相辅相成、缺一不可的,并且三权都集中在皇帝手中。可见皇权无所不包,无所不容。当然,这仅仅是从职位上的权力而言的。

---

① 《宋史·仁宗纪》,北京,中华书局,2012 年。
② 柯劭忞:《新元史·世祖纪》,北京,中华书局,2012 年。
③ 《明史·太祖纪》,北京,中华书局,2012 年。
④ 《清史稿·太宗纪》,北京,中华书局,2012 年。
⑤ 《宋会要辑稿》,北京,中华书局,2012 年。
⑥ 柯劭忞:《新元史·成宗纪》,北京,中华书局,2012 年。
⑦ 《明史·仁宗纪》,北京,中华书局,2012 年。
⑧ 《清史稿·太宗纪》,上海,上海古籍出版社,1986 年。

但是,还应指出我国历代封建王朝由于重臣弄权,外戚窃权或者宦官专权,从而导致皇权旁落,君主虚有其位,成为傀儡的情况并不少见,但那只是在特定的历史条件下发生的现象。导致这种现象出现的重要原因是与皇帝自身素质相关联的。总之,不管出现哪种现象,从整个封建社会历史来看,中国古代国家元首始终保持着"家天下"的统治模式。

四、太子继承制的确立

封建社会的皇帝、皇位、皇权是三位一体的。其中皇位是一个核心问题。有了皇位才有可能有皇帝的最高决策权。有了皇位方有皇帝的称谓。而皇位的继承实质上既是关系国家安危的大事,又是封建统治集团权益再分配的关键。皇帝产生方式合理,国家政权交替就减少纷争;皇帝产生方式不合理,就增加其纷争;违背了历史发展方向而产生的皇帝,则加剧了纷争,甚至国破家亡。秦朝速亡,基本原因在于暴政和暴役,而储位的纷争不能不说是其速亡的重要因素之一。西汉自孝文帝至武帝,户口增加,宇内安定,国富兵强,与储位的妥善解决也有一定的关系。明初虽有"靖难之变",而永乐、洪熙、宣德之朝,储位无纠纷,也出现了明朝的极盛时期。可见,皇位继承方式是治国之本,本要固,则国稳。本一摇,则国破。

综观整个封建社会皇位继承基本上是立太子制,太子即皇帝的储君。它是由奴隶社会国家元首嫡长子继承制转化而来的,又增加了新的历史内容。因此,二者有联系,但又有明显的区别。

一是嫡长子继承制即是"立嫡以长不以贤,立子以贵不以长"[①],其核心是继承国家元首者必须是嫡妻长子,只有在嫡妻无子时,才能立庶妻中级别高的贵妾之子。而太子继承制则不同,虽然立为太子者多半是嫡妻长子,但也有相当数量是在嫡妻有长子的情况下,立嫡妻的庶子或贵妾之子。

二是嫡长子继承制中的嫡长子是不变的,而太子制的太子是可变的。这种转变主要取决于两个因素:一是在皇权牢牢掌握在皇帝手中时,如果储君之权威胁皇权,那么太子必然要移位。秦始皇的太子扶苏反对焚书坑儒,触犯了他,被遣赵边塞监军。始皇死,少子胡亥倚宦官赵高阴谋夺取皇位,矫诏杀死扶苏。康熙帝的皇太子胤礽权力无限扩大以致威胁皇权时,康熙帝亦毫不客气地下诏废去皇太子胤礽的储君并将其幽禁于咸安宫。二是皇权微弱,皇子们掌握国家大权,储君

---

① 《公羊传·隐公元年》,见《十三经注疏》,北京,中华书局,1980年。

也要移位。这时皇室纷争多为移位而起，从汉代的"七国之乱"，西晋的"八王之乱"，隋朝的"杨广弑父"，唐朝的"玄武门之变"，宋朝的"烛影斧声"，明代的"靖难之变"，一直到清朝的"诸子纷争"，都是这种情况的真实写照。其中"玄武门之变"最为典型。唐高祖李渊曾立太子建成为储君，但李世民威震人主，势压储君，迫父内禅，杀了长兄，进而继承皇帝位。

三是嫡长子继承制中的"嫡"是不变的，而太子制中的"嫡"是可变的。东汉光武帝，原嫡妻为郭后，但他喜新厌旧，便废郭氏，立阴丽为皇后。郭氏子刘强让太子位于阴后长子刘庄，后刘庄为东汉明帝。

太子是国家元首的储君，是封建皇帝的继承者。国家元首通过太子制这种继承方式获得皇位。它虽然在调节封建社会高层次矛盾，排除纷争，在"无秩序中的有序"起到了重要的历史作用，但如上所述亦有致命的弊端。为了解决皇储中的矛盾，历代封建统治也都曾为之绞尽脑汁，经过长期的摸索，总结了嫡长子继承制的历史经验。如注意不让太子过早参与朝政，以避免皇太子和皇帝发生冲突；皇帝的庶子也多分封在京都以外，远离朝廷，以消除储子与皇太子的冲突。也应看到，虽然皇太子不过早参与朝政、庶子远离太子多少能减轻统治阶级高层的矛盾，但太子是皇帝健在时选择的后继者，由于权力和财产的再分配的驱动，子弑父、弟篡兄的事例仍不胜枚举。这一问题至清雍正时，才算解决。雍正元年（1723年）八月，建立了储位密建制度。即皇帝亲书后继者的名字"藏于匣内，置之乾清宫正中世祖章皇帝御书'正大光明'匾额之后，乃宫中最高之处，以备不虞"[①]。这种皇位继承制不但摒弃了传统的嫡长子制中的不管贤愚，只以嫡长为序的僵死做法，而且又可以在诸子中有所选择，立贤重于长。同时立储是严格保密的，诸皇子不知谁将嗣位，从而进一步避免因觊觎储君而演出火拼。应当说，这是我国封建社会皇位继承制的总结。

第三节　中央政府最高行政长官

综观整个中国封建社会，中央政府最高行政长官经历了三种类型，即独相制、群相制、兼相制。类型转变的政治原因则是围绕着皇权，削弱相权，使相权在皇权允许的范围内行使。

---

① （清）蒋良骐：《东华录·雍正一》，北京，中华书局，1980年。

一、三权分立的独相制

宰辅执政集政权与军权于一身，固然在战争成为正常营生年代，对提高政府行政效率与军事行政效率起着重要作用，但是亦带来副作用，即君权受到宰辅执政权的威胁。于是有作为的国君，首先将军权从执政权中分割出来，形成将、相分职制，接着为了监视将、相的行为，以避免架空君权，又从相权中分割出来一个监察权。最初以相为主，将、监为辅的分立，后来又转为相、将、监三权的平行分立。

1. 由执政制转为宰相制

由春秋时期各诸侯国政府的执政制转为战国时期各诸侯国政府的宰相制经过了长期的历史过程。

春秋战国之际，随着奴隶制度逐渐崩溃，地主阶级的阶级力量逐渐强大，各诸侯国的国力都有不同程度增强，单靠平时治政、战时打仗的执政体制显然不适应新形势的需要。战国，顾名思义，突出一个战字，强国吃掉弱国、弱国反抗强国都需要真才实能，仅靠王族选才任能显然不适应战争的需要，打破宗族及阶级界限，以贤取人，废除世袭或终身制，实行君主任免制又抑制执政的权力，于是新的政府首脑制便应运而生。

"相"作为宰相之称的正式称谓而遍于各诸侯国，首先产生在春秋后期的齐国，即齐庄公六年——公元前 548 年，崔杼立为右相，庆封为左相。春秋之末，赵简子在赵国置相。《韩非子·外储说左下》："解狐荐其仇（指鲁之阳虎）于简主以为相。"韩国在战国之初置相，《国语·晋语九》："还自卫，三卿宴于蓝台，智襄子戏韩康子而侮段规。智伯国闻之，谏曰：'……今主一宴而耻人之君、相……无乃不可乎？'"韦《注》："君，康子。相，段规。"魏国设相不迟于战国前期，《史记·魏世家》引云，李克曰："魏成子为相矣"，"是以知魏成子之为相也"。秦国设相较晚，据《史记·秦本纪》云："（惠文）十年，张仪相秦。"秦的立相，当自此始。① 综观战国，只有楚国不称相，而称令尹。

战国时的相，又称相国、丞相。如《史记·穰侯列传》云：秦昭王以"穰侯为相国"。《新序·杂事二》："……庄王曰：'善哉！愿相国与诸侯士大夫共定国是'……"此"相国"指令尹孙叔敖。《史记·赵世家》：赵武灵王以"肥义为相国"。公元前 309 年，秦相更名为"丞相"，且分左右。《史记·秦本纪》："初置丞相，樗里疾、甘茂为左右丞相。"《战国策·魏策二》："三人皆以太子为非固相也，皆将务以

---

① 宋公文：《楚史新探》，开封，河南大学出版社，1988 年，25 页。

其国事魏,而欲丞相之玺。"这说明,战国中、后期,相、相国、丞相三者并没有严格区别,有时可以互用。究其原因:一是战国时期经济发展的结果。经济发展必然加强各国之间的往来,文化亦得到广泛交流。二是合纵连横运动兴起,导致各诸侯国上层外交事务的频繁,高级官员的称谓亦随之相互影响,因此相国、丞相如同相一样,成为人们的习惯用语。

相只理政,不统军,大概始于战国中、后期。春秋至战国经过各诸侯国接连不断的兼并战争,原来140余个国家剩下20余个。公元前453年三家分晋,公元前403年周威烈王策命韩、赵、魏为诸侯,齐、楚、燕、韩、赵、魏、秦"七雄"并立的政治局面开始逐渐地形成。虽然"七雄"之间的力量对比存在某种程度的差异,但是总的看来已呈现出某种"均势"。因此,根本不存在战时统军、平时治政的条件,相反对于各个诸侯国来说,打仗与治政并存。为了保证前方打仗捷报频传,后方治政则要有方。因此,军政合一的执政制已经不适应当时客观形势的需要,相反军政分离的新体制便应运而生。如《战国策·齐策一·成侯邹忌为齐相章》:"成侯邹忌为齐相,田忌为将。"《战国策·魏策一·公孙衍为魏将章》:"公孙衍为魏将,与其相田餂不善。"《战国策·齐策四·冯谖客孟尝君章》:"于是,梁王虚上位,以故相为上将军,遣使……往聘孟尝君。"《战国策·赵策二·苏秦从燕之赵章》引苏秦言:"令天下之将、相,相与会于洹水之上,通质刑白马以盟之。"这里的"天下",主要指的山东六国。这说明至战国中后期,山东六国都实行了相、将分职制。同时秦国亦实行相、将分职制。据《史记·张仪传》云:张仪早年四处游说,入秦说惠文君拜为客卿,与谋伐诸侯,先后三次为相,一次为将,被封为武安君。

从战国中后期开始的相只管政,不统军,是我国宰相制度的新发展。这是执政兼有军政大权的旧体制破坏以后,封建专制主义中央集权制发展的必然结果。当然不可否认亦带有符合社会发展方向的合理因素。《韩非子·定法》评论商鞅变法时说:"今有法曰:'斩首者,为医、匠。'则屋不成而病不已。夫匠者手巧也,而医者齐药也,而以斩首之功为之,则不当其能。"这是因为斩首与医匠是两种不同的本领。斩首则武,医药则文。同样,管政则文,统军则武。文武分职更能发挥人们的特长。《尉缭子·原官》又云:"官分文武,惟王之二术也。"相只管政实质是将春秋以前执政者的权力缩小,便于国君控制国相的良好机制。

2. 三权分立的独相制初步形成

三权分立的独相制的最后完成是由秦国实现的。秦国立相位较晚,大概在公元前328年秦惠王时期,初任相者为张仪。不过与山东六国不同的是,虽则称相,但当时还带兵打仗。为了抑制相权,秦武王于公元前309年改相为丞相,并由樗里疾、甘茂为左右丞相,使相权一分为二,但左右丞相权仍军政合一。秦设立将军的官职，是在秦昭王时。秦昭王初立时以魏冉为将军，从此秦才有将军。[①] 随着战国时期合纵连横运动的深入发展，产生于西周时期的御史职官的地位不断提高。公元前279年秦赵"渑池之会"，秦昭王让赵惠文王鼓瑟之后，"秦御史前书曰：'某年月日，秦王与赵王会饮，令赵王鼓瑟'。"可见秦置御史，司掌文书章奏。又据《秦会要订补·职官上》云："秦赵之会，御史书事，而淳于髡亦云御史在前，掌记事纠察之任也。"可知掌纠察是御史又一职权。至此，秦国政府体制初步形成三权分立。

秦朝虽然创立宰相制度，但是尚未形成系统官属，具体说在丞相之下尚未有列入国家编制的官吏。所以，《史记·秦始皇本纪》记载"吕不韦为相"下，据《史记·秦始皇本纪》云："吕不韦为相"，除了"李斯为舍人"之外，就是"蒙骜、王齮、麃公等为将军"。"这些将军可以说是吕不韦任命的，但绝不是他的属官。另外，吕不韦家里养着许多宾客也是事实，除了像李斯那样有贤才的人授以官职之外，大部分是养在家里，其中有一些在吕不韦领导下著书立说，编成了《吕氏春秋》，还有一些是吃闲饭的，各种各样的人都有。这些养在家里（或者丞相府里）的人不能算作正式的属官。"[②]

尽管如此，秦国所创立的丞相制在中国宰相制度的发展史中具有划时代的意义。一是打破了以往执政者的在宗族内部的世袭制。世袭制固然在某些历史时期，在权力交替的过程中，对稳定君权、避免权力纷争曾起过积极作用。但是从历史长河中来考察这一制度，其弊病不胜枚举。在深宫生长的执政继承人，往往多昏庸愚昧，孱弱不堪，无政治才干，既不通晓治国之道，又不能体恤人民的疾苦。二是废除了执政者的终身制。综观秦国有丞相以来的历史，没有一位丞相终身任职，即使像魏冉、范雎、蔡泽、吕不韦、李斯等著名的丞相亦没有老死在相位。三是开创了丞相任免制的先河。《史记·范雎蔡泽列传》云："秦王乃拜范雎为相。""范雎免相，昭王新说蔡泽计划，遂拜为秦相。"可见范雎任相、免相，蔡泽代范雎而任相的决定权都来自秦王。即使像吕不韦那么大的势力，处于秦王"仲父"的地位，秦始皇一声令下亦免除其丞相职务。从而杜绝了西周、春秋以来那种"政出私门"的现象，"三分公室""四分公室"的历史亦不能再现。

3. 三权分立的独相制的丰富与发展

何为宰相？荀子《王霸》云："相者，论列百官之长，要百事之听，以饰朝廷臣下百吏之分，度其功劳，论其庆赏，岁终奉其成功，以效于君，当则可，不当则废。"学术界对其定义并没有异议。这一定义与历朝具体职官结合，对西汉以前的宰相，

---

① 杨宽：《战国史》，上海，上海人民出版社，1980年，205页。
② 安作璋，熊铁基：《秦汉官制史稿》（上册），济南，齐鲁书社，1985年，23页。

历史工作者观点亦大致相同,然而对西汉及其以后的宰相究竟是谁却分歧很大。有人认为:上公、三公、从公、丞相、御史大夫、太尉、尚书令、侍中、中书令……均为宰相。有人认为:只要同时具备议政权和监督百官执行权就是宰相。我觉得只有具有最高行政权的才是宰相。因为荀子说:"以饰朝廷臣下百吏之分,废其功劳,论其赏庆,岁终奉其成功,以效于君"谈的是朝廷行政之事,"以效于君"的"君"当然不是相的职权范围,而"百官之长"的"长"只能是最高者。因此,在西汉,只有丞相或左、右丞相,在东汉只有司徒、司马、司空才能称为宰相。

西汉宰相人选之变迁。据《汉书·百官公卿表第七下》统计,综观西汉共有43位宰相。其中以1人为丞相者38人,以右丞相1人,左丞相1人共计2人,分任宰相的3人。其余2人,曾任丞相,又曾任右丞相或左丞相。因此,西汉是实行独相制的典型。这43名宰相的来源大致可分三个阶段。(1)布衣宰相时期。何为布衣?《盐铁论·散不足》云:"古者,庶人耋老而后衣丝,其余则麻枲而已,故命曰布衣。""布衣"成了一般平民的代称。当然作为宰相的"布衣",除了农民和手工业者等劳动人民外,也包括没有官爵的中小地主。西汉初年的宰相都出身于"布衣"。周勃"以织薄曲为生,常为人吹箫给丧事"[1],灌婴"贩缯者"[2],陈平"家乃负郭穷巷,以敝席为门"[3],王陵"始为县豪"[4],郦食其"家贫落魄,无以为衣食业,为里监门吏"[5]。赵翼称王、郦为"白徒",即无功名的平民。萧何"为沛主吏掾"[6],曹参"为沛狱掾"[7],申屠嘉"材官蹶张"[8]。以上诸人,在汉初都曾任过丞相,或左、右丞相,就其出身看都起自布衣,故称之为布衣宰相。人们要问:西汉为什么会出现布衣宰相的局面呢?直接原因是皇帝亦是出身于布衣。张良曾经对汉高祖说:"陛下起布衣"[9],刘邦亦自称"布衣"起家,"吾以布衣提三尺取天下"[10]。当然,造成布衣宰相局面的直接动力是秦末农民大起义,昔日的"黑手",即日便擎起霸主鞭。(2)侯升相时期。先为侯,后升为相。《汉书·高惠高后文功臣表第四》云:"初以沛公总帅雄俊,三年然后西灭秦,立汉王之号,五年东克项羽,即皇帝位,八载而天下乃平,始论功而定封。迄十二年,侯者百四十有三人。"可见西汉初年,刘

① 《史记·绛侯周勃世家》,北京,中华书局,2012年。
② 《史记·樊郦滕灌列传》,北京,中华书局,2012年。
③ 《史记·陈丞相世家》,北京,中华书局,2012年。
④ 《汉书·张陈王周传》,北京,中华书局,2012年。
⑤ 《史记·郦生陆贾列传》,北京,中华书局,2012年。
⑥ 《史记·萧相国世家》,北京,中华书局,2012年。
⑦ 《史记·曹相国世家》,北京,中华书局,2012年。
⑧ 《史记·张丞相嘉列传》,北京,中华书局,2012年。
⑨ 《史记·留侯列传》,北京,中华书局,2012年。
⑩ (清)赵翼:《廿二史札记》,《汉初布衣将相之局》,北京,中华书局,2008年。

邦封侯多达 143 人。这些人多半是与刘邦一起打天下的布衣之士,当然亦有相当一部分是地主阶级的中下层分子。概括说来封侯者多是刘氏同姓或有战功者。如果说西汉初年为相者布衣,那么相和侯者的后裔并非布衣。周勃虽出身于当时社会最底层,但他做了相便成为当时社会最上层。其子周亚夫便因父功而封为条侯,于公元前 150 年升为丞相。田蚡因是汉武帝之舅而封为武安侯,于公元前 135 年升为丞相。像这样的事例并非少数,如,刘舍以桃侯为相,卫绾以建陵侯为相,窦婴以魏其侯为相,许昌以柏至侯为相,薛泽以平棘侯为相。从周亚夫以条侯为相起至汉武帝元朔五年(前 124 年)以前为宰相者,必先得封侯,可以说无侯不任相。换言之,这时选相的范围局限在汉初被封的 143 个侯爵之内。产生这种现象的原因:一方面是因为 143 个侯爵,不是与刘邦同姓,就是开国功臣及其后裔,这些人被认为是西汉社会稳定的中坚、皇帝治国的骨干;另一方面汉武帝以前西汉王朝基本上是以黄老的清静无为思想制定国策,只求遵循刘邦、萧何制定的政策、法令、制度即可。皇帝可以隐居深宫,宰相主持日常政务即是有功。因此对宰相的治政韬略要求不高,只要按章办事,不管文人武将。(3)无爵升相时期。根据《史记·汉兴以来将相名臣年表第十》,台湾学者李俊总结说:“公孙弘为相,封平津侯;石庆为相,封牧丘侯;公孙贺为相,封葛绎侯;刘屈氂为相,封彭城侯;田千秋为相,封富民侯;王䜣为相,封富春侯;杨敞为相,封安平侯;蔡义为相,封阳平侯;韦贤为相,封扶阳侯;魏相为相,封高平侯;石吉为相,封博阳侯;黄霸为相,封建成侯;于定国为相,封西平侯;韦玄成为相,封抉阳侯;匡衡为相,封乐安侯;张禹为相,封安昌侯;薛宣为相,封高阳侯;翟方进为相,封高陵侯;孔光为相,封博山侯;王嘉为相,封新甫侯;朱博为相,封阳乡侯;何武为相,封氾乡侯;平晏为相,封防乡侯;师丹为相,封高乐侯;马宫为相,封抉德侯。”[1]无爵为相始于公孙弘,当时的皇帝是汉武帝。汉武帝是一名雄才大略、不甘寂寞的君主。他治国的指导思想是变过去清静无为为积极有为,变皇帝垂拱深宫为前殿治政。因此,他需要的不是只懂守业的武将(西汉前朝“常以列侯为丞相”,列侯多武将),而是懂得创业的精英。汉武帝下诏曰:“朕嘉先圣之道,开广门路,宣招四方之士,盖古者任贤而序位量能以授官,劳大者厥禄厚,德盛者获爵尊,故武功以显重,而文德以行褒……其后以为故事,至丞相封,自弘始也。”[2]西汉经过七十年休养生息,经济恢复,至汉武帝时已经发生很大变化。原来列侯武将为丞相已不适应新形势的需要,况且这些列侯武将至汉文帝末年已死亡殆尽,他们后代除个别人(如周亚夫)外,多是无能鼠辈。在这种情况下,汉武帝跳出从列侯中挑选宰相思维模式,无疑是英明之举,应说是

---

① 李俊:《中国宰相制度》,台北,商务印书馆,1980 年,32 页。
② 《汉书·公孙弘卜式儿宽列传》,北京,中华书局,2012 年,12 页。

一项重大人事改革。"其后以为故事,至丞相封,自弘始",先任丞相,后封侯,这种做法是从公孙弘开始的。而公孙弘出身"家贫,牧豕海上",生活经历坎坷,"少时为狱吏,有罪,免"。但学识渊博,"武帝初即位,招贤良文学士……以贤良征为博士"[①]。因贤良对策第一得到汉武帝赏识,由博士起家,最后擢升丞相。可见,汉武帝选择宰相标准已由重武功转为重事功。这也可从后任宰相得到佐证。"公孙弘死后,一般地主阶级中没有合适的人,便又以三位列侯李蔡、庄青翟、赵周为丞相。固然,这几个人先后下狱死,但那是因为他们不称职,甚至触犯法律造成的……接连用列侯为相说明:在武帝心目中布衣为相也好,列侯为相也好,需要谁就用谁,一切以王朝利益为标准。"[②]虽然亦有"无他才能术学,又无伐阅功劳"的人,只因替戾太子讼冤,感悟汉武帝而当了丞相,如田千秋,这只能是一种特例。重事功已成为后继皇帝任用宰相的一致思想。如替宣帝策划打击霍氏,得到信任升为丞相的魏相,宣帝甚为欣赏"治为天下第一"的黄霸,深受元帝"敬重之"的于定国,受到成帝"敬重"的张禹……

西汉宰相的职权。《汉书·百官公卿表第七上》云:"丞相……金印紫绶,掌丞天子助理万机。""掌丞天子助理万机"是西汉宰相职权总的原则。宰相如何掌丞天子助理万机呢?(1)协助国君制定治国方针大略。《史记·曹相国世家》:曹参代萧何为相国,"举事无所变更,一遵萧何约束。……惠帝怪相国不治事,以为'岂少朕与?'(便命令之子曹窋密质问参)'……君为相,日饮,无所请事,何以忧于天下乎?'"后来曹参作了解释,说:"……且高帝与萧何定天下,法令既明,今陛下垂拱,参等守职,遵而勿失,不亦可乎?""惠帝曰善。"从这段引文可以看出如下几个问题:其一,"举事无所变更,一遵萧何约束"。说明惠帝沿袭刘邦"与天下之豪士贤大夫共定天下,同安辑之"的作风。"共定天下"是宰相辅助国君治天下的基础。其二,"共定天下"的程序。首先宰相要"请事"。"请事"是宰相辅助天子的手段。其三,宰相不请事,君主竟也不能主动"治事",而君主引发宰相请事,听取不请事的理由即"高帝与萧何定天下,法令既明,今陛下垂拱,参等守职,遵而勿失"。其四,惠帝答曰:"善",用现代语说,按既定方针办是一个好办法。另外,国家一切大事均由丞相领衔奏请。《汉书·文帝纪》云:汉大臣"遂使人迎代王……(代王)入代邸,群臣从至,众上议曰:'丞相臣平,太尉臣勃、大将军臣武、御史大夫臣苍、宗正臣郢、朱虚侯臣章、东牟侯臣兴居、典客臣揭再拜言……臣谨请阴安侯、顷王后、琅琊王、列侯吏二千石议,大王高皇帝子宜为嗣'。"(2)选任和罢黜官吏。汉代丞相不仅可以置署任吏,而且亦可以开客馆以招贤士。《汉书·窦田灌韩》云:"当是

---

①　《汉书·公孙弘卜式儿宽列传》,北京,中华书局,2012年。

②　祝总斌:《西汉宰相制度变化的原因》,《历史研究》,1986(2):115~118页。

时,丞相(田蚡)入奏事,语移日,所言皆听。荐人或起家至二千石,权移主上。"权移主上,可见丞相选任权之大。又《汉书·公孙弘卜式儿宽传》云:"弘自见为举首,起徒步,数年至宰相封侯,于是起客馆,开东阁以延贤人,与参谋议。"汉初良相萧何、曹参,宣帝时魏相、丙吉,史家称之为"黜陟有序、众职修理、公卿多称其位"①。(3)执掌经济。刘邦率领军队进入咸阳后,他的重要谋臣、西汉开国后第一宰相萧何把秦朝丞相、御史等重要官署的律令图籍接收过来,从而掌握了全国的战略要地、户口和经济状况,为后来重建封建国家、恢复封建秩序作了准备即是一个例证。另据《汉书·魏相丙吉传赞》云:"岁竟,丞相课其殿最,奏行赏罚。"可见丞相职权还有负责岁终课殿最(上功曰最,下功曰殿),课的内容是根据岁初的上计,主要包括赋税收入等情况,凭借殿最奏行赏罚。

西汉丞相府的设置。与秦不同,西汉已设置丞相府。由丞相至丞相府,说明丞相在国家行政地位进一步提高,亦说明宰相制度在中国古代社会中又一次飞跃。

西汉丞相府中地位最高、最重要的属官是长史和司直,均由皇帝任免。

长史,设二人,是丞相的主要辅佐。《汉旧仪》云:"汉初置相国史,秩五百石,后罢,并为丞相史。"又《汉书·百官公卿表》云:"文帝二年,复置一丞相,有两长史,秩千石。"可见长史大致经历三个阶段:史—丞相史—长史;其秩五百石—四百石—千石。人数由1人转2人。长史的职掌,《通典·职官三》:"盖众史之长也,职无不监。"据《汉旧仪》记载:"武帝元狩六年,丞相吏员三百八十二人(实为三百六十二人)。史二十人……少史八十人……属百人……属史百六十二人。"可见,丞相吏员分两部分,一是属,二是史。长史是众史之长也,亦即史、少史、属史之长。其职无不监,具有监察百官的职能。

司直,《汉书·百官公卿表》云:"武帝元狩五年,初置司直,秩比二千石,掌佐丞相,举不法。"司直在汉武帝元狩五年方始置,晚于长史置,但比丞相府吏员定编362人早一年设。笔者认为丞相属百人是司直属吏。其职权与长史不同,只是"举不法"之官或"举不法"之事。《汉书·王贡两龚鲍传》云:"龚胜为司直,郡国皆慎选举,三辅委输官不敢为奸,可大委任也。"而它"举不法"又有别于汉朝的司隶校尉,后者"偏重在通过直接发现百官的不法行为进行检举,如行驰道中在京师活动违犯禁令等"。②而前者"似乎主要是通过审阅日常经过丞相府的各类文书,发现

---

① 《汉书·魏相丙吉传赞》,北京,中华书局,2012年。

② 祝总斌:《西汉魏晋南北朝宰相制度研究》(下册),北京,中国社会科学出版社,1990年,46页。

不法行为,进行纠举"①。

西汉丞相属官除了长史、司直外,还有丞相徵事、丞相史、东曹掾、西曹掾、丞相少史、集曹掾、奏曹、议曹、侍曹、主簿、丞相属、大车属、从史、令史、计相、计室掾史。②

由秦时丞相一人,发展到西汉时的丞相府,说明丞相制度在国家政权中的地位提高,亦说明国家行政事务的增多。但秦、西汉丞相府内各官吏间还没有分出层次,或层次分得不十分明显,同时各官吏直接为丞相府长官丞相负责。其实质在于丞相府尚处在初级阶段。

4. 三权分立的独相制的变革

西汉初期至中期丞相人选的变替,一直围绕着君相权力消长而展开的。总的曲线是,君权不断增长,相权不断被削弱。至西汉中后期,丞相权进一步被削弱。成帝时改御史大夫为大司空,与大司马、丞相,是为三公,同为宰相,其实质是相权一分为三。哀帝时,丞相之名也被大司徒所代替。东汉初年,去掉大字,以太尉、司徒、司空为宰相。③《通考·职官》说的更为具体:"太常、光禄勋、卫尉三卿,并太尉所部;太仆、廷尉、大鸿胪三卿,并司徒所部;宗正、大司农、少府三卿,并司空所部。"东汉光武帝,尚书台正式成为最高行政机关,尚书令便是最高行政长官,而丞相(司徒、司空、太尉)彻底沦为论道的备员了。《后汉书·仲长统传》说:"光武皇帝……矫枉过直,政不在任下,虽置三公,事归台阁,自此以来,三公之职备员而已。"

尚书台的由来。尚书,本来是君主私人保管文书的小官,早在战国时已有之,只是在不同诸侯国有不同的谓称。如在魏国称主书,在齐国称掌书,在燕国称御,在秦国称尚书。秦朝时,尚书组织隶属于九卿之一少府之下。西汉武帝时,设中书谒者令,主管文书,用宦者任之。从西汉昭帝时起,皇帝年幼不能处理国政,重用外戚,常加上"大司马大将军"领尚书事,掌握了朝中全部大权,"政事一决于光"④。光即霍光,这便是佐证。至成帝建始四年,"置尚书五人,一人为仆射,四人分为四曹,通掌图书、秘记、章奏之事及封奏宣示内外"⑤,开始设官分职,成立了一些具体机构,这时尚书的首长改用士人,而且"署"也渐转为"台",这是尚书台的最初萌芽。

---

①　祝总斌:《两汉魏晋南北朝宰相制度研究》(上册),北京,中国社会科学出版社,1985年,45~46页。

②　安作璋,熊铁基:《秦汉官制史稿》(上册),济南,齐鲁书社,1985年,40~41页。

③　(唐)杜佑:《通典》卷十九《职官一·宰相》,北京,中华书局,1984年。

④　《汉书·霍光传》,北京,中华书局,2012年。

⑤　马端临:《文献通考·职官考》,上海,上海古籍出版社,2008年。

尚书台的建立。东汉的开国元首光武皇帝,为了推行绝对独裁政治,把国家大权完全集中到自己手中,进一步提高尚书台的地位,使之成为国家的最高行政机关。恰如《后汉书·陈忠传》云:"尚书见任,重于三公。"从西汉成帝"置尚书五人"至东汉光武帝"事归台阁",已经说明国家最高行政大权逐渐转向尚书台。此时,太尉、司徒、司空名为宰相,实为备员,而尚书台长官尚书令才是真正的宰相。这是秦汉时期独相制的一种变革。

尚书台的组织机构。尚书台的最高长官是尚书令,1人。其职掌是"主赞奏事,总典纲纪,无所不统"①。秦时属少府之官,秩仅六百石。西汉时,或用宦者,或用士人,或士人宦者并用。至东汉其权日重,秩增至千石,后来增秩二千石。尚书令之下为尚书仆射,原来只置1人,至东汉建安四年,始置左右仆射。《晋书·职官志》云:"仆射服秩印绶与令同。案汉本置一人,至汉献帝建安四年(199年),以执金吾荣郃为尚书左仆射,仆射分置左右,盖自此始。"其职掌,"令不在,则仆射奏众事",令在则有言、议、平事之责。《后汉书·郅寿传》云:"臣伏见尚书仆射郅寿坐于台上,与诸尚书论击匈奴,言议过差。……臣愚以为寿机密近臣,匡救为职。若怀默不言,其罪当诛,今寿违众正议,以安宗庙,岂其私邪?又台阁平事,分争可否,虽唐虞之隆,三代之盛,犹谓谔谔以昌,不以诽谤为罪……臣敢谬豫机密,言所不宜,罪名明白……"对此,安作璋、熊铁基分析道:"第一,台是尚书的办公之处;第二,尚书台地处机密;第三,尚书台的台官们对机密大事可以发表各种不同意见、讨论;第四,尚书仆射之职不限于启封文书,也不仅是尚书令不在时'奏下众事',平时就还有言、议、平事之责。"②仆射之下有尚书丞,东汉光武帝时为左右丞各1人。其职掌《后汉书·职官志》记载为:"左丞至吏民板奏及驺伯吏,右丞假印绶及纸笔诸财用库藏。"

丞之下分曹办事。丞下设曹有一个发展过程。秦时已有左右曹诸吏,但吏数不定,职事亦不清。西汉武帝置四曹。《汉官仪》云:"尚书四员,武帝置。"尚书四员如何分工,曹名又何?可由西汉成帝初时设曹推知。《后汉书·百官志》云:"尚书六人,六百石。本注曰:成帝初署尚书四人,分为四曹:常侍曹尚书主公卿事(世祖改曰吏曹),二千石曹尚书主郡国二千石事,民曹尚书主凡吏(民)上书事,客曹尚书主外国夷狄事。"西汉成帝初立四曹吏事,又分五曹办公,且曹名又有变化,即侍曹尚书,主丞相御史事;二千石曹尚书,主刺史二千石事;户曹尚书,主人庶上书事;主客尚书,主外国四夷事……三公尚书,主断狱事。至东汉光武帝时则定名

① 《汉官仪》,北京,北京图书馆出版社,2003年。
② 安作璋,熊铁基:《秦汉官制史稿》(上册),济南,齐鲁书社,1985年,271页。

为六曹。① 考其原因,笔者认为加强皇权,使尚书台进一步侵夺三公并行宰相权。
其六曹名称、职权如下:

吏曹:主管公卿之事。

二千石曹:主管刺史、郡国二千石事。

民曹:主管吏民上书之事。

三公曹:主管审判案件之争。

南主客曹:主管少数民族及外国之事,主要是南方诸少数民族和国家之事。

北主客事:主管少数民族及外国之事,主要是北方诸少数民族和国家之事。

每曹各置尚书一人。《后汉书·百官志》云:"尚书六人,六百石。……凡六曹。"其职掌从上。另据《通考》卷 52 记载:"后汉以六曹尚书并令、仆二人,谓之八座。"其大意是东汉时尚书令、尚书仆射及六曹尚书,称之八座。可见,诸朝尚书在国家行政机构中地位颇高。尚书之下置侍郎。《后汉书·百官志》云:"侍郎三十六人,四百石。本注曰:一曹有六人,主作文书起草。"又《宋书·百官志》云:"《汉官》之置郎三十六人……一尚书领六郎也。主作文书,起立事草。初为郎中,满岁则为侍郎。"不难看出,每曹侍郎六人,秩四百石,职责是作文书,起立事草。初称郎中,事职满一年者称为侍郎。尚书郎从三署郎中挑选。《初学记·职官部》云:"尚书郎初从三署郎选,诣尚书台试,每一郎缺则试五人,先试笺奏,初入台称郎中,满岁称侍郎。"何为三署郎:西汉置五官中郎、左中郎、右中郎,各置中郎将统领之,担任皇帝的侍卫,称三署郎。可见尚书侍郎来源于皇帝的侍卫,每缺一名侍郎由五名三署郎应试,考试内容为笺奏。侍郎之下为令史。每曹令史三人,秩为二百石。其职权至书。《汉官仪》云:"郎与令史分职受书。"又《宋书·百官志》记载:"郎以下则有都令史、令史、书令史……"可知令史又有不同称谓,其分工亦有不同。

二、权力制衡的群相制

综观中国古代,大凡有作为的国家元首,都绞尽脑汁,选择一种最佳的统治形式以控制相权。军政合一的执政制容易侵夺君权,三权分立的独相制亦易架空皇权,出于深宫的尚书台最终的结果也分割了君权。即位之后的君主总要吸取历史经验,革新国家统治形式。隋、唐、宋、辽、金、元、明时的权力制衡的群相制,就是有作为的君主总结长期治国经验在国家组织形式上的反映和发展。

---

① 范晔:《后汉书·百官志》,北京,中华书局,2012 年。

1. 群相制产生是一个历史过程

群相制的产生是以三省制为前提的。三省的长官同为宰相。三省并非同时产生,而是在不同历史时期,不同朝代与国家出现的一种统治形式。

尚书省是由尚书台发展而来的。早在东汉时实际上已经发展成国家最高行政管理机关的尚书台,自曹魏时起,便取消了过去与少府在名义上的隶属关系,变成皇帝领导下的全国最高行政管理机关。由皇帝指定亲信重臣兼理尚书事,权力极大,"军国大事,总而裁决"[①]。它是皇帝以下握有实权的最高行政长官,被正式称为"宰相"。《宋书·百官志上》说:"建安十三年",复置丞相,以曹操为之。又《晋书·职官志》云:"魏武为丞相以来,置左右二长史而已。"丞相之下,又有东曹、西曹、法曹等曹。丞相之下各曹的设置,是列曹尚书由内廷转到外朝,由少府手下转到丞相手下的开端。这是国家行政机构的重要改革。后来曹丕废丞相,尚书台阁转到外朝。"尚书省"的萌芽阶段,应当说是在曹操时期。

尚书台由内廷转为外朝,下设各曹,虽曹名、曹数魏晋南北朝各王朝有所不同,但都是中央政府的重要管理机关。魏晋以来尚书台改称为尚书省。《文献通考》卷五一云:"宋曰尚书寺,居建礼门内,亦曰尚书省。"又《通典·职官四》云:"北齐尚书省亦有录、令、仆射、总理六尚书,谓之都省,亦谓之北省。"南梁时正式称为尚书省。其长官为录尚书事,由皇帝指定亲信重臣兼任,是皇帝之下的最高行政长官,被正式称为宰相。但录尚书事并不经常设立。魏以公卿重者来担任。《三国志·魏书·齐王芳》云:太尉"司马景王薨于许昌"。"以卫将军司马文王为大将军,录尚书事。"蜀诸葛亮以丞相录尚书事。[②] 另《宋书》卷五云:"以骠骑将军荆州刺史彭城王义康为司徒录尚书事。"尚书令则是不设录尚书事时的最高行政长官,亦称宰相。《三国会要》卷九云:"尚书令魏建国置,冠进贤两梁纳言帻,五时朝服,佩水苍玉,铜印墨绶,受拜则策命之,以在端右故也。掌知选举,总典纲纪。"晋因魏制,《晋书》云:"尚书令秩千石,假铜印黑绶,冠进贤两梁冠纳言帻,五时朝服,佩水苍玉,食奉月五十斛,受拜则策命之,以在端右故也。"尚书令下设左右仆射,协助处理各项事务。再下是执行具体事务的左右丞。

尚书省及其长官尚书令的职权自魏晋以来日趋加重。《三国志·职官表》云:"尚书令总典纲纪,无所不统,所居曰尚书台,出征则以行台从,汉犹隶少府,魏时政归台阁,则不复隶矣。"至两晋,其权更重,吞并九卿的权力。《晋书·荀勖》云:"九寺可并於尚书。"另据《古今图书集成·铨衡典》卷22记载:"魏晋以来,州郡天上计之事,公府无辟召之举,士之入仕者,始则中正别其贤否,次则吏部司其升沉

---

① (北齐)魏收:《魏书·北海王祥传》,北京,中华书局,2012 年。
② (晋)陈寿:《三国志·蜀书·诸葛亮》,北京,中华书局,2012 年。

而已。所以尚书之权最重,而其於人恩怨亦深。"北魏孝文帝也曾说:"尚书之任,枢机是司,岂惟总括百揆,缉和人务而已,朕之得失,实在于斯。"[1]

中书省是由西汉中书谒者令逐渐演变而成。中书谒者令,原属少府下的一个小吏。汉武帝以宦官任之,汉成帝以士人为之,并且中书谒者令改为中谒者令。此后罢省,不设此官。汉献帝时,曹操为魏王,设置秘书令。文帝黄初初年,改秘书令为中书令。《三国志·魏书·刘放传》云:"黄初初年,改秘书为中书,以刘放为监,孙资为令,遂掌机密。"又称为中书省,《通典》卷二十一中书省条说:"中书之官久矣,谓之中书省,自魏晋始焉。"可见,中书机构此时已正式称为中书省。

自魏文帝改秘书为中书并置监令之后,中书省的组织大体不变。吴有中书令,亦负责作诏令。蜀无中书令,而有秘书令。晋承魏制,中书监、令各置1人。原有通事郎,到晋改为中书侍郎,员4人。另有中书舍人,通事各10人。宋置中书令1人,无监,中书舍人1人,中书侍郎4人,中书通事舍人4人。南齐有中书监1人,令1人,侍郎4人。通事舍人无员。梁中书省置监、令各1人,侍郎4人,又置通事舍人、主事、令史等员。陈置中书省,有中书舍人5人,领至事10人,书吏200人。北齐置中书省监、令各1人,侍郎4人。后周置内史大夫2人,掌王言,亦其任也。[2]　其中监令掌赞诏令,记会时事,典作文书。侍郎掌诏草。通事舍人掌呈奏案章,或掌诏命。其他吏属均为具体办事者。

曹丕称帝后,为了加紧应付国内外的斗争,同时也为了牵制日益发展的尚书令的权力,维护以皇权为中心的封建君主专制制度,将原有的秘书监改为中书省,设中书监、令。这时由于中书更接近皇帝,并负责审理章奏,草拟诏旨,掌管机要,因此权力不断加强。如《通考》所说:"中书监、令,掌管机要,多为宰相之任。"后来中书省参与军国大计的决策,逐渐侵夺了正在发展中的尚书省及其长官尚书令的一部分职权。晋时中书省有凤凰池之称,至南朝后期逐渐发展成国家行政机关的中枢组织,其长官亦成为政府的宰相。

门下省是由秦朝侍中逐渐演变而来的。《通志·职官三》云:"秦为侍中,本丞相史也。使五人往来殿内东厢奏事故曰之侍中。"汉有侍中寺,侍中为加官,所以上自列侯,下至郎中,多达数10人,为亲近之职。《唐六典·门下省》云:"初秦汉置侍中曹,无台省之名,自晋始有门下省,历宋、齐、梁、陈、后魏、北齐、隋,皆曰门下省。"

门下省的机构是侍中、给事黄门侍郎、散骑常侍、给事中、谏议大夫等。其中

①　(北齐)魏收:《魏书·广陵王羽传》,北京,中华书局,2012年。
②　沈任远:《魏晋南北朝政治制度》,台北,台湾商务印书馆,1971年,74～75页。

侍中"掌傧赞威仪,大驾出则次直侍中护驾,正直侍中负玺陪乘,不带剑,余皆骑从。御登殿,与散骑常侍对扶,侍中居左,常侍居右,备切问近对,拾遗补阙。"①此官魏、晋、宋制均4人,北齐6人。给事黄门侍郎的置员与职掌,正如《唐六典·门下省》云:"给事黄门侍郎魏氏置四人,东晋桓温奏省二人,后又复旧,所掌与侍中俱,置四人。管门下众事,与散骑常侍并清华而代谓之黄散焉。"散骑常侍,"掌规谏,不典事。骑而散从。"此官魏、晋、北齐均4人。给事中"常侍从左右""顾问应对"。此官诸朝无定员。谏议大夫"掌谏议之职"②。

门下省长官为侍中。在汉代,侍中只为侍从之职,替天子处理一些日常事务,甚至生活小事,虽属亲信,但职位不高,权力不大。曹魏以后,侍中地位大大提高,特别是到了东晋"备位宰辅"③,侍中当时已被视同宰相,所主管的事务也不断扩大,凡属重要政令皇帝都要征询侍中的意见,由侍中"尽规献纳,纠正违阙",地位较尚书、中书尤为重要。晋任恺为侍中时,"政事多咨","事无大小,多管综之",对尚书令贾充也"每裁抑焉"。④北魏也多以侍中辅政,"故侍中称为宰相"⑤。梁陈时,侍中"掌侍从左右,傧相威仪。尽规献纳,纠正违阙"。与过去的"备切问近对,拾遗补阙"有所不同,已包含审议、驳正之义。这就是说,此时门下省及其长官侍中已有了审议、纠正错谬和缺漏之权。

毋庸置疑,魏晋南北朝时期形成的中央三省制度,是封建国家行政体制的重要革新,对以后历代封建王朝的国家机构有着重要的影响。同时,由于三省长官各为握有实权的宰相,因此从相权的分散中,相对地反映了君权的加强,并且调整了统治集团内部在权力关系上的矛盾。

2. 群相制宰相的第一种类型

秦汉宰相无所不包,无所不统,直接威胁皇权。而皇帝避免权力被相权侵夺,导致了东汉三公共掌相权,甚至三公分掌九卿。东汉末年的黄巾起义,致使汉王朝名存实亡。代之而起的是豪族争霸,接踵而来的是三国、两晋、南北朝时期的小国纷争。乱中有治,引起宰相制度的改变。首先是尚书省的产生架空了宰相府,接着中书省又代替尚书省,最后门下省又分割中书省的大权。隋唐有作为的政治家又总结了两汉以来的皇权驾驭相权的历史经验,创立了三省长官共议国政的新型治国方式。

---

① 《晋书·职官志》,北京,中华书局,2012 年。
② (北齐)魏收:《魏书·普惠传》,北京,中华书局,2012 年。
③ 《通典》卷二十一《职官典》,北京,中华书局,1984 年。
④ 《晋书·任恺传》,北京,中华书局,2012 年。
⑤ 《历代职官表》,上海,上海古籍出版社,2005 年。

（1）隋朝群相制产生

隋文帝禅周后,用崔仲方之言,除周六官,"多依前代之法",立尚书、门下、内史、祕书、内侍五省。其中祕书省较悠闲,内侍省则皆宦者,唯尚书、门下、内史三者是为中枢之地。尚书省"事无不总"[①],掌行政;内史省"专典机密"[②],掌制令;门下省"多所驳正"[③],掌封驳。其长官尚书令及左右仆射,均为"国之宰辅"[④]。内史纳言,也为宰相。[⑤] 值得注意的是为什么内史省、门下省的正长官为宰相,而尚书省正、副长官都是宰相呢?据《隋书·百官志》《唐六典》《通典·职官典》云:五省长官只有尚书省的尚书令为正二品官,其余诸省长官品级皆尚书令之下,而尚书令一般不授人,隋代只有炀帝时杨素有翊戴之功,又平定了汉王谅,方进位尚书令。因此,左右仆射就是尚书省的事实上的最高长官。隋文帝下诏曰:"仆射,国之宰辅。"[⑥]虞庆则为仆射时,杨坚说:"位居宰相。"[⑦]总之,隋时尚书、门下、内史三省长官同为宰相。具体说,尚书令1人、尚书左仆射1人、尚书右仆射1人、纳言2人、内史监1人、内史令1人同在宰相职位。而且上述七位宰相并非平列,位次排列上有较大差别。尚书令1人为第一宰相职位,尚书左仆射1人为第二宰相职位,尚书右仆射1人为第三宰相职位,内史监1人为第四宰相职位,纳言2人为第五宰相职位和第六宰相职位,内史令1人为第七宰相职位。[⑧] 不难看出,以隋文帝创立的三省长官制为标志,宰相设置已完成了由独相制向群相制的转变。这一转变的实质说明了皇权的加强、相权的削弱。

（2）唐朝群相制的发展

唐承隋制,继续实行群相制。据《新唐书·宰相表》研究,高祖、太宗、高宗时期,宰相同时在位者,少则4人,多则10人;武后、中宗、睿宗时期,同时任相者常有10人左右,景云元年任用宰相多达27人。玄宗以后诸帝任相少则两三人,多则七至八人。[⑨] 可见,此制唐时有了很大发展。这种发展突出表现在宰相名称屡变,选相标准因时而定,宰相出身由士族转向士庶或庶族。

先看唐时宰相名称的变化。宰相名称的变化往往包含着深刻的历史内容和

---

① 《隋书·百官下》,北京,中华书局,2012年。
② 《隋书·虞世基传》,北京,中华书局,2012年。
③ 《隋书·柳机附雄亮传》,北京,中华书局,2012年。
④ 《通典》卷二十二《尚书省》、《尚书令仆》,北京,中华书局,1984年。
⑤ 《通典》卷二十一《宰相》,北京,中华书局,1984年。
⑥ 马端临:《文献通考》卷五十一《仆射》,上海,上海古籍出版社,2008年。
⑦ 《隋书·虞庆则传》,北京,中华书局,2012年。
⑧ 奇秀:《中华古典行政机构设置体制》,北京,中国人民大学出版社,1991年,30~31页。
⑨ 张晋藩,王超:《中国政治制度史》,北京,中国政法大学出版社,1987年,453页。

广深的社会背景。唐朝宰相名称的变化既与当时行政体制和运行机制的变迁息息相关,又与皇权膨胀、相权削减紧密相连。综观整个唐朝宰相名称沿革呈现五种类型:

其一,三省长官均为宰相。武德元年(618年)到武德六年(623年),唐高祖因袭隋制,以三省之长,尚书令、侍中(2人)、中书令(2人)同为宰相。据《新唐书·宰相表》"武德元年六月甲戌"条,列为宰相者有:赵国公、尚书令李世民,相国长史、尚书右仆射、知政事裴寂,相国司马、纳言刘文静,宋国公、内史令萧瑀,相国司录参军、内史令窦威。其中纳言即是侍中,内史令即是中书令。裴寂是尚书省副长官右仆射,为什么列为宰相呢? 当时由于尚书令李世民主持军务,长期征战在外。唐朝又尚左,而唐高祖武德六年以前,左仆射亦长期空缺。这样,尚书省的庶务,实际上由副长官裴寂主持,所以要加上"知政事"的名号,方为宰相。"知政事"者,就是参加宰相们议决国家政令的政事堂会议,即是宰相,否则不承认裴寂是宰相,因为他不是三省之长。[①] 后来,仆射就是名副其实的宰相。据《新唐书·百官一》云:"太宗尝为尚书,臣下避不敢居其职,由是仆射为尚书省长官,与侍中、中书令号为宰相。"至此,形成了二仆射、二侍中、二中书令的群相制。接着而来的是,三省长官的职掌是什么呢? 概括说:中书出令,门下封驳,尚书执行。《朱子语类》卷一二八云:"唐制:每事先经中书省,中书做定将上,得旨,再下中书,中书以付门下。或有未当,则门下缴驳,又还中书,中书又将上,得旨,再下中书,中书又付门下。若可行,门下又下尚书省,尚书但主书撰奉行而已。"这段引文十分明白而清楚地指出唐初三省正常运行机制即非中书不能发令,非门下不能封驳,非尚书不能执行。其实质是围绕着皇权,实行的三省分权制的辅政体制。然而唐初,三省分权是事实,但三省并重却与事实相悖。其佐证如下:一是唐高祖时,裴寂为尚书右仆射。裴寂自太原起兵时就是唐高祖李渊的首辅大臣(武德六年四月又升任为左仆射),而纳言刘文静虽也是太原起兵的旧臣,但地位在裴寂之下。《大唐创业起居注》卷一云:李渊在太原起兵时建立的大将军府就"命裴寂、刘文静为大将军府长史、司马"。至于内史令萧瑀、窦威均是唐军入长安后才归附的隋朝旧臣,其地位远在裴寂之下。今人称"裴寂是高祖李渊身边最亲信的第一号人物"[②]。可见裴寂的地位和权力无疑超过纳言刘文静和内史令萧瑀、窦威;二是唐太宗时,贞观三年(629年),房玄龄由中书令"进尚书左仆射"[③],杜如晦由检校侍中、摄吏部

---

① 刘希为:《唐朝宰相制度初探》,《中国史研究》,1984(3):107~112页。

② 黄永年:《武德贞观时统治集团的内部矛盾和斗争》,《唐史论丛》(第一集),西安,陕西人民出版社,1988年。

③ 《新唐书》卷九十六,北京,中华书局,2012年。

尚书、总监东宫兵,"进位尚书右仆射"①。古人素有"房谋杜断"之称。房谋,是说房玄龄善于谋划;杜断,是说杜如晦善于判断。他们二人都是唐太宗的亲信。史书云:"方为相时,天下新定,台阁制度,宪物容典,率二人讨裁。……当世语良相,必曰房、杜云。"②可见其权力超过同期担任中书令、侍中的其他宰相。不难看出,三省中尚书省地位最高,权力最大。就中书与门下二省而论,开始时门下省的地位高于中书省。证据之一,是宰相办公会议的政事堂始设于门下省。唐初实行宰相集体议事制度,三省长官共议国政的场所谓之"政事堂",而这个政事堂最初设于门下省,"自武德以来,常于门下省议事"③。另《新唐书·裴炎传》云:"旧,宰相议事门下省,号政事堂,长孙无忌以司空、房玄龄以仆射、魏征以太子太师,皆知门下省事。"证据之二,贞观八年,"加李靖特进制",令李靖:"患若小瘳,每三两日至门下中书平章事;患若未除,任在第摄养。"④可见这里把门下放在中书之前,门下省地位高于中书省。但是至永淳三年即光宅元年,中书省的地位便高于门下省。李华《中书政事堂记》云:"光宅元年,裴炎自侍中除中书令,执事宰相笔,乃迁政事堂于中书省。"⑤又《唐会要》卷五十一中书令条亦云:"永淳三年(即光宅元年)七月,中书令裴炎,以中书执政事笔,其政事堂合在中书,遂移在中书省。"⑥《新唐书·裴炎传》又说:"至炎,以中书令执政事堂笔,故政事堂于中书省。"其实,早在贞观末年,长孙无忌以中书令知三省事,即是以中书令的身份统理三省,表明中书省的地位开始提高。至武后光宅元年(684年)十二月甲戌,裴炎由侍中转中书令,当时门下省二侍中阙未除人,中书令二职也只有裴炎一人。"裴炎即以中书令执政事笔的身份,将政事堂迁到中书省。政事堂迁址的成功,既是长期以来中书省权力加重的结果,又促成了中书省长官在政事堂中处优领先局的确立。"⑦这表明中书省的地位高于门下省。

其二,只有侍中、中书令、同中书门下三品、同中书门下平章事才是宰相。这是唐朝宰相名称第二次变化。其时间断限为贞观二十三年(649年)至肃宗乾元元年(758年)。这次变化的实质是皇权制约、控制、削弱相权的结果。如前所述,唐初三省职权并非平行并重,而是以尚书省为首。尚书省由于同时具备参政和执行职能,使之超过中书省、门下省而处于国家政治中枢地位。其长官尚

① 《新唐书》卷九十六,北京,中华书局,2012年。

② 《新唐书》卷九十六,北京,中华书局,2012年。

③ 《全唐文》卷三一六李华《中书政事堂》,上海,上海古籍出版社,1990年。

④ 《全唐文》卷四,上海,上海古籍出版社,1990年。

⑤ 《全唐文》卷三一六,上海,上海古籍出版社,1990年。

⑥ 《资治通鉴》卷二〇六,北京,中华书局,1986年。

⑦ 魏向东:《论唐玄宗时期的政事堂宰相独断制》,《中国史研究》,1992(4):86~90页。

书令位于皇帝之下、百官之上的高位。它既说明唐朝中央集权得到加强,又表明相权已发展到皇权所不能容忍的地步。对此,皇帝在行政制度上采取两种办法:一是提高中书、门下二省的政治地位;二是设法使尚书省长官退出宰相行列。

中书门下印的出现标志着政事堂由议事场所转变为唐朝中央最高权力机构。政事堂形成与发展大致经历三个阶段:门下省政事堂时期(约618—683年),此时政事堂纯为宰相议政场所,如同现代的"会议厅"一样。中书省政事堂时期(684—723年),此时政事堂正式成为宰相议决军国大政的最高国务会议,表明中书省地位日重,门下省权势渐削的历史态势。政事堂成为中央最高权力机构时期(玄宗开元十一年以后),《旧唐书·职官志》云:"开元十一年,中书令张说改政事堂为中书门下,其政事印,改为'中书门下之印'也。"另《新唐书·百官志一》记载:"开元中,张说为相,又改政事堂号'中书门下',列五房于其后:一曰吏房,二曰枢机房,三曰兵房,四曰户房,五曰刑礼房,分曹以主众务焉。"[1]这说明中书门下政事堂既是中晚唐的最高权力机构,又不是独立于中书、门下两省之外的决策机关,而具有中书、门下两省长官联席宰相会议性质。有学者认为:开元十四年以后,中书、门下两省长官为宰相,中书、门下政事堂既然是宰相联席会议,成为事实上的相府,也就自然拥有宰相的职权。[2]

尚书省长官被挤于宰相之外,是皇权与相权争权夺利的必然结果。唐初,尚书省地位高于中书、门下二省,尚书省的长官当然亦高于中书、门下二省长官,造成了侵夺皇权的态势,这是历代国家君主不能允许的。为此,唐初,君权限制相权主要是对尚书省长官限制。作为这种限制措施的第一步,即是采取尚书省长官——尚书令为虚设的办法来实现的。唐高祖李渊曾授其长子建成为尚书令,又授其三子世民为尚书令。以后此职或废缺、或属于即将任皇太子的亲王所专有。唐高宗龙朔二年明令却其职。对尚书省长官限制措施的第二步,即是尚书左右仆射只有加上同中书、门下三品或同中书、门下平章事方是宰相,否则就不是宰相,就不能参加议政事。例如:神龙元年,豆卢钦望拜左仆射,因一时疏忽,未言同中书、门下三品,就不能参加政事堂议政,后诏加知军国重事,方参议政事。同中书、门下平章事之称,始于贞观八年(634年)李靖。同中书门下三品之称,始于贞观十七年(643年)李勣。同中书门下平章事,就是有和中书、门下共同商量处理军国大事的职权。同中书门下三品,就是职同中书令、门下侍中。李靖、李勣以同平章事、同三品行宰相之职,在当时仅是出任宰相的临时性称号,并非正式官衔。直到

---

① 王超:《政事堂制度辩证》,《中国史研究》,1983(4):109~111页。

② 杨际平:《隋唐宰相制度的几个问题》,《浙江学刊》,1988(3):111~114页。

高宗总章二年(669年)二月"东台侍郎、同东西台(龙朔二年门下省改为东西台,中书省改为西台)三品兼知左史事张文瓘署位,始入衔"①。永淳元年(682年)四月,郭待举等以同中书门下平章事作为正式的官衔。② 据《新唐书·百官一》记载,"同中书门下三品"是在李勣之后二十多年,即高宗二年著入东台侍郎张文瓘的官衔,史称"同三品入衔,自文瓘始"。大约在李靖之后五十年的永淳元年,以黄门侍郎郭待举、兵部侍郎岑长倩、秘书员外少监郭正一、吏部侍郎魏玄同"与中书门下同承受进止平章事;同年十月,又以黄门侍郎刘景先同中书门下平章事"③。据说:"'平章事'入衔,自待举等始。"④可见,一种制度从最初出现,到最后定型,总要经过一段历史过程,总要经过酝酿、准备,后来方能被人们所认可。值得注意的是同三品与同平章事还有略微的差别。"一般说来,本官为尚书省六部侍郎、中书门下两省侍郎或卿监者,为相多称同中书门下平章事,而本官为六部尚书,任相时则多称同中书门下三品。这种情况如果说在开元前还有例外的话,此后似乎已形成了不成文的制度。"⑤因为尚书与侍郎,在职位上有区别,反映在同为行宰相职,其称谓亦有区别,况且侍郎称为同中书门下平章事,实质是有和中书、门下长官共同商量处理军国大事的职权,这就开创了以小官任宰相的先河。

其三,自肃宗乾元以后,非侍中、中书令而为相者,需加"同平章事"一名方为宰相。大历二年(767年)十一月诏令云:中书令、门下侍中均由正三品升为正二品⑥,同三品之称遂废。"同平章事"是"同中书门下平章事"的简称。为什么同三品称谓废置,而"同平章事"被沿用呢?考其原因,此时中书省、门下省的正长官通常不设,尚书省的长官被排挤出宰相之外,专掌纯行政事,如任宰相需加"同平章事"一名,而中书侍郎、门下侍郎只要加上"同平章事"就是当然的宰相。其实质是,当时的君主所采用的策略,以较低级、较年轻的官员,分任宰相事,达到限制相权之目的。当尚书仆射被排挤出当然相位以后,君主自然就认为中书令、侍中是其君权的潜在竞争者,便亲任众多"同平章事",从而疏远中书令、侍中的目的。为此,现代学者王素认为君主主要采取三种办法:一是转变为职衔,取代同三品。"同平章事"入衔,同"同三品"作为职衔,使用对象逐渐有了限制。玄宗开元中,一度只许尚书使用。天宝以后,"同三品"不见于史书,正式被"同平章事"取代了。二是疏远中书令、侍中。其办法是:表面重视之,以便阙不授人。据《旧唐书·肖

① 《旧唐书·高宗本纪下》,北京,中华书局,2012年。
② 《旧唐书·高宗本纪下》,北京,中华书局,2012年。
③ 《新唐书·宰相表上》,北京,中华书局,2012年。
④ 《新唐书·宰相表中》,北京,中华书局,2012年。
⑤ 张国刚:《唐代官制》,西安,三秦出版社,1987年,5页。
⑥ 《旧唐书·职官二·中书省·门下省条》,北京,中华书局,2012年。

嵩传》云:"自(开元)十四年燕国公张说罢中书令后,缺此位四年,而嵩得之。"又《新唐书·宰相表》,确实从玄宗时起,中书令、侍中就很少授人。代宗大历二年(767年)十一月,升侍中、中书令为正二品[①],以后侍中、中书令就基本上不再问政了。三是转变官号,成为正相。本来,在中书令、侍中被疏远而不问政事后,"同平章事"就已成为事实上的正相。但一种新的政府首脑的创建,必得君主的书面认可。[②] 宋敏求《春明退朝录》上卷、欧阳修《归田录》均云:"(五代)晋天福五年(940年),升(同)中书门下平章事为正二品。"它告诉我们事实上的宰相——同平章事,经过将近三百年的过渡阶段,到五代后晋时期才正式建立。

其四,中唐以后,在中书令、侍中、同中书门下平章事等正相外,又出现许多"使相"。所谓"使相",就是宰相外出任专使,或专使任相,也有文臣专任"使相"。任何一种政治制度的出现,都有广深的社会背景和复杂的历史因素。"使相"的出现也不例外,考其原因有二:中唐以后,唐朝在经济上面临着财政危机,在政治上面临着藩镇割据的残局。为了解决财政困难,挽救摇摇欲坠的统治,需选用大批理财人员主持军国政务;为了解决藩镇割据的问题,藩镇需要羁縻,节度使需加笼络。在这种情况下,四种类型的使相便应运而生:一是宰相领节度使,其特点是:身任京师,遥领节度。《唐会要》卷七十八宰相遥领节度使条云:"开元十六年十一月,兵部尚书河西节度副大使知节度事肖嵩,除中书门下平章事,节度如故。宰相遥领节度使,自兹始也。至二十六年二月,中书令李林甫遥领陇右节度。天宝十年十一月,杨国忠又遥领剑南节度。肖嵩以牛仙客为留后,李林甫以杜希望为留后,杨国忠以崔圆为留后。"肖、李、杨三人均为玄宗时宰相,遥领地方重镇节度使,一身二任,既是中央最高行政首领,又成为地方军政首脑。二是节度使兼宰相。其特点是身任地方官,遥兼宰相。《资治通鉴》卷二三八宪宗元和五年载,权德舆疏云:"宰相非序进之官,唐兴以来,方镇非大忠大勋则跋扈者,朝廷或不得已而加之。"这里的唐兴即是指肃宗平定安史之乱。"加之"的具体含义即是节度使遥兼同平章事。据史载当时著名节度使如李晟、浑瑊、田弘正等,都分别兼过侍中、中书令。其目的是依靠地方重镇具有实力的节度使巩固地方,不得已以宰相名之。三是以度支、盐铁等使遥兼宰相。其特点是确有真才实能的理财之道。宪宗元和十三年,度支使皇甫镈"与盐铁使程异同日以本官同平章事,领使如故。""议者以异起钱谷吏,一旦位冠百僚,人情大为不可。异自知叨据,以谦逊自牧,月余日,不敢知印秉笔。"而"镈虽有吏才,素无公望,特以聚敛媚上,刻削希恩。诏书既下,物

---

① 《旧唐书·职官二》,北京,中华书局,2012年。
② 王秦:《三省制略论》,济南,齐鲁书社,1986年,205页。

情骇异"。① 出身钱谷吏且"有吏才"的理财诸使充任宰相，委以实事，对扭转中唐以后的财政危机无疑注入了新的活力。四是宰相兼领诸使。《旧唐书·王播传》云："长庆元年七月，征还，（王播）拜刑部尚书，复领盐铁转运等使。十月，兼中书侍郎（同）平章事，领使如故。""大和元年五月，自淮南入觐，进大小银盆三千四百枚、绫绢二十万匹。六月，拜尚书左仆射、同平章事，领使如故。"可见，王播是唐中后期的理财专家，先后擢升为刑部尚书、尚书左仆射、同平章事，并领盐铁转运等使，《旧唐书》的作者，后晋刘昫对其评价说："天性勤于吏事，使务填委，胥吏盈廷取决，簿书堆案盈几，他人若不堪胜，而播用此为适。"②综上所述，"使相"的出现，多少延缓中唐以后唐朝统治的政治寿命，以理财聚敛有术的方式源源不断地给朝廷再造新鲜血液。

其五，唐朝后期又出现了"内相"。所谓"内相"即是某些翰林学士实际上掌握相权。贞元以后德宗出走奉天，翰林学士陆贽号为"内相"，翰林学士便有"内相"之称。《旧唐书·陆贽传》云："贽初入翰林，特承德宗异顾，歌诗戏狎，朝夕陪游。及出居艰阻之中，虽有宰臣，而谋猷参决，多出于贽，故当时目为内相。"但翰林学士为数颇多，真正掌握相权者为数不多。宪宗以后，只有翰林学士承旨，独掌机要，才大权凌驾于中书门下之上。一般来说内相分割宰相权，通过两种方式：一是分割内命白麻。何为内命？即是由皇帝直接发布的命令。唐初，中书省设中书舍人，负责起草诏令，没有内外命之分。至唐玄宗二十六年，始置翰林学士，掌内命。《新唐书·百官志序》云："开元二十六年，又改翰林供奉为学士，别置学士院，专掌内命。"何为白麻？诏书旧皆用白纸。唐高宗上元间，以白纸易蠹，改用麻纸。凡由翰林院学士草制的诏书，皆用白麻书。这样，翰林学士基本掌管内命白麻，中书则一直仅掌外命黄麻。于是出令权被翰林学士分割一半，而且是最主要的一半。二是干涉朝廷政事。根据史籍得知，翰林所出之令具有相对独立性。具体表现为翰林所出之令宰相不得妄改，否则翰林学士要么失职改官，要么立即被罢官。翰林所出之令亦不经过政事堂，而中书出令则经过政事堂。这是二者不同之处。从此，唐朝中央出现两个出令机关。

再看唐时因时而定的选相标准。选相标准是应时而定的。这里的"时"主要是指当时的历史任务和国家元首的需要。综观整个唐朝选相标准大致经过三次变化，即唐初重战功兼顾士族出身；武则天时重庶族兼顾科举取相；武则天之后直到终唐之世，科举取相，特别是进士科逐步成为选拔宰相的主要途径。

唐初主要的历史任务是统一全国，安定边陲。因此，通过战功选拔宰相成为

---

① 《旧唐书程异传》、《旧唐书·皇甫镈传》，北京，中华书局，2012 年。

② 《旧唐书·王播传》，北京，中华书局，2012 年。

主要途径。武德年间共有宰相 14 名,其中因军功而擢拔至相位的占 13 名。[①] 如李世民、裴寂、刘文静等。李世民于 617 年劝父李渊起兵反隋,李渊命其为右领军大都督。唐朝建立后,他针对全国各个武装集团相互厮杀不已的复杂形势,为李渊制订了先扫除西北,再进兵关东,分收江南的战略计划。先任西讨元帅大破割据陇右的薛举、薛仁杲父子,又率军平山西之乱,次率军出兵进攻割据东都的王世充,……在统一全国过程中,功盖天下,战绩辉煌。裴寂早在李渊留守太原时与之有旧。及义兵起,裴寂又为李渊先定京师而出谋划策。待到京师平定之时,李渊赐之良田千顷,甲第一区,物四万段,转大丞相府县史,进封魏国公,食邑三千户。[②]并且 617 年 6 月,李渊建立大将军府,自任大将军,以裴寂为长史。可见裴寂战功卓著。刘文静既有文才又是武将。早在李世民劝父反唐之时,就与刘文静谋议。唐建国前后又“以才能干用在裴寂之右,又屡有军功”[③]而著称。贞观年间共有宰相 21 名,其中因军功而升入相位的占了 10 名。如贞观初年宰相李靖、李勣均以武功卓著而为相,属于“才兼文武,出将入相”者也[④]。李靖以其对兵法的娴熟和军事才能的高超称誉朝野。他的舅父韩擒虎是隋朝名将,曾说:“当今可与谈论孙吴兵法的,只有李靖而已。”作为一个军事家,李靖还具有坚毅果断、足智多谋的素质。武德四年(621 年)正月,李靖上书李渊,请求讨伐萧铣,其所陈十策,深得李渊赏识。武德九年(626 年)四月,他仅以轻骑 3000 孤军深入,打入东突厥的心脏,攻下定襄城,迫使颉利可汗只身逃跑,退保铁山。总之,李靖一生,南平江淮,北破突厥,西定吐谷浑,为唐朝的巩固和统一作出了巨大贡献,深得唐太宗器重。他与唐太宗谈论兵法,后人整理成书,称之为《李卫公问对》。李勣亦是因战功显赫而进宰相的唐初兴国功臣。他的名气,最初显扬于瓦岗寨。他是隋末瓦岗军的关键人物,后来,在唐太宗征高丽的战争中,他又立下显赫战功。因而,他被先后任命为并州都督、大都督、兵部尚书等要职。今人称之为瓦岗军的英雄、统一唐天下的功臣、北抗突厥的主将、征辽战争的统帅、兢兢业业的辅佐老臣。值得注意的是有军功并不一定可当宰相。军功只是进入相位的阶梯,立了军功,还必须有经国治世之才,方可被选为宰相。换言之,以“元功盛德居之”[⑤]。如闻名于世的唐朝前期良相房玄龄、杜如晦,前者参与玄武政变,“筹谋帷幄”,有“定社稷”之特大军功;又有“明达吏事”“审定法令”、善于选人、用人,“善建嘉谋”的政治才能。[⑥] 后者随李世

---

① 刘希为:《唐朝宰相制度初探》,《中国史研究》,1984(3):107~112 页。

② 《旧唐书·裴寂传》,北京,中华书局,2012 年。

③ 《旧唐书·刘文静传》,北京,中华书局,2012 年。

④ 《旧唐书·李靖传》《旧唐书·李勣传》,北京,中华书局,2012 年。

⑤ 《旧唐书·杨国忠传》,北京,中华书局,2012 年。

⑥ 《旧唐书·房玄龄传》,北京,中华书局,2012 年。

民平定薛仁杲、刘武周、王世充、窦建德,参谋帷幄、屡立战功;又"聪明识达","能断大事",是"王佐才也"①。

　　武则天所处的时代,正是士族地主在衰落,庶族地主在上升的时代。她打击关陇士族,大量提拔庶族地主做官。这就为庶族地主做官创造了客观条件。据统计,高祖朝宰相凡 12 人。其中士族占 100%,没有庶族和士庶。太宗朝 29 人,士族 19 人,占宰相总数的 65.5%;庶族 6 人,占 20.7%;士庶 4 人,占 13.8%。高宗朝 47 人,士族 26 人,占 55.3%;庶族 10 人,占 21.3%;士庶 11 人,占 23.4%。与唐初不同,武后朝 76 人,士族 29 人,占当时宰相总数的 38.7%;庶族 35 人,占当时宰相总数的 46.7%。可见,高祖朝自不待言,就是高宗朝庶族宰相所占的比例,也不到武后朝的一半②。

　　武则天为什么重视庶族地主而抑制、打击士族地主呢? 简单说,这是由当时历史造成的。武则天出身于一个非士族门阀的官僚地主家庭。她的父亲武士彟是一个寒门地主。武则天的母亲杨氏出身于关陇名门,外祖父杨士达在隋朝为纳言。武士彟与杨氏的联姻是高祖李渊做的媒人。唐太宗,因武则天美貌,召入宫,立为才人,赐号"武媚"。利用这个机缘,武则天和太子李治产生了深厚感情,后便成为唐高宗李治的皇后。对此,关陇士族的代表人物长孙无忌、褚遂良等人,极力加以反对,认为武则天出身寒微,没有资格做皇后。面对关陇士族地主的挑战,武则天便从庶族地主中寻找支持力量,以巩固自己的统治。为此,她采取如下三种方法:一是通过唐高宗下令修改《氏族志》为《姓氏录》。武则天的父亲武士彟,虽是唐朝开国功臣,但由于出身"寒微",在《氏族志》里没有他的地位。新修的《姓氏录》完全按唐代官品为标准划分等级,"以后族为第一等,其余悉以仕唐官品高下为准,凡九等",又规定所有因军功"得五品官者皆升士流,于是兵卒以军功致五品者,尽入书限"。这样,就打破了旧的士族门第界限,凡五品以上,无论是士族与否,完全都写进了《姓氏录》。二是武则天进一步发展科举制度,特别是增加进士科,为庶族地主打开了走向仕途的捷径。在唐太宗的 23 年中,共取进士 205 人,而在唐高宗和武则天的 55 年中,所取进士则达一千余人,平均每年所取人数,要比唐太宗时增加一倍以上。另据史籍统计,高祖朝宰相中通过科举入仕的只有 1 人,占当时宰相总数的 8%。太宗朝 3 人,占 10%。高宗朝 11 人,占 23%。而则天朝则占 36%。③ 三是武则天破格用人,放手给人官做。其措施概括为三:她曾令九品以上官及百姓,皆可自我荐举求用,又派人到各地搜罗人才,凡是推举上并

---

① 《旧唐书·杜如晦传》,北京,中华书局,2012 年。

② 赵文润,王双怀:《武则天与宰相》,见《武则天与乾陵》,西安,三秦出版社,1988 年,49 页。

③ 赵文润,王双怀:《武则天与宰相》,见《武则天与乾陵》,西安,三秦出版社,1988 年,50 页。

当官者,称为试官。还设了许多员外官,同正官一样受俸禄。这样做的结果,有利于打破关陇士族控制政治的局面,为庶族地主广开仕途。

武则天之后直到终唐之世,科举取相,已成为历史主流。唐玄宗统治时期有26人为相,其中科举出身者12人,比例近50%。"安史之乱"以后,有185人为相,其中科举出身者116人,比例近70%,进士为相者107人,约占宰相总人数的60%。具体说,从宪宗朝以后进士出身者在宰相中一直占绝对优势,这可以从下表得到佐证①:

项目 \ 时间	宪宗	穆宗	敬宗	文宗	武宗	宣宗	懿宗
宰相总数	29	14	7	24	15	23	21
进士出身者	17	8	6	18	12	20	17
进士出身所占的比例	58.6%	57.1%	85.7%	75%	80%	87%	81%

唐朝中后期为什么科举中举而担任宰相者占绝对优势呢?其原因如下:一是皇帝的高度重视。唐朝官僚入仕主要通过"门荫"、科举二途,任宰相者舍此二途而无其他办法。入宰相者是主要通过"门荫",还是通过科举,则取决于皇帝的嗜好。下面我们以宣宗朝证明之。宣宗朝曾任宰相者23人,其中进士出身者为20人,占该朝宰相总数的87%。可以说,有唐以来科举任宰相者比例最高。为什么出现这种情况呢?其主要原因是唐宣宗是个科举迷。他曾自题为"乡贡进士李道龙",并且"爱羡进士,每对朝臣问登第否,有以科名对者,必大喜"②。震惊唐朝后期的"牛李党争",前后经历文宗、武宗、宣宗朝。其斗争的实质是以科举任相者牛僧孺、李宗闵掌权,还是以"门荫"任相者李德裕、郑覃等关东著名世族名门出身者握柄。正因为宣宗是个科举迷,以进士为主体的牛党得势,以"门荫"为主体的李党落败。牛党首领,白居易的弟弟白敏中任宰相,李德裕于大中二年(848年)被贬到海南岛崖州,次年病死贬所。从而持续40年的牛李党争,终于以代表世族的李党的彻底失败而告终。二是由汉以后的社会发展需要而决定的。唐朝以前,封建土地所有制尚未最后成熟,土地掌握在几个大地主手中尚有一定社会条件,因而,反映在上层建筑选官制度方面,便形成了九品中正制。随着封建土地所有制趋于成熟,几个大地主掌握土地现象渐被冲破,那种两汉以来由地主阶级中某一集团、某些家族世代垄断政权,独占高位的格局亦被打破。在这种情况下,统治阶级中最

---

① 黄留珠:《中国古代选官制度述略》,西安,陕西人民出版社,1989年,204页。
　　吴宗国:《科举制与唐代高级官吏的选拔》,《北京大学学报》,1982(1):57~64页。
② (北宋)王谠:《唐语林·企羡》,上海,上海古典文学出版社,1957年。

高统治者要想治国平天下，就要提高其官僚队伍的学识文化水平。宰相由通过科举考试而中举者担任，不仅能够提高国家行政效率，增强官僚队伍一定活力，而且有利于笼络天下英才，威服下级官吏，具有极为重要的作用。三是唐朝科举选仕的不断发展为进士任相提供了可靠前提。这种发展主要表现在三个方面：其一，唐初每郡贡举的人数有一定的限制。《通典·选举三·历代制下·大唐》条云："上郡岁三人，中郡二人，下郡一人。"这里的郡实际是州。据贞观十三年（639 年）的统计，当时天下州府为 358 个。如果我们按每州岁贡二人计算，则每年向中央贡举 700 余人。但是到了中、晚唐各州县贡举人员有了大幅度的增加。该书还说："后，日月寖久，选人猥多，……自诸馆学生已降，凡十二万余员。"又《唐语林·文学》条："大中、咸通之后，每岁试礼部者千余人。"其二，中唐以后，进士及第者明显增多。据徐松《登科记考》统计，从武德七年至显庆六年（622—661 年）的 40 年间，进士及第的共 290 人。其中贞观时期每年平均录取 9 人；永徽、显庆间（650—661 年）每年平均也只录取 14 人。高宗总章（668—683 年）以后，进士录取名额有所扩大，但每年平均录取亦仅 24 人。《宋会要》曾将唐代贡举进士科每年考取的人数做了统计，可见中唐以后进士及第的发展轨迹。"自隋大业中，始设进士科，至唐以来尤盛，当时每岁不过三十人。咸亨、上元中增旧额为七十人，……开成中连数岁放四十人。"这说明，中唐以后进士及第者每年少则 40 人，多则 70 人。其三，进士及第任高级官吏者的比重迅速增加。贞元二年（786 年），进士及第的 27 人中，官至五品以上的，据初步考察即有 7 人。贞元四、五年刘太真掌贡举时放进士 67 人，到元和八、九年（813—814 年）裴度作中书舍人，其门生任朝廷要者 7 人，在藩牧者 7 人，其中 9 人官至五品以上。贞元八年陆贽知贡举，放进士 23 人。"数年之内，居台省清近者十余人。"[①]贞元十八年至二十一年，权德舆掌贡举，其门生"登辅相之位者前后十人，其他任镇岳文冒披垣之选，不可悉数"[②]。对此，恰如李肇所说"进士为时所尚久矣，……故位极人臣，常十有二三，登显列者十有六七"[③]。今人吴宗国认为：贞元、元和之际，进士科成为唐朝高级官僚的主要来源[④]。总之，在这种情况下，为进士任相创造了客观条件。

最后看宰相出身由士族向士庶或庶族转换。据赵文润、王双怀二同志统计[⑤]：高祖朝宰相凡 12 人。其中士族占 100%，没有庶族和士庶。太宗朝 29 人，士族

---

① 《旧唐书·陆贽传》;《登科记考》卷一三，北京，中华书局，2012 年。
② 杨嗣复：《权载之文集序》，《权载之文集》，上海，上海古籍出版社，1994 年。
③ （唐）李肇：《唐国史补》（卷下），上海，上海古籍出版社，1994 年。
④ 吴宗国：《科举制与唐代高级官吏的选拔》，《北京大学学报》，1982（1）：57～64 页。
⑤ 赵文润，王双怀：《武则天与宰相》，见《武则天与乾陵》，西安，三秦出版社，1988 年，48～55 页。

19 人,占宰相总数的 65.5％;庶族 6 人,占 20.7％;士庶 4 人,占 13.8％。高宗朝 47 人,士族 26 人,占 55.3％;庶族 10 人,占 21.3％;士庶 11 人,占 23.4％。则天朝宰相中出身于士族的有 29 人,占当时宰相总数的 38.7％;出身于庶族的有 35 人占 46.7％。到了"安史之乱"时,由于士族地位和唐初的功臣贵戚集团均已衰落,刚爬上来的新贵族政治地位还不稳定,依靠父祖的官爵和家庭出身已经不能成为高官子弟世袭高位的可靠保证。门第的高低和官位的高低已不发生必然联系。有门第还必须有才学才能担任高级官吏。仅有门第而无才学虽可以父祖荫而入仕,但在贞元前后一般是不能担任高官要职的。才学即已成为选拔高级官吏的主要标准①。同时安史之乱后,中小地主和中下层子弟念书增多也是宰相出身由士族转向士庶或庶族的重要条件。窦易直幼时家贫,受业村学②,贞元年间曾任宰相。王播寄食僧寺,留下了饭后钟的佳话③。贞元十年,他中进士,后官至宰相。白居易也说他"家贫多故"④。唐宣宗时,白居易的弟弟白敏中亦任宰相。综观整个唐朝,共有宰相 369 名,其士族出身者 125 名,约占宰相总数的 34％。而这些士族出身的宰相有相当数量在"安史之乱"前任职。值得注意的是,在这批士族宰相中,科举出身者共有 59 名,约占士族宰相总数 47％。这些科举出身的士族宰相多半在"安史之乱"之后任职。宰相主要由进士出身者担任,并且进士出身者的宰相又由士族向士庶或庶族转换,这应当说是一个历史的进步,其突出点在于加强了当权者的统治基础,有利于缓和地主阶级内部矛盾。

(3) 宋朝群相制的变革

宋承唐制,仍实行群相制。"中书门下"(简称中书),在唐时是宰相的联合组织,宋时则脱离三省而成为独立机构。中书门下的长官"中书门下平章事"行宰相事。又设"参知政事"为副宰相,辅佐平章事管理政务,同时也起着牵制宰相分割宰相权力的作用。宰相的编制不定,一般不超过五员。太宗后,以三相二参或二相三参居多。

宋朝三百余年间,宰相的名称几经变更。宋初以"同平章事"为宰相。平章即是共同商议的意思,同平章事即是共同商议国事之意。其源于唐朝中叶。《宋史·职官志一》云:"宋承唐制,以同平章事为真相之任。"神宗元丰三年(1080 年)行新官制,以左右仆射为宰相,以尚书左右丞代参知政事。《宋史·职官一》云:

---

① 吴宗国:《科举制与唐代高级官吏的选拔》,《北京大学学报》,1982(1):57～64 页。
② (唐)赵璘:《因话录》卷六《羽部》,上海,上海古籍出版社,1979 年。
③ (五代)王定保:《唐摭言》卷七《起自寒苦》,上海,上海古籍出版社,1978 年。
④ (唐)韩愈:《韩昌黎集》卷一五《上兵部李侍郎书》;《白香山集》卷二十八《与元九书》,北京,商务印书馆,1964 年。

"神宗新官制,以(侍中、中书令、尚书令)官高不除人,而以尚书令之贰,左右仆射为宰相。左仆射兼门下侍郎,以行侍中之职;右仆射兼中书侍郎,以行中书令之职。"于是名为三省,实则并而为一。徽宗政和年间,蔡京改左右仆射为太宰、少宰。靖康中,又复为左右仆射。《宋史·职官一》云:"政和中,改左右仆射为太宰、少宰,仍兼两省侍郎。""靖康中,复改为左右仆射。"南宋高宗建炎三年(1129年)又改为左、右仆射并加同中书门下平章事为正宰相,中书、门下二侍郎改为参知政事。南宋乾道八年(1172年)改左右仆射兼同中书门下平章事为左右丞相,参知政事仍为副宰相。以后至宋亡,未再变更。《宋史·职官志》云:(南宋)"乾道八年,诏尚书左右仆射为左右丞相,令删去侍中、中书令、尚书令。以左右丞相充任。缘旧左右仆射非三省长官,故为从一品。今左右丞相系充侍中、中书令、尚书令之位,即令为正一品,从之。"

综观宋朝的漫长的历史,相权既不是一直被削弱,也不是一直被加强,而是走了一个由弱转强的历史轨迹。宋初,统治者极力维持唐末所谓中书、枢密二府文武分权的体制,相权确实受到限制,设置了副宰相参知政事,以分宰相处理政务之权。《宋史·职官一》云:"乾德二年置以枢密直学士薛居正、兵部侍郎吕馀庆并本官参知政事。……仍令不押班,不知印,不升政事堂,殿廷别设砖位,敕尾著衔,降宰相月俸杂给半之……开宝六年始诏居正、馀庆於都堂与宰相同议政事。至道元年,诏宰相与参政轮班知印,同升政事堂,押敕齐衔,行则并马。"副宰相参知政事由"不押班,不知印,不升政事堂"转向"与宰相同议政事",前后仅十年。参知政事完全分割宰相处理政务之权,亦即"轮班知印,同升政事堂,押敕齐衔,行则并马",也仅二十余年。另《宋宰辅编年录》卷一,对此事说得更明显。"上始有疑普意矣。普自是恩益替。始诏参知政事升都堂,与宰相同议政事。又诏薛居正、吕馀庆更知印押班奏是,以分其权。"分其权即是参知政事薛居正、吕馀庆分割宰相赵普的权力。设置枢密使,以分宰相的军权。唐朝宰相掌兵权,兵部设在尚书省之内。晚唐出现中书省与枢密院二府之制。宋太祖以"陈桥兵变"之策黄袍加身,又以"杯酒释兵权"之法剥夺开国军将兵权,则二府之制大备于宋。《宋史·职官志》云:"宋循唐五代之制,置枢密院,与中枢对持文武二柄。"元丰改制时,有人想废掉枢密院,宋神宗则说:"祖宗不以兵柄归有司,故专命官以统之,互相维制,何可废也?"[1]"互相维制"则透露出宋初统治者设置枢密使的真意。而宋太宗命曹彬伐幽州,宰相李蒨却不知此事。招置义军,赵普也不清楚此事。[2]又在实践中得到佐

---

[1] 《宋史·职官二》,北京,中华书局,2012年。

[2] 钱穆:《论宋代相权》,见《中国文化研究汇刊》,第2卷,1942年,见王端来,《论宋代相权》,《历史研究》,1985(2):106页。

证。设置三司以分宰相的财权。《宋史·职官二》云:宋初,"沿五代之制,置使以总国计,应四方贡赋之入,朝廷不预,一归三司。通管'盐铁','度支','户部'。号曰计省,位亚执政,目为计相,其恩数廪禄,与参、枢同。""位亚执政",即其地位略低于二府,"其恩数廪禄,与参、枢同",又说明三司使的待遇与二府长官相同,因而被称为"计相"。宋仁宗时范镇曾说:"今中书主民,枢密主兵,三司主财,各不相知。故财已匮而枢密院益兵不已,民已困而三司取财不已。中书视民之困,而不知使枢密减兵、三司宽财者,制国用之职不在中书也。"①"各不相知"一语,从一个侧面说明宰相、枢密使、三司使互不统属,从而达到互相牵制之目的。可见,财权已从宰相手中分割出去。宰相权力被分割实质上是从便于皇帝集权出发的,然而历史就是这样捉弄人,便于集权却导致互相分割各自为政,中央政令更难以实施,出现了范镇所说的上述弊病。这种行政机制的弊端早就引起当权者的重视,参知政事的权力随之渐渐被削弱。至道二年七月丙寅寇䱷罢参政,后来皇帝下诏曰:"自今中书门下只令宰相押班、知印。其参知政事,殿廷别设砖位,次宰相之后,非议军国政事,不得陞都堂。"②宰相与参知政事由"分日知印、押正衙班"到"只令宰相押班知印",说明宰相被分割出去的权力重新收回。宰相与参知政事的座位由"合而为一"转为"别设甎位",说明参知政事地位下移。甚至权臣为相时可以直接罢参知政事。《宋宰辅编年録》卷一六在余尧弼罢参知政事条引《中兴遗史》云:"时,执政(参知政事)皆由秦桧进,少忤桧意,则台谏探桧意而弹之。桧或谕意於台谏,使言其罪。既已罢去,则继有章疏寺其职。或犹未已,又有章疏,然后责偏州安置或居住。於是为执政者,皆惴惴然备去计,不以为荣。"

3. 群相制宰相的第二种类型

群相制宰相的第二种类型主要指三个北方少数民族所建的宰相制度。他们分别是由契丹首领耶律阿保机创建的辽,后经多次演变而成的双轨宰相制,由完颜阿骨打建立的金朝而形成尚书群相制,以及由成吉思汗建立的蒙古国,后经忽必烈定都燕而成的元朝的中书群相制。三个少数民族政权,宰相各具特色。

(1) 辽的双轨宰相制

辽宰相双轨制的形成经过一段历史发展过程。这可从《辽史·百官志一》一段文字中得到佐证:"契丹旧俗:事简职专,官制朴实,……至于太宗,兼制中国,官分南、北,以国制治契丹,以汉制待汉人。"它告诉我们辽的官制发展大致经过两个阶段。以太宗朝为界,其前官制的特点是"官制朴实",其后则是国制与汉制并行。

---

① 《宋史》卷一七九《食货志·会计》,北京,中华书局,2012 年。
② 《续资治通鉴长编》卷四十。

辽初期,"官制朴实"反映在宰相制度方面,国汉分野并不十分清楚。于越是皇帝之下职位最高的大臣。北、南宰相是辅佐皇帝的侧重处理契丹等族事宜的朝官。而政事令、左尚书、右尚书是辅佐皇帝的侧重管理汉族事宜的朝官。这就形成了在皇帝之下,共同处理辽国一切重大事务的群体。这个群体共同行使着相当于中原的宰相权力。当然具体到某个职官在行使着宰相部分权力的大小是有差别的。

辽开国者——耶律阿保机晚年,征服了渤海国,使辽的疆土"东自海,西至于流沙,北绝大漠"①。太宗继位,又占据了燕云 16 州,领土扩大到长城一带。地域扩大,民族复杂,导致国家机构变化。因而,辽太宗时"因俗而治"的统治方法便应运而生,逐步建立了一套双轨宰相制。《辽史·百官志》曰:"辽国官制,分北、南院。北面治官账、部族,属国之政;南面治汉人州县、租赋、军马之事。"北面官和南面官都因其办事机构分设在契丹皇帝牙帐之北或南而得名。北面官设北、南二宰相府。《辽史·百官志一》曰:"北宰相府,掌佐理军国之大政,皇族四帐世预其选。""南宰相府,掌佐理军国之大政,国舅五帐世预其选。"两宰相府的组织相同,皆设左宰相、右宰相。南面官"以汉制待汉人",基本上仿照唐宋建制,设立三省。除辽之中书省初名政事省,长官为政事令且于兴宗重熙十三年改为中书省,长官为中书令外,其他三省制与唐宋建制相同。

(2)金朝的尚书宰相制

金朝是女真族完颜阿骨打于 1115 年建立的。少数民族入主中原,建立政权,一般都有如下特点:一方面保持本民族的传统的政治特色,为本族人们所接受;另一方面还要吸收中原汉族政治营养,完善其政权的体制。阿骨打及其后继者在中原建立的以尚书省为中心的宰相制就是其政权兼包并容的具体产物。这一体制的最后建立并非一朝一夕的,而是经历漫长的历史过程,中经四个发展时期。

国论勃极烈的问世。阿骨打于收国元年正月即皇帝位并以撒改继为国相。同年七月,始将军事部落联盟的贵族议事会改为国论勃极烈,正式确立了宰相制度。以弟吴乞买为谙班勃极烈,国相撒改为国论勃极烈,辞不失为阿买勃极烈,弟斜也为国论昃勃极烈,标志国论勃极烈制的形成。"国论"女真语有"国"之意,"国相"为义译,国相最初地位仅次于勃极烈,即为军事部落联盟酋长的辅佐。国相这一职能的出现,大致始于昭祖时期。勃极烈是部长之意,《金史·太祖记》云:"康宗即世,太祖袭位为都勃极烈。"都勃极烈是以阿骨打为首的军事部落联盟首领的

---

① 《辽史·太祖纪下》赞语,北京,中华书局,2012 年。

称号。金建国后,都勃极烈上升为皇帝。于是,阿骨打又将原来辅佐"都勃极烈"的国相与各部落的酋长勃极烈结合起来,形成了适应金初统治需要的具有鲜明女真族特点的宰相制度。与金建国前比较,这种制度在保留女真族习俗基础上已发生了重大性质变化。其重要变化突出表现在:这种制度的军事性质由强变弱,政治性质则由弱转强;诸勃极烈的驻地由分散到集中,由经常有各种临时委派到基本不离中央;诸勃极烈的职掌由分工不甚明确到明确;勃极烈制度由多家族联合执政向皇族独揽朝政发展;勃极烈制度的职能由包罗万象渐变为国家最高军政决策机关和审议机关。[①]

三省制度的出现。自金太祖阿骨打于收国元年七月勃极烈制初创至收国二年五月勃极烈制完善,先后出现 10 名勃极烈名称:即谙班勃极烈、国论忽鲁勃极烈、国论阿买勃极烈、国论昊勃极烈、国论乙室勃极烈、迭勃极烈、国论移赉勃极烈、国论阿舍勃极烈、国论左勃极烈、国论右勃极烈。值得注意的是谙班勃极烈掌握军国大权,地位最尊,是金朝皇帝的储贰,因而又居诸勃极烈之首。而且以上 10 名勃极烈的名称并不是同时存在的,至太宗时,勃极烈人员仅存在 4 名,即:谙班勃极烈、国论忽鲁勃极烈、国论昊勃极烈、阿买(阿舍)勃极烈。天会十年(1132 年),太宗为加强皇权,对勃极烈官制作重大改革,勃极烈减为以下 4 名:谙班勃极烈、国论忽鲁勃极烈、国论左勃极烈、国论右勃极烈。其中国论忽鲁勃极烈不再是军事统帅,而全力辅佐谙班勃极烈建立各种典章制度,国论左、右勃极烈名称受宋三省制中的左、右丞相官称影响,其地位亦与左、右丞相相似。这是勃极烈制向左、右丞相转化的重要一步。值得注意的是,诏令统一女真内地、汉地为三省制,是在天会十二年。当时所任只有韩企先为尚书右丞相。熙宗即位以宗磐为尚书令,元帅右监军完颜希尹为尚书左丞相兼侍中、太子少保高庆裔为尚书左丞、平阳尹萧庆为尚书右丞。高庆裔被诛后,以完颜勖为尚书左丞同中书门下平章事。后逐渐完善,形成了三公兼领三省事之制,即以原国论忽鲁勃极烈宗磐为太师、以国论左勃极烈宗翰为太傅,以国论右勃极烈为太保,兼领三省事。尚书省设尚书令;尚书令只管大事,其位最尊。尚书令下设左右丞相各 1 人,平章政事 2 人,皆从一品,左右丞各 1 人,正二品,参知政事 2 人,从二品。侍中、中书令皆为兼职,即以左丞相兼侍中(门下省),右丞相兼中书令(中书省)。

一省制的诞生。正隆元年(1156 年),海陵帝继熙宗后又对中央机构进行改革。该年,废除中书、门下二省,只存尚书省。尚书省置尚书令,为全国最高行政长官,并废除平章政事官。左右丞相、参知政事仍旧置。《金史》卷八十九赞语云:

---

① 张博泉等:《金史论稿》,长春,吉林文史出版社,1986 年,316~318 页。

"金制,尚书令、左右丞相、平章政事,是谓宰相。左右丞、参知政事,是谓执政。"海陵帝废平章政事是因为平章政事弑金熙宗而登上皇帝位之故。不过,金世宗大定元年(1161年)以后,又复置平章政事。同时,我们又见金以正宰相称之为宰相,以副宰相称之为执政。《金史·百官一》云:金之正副宰相共有9人,即:尚书令1人,左丞相1人、右丞相1人、平章政事2人、左丞1人、右丞1人、参知政事2人。其中因尚书令位高权重故常不设人,可见正副宰相实质常设8人,各半。但其地位和作用并非均等,这可从各官的品级得知:尚书令正一品;左丞相、右丞相、平章政事从一品;左丞、右丞正二品,参知政事从二品。值得注意的是在尚书令不常设的情况下,正宰相左丞相、右丞相、平章政事处在一个官阶上,机构设置本身的目的是四个宰相相互制衡,互相牵制,有利于皇权的加强。但从金人以左为上的观念上考察,左丞相的地位又略高于其他三宰相。

尚书省权力削弱的出现。《金史·梁琮传》云:"旧制,宦者惟掌掖廷宫闱事",至海陵"始与政事"。又刘祁《归潜志》卷七:"金朝近侍之权甚重,置近侍局于宫中,职虽五品,其要密与宰相相等,如旧曰中书,故多以贵戚、世家、恩门者居其职,士大夫不预焉。"宦者、近侍均是皇帝的耳目,尤其近侍局设于皇宫之中,"其要密与宰相相等"。可见,近侍地位之高,权力之大。但其官职又仅"五品",目的以小制大,近侍官小,便于皇帝驾驭,又给其重权,与宰相抗衡。由上可知,由海陵时,宦者掌掖廷宫闱事,"到金章宗时,创设近侍局,侵夺了尚书省宰相之权,是皇权与相权争斗的必然结果"。

(3)元朝中书宰相制

中书省是元朝最高行政部门。唐代以中书、门下、尚书三省共掌天下军国大计。宋承唐制,但以门下、尚书为虚置,中书省职权仅限于政务、军权和财权被枢密院、三司分割。金朝罢中书、门下二省,置尚书省,领六部,掌全国政务。从性质上看,元朝中书省相当于金朝尚书省。《新元史·文宗纪五》云:"(文宗)诏曰:昔在世祖以及列皇临御,咸令中书省纲维百司,总裁庶政,凡钱谷、铨选、刑罚、兴造,罔不司之。自今除枢密院、御史台,其余诸司及左右近侍,敢有隔越中书奏请政务者,以违制论,监察御史其纠之。"可见原属尚书省的职权如:钱谷、铨选、刑罚、兴造等,现均属于中书省。元朝沿袭金朝一省制,并改金朝的尚书省为中书省代替唐朝的三省制,主要目的在于提高封建国家的统治效能,加强中央集权。

元朝何时置中书省?《元史·太宗纪》记载,窝阔台三年(1231年),"始立中书省,改侍从官名。以耶律楚材为中书令,粘合重山为左丞相,镇海为右丞相"。不过,这里的中书省仅名称与前朝相同,而实质上耶律楚材、镇海的职务,仅仅是协助窝阔台处理国事,分别主持行于汉人和回回人的文书事宜,他们的真正身份,是必闍赤。其职掌恰如《元史·宪宗纪》所说：专掌"宣发号令，朝觐贡献及内外闻奏诸事"。因此，"蒙古国时期所谓中书省，不过是汉人以必闍赤机构的职能比照古代中原官制而给予的汉称而已，与后来总领全国政务的中书省根本不同"①。但也应看到必闍赤是元朝中书省的萌芽。

公元1260年3月，忽必烈在开平即汗位，立中书省，与蒙古窝阔台时中书之制，已有了质的变化。《新元史·魏初传》云："中统元年，始立中书省。"又《新元史·张文谦传》云："中统元年，汗（忽必烈）即位龙冈……中书省立。以璧（赵璧）平章政事。"改元后的中书省职掌，据《新元史·陈祐传》云："中书政本，责成之任宜专。"又《新元史·孟攀鳞传》云："……'百司庶府，统有六部，纪纲制度，悉由中书，是为长久之计'。世祖嘉纳之。"可见这时的中书省已经是"政本""纪纲"之机关，而不是"宣发号令"的机构了。

元朝以中书令、右丞相、左丞相、平章政事、右丞、左丞和参知政事为中书省长官。元朝尚右，中书令、右丞相、左丞相、平章政事为正长官，右丞、左丞和参知政事是副长官。正长官称为正宰相，副长官称为副宰相，又称之执政。其中中书令1人，职掌是"典领百官，会决庶务"。"太宗以相为之"。元世祖忽必烈为了防止中书省长官擅权，中书令不常设置，如设则"以皇太子兼之"②。另《辍耕录》卷二二《皇太子署牒条》云："惟皇太子立，必兼中书令、枢密使。"所以据元史纪传记载：元世祖的皇子真金、顺宗的皇子爱育黎拔力八达、仁宗的皇子硕德八剌、顺帝的皇子爱猷识理达腊皆册立为皇太子、受任于中书令，4位中书令共任46年，其余62年虚位。因而，元朝较长时间是以右丞相、左丞相、平章政事、右丞、左丞和参知政事为中书省长官。其中右丞相、左丞相、平章政事为正长官，品级为从一品。右丞、左丞和参知政事为副长官，而右丞、左丞为正二品，参知政事为从二品。左右丞相各1员，其职掌"统六官，率百司，居令之次。令缺，则总省事，佐天子，理万机"。左、右丞相之下为平章政事，4员，"掌机务、贰丞相，凡军国重事无不由之"。平章政事之下为左右丞各1员，其职掌"裁成庶务，号左右辖"。左右丞之下为参政（参知政事），其职掌"参大政，而其职亚于右、左丞"。

三、便于集权的兼相制

明清时期是我国封建社会最后两个封建王朝，在长达两千余年的封建统治中，它们占有非常重要的历史地位。仅就丞相制度而言，明朝经历了一个废丞相，

---

① 韩儒林：《元朝史》（上册），北京，人民出版社，1986年，297页。
② 《元史·百官一》，北京，中华书局，2012年。

置四辅,设内阁的历史阶段,而清朝则走了置议政大臣,设四大臣,立军机处的历史轨迹。两朝最后都形成了兼职丞相制的体制。

1. 明朝兼相制形成与发展

明朝兼相制政体的形成并非一朝一夕,而是经过漫长的历史,其发展轨迹是废丞相,置四辅,设内阁等历史阶段。

（1）废丞相制,置四辅官

朱元璋建立明朝初期,其官僚机构仍然采用元朝的中央一省制,设中书省。《明史·宰辅年表一》云:"明太祖初一海内,仍元制,设中书省,综理机务。其官有(左右)丞相(正一品)、平章(从一品)、左右丞(正二品)、参政(从二品)。"不过与元朝相比,明朝略有损益。其一,元朝中书省设中书令,明朝不设。其二,元朝,左右丞相各一,平章政事二,左右丞各一,参知政事二,号称八府宰相。而明朝,洪武九年,朱元璋废掉平章政事、参知政事,所剩只有左右丞相和左右丞了,由八府宰相,变成了四府宰相了。宰相人数的削减,意味着其权力的增大。丞相不仅参与国家要务的决策,而且有权发号施令直接指挥六部及其他部门工作,成为皇帝手下第一重臣,对皇帝起着重要助手作用。但也应注意它在一定程度上又妨碍着皇权的行使。而且后者随着政权统治稳定以后,矛盾越来越激烈。朱元璋说:"设相之后,臣张君之威福,乱自秦起。宰相权重,指鹿为马。自秦以下,人人君天下者,皆不鉴秦设相之患,相从而命之,往往病及于国君者,其故在擅专威福。"[1]他认为元朝之所以灭亡,其原因之一就是因为"委任权臣,上下蒙蔽也"[2]。

在洪武十三年(1380年)废相前,朱元璋任命过4人为丞相。其中除徐达因"数受命征讨,未尝专理省事"[3],是个"挂名丞相"外,李善长任左丞相3年,虽然他处事小心谨慎,但是"内多忮刻","意稍骄"[4],洪武四年,以其"有疾",准他"致仕"。汪广洋于洪武四年正月和十年九月,先后两次任右丞相,共计4年多。即使他"廉明持重",但也以"无所建白"[5]为名被罢职。胡惟庸于洪武六年七月升右相,后迁左相。他是一个"专恣不法"的人物,"独相数岁,生杀黜陟,或不奏径行。内外诸司上封事,必先取阅,害己者,辄匿不以闻。四方躁进之徒及功臣武夫失职者,争走其门,馈遗金帛、名马、玩好,不可胜数。大将军徐达深疾其奸,从容言于帝","刘基亦尝言其短"[6]。为了裁抑中书省权力,朱元璋于洪武十一年三月,下令"奏

---

① 《南雍志》卷十《谟训考》下,南京,江苏省立国学图书馆,1931年。
② 《明太祖实录》卷五九,北京,线装书局。
③ 《明史·汪广洋传》,北京,中华书局,2012年。
④ 《明史·李善长传》,北京,中华书局,2012年。
⑤ 《明史·胡惟庸传》,北京,中华书局,2012年。
⑥ 《明史·胡惟庸传》,北京,中华书局,2012年。

事毋关白中书省","上于是始疑胡惟庸"①。胡惟庸并没有因此收敛,反而组织党羽,"在外收集兵马",勾结倭寇,向蒙古贵族残余势力称臣,"请兵为外应"②,阴谋夺权。洪武十三年(1380年),有人告发胡惟庸叛乱,朱元璋毫不留情地对他进行抄家灭族的严厉镇压。同时以此为鉴戒,下令从此废除中书省,不设丞相。《明通鉴》卷六云:"胡惟庸'谋反',及其党陈宁、涂节等皆伏诛。""始罢中书省,升六部尚书秩正二品(原正三品)。""上惩胡惟庸乱政,遂定制,不置丞相,仿古六卿制,以政归六部,并著之《祖训》。"③明太祖朱元璋借左丞相胡惟庸谋反,诛杀胡党及其爪牙,乘机废除了中国封建时代沿行已久的中书省制度,罢除丞相官职,丞相所属权力收归皇帝独揽。"胡案"的爆发,是明初加强集权政治的一个重要步骤,是长期存在着的皇权与相权矛盾至此遂以皇帝胜利告一段落的重要表现。为了从制度上肯定这个局面,明太祖明令:"国家罢丞相,设府、部、院、寺以分理庶务,立法至为详善。以后嗣君,其毋得议置丞相。臣下有奏请设立者,论以极刑。"④另《明太祖实录》卷二三九云:罢丞相,"设五府、六部、都察院、通政司、大理寺等衙门,分理天下庶务"。

丞相制度废除后,原其下属六部直接向皇帝负责。皇帝事实上兼任丞相的职责,从而使君权与相权合二为一。皇权虽然是加强了,但是皇帝是人,不是神,亦不是机器。朱元璋已感到"密勿论思,不可无人"。为了解决这一矛盾,在洪武十三年九月,朱元璋置四辅官,"仿古四时命官之制,以(王)本及杜佑、㪍为春官,杜㪍、赵民望、吴源为夏官,秋、冬缺"。其职掌"隆以坐论礼,命协赞政事"⑤,"刑官议狱,四辅及谏院复核奏行。有疑谳,四辅官封驳以闻"⑥。从初任四辅官人选看,"皆老儒,起田家,惇朴无他长"⑦。洪武十四年正月,"㪍等四人,相继致仕",不久,王本则"坐事诛"。继任者安然,虽任过工部尚书,"久历中外,练达庶务",但亦于洪武十四年八月病死。后继者李干、何显周等人亦"俱罢去,是官遂废不复设"。值得注意的是,四辅官的设置时间虽然只存在一年左右,但是,它是朱元璋废除丞相制后以翰林春坊官代看章奏的一种尝试,为其后的内阁制的形成奠定了基础。

(2)内阁制的形成与发展

内阁制的形成与发展是中国行政管理史上一个重要阶段。它标志着中国封

---

① (清)夏燮:《明通鉴》卷六,北京,线装书局。
② 《明史·胡惟庸传》,北京,中华书局,2012年。
③ (清)夏燮:《明通鉴》卷七,北京,中华书局,2009年。
④ 《明史·职官一》,北京,中华书局,2012年。
⑤ (清)夏燮:《明通鉴》卷七,北京,中华书局,2009年。
⑥ (清)夏燮:《明通鉴》卷七,北京,中华书局,2009年。
⑦ 《明史·安然传》,北京,中华书局,2012年。

建社会中央集权制发展到更高阶段。

内阁渊源于明朝殿阁大学士,朱元璋仿宋制,置殿阁大学士以解决废丞相后,浩繁的政务使他应付不了局面的又一举措。宋代殿阁学士之职,"资望极峻,无吏守,无职掌,惟出入侍从备顾问而已"。"皇祐元年(1049年),诏:'置观文殿大学士,宠待旧相,今后须曾任宰相,乃得除授。'""三年,诏班在观文殿学士之前、六尚书之上。自是曾任宰相者,出必为大学士。"①大学士由"论思之臣"②变成旧相加衔。明代内阁则是"论思之臣"以备顾问。《昭代典则》云:"(洪武)十五年十一月丙午,初置大学士,以礼部尚书刘仲质为华盖殿大学士,检讨吴伯宗为武英殿大学士,翰林学士宋讷为文渊阁大学士,典籍吴沈为东阁大学士,使侍左右备顾问。又置文华殿大学士,召耆儒鲍恂、余诠、张长年等为之,以辅导太子。"后仁宗又置谨身殿大学士,共计四殿二阁。由于这些殿阁都在宫内,加之这些大学士都在殿阁内办公,故又称"内阁大学士"。

内阁制度的形成基本是在明成祖朱棣时期。《明史·解缙传》云:朱棣当上皇帝以后,解缙"擢侍读,命与黄淮、杨士奇、胡广、金幼孜、杨荣、胡俨并值文渊阁预机务。内阁预机务自此始"。"以其授餐大内,常侍天子殿阁之下,避宰相之名,又名内阁。"③此后,阁臣的设置成为常制,并明确规定其职责是"预机务"。可见从职责及名称看,明朝内阁制度已基本形成。虽然明成祖朱棣视阁臣为"耳目腹心,日百官奏事退,内阁造膝前密勿谟画,率漏下数十刻始退,诸六部大政,咸共平章"④,但是却没有真正改变其"备顾问而已"⑤的性质。从此时内阁成员官位低微可见。解缙翰林院待诏(从九品),胡靖修撰(从六品),杨荣编修(正七品),黄淮侍书(正九品),金幼孜给事中(从七品),杨士奇吴府审理副(正七品),胡俨桐城知县(正七品)。亦从他们的年龄可以窥视。当时,上述7人中年龄最大的是胡俨,年仅41岁,年龄最小的杨荣,仅有31岁。其中提升最快者是解缙,不到半年,就从"从九品"超擢到了"从五品",连升四级。虽然如此,其品位仍不高。同时阁臣的权位还不及尚书,尤其当时的吏部尚书蹇义,户部尚书夏原吉,"军国事皆倚办","称股肱之任"。⑥

仁、宣时期,阁权逐渐重于部权。仁宗朱高炽升任黄淮为通政使(正三品)兼武英殿大学士,又提升他的东宫旧臣文渊阁大学士杨荣兼太常寺卿(正三品),文

①　《宋史·职官志》卷一六二,北京,中华书局,2012年。
②　(清)徐松:《宋会要辑稿》职官七,北京,中华书局,1957年。
③　《明史·职官一》,北京,中华书局,2012年。
④　(清)傅维鳞:《明书》卷六五,职官一,北京,中华书局,2012年。
⑤　《明史·宰辅年表一》,北京,中华书局,2012年。
⑥　《明史·蹇义传》,北京,中华书局,2012年。

渊阁大学士金幼孜为户部右侍郎(正三品)仍兼前秩;左春坊大学士杨士奇为礼部左侍郎(正三品)兼华盖殿大学士。当时朱高炽还特别明令指出:"荣、幼、孜、士奇、淮,俱掌内制。"[1]"掌内制"即是做皇帝侍从之臣,又是皇帝的"代言人"。又《明史·职官志》载:"宣宗内柄无大小,悉下大学士杨士奇等参可否,虽吏部蹇义、户部夏原吉时召见,得预各部事,然希阔不敌士奇等亲。""宣宗即位,弘文阁罢,召溥入内阁,与杨士奇等共典机务。"[2]《明通鉴》亦有"仁宣之间,政在三杨。义虽掌铨衡,辄依违其间,无所匡拂,时亦以此少之"。[3] 此时"三杨"即指杨士奇(西杨)、杨荣(东杨)、杨溥(南杨)。"政在三杨"说明"三杨"掌握政权,权超部权,表明内阁已居六部之上。

值得注意的是,宣德朝以前,内阁成员无掾属,但宣德朝则不同,内阁成员已经有专随阁臣出入的中书舍人。《明史·职官三》云:"宣德初,始选能书者,处於阁之西小房,谓之'西制敕房',而诸学士掌诰敕者,居阁东,具稿付中书缮进,谓之'东诰敕房'。正统后,学士不能视诰敕,内阁悉委於中书序班、译字等官,於是内阁又有东诰敕房。"其中"内阁诰敕房舍人,掌书办文官诰敕,番译敕书,并外国文书、揭帖,兵部纪功、勘合底簿"。而"(内阁)制敕房舍人,掌书办制敕、诏书、诰命、册表、宝文、玉牒、讲章、碑额、题奏、揭帖一应机密文书,各王府敕符底簿"[4]。除"两房舍人"外,内阁还有中书舍人,它大致起于正统中。正统十四年九月初七的《实录》里记载升中书舍人陈学、王谦、蒋宏、徐瑛俱为翰林院编修,仍于内阁任书办。[5] 这是现在看到的内阁设中书舍人做书办的最早纪录。更值得注意的是内阁的职权的变化。"在明代永乐朝主要表现在'参与机务'方面,从正统之际直至明末,则是'票拟批答'。参与机务,特别是主持票拟批答,被人称之为'实行丞相事',是代王言,这正是内阁不同于洪武朝殿阁大学士的主要区别所在。"[6]

嘉靖、万历时期,内阁首辅大臣的出现。阁臣不仅"朝位班次,俱列六部之上"[7],而且出现了不少赫赫有名的首辅,他们虽无丞相之名,却有"权相"之实,在明朝的政治舞台上起着重要作用。首辅又称首揆,一般来讲,内阁大学士少至三四人或二三人,多至六七人。其中有一人为首领,主持内阁会议,特别是该人主票

---

① 《仁宗实录》卷一,北京,中华书局,2009 年。

② 《明史·杨溥传》,北京,中华书局,2012 年。

③ (清)夏燮:《明通鉴》卷二十一。

④ 《明史·职官志》卷七十四,北京,中华书局,2012 年。

⑤ 《英宗实录》卷一八三,北京,中华书局,2009 年。

⑥ 梁希哲、孟昭信:《明清政治制度述论》,长春,吉林大学出版社,1991 年,123 页。

⑦ 《明史·职官一》,北京,中华书局,2012 年。

拟,"余但参议论而已"。① 首辅之下为次辅或次揆及其他阁臣。其序列大都凭入阁先后、资历及皇帝的旨意来确定。而首辅的作用可从史籍中得知:首辅权重,"赫然为真宰相",②张璁任首揆,颐指百僚,"无敢与抗者"③;夏言任首揆,视阁臣严嵩"如无也"④;严嵩任首揆,"操权自利,六卿皆束手"⑤;高拱二次入阁,"视他卿佐蔑如也"⑥。张居正任首揆,阁臣张四维"恂恂若属吏,不敢以同僚自处"⑦。但是从国家组织制度上看,阁殿大学士并不是最高行政长官,与六部无直接的领导关系,而且就明朝整个统治时期而言,真正掌握实权的首辅不过严嵩、张居正等人。其他大多数是仰承皇帝甚至宦官的鼻息行事。这种仅遵旨草拟诏令而不参与其事的所谓"上委之圣裁,下委之六部"的内阁机构的建立,正是高度君主集权制度发展的结果。

2. 清朝兼相制演变与完善

入关前的清朝以议政王大臣会议共同决定大政方针和执行国家政务。努尔哈赤于 1615 年设议政五大臣,与八和硕贝勒同议国政。《清高宗皇帝实录》卷四云:"万历四十三年,置理政大臣五人,扎尔图布十人,佐理国事。"五大臣即额亦都、费英东、何和礼、扈尔汉和安费扬古。这 5 个人都是军功最卓著的大将。当然五大臣在其长期形成与发展过程中,不仅人员更迭,而且职权也有所变化。初期五大臣不但权厚柄重,而且在国家最高行政机关中亦有决策权。但后来则失去昔日的权柄成为八和硕贝勒的附庸,只能参与议事,已不能独自处理任何事务。⑧

明万历二十九年(1601 年),努尔哈赤将辖属的女真编设黄、白、红、蓝四旗。万历四十三年(1615 年),因人丁众多,增设镶黄、镶白、镶红、镶蓝,合为八旗。每一旗主贝勒又称和硕贝勒。初为四大贝勒即代善、阿敏、莽古尔泰、皇太极。1622 年,努尔哈赤为了加强中央集权,在四大贝勒共掌国政的基础上,实行了八和硕贝勒共治国政制。八和硕贝勒的名字的顺序:阿敏、莽古尔泰、皇太极、德格类、岳托、济尔哈朗阿济格、多铎、多尔衮。值得注意的是军国大政必由汗同八和硕贝勒共议裁处,不能由汗一人决定。大汗任何决定都得经八和硕贝勒同意方能进行,否则八和硕贝勒可集议将其决定罢革。这种政制的实质是八和硕贝勒掌握了议处

① 《明史·顾秉谦传》,北京,中华书局,2012 年。

② 《明史·职官一》,北京,中华书局,2012 年。

③ 《明史·夏言传》,北京,中华书局,2012 年。

④ (明)于慎行:《谷山笔麈》卷四,"相鉴",北京,中华书局,1984 年。

⑤ (明)李贽:《续藏书》卷十二,美国,密西根大学,1991 年。

⑥ (明)沈德符:《万历野获编》卷九"阁部重轻",北京,中华书局,1989 年。

⑦ (清)夏燮:《明通鉴》六十六,神宗万历元年(1593),北京,中华书局,2009 年。

⑧ 梁希哲,孟昭信:《明清政治制度述论》,长春,吉林大学出版社,1991 年,335 页。

军国大政的权力。

值得研究的是五大臣与八和硕贝勒的关系。据《东华录》记载:"凡有听断,先经扎尔固齐十人审问,然后言于五臣,五臣审问,言于众贝勒,议定奏明。"[①]这就是说,扎尔固齐负责审理听断之事,然后把处理情况上报五大臣,再由五大臣复查,并把案情告诉诸贝勒,讨论议决,如议决不定,可以申诉,由努尔哈赤最后裁决。五大臣与八和硕贝勒共议国政的时间,《满洲秘档》称:"每五日集朝一次,协议国政,军国大事,均于此决之。"[②]但是,凡军国大政均由集体裁决的"共议国政",与日益发展的君权独揽是不适应的。如果不改变这种状况,势必出现很大矛盾,阻碍后金的发展。为此,当努尔哈赤死后,其后继者皇太极逐渐改变"共议国政"的政体。从皇权上看,皇太极即位初期,必须"敬兄长"。所谓兄长即是代善、阿敏、莽古尔泰。皇太极与兄长间是兄弟关系、平等关系,并不是专制君主与臣子的上下隶属关系。他们四人是后金行政权力中最大掌权者。这与日益发展的皇权是相矛盾的。于是1629年2月,皇太极以"因值月之故,一切机务辄烦",免去三大贝勒按月份掌政事的权力,而"以诸贝勒代理值月之事"。[③] 1632年2月皇太极又废除"上与三大贝勒,俱南面坐"的旧制,改为唯有自己"南面独坐",[④]从而突出努尔哈赤的独尊的地位。同时,皇太极于1630年,以阿敏弃滦州等四城为名,将其治罪,不久莽古尔泰气愤而死。1635年,皇太极又以代善对己不恭,使代善唯命是从。至此夺去了威胁皇权的三大贝勒的权力。从国家机构上看,1629年,皇太极命儒臣翻译汉文书籍,并记注"本朝得失",名叫"文馆"。其目的"以历代帝王得失为鉴,并记国家政事,以昭信史[⑤]。可见,它的职能有二:一是通过翻译汉文典籍,借鉴汉族的政治经验。一是记注本朝政事,总结执政的得失。1636年,改文馆为内三院,即内国史院、内秘书院、内弘文院。内国史院,掌记注皇帝起居、诏令,收藏"御制"文字,编纂史书等;内秘书院,掌管和起草对外文书及敕谕、祭文等;内弘文院,掌注释古今政事得失,为皇帝"进讲",为皇子"侍讲"经史,颁布制度。[⑥] 设置八承政,分管内三院事务。同年六月,又更定内三院管制,内国史院大学士1人,学士2人;内秘书院大学士2人,学士1人;内弘文院大学士1人,学士2人。内三院比以前的文馆更完善了,更扩大了,不仅是皇太极处理政务的左右手,而且还掌握一定的权力。清入关后,内三院地位明显提高,主要变化有三:一是责任加重

---

① (清)蒋良骐:《东华录》天命乙卯年十一月,北京,中华书局,1980年。
② 金梁:《满洲秘档》,《太祖行军琐记》,北京,中华书局,1933年。
③ (清)蒋良骐:《东华录》天聪三年二月,北京,中华书局,1980年。
④ 《清太宗实录》卷十一,北京,中华书局,1980年。
⑤ (清)蒋良骐:《东华录》天聪四年,北京,中华书局,1980年。
⑥ (清)蒋良骐:《东华录》崇德元年三月,北京,中华书局,1980年。

了。据《东华录·顺治四》记载：1645 年 3 月,诏曰："其有与各部无涉或条陈政事,或外国机密,或奇特谋略,此等本章,俱赴内院转奏。"二是品位相对提高。在盛京(沈阳)时,内三院长官低于六部。清入关后,内三院与六部长官均正二品官。三是内三院改为内阁。顺治十五年(1658 年)七月,清王朝仿照明制,改内三院为内阁,大学士改为殿、阁衔,共分四殿二阁:中和殿、保和殿、文华殿、武英殿、文渊阁、东阁,称"中和殿大学士""保和殿大学士""文华殿大学士""武英殿大学士""文渊阁大学士""东阁大学士"。乾隆时减去中和殿,增加体仁阁,遂成三殿三阁之制:即保和殿、文华殿、武英殿,文渊阁、东阁、体仁阁。内阁的职掌,据《乾隆会典》卷二记载:"赞理机务,表率百僚","钧国政,赞诏命,厘宪典,议大礼。"[1]具体说内阁主要有以下三项任务:(1)为皇帝办理题本。题本分为部本和通本。在京衙门为部本,地方官转递内阁的文件称为通本。通本多半无满文,先由汉本房译为满文,再由中书科鉴定意见,后由内阁大学士审定后进呈御览。如皇帝满意,下发,由翰林满中书批满文于反面,至此成为"红本"。(2)议政事、宣丝纶及举办大典。内阁大量的、最重要的任务是"掌议天下之政","宣布丝纶"及举办大典。[2] 阁员常在皇帝左右,充当其顾问,既回答皇帝提出的疑难问题,又草拟御制文字,还要宣布丝纶亦即皇帝的诏书。(3)组织纂修实录、圣训、国史、典训、方略、会典、一统志、明史等书的工作。

内阁以大学士为首领。初无定员,一般 3 人至 5 人,多至 16 人。[3] 乾隆十三年(1748 年)始定为满汉各 2 人,共 4 人。其品秩,《历代职官表》云:"初定满人一品,汉人二品,顺治十五年(1658 年)俱改为正二品,雍正八年(1730 年)升为正一品。"协办大学士为大学士之副职,协助大学士办理阁务。其额员无定,少则 1 人,多则 6 人,甚至有时不置。至乾隆十三年(1748 年)始定满汉各 1 人。其品秩为从一品。大学士以下官员有:学士,满 6 人,汉 4 人,雍正十三年(1753 年)定为正二品。侍读学士,满 10 人,蒙古汉军各 2 人,正六品。典籍,满、汉人各 2 人,正七品。此外,还有中书舍人,舍人,满 70 人,蒙古 16 人,汉军 8 人,汉人 30 人,从七品。值得注意的是顺治十五年(1658 年)。第一次宣布改内三院为内阁,规定由大学士、协办大学士、学士、侍读学士等组成,其成员多由新建立的翰林院官员兼充,大学士兼殿阁衔,还可兼任六部的尚书或侍郎。综上所述,清代的内阁是清王朝的最高行政中枢机关,是王朝的政府。它既是秦汉以来丞相制的延续,又不等于宰相,更有别于西方资本主义国家的责任内阁。它一点也不能离开皇帝行使半点

---

① 《清史稿·职官志一》,北京,中华书局,1996 年。

② 光绪《会典》卷二,北京,中华书局,2013 年。

③ (清)赵尔巽:《清史稿·大学士年表》,北京,中华书局,1996 年。

权力，只能在皇帝的授意下，为其办事。但是并不是说内阁没有一点权力。它是通过为皇帝办理公文而控制和掌握全国行政权。从而在一定程度上沿着君主专制的方向，成为皇权的最高执行机关。

然而，清朝的内阁一直只能办理一般性的日常公事，从来没有重要行政决策的权力，而行政决策权则牢牢掌握在军机处。实质上，自入关以后，清朝中央行政机构一直实行以军机处掌行政决策，内阁掌行政执行的双轨行政体制。

公元1677年，为了集中皇权的需要，康熙选调翰林等官入乾清宫南书房当值，称作"南书房行走"，人数不固定。南书房又称"南斋"，原是康熙帝读书的地方。正因为如此，一些"行走"们陪着皇帝做诗写字，为皇帝讲学，也秉承皇帝意志拟写谕旨，发布政令。实际上他们是皇帝处理政务的机要秘书班子。

雍正帝进一步发展了康熙的做法，挑选内阁中谨密可靠的中书、笔帖式在隆宗门内办公，时称"军需房"。1729年，因用兵西北，往返军报频繁，而内阁距内廷过远，不便亲授机宜。为及时商议军务，改军需房为军机处，并于1732年正式颁发"办理军机处钤封印信"，宣布这一重要辅机关的存在。

军机处的组织机构。军机处机构短小精悍，是皇帝得心应手的工具。其主要成员有军机大臣，俗称"大军机"，又称"枢臣"。有军机章京，俗称"小军机"，又称"枢曹"。军机大臣非专职，均属兼职，由皇帝随时"于满汉大学士、尚书、侍郎、京堂内特简，无定员"。[①] 军机大臣的任命，按其资历的深浅，地位的高下，名目有所不同，分别为军机大臣、军机大臣上行走、军机大臣上学习行走等。初设军机处时为三人，以后则加到四五人至八九人，最多到十一人。其中有一人为"首揆"即第一军机大臣，又称首席军机大臣，亦称"领班"。《清史稿》说："世谓大学士非兼军机处不得为真宰相。"[②]可见军机大臣的特殊地位。军机章京，分满汉两班，各八人，轮流担任缮写诏旨、记载档案、查核奏议等具体工作。军机章京亦有不同名目，亦称"军机处行走"、"军机处司员行走"。1780年，一律改为"章京上行走"。章京之下没有书吏人员。其目的是防止泄露机密。即使洒扫杂役人员，也"选自内务府童子"，"至二十岁即出"。[③]

军机处的职掌。《清史稿·职官一》云："掌军国大政，以赞机务，日常侍直，应对献替，巡幸亦如之。"清《会典》卷三载："掌书谕旨，综军国之要，以赞上治机务，常日直禁廷以待召见；……行在所亦之。"可见军机大臣常跟着皇帝，参与一切重要政务，其具体任务，既重要，又广泛，主要有以下几项：（1）"承旨"出政，总汇全国

---

① （清）赵翼：《军机处述》，北京，中华书局，1982年。
② （清）赵尔巽：《清史稿·列传八十九》，北京，中华书局，1996年。
③ （清）昭梿：《啸亭杂录》卷二，北京，中华书局，1997年。

要务。按照皇帝旨意,拟写上谕;各省督抚、各部院年终汇奏及各官员上报的奏折,均由军机处总汇和考核。(2)供皇帝顾问和咨询。军机大臣要在军机处轮流值宿,以备皇帝随时召见,召见无定时,商讨各种重要政事。(3)向皇帝推荐官吏。上至大学士、九卿、六部尚书、督抚、将军,下至道、府、州、县、学差等官的任免及补任,虽最后任命大权在于皇帝,但军机处呈递名单的先后,资历考语,对皇帝影响甚大。(4)办理皇帝交议的大政和审办大狱案件。凡遇重要政事皇帝不能裁决的,交军机处,或由军机处会同其有关衙门议奏。凡重大案件在军机处传讯,由军机处会同有关衙门共同裁决。(5)担负皇帝日常的秘书与档案工作。军机处掌握军旅兵额、粮饷,查考山水险要,道里远近,审阅各衙档案、典籍注明等,以备皇帝顾问。总之军机处初期并不是一个正式机关,无衙署,无专官,有官无吏。但是由于与皇帝朝夕相处,撰拟机密谕旨和处理机密章奏,逐渐分割了内阁的实权,并脱离内阁成为一个独立的正式机构。特别是雍正以后,“承旨寄信有军机处,内阁宰辅,名存而已”。[①] 这样军机处成为“行政总汇”的决策机关,而内阁成为“例行公事”的无关紧要的机关了。而军机处,则到辛亥革命前夕,“责任内阁”出现时,才被撤销。

综观清朝军机处发生、发展的历史沿革,我们可以看出它有如下特点。中国封建社会,宰相机构的变迁,主要经历三个阶段:秦汉至明初的丞相制,明初至清初的内阁制,清初至清末的军机处。军机处之所以能够取代丞相制,内阁制,是因为它更适合当时统治阶级加强皇权的需要。军机处之所以能够在清朝发挥专制主义作用,是因为这个机构具有许多特点。因此,才被自雍正直到光绪的历朝所沿用。办事勤是军机处的第一个特点。除万寿日(皇帝或皇太后生辰)及岁终日外,皇帝及军机大臣,几乎无一日不办事,尤其雍正、乾隆二帝更为突出。一直留传至今的《雍正朱拟谕旨》一书,就是一个很好的历史见证。乾隆时连年用兵,军机处的事务更加繁忙,“当西陲用兵,有军报至,虽夜半(弘历)亦必亲览。召军机大臣,指示机直,动千百言。余(赵翼)时撰拟,自起草作楷进呈,或需一二时,上犹披衣待也[②]”。可见皇帝尚能“夜半”“亲览”,皇帝手下的秘书班子——军机处怎能高枕无忧呢?办事快是军机处的第二个特点。每日要处理奏折多达五六十件,甚至上百件,皆当天办完,未能搁至次日。按军机大臣人数最多十一人计算,一人要处理少则五六件,多则十余件,可谓办事效率之快是前期不能比拟的。办事的机密性是军机处的第三个特点。军机处的日常工作均在皇帝一人的严密控制下进行。军机大臣被召见时,太监不得在侧。为了保密,军机处的差役“苏拉”,照例拣

---

① (清)赵尔巽:《清史稿·大学士年表一》,北京,中华书局,1996年。

② (清)赵翼:《军机处述》,北京,中华书局,1963年。

选15岁以下不识字的幼童担任。同时军机处成员的行动也皆受严格限制,不准与部院官吏、督抚、将军交往,更不能接受他人的礼物贿赂。总之,军机处勤、快、密等特点,是议政王大臣会议和内阁、南书房所不能比拟的。军机处的设置使皇帝如虎添翼,使封建专制主义得到了空前的、高度的发展。军机处是皇权的附庸,它是一个作用极大而没有独立性的特殊的行政机构。

第四节　中央政府的执行机构及其运行机制

中央政府的执行机构是重要的国家行政机关。它是关系到皇帝的诏书令能否落实的大问题。因此被封建社会历代统治者所重视。

一、列卿制的出现

众所周知,秦汉时期中央政府实行三公列卿的体制。所谓三公即是丞相、太尉、御史大夫。而他的执行机构则是列卿,其中主要为九卿。他们的职掌,大部分是为皇帝私人服务的,因而又带有浓厚的宫廷机构性质,故称为宫廷合一的列卿制。

（一）宫廷合一列卿制的产生

目前,在一些有关中国政治制度史的专著中,都称秦朝中央政府实行三公九卿制。其实,"整个秦汉时期,既不存在一个贯穿始终的三公制度,亦不存在一个整齐划一的九卿制度。在三公之外的中央机构和官员也决不止九个"①。因此,我们认为秦汉时期,中央政府实行的是三公列卿制。其中列卿制度,"大体上是战国时代的官制发展而来"②。秦始皇统一六国之后,在设置三公的同时,亦设置列卿分别负责各种经常活动的行政机关。在此为了论述方便,先谈九卿职掌及其属官。

奉常:秦宗庙礼仪。《汉书·百官公卿表》云:"奉常,奏官,掌宗庙礼仪。"它是由春秋战国时卜祝宗史一类的职官演化而来的。奉常的副手为丞,其下分设:太祝,专司祭祀的祈祷,《后汉书·百官志》本注:"凡国祭祀,掌读祝及迎送神";太宰,专司奉常府事务;太史,专司记事等;太卜,专司占卜吉凶之事;太医,专司百官

---

① 白钢:《中国政治制度史》,第3卷,北京,人民出版社,1996年,165页。
② 杨宽:《战国史》,上海,上海人民出版社,1980年,208～209页。

治病之事；太乐，专司礼仪奏乐之事。每一官员均有首领，称作令，其副曰丞。奉常的属官还有博士一职，《汉书·百官公卿表》云："文属太常。"又《汉官仪》说："博士，秦官。博士，通博古今。"其主要职责是备顾问。

郎中令：掌"宫殿掖门户"，统辖侍卫皇帝的诸郎中。在秦朝宫廷内，有一个庞大的郎官集团，由负责皇帝的警卫、侍从、传达、引见及参谋、顾问等人组成。郎中的副手为丞。其属官有：大夫，掌论议，有太中大夫、中大夫、谏大夫，无定员，多至数十人；郎，掌守门户，有议郎、中郎、侍郎、郎中之别，中郎有五官、左、右三将，郎中有车、户、骑三将；谒者，掌宾赞受事。

卫尉：掌"宫门卫屯兵"，负责宫廷警卫，是皇帝的禁卫军总头目。卫尉与郎中令，均负有保卫皇帝安全之职，不同的是殿内郎属郎中令，殿外宫门属卫尉，二者分治，有利于皇帝安全。其副手是丞。以下属官有：卫令，专司统率各种禁卫军；公车司马令，其职掌除统率各种禁卫军外，还负责在宫殿的南门承接四方臣民的上奏文书，是沟通宫中及外界信息的一条重要渠道；材士，守卫之士。[①]

太仆：掌宫廷舆马和国家的马政。负责皇帝的车马及仪仗，皇帝出行，太仆充当驭车，同时还管全国的马政。凡军事、祭祀所需要的马匹，均由其供给。丞是其副手，值得注意的是他有两丞，这与太仆事务多有关。[②]　其属官有，车府令，专司乘舆诸车等。

廷尉："掌刑辟"，是中央最高的司法机关。秦朝主张以法治国，故廷尉一职十分重要，如李斯任廷尉时，曾屡次参加廷议，多被秦始皇采纳。其副手为廷尉正。其属官有廷尉监，专司平决诏狱。

典客："掌归义蛮夷"，负责外交和国内少数民族事务。其副手为丞，其属官，行人，专司外交具体事务。译官，专司与蛮夷交流，充当语言翻译等事务。

宗正：掌皇族事务，主管皇帝的宗族及外戚事务的机关。宗正的副手是宗正丞。其下属官吏秦时不详。

治粟内史：掌租税钱谷和财政收支，是国家财政税收机关。其副手有二丞。下属官吏：太仓令丞，专司京师积谷之仓的管理。平准令丞，专司平抑物价。

少府：掌供皇室需用的"山海地泽之税"。秦朝的财政经济已分为两途，治粟内史掌国家的财政经济，少府专管皇室的财政经济。少府的副手有六丞。下属官有，专管皇帝御用品的"六尚"，即：尚食、尚衣、尚冠、尚沐、尚席、尚书，其头目均称为令、丞等；专管皇印的皇帝虎符的符玺令、丞，皇帝玉玺的符玺令、丞；专管皇室医务的太医令、丞；专管宫廷音乐的太乐令、丞；专管弋射的左弋令、丞；专管宫内

---

① 马非百：《秦始皇帝传》，南京，江苏古籍出版社，1985年，201页。
② 安作璋、熊铁基：《秦汉官制史稿》（上册），济南，齐鲁书社，1984年，140页。

修建的左司空令、丞;专管宫廷奴婢及手工业的尚方令、丞;专管宫内宦官的宦者令、丞等。

此外还有:掌治宫室的将作少府;掌皇后太子家事的詹事;掌徼巡京师的中尉;掌列侯的王爵中尉;掌郡军队的内史。

(二)宫廷合--列卿制的发展

汉承秦制。汉朝列卿制度不但在秦朝基础上有了继承,而且有了进一步发展。这种发展突出表现在三个方面,一是列卿名称变化;二是列卿组织机构进一步丰富;三是列卿的隶属关系的变更。

先看列卿名称变化及其组织机构进一步丰富。

太常,秦曰奉常,掌管宗庙祭祀之事,还兼管文化教育。西汉景帝中元六年(前144年),更名太常。王莽时曾改曰秩序。东汉时恢复太常之称,至建安中又改称奉常。随着时间的推移,列祖列宗越来越多,又根据"随着为员"的原则,太常属官越来越多。掌凡行礼及祭祀小事,总署曹事的太常丞;掌使乐及大飨用乐之阵序的大乐令(东汉称大予乐令);掌读祝及迎送神的太祝令;掌宰工鼎俎馔食之物的太宰令;掌天时、星历、奏良日及时节禁忌的太史令;掌守庙及案行扫除的高庙令;掌守陵园及案行扫除的园令;掌望晦时节祭祀的食官令;掌通古今的博士。此外还有太卜令、太医令、均官长、都水长、庙令、世祖庙令、五畤尉、博士祭酒、礼官大夫、太常掾、太常掌故、曲台署长等。

光禄勋,秦和西汉初年称郎中令。西汉武帝时改为光禄勋。其主要职责是负责宫内侍卫,充当皇帝驾卫侍从,传递宫中文书并备皇帝顾问,因此其地位十分重要。同时因总领宫内一切,所以属官多,机构庞大,其属官秩位也很高。光禄勋的副手光禄丞,总署曹事。其下属官有:掌议论、顾问应对的大夫(包括光禄大夫、太中大夫、谏大夫、谏议大夫、中散大夫);掌顾问应对、唯令所使的议郎;主五官郎的五官中郎将;掌守门户、出充车骑的五官郎(包括中郎、侍郎、郎中);主左署郎的左中郎将;主更直执戟、宿卫诸殿门、出充车骑的左署郎(包括中郎、侍郎、郎中);主右署郎的右中郎将;掌守门户、出充车骑的右署郎(包括中郎、侍郎、郎中);主车、户、骑的郎中三将(包括车郎将、户郎将、骑郎将);掌执兵送从的期门;主虎贲宿卫的虎贲中郎将(包括左右仆射、左右陛长、虎贲中郎、虎贲侍郎、虎贲郎中、节从虎贲);主羽林郎的羽林中郎将;主羽林左骑的羽林左监;主羽林右骑的羽林右监;主本监羽林骑的骑都尉;掌御乘舆车的奉车都尉;掌驸马的驸马都尉;主谒者、天子出、奉引的谒者仆射(包括谒者、常侍谒者、给事谒者、灌谒者);此外,还有光掾、光禄主事、光禄主簿、郎署长等。

卫尉,两汉时有两次很短时间改名,一次是"景帝初更名中大夫令,后元年复为卫尉"[1]。一次是王莽时,改为太卫。掌宫门屯卫。卫尉的副手卫尉丞,总署曹事。其下属官:掌殿司马门、宫南阙门的公车司马令;主卫士的马士令;掌南宫卫士的南闾卫士令;掌北宫卫士的北宫卫士令;主剑戟士的左右都侯;主平城门的南宫南屯司马;主东门的宫门苍龙司马;主玄武门的玄武司马;主北门的北屯司马;主南掖门的北宫朱雀司马;主东门的东明司马;主北门的朔平司马。此外,还有旅贲令。

太仆,掌皇帝的车马及国家的马政,有时还要亲自为皇帝驾车。太仆的副手是太仆丞,总署曹事。其下属有:主乘舆及厩中诸马的未央令;主供天子私用,非大祀戎事军国所需的家马令;主乘舆诸车的车府令;主乘舆路车,又主凡小车的路軨令;主养马的边郡六牧师苑令;主养橐驼的牧橐令;主作兵器弓弩刀铠之属及主织绶诸杂工的考工令。此外,还有大厩令、骑马令、骏马厩令、龙马监长、闲驹监长、橐泉监长、騊骏监长、承华监长、騩駮令、承华厩令等。

廷尉,掌司法刑狱,是中央最高司法机关。西汉景帝六年更名大理。武帝建元四年(前 137 年)复名廷尉。哀帝元寿二年(前 1 年)复为大理。王莽又改名作士。东汉光武帝以后复曰廷尉。建安中又改为大理。廷尉的副手为廷尉正。其属官有:主逮捕事的廷尉左右监;掌平决诏狱的廷尉左平;此外还有廷尉左右平、廷尉史、奏谳掾、奏曹掾、文学卒史、从史、书佐、行冤狱使者、治狱使者等。

大鸿胪,秦曰典客,西汉景帝中元六年(前 144 年)更名大行令。武帝太初元年改名大鸿胪。王莽时改典乐,东汉又名大鸿胪。大鸿胪的副手称大鸿胪丞。其属官有:主诸郎的行人令;主治改火之事的别火令;主诸郡之邸在京师者的郡邸长;主胡客的使主客;主四方夷狄朝贡侍子的典属国。此外,还有译官令、大鸿胪文学、大行卒史、大行治礼丞等。

宗正,西汉平帝元始四年(公元后 4 年)更名为宗伯,王莽代汉又并于太常,东汉复名宗正。其职掌为管理皇族和外戚事务。宗正的副手是宗正丞。其属官有:主水及罪人(即宗法之犯法者)的都司空令;主分寸尺丈的内官长。此外,还有公主属官:家令、家丞、门尉、主簿、仆、私府长、食官长、永巷长、傅、驺仆射、舍人等。

大司农,秦名治粟内史,西汉景帝时更名大农令。武帝太初元年(前 104 年)更名大司农。王莽改名羲和,后又改纳言。东汉复名大司农。掌谷物,货币、运输、盐铁、屯田等。大司农的副手是大司农丞。其属官有:主郡国、农桑、帑藏的大司农部丞;主郡国传漕谷的太仓令;平时贾和土地的均输令;掌知物贾,主练染,作

---

① 《汉书·百官公卿表》,北京,中华书局,2012 年。

采色的平准令;主藏官的都内令;主籍田事的籍田令;主均输之事的斡官长;主铁器买卖事的铁市长;管理仓库之官的郡国诸仓长;管理农事之官的郡国农监;主平水,收渔税的郡国都水;主春半及作乾糒的导官令。此外,还有盐官、铁官、大司农史、大司农斗食属等。

少府,王莽时曾一度改为共工,两汉时均称少府。其职掌为管理皇室私产和皇帝起居事务。少府的副手为少府丞。其属官甚多。具体有:掌凡选署及奏下尚书曹文书众事的尚书令;主尚书事,令不在则奏下众事的尚书仆射;主吏民章报及驺伯史的左丞;主假署印绶及纸笔墨诸财用库藏的右丞;主分掌尚书事的尚书郎;主作文书起草的尚书侍郎;主书的尚书令史;主符节、掌授节的符节令;主玺及虎符、竹符之半者的尚书玺郎中;掌书的符节令史;掌诸医的太医令;主药的药丞;主药方的方丞;主膳食的太官令;主饮食的左丞;主膳具的甘丞;主酒的汤官令;主果的果丞;主饼饵的汤官令;主择米的导官令;主乐的乐府令;主治库兵将相大臣的若卢令;主作兵器弓弩刀铠之属的考工室令;掌弋射的左弋令;管理宫内房屋的居室令;主作陶瓦之官的左右司空令;主织作文绣郊庙之服的东织令与西织令;主作陵内器物的东园匠令;主掌省中诸宦者的黄门令;掌上手工作御刀剑诸好器物的尚方令;主天子衣服的御府令;掌宫中布张诸亵物的内者令;主宫中宦者的宦者令;掌给事禁中的中黄门;主御纸、笔、墨及尚书财用诸物的守宫令;主苑中禽兽的上林苑令;掌侍左右,赞导众事,顾问应对的侍中;掌侍左右,从入内宫,赞导内导事,顾问应对的中常侍;掌侍从左右,给事中,关通内外的给事黄门侍郎;掌侍左右,受尚书事的小黄门;主中宫别处的黄门署长、画室署长、玉堂署长和丙署长;主中黄门冗从的中黄门冗从仆射;掌后宫贵人采女事的掖庭令;掌中币帛金银诸货物的中藏府令;掌以法律,当其是非的治书侍御史;掌察举非法,受公卿群吏奏事,有违失举劾之的侍御史;掌奏及印工文书的兰台令史。此外,还有都水长、均官长、上林十池监、中书谒者令、钩盾令、永苍令、左右丞、暴室丞、祠祀令、御史中丞等。

除以上九卿外,两汉时还有以下诸卿:水衡都尉,其主要职掌是,主上林苑之事。执金吾,其职掌为京师的警卫和社会治安工作。将作大匠,职掌为"治宫室"。[①]

再看诸卿隶属关系的变化。这一关系的变化主要体现在太常、光禄勋、卫尉、太仆、廷尉、大鸿胪、宗正、大司农、少府等卿的隶属关系的变化。随着两汉三公之职逐渐成为备员,上述九卿又分属三公。据《通考·职官》注说:"太常、光禄勋、卫

---

① 《汉书·百官公卿表》,北京,中华书局,2012年。

尉三卿,并太尉所部;太仆、廷尉、大鸿胪三卿并司徒所部;宗正、大司农、少府三卿并司空所部。"本来这时三公之职已成备员,加上又把九卿分属三公。可见,九卿之职掌则更小,这是相权削弱,皇权加强的必然结果。国家政府执行机构的权力缩小了,相反,皇宫内的新产生的尚书令逐渐侵夺了三公九卿的职权。(详见上章第三节三权分立的独相制)

(三)宫廷合一列卿制的特点

自秦始皇建立三公列卿制,至两汉有了迅速发展,这一发展深深打上了那个时代的烙印。它既体现出中国古代政府发展轨迹的阶段性特点,又表现出封建社会国家政府机构初创时的特色,具体表现在以下几个方面。

首先,国家政府执行机构具有浓厚的为皇帝私人服务的皇宫性质。秦汉时期中央政府执行机构虽然实行列卿制,但实质掌权者则为九卿。因此,从九卿的职掌看,除廷尉掌司法、典客掌外交、治粟内史掌农政外,其余六卿都是掌管王宫要职,为皇帝服务的大臣。仿佛把奴隶社会为王服务的王宫机构移植到国家行政机关里来,这是我国奴隶社会向封建社会转化,在国家中央政府的反映,体现了过渡时期政府体制的特点。

其次,国家中央政府的层级体制设置不平衡。总的看来,廷尉、典客、治粟内史诸府机构扩充的比较缓慢。相反为皇帝私人服务的诸卿府机构扩充的十分迅速。扩充缓慢的卿属机构多半实行二级制,而扩充迅速的卿属机构多半实行三级制。就其秩次看,虽然诸卿及其副手丞均相同,但其下属官却差别甚大。前者明显较低,后者明显较高。例如:廷尉、典客、治粟内史:卿之下属官,除其副手外,都没有超过六百石的(廷尉之属官左右监除外)。而其他诸卿下属官则不同,光禄勋(郎中令)之属官,大夫、五官中郎将、郎中三将等;卫尉之属官,宫掖门司马等;少府之属官,尚书令(东汉)、侍中、中常侍等,均超过六百石。

再次,国家中央政府执行机构的编制无定员,随意性较大。秦汉机构设置的特点是:长官的名称同时也是机构的名称。据安作璋、熊铁基《秦汉官制史》(上册)统计,仅就九卿长官名称而言,其属官有:太常,28;宗正,15;光禄勋,47;卫尉,15;太仆,19;廷尉,14;大鸿胪,11;大司农,18;少府,67。当然每一职官并非只有一人,有的二三人,甚至有的二三十人。可见,长官设不设,每一官的人数多少,均无规律可循。

最后,由于皇权与相权之争,有些重要国家政务又放在皇宫内廷事务机构里。武帝以后,少府中的尚书台逐渐由外廷转移到内廷成为国家政务中心,便是有力的佐证。

二、六部制的产生

隋唐时期的中央政府执行机构六部制是由秦汉时期的诸卿制发展而来的。这一发展是漫长的,大约与魏晋南北朝阶段相吻合,但十分有意义,完成了中央政府由具有皇宫性质向纯国家行政管理机关的过渡。这是国家行政机关具有划时代的进步。

(一)隋朝六部制的草创

隋朝国家政府的来源颇为复杂,它既承袭了北周旧制,又平梁灭陈,移植南朝"精华"。北周的国家政府机构来源北魏和北齐,北魏自孝文帝汉化改革,仿效南朝,但是鲜卑国家政体的遗迹尚未除尽。而移植南朝的一部分,又是宋、齐、梁、陈国家政体的综合。隋文帝统一全国,建立隋朝后,在政治上实行积极改革,来稳定他的政体,巩固地主阶级的封建统治。国家中央政府机构改革,除了本书第二章第四节论述的"权力制衡的群相制"而外,便是六部制的确立。

六部直属尚书省的统辖。尚书省"事无不总",[①]这一方面说明了尚书省在国家政权中的地位;另一方面又体现了尚书省在中央最高行政机构中处于核心角色。尚书省的总办公厅称"都省",置尚书令。下设六部,由于礼、吏、兵在"都省"之左,都官、度支、工三部在其右,故由左右仆射分领。

吏部,掌文官选授课。吏部尚书统吏部侍郎 2 人,主爵侍郎 1 人,司勋侍郎 2 人,考功侍郎 1 人。

礼部,掌学校、礼乐。礼部尚书统礼部侍郎各 1 人,祠部侍郎各 1 人,主膳部侍郎 2 人,客膳部侍郎 2 人。

兵部,掌军籍舆马。兵部尚书统兵部侍郎各 2 人,驾部侍郎 1 人,库部侍郎 1 人。

都官(开皇三年改刑部),掌刑政司法。都官尚书统都官侍郎 2 人,刑部侍郎 1 人,比部侍郎 1 人,司部侍郎 2 人。

度支(开皇三年改民部),掌财税出纳。度支尚书统度支侍郎 2 人,户部侍郎 2 人,金部侍郎 1 人,仓部侍郎 1 人。

工部掌工程建造。工部尚书统工部侍郎二人,屯田侍郎 2 人,虞部侍郎 1 人,水部侍郎 1 人。[②]

---

① 《隋书·百官下》,北京,中华书局,2012 年。
② 以上资料均见《隋书》卷二十八,北京,中华书局,2012 年,774 页。

六部中,尚书左仆射分领吏、礼、兵三曹,兼掌"纠弹",[1]右仆射分领都官、度支、工三曹,兼知财政用度。六部下置 4 曹,每曹设侍郎 1 至 2 人。为各曹之长。隋朝有 24 曹,设 36 侍郎。每曹又置员外郎 1 人,为侍郎之副。至炀帝时,侍郎一职才成为尚书的次官,置 6 人。原诸曹侍郎改为郎,员外郎改承务郎。

中央政府执行机构除了六部之外,还有九寺五监。九寺是秦汉时期九卿的延续。具体包括:掌礼仪的太常寺;掌膳食的光禄寺;掌禁卫的卫尉寺;掌宗室的宗正寺;掌舆马的太仆寺;掌刑辟的大理寺;掌外蕃朝会的鸿胪寺;掌上林、大仓的司农寺;掌府库、京市的太府寺。五监包括:掌总知学事的国子监;掌营造之事的将作监;掌内府器物的少府监;掌河堤水运之事的都水监;掌宫廷内部事务的长秋监。值得注意的是九寺以卿与少卿为正副长官。五监亦设正副长官:国子监为国子祭酒、司业;少府监为监与少监;将作监为将作大监、少监;都水监为监与少监;长秋监为令与少令。

六部为中央政府执行机关的政务官署,九寺五监为中央政府执行机关的事务官署。前者掌政令,后者办理具体事务。二者虽无隶属关系,但九寺五监须仰承六部的政令,接受其节制与督责。据严耕望的研究,其对应关系为:吏部节制宗正寺,户部节制司农、太府二寺,礼部节制太常、鸿胪、光禄三寺和国子监,兵部节制太仆、卫尉二寺,刑部节制大理寺,工部节制少府、将作二监[2],工部节制都水监、长秋监[3]。

(二)唐朝六部制的确立

"唐承隋制",但是唐朝统治者对隋朝的六部制不是简单的移植,而是在隋朝的基础上进行改革,赋予许多新的内容。隋朝的六部制还不完善,不成熟,同时各部门之间的界限,各自职掌,不是特别清楚。而唐朝的六部制则是在此基础上,使之更深化、更完善、更合理,从而彻底消除了专为皇帝服务的宫廷性质,转变为真正的国家中央政府的执行机构。唐朝六部制的确立是我国古代行政发展史上具有划时代意义的事件。

唐朝改隋制六部二十四曹为六部二十四司。据《唐六典》《通典》和两唐书《职官志》《百官志》所载,其组织机构如下:

吏部,掌管全国文官的任免、升降、考核赏罚。其长官为尚书 1 人,正三品;侍郎 2 人,正四品下;下有吏部、司封、司勋、考功四司。吏部司,设郎中 2 人,从五品上,其中一人掌"考天下文吏之班秩阶品",另一人掌"小亦分为九品,通谓之行署。

---

① 《隋书》卷二十七,北京,中华书局,2012 年,752 页。
② 严耕望:《唐仆尚垂郎表·述制》,第 1 卷,北京,中华书局,1986 年,50～70 页。
③ 俞鹿年:《中国政治制度通史》,北京,人民出版社,1986 年,174 页。

以其在九流之外，故谓之流外铨，亦谓之小选"。员外郎 2 人，从六品上，协助郎中处理本司事务。吏部司主要负责士官铨选。三品以上由皇帝铨选，以下则由侍郎、郎中铨选。下设令史 30 人，书令史 60 人，亭长 8 人，掌固 12 人。[①] 司封司，设郎中 1 人，从五品上，"掌国之封爵"。员外郎 1 人，从六品上，协助郎中处理该司事务。下设主事 2 人，令史 4 人，书令史 9 人，掌固 4 人。司勋司，设郎中 1 人，从五品上，"掌邦国宫人之勋级"。员外郎 2 人，从六品上，协助郎中处理本司各项事务。下设主事 4 人，令史 33 人，书令史 60 人，掌固 4 人。考功司，设郎中 1 人，从五品上，"掌内外文武官吏之考课"。员外郎 1 人，从六品上，协助郎中处理本司各项事务。下设主事 3 人，令史 13 人，书令史 25 人，掌固 4 人。值得注意的是郎中各司长官，员外郎为其副，以下诸部中的各司长官均如此，从略。

户部，掌管全国户口、土地、赋税、钱粮、财政收支。其长官为尚书 1 人，正三品，侍郎 2 人，正四品下。下属机构有：户部、度支、金部、仓部四司。其中户部司，设郎中 2 人，从五品上，"掌分理户口，井田之事"。员外郎 2 人，从六品上，协助郎中处理本司各项政务。下设主事 4 人，令史 15 人，书令史 34 人，亭长 6 人，掌固 10 人。度支司，设郎中 1 人，从五品上，"掌判天下租赋多少之数，物产半约之宜，水陆道途之利"。员外郎 1 人，从六品上，协助郎中处理本司的政务。下设主事 2 人，令史 16 人，书令史 32 人，计史 1 人，掌固 4 人。金部司，设郎中 1 人，从五品上，"掌判天下库藏钱帛出纳之事，颁其节制，而司其簿领"。员外郎，从六品上，协助郎中处理本司各项政务。下设主事 3 人，令史 8 人，书令史 21 人，计史 1 人，掌固 4 人。仓部司，设郎中 1 人，从五品上，"掌判天下仓储，受纳租税，出给禄廪之事"。员外郎 1 人，从六品上，协助郎中处理本司各项政务。下设主事 3 人，令史 9 人，书令史 20 人，计史 1 人，掌固 4 人。

礼部，掌全国礼仪、祭祀、科举、学校教育。其长官设尚书 1 人，正三品，侍郎 1 人，正四品下。下属机构有礼部、祠部、膳部、主客四司。其中礼部司，掌仪制，凡国家三大典，如祭天、大祀、祭山川百神以及吉、凶、兵、礼、宾皆由其掌管。设郎中 1 人，从五品上，"掌贰尚书、侍郎"。员外郎，从六品上，协助郎中处理本司各项政务。下设主事 2 人，令史 5 人，书令史 11 人，亭长 6 人，掌固 8 人。祠部司设郎中 1 人，从五品上，"掌祠祀、享祭、天文、漏刻、国忌、庙讳、卜筮、医药、僧尼之事"。员外郎，从六品上，协助郎中处理本司各项政务。下设主事 2 人，令史 5 人，书令史 11 人，亭长 6 人，掌固 8 人。膳部司，设郎中 1 人，从五品上，"掌邦之祭器、牲豆、酒膳、辨其品数，及藏冰食料之事"。员外郎 1 人，从六品上，协助郎中处理本司各

---

① 以下六部各司中，郎中、员外郎以下诸官职掌大同小异。令史掌文书，书令史，抄写文书；亭长掌本司门户启闭；计史掌会计，掌固，掌仓库保管，修缮等事。

项政务。下设主事 2 人,令史 4 人,书令史 9 人,掌固 4 人。主客司,设郎中 1 人,从五品上,"掌二王后及诸蕃朝聘之事"。员外郎从六品上,协助郎中处理本司的各项政务。下设主事 2 人,令史 4 人,书令史 9 人,掌固 4 人。

兵部,掌全国武官任免、升降、赏罚、考核与军事行政。其长官设尚书 1 人,正三品,侍郎 2 人,正四品下。下属机构有:兵部、职方、驾部、库部四司。其中兵部司,设郎中 2 人,从五品上,"郎中一员掌判账及天下武官之阶品,卫府之名数"。另"郎中一员掌判南曹"。员外郎 2 人,从六品上,协助郎中处理本司的各项政务。下设主事 4 人,令史 30 人,书令史 60 人,亭长 8 人,掌固 12 人。职方司,设郎中 1 人,"掌天下地图及城隍、镇戍、烽堠之数,辨其邦图都鄙之远近,及四夷之归化"。员外郎 1 人,正六品上,协助郎中处理本司各项政务。下设主事 2 人,令史 4 人,书令史 9 人,掌固 4 人。驾部司,设郎中 1 人,从五品上,"掌邦国舆辇、车乘、传驿、厩牧、官私马牛杂畜簿籍,辨其出入,司其名数"。员外郎 1 人,从六品上,协助郎中处理本司各项政务。下设主事 3 人,令史 10 人,书令史 20 人,掌固 4 人。库部司,设郎中 1 人,从五品上,"掌邦国军州戎器、仪仗"。员外郎 1 人,从六品上,协助郎中处理本司政务。下设主事 2 人,令史 7 人,书令史 15 人,掌固 4 人。

刑部,掌管全国司法行政与审判。其长官尚书 1 人,正三品,侍郎 1 人,正四品下。下属机构有刑部、都官、比部、司部四司。其中刑部司,设郎中 2 人,从五品上,"掌贰尚书、侍郎举其典宪,而辨其轻重"。员外郎 2 人,从六品上,协助郎中处理本司政务。下设主事 4 人,令史 19 人,书令史 38 人,亭长 6 人,掌固 10 人。都官司,设郎中 1 人,从五品上,"掌配役隶,簿录俘囚,以给衣粮药疗,以理诉竟雪冤"。员外郎 1 人,从六品上,协助郎中处理本司政务。下设主事 2 人,令史 9 人,书令史 12 人,掌固 4 人。比部司,设郎中 1 人,从五品上,"掌勾诸司百僚俸料、公廨、赋赎、调敛、徒役、课程、逋悬数物,周知内外之轻费,而总勾之"。员外郎 1 人,从六品上,协助郎中处理本司的政务。下设主事 2 人,令史 14 人,书令史 27 人,计史 1 人,掌固 4 人。司部司,设郎中 1 人,从五品上,"掌天下诸门及关出入往来之籍赋,而审其政"。员外郎 1 人,从六品上,协助郎中处理本司各项政务。下设主事 2 人,令史 6 人,书令史 13 人,掌固 4 人。

工部,掌管全国水利、工程营建及工匠管理。其长官为尚书,1 人,正三品,侍郎 1 人,正四品下。其下属机构有工部、屯田、虞部、水部四司。其中工部司,设郎中 1 人,从五品上,"掌经营兴造之众务"。员外郎,从六品上,协助郎中处理本司各种政务,下设主事 2 人,令史 12 人,书令史 21 人,亭长 6 人,掌固 8 人。屯田司,设郎中 1 人,从五品上,"掌天下屯田之政令"。员外郎 1 人,从六品上,协助郎中处理本司各种政务。下设主事 2 人,令史 7 人,书令史 12 人,计史 1 人,掌固 4 人。

虞部司,设郎中 1 人,从五品上,"掌京城街巷种植,山泽苑囿,草木薪炭,供屯田猎之事"。员外郎 1 人,从六品上,协助郎中处理本司各项政务。下设主事 2 人,令史 4 人,书令史 9 人,掌固 4 人。水部司,设郎中 1 人,从五品上,"掌天下川渎陂池之政令,以导达沟洫,堰决河渠"①。员外郎 1 人,从六品上,协助郎中处理本司政务。下设主事 2 人,令史 4 人,书令史 9 人,掌固 4 人。

此外,隋朝九寺、五监在唐朝不但保留,而且有了进一步发展,具体表现在机构更加完善,职掌更加分明。它们受六部有关行政部门监督,是各类行政机构具体执行事务机关。二者具体分工是六部管有关政令,而九寺五监管具体事务执行。

九寺的具体职权及编制如下:

太常寺,掌全国礼乐、郊庙、社稷之事。下设八署即郊社署、太庙署、诸陵署、太乐署、鼓吹署、太医署、大卜署、廪牺署。

光禄寺,掌朝廷宴会之膳食。下设四署,即太官署、珍馐署、良酝署、掌醢署。

卫尉寺,专司武器管理。下设二署即武库署、守宫署。

宗正寺,掌宗族属籍。下设崇玄署。

大理寺,掌折狱详刑之事,为全国最高审判机关。

鸿胪寺,掌宾客。下设二署即典客署、司仪署。

司农寺,掌全国粮仓储积。下设四署即上林署、太仓署、导官署、钩盾署。

九寺均设卿 1 人,少卿 2 人;为其正、副长官以及丞、主簿等官。每署设令、丞,为其正、副官长,以及府、史等官。

五监的具体职权及编制如下:

国子监,为培养人才机构。下设六学:国子学、太学、门学、律学、书学、算学。

少府监,掌供给宫廷用物之各作坊。下设五署即中尚署、左尚署、右尚署、织染署、掌治署。

将作监,掌管国家之土木兴建以及修缮事宜。下设左校署、右校署、中校署、甄官署。

军器监,掌供兵器制造。下设弩坊署、甲坊署。

都水监,主要负责水利建设。下设辖舟楫、署、河渠署及诸津。

五监的长官名称不规范,具体说:国子祭酒、司业为国子监正、副长官;监、少监为少府、军器二监正副长官;将作大匠、少匠为将作监正副长官;都水使者,都水丞为都水监正副长官。正职为 1 人,副职为 2 人。长官之下设有丞、主簿若干人

---

① 上六部的诸司的引文未注明出处者均见《旧唐书》《新唐书》中的《职官志》。

等官。每署设令1人、丞1人至2人。

（三）隋唐六部制与秦汉列卿制之比较

隋唐六部制是从秦汉列卿制发展而来的,它是中央政府执行机构的重要发展阶段。这一发展具有划时代的历史意义。

首先,二者性质不同。从职权上看,秦汉列卿制,特别是其中掌握实权的九卿,除廷尉、典客、治粟内史外,具有明显的皇宫性质,即为皇帝及其宗室服务。而隋唐的六部制纯属于国家行政机关的执行机构,即为国家和整个社会服务。体现了国家政务与宫廷事务分开的思想。从横向分工上看,秦汉列卿制体现了封建社会初期草创时的特点,分工不细,职责不十分清楚。这是与封建社会初期经济基础相适应的。而隋唐的六部制体现了封建社会发展完善时期的特色。分工不但细腻,而且互相钳制,互有合作,融为一体。这是与封建社会发展时期经济基础相适应的。

其次,二者层级不同。秦汉时期列卿制,除少府可以看出不规则的三级制而外,其他列卿多半实行二级制,即卿、令。而隋唐六部制则不同,十分清楚地看出,每部均实行三级制,即部、司、具体办事机构。其长官分别为尚书、郎中、主事等。与之相适应的具体办事机构九寺五监亦实行三级制,前者为寺、署、具体办事机构,后者为监、署、具体办事机构。因为层级不同,其品级亦有别。以吏部为例,其长官尚书为正三品,下属司,长官为郎中,秩从五品上,下属主事为从八品上至从九品上不等。九寺五监各层级属亦有相当的品级,纵向层级不同,其官品亦有很大差异。层级与品级不同,如同一块吸铁石,引导官吏向上,把其政务办好,进而把竞争机制注入到国家行政管理中。应当说这是一大历史进步。

再次,官吏编制制定的深度不同。秦汉时期列卿制出现了官吏编制的现象,但不彻底。以太常为例,设卿1人,下属机构有:太史、太乐、太祝、太宰、太卜、太医。各设令、丞各1人,下属官吏若干。"若干"随意性就很大。而隋唐则不同,明确规定,设卿1人,为其长,少卿2人,为其副,下设官丞2人,主簿2人,博士4人,太祝6人,奉礼2人,协律2人。以上为卿府官吏设置。太常下属机构有八署:以郊社署为例,设令1人,丞1人,府2人,史4人,典事6人,掌固5人,门仆8人,斋郎110人。其他七署与郊社署一样,设官人数十分清楚,机关编制十分严格。这不能不说是一大历史进步,闪耀了机构定编定员思想的火花。

最后,二者的重点不同。秦汉中央政府执行机构为列卿,其中有实权或权重者为九卿,而列九卿之首者为太常。常是旗子的意思,用它来祭祀引神用的。太常代替皇帝祭祀宗庙、司礼仪,地位很高。这一官吏是由商周时的占卜史官发展而来的。它反映了奴隶制瓦解后神权政治的遗痕。不难看出当时统治者对神的重视，反映在国家政府官制上必把太常列为列卿之首。随着人们认识自然能力逐渐增强，加之科学技术的发展，统治者对神的重视逐渐转为对人的重视。唐太宗曾说"国以人为本"[1]。"致安之本，惟在得人。"[2]"为政之要，惟在得人。"[3]即是佐证。因此，隋唐时期把吏部放在六部之首，反映了当时统治者由对人的重视进而发展为对官吏的选拔、考核等的重视。

三、府司制的问世

宋朝中央政府掌握实权的是府与司。所谓府是指"二府"，即北宋前期的中书门下和枢密院。神宗元丰改制后，改为门下、中书、尚书三省和枢密院。所谓司是指盐铁司、度支司、户部司。二府三司互不统属，直接隶属于皇帝。中书门下和枢密院以及元丰改制后的三省长官，即正、副宰相和枢密院的正、副长官，即宰相和执政官，统称为"宰辅"。三司是最高财政机构，但"宰辅"中从不包括三司长官。前者在本书第二章第三节已详述，此不赘述。因此，宋朝中央政府的执政机构则特指"二府"下属机构以及三司机构。枢密院专掌军务，此不阐述。

（一）中书门下府执行机构的沿革

中书门下府主政务，是宋朝最高行政机构。总的看来，它的发展大致经过三个阶段，与之相适应的其执行机构亦有三大特色。

先看北宋前期。沿袭唐制，仍设三省，但其长官名存实亡，既不是宰相，又"不与政事"。相反，在禁中又设中书，印文行敕称"中书门下"，是谓政事堂。宋代中书门下政事堂才是最高行政机构。其下属机关有五房，另有生事房和勾销房。

吏房，掌承办除授、考核、升迁、降免、赏罚、官员废置、荐举、官员请假、亡故、临时差官等文书，以及本省杂务。[4]

户房，掌郡县户口增长或下降数，以决定镇升县、县升州、州升府，或予以降格、废置；调动边防军需钱粮；给散、借贷钱物。[5]

兵礼房，掌主行赦宥罪人文书，及贬降官重新录用之事。

刑房，掌主行赦宥罪人文书，及贬降官重新录用之事。

孔目房，掌受发文书、账目、遣发等事务。

---

① 《贞观政要·择官》，见《贞观政要全译》，叶光大等译注，贵阳，贵州人民出版社，1991年。
② 《贞观政要·择官》，见《贞观政要全译》，叶光大等译注，贵阳，贵州人民出版社，1991年。
③ 《贞观政要·崇儒学》，见《贞观政要全译》，叶光大等译注，贵阳，贵州人民出版社，1991年。
④ 《宋史》卷一六一，北京，中华书局，2012年。
⑤ 江少虞：《宋朝事类》卷一十八，北京，中华书局，2012年。

五房各置堂后官 3 人，共 15 人。公元 993 年，压缩堂后官编制，每堂各设 1 人，另设总领五房的"都提点五房公事"1 人。另新置录事 5 人。具体编制是孔目房、吏房、兵礼房、设录事、主书、守当官各 1 人。户房设录事 1 人，主书 3 人，守当官 4 人。刑房设录事 1 人，主书 3 人，守当官 5 人。

另外，主事房设主书 1 人，勾销房设守当官 1 人。堂印，设守当官 2 人。

再看元丰改制时期。神宗元丰五年（1082 年）开始实行改制，即撤销中书门下，恢复唐初三省制，但与唐不同，三省长官虚设，从不授人。同时尚书省的副长官分别兼任中书、门下副长官。尚书省的下属执行机构分为都省与六曹两部分。

都省，设都司即左司、右司。神宗元丰改制，左、右司各设郎官和员外郎各 1 人。以后又有所增减。

吏部，长官为尚书 1 人，副长官为侍郎 2 人，其下有本部郎中和员外郎各 2 人。尚书左选分八案，设吏 30 人；尚书右选，分六案，设吏 16 人；侍郎左选，分十五案，设吏 43 人；侍郎右选，分八案，设吏 47 人。以上吏分为主事和令史、书令史、守当官四种。

户部，长官为尚书 1 人，副长官为侍郎 2 人，其下有本部郎中和员外郎各 2 人。户部左曹五案设吏 40 人，右曹五案设吏 56 人。

礼部，设尚书、侍郎、本部郎中、员外郎各 1 人。下属机构有礼乐、贡举、宗正、奉使账、封册、表奏、宝印、检法五案，又设知杂、开拆二案。下设官吏编制，为主事、令史各 1 人。侍郎分设十案，下设官吏 35 人。本部郎中和员外郎通置 54 人。

兵部，设尚书、侍郎各 1 人，本部和职方驾部、库部三个子司的郎中和员外郎各 1 人。本部设十案。下设人吏：主事和令史各 1 人，书令史 6 人，守当官 10 人，贴司 20 人，私名 5 人，守缺习学 9 人。

刑部，尚书 1 人，侍郎 2 人，郎官和员外郎各 2 人，下设都官、比部、司门三个子司，设郎中、员外郎各 1 人，下有主事 1 人，令史 4 人，书令史 9 人，守当官 8 人，贴司 18 人，刑部尚书下设制勘、体量、叙复等案。

工部，尚书 1 人，侍郎 1 人。工部本部及其三个子司屯田、虞部、水部设郎中和员外郎各 1 人。本部分设工作、营造、材料、兵匠、检法、知杂六案，又专立御前军器案，下设官吏 42 人。屯田分设三案，下设吏 8 人，虞部分四案，下设官吏 7 人；水部分设六案，下设官吏 13 人。

以上六部的职掌与唐大致相同，此不赘述。

最后看三省合一后的宰辅体制，主要体现在哲宗元祐时期。当时宣仁太后垂帘听政，大臣深感此制不便，始请求三省"合班奏事，分省治事。此制历绍圣间直至徽宗崇宁间，皆不能改"。这时中央政府执行机构设置虽有改变，但变化不大。

(二) 分割相权的三司制诞生

宋朝时盐铁、度支、户部合称三司,是最高财政管理机关。其地位仅次于"二府",故称为"亚执政","目为计相"[①]。其机构如下:

三司长官为三司使1人。"掌邦国财用之大计,总盐铁、度支、户部之事,以经天下财赋而均其出入焉"。其下又有三部副使各一人,共3人,掌"通签逐部之事"。三部判官各3人,共9人,"分掌逐案之事"。三部勾院判官各1人,共3人,"掌勾稽天下所申三部金谷百物出纳账籍,以察其差殊而关防之"。为了更好地统辖下属盐铁、度支、户部三司,自身又复置15个司,以资杜弊、检查、督促三司工作。这15个司是:

都磨勘司,长官为判司官1人,"掌覆勾三部账籍,以验出入之数"。

都主辖支收司,长官为判司官1人。"掌管物已支未除之数,候至所受之处,附籍扳所由司而封除之。"

拘收司,长官"以判磨勘司兼掌",其职掌"支收财利未结绝者,籍其名件而督之"。

都理欠司,长官判司官1人,"掌理在京及天下欠负官物之籍,皆立限以促之"。

都凭由司,长官"以判都理欠司官兼",掌在京官物支破之事。

开拆司,长官判司官1人,"掌受宣敕及诸州申牒之籍,发放以付三部,兼掌发放、勾凿、催驱、受事"。

发放司,"掌受三司帖牒而下之"。

勾凿司,"掌勾校三部公事簿账"。

催驱司,"掌督京城诸司库务末账,东畿仓场库务月账凭由送勾,及三部支讫内外俸禄之事"。

受事司,"掌诸处解送诸色名籍,以发付三部"。

衙司,长官为管辖宫官2人,"掌大将、军将名籍,第其劳而均其役使"。

勾当司,长官为公事官2人,"掌分左右厢检计、定夺、点检、覆验、估剥之事"。

三司推勘公事司,长官推勘公事1人,"掌推劾诸部公事"。

勾当诸司,长官1人,"掌文武诸司、诸军给受奉料,批书券历,诸仓库案验而廪赋之"。

勾当马步军专勾司,长官1人,"掌诸军兵马逃亡收并之籍,诸司库务给受之数,审校欺诈,批历以送粮料院"。

---

① 《宋史·职官二》卷一六二,北京,中华书局,2012年。

以上为三司使自置机构,下面具体论述三司使的下属机构。

首先,盐铁司。其长官为盐铁使,"掌天下山泽之货,关市、河渠、军器之事,以资邦国之用"。① 下置副使1人,签盐铁部事,判官3人,孔目官1人,都勾押官1人,勾覆官4人。按所掌工作细目不同,分七案办事。具体说:一曰兵案,"掌衙司军将、大将、四排岸司兵卒之名籍,及库务月账,吉凶仪制,官吏宿直,诸州衙吏、胥史之迁补,本司官吏功过,三部胥吏之名账及刑狱,造船、捕盗、亡逃绝户资产、禁钱"。二曰胄案,"掌修护河渠、给造军器之名物,及军器作坊、弓弩院诸务诸季料籍"。三曰商税案,掌工商收税。四曰都盐案,掌盐的开采和销售。五曰茶案,掌茶叶的种植及销售。六曰铁案,"掌金、银、铜、铁、朱砂、白礬、绿礬、石炭、锡、鼓铸"。七曰设案,"掌旬设、节料、齐钱、餐钱、羊豕、米麦、薪炭、陶器等物"。各案长官为判官,其下由孔目官、都勾押官、勾覆官辅佐。

其次,度支司。其长官为度支使,"掌天下财赋之数,每岁均其有无,制其出入,以计邦国之用"。其下置副使1人,签度支部事,判官3人,孔目官1人,都勾押官1人,勾覆官4人。按所掌工作细目不同,分八案八事。具体说:一曰掌给案,"掌诸给赐、赗赠、例物、口食、内外春冬衣、时服,绫、罗、纱、𫄧、绵、布鞋、席、纸、染料、市舶、权物务、三府公吏"。二曰钱帛案,"掌军中春冬衣、百官俸禄、左藏钱帛、香药权易"。三曰粮料案,"掌三军粮料、诸州刍粟给受、诸军校口食、御河漕运、商人飞钱"。四曰常平案,"掌诸州平糴"。五曰发运案,"掌汴河、广济、蔡河漕运、桥梁、折斛、三税"。六曰骑案,"掌诸坊盐院务,饲养牛、羊、马畜及市马等"。七曰斛斗案,"掌两京仓廪麻积,计度东京粮料、百官禄粟厨料"。八曰百官案,"掌京朝幕职官奉料、祠祭礼物、诸州驿料"。各案长官为判官,其下由孔目官、都勾押官、勾覆官辅佐。

最后,户部司。其长官为户部使,"掌天下户口、税赋之籍,榷酒、工作、衣储之事,以供邦国之用"。其下置副使1人,鉴户部事,判官3人,孔目官1人,都勾押官1人,勾覆官4人。按所掌细目不同、分五案办事,具体说:一曰户税案,"掌夏税"。二曰上供案,"掌诸州上供钱帛"。三曰修选案,"掌京城工作及陶瓦八作、排岸作坊、诸库簿账,勾校诸州营垒、官廨、桥梁、竹木、簿筏"。四曰麹案,"掌榷酤、官麹"。五曰衣粮案,"掌勾校百官诸军诸司奉料、春冬衣、禄粟、茶、盐、鞋、酱、傔粮等"。各案长官为判官。其下由孔目官、都勾押官、勾覆官辅佐。

综上所述,宋朝特别是北宋统治者为了适应君主专制主义中央集权制的需要,对国家中央机构及其权限进行调整,以三司使分割宰相的财政大权,使之独立

---

① 三司引文未注出处者均见《宋史·职官二》。

于政务之外,对皇帝负责。

(三) 附论 辽、金、元中央政府执行机构

辽是公元916年由耶律阿保机仿照汉人王朝体制而建立起来的政权。这个政权是以契丹族为主联合汉族、渤海以及其他部族、部落建立起来的政治统一体。根据这一具体事实,辽统治者便采取因地制宜、因俗而治的方针。即"以国制治契丹,以汉制待汉人"[1]。

辽中央政府执行机构分北面官和南面官。所谓北南面官皆因其办事机构分设在契丹皇帝牙帐之北或南而得名。不管北南面官均设宰相府亦以南北称之,其职掌亦是"掌佐理军国之大政",所不同的:一是"治契丹",一是"待汉人"(详见本书第二章权力制衡的群相制的有关部分)。北面官下设相当于中原诸朝的六部执行机构。[2]

北枢密院(同兵部),掌兵机、武铨、群牧之政。以枢密使为其长官,并有知北院枢密使事,知枢密院事;北院枢密副使,知北院枢密副使事;同知北院枢密使事,鉴书北枢密院事辅佐。属官有:北院都承旨、北院副承旨、北院林牙、知北院贴黄、给事北院和圣旨头子事,掌北院头子、北枢密院敝史、北院郎君、北枢密院通事、北院掾史。并设北枢院中丞司,其组织有北南枢院点检中丞司事、总和中丞司事、北院左中丞、北院右中丞、同知中丞司事、北院侍御。

南枢密院(同吏部),掌文铨、部族、丁赋之政。其组织机构与北院同,凡是将北院之属官的北字改为南字即是。

北大王院及南大王院(同户部)掌部族军民之政。其长官为北、南院大王。并以北、南院大王事,北、南院太师,北、南院太保,北、南院司徒,北、南院司空辅助。下设三个机关分掌具体事务。其一,北、南院都统军司:掌北、南各院从军之政令,设北、南院统军使,北、南院副统军使,北、南统军都监。其二,北、南院许稳司,掌北、南院部族军马之政令,设北、南院许详稳,北、南院都监,北、南院将军,北、南院小将军。其三,北、南院都部署司,掌北、南院军民之事,设北、南院都部署,北、南院副都部署。

宣徽北院和宣徽南院(同工部),掌北、南院御前祗应之事。其长官为北、南院宣徽使,并由北、南院宣徽事,北、南院宣徽副使,同知北、南院宣徽事辅佐。

夷离毕院(同刑部),掌刑狱。其长官为夷离毕,并由左夷离毕、右夷离毕、知左夷离毕事、知右夷离毕事辅佐。下属机构有敝史、选底(主狱官)、掌狱等。

敌烈麻都司(同礼部),掌礼仪。其长官为敌烈府都,并由总知朝廷礼仪、总礼

---

① 《辽史·百官志一》,北京,中华书局,2012年。

② 蒲坚:《中国古代行政立法》,北京,北京大学出版社,1990年,381~388页。

仪事辅佐。

南面官仿中原朝廷设三省六部以及诸寺监，其主要机构和长官与唐朝基本相同，此不赘述。

金朝是公元 1115 年，由完颜阿骨打仿照中原官制建立起来的国家。这个政权是由家族、宗族、氏族、部落以及部落联盟构成，其核心是女真完颜部。金朝中央政权组织的演变和发展大致可分三个阶段。太祖太宗时代为勃极烈制度，即为第一阶段。熙宗改革，废除勃极烈制度，袭用辽南面官的三省制度，即为第二阶段。海陵确立金的尚书省一省制为第三阶段。我们所谈的金朝中央政府执行机构，特指这一阶段的组织与职掌。

金朝海陵时中央政府实行一省制，其长官为尚书令 1 人，左右丞各 1 人，平章政事 2 人，同为宰相。左丞、右丞各 1 人，参知政事 2 人，同为副宰相。前文已叙（第二章《权力制衡的群相制》），此不赘述。其下属官为执行机构，分述如下。

尚书省自设执行机构。

左司，设郎中 1 人，正五品。员外郎 1 人，正六品。"掌本司奏事，总察吏、户、礼三部受事付事，兼带修起居注官，回避其间记述之事。"①下属官有：都事 2 人，正七品。"掌本司受事付事，检勾稽失、省署文牒，兼知省内宿直，检校架阁等事。"

右司，设郎中 1 人，正五品。员外郎 1 人，正六品。"掌本司奏事，总察兵、刑、工三部受事付事，兼带修注官，回避其间记述之事。"其下属官，都事 2 人，正七品。其职掌同左司都事，尚书省祗候郎召管勾官，定员不详，从七品，"掌祗候郎君，谨其出入及差遣之事"。

架阁库，其长官管勾 1 人（初为 2 人），正八品，"掌总察左右司大程官追付文牒，并提控小都监给受纸笔，余管勾同"。其属官有同管勾 1 人（初为 2 人），从八品。

提点岁赐所，长官由左右司郎中、员外郎兼之，"掌提点岁赐出入钱币之事"。

堂食公使酒库，其长官为堂食公使酒库使 1 人，从八品，"掌受给岁赐钱，总领库事"。下属官为副使 1 人，正九品，"掌贰使事"。

直省局，其长官为局长，定员不详，从八品，"掌都堂之礼及官员参谢之仪"。下属官副局长，正七品。管勾尚书省乐工，从九品。下属官定员不详。

尚书省下属机构：

吏部，设尚书 1 人为其长官，正三品，"掌文武选授、勋封、考课、出给制诰之政"。下设，郎中 1 人，正四品为之副。郎中 2 人，从五品。员外郎从六品，初为

---

① 金朝执行机构引文未注出处者均见《金史·百官一》。

4人,并"分判曹务",属有主事4人,从七品。架阁库管勾,无定员,正八品,"掌吏、兵两部架阁,兼检校吏部行止"。属官同管勾1人。官诰院,提举2人,"掌署院事",并"以吏部郎中、翰林修撰各一人充"。

户部,尚书1人为其长官,正三品。侍郎1人为副,正四品,郎中3人,从五品,员外郎3人,从六品。郎中,员外郎分掌户籍、物力、婚姻、继嗣、田宅、财产、盐铁、酒曲、香茶、矾锡、丹粉、坑冶、榷场、市易等,以及度支、国用、俸禄、恩赐、钱帛、宝货、贡赋、租税、府库仓廪、积贮、权衡、度量、法式、给授职田、拘收官物、并照磨记账等事。下属机构有:一曹,由主事5人,女直司2人,汉人司3人,同员外郎分掌。二库,即架阁库,其长官为管勾1人,正八品,"掌户、礼两部架阁"。属官有:同管勾,从八品,无定员。检法,从八品,无定员。勾当官5人,正八品。

礼部,设尚书1人为其长官,正三品。侍郎1人为副,正四品。郎中1人,从五品。员外郎1人,从六品。"掌凡礼乐、祭礼、燕享、学校、贡举、仪式、制度、符印、表疏、图书、册命、祥瑞、天文、漏刻、国忌、庙讳、医卜、释道、四方使客、诸国进贡、犒劳张设之事。"下属机构有一曹,主事2人,从七品同掌。二司即左三部检法司,司正为其长官,2人,正八品,"掌披详法状"。检法22人,从八品,"掌检断各司取法文字"。

兵部,设尚书1人为长官,正三品。侍郎1人为副,正四品。郎中1人,从五品。员外郎2人,从六品。"掌兵籍、军器、城隍、镇戍、厩牧、铺驿、车辂、仪仗、郡邑图志、险阻、障塞、远方归化之事。"其属官有主事2人,从七品。

刑部,设尚书1人为其长官,正三品。侍郎1人为副,正四品。郎中1人,从五品。员外郎2人,从六品。郎中1人,从五品。员外郎2人,从六品。"掌律令格式、审定刑名、关津讥察、赦诏勘鞫、追征给没"以及"监户、官户、配隶、诉良贱、城门启闭、官吏改正、功赏捕亡等事"。其下属有主事2人,从七品。架阁库管勾1人,正八品,"掌刑、工两部架阁"。同管勾1人,从八品。

工部,设尚书1人为长官,正三品。侍郎1人为副,正四品。郎中1人,从五品。员外郎1人,从六品。"掌修造营建法式、诸作工匠、屯田、山林川泽之禁、江河堤岸、道路桥梁之事。"其下属2人,从七品,覆实司管勾1员,从七品,"掌覆实营造材物、工匠价直等事"。

此外,金朝还设置寺监机构作为中央政府执行机构的具体办事机关,此不赘述。

成吉思汗是蒙古族一位杰出的领袖。他于公元1206年,经过激烈的内部争夺,打败了一些部落的竞争者,统一了蒙古各部。后来,其孙蒙哥在成吉思汗死后继位,不久蒙哥死,忽必烈继位,并于1271年废"蒙古"国号,定国号为元。

中书省是元朝最高行政部门。唐代以中书、门下、尚书三省共掌天下军国大计。宋承唐制，但以门下、尚书为虚置，中书省职权仅限于政务，军权和财权被枢密院、三司分割。金朝罢中书、门下二省，置尚书省，领六部，掌全国政务。从性质上看，元朝中书省相当于金朝尚书省。

中书省下设吏、户、礼、兵、刑、工六部。

吏部，其长官尚书3员，正三品；侍郎2员，正四品；郎中2员，从五品；员外郎2员，从六品。"掌天下官吏选授之政令。凡职官铨综之典，吏员调补之格，勋封爵邑之制，考课殿最之法，悉以任之。"

户部，其长官尚书3员，正三品；侍郎2员，正四品；郎中2员，从五品；员外郎3员，从六品。"掌天下户口、钱粮、田土之政令。凡贡赋出纳之经，金币转通之法，府藏委积之实，物货贵贱之直，敛散准驳之宜，悉以任之。"

礼部，其长官尚书3员，正三品；侍郎2员，正四品；郎中2员，从五品；员外郎2员，从六品。"掌天下礼乐、祭祀、朝会、燕享、贡举之政令。凡仪制损益之文，符印简册之信，神大封谥之法，忠孝贞义之褒，送迎聘好之节，文学僧道之事，婚姻继续之辨，音艺膳供之物，悉以任之。"

兵部，其长官为尚书3员，正三品；侍郎2员，正四品；郎中2员，从五品；员外郎2员，从六品。"掌天下郡邑邮驿牧之政令。凡城池废置之故，山川险易之图，兵站屯田之籍，远方归化之人，官私刍牧之地，驰马、牛羊、鹰隼、羽毛、皮革之征，驿乘、邮运、祗应、公廨、皂隶之制，悉以任之。"

刑部，其长官尚书，正三品；侍郎2员，正四品；郎中2员，从五品；员外郎2员，从六品。"掌天下刑名法律之政令。凡大辟之按覆，系囚之详谳，孥收产没之籍，捕获功赏之式，冤讼疑罪之辨，狱具之制度，律令之拟议，悉以任之。"

工部，其长官尚书3员，正三品；侍郎2员，正四品；郎中2员，从五品；员外郎2员，从六品。"掌天下营造百工之政令。凡城池之修浚，土木之缮葺，材物之给受，工匠之程式，铨注局院司匠之官，悉以任之。"①

除六部以外，从属六部的行政管理机关如院、寺、监、府等基本上沿袭唐朝的九寺、五监，略有增减。另外，根据元朝社会的需要又新设置一些院，其中有：蒙古翰林院，主管起草皇帝诏旨；通政院管理驿站，将作院管理工匠；集贤院管理学校事务；宣政院管理宗教并兼管吐蕃地方事宜。由于元朝统治者崇信喇嘛教，并推行宗教欺骗政策，因此主管宗教事务的宣政院权势很大。宣政院官职人选僧俗并用，由此可见，宗教僧侣在元朝国家组织中的地位以及他们对于元朝政治的重要

---

① 以上未注出处的引文均见《元史·百官一》。

影响。

（四）宋、辽、金、元四朝中央政府执行机构之比较

宋、辽、金、元四朝由汉、契丹、女真、蒙古四族分别建立。从中央政府执行机构方面讲，他们的共同特点是在继承唐朝尚书省领属六部之制的前提下，各具特色。

首先，宋朝在继承唐制的基础上，另有变革，将唐朝宰相之权一分为三，形成三权分立的体制。用枢密院分割其军权，用三司分割其财政权，使中书门下仅主政务，进而形成了军、财、政三权分立的管理体制，共同对皇帝负责。值得注意的是中书门下府下属的尚书省中的都省和三司使的设置。这样就形成了尚书省自设机构和下属机构以及三司使自设机构和下属机构的新格局。这种格局的诞生使国家行政组织更加完备和合理，从而使国家行政机构迅速而有序地运转。当然也应看到自设机构的出现也导致了冗员膨胀，增加国家财政支出的负效应。对于后者有待进一步解决，但绝不能因为这一点而否认宋朝对国家行政机构的改革，而否定其积极作用。

其次，辽是以契丹族为主体的少数民族建立的政权。辽与北宋对峙，并承唐制，一方面建立了"以国制治契丹"的北面官体制；另一方面又建立了"以汉制待汉人"的南面官体制。前者用辽的旧制，而后者则"用唐制设"，从而形成了在封建社会中，处理不同民族事务的两种官制政体。这种官制体制同今天提出的一国两制有本质的区别。辽所实施的一国两种官制是由于各民族社会发展不平衡，又同处一体之中，解决不同经济生活形态所产生的社会制度，以及不同地区、不同民族的社会制度的特殊矛盾的一种政体。

再次，金朝是与女真族为主体的少数民族建立的政权。金朝是与南宋对峙，并承唐、宋及辽制，经过封建制度变革，成为中国封建王朝的。反映在政权类型的变革方面，则明显为三个发展阶段，初为具有女真族特点的勃极烈制，接着又仿辽制实行南北面官制，与南宋对峙之时，又对唐制加以变革实行一省制。这种中央政权类型的变化，一方面是当地经济发展的客观要求；另一方面又促使边疆地区由奴隶制向封建制转化，落后的民族政权发展为"中国型"的边境政权乃至王朝，加快了边境与中原的一体化进程。应当看到，边疆地区经济发展，导致民族政权自身采用汉制，要比中原王朝向边疆地区强制推行汉制，效果要好，进步程度要深，向心力要大。

最后，元朝是以蒙古族为主体的少数民族建立的政权。与辽、金二朝相比，它不是区域性政权，而是统一性的全国政权。这种政权"既不同于秦统一出现的全国王朝，也不同于隋唐统一的全国王朝，是以不分华夷、不分中外的'中华一体'的

全国王朝,代替分华夷、分中外的'天下一体'的全国王朝"。① 因此,反映在中央政权组织形式上,既要沿袭中原官制,又要体现蒙古族的集权,便产生元朝具有中原与少数民族相融合特色的一省之下的六部制。其目的在于加强封建国家的行政效能。值得注意的是虽然在机构上由三省变为一省,但中书省的内部官员在原有基础上大为增加,②而且下属机构六部各部官吏亦明显增多,每部长官由1人增到3人,均为正三品,互不统属,相互牵制,从而加强了皇权。

四、六部制的再现

六部是吏、户、礼、兵、刑、工六部的总称,它是中央政府中最重要的机构。与隋、唐、宋、元比较,明清中央政府中的六部直属皇帝,并为皇帝直接服务。

(一)明朝中央政府中的六部

明初承袭元制,设一省制,六部是其下属机构。洪武十三年(1380年),明太祖朱元璋借口左丞相胡惟庸私通蒙古和倭寇,乘机废掉了中书省,使六部直接为皇帝负责,进而提高了六部的地位。

吏部列六部之首,为六部中最重要的一个部,"视五部为特重"。其职"掌天下官吏选授、封勋、考课之政令,以甄别人才,赞天子治"。③ 设尚书1人为长官,正二品,左右侍郎各1人为其副,正三品。其直属机构,司务厅司务2人,从九品。其职掌"催督、稽缓、勾销、簿书"。下属机构有四:文选、验封、稽勋、考功四清吏司。每司设郎中1人为其长官,正五品。员外郎1人为副,从五品。属官有主事1人,正六品,以及其他属官。文选清吏司"掌官吏班秩迁升、改调之事,以赞尚书"。验封清吏司"掌封爵、袭阴、褒赠、吏算之事,以赞尚书"。稽勋清吏司"掌勋级、名籍、丧养之事,以赞尚书"。考功清吏司"掌官吏考课、黜陟之事,以赞尚书"。

户部,"掌天下户口、田赋之政令",设尚书1人为长官,正二品。左、右侍郎各1人为副,正三品。直属机构,司务厅司务2人,从九品,职掌同吏部。下属机构十三清吏司即浙江、江西、湖广、陕西、广东、山东、福建、河南、山西、四川、广西、贵州、云南。每司设郎中1人,为其长,正五品。员外郎1人,为其副,从五品。其"掌分省之事,兼领所分两京、直隶贡赋,及诸司、卫所禄俸,边镇粮饷,并各仓场盐课、钞关"。司下为科,共四:民科,"主所属省府州县地理、人物、图志、古今沿革、山川险易、土地肥瘠宽狭、户口物产多寡登耗之数"。度支,"主会计夏税、秋粮、存

① 张博泉,程妮娜:《中国地方史论》,长春,吉林大学出版社,1994年,161页。
② 蒲坚:《中国古代行政立法》,北京,北京大学出版社,1990年,395～396页。
③ 明朝六部引文未注出处者均见《明史·职官一》。

留、起运及赏赉、禄秩之经费"。金科，"主市舶、鱼盐、茶钞税课，及赃罚之收折"。仓科，"主漕运、军储出纳料粮"。

礼部，"掌天下礼仪、祭祀、宴飨、贡举之政令"。设尚书 1 人为其长官，正二品。左、右侍郎各 1 人，为其副。其直属机构：司务厅司务 2 人，从九品，职掌与吏部同。其下属机构有：仪制、祠祭、主客、精膳四清吏司，每司设郎中 1 人为其长，正五品。员外郎 1 人为副，从五品。主事 1 人，正六品。另有铸印局，大使 1 人，副使 2 人。仪制清吏司"掌礼文、宗封、贡举、学校之事"。祠祭清吏司"掌诸祀典及天文、国恤、庙讳之事"。主客清吏司"掌诸蕃朝贡接待给赐之事"。精膳清吏司"掌宴飨、牲豆、酒膳之事"。

兵部，"掌天下武卫官军选授、简练之政令"。设尚书 1 人为其长官，正二品。左、右侍郎各 1 人为其副。其直属机构：司务厅司务 2 人，从九品。其下属机构有：武选、职方、车驾、武库四清吏司。各司设郎中 1 人为其长官，正五品。员外郎 1 人为其副，从五品。主事 2 人，正六品。所辖，会同馆大使 1 人，正九品，副使 2 人，从九品。大通关大使、副使各 1 人，均未入流。武选清吏司"掌卫所土官选授、升调、袭替、功赏之事"。职方清吏司"掌舆图、军制、城隍、镇戍、简练、征讨之事"。车驾清吏司"掌卤簿、仪仗、禁卫、驿传、厩牧之事"。武库清吏司"掌戎器、符勘、尺籍、武学、薪隶之事"。

刑部，"掌天下刑名及徒隶、勾覆、关禁之政令"。设尚书 1 人为其长官，正二品。左、右侍郎各 1 人为其副，正三品。其属，司务厅司务 2 人，从九品。下属机构十三清吏司，即浙江、江西、湖广、陕西、广东、山东、福建、河南、山西、四川、广西、贵州、云南。其职掌"分省及兼领所分京府、直隶之刑名"。每司设郎中 1 人为其长官，正五品。员外郎 1 人为其副，从五品。主事 2 人，正六品。下置照磨所照磨 1 人，正八品，检校 1 人，正九品。司狱司司狱 6 人，从九品。

工部，"掌天下百官、山泽之政令"。设尚书 1 人为其长官，正二品，左、右侍郎各 1 人，为其副，正三品。其直属机构，司务厅司务 2 人。其下属机构有：营缮、虞衡、都水、屯田四清吏司。每司设郎中为其长官，正五品，员外郎 1 人为其副，从五品。主事 2 人，正六品。营缮清吏司"典经营兴作之事"。虞衡清吏司"典山泽采捕、陶冶之事"。都水清吏司"典川泽、陂池、桥道、舟车、织造、券契、量衡之事"。屯田清吏司"典屯种、抽分、薪炭、夫役、坟茔之事"。

（二）清朝中央政府中的六部

清朝六部仍沿明制。入关以前，天聪五年（1631 年），始建吏、户、礼、兵、刑、工六部，其职掌与明同，但职官名称与明异。各部以贝勒 1 人为长官，下置承政 4 人（满 2 人，蒙、汉各 1 人。惟工部满 1 人，汉 2 人），参政 8 人（唯一工部置蒙、汉各

2人,共12人),启心郎1人(工部置汉2人)。崇德元年(1638年),六部定承政1人,左参政2人,右参政3人,启心郎3人,理事官43人(吏、礼部各4人,户、兵部各10人,刑部6人,工部9人),副理事官65人,额哲库2人。

入关以后,六部变化,因部而异。

吏部变化主要有四:一是吏部长官名称的改变。总理部务由贝勒改为尚书,参政为侍郎。二是品位提高。以吏部尚书为例:满汉各1人,初定满员一品,汉员二品。1659年改为二品,1670年定为正二品,1730年升为从一品。尚书品位逐渐提高,而其属官也顺之提高。三是所属机构复杂了。尚书满、汉各1人,侍郎无定员,郎中满4人,汉2人,员外郎满8人,汉6人,主事满汉各9人。其下属机构有文选清吏司、考功清吏司、稽勋清吏司、验封清吏司、清档房、本房、司务厅、督催所、当月处。四是职权略有扩大。掌全国文职官的任免令,制定京内外各衙门文职官名额,或根据皇帝意旨任官,或由地方官报部任用。

户部的变化有四:一是户部长官名称变化。总理部务由贝勒改为尚书。二是部务官吏明显增多。1638年仅38人,1644年有111人。光绪帝先后增到362人。三是部属机构复杂了。尚书无定员,满、汉左右侍郎各1人,郎中满22人,蒙古4人,汉军2人,员外郎满39人,蒙古5人,汉军6人,堂主事满4人,汉军2人,司主事14人,满司库9人,汉司务2人。其下属机构:14个清吏司、井田科、八旗俸饷处、现审处、饭银处、捐纳房、内仓、南北档房、司务厅、督催所、当月处、监印处。四是职掌清楚。掌全国田亩、疆土、户口、财谷收支的政令。

礼部变化有四:一是礼部长官名称变化。总理部务由贝勒改为尚书。二是部务官员明显增多。1638年,大约22人。清入关以后,据《光绪会典事例》等书籍记载,约145人。三是部属机构复杂了。初满、汉尚书无定员。后来满、汉尚书各1人。左右侍郎满、汉各1人。堂主事满3人,汉军1人。司务厅司务满、汉各1人。各司局郎中满6人,蒙古1人,汉4人。员外郎宗室1人,满9人,蒙古1人,汉3人。主事宗室1人,满3人,蒙古1人,汉4人。大使汉1人。笔帖式宗室1人,满34人,蒙古2人,汉军4人等。部下属机构有仪制清吏司、祠祭清吏司、主客清吏司、精膳清吏司、铸印局、会同四译馆、清档房、汉本房、司务厅、督催所、当月处、书籍库、板片库、南库、养廉处、地租处。四是职掌更清楚了。主要掌国家祀典、庆典、军礼、丧礼,接待外宾与学校、科举等事。

兵部主要变化有四:一是兵部长官变化了。总理部务由满承政改为尚书。二是部务官员明显增多。1638年仅37人。1723年以后,为221人。三是部属机构复杂了。初,尚书无定员。1723年以后,以大学士兼理部务,无定员。以下为:尚书满、汉各1人。左右侍郎满、汉各1人。堂主事满4人,汉军1人。郎中宗室1

人,满 11 人,蒙古 1 人,汉 5 人。员外郎宗室 1 人,满 9 人,蒙古 1 人,汉 3 人。主事满 4 人,蒙古 1 人,汉 5 人。司务满、汉各 1 人等。部下属机构有:武选清吏司、职方清吏司、车驾清吏司、武库清吏司、会同馆、捷报处、档房、本房、司务厅、督催所、当月处。四是职掌更清楚了。主要掌管全国军事及武职官的考核任免及八旗兵、绿营兵。

刑部主要变化有四:一是刑部长官名称的变化。总理政务的贝勒改为尚书。二是部务官员明显增多。1638 年仅 25 人。清入关后,逐渐增加到 407 人。三是部属机关复杂了。初,满、汉尚书无定员,后来定为满、汉尚书各 1 人。满、汉左右侍郎各 1 人。堂主事满 5 人、汉军 1 人,满、汉司务各 2 人,缮本笔帖式 40 人等官。部下属机构有:17 省区清吏司、督捕清吏司、秋审处、减等处、律例馆、提牢厅、赃罚库、赎罪处、饭银处、清档房、汉档房、司务厅、督催所、当月处。四是刑部总的职掌更清楚了。掌全国刑罚政令及刑法案件。

工部主要变化有四:一是工部长官名称变化。总理政务由贝勒改为尚书。二是部务官吏明显增多。1638 年仅 32 人,清入关后,据《光绪会典事例》记载,工部总人数有 317 人。三是部属机构复杂了。初,尚书无定员。1648 年,始定满、汉尚书各 1 人。其下左右侍郎,满、汉各 1 人。郎中,满 18 人,蒙古 1 人,汉 5 人。员外郎,宗室 1 人,满 19 人,蒙古 1 人,汉 4 人。堂主事,满 3 人,汉军 1 人。主事,宗室 1 人,满 11 人,蒙古 1 人,汉 8 人。司库 4 人,司匠 2 人,库使 31 人。笔帖式宗室 1 人,满 85 人,蒙古 2 人,汉军 10 人等。部下属机构有:营缮清吏司、虞衡清吏司、都水清吏司、屯田清吏司、制造库、节慎库、料估所、清档房、汉档房、黄档房、司务厅、督催所、当月处、饭银处。四是职掌明确,"掌天下造作之政令与其经费"。①

(三) 附论　清朝理藩院

理藩院,为清朝管理蒙、回、藏政务机关。初为"蒙古衙门",设承政、参政等官。1638 年 6 月,改"蒙古衙门"为"理藩院"。当时的职官是承政 1 人,左右参政各 1 人,副理事官 8 人,启心郎 1 人。

清入关后,理藩院地位提高,列六部之后。此时,理藩院主要变化有四:一是其长官名称的变化。1644 年改承政为尚书,参政为侍郎,副理事官为员外郎,并增加了员外郎启心郎名额,增设了堂主事、司务、副使等官。二是其地位有明显提高。《光绪会典事例》卷二十云:"理藩院职司外藩王、贝勒、公主等事务及礼仪、刑名各项,责任重大,凡官制体统,应与六部相同,理藩院尚书照六部尚书入议政之列。"可见清王朝对这一机构极为重视。三是其组织机构扩大。清入关前,这一机

---

① 崐冈,李鸿章等修:《光绪会典事例》卷五八。

构大约有 11 人。而清入关后,逐渐增加到 147 人。其主要官吏有:尚书 1 人,满员。左右侍郎各 1 人,满员。额外侍郎 1 人,蒙员。郎中宗室 1 人,满 3 人,蒙古 8 人。员外郎宗室 1 人,满 11 人,蒙古 24 人。其下属主要机构有:旗籍清吏司、王会清吏司、典属清吏司、柔远清吏司、徕远清吏司、理刑清吏司、满档房、汉档房及蒙古房、司务厅、当月处、督催所、银库、饭银处。此外还有内馆、外馆、俄罗斯馆、蒙古官学、唐古特学及托忒学。可见,清朝管理少数民族事务的机构远远超过历朝,说明清王朝在加强和巩固多民族国家的统一方面做了大量工作。四是理藩院职掌的扩大。《光绪会典》卷六三云:"掌外藩之政令,制其爵禄定其朝会,正其刑罚。"又《清史稿·职官志二》云:"掌内外藩蒙古、回部及诸番部,制爵禄,定朝会,正刑罚。"亦即凡青海、蒙古、新疆、西藏等地。可见,清入关后理藩院管辖地区明显扩大。

(四) 明清与唐宋辽金元六部之比较

我国古代自唐朝以后,中央政府均设六部。但是,如果对其进行纵向比较,就会发现差异。这种差异变化是围绕着皇权强化,相权削弱而展开的。

首先,二者的隶属关系不同。就六部而言,在唐朝属于尚书省机构,在宋朝属于中书门下府下属组织,在辽属于南面官下属机关,在金朝属于一省制尚书省下属部门,在元朝属于一省制中书省下属单位,而明清则是皇帝直属机关。由于六部的上司不同,则表明它在整个国家机器中作用的差异。

其次,二者在国家机关的地位不同。在唐、宋、辽、金、元时期,六部基本上是宰相府下属机构,六部的长官多半正三品,而明朝上升为正二品,清朝中期则上升为从一品。不难看出品位的提高,表明该官在国家中的地位上升。随之而来的其机构编制也增大。

再次,二者机构完善程度不同。明朝打破了隋唐以来中央机构六部 24 司(曹)的框架,在各部创设司务厅作为办事机构,设司务 2 人,负责本部的总务工作:登记收纳中央或地方各衙门的文书,并把它转发有关清吏司处理;催督各清吏司完成该办的事以及各事该奏报的期限;管理部内吏员杂役,以保证部的工作正常进行。清朝六部成员族属较以前诸朝发生巨大变化,六部长官均由满汉各 1 人担任,而其下属由满、汉、蒙杂用,当然每一部都要体现以满族成员为主的特色。同时就整体来看又有自己的特点,"与唐宋所不同的,是清代的户部成为唯一的财政机关,地位最为重要。明代的吏部掌理用人之权,而清代却因重要官职都由军机处秉承皇帝旨意直接任免,吏部成了只管考课中下级官吏并援例任免的事了。

由于重文轻武,兵部不能过问军政军令"[1]。

第五节　地方政府执行机构及其运行机制

　　地方政府是中国封建社会诸朝统治的社会基础。因此中央政府对其设置十分重视,不过总的说来集中表现在地方政府层级变化中,要么由二级变为三级,要么兼而有之,一切以统治是否有利为轴心。

一、便于集权的郡县制

　　秦汉的地方政府基本上实行郡、县二级制。至汉初刘邦创立的王国制与郡县制并行。对郡县制来说,王国制只是一种补充形式。从其地位来讲,越来越低,呈过渡性特点。

(一)秦朝地方政府机构设置

　　秦统一六国,罢诸侯置郡县,是建立中央集权制的重要标志。虽然据史书所载早在春秋战国时期就出现了郡县的建制,郡县制并不是秦始皇所创,但这丝毫也影响不了秦统一后在全国范围内普遍建立郡县制度的历史意义。当春秋之时,县制的出现,多半是灭小国后而置之。战国之际,郡的出现,也多为边疆地区所置。虽然战国时开始建立中央集权制,但郡县还不是整个国家制度普遍的地方组织。秦统一后所置的郡县制,则是中央集权制有机的不可缺少的组成部分,而且是普遍而严密的地方制度。这个变化不只是单纯的数量的增加,而且是政治制度的重要变革。

　　斯大林说:"一种社会制度被另一种社会制度所代替,是一个复杂的长期的革命过程。"[2]秦的大规模的统一战争胜利,并不意味着斗争从此消失。相反,事实证明,秦朝建立以后,没落的奴隶主阶级并不甘心退出历史舞台,他们还要继续挣扎。是巩固统一,还是削弱统一? 是加强中央集权,还是主张地方割据? 成为秦建立统一国家之后,统治阶级内部斗争的主要内容。这实质上是革新与守旧,前进与倒退的斗争。这种斗争是围绕着恢复奴隶制社会的分封制还是实行地主阶级的郡县制这一根本问题展开的。

---

　　[1]　白钢:《中国政治制度史》,第10卷,北京,人民出版社,1996年,2页。
　　[2]　斯大林:《和英国作家赫·齐·威尔斯谈话》,见《斯大林全集》,第5卷,北京,人民出版社,1957年,165页。

国家刚刚统一,秦政权内部守旧势力的代表王绾极力鼓吹恢复分封制。他说"诸侯初破",燕、齐、楚等地离国都太远,不分封诸侯便无法控制,主张立秦始皇的"诸子",划地为王。

而李斯用周朝灭亡的历史教训说明,分封诸侯是战乱的祸根。他指出:周文王、武王分封了许多同姓子弟,其最终结果是互相攻击,连年混战,搞得像仇人一样,连周天子都无法禁止。现在国家统一,设置郡县,对"诸子功臣"完全可以用赋税来赏赐他们。这样既容易治理,不会再出现周朝那样的战乱,又符合天下愿望,是国家安宁的好办法。

李斯反对分封制,主张推行郡县制,是有利于统一、有利于安定的好办法,秦始皇支持李斯,认为过去天下,苦于无休止战争就是因为分封诸王。他总结了历史经验,毅然采纳了李斯的意见,废除了分封制,推行了郡县制。郡下设县,其主要官吏由中央任免。郡县制的确立有利于加强中央集权制和巩固中国的统一,符合社会发展方向。它不但在当时有进步意义,而且对以后的封建社会也发生了深远影响,为后世历代王朝所沿用。

秦朝的地方制度,是把地方政权分为两级——郡和县。秦初"分天下以为三十六郡",其后平百越,增设 4 郡,共 40 郡。

郡设郡守,"掌治其郡",主一郡行政,为郡的最高长官。郡守以下设郡尉,"掌佐守典武职甲卒",主军事,设郡监,掌郡监察。

郡是地方最高一级政权,郡的组织机构是中枢机构的缩影。郡守的职权受中央节制。由于郡守负责一郡事务,因而是实现封建国家职能的重要官职。郡之上的直接长官为三公九卿,如郡不健全,中央政令无法执行,则国家乱事必多。郡制之下乃是县邑乡亭,如郡制不健全,则地方政权难巩固。反之,如郡制健全,地方政权才能巩固,三公九卿方尽全力处理国家重大问题。因此,郡是中央和地方间的重要环节。

县是地方基本行政单位,万户以上的大县设县令,其秩六百石至千石,不满万户设县长。其秩三百石至五百石。县令(长)主管县政,受郡守节制,但由中央任免。县令(长)以下设县丞协助县令(长),并兼管司法;设县尉掌征召和训练军队。两者地位相当,其秩二百石至四百石。其下有主管文书的令史、主管监狱的狱掾、言公平的文无害、掌车马事宜的厩驺、主管仓储的仓吏,掌监狱差役的狱吏等属官。

县以下还设有基层组织:乡、亭、里、什、伍。

乡设有秩(或啬夫)、三老、游徼。啬夫听诉讼、收赋税,大乡置有秩,小乡置啬夫,是一乡的主管官吏;三老掌教化;游徼管治安,"握徼循禁司奸盗"。

亭有亭长，"求捕盗贼，承望都尉"。

里有里魁，什有什长，伍有伍长，"以相检察，民有善事恶事，以告监官"。

秦朝的基层组织，是以商鞅变法的"令民为什伍，而收相连坐"的精神发展而来的，它的基础是按住户编制，五家为伍，十家为什，百家为里，十里一亭，十亭为一乡。

基层组织是统治阶级直接对人民进行统治的机构，是征收赋税、徭役、兵役的直接单位，历代统治者都特别重视。秦朝基层组织的原则，也被后世封建王朝所吸取。

（二）两汉地方政府机构设置

两汉的地方政府包括两部分：一是普遍实行的郡县制；二是对有功之臣及亲王实行的侯国制。郡县制与侯国制并行，犬牙交错，并以郡国统县。

郡国是两汉时地方最高政府。据统计，汉高祖在秦基础上，增加 26 郡，文、景时各增加 6 郡，武帝时增加 28 郡，昭帝时增加 1 郡，至东汉顺帝时全国有郡国105 个。

郡是皇帝直接统治区。但详细考察，同为郡却有略微区别。一般地说，京师所在地的郡要略高于普通的郡。汉承秦制，京师所在郡的长官为内史。景帝二年分置左右内史。武帝时又分 3 个郡，长官称京兆尹、左冯翊、右扶风，即"三辅"。就秩次来说亦有差别，两汉时，郡及国所辖郡的长官均是 2000 石（实得石数为750 石）。而西汉京城长安所在的京兆、左冯翊、右扶风及东汉京都洛阳所在的河南郡尹秩均为中 2000 石（实得石数为 1125 石）[1]。同时，京城所辖郡尹同中央官吏一样，可以参与朝仪。但其基本职权与一般郡相同。

郡设郡守为其长官，"掌治其郡"[2]。具体说："劝农桑，平狱讼，普赋税，选孝廉，典兵禁，备盗贼。"[3]守之下有郡尉："掌佐守典武职甲卒。"[4]监御史负监察。守、尉、监之下均设有丞，协助守、尉、监处理日常工作。下设诸曹办事之所。主要有别驾、主簿功曹、议曹、贼曹掾、决曹掾、贼捕掾、五官掾、门下掾、门下督、郡掾祭酒、郡文字、郡文学史、郡文学卒史、学经师、宗师、舍人、史、从史、诸曹史、右曹掾史、太守卒史、《五经》百石卒史、直符史、狱史、狱小吏、小史、督邮、督邮掾、督邮书掾、都吏、少府、守属、给事太守府等。[5]

---

① 蒲坚：《中国古代行政立法》，北京，北京大学出版社，1990 年，205 页。

② 《汉书·百官公卿表》，北京，中华书局，2012 年。

③ 《后汉书·百官志五》，北京，中华书局，2012 年。

④ 《汉书·百官公卿表》，北京，中华书局，2012 年。

⑤ 陈茂国：《历代职官沿革史》，上海，华东师范大学出版社，1988 年，109 页。

郡下为县,县以下的地方机构,亦承秦制。《通典·职官》云:"汉乡、亭及官,皆依秦制也。"大县置令一人,千石;其次置长一人,四百石。下有县丞、县尉。县之下为乡,乡置有秩、三老、游徼,但小乡则仅置啬夫1人。乡下为亭,亭置亭长。亭之下为里,里置里魁。里下有什,什有什长。什下有伍,伍有伍长。

另外,与秦一样,在少数民族聚居地区设道、邑以管其政事。

值得注意的是:刺史在西汉时本是中央派遣地方的监察官,并非固定一级行政官吏。但到了东汉时,刺史已有一定的治所和自己的衙门。至东汉哀帝时,改刺史为州牧,刺史遂由中央派遣的监察官一变而为地方行政官。这样东汉地方行政也就由郡县两级制变为州、郡、县三级制了。

东汉末年划天下为13州,州为最高一级地方政府。具体说:司隶,治河南,领7郡国。豫州,治谯(今安徽亳州市),邻6郡国。交州,治昌邑(今山东金乡县西北),领8郡国。徐州,治郯(今山东郯城县北),领5郡国。青州,治临淄(今山东淄博市的属地),领6郡国。凉州,治陇(今甘肃张家川回族自治区),领12郡国。并州,治晋阳(今山西太原市南晋源镇),领9郡国。冀州,治高邑(今河北高邑县东),领9郡国。幽州,治蓟(今北京市),领11郡国。扬州,治历阳(今安徽和县,汉末先后迁今寿县,合肥市)。荆州,治汉寿(今湖南常德市东北),领7郡国。益州,治雒(今四川广汉县),领12郡国。交州,治广信(今广西梧州市),领7郡国。其州政府机构为:司隶因领京城及其附近郡,故其州长官称司隶校尉。其他12州的长官均设刺史一人。司隶校尉附属吏有从事史12人:都官从事,主察举百官犯法;功曹从事,主州部选署官吏及一应事务;别驾从事,主奉引,并录众事;簿曹从事,主财谷簿书;兵曹从事,掌兵事;郡国从事,主督促文书,察举非法,此外还有门亭长,掌州正门;门功曹书佐,掌选用;律令师,主平法律;簿曹书佐,主簿书等属官。各州刺史皆有从事史,人员与司隶校尉属官略同。

国是皇帝间接统治区。"国"即是西汉初年刘邦所分封的功臣、亲王的统治区。伴随着郡县制为什么会出现王国制?众所周知,秦汉之际的历史经历了由统一导致分裂,由分裂又重新走向统一这样一个历史过程。与之相应,地方行政体制也经历了一个否定之否定的历史过程。君主专制政体固然因为秦朝统治者的急功近利而一度崩溃,但重蹈覆辙如楚霸王项羽的分封制,同样为历史所不取。郡国并行政体就是在历史由分裂重新走向统一的历史过程中适应刘邦重建大一统专制统治目的应运而生的一种过渡性政体,因而有其合理性。

正因为如此,刘邦与项羽抢夺地盘先后分封给7个异姓功臣为王。他们是:

高祖二年(公元前205年)封韩王信为韩王于阳翟(今河南禹县),五年(公元前202年)徙山西马邑(今山西太原市);四年(公元前203年)封韩信为齐王于临淄（今属山东），五年（公元前 202 年）改封为楚王于邳县（今江苏睢宁县古邳镇）；四年封英布为淮南王于六安（今安徽六安市北）；封臧荼为燕王于蓟县（今属河北），五年反，高祖亲征平息，改立太尉卢绾为燕王；五年（公元前 202 年）封彭越为梁王于定陶（今属山东）；五年改封衡山王吴芮为长沙王于长沙（今湖南长沙市），传 5 世无后，于文帝七年（公元前 157 年）国除。

这些异姓的地望横跨数十县，比郡级行政地区大，且有相对的独立性。这对刘邦政权具有潜在威胁，因此，西汉统一后，刘邦在消灭异姓王的同时，将全国 54 个郡中的 39 郡分封给同姓 9 王。大致情况如下：

高祖六年（公元前 201 年）正月，废楚王韩信，将故楚国西部淮北地区收归中央，将东部的淮东、淮西地区中的彭城、东海、薛郡 3 郡 36 县封给同父少弟刘交为楚王，都彭城（今徐州市）；以韩信故楚国淮东地区的东阳、鄣郡、吴郡 3 郡 53 县地封给从兄刘贾为荆王；将临淄、济北、博阳、城阳、胶东、胶西、琅琊 7 郡 73 县封给亲子刘肥为齐王，都临淄（今属山东）。九年（公元前 198 年）正月，废赵王张敖为宣平侯，以子代王刘如意为赵王，以故地邯郸、巨鹿、常山 3 郡中的巨鹿析置清河、河涧郡，并兼辖代国的云中、雁门、代郡，合 8 郡分给赵王，都邯郸（今属河北）。十一年（公元前 196 年）正月，分赵国北部，即原代王刘如意的 3 郡封子刘恒为代王，都晋阳（今山西阳曲县晋源镇），赵国仍辖邯郸、巨鹿、常山、清河、河间 5 郡；十一年三月，将陈郡、汝南、颍川 3 郡封给子刘友为淮阳王，都陈（今河南淮阳县）；三月平异姓梁王彭越，以故地东、砀 2 郡封子刘恢为梁王，都睢阳（今河南商丘县）；七月废英布的淮南国，改封子刘长为淮南王，徙都寿春（安徽寿县），仍领九江、衡山、庐江、豫章 4 郡。十二年（公元前 195 年）二月，派樊哙、周勃率兵击燕王卢绾，立皇子刘建为燕王，都蓟（今属河北），领广阳、上谷、渔阳、右北平、辽西、辽东 6 郡，相当于战国时期的燕境。

在封同姓王的同时，又封同姓宗室功臣 143 人为侯。这些侯国权力甚大，有行政权，"自治民聘贤"[①]；财政权，"皆令自置吏，得赋敛"[②]；司法权，"断狱治政"[③]；同时还有一定数量的军队，如关吴王刘濞谋反，一举发兵 20 万。王国的行政管理体制，"同制京师"[④]。其组织机构与汉中央政府一样，除太傅和丞相由中央任命外，"得自除御史大夫群卿以下众官，如汉朝"[⑤]。应当看到封国制确实起过拱卫中

---

① 《汉书·邹阳传》，北京，中华书局，2012 年。
② 《汉书·高帝纪下》，北京，中华书局，2012 年。
③ 《汉书·何武传》，北京，中华书局，2012 年。
④ 《汉书·诸侯王表》，北京，中华书局，2012 年
⑤ 《汉书·高五王传·赞》，北京，中华书局，2012 年。

央权力之作用,但也潜在具有与中央分庭抗礼的离心力量。虽然终两汉之世封国未消,但其力量越来越小。小在皇权允许的范围内,弱在不能与中央抗衡的限度中。

二、分级管理的三级制

魏晋南北朝时期各王朝的地方机构,一方面沿袭前朝某些地方政权的组织形式;另一方面根据新形势又对地方机构进行了一些改革。这一时期地方机构主要变化有:

(一)州郡县三级地方体制的确立

秦汉地方机构基本上是郡县两级制。只是在西汉前期出现了郡国并行的双轨制,汉武帝时期,为了加强中央集权,又出现了 13 个监察区。监察区不是一级地方政权,其长官刺史只是中央派出的监察官。东汉基本如此,只是到黄巾起义之后(184 年),这种监察区逐步变为郡以上的一级政权。这种转变到了三国时就固定下来,定名曰州,直至隋建国前大都如此。州是地方机构最高一级。

魏国实得汉 13 州的 9 州,后来把 9 州之地分为 13 州。州置刺史,或州牧(第五品),掌治州事。属官有治中从事、别驾从事、功曹从事、簿曹从事、兵曹从事、郡国从事、文学从事、武猛从事、督邮、主簿、帐下督、门亭长、书佐、计吏等。此外还有大中正 1 人,掌品评人物。州下置郡,郡置太守,第五品,唯河南置尹是第三品,其原因是魏国都在河南之内。太守若领兵,则加"将军"名号。郡丞,第八品。边郡丞称长史,兼郡中正。都尉 1 人,第五品,掌兵事。大郡置都尉 2 人。司马 1 人,第八品。都尉属掾史有:功曹掾、五官掾、上计掾、门下掾、文学掾、文学祭酒、督邮、主簿、主记、门下书佐、纲纪、循行。郡下置县,大县置令,第六品。丞 1 人,第八品。尉 2 人,第九品。次等县也置令,第七品。有县丞、尉各 1 人,皆第九品。小县置长,第八品,也有丞、尉各 1 人,第八品。县有掾史,与郡制略同。又有校官掾、师友祭酒、决疑祭酒。县之下置乡,乡置秩、三老,第八品。小乡置啬夫,第七品。魏州辖郡、县,具体分述如下:司隶校尉,治河南(今河南洛阳市东),领河南、河内、河东、弘农、平阳、荥阳 6 郡,下属县共 60。荆州,治宛(今河南南阳市),领南阳、江夏、襄阳、南乡、魏兴、新城、上庸、义阳 8 郡,下属县共 61。豫州,治安城(今河南正阳县北汝河南岸),领颍川、梁国、沛国、陈、鲁、汝南、谯、弋阳、阳安、襄城、汝阴 11 郡,下属县共 83。青州,治临淄(今山东淄博市旧临淄),领齐、济南、乐安、东莱、城阳、北海、长广 7 郡,下属县共 54。兖州,治鄄(今山东鄄城县箕山附近),后迁治廪丘(今山东郓城县西北),领陈留、东、洛阴、山阳、任城、东平、济北、泰山 8

郡,下属县共 64。扬州,治合肥(今安徽合肥市),后迁往寿春(今安徽寿县),领淮南、庐江、安县 3 郡,下属县共 24。徐州,治彭城(今江苏徐州市),领下邳、彭城、东海、琅邪、广陵、东莞 6 郡,下属县共 56。凉州,治姑臧(今甘肃武威市),领金城、武威、张掖、酒泉、敦煌、西平、西、西海、安定、北地 10 郡,下属县共 49。秦州,治上邽(今甘肃天水市),领陇西、汉阳、南安、广魏 4 郡,下属县共 20。冀州,治邺(今河北临漳县西南),领赵国、馆鹿、安平、渤海、河间、清河、中山、常山、魏、平原、乐陵园、阳平、广平、朝歌、博陵、章武 16 郡,下属县共 126。幽州,治蓟(今北京市),领范阳、燕国、北平、上谷、代、辽西、辽东、玄菟、乐浪、昌黎、带方 11 郡,下属县共 60。并州,治晋阳(今山西太原市南晋源镇),领太原、上党、西河、雁门、乐平、新兴 6 郡,下属县共 44。雍州,治长安(今陕西西安市西北),领京兆、冯翊、扶风、新平、汉兴 5 郡,下属县共 33。

吴国实得汉 13 州中的扬、荆、交 3 州。后将 3 州分为 5 州。州之属官,见于文献记载,仅有部郡从事、师友从事,其他与魏大致相同。吴国州辖郡、县具体分述如下:扬州,治建业(今江苏南京市),领丹阳、吴、会稽、豫章、庐江、庐陵、鄱阳、新都、临川、临海、建安、吴兴、东阳、毗陵典农校尉、庐陵南部都尉 15 个郡及校尉。荆州,治南郡(今湖北沙市),领南、武陵、零陵、桂阳、长沙、宜都、临贺、衡阳、湘东、建平、天门、昭陵、始安、始兴 14 郡,下属县共 99。郢州,治江夏(今湖北武汉市武昌),领武昌、蕲春、安成、江夏、彭泽 5 郡,下属县共 20。交州,初治番禺(广东广州市),后改为龙编(今越南国河内市东北),领日南、交趾、九真、合浦、武平、九德、新兴、珠崖 8 郡,下属县共 49。广州,治番禺(今广州市),领南海、苍梧、郁林、高凉、高兴、桂林、合浦北部尉 7 郡,下属 43 县。

蜀国仅得汉 13 州的益州。后改置梁、益两州。初梁州置牧(二千石),以诸葛亮为之。亮死,置刺史(六百石)。益州刺史的属官有治中从事、别驾从事、功曹从事、议曹从事、劝学从事、典学从事、部郡从事、督军从事,前、后、左、右部司马、主簿、书佐等。郡置太守,其属官可考者有功曹掾、史、五官掾、师友祭酒督军从事、门下书佐、主簿等。郡下置县,县下置乡,制略同魏制。州置郡县具体如下:益州,治成都(今四川成都市),领蜀、犍为、汶山、越嶲、牂牁、永昌、江阳、汉嘉、朱提、建宁、云南、兴古 12 郡,下属县共 86。梁州、治汉中(今陕西汉中),领汉中、广汉、巴、梓潼、涪陵、巴东、巴西、宕渠、阴平、武都 10 郡,下属 52 县。

魏晋南北朝时期地方政府机构的设置。

值得注意的是,三国至南北朝诸朝的州数逐渐增多。据史载,两汉有州 13;三国魏有州 13,蜀有州 1,吴有州 5,共为 19;西晋有州 19;南北朝南朝以梁有州最多,凡 130,北朝后魏有州 110,北齐有州 97,北周有州 211。州数为什么逐渐增多呢？原因如下：①割裂：这时全国处于分裂割据状态，统一时代的一个州现在如果被两个国家所分割，则除甲有此州之外，乙也有此州，因此过去一个州，现在变成两个州了。②侨置：西晋灭亡，东晋过江，江北诸州人民随之南迁，为了安插流民和表示不忘故乡之意，就在江南诸州划地侨建北方诸州，侨建之初本是临时措施，满以为旧州光复侨州即撤，谁知旧州久不能复，侨州也就长存不废。③新置：新置是这一时期州数大增的最主要原因。新置情况又有几类：一是攻下了敌国的部分土地，不问大小就设一个州；二是如果某一地方在政治上或军事上比较重要，就又设一个州；三是有什么祥瑞吉兆，也就在祥瑞出现的地方设立一个州。[①] 其结果是在总面积大略相等情况下，州的数目增多了，但州的面积缩小了。到了南北朝末期，就全国范围来说，一个州平均有二郡，每个郡仅有二、三个县。这样一个州总共才五、六个县。因而，三级制的意义逐渐丧失了。

（二）西晋封国制度重现

曹魏时期，其行政建制基本上沿用了汉武帝以来的制度。虽封有王、侯，都是虚爵，即所谓"寄地空，名而无其实"[②]。王、侯在国内无政治和军事权力。司马炎代魏，认为魏之灭亡，是由于无宗室以为藩辅之故，所以改变了曹魏的制度，重现了古代的分封制，恢复了封王和封公、侯、伯、子、男五等爵之制。他封同姓王27 国，公、侯、伯、子、男五百余国。所封户数几乎占全国户口的半数。《晋书·职官志》云："以为古者建侯，所以藩卫王室。今吴寇未殄，方岳任大，而诸王为帅，都督封国，既各不臣，其统内于事重非宜。……其平源汝南琅邪扶风齐为大国，梁赵乐安燕安平义阳为次国，其余为小国。"又云："非皇子不得为王，而诸王之支庶皆皇家之近属至亲，亦各以土推恩受封。其大国次国始封王之支子为公，承封王之支子为侯，继承封王之支子为伯，小国五千户已上始封王之支子为子，不满五千户始封王之支子及始封公侯之支子皆为男，非此皆不得封。"（同上）可见晋时分封十分注意受封者是否"皇家之近属至亲"，并且明确指出"非皇子不得为王"。同时对受封者的封地、封户和置军都有明确的规定。《晋书·地理志》云："惟安平郡公孚邑万户"，"其余县公邑千八百户，地方七十五里；大国侯邑千六百户，地方七十里；次国侯邑千四百户，地方六十五里。大国伯邑千二百户，地方六十里；次国伯邑千户，地方五十里。大国子邑八百户，地方五十里；次国子邑六百户，地方四十五里；男邑四百户，地方四十里。"又《晋书·食货志》云："武帝泰始元年封诸王以郡为国。邑二万户为大国，置上中下三军，兵五千。邑万户为次国，置上军下军，兵三

————————

① 杨鸿年：《中国古代地方政治制度考略》，见《政治与政治科学》，北京，群众出版社，1993 年，204～209 页。

② （晋）陈寿：《三国志·魏书·武文世王公传》注引《袁子》，天津，天津古籍出版社，2009 年。

千人。五千户为小国,置一军,兵千五百人。""公侯邑万户以上大国,五千户以上为次国,不满五千户为小国。"司马氏以为这样就可以使西晋的统治得到巩固,并使统治阶级内部关系得到调节。但是他们都是宗室贵族,位尊权大。尤其是受封王、公、侯、伯、子、男徒享封土权力增大,拥有众多的士卒,又得自置官吏,实是一方的土皇帝。这样的制度实是一种倒退,严重地削弱了中央集权制度,这是西晋时期政治和社会不稳定的一个重要因素。

(三) 北魏时期几个有特色的基层组织

坞壁。北魏统一北方前,它是北方很有特色的基层组织。西晋末年至五胡十六国时期,中原地区未南逃的世家大族将宗族、部曲武装起来,修筑坞壁,缮制甲兵,割据一方,借以保护大地主的封建权利。这些大地主,便当上坞主、壁帅,或者称为垒主、堡帅。堡、垒和坞、壁一样,都是武装割据性质的据点,简称为坞壁。

这些坞壁小则几百家,大则上万家。小坞壁依附大坞壁,大小坞壁有时结成坞壁群。在坞壁内部有田园、陂池、山林、牧场,有农艺和畜牧,还有作坊,它们在经济上是自给自足的。更重要的是还有自己的武装,不但男子弄刀使枪,女子也学习武艺。在这方面表现突出的是 5 世纪末,广平(现河北曲周县北)人李波,他曾率其宗族与北魏官军对抗。武装力量是保护坞壁独立地位的一个重要条件。

当时,这些坞壁已发展成为军事、政治、经济三位一体的独立小王国。这是在西晋末年,北方混战,割据政权更迭频繁,基层行政机构瘫痪瓦解的条件下,坞壁主利用长期以来形成的宗法关系和地方观念而出现的独立的地方基层组织。它是同姓之人,聚族而居,叔叔伯伯、哥哥弟弟盘根错节的一种组织形式。因此,凡是在北方建立政权的统治者,几乎没有例外地在任用坞壁主做当地的郡守和县令,给他们合法的统治地位,以巩固自己的统治。

宗主督护制。北魏是由拓跋鲜卑拓跋珪建立的,后来统一北方。在地方基层组织方面,北魏曾一度实行了宗主督护制。考其来源曾先后经历两个阶段。一是拓跋珪时期。拓跋珪即位前,拓跋族部落的社会组织是姓族或宗党。[1]《魏书·官氏志》具体记述了拓跋族部 120 个姓族。这 120 个姓族,对拓跋氏来说,都是"良家",但贵贱不同。拓跋珪建国并进入中原后,受中原封建化的影响,要想使拓跋族生存和发展,必须追赶中原各族。于是拓跋珪首先在拓跋氏内 120 个姓氏不同的宗党中实行了宗主督护制,以代替部落统领旧制。二是拓跋嗣时期,北魏进入中原,在处理和中原坞壁主的关系方面,拓跋嗣继续实行其先帝调虎离山,把坞壁主强迁北方之策,结果中原各地纷纷起兵,反对北迁。后来拓跋嗣采纳了汉族士

---

[1] 万绳楠:《魏晋南北朝史论稿》,合肥,安徽教育出版社,1983 年,255 页。

大夫出身的崔宏的建议,用大赦坞壁主来缓和紧张的局面。

北魏明元帝拓跋嗣以后,迁徙坞壁主的政策停止执行了。汉族居住地区坞壁主的权力得到北魏的承认,并把拓跋部的宗主督护制扩大到汉人和其他各族。这样原来的坞壁主叫作宗主,承认了他们对本乡的统治权力,自然成了地方基层政权。

北魏统治者就是利用宗主督护制这种形式取得了中原世族大族的支持,加强了对中原的统治。不过宗主在政治上都是一些大大小小的割据势力,对在日益加强的中央集权的封建国家来说,是一种实行政令的障碍。宗主控制下的佃客、部曲,多数没有户籍,国家不得干预。可见这种制度只对大地主有好处,对农民没好处,对封建国家来说,则只是为巩固初建政权而采取的权宜之计。

三长制。486年,北魏孝文帝采纳了李冲的建议,强化了县以下的地方组织,确立三长制度,"初立党、里、邻三长,定民户籍"。"五家立一邻长,五邻立一里长,五里立一党长,长取乡人强谨者。"[①]三长制是代替宗主督护制的基层政治制度。北魏前期采用宗主督护制只是迫不得已的权宜之计,一旦政权巩固,就必然要以符合中央集权要求的新的制度来代替它。废除宗主督护制和实行三长制,是对东汉以来世家大地主的一次沉重打击。所以有不少守旧派反对。《魏书·李冲传》记载:"立三长,则课有常准,赋有恒分,苞荫之户出,侥幸之人可止。何为而不可?"可见冯太后、孝文帝执行三长制的态度是坚决的。

三、握有实权的州县制

握有实权的州县制实质是指隋唐时期地方政府的政体。这个时期地方上基本实行州县两级制,只是在隋初十余年实行短期州、郡、县三级制。值得注意的是此时在中国疆域史上有两件重大创设:一是道,二是府。道起初与西汉的13州一样,作为中央政府的监察区,中唐以后才正式成为一级地方行政区划。府与州同级的区划,有其特点。

1. 隋朝地方政府行政区划

隋朝在地方制度上一项重要改革,就是减少地方政府机构的层次,加强中央对地方的控制。

隋初的地方政府机构仍然实行魏晋南北朝以来的州、郡、县三级制。据《隋书·地理志》载,杨坚即位时,有州201个,郡508个,县1124个。州、郡、县均分

---

① （北齐）魏收:《魏书·食货志》,北京,中华书局,2012年。

为上上至下下九等。一般都有二套职官,一套由吏部直接任命的官员,在州为刺史、长史、司马、录事参军事、功曹、户曹参军等,在郡为太守、丞、尉,在县有令、长等。一套由地方行政长官直接辟置,在州为典签、州都、郡正、主簿、西曹书佐、祭酒从事、部郡从事、仓督、市令等。在郡为光曹、光初主簿、县正、功曹、主簿、西曹、金、户、兵、法、士诸曹等。在县为令、长的僚佐等官。一般说来,上上州额定官员 323 人,上中州 311 人,下下州也有 156 人。上上郡额定官员为 146 人,上中郡为 141 人,下下郡也有 99 人。上上县额定官员 99 人,上中县 95 人,下下县也有 47 人。

州、郡、县如此之多,官吏设置如此之乱,出现了"民少官多、十羊九牧"的现象。因此,杨希上表,请求"存要去闲,并小为大"。[①] 隋文帝采纳了杨希的表奏,于 583 年将州、郡、县三级制改为州、县二级制(炀帝时改州为郡),合并了一些州县,徐文范考证,开皇三年后有 197 州,837 县,从而减少了地方行政机构的层次,同时也削减了地方行政官吏的人数和职权。至开皇末年,全国有 299 州,1348 县。于是地方政权机构即是州设刺史、县设县令。县下五家为保、五保为闾、四闾为族,分置保长、闾正、族正,对人民进行严密控制。

隋炀帝大业三年(607 年)又改州为郡,地方行政机构则变为郡县二级制。郡分上中下三等,各置太守,上郡从三品,中郡正四品,下郡从四品。京兆、河南则俱置尹,均为正三品。罢长史、司马,置赞务(后改为丞)为次官。后来,诸郡各加置通守 1 人,位次太守,居赞务之上。京兆、河南,则谓之内史。根据《隋书·地理志》的记载,大业五年(609 年)的统计,全国有郡 190 个,县 1255 个。

隋朝对地方政权的机构的改革,不仅调整了中央和地方的关系,加强了中央对地方的控制,有助于清除地方封建割据的局面,同时加强地方机构的统治效能,改变了"民少官多,十羊九牧"的现象。至此封建主义的中央集权制度,进入了一个新的发展阶段。

2. 盛唐地方政府的等级结构

盛唐地方政府行政建制基本上是州县两级。但唐朝后期又出现了道,于是由州县二级制变为道州县三级制。与州的地位相当的还有府。府、州是编制不同,称谓各异的同一层级的地方政府。二者之所以编制不同,是因为其等级的差异。正因为等级的差异,人们对其称谓亦有别。简言之,同一层级而等级有别,是盛唐地方政府建制的一大特色。

内陆府是州级行政建制的第一等级。有唐一代,称内陆府者有 10:京兆、河南、河中、太原、凤翔、成都、江陵、兴元、兴德、兴唐。其中兴唐府置于唐王朝灭亡

---

① 《隋书·杨尚传》,北京,中华书局,2012 年。

前夕,存在时间甚短,故一般史籍略而不论。不称州而称府,考其原因要么基于政治目的,要么由于军事需要,要么因为是经济命脉,但就多数而言,又与其所处的地理位置和历史地位有着密切关系。而之所以称府为州级建制的第一等级,是因为府的最高长官品级高于普通州,而且府地地险资美。《新唐书·百官志》云:"西都、东都、北都牧各一人,从二品。"何谓三都?《大唐六典》卷三云:"京兆、河南、太原为三都。"唐朝定都长安,以雍州为京兆府而称谓有别于其他诸州,是因为它既是历史上西周、秦、西汉、新莽、前赵、前秦、西魏、北周、隋等朝故都所在地,又是唐朝政治、经济、文化中心,还是当时大地主、大贵族和官僚最集中的地方。唐以东都洛州为河南府而称谓有别于其他诸州,是因为它既是历史上东周、东汉、魏、晋、后魏的故都,又因该地水陆交通四通八达,还是历来兵家必争的战略要地。唐又以北都并州为太原府,是因为它既是唐高祖起兵发祥之地,地形险要,又是唐朝京都北边军事屏障。不仅如此,三都最高长官皆亲王遥领。《通典》卷三十三云:"大唐京兆府本为雍州,置牧一人,以亲王为之。太宗为秦王、中宗为英王、睿宗为相王时,并居其任。""大唐……显庆二年置东都,改刺史为长史,而洛州本置牧一人,以亲王为之,中宗为周王时及卫王重俊实居其任……其牧尹之制一如京兆。""开元之后,增置太原府为北京,官属制置,悉同两京。"这就决定了内陆府的地位略高于边疆府和普通州。值得注意的,同是府亦有略微差别。《新唐书·百官志》云:"西都、东都、北都、凤翔、成都、河中、江陵、兴元、兴德府尹各一人,从三品。"可见,三都府有牧且有尹,而三都之外府,无牧,只有尹。尹为之最高长官,而最高长官品级低于三都府最高长官两级。

　　边疆府是州级行政建制的第二等级,时称都护府。其主要职能在于管理周边少数民族事务。都护之官,始于西汉。当时都护府的作用只在于监督并不管理百姓。唐朝管理边疆事务,从体制上讲,实行双轨并行制,即以都督府统领边要州镇之军务,以都护府管理归附少数民族之政务。前者不是本书研究的问题,此不赘述。后者则是本书研究的重点。从太宗至武后时期,唐朝在周边,共设 8 个都护府。到了玄宗开元、天宝年间,只剩下 6 个,它们是安西、北庭、单于、安北、安东、安南。其中"单于、安西、安北为大都护府,安南、安东、北庭为上都护府"[①]。其大、上之分,主要依据有三:一是都护府的最高长官都护的品级不同。大都护为从二品,而上都护为正三品。前者一般由亲王遥领,而后者由中央任命官吏充任之。二是府编不同。大都府编制为 48 人,而上都护府编制为 40 人(下文详述)。三是管辖领地不同。一般说来大都护府比上都护府辖地广而要。值得注意的是都护

---

　　① 《大唐六典》卷三,西安,三秦出版社,1991 年。

府的都护均由汉人担任,不能世袭。无可争议,它的建立有助于唐朝对周边地区的管辖,对汉族与周边少数民族之间的经济、文化交流,对统一的多民族国家进一步团结壮大,起到一定的积极作用。

普通州是州级行政建制的第三等级。它们地处三都府之外,都护府之内,是重要的一级地方政府。其重要性主要表现在辖区广、数量大这两方面。据统计,全国有90%以上的疆域为普通州所管辖。740年全国有县1573个,其中有1514个为普通州所辖。

普通州又有等级之别。初以户口数多少分天下州为上、中、下三等。武德年间以三万户以上为上州,永徽年间以二万户以上为上州,显庆年间又以户满三万户以上为上州。后来,分州标准又有变化。一是以户口多寡为标准。开元十八年以太平日久,人口日殷改以四万户以上为上州,二万五千户为中州,不满二万户为下州。亦有不满四万户亦为上州者,其亲王任中、下州刺史者为上州。二是以地理位置距京都远近,地资恶美险要分成辅、雄、望、紧诸州。《文献通考·职官考十七》云:"开元中,定天下府州,自京都及都督、都护之外,为四辅、六雄、十望、十紧及上中下之差。"四辅,原指天子身边四个辅佐之官,到了唐朝转变为国都长安附近的四个拱卫州,即同、华、岐、蒲。六雄初指齐、楚、燕、韩、赵、魏与秦争霸的六国,唐时取其威力之意,达保东都洛阳之实。唐玄宗巡幸东都时说:"国之中洛,王者上地,均诸侯之赋,当天下之枢,陆行、漕行方舟系,费省万计,利赢十倍。"[1]因此,唐统治者以东都洛阳为中心,呈圆形,在六个要冲之地设六州,即:郑、陕、汴、缝、怀、魏。因为东都的得失,直接关系到京都长安的存亡,故在六州之外圈又增设10个拱卫州,即十望:朱、亳、滑、许、汝、晋、洛、虢、卫、相。以此为要冲之地。在十望之外的交通要道又增设10紧,在西北丝绸之路有秦、邠、陇、泾等州,在京都四辅、东都六雄、十望之外,南有唐、邓;北有隰、慈、汾、延等州。纵观《新唐书·地理志》,我们得出这样一个结论:以京都为中心,在要冲之地划为辅、雄、望、紧,其中辅州距离京都最近,紧州离京都最远。其余诸州以户口多寡为差,分为上、中、下等级。二者结合起来,已称辅、雄、望、紧的州,不再以户口多寡称上、中、下州。以天宝年间为例,当时全国有上州109、中州29、下州189,连同四辅、六雄、十望、十紧,总计357州。结合诸州最高长官品级,我们认为其等级高低依次为辅、雄、望、紧、上、中、下七等。

唐朝的县亦分等级。其分等的标准是应时而变的。整个唐朝县等的变化主要经历三个阶段:

---

[1] 《唐大诏令集》卷十九《幸东都制》,北京,中华书局,2008年。

第一个阶段是唐高祖时期。此时县等仅以户口多寡为准,分为四等。武德令云:以五千户以上为上县,二千户以上为中县,一千户以上为中下县,一千户以下为下县。

第二个阶段是唐玄宗时期。以户口为主,同时综合考虑地资美恶等因素,初将县分为四等。据《唐会要·量户口定州县等第例》云:"以六千户已上为上县,三千户已上为中县,不满三千户为中下县,其赤、畿、望、紧县不限户数,并为上县。去京五百里,并缘边州县,户五千已上亦为上县,二千已上为中县,一千已上为中下县。"

第三个阶段是唐朝中后期。以政治地位及户口多少、地资美恶为差,分县七等。但其含义据史载略有差别。考其原因,安史之乱,国家政治体制失控,郡县等级混乱所致。《通典·职官十五》云:"大唐县有赤、畿、望、紧、上、中、下七等之差。"赤县即京县。《通典·职官十五》云:"京都所治为赤县,京之旁邑为畿县。"故京、畿之分,实则以政治地位为标准。上、中、下诸县实则"以户口多寡为差。"而紧、望之县因地处要地,其地位又略高于上县。《旧唐书·肃宗纪》云:"改灵武郡为大都督府,上县为望,中县为上。"此时,由于安禄山反叛,攻陷长安,唐玄宗西逃四川,太子李亨即位于灵武并改元曰至德。这样灵武既是与安禄山争斗的军事要地,又是肃宗李亨登基之所。当然灵武郡属县"上县为望,中县为上",显然望县要高于上县。不久李亨南行彭原,彭原地处灵武与京兆府(唐之京都所在地)之中。此地对李亨登基之地讲,是反安禄山之前沿,故此"彭原郡百姓给复二载,郡同六雄,县升紧、望"。六雄即是盛唐之时,拱卫四辅之外的六州。彭原郡地位如同六雄保卫四辅一样,加之其又是军事要地,升彭原所辖诸县为紧、望。从唐人的心理状态分析,虽肃宗即位于灵武,但京兆府内之长安,仍是唐之京都。故此灵武之辖上县只升格为望,而没有升为赤、畿。而彭原又较灵武近于京兆府,其辖县升格为望、紧。故紧县地位高于上县。总之,整个唐朝县等由高至低,依次为赤、畿、望、紧、上、中、中下、下。

搞清州县等级意义十分重大。它直接关系到州县属官的品位、编制。换言之,州县等级高低是唐朝地方行政编制的前提。州县等级高者则官吏编制就大,反之则小;同是州县,因其等级有别,其同级官吏位亦有高低之分。

唐代对农村和城镇管理机构不同。在城镇以坊为单位。坊是设在城镇的基本行政单位。唐初长安除皇城外,居民区和商业区划有110坊。每坊皆用围墙围起,设坊门出入,并设坊正掌坊内事务和坊门锁钥。

农村以乡为单位,据宋敏术《长安志》卷十一载,长安县有59乡。每乡500户。乡设乡长。唐称"耆老""父老"。乡长由"耆年平谨者具补之"。乡下有里,里有里正。《唐律疏仪》卷十二《户婚》:"里正之任,掌按比户口,收手实,选籍书。里下有村,村有村正。"

唐代地方管理机构中,出现了道一级,道作为地方管理机构比较特殊,因此,有必要单独加以论述。

道的设置,在唐代前后期的性质有变化。前期,道主要是作为监察区而存在的;安史之乱以后,道逐渐演变成为州县之上的一级地方行政组织而存在,于是唐末地方行政层级由二级转为三级。

贞观元年(627年),唐太宗分天下为十道,即关内道、河南道、河东道、河北道、山南道、淮南道、江南道、剑南道、岭南道、陇右道,其划分标准是依山川地理形势。就其性质这是一种监察区。玄宗开元年间,在原十道的基础上,增置京畿道、都畿道、黔中道,并分山南道为山南东道和山南西道,分江南道为江南东道和江南西道,全国已成15道,每道置采访使一人,作为监察官。其特点是本身无治所,无自己的一套官僚机构,手中实权不大,仅受皇帝之托,到地方上进行监督、巡视,定期向中央奏报地方情形。

唐后期,道基本上是以方镇的形式出现的,方镇的长官是节度使。节度使之号产生于景云二年即711年。《唐会要》卷七八云:"贺拔廷延嗣除凉州都督充河西节度使,此始有节度使之号。"可见节度使本是为了防御外来侵略设于沿边各地的一种军事长官。《旧唐书·地理志一》载:"开元二十一年,分天下为十五道,每道置采访使,检察非法,如汉刺史之职。……又於边境置节度、经略使,式遏四夷。"此段注载:"凡节度使十,经略守捉使三。"它告诉我们唐玄宗在置道同时在边境又置十个节度使,即安西、北庭、河西、朔方、河东、范阳、平卢、陇右、剑南等。"安史之乱"以后,节度使由边疆而蔓延到内地了。"中原刺史亦循其例,受节度使之号。"[①] 当时节度使之大者连州十数,小者犹兼三、四。他们或父死子握其兵,或自择将吏。于是节度使就由过去的军事长官一变为兼管政务的军政长官,从而在节度使辖区以内,形成了节度使统州、州统县的三级地方行政制度。

道的长官是节度使、观察使。其官署称为使府、幕府。幕僚有文职官员节度副使、行军司马、判官、掌书记、巡官、推官、参谋等,武职官员都知兵马使、都押衙、都虞侯、都教练使、都指挥使等。

唐朝是中国历史发展的极盛时代。这种极盛也体现在对周边少数民族的统辖上。其形式有二:一种保持某些少数民族的特点,使之臣附中原。其办法即封册、朝贡,尽力采取招抚,一般不用武力,但要以强大武力做后盾;另一种是采取武

---

① 《旧唐书》卷四十四,北京,中华书局,2012年。

力统一,仿中原制度建立郡县,把一些族直接置于郡县管辖之下。这两种形式交替使用,互为补充,兼而用之。

四、一虚二实的路州县制

一虚二实的路州县制主要论述宋朝地方政府的体制,一虚主要是指地方最高层级政府没有统一的政权机构,而是四个互不统属,又互相钳制的机关;二实主要是指州县长官直接对中央政权负责。同时,辽金地方政府也各具特色,作为附论列为本节之后。

1. 宋朝地方政府体制

宋朝对地方机构设置总的政策是:缩小行政单位,缩小长吏事权;地方机构职权极为分散,中央机构职权特别集中。开始时,为州、县两级制,后改为路、州、县三级制,其原因是加强中央对地方的控制,防范地方藩镇割据局面的出现。

地方最高行政机构为路。宋统一后,于淳化四年(993 年)分全国为 10 路,即:河南、河东、河北、关西、剑南、淮南、陕西、江南东西、浙东西、广南。至道三年(997 年),改 15 路,即:京东、京西、河北、河东、陕西、淮南、江西、湖南、湖北、两浙、福建、西川、陕西、广东、广西。神宗元丰时再析为 23 路,即:京东东,京东西、京西南、京西北、河北东、河北西、河东、永兴、秦凤、淮南东、淮南西、两浙、江南东、江南西、荆湖北、荆湖南、福建、成都、潼川、利州、夔州、广南东、广南西。徽宗崇宁四年(1105 年)复置京畿路,宣和四年(1122 年)又置燕山府路及云中府路,合为 26 路。南渡以后,宋地狭小,路仅 16:浙西、浙东、江南东、江南西、淮南东、淮南、荆湖南、荆湖北、京西、成都、潼川、利州、夔州、福建、广南东、广南西。

路没有统一的机构和长官,机构和长官有以下四种:

安抚使司,俗称帅司。其长官为安抚使。安抚使起源于唐代。宋真宗时,始设西川、陕路安抚使。其职掌为军事及民政。安抚使司的属官有参议官、参谋官、指使、准备差使、准备将领、准备差遣、准备使唤、主管机宜文字、主管书写机宜文字。[①]

转运使司,俗称漕司。其长官为转运使。其职掌为财赋及谷物转运等事务。转运使的编制,一般为每路 2 员,另有转运副使,转运判官。其属有主管文字、干办官各一员,文臣准备差遣、武臣准备差使员多寡不一。[②]

提点刑狱司,俗称宪司。其长官称提点刑狱公事。其职掌为司法、刑狱和监

---

① 《永乐大典》卷一四六二零《部字》,北京,北京师范大学出版社,2010 年。
② 《宋史·职官七》,北京,中华书局,1977 年。

察。其属有检法官、干办官等。①

提举常平司,俗称仓司。其长官为提举常平使。其职掌为管一路的常平义包、免役、市易、坊场、河渡、水利等事,推行新法,并荐举官员。其属官有干办公事、主管官等。②

总之"帅、漕、宪、仓"的长官,掌一路军、政、财、司大权。其特点互不统属,各管各的事,使路权不集中,故宋朝路的长官未见唐后期节度使称兵割据现象。其中漕、宪、仓司因其长官负责有监察州县地方官之责,称之为监司,有力地限制了地方割据势力,同时也成为镇压农民和剥削农民的重要工具。

路之下为州,州的长官由朝廷委派。宋朝官管理州事,称之"权知某州军州事"或"知州军事",简称"知州"。知州可直接向朝廷奏事,多用文人,且经常调换。知州以外,宋初还设"通判州军事"1人至2人,简称"通判",与知州同领州事,处理民兵、钱谷、户口、赋役,狱讼审理等事。通判开始权力很大,他既不是知州之副,又非其属官,他可以直接向皇帝奏事,以此牵制知州。宋廷规定,各州公文,只有通判和知州联合署,"文移方许行下"。知州"事无大小,宜与通判或判官、录事同裁处之"③。南宋时通判地位有所下降。知州和通判的属官,有录事、司户、司法、司理等各曹参军。各州还设各种幕职官和监当官,负责协助本州长官治理郡政和各种经济机构。

府、军、监与州是同级单位,直属于中央。其中,府设于重要的大城市,尤其值得注意的是皇帝即位前居住或任过职的州,在其即位后,便升为府。这种府的地位略高于州。军设于重要的兵防之地;监设于坑冶、铸钱、牧马、产盐、采矿等区域,一般不管民政。在这一级政权中以州为主,府、军、监数目不多,军、监一般不领县。其长官为知府、知军、知监,由皇帝直接任命中央文官担任之。

州下为县,其长官为县令或"知县事",简称知县。另有主簿管理一县户口和钱粮,县尉负责镇压盗贼和诉讼等事项,以维护社会治安。开宝三年规定:一千户以上的县、令、主簿、尉齐全;一千户以下的县,有令兼主簿和尉;四百户以下的县,有主簿兼令和尉;二百户以下的县,只有主簿(兼令、尉事)。

神宗熙宁以后,令二万户以上的县增置县丞1员,县丞次于县令而位在主簿、县尉之上。南宋时则取消县丞。宋制县的长官称县令。但往往看到史志记载多称为知县,这是宋代地方官制的特点。此外县衙门里,还有押司、录事、手分、贴司等小吏。小吏的来源有的是招募,有的是差派,绝大部分从地主阶级中选充。

---

① 《宋史·职官七》,北京,中华书局,1977年。

② 《永乐大典》卷一四六二零《部字》,北京,北京师范大学出版社,2010年。

③ 毕沅:《资治通鉴长编》卷七,北京,中华书局,2004年。

县以下为乡、里。据《文献通考·职役考》记载,北宋政权建立以后,就差派乡村地主当乡长、里正、户长和耆长。里正、户长负责"课督赋税"。耆长则专司"逐捕盗贼"。

2. 辽地方政府体制

辽的统治制度因俗而治,如果按各地机构设置的具体情况分析,有三种类型:

首先是斡鲁朵与头下军州。斡鲁朵就是宫卫,它是管理皇帝私人奴隶、土地、兵马的机构。宫卫下面的瓦里,是禁锢皇族、外戚、大臣之家由于犯罪而降为奴隶的人,以及其他罪奴的机构。腹心部是皇帝私人的精锐武装部队。斡鲁朵最初创自阿保机,其后遂成定制,"天子践位置宫卫"。辽代斡鲁朵共有 12 个宫(9 个皇帝各一,2 个摄政最久的太后各一,皇太弟的斡鲁朵一)。皇帝死后,由帝后家族继承,以奉陵寝。[①]

头下军州,是契丹贵族私人占有的领邑。头下军州不隶属于五京,也不隶属于斡鲁朵,它在政治、经济上具有不完全的独立性。它是辽的贵族在征伐过程中把俘掠来的人口变为他们的私奴建为州县。《辽史·食货志》云:"各部大臣从上征伐,俘掠人户,自置郛郭,为头下军州。"头下军州的官吏除节度使外,都由各州贵族委派。可见,斡鲁朵与头下军州是为满足契丹族最高统治者君主及其大小贵族的政治、经济的统治、剥削的需要而设。它是契丹的头目制与中原的州县制相结合的产物;

其次是五京道与五京制。这种制度主要是承继唐之道、京、府、州、县之制而设。其官制也多承袭中原旧制,目的主要是为统治汉人。州设刺史,县设县令,京城所在地称府。又在州之上以五京为中心,分成五道:上京道,相当于今黑龙江、吉林西部、内蒙古东部、新疆北部及蒙古国和俄罗斯亚洲南部地区;东京道,相当于今东三省的东部地区、俄罗斯西伯利亚东部及朝鲜国北部地区;南京道,相当于今北京全部、天津市北部及河北北部地区;中京道,相当于今辽宁西部、河北东部及吉林小部分地区;西京道,相当于今山西、河北北部及内蒙古中部地区。五京:上京临潢府,治所在今内蒙巴林左旗东南波罗城;东京辽阳府,治所在今辽宁省辽阳;南京析律府,治所在今北京西南;中京大定府,治所在今内蒙昭乌达盟宁城县西南大明城;西京大同府,治所在今山西省大同市;

最后是部族与属国。当时在辽统治区分布许多部族、属国,如室韦、伏鹿国、五国等,辽于其部地设节度使、王府、大王府、惕隐等官,进行有效管辖。这些部族属国的经济、文化一般比较落后,辽对他们的统治基本保持其原来的社会状况。

---

① 张博泉:《东北地方史稿》,长春,吉林大学出版社,1985 年,237 页。

3. 金朝地方政府体制

金朝在地方上对不同的民族管理方式不同,大致有三种不同的行政体制:

首先,对汉人、渤海人等族设路、州、县管辖。

金在初期主要沿用本民族的勃极烈制,灭辽后维持辽的五京道制度。但与辽略有差异:金朝灭北宋以后,共有7京,上京会宁府、北京临潢府、中京大定府、东京辽阳府、西京大同府、燕京析津府、汴京开封府。而政治中心在上京会宁府。因为京都离南部中原地区太远,不便统治,海陵王于贞元六年(1153年)正式迁都到原燕京,改为中都大兴府。金的政治中心便移到这里。金迁府中都后,随即削去原首都上京之称号,在此之前已先将北京临潢府废去,因此这时,就将中京改为北京,又将汴京改为南京。这样才形成了金的五京,中都大兴府(今北京西南);北京大定府(今内蒙昭乌达盟宁城县西南大明城);西京大同府(今山西大同);东京辽阳府(今辽宁省辽阳市);南京开封府(今河南省开封市)。

同时,金仿宋建路,设总管府,后改五京道为路。据《续文献通典》记载:金"袭辽制,建五京、置十四总管府,是为十九路"。据《金史·地理志》19 路为:上京路,治会宁府(今黑龙江阿城县白城子);东京路,治辽阳府(今辽宁辽阳市);北京路,治大定府(今内蒙古宁城县西大明乡大定府旧址);西京路,治大同府(今山西大同市);中都路,治大兴府(今北京市西南);南京路,治开封府(今河南开封市);咸平路,治咸平府(今辽宁开原县东北老城镇);河北路,治河间府(今河北河间县);河北西路,治真定府(今河北正定县);山东东路,治益都府(今山东益都县);山东西路,治东平府(今山东东平县);大名府路,治大名府(今河北大名县东);河东北路,治太原府(今山西太原市);河东南路,治平阳府(今山西临汾市);京兆府路,治京北府(今陕西西安市);凤翔路,治凤翔府(今陕西凤翔县);鄜延路,治延安府(今陕西延安市);庆原路,治庆阳府(今甘肃庆阳县);临洮路,治临洮府(今甘肃临洮县)。

府的官吏设置分为两类,一是总管府;二是一般府,即路之下府。前者有都总管1人,正三品,"掌统诸城隍兵马甲仗,总判府事"。同知都管1人,从四品,"掌通判府事";副总管1人,正五品,"掌与同知同",总管判官1人,从六品,"掌纪纲总府众务,分判兵案之事"。府判1人,从六品,"掌纪纲众务,分判户、礼案,仍掌通检推排簿籍"。推官1人,正七品,"掌同府判,分判工、刑案事",知法1人。此外因各总管府所辖人口不同,司吏若干。

路下设州、府。

凡不兼总管府的为散府。设尹1人,正三品;同知1人,正四品;少尹1人,正五品;府判1人,从六品;推官1人,正七品;府教授1人;知法1人。此外,因府辖人口不同设若干司吏。

州分为节镇、防御、刺史三等。节镇州设节度使,负责镇抚防御、刺史诸军,总判本镇兵马事,兼本管内观察使事。下设同知节度使、副使、节度判官、观察判官、知法、州教授、司狱等。防御州设防御使,下设同知防御使事判官、知法、州教授、司军、军辖兼巡捕使。刺史州设刺史、同知、判官、司军、知法及军辖兼巡捕。

州、府之下设县,县分赤、次赤、次剧、上、中、下,以户多寡定其等。各县设县令、县丞、主簿、尉各1人,惟赤县置尉4人,中县以下不置丞,下县不置尉。

县之下,设置镇、城、堡、寨等建制,分设知镇、知城、知堡、知寨。

其次,对女真族以及部分其他民族,则用猛安谋克编制。

猛安谋克制度是其统治的社会基础。猛安谋克组织产生于原始社会末期,其部落长平时称为勃堇,"行兵则称曰猛安、谋克"①。进入阶级社会以后,猛安谋克这种组织的军事意义并没有消失。同时发展为地方行政组织。关于这一点我们从下边两段史料可以印证"猛安者千夫长也,谋克者百夫长也"。"至太祖即位之二年,……始命以三百户为谋克,谋克十为猛安。"②前者是以夫为单位,后者以户为单位。一夫,一户正说明猛安谋克组织由单纯的军事组织,转变为具有军政合一的地方行政机构。这时"猛安谋克组织与村寨结合起来成为一种特殊的猛安谋克村寨组织。这样猛安谋克除军事方面尚沿其制以外,又变成了地域性的猛安谋克村寨组织"③。据《金史·百官志一》记载:猛安"从四品,掌修理军务,训练武艺,劝课农桑,余同防御";谋克"从五品,掌抚辑军户,训练武艺,惟不管常平仓,余同县令"。从设官及其职掌也可明显看出,猛安谋克是与州县平行的另一种地方设置。

因此,我们认为金政权的统治机构,如果说以阿骨打为中心的勃极烈成为金政权的统治中枢,那么猛安谋克村寨组织则是其统治的基础。中间"置军帅,军帅之上置万户、万户之上置都统"④。这就是阿骨打建国后所创造的具有独自特点的政治机构。

最后,金时与州县、猛安谋克并行的还有一种地方行政机构即部族、糺(部落)。他们大都聚族而居,以游牧、游猎为其生活方式。《金史·官志三》云:诸部族节度使"从三品,统制各部,镇抚诸军,余同州节度";诸驱详稳"从五品,掌守戍边堡,余同谋克"。这就是说,部族节度使相当于节度州一级的官,而驱详稳一部

---

① 《金史·兵志》,北京,中华书局,2012年。
② 《金史·兵志》,北京,中华书局,2012年。
③ 张博泉:《论金代猛安谋克形成发展及其破坏原因》,《文史哲》,1963(1):39～50页。
④ 《金史·兵志》,北京,中华书局,2012年。

落长官相当于谋克一级的官。①

五、初具规模的行省制

行省是我国元、明、清时期地方政府最高一级建制。作为中央政府与州、县之间重要桥梁,它对加强中央与地方关系,一直起着重大作用。

1. 元明清时期地方一级政府

行省一直是元明清时期地方最高政府,只不过至清朝又出现总督与巡抚,更具特色。

(1) 行省建制的历史沿革

"行省"一词,最早见于金代,称"行台尚书省"或称"行中书省"。金熙宗天会十五年(1137年)十一月,下诏废齐,在汴京设"行台尚书省",以宗弼领行台尚书省事,原齐宰相张孝纯为行台左丞相,萧保寿奴为右丞相,温敦师中为左丞,张通古为右丞。并于天眷元年(1138年)九月改燕京枢密院为行台尚书省,该"行省"在中央尚书省的统一领导下管理该地区,并带有一定地域优越性(类似于我们当今的特别行政区,虽然不如特别行政区职权大,但已具有特别行政区的因素),"行台尚书省"便是行省制的萌芽。至明昌五年(1194年),金廷征发民夫整修黄河、北清河堤防。由于河防工地距金首都很远,中央难以遥控指挥,章宗完颜事璟就命参知政事胥持国等"行尚书省事"。"行尚书省事"意为"代表尚书省行使权力"。它是中央的临时派出机构,并非常设,亦非定制。金代后期出于抵御蒙古的军事需要,普遍置行省于各地,但它始终属于权宜建置,并非真正的行省制度。自成吉思汗南下侵金起,蒙古人也采用金的行省官称,授予元降服他们的中原地主武装头目。故凡有征伐之役,分任军民之事,往往称行省或行台。如当时大漠以南专制一方的东平路的严实、济南路的张荣、益都路的李冯、大名路的梁仲、兴平路的塔本都等皆被授予"行省"的官号。以上这些"行省"虽然所辖大都仅一路或数路之地,但亦非地方的正式行政机构。尽管未成定制,迭为废置,但亦具"行省"制之雏形。窝阔台即位以后,即将蒙古本部以外的征服地区划分为三个大行政区,分别派遣官员治理。据《元史·宪宗》记载,这三个大行政区于1251年被称为"行尚书省"。即:燕京等处行尚书省,治燕京,统哈剌温山以南金、夏故土;别失八里等处行尚书省,治别失八里,统阿母河以东、按台山以西西辽、花剌子模故土;阿母河等处行尚书省,治徒思,统阿母河以西花剌子模,报达哈里发故土。后来行尚书省改为行中

---

① 白钢:《中国政治制度史》,天津,天津人民出版社,1991年,671页。

书省。元世祖忽必烈继位后,置十路宣抚司为地方最高行政机构,同时,以都省官行某处省事系衔,派到各地行使中书省的职权,设立了不少行省机构。至元二十年(1360 年)前后,由于以宰相行某处省事系衔嫌于外重,因此改为某处行中书省平章或左丞、右丞、参知政事,而不再以都省官系衔。于是,行省就从都省派出机构逐渐演变为地方最高行政机构。

1273 年,元军大举南下,不久,淮河以南直到南海之滨的南宋旧疆尽入元朝版图。诚如《元史·地理志》所载:其地北逾阴山,西极流沙,东尽辽左,南越海表。地域的辽阔,使仅靠首都的中央机构来治理全国变得相当困难。于是"行省"逐渐成为国家地方最高机构。大约到 1291 年,新的行省制度伴随着统治阶级的需要应运而生。当时全国有辽阳、陕西、甘肃、四川、云南、湖广、江西、江浙、河南、征东等十个"行省"。1307 年,又以原中央直辖的蒙古本部置"和林行省"。1312 年,"和林行省"改名为"岭北行省"。至此,元代 11"行省"建制得以确定,经久不变。11"行省"及其首府、辖境大致如下:

辽阳等处行中书省,治辽阳路,统辽阳等 7 路 1 府。

岭北等处行中书省,治和宁路,统和宁等 1 路。

陕西等处行中书省,治奉元路,统奉元等 4 路 5 府 27 州。

甘肃等处行中书省,治甘州路,统甘州等 7 路 2 州。

四川等处行中书省,治成都路,统成都等 9 路 3 府。

云南等处行中书省,治中庆路,统中庆等 37 路 3 府。

湖广等处行中书省,治武昌路,统武昌等 30 路 3 府 15 安抚司 3 军 13 州。

江西等处行中书省,治龙兴路,统龙兴等 18 路 9 州。

江浙等处行中书省,治杭州路,统杭州等 30 路 1 府 2 州。

河南等处行中书省,治汴梁路,统汴梁等 12 路 7 府 1 州。

征东等处行中书省,治五京,统耽罗等 2 府 1 司,庆尚等五道。

以上 11"行省"管辖着元王朝 60% 以上的国土(此外,邻近首都部分,包括大都、河北等二十九路八州称为"腹里",归中书省管辖;吐蕃、畏兀儿地区,则分别归宣政院、大都护府统理)。1351 年以后,农民起义的烈火遍及大江南北。为挽救其摇摇欲坠的统治,元顺帝分河南行省置淮南江北等处行中书省,治扬州路;1356 年,分江浙行省置"扬州等处行中书省",治扬州路;1357 年,分中书省置"山东行省",治静江路。此外,又在中书省济宁彰德、冀宁、真定,江西行省之江州、赣州,湖广行省之武冈等地遍设"分省"。与此同时,在农民起义军统治的地区,"行省"也是地方的最高权力机构。"天完"——"汉"政权建立过"江南""汴梁""陇蜀""江西"四个行省;宋政权建立过"江南""益都""淮安""辽阳""漕州"

五个行省。

到了明朝,朱元璋在建立新王朝的初年,在地方上仍袭用元代的行省制度。至正十六年(1356年)六月,韩宋政权的将领朱元璋攻占集庆路,控制了从镇江到芜湖的长江南岸地区及江北和州等据点。七月,韩宋政权在应天(今江苏南京)"置江南行中书省",至正十八年(1358年)十二月朱元璋"置中书分省于婺州(今浙江金华)",亦称"浙东分省"。至正二十二年(1362年)年初,朱元璋控制了江西地区,二月,在洪都(今南昌市)设江西行省。同月,改浙东分省为浙东行省。次年二月,浙东行省移驻严州(今江西建德)。至正二十四年正月,朱元璋在武昌设湖广行省。七月在庐州设江淮行省。至正二十六年,朱元璋的军队攻占湖州、杭州、绍兴等府。十二月,将浙东行省改为浙江行省,省治从严州迁往杭州。

洪武元年(1368年)正月,明朝建立,废除江南行省,将原属江南行省的府州县直属于中书省,相当于元朝的"腹里"。中书省下辖浙江、江西、湖广、江淮四个行省。二月,明军攻占福建,取消了元朝的福建行省,将元划归浙江行省管辖。三月,明军攻占山东,四月在济南府设山东行省。同月,平定广东,仍将广东隶属于江西行省。同年上半年,明军攻占了河南,五月在开封设中书分省,亦称"河南分省"。七月明军平定广西,取消了元朝的广西行省,将广西划归湖广行省管辖。八月,明军攻占元大都及其附近州县,改大都为北平府,以开封府为北京,应天府为南京。十月,将北平府隶属于山东行省,其余怀庆、卫辉、彰德、广平、顺德、大名、河间、真定、保定等故元"腹里"诸府隶属于河南分省。

洪武二年(1369年),明军攻占山西、陕西,明王朝在这一年对行省进行了大规模的调整。三月,设北平行省,治北平府;设广西行省,治静江府(桂林)。四月,设陕西行省,治西安府;设山西行省,治太原府;设广东行省,治广州府;改河南分省为河南行省。五月,又在福州府设福建行省。

洪武四年(1371年),明军攻占四川。七月在成都府设四川行省。至此完成了行省的设置,设有北平、山东、陕西、山西、河南、四川、湖广、江西、浙江、福建、广东、广西等12个行省。12个行省中,北平行省辖区大体上相当于今河北省。陕西行省相当于陕西省、甘肃省和宁夏。湖广行省相当于今湖北省和湖南省。其余行省约与同名的今省(自治区)辖区大致相同。当前我国内地的大多数省(自治区)界划分是在明初奠定的。从上行省设置看,明"每略定地方,即置行省"。

为了加强中央集权,割断中书省与地方行政机关间的隶属关系,从而削弱中书省的权力,进而废除丞相制,朱元璋于洪武九年(1376年)下令,改行中书省为承宣布政使司。除南京直辖区外,全国分为12布政使司:浙江、江西、福建、北平、广西、四川、山东、广东、河南、陕西、湖广、山西。洪武十五年(1382年),增置云南布政司。后北平布政司改为北京,后置贵州布政司。除南京和北京外,定为 13 布政司。各布政司管辖地区,大致仍照元代时行省所辖范围(实际上省划依旧,只是官方正式称谓不是行省而改为布政司罢了)。由于行中书省的名称已经成为习惯了,所以一般还是称为行省,俗称省。

到了清代,省之区分,因明之旧,亦由习惯相沿,遂称各地为直省或行省。顺治二年(1645 年),改直隶为江南。康熙三年(1664 年),分湖广为湖北、湖南两行省,康熙元年(1662 年)分江南为江苏、安徽,康熙七年(1668 年)分陕西置甘肃,于是清前期共有行省 18 个,号曰本部。

此外,各省还设有总督和巡抚衙门。清共设总督衙门 8 个,巡抚衙门 15 个。其下设有司道代行行省的某项职务,使我国的行省制更见成熟。

(2) 行省的职掌及其机构设置

元朝"行省"的官员设置、名称、品衔大都同中书省,每省置丞相 1 员(例不常设)为从一品;平章 2 员,从一品;右丞 1 员,左丞 1 员,正二品;参加政事 2 员,从二品,甘肃、岭北二省各减 1 员;郎中 2 员,从五品;员外郎 2 员,从六品;都事 2 员,从七品;椽史、蒙古必阇赤、回回令史、通事、知印、宣使,各省设员有差。旧制参政之下,有金事、同金之属,后罢不置。其后,怕地方权重,各行省多不设丞相。

元代行省中唯"征东等处行中书省"建制转为奇特。它的权限由两部分组成:一是依附于元王朝的"属藩"高丽国;一是直接在元中央统治下的二府一司(迁置于辽阳行省境内沈州,管理高丽侨民的"高丽军民总管府",设于黄海之上耽罗岛上的"耽罗军民总管府"和设于黑龙江口奴儿干,统有骨嵬、吉里迷等部族的"征东诏讨司")征东行省的丞相,以高丽国王兼任,主要管理本国,下属行政体制如旧。元直接统治部分,则由中央任命的参知政事管理。行省的权力是相当大的。据《元史・百官志》载,"掌国庶务,统郡县、镇边鄙,与都省为表里","凡钱粮、兵甲、屯种、漕运、军国重事无不领之"。它负责处理境内政治、经济,诸如法律诉讼、官吏迁转、赋税征收,甚至还包括带有军事性质的屯田、驿浦等。由于不少行省辖境仍然过大,元王朝就在离"行省"首府偏远的地区以及边境地区设置"宣慰司""宣抚司""行密""行台"等官府,它们是介于"行省"与"路、府、州"之间,起上报下传之作用的机构。有时,它也代表行省,单独处理军政事务。除此之外,行省还具有聚集境内财富,以供中央需要的职能。

明朝初年,地方的政治建制承袭元朝。行中书省总管一省军、政、司法。至洪武九年(1376 年)废除行省,设立承宣布政使司,置左右布政使各一人,只管理民政和财政;另设提刑按察使司,置按察使一人,管司法、刑狱;又设都指挥使司,置都指挥使,管地方卫所军务,合称"三司"。其官自平章政事以下,大略与中书省同。

设平章政事,从一品;左、右丞,正二品;参知政事,从二品;左右司郎中,从五品;员外郎,从六品;都事、检校,从七品;照磨、管勾,从八品;理问所正理问,正四品;副理问,正五品;知事,从八品。其中平章右丞、左丞、参知政事是行省长官,"掌国庶务,统郡县。镇边鄙,与都省为表里。……凡钱粮、兵甲、屯种、漕运、军国政事,无不领之"。左右司是行省(三司)的办公机构,分掌吏、户、礼、兵、刑、工诸事。检校负责检查左右司的来往公文是否按期,有无遗失。照磨负责检查左右司的财务。管勾负责对外的来往文书及内部的档案管理。理问掌管司法。由于设有提刑按察使司,使明初行省的司法权力不如元代行省大。三司的设立,使原来由行省长官总揽的大权,便分散给了三个方面,三司互不统属,各直属中央。这样,三者互相牵制,凡遇到重大政事,都要有都、按、布三司会议,上报给中央部院,便于中央控制;然三司平行,分权而治,互不相属,使一省之中,政出多门。权事不一往往延误军政要务,于是,三司之上,又有总督、巡抚的派遣。据《明史》记载,巡抚始于洪武二十四年(1391年)敕遣懿德太子巡抚陕西。后来为安抚军民,经常遣大员巡行天下。督、抚的派遣,始只限于个别事务繁冗需要镇抚的地区,后越设越多,甚至一省有巡抚二、三个,如山西有山西、大同,陕西有陕西、延绥、甘肃等等,他们兼有副都御史的头衔,成了省级最高长官。然而这时的督、抚一直是中央派遣巡行地方,安抚军民的差官,事毕而复命,无一定辖区,非地方常设之官署。

清承明制而有所发展,改督抚临时派遣制度为地方永久性官职,成为代表皇帝的地方最高长官,掌握地方的一切军政大权,以加强中央集权。督、抚皆有定员,并都有固定的管辖区域。清朝的总督,一般总管两省或三省的军政和民政;巡抚则为一省的地方长官,同是封疆大吏。大致是以军事归总督,民事归巡抚。一省之政务,又分之于布政使司及守、巡各道,分负专责,以督率府县各官,总其成于督、抚。现将督、抚、司、道的内容分述如下:

总督和巡抚衙门。督、抚为清代地方最高长官。总督为正二品,加尚书衔者为从一品。掌统辖数省文武军民,总理戎政,保卫边疆。凡文职道府以下,武职副将以下都由总督奏请升调免黜,总督并有对外交涉之权。清代全国共设有8个总督,即:直隶总督(管辖今河北及内蒙一部分地区)、两江总督(辖江苏、安徽、江西三省)、闽浙总督(辖福建、台湾、浙江三省)、湖南湖北总督、陕甘总督(辖陕西、甘肃、新疆三省)、四川总督、两广总督(辖广东、广西二省及南海诸岛)、云贵总督(辖云南、贵州二省)。以后到光绪末年,又增设东三省总督(辖奉天、吉林、黑龙江三省)。

巡抚,为从二品官,是总管一省地方政务的长官,加衔后为正二品。掌考察全省地方官员。本省关税、漕政等都总其成于巡抚。遇用兵,则督理粮饷。每三年乡试,由巡抚督试,武科则由他主考。清代全国共有 15 个省区设有巡抚,即:山西、山东、河南、江苏、安徽、江西、福建、浙江、湖北、湖南、陕西、广东、广西、云南、贵州。光绪三年(1877 年)东三省设行省,三省均设有巡抚。光绪十年(1884 年),新疆改建行省,设甘肃新疆巡抚一员,驻乌鲁木齐。次年,台湾设省,将福建巡抚移驻台湾,称台湾巡抚。

总督与巡抚皆兼兵衔与宪衔。即总督例兼都察院右都御史衔,兵部尚书衔之应兼与否,则由吏部请旨定夺;巡抚例兼都察院右副都御史衔,兵部侍郎衔之应兼与否,亦由吏部请旨定夺。督抚兼衔,表示为朝廷特派的部院大臣,非此即不能统辖地方文武官吏,行使纠察权。

总督与巡抚皆有特别之职。如专职的总督有漕运总督和河道总督。前者督办漕粮运输,后者督办黄河、运河堤防、疏浚工程,犹如后来的黄河水利委员会,但职权较重。又如兼理盐政者,则有整理盐务之权等。特职巡抚,如清末奉天、吉林、黑龙江三省巡抚均加副都统衔,以兼管旗务。

清代总督地位高于巡抚。所以,清廷对于总督人选特别重视,一般是元老重臣才能担任,直隶、两江总督尤为重视,因直督还担负着保卫京畿重任,类似后来的京津卫戍司令的兼职。两江掌管东南,这是清廷财政和粮秣的主要来源的鱼米之乡。晚清时期,这两个总督还兼任办理外交和国际贸易的北洋、南洋通商大臣的职务,尤为重要。而巡抚则不然。虽然如此,但巡抚不是总督的属官,二者处于平等地位。

清代总督与巡抚皆有单独奏事权。遇事亦可会衔上奏。其源于地方吏治,归各省巡抚经理,听命于总督,而总督专主兵政。用意在于使其互相牵制,以防止尾大不掉。

督、抚权力的集中,使三司成了他们的部属,又形成了如元代的行省制的一司独揽的局面。

藩司和臬司衙门。清初沿明旧制,每省有宣布政使司衙门,位居督、抚衙门之下。国家政令由它宣布于府州县,所以叫"承宣布政使司",简称布政司。其长官为布政使,主管全省的民政、田赋和户籍等事项。在明代,布政使的地位类似于今省长,故有藩司之称,俗称藩台,下属称藩宪,尊称方伯。清初,每省设左右布政使各一人,康熙六年(1667 年)裁 1 人,为全省布政使,自此每省 1 人。唯乾隆二十五年以江苏钱谷税收繁重,分设江苏为江宁、苏州布政使各 1 人,从此江苏省有两个布政使,成为定制。布政使之职权大致有七项:一为掌管钱政,租税自州县厅达府及直隶州,再纳之布政使,清末则直达。二为调查户口,管州县户口变动,并呈督抚上报。三为宣布朝廷命令。四为监督及转免所属官吏,道府以下文官之任免权属于督抚，而实行调撤审查则为布政使之职务。五为参与一切政务，省内重大政事，督巡必求布政使参划，因布政使握有民政实权。六为参与审判事权，凡户婚田土之案件所谓民事部分，可以干预。省内重大案件亦往往请布政使预席。七为管理乡试事务。布政使官阶为从二品。布政使司衙门内部机构，一般有经历司、照磨所及理问所，其官吏为布政使之属官。经历司有经历、都事各1人（仅个别省设都事），掌收发文书。照磨所有照磨1人，掌照刷案卷（检察文书效率）。理问所有理问1人，掌勘核刑名案件。另有库大使1人，掌库藏之出纳。个别省份有仓大使1人，掌稽查粮仓。此外，亦有幕友及胥吏，与督抚具体而微。清代布政使与明代的为一省长官的布政使不同，因有督抚驾乎其上，行政权殆被剥夺，主管之事，重要者为税收及田赋，类似后来的财政厅及民政厅的厅长。它实际已降为全省官吏的二把手。

和布政使司平行，各省设有提刑按察使司，简称按察司，为一省最高司法机关，与布政司合称"二司"。每省设按察使1人为其长官。唯新疆设省后以镇迪道兼摄按察使职务。刑名之外更兼按劾之事，所掌之事大致有五项：一为掌省内刑名案件，秋审时为主稿官。二为掌省内驿传之事，以总其成。三为大计之考察，与布政使皆有监督省内文武官吏之权。四为乡试时为监试。五为参与一切省内政务。清按察使为正三品官，其地位略逊于布政使。其内设机构一般为经历司、司狱司及照磨所。经历司有经历（有的省不设经历）、知事各1人（仅数省设知事），掌收纳文书与勘察刑名之事。照磨所有照磨1人（有的省不设），掌照刷卷案。司狱司有司狱1人，掌检查监狱事务。其他亦有书吏、幕友，与布政司同。按察使亦称臬司、臬台或廉访。它类似后来的省级法院院长和交通厅长，实为全省行政官吏的第三把手。

清末光绪年间，改按察使司为提法使司，专管地方之司法行政。另设各级审判厅，专司审判之事。可见逐渐向现在省制迈近。

清代与明代不同的是，清不再设都指挥使司，与布政司和按察司平行。都司的军事权由督抚独揽了。

清代抚台（实为省之最高行政官署）、藩台、臬台，俗谓之"三台"，是省一级的主要官吏。督抚与藩臬的关系是很微妙的，藩臬是督抚的属员，督抚不能撤销他们的职务，但可以在年终密考折内出具考语，朝廷据以考核他们的政绩。督抚出缺，由藩臬署理，也往往获得实授。今天的藩臬将是未来的督、抚，因此，除非万不得已，督、抚也不肯轻易得罪他们。

各省道员衙门。道员是藩、臬二司的辅佐官，核官吏，课农桑，兴贤能，砺风俗，简军实，固封守，以倡所属而兼察其政治。道员俗称道台，尊称观察。道员有两种：分守道和分巡道。清初参政参议为布政使之次官，分守各道曰守道，每省无定员。设副使佥事为按察使之次官，分巡各道曰巡道，每省亦无定员。多因事废置，衔额无定。有通辖全省者，有分辖三四府州者，各以职事设立于要地。分守、分巡二道，清初分掌钱谷刑名，后来无守巡之区别，合而为一，钱谷刑名守巡道并得掌之。

守巡二道初为因事而设，后渐为实官。乾隆年间，又被划为督、抚直属机关，使其与两司平行，并称曰司道，道员为正四品官，多由科道及各道院司员之膺上考及知府中报政优最者，记名简放。

道之官署（道台衙门）有与府县同城者，官多连府州之头名，附以分守道、分巡道之字而已。特别职务之道（道分一般职务之道和特别职务之道），如督粮道、盐茶道无守土之责，一般职务之道即守巡二道有守土之责。然实际之区别，非必一定，多互相兼管，如守巡二道之兼兵备、海关、督粮、盐法、河工、驿传、屯田、茶马等道。此等职务，有时分设，则为特别职务之道。如河南省驻开封府之"盐法水利粮务道"，即为特别职务之道。驻开封府之"分巡开归陈许河务兵备道"，则为一般职务之道又兼河务及兵备的特别职务，驻怀庆府之"分守河北兵备道"为一般职务之道，只兼兵备以弹压地方。驻陕州之"分巡河陕汝道"，驻汝守府信阳州之"分巡南汝光道"，则皆为一般职务之道。

道员之重要职权有二：一为掌弹压地方，命令军队，维持地方治安；二为监督管内事务。刑名事件除府所理流罪以上直达按察使外，其余案件必详申于道，若直隶州厅之案件，则无论性质如何，皆必经道。故又有第二审判之作用。

清末光绪年间，分守分巡各道一律裁撤，增设巡警、劝业二道，以分管警政及农工商业之事，化行守巡二道职务。

各省学政、漕运、盐务、河道等衙门。各省地方机关，除管理一般军政、民政的督、抚、藩、臬、道外，尚有学政、漕运、盐务、河道、税关等衙门。学政是督察各府、州、县儒学事务的，其长官叫"提督学政"，或简称学政。每省1人，为管理一省教育事业的最高长官，其地位略低于巡抚，一般列在布、按二司之前。清末，学政改为提学使司。漕运，是由水道转运粮食，其长官叫"漕运总督"，下边还有督粮道，专管粮运事务。清沿明制，每省置漕运总督1人，管漕运事，官阶为正二品，兼衔者从一品，地位较高。盐务，是管理盐务的衙门，其长官为盐政，为管理盐务的最高长官，下边还有盐运使与盐法道等官。河道，为治理河道的衙门，其长官为河道总督，为治河最高长官。河道总督之下，设管河道，作为分管河务，还有厅、汛等分管河务。税关的长官为"监督"或为"海关道"。这些主管官，或特荐任，或由地方官兼任。这些衙门是省级的重要代表机关，代行省的职能，因而非常重要。

2. 元明清时期地方二级政府

元、明、清时期地方二级政府是地方一级政府行省和地方基层行政机构的连接点。它在中央政府对地方政权控制中起到相当大的作用。

元朝大都附近的河北、山西、山东地区叫"腹里"。"腹里"地区一般设路、府、州、县四级;非腹里地区一般设路、州(府)、县三级。路为行省以下的行政区。各路一般设万户府、总管府,规定 10 万户以上者为上路,10 万户以下者为下路(若是重要地区不论户口多少,均为上路)。各路万户府及总管府达鲁花赤、总管,并正三品,是为长官。其下有同知、治中、判官、推官,是为官。下路与上路之别则是"下路……不置治中员,而同知如治中之秩"。还有经历 1 人,知事 1 人或 2 人,照磨兼承发架阁 1 人,译史 1 人,通事 1 人。其他还有儒学教授、蒙古教授、医学教授、阴阳教授、司狱司司狱、司狱司司丞、平准行用库提领、平准行用库大使、平准行用库副使、织染局局使、织染局副使、杂造局大使、杂造局副使、府全大使、府全副使、惠民药局提领、税务提领、税务大使、税务副使、录事司。在两京设有警巡院。

路下有府。元代的府比较杂乱,有的属于路,有的属于行省,有的直属中书省。有的管辖州县,有的不统州县。一般设有达鲁花赤、知府或府尹,下有同知、判官、推官、知事及提控案牍等官。没有设路之散府则设知府或府尹。①

府下设州。州分为上、中、下三等。其标准以人口多少为划分原则。具体说:"一万五千户之上者为上州,六千户之上者为中州,六千户之下者为下州。"后来又有所改变,即:"五万户之上者为上州,三万户之上者为中州,不及三万户者为下州。"②其职官与品秩因州不同而有别。上州:达鲁花赤、州尹,秩从四品,同知秩正六品,判官秩正七品。中州:达鲁花赤、知州并正五品,同知从六品,判官从七品。下州:达鲁花赤、知州并从五品,同知正七品,判官正八品。其下属官吏因州等不同亦有别,上州有知、提控案牍各 1 人。中州有吏目、提控案牍各 1 人。下州有吏目 1 人或 2 人。

明朝省以下为府。府之外虽有时根据需要设置州,但不作为一级政权机关。明代初年,改诸路为府,并于洪武六年(1373 年),以产粮多少分天下府为上、中、下三等。"粮二十万石以上为上府,……二十万石以下为中府,……十万以下为下府。"③

省下之府,直隶于布政司。北京顺天府,南京应天府,直隶于中央政府。顺天

---

① 陈茂同:《历代职官沿革史》,上海,华东师范大学出版社,1988 年,452 页。
② 《元史·百官七》,北京,中华书局,2012 年。
③ 陈茂同:《历代职官沿革史》,上海,华东师范大学出版社,1988 年,452 页。

府,设府尹 1 人,正三品,府丞 1 人,正四品,通判 6 人,正六品,其属有推官、教授等。应天府设府尹、府丞、治中各 1 人,通判 2 人,推官、经历、知事、检校、照磨各 1 人。各省所属府,在官秩和编制上不同于顺天、应天二府。省属府设知府 1 人,上府为从三品,中府为正四品,下府为从四品。其职掌"一府之政,宣风化,平狱讼,均赋役,以教养百姓"①。同知,正五品,通判无定员,正六品,其职掌为"清军、巡捕、管粮、治农、水利、屯田、牧马等事"②。推官 1 人,正七品,其职掌"理刑名,赞计典"③。下属三官:经历司经历 1 人,正八品,知事 1 人,正九品。照磨司照磨 1 人,从九品,检校 1 人,宣德三年天下有府 159 个。

与府并行的有州。州有两种,即属州和直隶州。属州的待遇与县同等,直隶州的待遇与府同等,品秩相同。当时直隶州尚有 234 个。每州设知州 1 人,从五品,掌一州之政令。同知,从六品。判官无定员,从七品,视其州事的繁简以设其职。凡面积不到 30 平方公里的州又无属县,不设同知、判官。有属县的,不设同知而置判官。州之属吏还有吏目 1 人,从九品。可见明朝的府已无总管府和散府之分,但却有直隶州和散州之别。直隶州由布政使司领导,地位略等于府,散州归属于府,地位略等于县。

清朝省下为道。道的长官称道员,俗称道台,尊称观察,官秩正四品。道员有两种:一种是划分若干府、县为辖区,道员管辖行政区内的政务,称之为分守道。其主要职责管钱谷政务。另一种道员是管理全省范围内某一专门项目,称之为巡道。主要有管教育的提学道,管武器军备的兵备道,管水利的河工道,管邮政、交通的驿传道。此外还有屯田道、海关道、督粮道、粮储道等。

道下为府。府的长官为知府,掌一府的政令,总核所属州县赋役、诉讼等事,是承上启下的地方长官,初为正四品,乾隆十八年(1753 年)改为从四品。据《光绪会典》卷四记载:全国共设知府 188 个。知府的副职有同知、通判,分掌督粮、清军、捕盗、水利等事。由于知府以下各官经常在境内分防,逐渐形成固定的行政单位——厅。在少数民族聚居地区,不宜于设州、县之处,也设立厅。厅以同知或通判为长官。一般厅多属知府管辖,且有直隶厅和散厅之分。直隶厅与府、直隶州为同级单位。散厅则与州略同。厅的长官为正五品或正六品官。州是府属行政单位,或因地特设,或以繁要之县改设。直属于布政使司的州为直隶州,其规制如府。其他为散州,与县相当。直隶州与散州长官,都叫知州,品秩或为正五品,或为从五品。据《光绪会典事例》载,全国共设直隶厅 41 个,散厅 78 个。直隶州

---

① 《明史·职官四》,北京,中华书局,2012 年。
② 《明史·职官四》,北京,中华书局,2012 年。
③ 《明史·职官四》,北京,中华书局,2012 年。

73 个,散州 145 个。厅与州虽为固定的行政单位,但不是一级政权机关。

3. 元明清时期地方三级政府

元、明、清时期地方三级政府即指县级政府。

元朝州下设县,县亦为上、中、下三等。由于县等不同,其长官及编制也有异。上县长官为达鲁花赤、县尹各 1 人,秩为从六品。下属官丞 1 人,簿 1 人,尉 1 人,典史 2 人。中县长官为达鲁花赤、县尹各 1 人,并为正七品。其属官"不置丞,余悉如上县之制"①。下县长官达鲁花赤、县尹各 1 人,并为从七品。下属官"置官如中县,民少事简之地,则以簿兼尉"②。典史 1 人,巡检 1 人。

值得注意的是自路以下至县都设掌印办事,握有实权的蒙古管事官达鲁花赤 1 人,其品级虽与所在各级政权的长官相同,但职权较大,既可以监督地方行政长官,又是地方政务的最高负责人。

明朝府(直隶州)下设置县。县分上、中、下等,以产品多少为则。"粮十万石以下为上县,……六万石以下为中县,……三万石以下为下县。"③上县长官知县 1 人,从六品;中县长官知县 1 人,正七品;下县长官知县 1 人,从七品。其职掌为"掌一县之政"④。县丞 1 人,正八品,主簿 1 人,正九品。其职掌"分掌粮马、巡捕之事"⑤。典史 1 人,管文书收发。明代全国分县 1171 个。

清朝府下为县,县的长官为知县,正七品,掌一县之政令。一县的赋役、诉讼、文教诸事都由知县亲自办理,故称为"亲民之官"。清末全国有县 1369 个。县的佐贰官有县丞和主簿,分掌钱粮、户籍、征税、巡捕、河防等事。"全国共设县丞 345 人,主簿 55 人。"⑥县的属官有典史、巡检、驿丞、闸官、税课大使、河泊所大使等官。其典史各县设若干人,少则 5～6 人,最多有 18 人。巡检在要害地方设置,全国县巡检共 905 人。驿丞,仅有 8 省设置,共 37 人。闸官共 25 人,税课大使共 5 人。河泊所大使共 2 人。⑦县内机构据《光绪会典事例》卷一四七和《宦乡要则》卷二等书记载,一般设有吏、户、礼、兵、刑、工六房办公。

4. 元明清时期基层行政机构

基层行政机构是统治阶级实施统治的基础,它的巩固与否直接关系到政权稳定与巩固,所以元明清诸朝统治者十分重视。

① 《元史·百官七》,北京,中华书局,2012 年。
② 《元史·百官七》,北京,中华书局,2012 年。
③ 《明史·职官四》,北京,中华书局,2012 年。
④ 《明史·职官四》,北京,中华书局,2012 年。
⑤ 《明史·职官四》,北京,中华书局,2012 年。
⑥ 黄本骥:见《历代职官表》卷五十三、卷五十四,上海,上海古籍出版社,1980 年。
⑦ 张德泽:《清代国家机关考略》,北京,中国人民大学出版社,1981 年,226 页。

元朝统治者为了更深入地控制居民,在县以下建立乡都,长官有里正、主首。据《永乐大典》录《吴兴续志》载:"役法:元各都设里正、主首,后止设里正,以田及顷者充,催办税粮,……皆无定额。"另据《至顺镇江志》记载:"旧宋各都设立保长,归附后但借乡司应酬官务。厥后选差里正、主首(里正催办钱粮,主首供应杂事——原注)。"可见里正的职掌是催办钱粮,而主首的职掌则是供应杂事。

乡都之下是村社。据《通制条格》卷十六《田令》,或《元典章》卷二十三《劝农立社事理》条,对村社的体制和内容作了明确的规定,责令全国各地以自然村为基础编社:"诸县所属村疃,凡五十家立为一社,不以是何诸色人等,并行入社。令社众推举年高通晓农事有兼丁者立为社长。如一村五十家以上,只为一社。增至百家者,另设社长一员。如不及五十家者,与附近村分相并为一社。若地远人稀不能相并者,斟酌各处地面,各村自为一社者,或三村或五村并为一社,仍于酌中村内选立社长。"这条史料告诉我们如下几点:从村社长的条件看:必须是社众推举,年高,通晓农事兼丁者。从村社组成看,一般以 50 家为一社。如一自然村家至百家,要选两个村社长。不足 50 家者,三村、五村并为一社。从村社长的职权来看:主要是劝课农桑。它要求:社长监督社众,社众服从社长。这样,在自然村基础上编立的社,便成为内容严密的地方基层组织。

村社以下有里甲,凡 20 家编为一甲,甲有甲主,由蒙古人或色目人担任。甲主对居民握有无上权威,为所欲为。甲主的衣食等项,也全部由所属居民供给。因此,元朝的基层组织有明显的军事镇压和民族压迫的色彩。

明朝县以下分编里甲,城中称坊,近城称厢,乡村称里。110 户为一里,设里长10 人,推选丁粮多的地主充当,轮流为首,十年一轮。其余 100 户编为 10 甲,设甲长 1 人,负责地方民政、"教化"、赋役等事。此外,还以每税粮万石为 1 区,选交粮最多的地主一人为粮长,专门负责征收田赋。粮长制度在全国的普遍推行,表明了明朝中央政府对地方财政控制的深入。

明朝基层机构的改革和进一步严密,一方面削弱了元代行中书省权力过大的危险,使地方割据难以实现;另一方面,也改变了宋代基层机构权势过弱的倾向,加强了地方各级政权对人民的统治力量。从而使中央集权制度在此基础上又得到了充实和发展,明朝统治者对劳动人民的统治又得到进一步巩固和加强。

清朝县下还有里社制和保甲制,是统治人民的基层组织。里社制是在全国普遍设里(农村)与坊厢(城市),110 户为一里,选丁多者 10 人为里长,其余 100 户为10 甲。里甲专管征收地方赋税。保甲制是 10 户立 1 牌,设 1 牌头;10 牌立 1 甲,设 1 甲头;10 甲立 1 保,设保正。保甲负责监视人民的行动和思想。基层组织的进一步严密化,说明清朝政权对人民统治的加强。

第六节　政府官吏的人事行政机制

"纵观千古存亡局,尽在朝中任佞贤。"这已被封建社会历朝所验证。同样,古代人事行政亦更加丰富多彩,认真总结古人治国平天下的人事制度,会对我们有较大裨益。

一、选官制度的多变与发展

选贤任能制。这种选官制度集中体现在战国时期。这时,入官人选主要是选贤任能,根据人的才能和功劳任命官吏,而不是强宗大族的世卿世禄制度。这是由于当时的历史条件所决定的。所谓战国,突出一个"战"字。强国吃掉弱国,弱国反抗强国,都需要具有真才实能的人才,否则就有被敌国灭亡的危险。因此选贤任能的用人政策应运而生。魏文侯与其子武侯时,用李悝变法,实行"食有劳而禄有功"①的原则,搜罗了许多人才,导致国富民强。韩国申不害,也实行了"见功而与赏,因能而授官"②的选官制度。吴起在楚国变法时,采取了"使封君之子孙,三世而收爵禄,绝灭百吏之禄秩,损不急之枝官,以奉选练之士"③的改革措施,突出了军功行爵奖赏制度。齐国进入战国以后,也在军队中实行"明爵禄"的措施。燕国,也确立了"无功不当封"④新的选官制度。赵国也实行了"军功爵赏"制度。⑤

这种选贤任能制度,对世卿世禄制是一个沉重的打击,为中小地主参与政权,跻入官府扫清了道路。

战国时期的选贤任能,除了上述谈到的具有战功的贤者、能人之外,还有一种给君主,将相出谋划策,充当智囊作用的士,必须引起我们的注意。这种士对于富国强兵,加强集权对历史发展的进程起到了相当大的作用。正如史籍所说:"入楚楚重,出齐齐轻,为赵赵完,畔魏魏伤。"⑥

正因为如此,战国时期各国养士成风。国君养士,将相也养士。国君养士始于魏文侯。《吕氏春秋·察贤》说:"魏文侯师卜子夏,友田子方,礼段干木。"这就

---

① 《说苑·政理》,见《说苑全译》,王英等译注,贵阳,贵州人民出版社,1992年。
② 《韩非子·外储说左上》,见《诸子集成》,北京,中华书局,1986年。
③ 《韩非子·和氏》,见《诸子集成》,北京,中华书局,1986年。
④ 《战国策·燕策》,上海,上海古籍出版社,1985年。
⑤ 司马迁:《史记·冯唐列传》,北京,中华书局,2012年。
⑥ (汉)王充:《论衡·效力》,北京,中华书局,1994年。

是说魏文侯以老师的待遇,朋友的情感,礼的方式来对待士人子夏,田子方,段干木。足证当时士的地位、身份及其所起的作用。战国著名的改革家李悝、吴起、商鞅,都出于魏国。国君养士最为典型的是齐威王。他在都城稷门下设学宫,招来天下之士上千人,包括荀子及其他道家、法家人物,讨论问题,出好主意。将相养士以齐国孟尝君、魏国信陵君、赵国平原君、楚国春申君为最显赫。其中以孟尝君为最著名,史称"食客数千人,无贵贱一与文等"。① 他连鸡鸣狗盗者都要。

这些具有一技之长的文武之士,正是君主实行官吏任免制度并建立强大官僚机构的官吏的后备军。

战国时期,虽然选贤任能是选举官吏的主要原则,但是由于公族势力依旧很大,通过荐举、郎中选举官吏仍然是一个重要来源。

臣下向国君荐举官吏。接近国君的大臣,可以直接向国君推荐人才。如:"淳于髡一日见而七人于宣王。"②"王斗见齐宣王,举士五人任官。"③ 这些荐举的官吏并非全是贤者与能人。其中也有的是通过血缘关系荐举而上的。

郎中具有候补官员性质。他是王的近臣,多由世家大族子弟充当。这部分人提拔很多很快。秦的法律规定:"任人而所任不善者,各以其罪罪之。"④ 可见,当时无能而任官者大有人在,否则秦国不能以法律的形式对"任人所任不善者"治罪。

察举制。所谓的察举主要是指中央与郡国长官定期或不定期地向皇帝推荐各种人才。这种制度主要体现在两汉、三国时期。

汉代的选官制度,是地主阶级为了适应专制主义中央集权制封建国家统治的需要而逐渐建立和发展起来的一种选择统治人才的政治制度。这一制度主要包括察举、征辟、任子。汉代的统治者通过这些方式选拔了不少人才,对西汉统治的巩固与发展起了积极作用。

察举是汉代选择官吏的一项重要制度。其科目很多,常见的有贤良方正、秀才(茂材)、孝廉、明经等。举贤良方正,始于西汉文帝二年(前178年)。公元前178年,文帝下诏云:"举贤良方正能直言极谏者,以匡朕之不逮。"⑤ 文帝十五年(前165年),又诏诸侯王、公卿、郡守,"举贤良能直言直谏者"。可见贤良方正的根本条件为直言直谏者,其目的是广开直言之路。茂材,西汉称为秀才,东汉时避

---

① (汉)司马迁:《史记·孟尝君列传》,北京,中华书局,2012年。
② 《战国策·齐策三》,上海,上海古籍出版社,1985年。
③ 《战国策·齐策四》,上海,上海古籍出版社,1985年。
④ (汉)司马迁:《史记·范雎列传》,北京,中华书局,2012年。
⑤ (汉)班固:《汉书·文帝纪》,北京,中华书局,2012年。

刘秀讳改为茂材,或写作茂才。察举茂才,始于汉武帝。公元前106年,汉武帝下诏曰:"盖有非常之功,必待非常之人……其令州郡察吏民有茂才异等。可为将相及使绝国者。"①从所举的茂才资历来看,均为现任官吏。如:赵广汉,"少为郡吏、州从事,……举茂材,平准令"②。尚咸,"为丞相史,举茂才,为好畤令"③。从以上引文我们清楚看到被举茂才者必须是有非常之功,"必待非常之人"的现任官吏。举孝廉始于汉景帝后元二年。公元前142年下诏云:"亡令廉士久失职,贪夫长利。"初令郡国举孝廉各一个。这是汉代举孝廉的开端。其推选之法,据《后汉书·丁鸿传》说:"时大郡口五六十万,举孝廉二人,小郡二十万并有蛮夷者亦举二人。帝以为不均,下公卿会议。鸿与司空刘方上言:'凡口率之科,宜有阶品,蛮夷错杂,不得为数。自令郡国率二十万口,岁举孝廉一人;四十万,二人;六十万,三人;八十万,四人;百万,五人;百二十万六人;不满二十万,二岁一人;不满十万,三岁一人。'帝从之。"所谓孝廉即孝子廉吏。其与茂才不同之点是孝廉属于郡举,而茂才则是州举,茂才的数目较孝廉数目少些。茂才出路为地方县令,而孝廉则多为郎官。县令秩为千石,而郎官最高秩为六百石。故茂才比孝廉任用为重。举明经之人,即举通晓经学之人。自汉武帝尊崇儒学,明经亦为察举入仕之途。西汉时孔安国、贡禹、夏侯胜、张禹都以明经为博士;眭弘、翟方进并以明经为议郎。④在西汉明经尚未限定郡国依人口贡举之制。至东汉章帝元和二年(公元85年)始"令郡国上明经者,口十万以上五人,不满十万三人"⑤。以后二年令的规定:"本初元年……令郡国举明经,年五十以上、七十以下,诣太学。"⑥总之,察举的对象主要是官府的属吏和地方学校的学生。对被推荐的人员,朝廷要进行一定考试。对贤良的考试方式主要是对策,即命题考试,有时也用射策即抽签考试。即由皇帝提出政治、经义方面问题,由应试者解答。东汉顺帝时,对孝廉也进行考试:"诸生试家法,文吏课笺奏。"⑦可见,两汉的察举与考试是相辅而行,相互为用的。察举加考试,这是汉代选官制度中的两个重要的步骤。察举之后,是否选用其人,还要经过考试,而后始能量才录用。

征辟是两汉选官的另一项制度。征辟分为征召与辟举。征召是对全国特别有名望的人才由皇帝派专人去聘任。辟举又叫辟除,是由中央或郡国长官对所辖

① (汉)班固:《汉书·武帝纪》,北京,中华书局,2012年。
② (汉)班固:《汉书·赵广汉传》,北京,中华书局,2012年。
③ (汉)班固:《汉书·肖理之传》附《肖咸传》,北京,中华书局,2012年。
④ (汉)班固:《汉书》各本传,北京,中华书局,2012年。
⑤ (南朝)范晔:《后汉书·章帝纪》,北京,中华书局,2012年。
⑥ (南朝)范晔:《后汉书·质帝纪》,北京,中华书局,2012年。
⑦ (南朝)范晔:《后汉书·左雄传》,北京,中华书局,2012年。

部门或地区有名望的人加以聘任,辟为自己幕僚属吏。

先看征召。汉高祖求贤诏某些德高望重的人士,或备顾问,或委任政事已开其端。自汉武帝以至东汉,已成惯例。"武帝自为太子,闻(枚)乘名。及即位,乘年老,乃以安车蒲轮征乘。"[①]"(徐穉)屡辟公府,不起……桓帝乃以安车玄纁,备礼征之,并不至。……灵帝初,欲蒲轮聘勃,会卒,时年七十二。"[②]

再看辟举,汉时辟举之制分两部分:(1)公府辟举,试用之后,由公府高级官或由公卿荐举,可补为内官或州郡官。(2)州郡辟举,由州郡官吏,积功久次,或试用之后以能被荐举或被察举,亦可升任中央官。《续汉书·百官志》云:"汉初掾史辟皆上言之,故有秩命士,其所不言,则为百石属。其后皆自辟除,故通为百石之。"西汉武帝设立十三部州,州刺史纯属监官,用人权很小,但到了西汉末东汉初,州遂成为地方行政组织,组织扩大掾属亦随增多。《太平御览》卷二六二引应劭《汉官仪》云:"元帝时,丞相于定国条州大小,为设员、治中、别驾、诸部从事,秩皆百石。"

两汉时期选官制度还有任子一项。所谓"任子",《汉书·哀帝纪》注应劭引《汉仪注》说:"吏二千石以上,视事满三年,得任同产若子一人为郎,不以德选。"这里指出任子的条件有以下五条:第一,"吏在二千石以上者";第二,吏必须为"视事满三年";第三,在符合上述两个条件下,可保兄或保子为官;第四,吏二千石者只能以一人为限;第五,被保任的官职一般是郎官。任子制度是任人唯亲的组织路线。公卿郡守子弟可凭借父兄余荫,不经考试,不问才德,便可任官,其目的主要是照顾大官僚地主的利益,借以维护西汉统治者统治。

综上所述,汉朝统治者重视选用人才并有一套比较完整的选官制度。它是使汉朝在我国历史上成为一个盛大的封建王朝,甚至成为当时世界上文明大国的一个重要原因。当然封建地主的选官制度不可避免地要受到阶级和历史的局限,有其缺陷。但是,我们去其封建性糟粕,取其民主性精华,对当今时代也有一定裨益。

就选官制度而言,三国实行"唯才是举",重才。魏、蜀、吴三国开创者曹操、刘备、孙权及其后继者都有比较远大的政治眼光,他们意识到谁能够吸引和重用文武人才,谁就会在天下大乱的形势下,吃掉敌国,发展自己。唯才是举正是在这种情况下产生的。

曹操从 210 年到 217 年,先后三次下了"求贤令"。210 年,他下了第一个求贤

[①]　(汉)班固:《汉书·枚乘传》,北京,中华书局,2012 年。
[②]　(南朝)范晔:《后汉书·徐穉传》,北京,中华书局,2012 年。

令说道："今天下尚未定，此特求贤之急时也。"①214年，曹操又进一步明确把"才"作为取士的主要标准，他在求贤令中说："夫有行之士，未必能进取；进取之士，未必能有行也。陈平岂笃行，苏秦岂守信邪？而陈平定汉业，苏秦济弱燕。由此言之，士有偏短，庸可废乎！"②这里曹操提出了不能因士有偏短而抹杀其长处，废而不用的道理。217年，曹操又下了第三次求贤令，他说："今天下得无有至德之人放在民间，及果勇不顾，临敌力战；若文俗之吏，高才异质或堪为将；守负污辱之名，见笑之行，或不仁不孝而有治国用兵之术，其各举所知，勿有所遗。"③这里，曹操公开提出了要用"不仁不孝而有治国用兵之术"的人做官，这是对东汉末年以封建道德、家世出身作为选拔官吏标准的有力冲击。正因为曹操不但在口头上而且在实践中坚持了他一再申明的唯才是举的原则，所以在他周围有一大批贤才智士为其出力。如荀彧、荀攸、郭嘉、杜袭等人，为曹操统一北方提供了人才条件。

刘备在选官问题上的最大成功是他重用了曾"躬耕于南阳"④的诸葛亮。刘备曾"三顾"诸葛亮于"草庐之中"。⑤诸葛亮为他制定了控制荆、益两州，东联孙权，北拒曹操，南抚夷越的战略方针，使蜀国由失败走向兴盛。为此，诸葛亮于221年担任了丞相。

诸葛亮治蜀成功的一条重要经验便是用人标准得当。他说"一曰间之以是非而观其志，二曰穷之以辞辩而观其变，三曰咨之以计谋而观其识，四曰告之以祸难而观其勇，五曰醉之以酒而观其性，六曰临之以利而观其廉，七曰期之以事而观其信。"⑥总之，他对人要从志、变、识、勇、性、廉、信七个方面去考察而用之。为此，他重用了出身低微但很有才能的张嶷为越嶲太守。提拔了识字不过十但有实战经验的王平为将军。擢升了治身俭约、为政简而不烦的吕氏为汉中太守。迁升了缮写文书、提出"为政以安民为本，不以修饰为先"灼见的蒋琬为自己的继承人。在三国之中，蜀国立国最晚，力量最小，人口只有全国的九分之一，而刘备、诸葛亮能够偏安西南一隅，同魏、吴形成三足鼎立之势，很大程度上得力于其正确的选官制度。

不过，诸葛亮年老时，不放手选拔使用年轻的接班人，"事无巨细，亮皆专之"，"皆决于亮"；加之，自从到汉中，一年之内又丧失赵云、阳群等大将七十余人。受到重用者差不多都是军事人才，有武缺文。虽后来发现姜维是个治政人才，做了

---

① （晋）陈寿：《三国志·武帝本纪》，天津，天津古籍出版社，2009年。
② （晋）陈寿：《三国志·武帝本纪》，天津，天津古籍出版社，2009年。
③ （晋）陈寿：《三国志·裴松之注引魏书》，天津，天津古籍出版社，2009年。
④ （晋）陈寿：《三国志·蜀书·诸葛亮传》，天津，天津古籍出版社，2009年。
⑤ （晋）陈寿：《三国志·蜀书·诸葛亮传》，天津，天津古籍出版社，2009年。
⑥ 《诸葛亮集·文集》卷四《将苑·知人性》。

接班人,但人数远不如蜀建国之初多。这是蜀最后被魏吃掉的一个重要原因。

孙权能够发展成一大势力并在江南立足,很大程度上还是依靠其正确的选官政策。孙权是一个有作为的君主。在用人问题上他能兼顾三个方面:对老臣能依靠和尊重。张昭是东吴老臣,年轻的孙权"待张昭以师傅之礼"[①]。对其意见一般言听计从。对贤才放手信任,诸葛瑾、陆逊都是他亲自选拔的人才,对这些人,孙权使之有职有权。对有隙者能采取慎重态度,虞翻为人倨傲不恭,一次孙权设宴请大臣,虞翻不肯持酒,使孙权大怒,欲拔剑杀之。后孙权发觉自己错了,便下了一道命令说:"自今酒后言杀,皆不得杀。"

总之,三国鼎立局面的形成,除了有经济、政治、地理条件、策略思想原因之外,与三国之主善于用人有很大关系。虽然三国的开国者"用人各不同"[②],但是其用人的基本思想均是唯才是举。只不过曹操比刘备、孙权执行这一思想更彻底,更全面。

九品中正制。曹操提出"唯才是举"的用人方针,由谁来举呢?东汉是通过乡党的评议。但是经过东汉末年黄巾大起义后,人士流动了,还依靠乡举里选乡党评议的方法来选官成为不可能。于是,曹操一方面顾全乡党评定的传统选官方法;另一方面适应人士流动的新环境,"就本乡之中选择一个适当的人来主持评定的任务"[③]。这个人在本乡负有声望,又熟习、掌握本地方的具体情况,吏部选官可以从他的报告中得到依据。这个人就是中正官的最初萌芽。

曹操死后,曹丕继位,采纳了吏部尚书陈群的建议,把"九品中正制"作为新的选官制度。据《资治通鉴·魏纪》文帝黄初元年(220年)记载:"尚书陈群,以天朝选用不尽人才,乃立九品官人之法;州、郡皆置中正以定其选,择州郡之贤有识鉴者为之,区别人物,第其高下。"初,州郡皆置中正,后来州为大中正。《太平御览》卷三六五记载:晋宣帝时:"案九品之状,诸中正既未能料简人才,以为可除九制,州置大中正。"又《通典》卷一四:"魏氏革命,州郡县俱置大小中正,各以本处人任。诸府公卿及台省郎吏有德充才盛者为之。"[④]这就是说"九品中正制"是由中央一些官吏兼任原籍所属州郡的"中正",由他们察访本郡有才能的士人,将其分为上上、上中、上下、中上、中中、中下、下上、下中、下下九等,以备中央选用。其初期选用原则"盖以论人才优劣,非谓世族高卑"[⑤],这与其父曹操的"唯才是举"政策的精神

---

① (晋)陈寿:《三国志·孙权传》,长春,时代文艺出版社,1995年。
② (清)赵翼:《廿二史札记》。
③ 唐长儒:《魏晋南北朝史论丛》,上海,上海三联书店,1978年,106页。
④ 州中正设立较晚,县中正在魏晋时也无考。
⑤ 沈约:《宋书·恩幸·论》,北京,中华书局,2012年。

是一致的。

曹丕制定的"九品中正制"在曹魏后期，尤其是到了晋朝，发生了相当大的变化。西晋统一后颁布了《户调式》，以法律的形式确定了世族门阀的经济方面所享有的特权。世族门阀在政治上的特权则是通过对曹魏初期创立的九品中正制的改造而获得的。由于中正官在官吏选拔上占有非常重要地位，士人官品高低完全掌握在他们手里。因此，担任中正的所谓"州郡之贤有识鉴者"，逐渐由各地名门大族所把持。如，太原王氏前后有四人担任过本州大中正，其中王述曾为并、冀、幽、平四州大中正。他们评定等级、推荐人才的标准，最主要的是家世门第，其次是封建才德，能够被他们评为上品的，一般都是有权有势的世族。从而很快形成了"上品无寒门，下品无士族"[①]的现象。正是由于中正官一职多为世族门阀出身的官僚所把持，这一制度便成为他们培植门阀私家势力的重要工具。于是世族门阀制度与当时封建国家的任官制度完全结合起来。这种结合到了东晋与南北朝初期，达到了鼎盛时期，国家权力只是由王、谢、庾、桓等几家大世族轮流掌握，他们世代把持高官。因此，门第的界限也就越加严格，所谓"士庶之际，实自天隔"，[②]从而加深了世族与庶族的矛盾。

科举制。科举制在南朝出现萌芽，隋朝得以确立，唐宋有了进一步发展，至明清逐渐衰败。它的最大特点是分科取士，代替了魏晋以来的九品中正制。

魏晋以来，世族与庶族之间的矛盾，是地主阶级内部争夺对农民统治权力的斗争。虽然这个斗争比起农民与地主的阶级斗争是次要的，但在政权上也反映了由于少数世族门阀垄断着政权，其阶级基础削弱了，同时由于世族享有特权，也加速了他们在政治上的腐朽性。至南北朝后期，世族势力逐渐衰弱，促使其衰落的原因主要有以下四点：一是门阀世族自身腐朽。他们凭借自己政治经济特权，无须战功事功，单凭其高贵的血统便可做高官。到了南朝，他们以不涉政务为"清"，以有才干能办事为"浊"，以立军功为"耻"。梁朝时，他们中的一些人甚至连书也懒得读了。更有甚者散发裸身，与群猪共饮酒。二是寒门地主的兴起。门阀士族既然"不堪经国"，这就为寒门地主登上政治舞台提供了机会，从而形成"寒人掌机要"的局面。如南齐时小吏出身的茹法亮任中书通事舍人，相当于皇帝的机要秘书。就连当地第一流高门太尉王位对人发出"我虽有大位，权寄岂如茹公"的叹息。三是在统治阶级内部斗争受到打击。如梁末侯景大乱中，大批世族们只有坐着等死。又如西魏破江陵，将所俘的世族完全当婢看待，用来耕田养马。四是受到了农民起义的打击。东晋末年的孙恩起义中，大批世族受到严惩。起义军打败

---

① （唐）房玄龄等：《晋书·刘毅传》，北京，中华书局，2012年。
② 沈约：《宋书·王弘传》，北京，中华书局，2012年。

过东晋的"北府兵",杀死其主将谢琰,使世族从此失去军事领导权。这是门阀制由上升走向衰落的标志。南朝宋、齐、梁、陈四个朝代的皇室都是寒门地主出身。北魏末年相继爆发了边地六镇、关陇、河北等地的农民起义,也打击了门阀世族的势力,一些世族或被杀,或带领宗族逃窜外地。从此北方门阀世族也走向衰落。

经过南北方农民起义的扫荡、庶族寒门地主的冲击,加之门阀世族内部的残杀和腐朽,世族门阀制日趋瓦解。与此相适应的九品中正制为特点的选官制度也就临近末日了。因为在门阀统治下,统治阶级内部的世家大地主被称为世族,或称为士族,而中小地主则被称为庶族或"寒门"地主。由于九品中正制为特点的选官制度的实施,寒门地主的仕途遇到严重的阻碍。现在随着门阀制度日益没落,一种新的选官制度也要出现。

选官制度的改革首先发生在南朝梁代。《文献通考》卷二十八《选举一》说:"梁初无中正制,年二十五方得入仕。天监中(四年),又制九流常选,年未满三十,不通一经者,不得为官。"九品中正制在南朝梁初废除了,代之而起的是天监四年制定的"九流常选"。其任官标准为:通不通"经",而不是门第高下。在北朝的西魏、北周时期也提出"惩魏齐之失,罢门资之制"[1],开始打破全凭家世门第选人的标准。总之,"通一经"、"罢门资"的选官标准的提出是对"九品中正制"的选官制度的冲击,正如《隋书》卷三十六《百官志上》记载:陈朝"依梁制,年未满三十者不得入仕,唯经学生策试得第"。这为隋朝正式建立科举举士制度创造了条件。

隋朝统一全国后便废除了九品中正制,建立了科举制度。所谓科举制度,就是由封建国家设立各科定期地进行统一招考,考中之后授给官职的一种任官制度。即所谓"开科取士"或"分科举人"。隋文帝登基之初,锐意搜罗人才,励精图治,乃于开皇二年(582年),"诏举贤良"之士。开皇三年(583年)又诏曰:"如有文武才用","朕将铨擢"。开皇七年(587年),"制诸州岁贡三人"。[2] 开皇十八年(598年)又诏京官五品以上,总管、刺史以"志行修谨""清平干济"两科来荐举士人。

隋炀帝继位后,即下诏曰:"若有名行显著,操履修洁,及学业才能,一艺可取,咸宜访采,将身入朝。所在州县,以礼发遣。"[3]大业三年(607年)四月又下诏曰:"天下之重,非独治所安,帝王之功,岂一士之略。……夫孝悌有闻,人伦之本,德行敦厚,立身之基。或节义可称,或操履清洁,所以激贪厉欲,有益风化。强毅正直,执宪不挠,学业优敏,文才美秀,并为廊庙之用,实乃瑚琏之资。才堪将略,则

---

① (唐)杜佑:《通典·选举二》,北京,中华书局,1984年。
② 《隋书·高祖记》,北京,中华书局,2012年。
③ 《隋书·炀帝纪上》,北京,中华书局,2012年。

拔之以御侮,膂力骁壮,则任之以爪牙。爰乃一艺可取,亦宜采录,众善毕举,与时无弃。……文武有职事者,五品以上,宜依令十科举人。有一于此,不必求备。朕当待以不次,隋才升擢。"①这里明白提出"十科举人"的项目和标准,即:①孝悌有闻,②德行敦厚,③节义可称,④操履清洁,⑤强毅正直,⑥执宪不挠,⑦学业优敏,⑧文才美秀,⑨才堪将略,⑩膂力骁壮。这就比两汉所举"贤良方正"或"孝廉秀才"的规定更为具体化了。大业五年(609年)六月,又"诏诸郡学业该通,才艺优洽,膂力骁壮,超绝等伦,在官勤奋、堪理政事、立性正直、不避强御四科举人"②。

隋朝的科举科目,有明经、进士、秀才三科。明经科,重在经学,如经学家孔颖达在隋大业初,"举明经高第"。③ 进士科,在隋朝只试策论。《旧唐书·杨绾传》云:"近炀帝始置进士之科,当时优试策而已。"据史载房玄龄、④侯君素、孙伏伽,皆隋之进士也。⑤ 秀才科最难考,"秀才者,文才杰出,对策高第之人"。⑥ 在隋朝"秀异之贡,不过十数"⑦。著名学者刘焯、杜正伦都是秀才出身。

综上所述,隋朝不但设科取士,而且所设的科目根据国家的需要又有所不同。同时又把举士与考试结合起来。它标志着科举制度初步建立起来。这种新的选官制度同以往的选举制度的根本区别,不在于进行分科考试,而在于读书人可以自愿报名参加官府的考试,即所谓"怀牒自列于州县",使得封建国家选用官吏的权力,从地方世族手中集中到中央政府,并扩大了中小地主阶级参与政权的途径。这对于选拔地主阶级的统治人才,加强封建国家的统治力量,特别是强化和巩固中央集权制度,起了重要的作用。

唐朝不仅沿袭了隋朝的科举制度,而且更加全面地树立和扩大了科举制度的规模。和隋朝相比,科举制度的发展主要表现在:

(1)科目种类的增多

隋朝科举制仅仅是开始,只有进士、明经、秀才三科。到了唐代,除了以上三科外,还增加了明法、明算、选举、童子、道举、礼举、三史三传、自举、武举、俊士、明字等科。这里有两点值得注意的地方:一是在选官步骤上的区别。首先由礼部举行科举考试,考中者仅仅取得做官的资格,下一步还要经过吏部选试,若选试合格才授予官职。选试又称"释褐试"。二是科举与学校合流,逐渐形成集学校育才,

---

① 《隋书·炀帝纪上》,北京,中华书局,2012年。
② 《隋书·炀帝纪上》,北京,中华书局,2012年。
③ (宋)欧阳修等:《新唐书·孔颖达传》,北京,中华书局,2012年。
④ 《旧唐书·房玄龄传》,北京,中华书局,2012年。
⑤ 王定保:《唐摭言·述进士上》,上海,上海古籍出版社,1978年。
⑥ 《文献通考·选举一》,北京,中华书局,2011年。
⑦ 《隋书·文学传》,北京,中华书局,2012年。

科举必由学校的一种趋势。

（2）科举考试内容的变更

以进士科而论，隋代初年设进士科时，不试诗赋，只以策问试士。而唐朝开始时只考时务策，以后加上贴经和杂文，贴经又称贴文，相当于今天的填空。亦即把经书前后两边都遮盖上，中间只留一行，再用纸把这一行中的三个字贴住，让考生将贴住的三个字读出来。杂文是指箴、铭等。其后先试杂文、次试论、试策、试贴经为四场。唐玄宗以后，更把试赋规定为必考项目。录取根据考试成绩来定。唐代其他各科，根据考试科目不同而有所不同。

（3）入仕办法不同

隋代进士、明经及第后，即可授官；唐代科举考试合格，只获得了当官的资格，能否当官还要经过吏部考试或经过在职官的辟举。吏部考试，又叫"省试"，以"四才"为标准，即身（体貌丰伟）、言（言辞辨正）、书（楷法遒美）、判（文理优长）。[①] 如果这四项全能通过便可授官。如果省试未能通过，则可求得当权官僚的保举也可做官。如韩愈科举进士及第后，却在"省试"时失败。最后经地方官辟举的方式才取得士籍。

（4）科举与学校关系更加密切

科举考试的学生来源主要有两种：一是生徒，亦即由学校解送者。二是乡贡，亦即由州县解送者。隋朝重视后者，唐朝重视前者。唐玄宗天宝十二年又敕"天下举人不得言乡贡"[②]，皆须先通过学校一关。

唐朝科举制度的发展是同社会经济、政治的发展分不开的，由于唐继续实行均田制以后，地主经济得到显著发展，中小地主一天天增多，他们要求参加政权，以保护和扩大自己的权势。过去保证士族特权的九品中正制，随着世族的没落已经失去存在的基础。而唐朝统治者鉴于魏晋以来世族把持政权所造成的腐朽政治，希望通过科举制度从地主阶级中吸收统治人才，充实官僚机构，加强中央集权的统治力量。因此，唐朝科举制度的发展，反映了中小地主在政治上同门阀世族斗争的结果。同时，科举制度的实行，也使得考选和任用官吏的权力，从世族手中夺回，由中央政府直接掌握。并且在政府和地主士大夫之间形成一种特殊的联结，以做官为诱饵，是笼络封建士大夫知识分子的有效方法。

科举制度调整了大中小地主阶级内部之间的矛盾，便于有效地进行封建统治，因此，后世封建统治者一直沿用。

科举制度对广大劳动人民来说，是一种骗局，因为劳动人民在残酷剥削的社

① （唐）杜佑：《通典》卷十五《选举三·历代制下》，北京，中华书局，2012 年。
② （唐）王定保：《唐摭言》卷一《两监》，上海，上海古籍出版社，1978 年。

会制度下,实际上完全被剥夺了读书和考试的权利。特别是考试以儒家经义为准则,不容许发挥自由思想,使应考者长年累月的集中精力于科举考试,脱离实际,麻痹人们斗争意志,因此它是加强政治思想统治的一种重要手段。但是在当时历史条件下,科举制度有助于削弱门阀世族势力,对改革腐败政治,巩固和加强中央集权制度,起了一定的积极作用,同时也相应地推进了唐朝社会文化的发展。

科举制度至宋朝已成为一种完整的选官制。这一制度当时还处于上升时期,积极的历史作用是其主流。如何把具有真才实学的人物选拔上来,以巩固其统治,确实是当时统治者绞尽脑汁的大问题。其中,宋朝对科举制度在考试方法上的改革,对我们今天仍有某些启迪,其方法可以为我们所借鉴。

宋朝科举取士之数远远超过唐朝。这固然是统治者为保证地主阶级国家长治久安,防止继后周以来又成为一个短命王朝的需要,同时也是当时统治者顺应历史发展,对科举制度健全、完善、改革的结果。据史载,唐朝科举进士被录取者,每次三四十人,最多不过 70 人。但是,宋朝录取人数猛增,到了宋徽宗时,每次平均录取 680 多人。这样,通过科举而做官者,竞争十分激烈。有的达官贵人直接向主考官推荐所谓人才,时称"公荐"。有的考生称主考官为"师门""恩门"而自称"门生"。为了防止权贵干扰、考官徇私、师生结党,992 年,翰林学士承旨苏易简等5 人知贡举(即主考官),他们认为既然掌握贡举大权,"义在无私",受命之日,即赴尚书省贡院锁宿,暂不回家,"以避请求"。锁院制便应运而生。当然由于阶级和历史的局限,苏易简等人不可能"无私"地选官。但是当他们任主考官后,主动到贡院锁宿,避开极其严重的血缘亲属和盘根错节的关系网,实则难能可贵。他们的举动为后代所效仿,使之成为定制,长盛不衰。这不能不说是符合历史发展方向的创举。

宋真宗时,监察御史张士逊任考场巡考官,因其亲属应试,向主考官提出辞职以避嫌疑。宋真宗立即下诏:"自今举人与试官有亲嫌者,皆移试别头。"[①]时称"别头试"。即凡是主考官的亲嫌者,到其他地方去,由别的考区的主考官主持考试,因而又称"别头"。这一做法始于唐朝开元年间,不过屡行屡罢,并未形成定制。其制度化应在宋真宗时期。凡应试者"有亲戚仕本州……距本州二千里"[②]。更为可喜的是,不久又把这一制度法律化,以法律条文明确规定:"与试官有亲嫌者,皆移试别头。"值得注意的是参加别头试者有二,一是"亲"者,亦即与主考官为同姓亲属或异姓婚姻关系。二是"嫌"者,亦即"守倅门客皆引嫌"[③]。换言之郡守

---

①　(南宋)李焘:《续资治通鉴长编》卷六八,北京,中华书局,2004 年。

②　《宋史·选举一》,北京,中华书局,2012 年。

③　(南宋)李心传:《建炎以来朝野杂记》甲集卷十三《避案牒试》,上海,商务印书馆,1937 年。

及其副官的子弟和考官的门客皆为嫌者。这一制度的实施至少对利用亲嫌关系结党营私的封建痼疾起到了抑制作用。

由于宋朝科举取士人数逐年增加，竞争十分激烈。虽经锁院制、避亲嫌，堵塞了考试前营私舞弊现象，但是考官与举人徇私之弊又以另外形式出现在主考官阅卷这一环节中。为了抑制这种现象，宋朝统治者又实行封弥、誊录之制。所谓"封弥"，又称"糊名"，它最早出现于唐朝的制科考试中。《隋唐嘉话》记载："武后以吏部选人多不实，乃令试曰自糊其名，暗考以定审判之。糊名自此始也。"可见当时实行糊名之法是因"选人多不实"的结果。不过武则天所创糊名之法，只是用于吏部升迁官吏的考试。当时还没有成为整个科举考试的一项制度。992 年，宋太宗采纳将监丞陈清的建议，初次实行"糊名考校"之法。《通考·选举考三》记载："淳化三年（992 年）……苏易简知举殿试，始令糊名考校。"咸平二年（999 年），礼部试时，选派官员专司封印卷首。明道二年（1033 年），诸州解试（乡试）也实行弥封制。从此，各级考试均实行弥封卷首之制。其办法是将同一考生所参加诸场之试打上同一号头。《梦粱录》卷二记载："所纳卷子，径发下弥封，所封卷头……于每卷上打号头，三场共一号。"据史载，北宋开科取士 69 次，共取士 34163 人，平均每年取士 205 人。考官虽不能从试卷看到被举之人的姓名，但由于考卷量较少，亦可根据笔迹辨认其熟悉者的考卷，加上有些考生弄虚作假，暗标记号，与考官私通以达升官之目的。《宋史·刘师道传》记载："师道弟几道，举进士礼部奏名，将廷试，近制悉糊名校等，陈克咨当为考官，教几道于卷中密为记号。几道即擢第，事泄，诏落其籍，永不预举。"可见刘师道的弟弟刘几道与主考官陈尧咨私通，在考卷上标记号，被发现后，定为"永不预举"之罪。为了解除主考官与考生间"容私之弊"，宋真宗景德二年（1005 年），在殿试中首行誊录法。大中祥符八年（1015 年）又设立誊录院。其办法是举人卷毕，派书吏将其卷抄成副本，要求书吏不准擅自窜改文意或添减字画，并经校对官校勘之误，考官评卷时，只看其副本。既防止考官与举人私通，又避免考官辨认举人之字迹。

总之，宋朝科举取士之法，先后实行锁院制、别头试、糊名、誊录诸项改革。从它们出现的沿革不难看出，当时统治者是为了解决科举取士的弊端，选拔治国平天下的人才而实行的具体制度。不可否认，每一种制度的实施，就其阶级实质而论，都是为地主阶级选拔有用的人才，但我们不能因此否认它们在方法上的价值。不仅可以借鉴其方法本身，还可以总结改革策略中成败得失经验。

明朝科举制在宋元基础上有了进一步发展，具体如下：

考试的类别与日期。明朝考试分四级进行。亦即及格试、乡试、会试、殿试四种。童生（未入学士子的通称）先在州县级考试，中试的称作"秀才"或生员，取得进一步考试的资格。省级的考试叫"乡试",每三年举行一次,中试者称为"举人"。《明史·选举志二》云:"三年大比,以诸生试之直省曰乡式,中式者为举人。"明以天干地支为记,即遇子、午、卯、酉年为乡试年。乡试,是由南、北直隶和各布政使司举行的地方考试,又称乡闱。其考试地点在南、北直隶及各布政使司驻地。中央级的考试称会试,在乡试的第二年进行。《明史·选举志二》云:"乡试中试者为举人,次年以举人试之京师曰会试。"考试的时间在辰、戌、丑、未年于京师举行。皇帝亲自主持的考试称殿试或廷试。这是明代科举最高一级考试,因考场在奉天殿或文华殿而得名。《明史·选举志二》云:"会试中试者,天子策於廷,曰廷试,亦曰殿试。"殿试的考试,在会试的第二年进行。其取中者称曰"进士",且分一、二、三甲。第一甲只三人,称状元、榜眼、探花,赐进士及第;第二甲若干人,赐进士出身;第三甲若干人,赐同进士出身。

考官和应试者的资格。及格试由考生所在的州县主考。乡试在京,则隶于南、北两京,皆用翰林,而各省考官则于儒官、儒士内聘用公正者充任。后来主考2人,同考4人,提调1人。会试主考2人,同考8人以及提调、监试等官,都由级别较高的官员担任。殿试的主考官是皇帝,但阅卷者则由从进士出身的高级朝官中选拔。应乡试者的资格为府、州、县学生员之考试及格者,孺子之未仕者,以及官之未入流者。应会试者的资格为乡试考中的举人,历次会试未中者,国子监的监生。应殿试者为会试考中者。但有四种人不准应试:(1)学校训导专教生徒;(2)罢闲官吏;(3)倡优之家;(4)居父母丧者。①

考试科目与内容。明代乡试和会试,都分三场举行。初场试四书义3道,第二场试论1道,第三场试经史时务策5道。考试内容:一为经义,二为诏诰律令,三为经史时务策。

取士名额及其出路。乡试录取名额,初则少,后渐多,均由朝廷决定。洪武十七年(1384年),诏"不拘额数,从实充贡"②。洪熙元年(1425年),始有定额:南京国子监及南直隶共80名;北京国子监及北直隶共50名,其他考区从10名到50名不等。明后期,南北直隶增至130多名,各布政使司的名额也大大增加。会试录取名额,明初无定额,少则32人,多者472人。成化十一年(1475年)以后,一般取300名。殿试录取分一、二、三甲,其中一甲为三人,二、三甲无定额。值得注意的是明代科举有连中"三元"之说。乡试第一名为解元;会试第一名为会元,殿试第一名称状元,合称"三元"。在明代只有洪武年间的许观、正统年间的商辂二人连中"三元",被后代传为佳话。科举考试的目的,对统治者来讲是选拔得力的各级

---

① 《明史·选举志二》,北京,中华书局,2012年。

② 《明史·选举志二》,北京,中华书局,2012年。

官吏,对应试者来说是出仕当官。二者核心点是官。《明史·选举志二》云,明太祖下诏曰:"中外文臣皆由科举而进,非科举毋得与官。""状元授修撰,榜眼、探花授编修,二、三甲考选庶吉士者,皆为翰林官。其他或授给事、御史、主事、中书、行人、译事、太常、国子博士,或授府推官、知州、知县等官。举人、贡生不第,入监而选者,或授小官职,或授府佐及州县正官,或授教。"

明代科举取士,除了考试的内容、文体(八股文)有别于前代外,值得注意的有两点:一是翰林院庶吉士制度。从明代开始,只有考取一甲的进士方能任翰林院检讨及编修,未进一甲的进士,一般须在翰林、承敕监等衙门试用三年,能留者为编修。这个试用期称为庶吉士。二是进士观政制度。《明会要·职官七》:明太祖时曾"使进士观政于诸司"。为了使科考及格的进士,在未正式做官前,先懂得一些官场礼制及政治知识,要到吏、礼、户、工、刑、兵等部观政。到了明成祖永乐年间,则有固定的学习考试办法。

清朝科举制度,作为选拔和任用官吏的主要途径,分为县试、府试、院试、乡试、会试和殿试。

清代的学校是科举取士的必由之路。府、州、县学的学生,称为生员。凡未取得生员资格的知识分子,皆称童生,或称儒童。童生要取得生员的资格,必须经过县试、府试、院试。合格后,才能参加乡试、会试和殿试。因此,县试、府试、院试为初级考试。

县试,由各知县主持。考试日期通常在每年二月举行。考生须有五人联保并由本县一名廪生做担保人,才能向本县署礼房报名,经核准后,方能应考。考试分四场或五场:第一场为正场,试一文一诗,文字粗通即录取。第二场为招覆,仍试一文一诗,淘汰劣者若干名。第三场为再覆,试一赋一诗或一策一论,又淘汰若干名。第四、五场为连覆,试以小讲三四艺。每场考试后都要发榜,称之为"发案"。只有最后一次发榜,才以名次前后录取。因用真名实姓发案,称之为长案。长案的第一名称为县首,录取的最后一名称为"坐红椅子"。被录取的童生,县署将其姓名备文选交本县儒学署,并申送本府或直隶州、厅,参加府试。

府试,由各府的知府主持。考试日期多在四月,考试程序和内容与县试基本相同。所不同的是,除有五人互结,复请廪生作保外,还要添派一名廪生作保,称为派保。府试第一名称府案首。录取者由府造册申送省学政,参加院试。

院试是初级考试最关键一关。其试初由直隶、江南提督学政及各省提学道主持。雍正四年(1726年)各省学政改为学院。故由学政主持的考试,称为院试。

各省的学正是由皇帝亲自选派的,其职"掌一省学校、士习、文风之政令"。[①]他主持的院试主要是岁试和科试。这两种考试的基本任务之一是从童生中考选生员,均在各府或直隶州、厅的治所举行,由各知府、知州、同知任提调官。

生员的录取名额,与当地文风高低,钱粮丁口的多寡有十分密切的关系。因此,各地录取的生员也因时因地而定。清初,将府、州、县分为大、中、小三类。1647 年定:大学 40 名,中学 30 名,小学 20 名。1658 年又定:大府 20 名,大州、县 15 名,小州、县 4 名或 5 名。1670 年再定:大府、州、县仍照旧额,中学改为 12 名,小学 7 名或 8 名。[②]一般说来,考生被录取者,留县的称县学生员,拨往府学的称府学生员,拨往州学的称州学生员。由童生考为生员,一般称为附学生员,而最普遍的称呼则是秀才。

童生取得生员资格后,还要参加各省学正主持的岁试和科试。这两种考试的基本任务之一是从生员中选拔参加乡试的名单。按岁试和科试的成绩将入考的生员分为六等:文理平通者为一等,文理亦通者为二等,文理略通者为三等,文理有疵者为四等,文理荒谬者为五等,文理不通者为六等。凡是名列一、二等及三等名列前茅(大省前 10 名,中、小省前 5 名)者,就取得了参加乡试的资格。总之,县试、府试、院试以录取秀才,取得参加乡试的条件,岁试以观其成绩,科试以选参加乡试的人士。

如果说,县试、府试、院试是初级考试,那么,乡试、会试、殿试则是正式的科举考试。

乡试,每三年举行一次,乡试在省城举行,考中者称举人。

《清史稿·选举志三》曰:"三年大比,试诸生於直省曰乡试,中试者为举人。"乡试的考试时间,"顺治元年,定以子午卯酉年乡试,……乡试以八月……均初九日首场,十二日二场,十五日三场"。乡试虽定子、午、卯、酉年举行,但遇皇帝登基、万寿等庆典,年限、试期均可临时决定。如:顺治三年(1646 年),以天下初定,即增加一次乡试。康熙十六年(公元 1677 年),令各省于九月举行乡试,二十二年,贵州、云南因故不举行乡试,雍正元年(公元 1722 年)四月乡试,二年二月乡试等。主持乡试的官员,称为主考。主考有正副,由皇帝选派。《大清会典》卷三十三云:"题派各省乡试正副考官,先行文各衙门,咨取进士出身之侍郎以下京堂名官衔名,行文吏部,咨取考差官引见衔名,分缮清单,开明籍贯、俸次、科分及曾经出过某省学差、某科某省典试、某科顺天乡试会试分房,并应回避省份、由部密

① 《清朝文献通考》卷八十五,北京,全国图书馆文献缩微复制中心,2002 年。
② 《清朝文献通考》卷六十九《学校》七、《直省乡党之学》,北京,全国图书馆文献缩微复制中心,2002 年。

题。……钦命正、副考官各一人，旨下由部知会点出各官，次日常服诣午门前，听礼部堂官宣旨，……于派出后五日内起行。"可见皇帝选派乡试正副主考官十分慎重。雍正三年(1725 年)，颁考试试官之令，始限于从翰林及进士出身的部院官员中选派。主考、副主考都是一种临时差使。

会试，每三年举行一次，会试在京城举行，考中者称进士。《清史稿·选举志三》云："三年大比，……次年试举人于京师曰会试，中试者为进士。"会试考试的时间即在乡试考试的次年举行。"顺治元年(公元 1644 年)……(定)辰、戊、丑、未年会试，……会试以二月，均初九日首场，十二日二场，十五日三场。"会试是由礼部主持，凡参加考试的人，必须是各省乡试中试的举人，经过磨勘和复试后，方能取得会试资格。主持会试的官员，称主考。主考有正副，由皇帝选派。《大清会典·礼部》云："会试考官，以进士出身之大学士、尚书以下副都御史以上官开列。"会试中试没有定额。顺治三年(1646 年)首次举行会试，取中 400 名。"历科大率三百数十名，少或百数十名。而以雍正庚戌四百零六名为最多，乾隆己酉九十六名为最少。"会试中试者称进士，又称为贡士，会试的第一名称为会元。

殿试，每三年举行一次，会试中试的贡士参加，由皇帝亲自主持。其应试地点最初是在天安门外，1658 年，改为太和殿的东西两庑，1723 年，又改为太和殿内两旁，从 1789 年开始，改为在保和殿殿内考试了。殿试分三甲："一甲三人，曰状元、榜眼、探花，赐进士及第。二甲若干人，赐进士出身，三甲若干人，赐同进士出身。"其中获一甲者可直接授翰林院官员。二、三甲可再考翰林院庶吉士，叫做"馆选"，考中后入院读书，取得未来的高官资格，不中者另授其他官职。

清朝统治者为了拢揽人才，缓和汉族士大夫的敌对情绪，扩大统治基础，于正科之外，又增加特科，如"博学鸿词科"，"经济特科，""孝廉方正科"，"博学鸿儒科"，"太后万岁恩科"等。清朝广泛推行科举制度，不仅选拔了适合封建统治需要的人才，也确实扩大了清政权的统治基础。

但是科举制与其他事物一样亦有其发生、发展、变化的过程。应当看到科举制在明朝之时，已暴露出其腐朽性。明朝末年，有人尖锐地指出八股文会断送明王朝的江山。清代的一些进步的思想家亦对科举制进行了猛烈的抨击。其中家喻户晓的吴敬梓的《儒林外史》更通过对儒林群丑的形象描绘，对科举制度进行了辛辣的讽刺。如果说，在 19 世纪以前，清王朝还可以闭关自守的话，到了 19 世纪30 年代，西方资本主义国家就要以它们的军舰和大炮打开中国的大门了，这些是科举出身的人们应付不了的。以旧的科举内容来对付新形式，其腐败性越来越暴露无遗。无法,清王朝于 1905 年只好宣布"所有乡、会试一律停止"[1]。

二、官编制度的严谨与定员

国家政府的编制问题,是一个关系政权兴衰存亡的大问题。编制合理,是导致国家兴旺发达的一个原因,而编制混乱则是国家衰败的一个重要症结。

1. 古代中央政府官编发展沿革

所谓官编,一般来说主要包括以下四方面:其一,政府机构的设置;其二,官员的定额及应具备的资格;其三,职权的划分;其四,对违反制度的处理办法。本节仅就官员的定额及其相关问题勾画出发展脉络。其他问题在他章已多涉及,此不赘述。

据历史文献记载,夏商周三代的官员人数是"夏百二十员,殷二百四十员,周六万三千六百七十五员"[2]。值得注意的是现存《周礼》是我国古代第一部官编法典,尽管它多是理想成分,但其中还包括不少周代的史实,从中我们可以窥见古代先人对官编是何等重视。《周礼·天官冢宰》云:"太宰卿一人,小宰中大夫二人,宰夫下大夫四人,上士八人,中士十有六人,旅下士三十有二人,府六人,史十有二人,胥十有二人,徒百有二十人;官正上士二人,中士四人,下士八人,府二人,史四人,胥四人,徒四十人;宫伯中士二人,下士四人,府一人,史二人,胥二人,徒二十人;膳夫上士二人,中士四人,下士八人,府二人,史四人,胥十有二人,徒百有二十人;庖人中士四人,下士八人,府二人,史四人,贾八人,胥四人,徒四十人;……"其中太宰、小宰、宰夫、宫正、宫伯、膳夫等都是官职的名称,卿、中大夫、下大夫、上士、中士、下士都是爵位的名称,府、史、胥是官府的低级文书与杂役人员。就天官而言,大到最高长官,小到低级胥吏均有明确的人员定额。天官如此,地官、春官、夏官、秋官、冬官也是如此。有官必有职,天地六官分理治职、教职、礼职、政职、刑职、事职,六官之下各级属官都有职名。如《宰夫》所言,有正、师、司、旅、府、史、胥、徒八个等级。总之,《周礼》总述了天、地、春、夏、秋、冬六大系列402 种职官的名称、职级、属员数额等编制情况,再分叙各种官职的职掌范围。

如果说《周礼》仅是一种乌托邦式的设想,那么,汉代对官吏的员数有具体的规定,且有史料可查。《汉书·百官公卿表上》记西汉官吏总数说:"吏员自佐史至丞相,十二万二百八十五人。"《通典·职官一》称:"汉自丞相至佐史,凡十三万二百八十五员。"同书《职官十八》记西汉官秩等级后说:"汉吏员,自佐史至丞相,凡

---

① 中国第一历史档案馆藏:《上谕档》光绪三十一年七月,桂林,广西师范大学出版社,2008 年。

② (唐)杜佑:《通典》卷十九《职官一》,北京,中华书局,1984 年。

十三万二百八十五人。"其官数大致反映西汉时期基本情况。东汉官数为"右内外文武官七千五百六十七人,内外诸色职掌人一十四万五千四百一十九人。都计内外官及职掌人十五万二千九百八十六人。"值得注意的是两汉时期官吏总数不但有定数,而且有定额,且有固定的俸禄。《后汉书·百官志一》:"太尉,公一人,掌四方兵事功课,岁尽即奏其殿最而行赏罚;长史一人,千石;掾史属二十四人。本注曰:《汉旧注》东西曹掾比四百石,余掾比三百石,属比二百石;令史及御属二十三人。本注曰:《汉旧注》公令史百石。"可见,两汉之时,把官吏等级与具体物质利益俸禄有机地结合起来,从而增加官吏竞争性。两汉时,官位高低标准之一是以俸禄多少为标志,此时俸禄是以"秩石"多少作为官位高低的直接标志。但是从三国魏开始,将官吏划分为一品到九品九个等级,两晋南朝相沿不改。陈朝又在同一品级内分为不同的等给予不同俸禄,从而用俸禄高低反映同一品级略微差别。《隋书·百官志上》所列,陈代一品官有秩万石、秩中二千石两级;二品官有中二千石一级;三品官有中二千石、二千石两级;四品官有中二千石、二千石、千石、六百石四级;五品官有中二千石、二千石、千石、八百石、六百石五级;六品官有二千石、千石、八百石、六百石、四百石五级;七品官有二千石、千石、六百石、四百石、二百石五级,九品官有六百石、四百石、二百石三级。造成这种现象的原因是新旧制度转型时期的一种过渡形态。一方面产生了新的官品等级制;另一方面又要继承两汉的秩石传统。

隋朝统一中国,对国家政府机构进行调整,最为明显的是中央政府设立了三省六部,地方上机构由三级合并为两级。隋炀帝时,郡的总数为 190 个。据《通典·职官一》云:隋朝官员为 12 576 人,其中内官为 2 581 人,外郡县官为 9 995 人。应当说,就官吏总人数讲,比魏晋南北朝时要少得多。唐初的 3 个皇帝高祖、太宗、高宗,对国家机构的官编问题十分重视,把编制问题作为立法的重要内容之一。唐太宗时,中央文武官员曾精减到 643 人,后定制为 730 人。但好景不长,至玄宗之时,国家机构的编制又臃肿起来。《通典·职官一》云:唐玄宗时国家机构官吏为 18 805 人,其中内官为 2 621 人,外郡县官为 16 185 人。值得注意的是,唐代的职事官与散官划分为九品,九品之中又有正从之分,三品以下,正从之官又有上下之别。职事官品位共 30 等,散官因无正一品,最高为从一品,共 29 等。至此结束了魏晋南北朝以来的官品与秩石的双轨制。

宋朝官编非常混乱。正式国家机构的职官往往都无实权,实际事由一些非正式机构去处理,或另外委派别的官员行使职务,从而形成做官的与干事的两个系统。

辽金以后各朝,对官编问题比较重视,尤其是明清二朝更为突出。详见本书

第三章第四节直服君主的六部制。

2. 唐代地方政府官编论要

国家行政机构臃肿是中国封建社会诸朝的普遍现象。然而,当政治清明之时,也会出现例外。唐朝初期、中期就是这样。《新唐书·百官志一》云:"其为法则精而密,其施于事则简而易行。所以然者,由职有常守,而位有常员也。方唐之盛时,其制如此。""职有常守""位有常员"是盛唐之时国家行政编制的总纲,亦是地方政府行政建制的指导思想。

首先,以等定编是盛唐地方政府行政建制的主体思想。

根据州县等级定员定编是盛唐地方行政建制的主体思想,即所谓"职有常守","位有常员",各有差异。定编不仅仅是一个数,它包括州县政府官吏配备的数额,官、吏间的数额比例,决策者的数额规定等。

先看州级第一等级内陆府官吏编制。《新唐书·百官志》云:"西都、东都、北都牧各一人,从二品。西都、东都、北都、凤翔、成都、河中、江陵、兴元、兴德府尹各一人,从三品。掌宣德化,岁巡属县,观风俗、录囚,恤鳏寡。"三都府与其他七府行政编制基本相同。故此,我们以三都府的官吏名称、品级、官与吏比例为例,具体如下:牧,1人,从二品;尹,1人,从三品;少尹,2人,从四品下;司录参军事,2人,正七品上;录事,4人,从九品上,府2人,吏2人;功曹参军事,2人,正七品下,府6人,史12人;仓曹参军事,2人,正七品下,府8人,吏16人;户曹参军事,2人,正七品下,府11人,吏22人,帐史1人;兵曹参军事,2人,正七品下,府9人,史18人;法曹参军事,2人,正七品下,府9人,史18人;士曹参军事,2人,正七品下,府7人,史14人;参军事,6人,正八品下,执刀15人,典狱18人,问事12人,白直24人;经学博士1人,从八品上,助教2人,学生80人;医学博士,1人,正九品下,助都1人,学生20人。[①]

对照上面资料,经过计算,作为州级第一等级内陆府官吏编制为257人(学生除外),其中品内官为30人,品外小吏为227人。而品内官对地方行政决策有较大影响者,只有牧、尹、少尹,其余均是各负其政的一般官员。如果以决策者人数为底数,则决策者、一般官员、品外小吏三者间的比例为1:9:27。

再看州级第二等级边疆府。其长官为大都护或上都护。其职掌是"抚尉诸蕃,辑宁外寇,觇候奸谲,征讨携贰",[②]"统诸蕃,抚慰、征讨、叙功、罚过,总判府

---

① 此表根据《大唐六典》卷三十,《通典》卷三十三,《旧唐书·职官志》,《新唐书·百官志》综合而作。

② 《旧唐书·职官志》,北京,中华书局,2012年。

事"①，"统诸蕃尉，抚征伐斥堠，安辑蕃人及诸赏罚，叙录勋功，总判府事"②。可见大都护或上都护主要职责是"抚慰诸蕃""统诸蕃""安辑蕃人"，即管理少数民族地区的政务。边疆府官吏名称、品位、官与吏的比例，具体如下：

边疆府包括大都护府、上都护府。前者包括：大都护，1 人，从二品；副大都护，1 人，从三品；副都护，2 人，正四品上；长史，1 人，正五品上；司马，1 人，正五品下；录事参军事，1 人，正七品上；录事，2 人，从九品上，史 2 人；功曹参军事，1 人，正七品下，府 2 人，史 2 人；仓曹参军事，1 人，正七品下，府 2 人，史 2 人，户曹参军事，1 人，正七品下，府 3 人，史 3 人，帐史 1 人；兵曹参军事，1 人，正七品下，府 3 人，史 4 人；法曹参军事，1 人，正七品下，府 3 人，史 4 人；参军事，3 人，正八品下。后者包括：上都护，1 人，正三品；副都护，2 人，从四品上；长史，1 人，正五品上；司马，1 人，正五品下；录事参军事，1 人，正七品下；录事，2 人，无品，史 3 人；功曹参军事，1 人，从七品上，府 2 人，史 2 人；仓曹参军事，1 人，从七品上，府 2 人，史 2 人；户曹参军事，1 人，从七品上，府 3 人，史 3 人，帐史 1 人；兵曹参军事，1 人，从七品上，府 3 人，史 4 人；参军事，3 人，从八品上。

对照上面资料，我们认为，作为州级第二等级的边疆府，分为两种类型，即大都护府和上都护府。从定员上看，二者分别为 48 人和 40 人。据史籍记载，前者有决策权的即大都护，参与决策的为副大都护、副都护，共计 3 人。占其编制总数的 8%。而后者有决策权的即上都护，参与决策者为副都护，共计 2 人。约占其编制总数亦是 8%。从品级上看，同一职务，大都护府总比上都护府品位要高一级。以反映其职能部门管辖幅度不同，从而说明择人任官的能力之别，职官地位高低。从品外小吏看，除了大都护府比上都护府多一个法曹参军事外，其他诸曹所任用小吏相同。同一层级政府，虽分大小，职权范围又分宽窄，但其官员差别主要体现在能上，而不是表现在量上。唐太宗说"官在得人，不在员多"，得人的重点在于其能。他认为："若得其善者，虽少亦足矣；其不善者，纵多亦奚为？古人亦以官不得其才比于画地作饼，不可食也。"③因此，盛唐国家机构的精简，不单纯是官吏数额的精简，更主要表现在其素质好坏。

第三看州级第三等级普通州。普通州分为上、中、下三等。它是以州辖户口数及与京都远近为标准。户口数是一个综合因素。一般来说，户口多，密度大，表明该地区社会政治、经济、文化发展的程度比较高，从而导致行政管理的任务比较繁重。因而以户口和人口密度为标准将地方政府分为上、中、下是合宜的。现将

①　(宋)欧阳修等：《新唐书·百官志四下》，北京，中华书局，2012 年。

②　(唐)杜佑：《通典》卷三十三，北京，中华书局，1984 年。

③　(唐)吴兢：《贞观政要》卷三，见《贞观政要全译》，叶光大等译注，贵阳，贵州人民出版社，1991 年。

普通州官吏名称、品级、官与吏之比例,统计如下:

上州包括:刺史,1人,从三品;别驾,1人,从四品下;长史,1人,从五品上;司马,1人,从五品下;录事参军事,1人,从七品上,史3人,录事,2人,从九品上;司功参军事,1人,从七品下,佐3人,史6人;司仓参军事,1人,从七品下,佐3人,史6人;司户参军事,2人,从七品下,佐3人,史7人,帐史1人;司兵参军事,1人,从七品下,佐3人,史6人;司法参军事,2人,从七品下,佐4人,史8人;司士参军事,1人,从七品下,佐3人,史6人;参军事,4人,正八品下,典狱14人,问事8人,白直20人,执刀15人;市令,1人,从九品上,丞1人,佐1人,帅3人,仓督2人,史6人;经学博士,1人,从八品下,助都2人,学生60人;医学博士,1人,正九品下,助教1人,学生15人。中州包括:刺史,1人,正四品上;别驾,1人,正五品下;长史,1人,正六品上;司马,1人,正六品下;录事参军事,1人,正八品上,史2人;录事,1人,从九品下;司功参军事,1人,正八品下,佐2人,史4人;司仓参军事,1人,正八品下,佐2人,史2人;司户参军事,1人,正八品下,佐3人,史5人,帐史1人;司兵参军事,1人,正八品下,佐3人,史4人;司法参军事,1人,正八品下,佐3人,史6人;参军事,3人,正九品下,典狱12人,问事6人,白直16人,执刀10人;市令,1人,未定,丞1人,佐2人,帅2人,史6人,仓督2人;经学博士,1人,正九品上,助教1人,学生50人;医学博士,1人,从九品下,助教1人,学生12人。下州包括:刺史,1人,正四品下;别驾,1人,从五品上;司马,1人,从六品上;录事参军事,1人,从八品上,史2人;录事,1人,从九品下;司仓参军事,1人,从八品下,佐2人,史4人;司户参军事,1人,从八品下,佐3人,史5人,帐史1人;司法参军事,1人,从八品下,佐2人,史4人;参军事,2人,从九品下,典狱8人,问事4人,白直16人,执刀10人;市令,1人,未定,佐1人,帅2人,仓督1人,史3人;经学博士,1人,正九品下,助教1人,学生40人;医学博士,1人,从九品下,学生10人。

对照上面资料,我们可以看出普通州的机构编制有如下特点:(1)设立了内陆府和边疆府所没有的特殊机构市令。这说明随着唐朝经济发展,逐渐形成产品交换市场。为了保证人们正常产品交易,特置市令"掌市鄽交易、禁斥非违之事"①。(2)从总体上看,根据州等而定编,即州等高者编制大,州等低者编制小。其编制据上表统计(学生除外),上州为157人,中州为113人,下州为81人。大约每230户置一官吏。从局部上看,某一重要机构,上、中、下三州并置同一员数,如司户参军事的史佐,上、中、下三州均置3人。这反映盛唐时统治者对户籍、道路、田

---

① 《大唐六典》卷三十,北京,中华书局,1982年。

畴等涉及国计民生的事务高度重视。对户籍、田畴等重要事务更需要专人管理，故此上、中、下三州都置计帐史1人。当然，虽置同员，但素质有别。（3）盛唐诸州政府等级亦据人口多寡而定州等。人多事众，难于管理，人少事简，易于管理。因此，相同职务州等高者总比州等低者品位高。如：上州刺史为从三品；中州刺史为正四品上；下州刺史为从四品下。其他属官亦据州等而其品位不同。（4）有品位的官与无品位的吏，在上、中、下三州的比例基本相同，即是1∶5。而有品位的官员中，有决策权者，一般3～4人。这与盛唐中央集权体制是相适应的。

最后看盛唐的县级政府编制。《旧唐书·职官三》云：县令职掌是"导扬风化，抚字黎氓，敦四人之业，崇五土之利，养鳏寡，恤孤穷，审察冤屈，躬亲狱讼，务知百姓之疾苦"。现将不同级别的县政府官吏名称、品位、官与吏比例列表如下：

京县：令，1人，正五品上；丞，2人，从七品上；主簿，2人，从八品上；尉，6人，从八品下，品外小吏160人。畿县：令，1人，正六品上；丞，1人，正八品下；主簿，1人，正九品上；尉，2人，正九品下；品外小吏131人。上县：令，1人，从六品上；丞，1人，从八品下；主簿，1人，从九品下；尉，1人，从九品下；品外小吏101人。中县：令，1人，正七品上；丞，1人，正九品上；主簿，1人，从九品上；尉，1人，从九品下；品外小吏73人。中下县：令，1人，从七品上；主簿，1人，从九品上；尉，1人，从九品下；品外小吏64人。下县：令，1人，从七品下；丞，1人，正九品下；主簿，1人，从九品上；尉，1人，从九品下；品外小吏58人。

对照上面资料，我们可看出县分六等，其机构编制有如下特点：从县政府品内官看，令、丞、主簿、尉的品位基本上根据县等的高低，即京、畿、上、中、中下、下的顺序依次削减。从县级政府官吏编制看，如果我们以中县官吏编制为基准，那么我们会发现每提高一级县等，其官与吏总和，基本上增加30人，形成一个有规律的等差数列。而中县以下诸县，其县虽小，但机构俱全。县府官吏编制因管户多寡而相对增减。从县府官吏编制分布情况看，对那些较重要的机构，如：户曹、法曹、参曹、市曹、县学，无论京县、畿县，还是州属县均置。户曹及司户佐、吏、帐吏掌田亩、户口、赋役，这些是国家经济命脉，治国之基础。法曹和参曹及其司法佐、吏、典狱、问事、白直，掌刑法和监狱，为巩固封建政权，加强对人民统治与镇压而设。市曹及佐、史、帅，掌市场交易，为保障产品交换顺利进行而置，反映盛唐统治者注意县府经济职能。县学掌教育，为封建国家培养人才而立，说明人才教育在盛唐国家统治中的重要地位。可见，户曹、法曹、参曹、市曹、县学是盛唐地方政府的重要组成部分。户籍、赋役刑法、监狱、市场交换、人才教育等是盛唐国家政府的重要活动。这就是说，由县等不同而导致县府官吏编制的差别主要体现在非重点国家机构方面。其具体情况是，县等较低的某些县有些机构要么不置，要么减少官员、吏员。

其次,官少吏多,以州县等定品位是盛唐地方行政编制的根本措施。

综上所述,盛唐地方政府执政人员,由两种基本成分构成,一是有品位的官;二是无品位的吏。前者为流内官,后者为流外吏,或称品外小吏。据统计,全国地方政府官员为 13 097 人,而吏员为 172 511 人。后者是前者的 13 倍多。在盛唐的地方政府中,他们处在不同的政治地位,发挥着不同的功能。

盛唐州县分为不同等级,执政于不同等级的州县长官亦有高低之分。为了反映地方政府执政者地位的贵贱、权力的大小以及相应的秩俸待遇差异,盛唐最高统治者把品级制度运用到地方国家机构各个权力点上。以品阶高低表明同一权力机关内部上下级之间的等级关系及不同权力机关横向等级差别。如,同属州级的最高行政长官,三都府牧,从二品,亲王遥领;大都护,从二品;上都护,正三品;上州刺史,正四品上;下州刺史,正四品下。同属县级最高行政长官,京县县令,正五品上;畿县县令,正六品上;上县县令,从六品上;中县县令,正七品上;中下县县令,从七品上;下县县令,从七品下。这说明位于不同地区的同职官员在国家机构整体中的地位不同。其权、职、责亦有区别。因而对其能力要求亦有所差异。州县划等第,就可以量能而授官,各谋其位,各行其政,各尽其能,并为才能转化为效能创造合理条件,实则明智之举。即使同一官属内,官长的官阶总比其下属的官阶要高,而且其下属官员亦非同一官阶,除非处在同一层次的不同司曹长官。它说明在同一官府内的权益重新分配。品位高的权益大,品位低的权益小。如:上州府刺史,从三品;别驾,从四品下;长史,从五品上;司马,从五品下;录事参军事,从七品上;列曹参军事,从七品下。他们分别居于六个不同的台阶上,其权益有明显区别。而司功参军事、司仓参军事、司户参军事、司兵参军事、司法参军事、司士参军事,同为从七品下,实则处于同一台阶,各负其责。对于州刺史来说,行分权之制,达集权之实。对于列曹来说,互不统属,相互制衡。实质是把州级政府的总职能分解为许多次职能,与此相对应的就设置了 6 个平行的职能机构,从而形成了州政府下属的 6 个平行的横向组织结构。这些不同的职能机构,管理对象和内容是不同的,但管理范围基本相同,共同完成刺史所授任务。

盛唐地方政府中,另一个值得研究的便是无品位的吏。据统计,盛唐之时,有京县 6 个,畿县 82 个,望县 78 个,紧县 111 个,上县 446 个,中县 296 个,下县 554 个。其中望县、紧县行政编制史无记载,我们将它们暂归于畿县之列。经计算,当时县级政府中,品外小吏共计 135 239 人,而有品位的官共计 7 051 人。二者比例关系为 1∶16。选拔品外小吏标准有三:"一曰书,二曰计,三曰时务。其工书工计者,虽时务非长亦叙限,三事皆下则无取焉。"[1]显然,品外小吏应具备书、计、时务等技术性质和实际工作才能。

有品位的官和无品位的吏,既有区别又有联系。二者合理配置与密切合作是盛唐兴旺发达的决定因素之一。首先,官与吏有区别。(1)官与吏职能不同。官在某一官府中居于统治地位,具有决策、指挥、组织、协调等职能,而吏在官府中处于被动地位,多是照章办事;(2)官与吏的政治地位不同。官是流内官,吏是品外小吏,前者有职有权,后者有职无权;前者办政务,后者办事务;(3)官与吏考课方法不同。对官实行《四善二十七最考课法》,将官分为九等,即上、中、下各三等级,根据考第黜陟。对吏实行《四等第步课法》,根据"量其行能功过,立四等考第而勉进之"[2]。从而定高下,为吏转官创造条件;(4)官与吏任职方式不同,官为任期制,"大小之官,悉由吏部"[3]。吏部对官员每年一小考,二年一大考,综合本人任期内的政绩,决定升迁。县令考上等的"优予内官",刺史第一等"量与京官"[4]。而吏为终生制,多属考任,数十年在官府守职。宋人称曰:"官无封建,而吏有封建。"[5]其次,官与吏又有联系。盛唐官与吏是单向联系。即吏可入流,变品外小吏为流内官员。把任吏守职与其政治经济利益联系起来,从而增强人事管理的活力。《大唐六典》卷一,《尚书都省》云:"主事六人,从九品上。皇朝并用流外者补之。"又《大唐六典》卷九云:"主事四人,从八品下,皇朝并用流外入流累转为之。"《大唐六典》卷三十又云:"州镇仓督,州县市令取勋官五品已上,及职资九品者,若无,通取勋官六品已下,仓督取家世重大者为之。""县录事通取六品已下及白丁充之。"可见,上至中央政府中的主事,下至州县市令等,均可由品外小吏选补,选补对象为勋官、白丁等。这样就形成了地方人事行政管理的单向入流机制。只要吏在其位,尽其职,负其责,就有可能由吏为官。这既调动了广大品外小吏的积极性,提高了行政效率,又加强和巩固了封建政权的统治。

三、考课制度的发展与细化

封建社会的考课制的内容是十分丰富的,它包括考课的权属、标准、方法等。

1. 官吏考课的权属

秦朝官吏考课权属基本上分为两个系统,一是郡县行政长官,有定期的"上

---

①　《大唐六典》,卷二,北京,中华书局,1982 年。

②　《大唐六典》,卷二,北京,中华书局,1982 年。

③　《隋书·刘炫传》,北京,中华书局,2012 年。

④　王钦若,杨亿等编:《册府元龟·铨选部·考课一》,北京,中华书局,1960 年。

⑤　叶适:《叶适集》,源于《水心别集》卷十四《吏胥》,北京,中华书局,1961 年。

计"制度,具体办法是由县上计于郡,再由郡上计于朝廷。二是上级对下级有随时检查制度。秦简《语书》:"今且令人案行之,举劾不从令者,致以律,论及令丞。"这里所谓"案行",即郡将要对所属县在执行法律方面随时进行巡视检查。都官、郡、县对于所属各官署的工作,也规定有定期考核制。《秦律杂抄》规定,工官漆园、采山的工作,每年"省"一次。

西汉时期,"考绩功课,简在两府"①。丞相统领百官考课,"课其殿最,奏行赏罚"②。地方则由郡国守相考课属县,据《通典·县令》说:"(各县)秋冬集课,上计於所属郡国。"后"上计"于朝廷。东汉时,以太尉、司徒、司空三公辅政。三公分掌军政、民政、财政各官之考课。另一方面,从西汉后期发展起来的尚书令势尊权重,实际权力凌驾于百官之上。尚书令所属之三公曹尚书("掌天下岁尽集课州郡"③)。

魏晋南北朝时期,考课之事由尚书寺(省)总领。

隋唐时期,中央政府实行三省制,其中尚书省吏部下属之考功司具体负责官吏考课。吏部尚书,侍郎"掌天下官吏选授、勋封、考课之政令"④,下属有四个部门,其一为考功司,设考功郎中一员,从五品上,考功员外郎一员,从六品上,专门负责内外文武百官的考课⑤。贞观时期开始,考功员外郎负责判京官考,每年朝廷临时指定诸司长官一人判外官考,考功员外郎则另外负责贡举事务。德宗贞元以后,改为考功员外郎判外官考,还每年敕定京官二人,一人核京官考,一人校外官考;地方上各州县则有功曹参军、司功负责考课事务⑥。唐朝中后期,地方官考课由各道观察使负责,节度使则常由皇帝直接考课。除按常例每年考课之外,唐朝中央还临时派遣使臣到各地巡察官吏。如贞观二十年(公元646年),"遣大理卿孙伏伽等二十二人以六条巡察四方,刺史、县令以下多所贬黜"⑦。开元、天宝中,玄宗也多次派遣黜陟使,纠弹长吏,黜陟善恶。

宋代官吏考课较唐代更为重视,并作了一些变革。仅从考课机构沿革看,曾进行多次调整,最后整齐划一。宋初,基本沿袭唐朝尚书省吏部考功司考课官吏。宋太宗太平兴国六年(981年)置京朝官差遣院,考察除中书、门下、御史台之外,自

---

① 《汉书·薛宣传》,北京,中华书局,2012年。
② 《汉书·丙吉传》,北京,中华书局,2012年。
③ 《通典》卷二十二职官四。
④ 《旧唐书·职官二》,北京,中华书局,2012年。
⑤ 《旧唐书·职官二》,北京,中华书局,2012年。
⑥ 《旧唐书·职官三》,北京,中华书局,2012年。
⑦ 《资治通鉴》卷一九八,太原,山西古籍出版社,2004年。

少卿监以下从政及受权而归的京朝官。[①] 淳化三年(992年)设磨勘京朝官院,负责中央与地方官吏的考课。次年改磨勘院为审官院。熙宁三年(1070年)又改审官东院,审官西院。前者主要考课京朝官,后者负责考课大使臣及其常程差遣。淳化三年置考课院。审官院、考课院的名称综观宋朝虽几经变化,但审官院考课京朝官,考课院考课地方官的基本职权未变。神宗统治时期(1068—1085年),罢两院,"内外职官各从所隶司以考核"[②]。京朝官归所属各部门考核,地方逐级考核,然后皆上报朝廷。

金朝以尚书省总领考课,地方官之考课由司农司分管,其中女真猛安谋克官员考课则归监察御史负责。

元朝中央机构内三省制改为一省制,六部直接隶属于中书省。六部之一的吏部总领官吏的考课,又于各地设肃政廉访司,察访地方官之优劣,随时上奏朝廷。

明初,废中书省,六部直接对皇帝负责。其中,吏部"掌官吏选授考课之政令以甄别人才,赞天子之治,视五部为特重"[③]。值得注意的是九年三考黜陟制的确立。洪武二年九月诏令地方府、州、县正官三年一考课,由吏部主管,其佐贰官、首领官在任三年由主管部门开列其政绩,上报中书省吏部,在任的典史发给凭证,使之赴京考核。洪武六年、九年先后两次下诏,使九年三考黜陟制初步完善。至洪武十四年、十五年又两次颁布考课法,使其进一步完善。二法规定,在京六部五品以下官吏和太常司、国子学属官听本衙门正官"察其行能,验其勤怠,定为称职、平常、不称职三个等级,三年一考,九年通考,以凭黜陟。四品以上京官和通政使司、光禄司、翰林院、尚宝司、考功监、给事中、承敕郎、中书舍人、殿廷仪礼司、磨勘司、判禄司、东宫官九年任满,升降由皇帝个人决定。直隶省司首领官和属官从本司正官考课,任满再由监察御史复考,内外入流和杂职官员九年任满则发给证明赴京,由吏部考课。地方上军职首领官任满由布政司考课,提刑按察司复考"[④]。五年后明朝又以地方官为主要考课对象进行了补充,规定:各布政司、按察司、都转运、盐使司首领官、理问所正官、首领官三年秩满,从本司正官所辖上司按察司考课。如考不称职,由府、州、县首领官由本衙门正官考课。州官到府、府官到布政司与此相同,然后统由按察司复考,地方官三年一考,九年为满。届满时赴京,由吏部和监察御史通考,定其去留。

清朝官吏的考课制度,《清史稿·选举志六》云:"清沿明制,而品式略殊。京

①　《续资治通鉴长编》卷二十二,北京,中华书局,1985年。
②　《宋史·选举志》,北京,中华书局,2012年。
③　《明史·职官志》,北京,中华书局,2012年。
④　《明太祖实录》卷一三九,北京,中华书局,1958年。

官曰京察,外官曰大计,吏部考功司掌之。京察,以子卯午酉岁,部院司员,由长官考核,授以四格,悬才、守、政、年为鹄。分称职、勤职、供职三等。列一等者加级,纪名则加考引见,备外用。纠以六法,不谨、罢软者革职,浮躁、才力不及者降调,年老、有疾者休致。注考送部,自翰詹科道外,依次过堂。三品京堂,开列事实,四、五品,由王大臣分等第,具奏引见,取上裁。大计,以寅己申亥岁,先期藩、臬、道、府递察其属贤否,申之督抚。督抚核其事状,注考缮册,送部覆核。才守俱优者,举以卓异,劣者劾以六法,不入举劾者为平等。卓异官自知县而上,皆引见候旨。六法处分如京察。贪酷者特多。凡京察一等,大计卓异,有定额。京官七而一,笔贴式八而一,道、府、厅、州、县十五而一,佐杂教官百三十而一,以是为率。"可见,清朝对官吏考核分两种,亦即考满和考察。一般说来,三品以上者由皇帝亲自考察,四五品者由王大臣初核,再奏皇帝裁决。其余官员由各官府长官考察。"视其称职与否,即可分别去留,以示劝惩。"①但是在实践中无论京察还是大计往往流于形式。

2. 官吏考课的标准与方法

秦朝有关资料说明国家对于官吏要进行考核,对于官吏不具备条件者进行免职,对于成绩优异者可以按"劳"升迁。在这方面,当时已经有了一套具体的制度。

凡参加考核者,"殿"者要受到处罚,"最"者得到奖励。奖励的具体办法就是记"劳"。记劳制度主要内容有以下三点:

秦时官吏的劳绩是以日、月、年为单位。秦简《厩苑律》有"赐牛长日三旬",即赐劳三十日。《居延汉简甲编》114 号有"中劳二岁",2359 号秦简有"中劳三岁六月五日"等。这种汉代以日、月、年记劳制度也滥觞于秦。

秦律规定,擅自增加劳绩,要受到处罚,说明劳绩对于官吏很重要。汉制,官吏中劳若干后,可以得到升迁。《西汉会要·职官九》记载:"赵禹以刀笔吏积劳为御史。"秦制当也如此。

按秦律规定设有专门记劳的簿籍。《中劳律》说:"敢深益其劳岁数者,赀一甲,弃劳。"这就是说,不得擅自修改簿籍记载的"劳岁数"。

秦朝明确规定严格的奖惩办法。对于那些"明法律令"忠实为封建国家效力职务考核优等的官吏实行奖励。奖励的内容是赏钱物或升官晋爵。《法律答问》说:"广众心声闻左右者赏。将军材以钱若金赏,无恒数。"对于那些违法、犯令、失职、治狱不直和考核劣等的官吏实行惩罚。根据不同情况,处以赔偿、夺爵、免职等。严重的还要处以徒刑甚至死徒。

---

① (唐)杜佑:《皇朝通典卷二十二》,杭州,浙江古籍出版社,2000 年。

汉朝考核制度大体承袭秦朝,每年年终由郡国上计吏带着计簿到京师上计,这叫常课;三年一考察治状,叫大课。"汉制岁尽,遣上计掾史各一人,条上郡内众事,谓之计偕簿。"①

汉代的考课有两个系统:一是中央课郡,郡课县;二是公卿守相或各部门主官课其掾史属官。

先看郡课县。《通典·县令》说:"(各县)秋冬集课,上计於所属郡国。"其内容:"各计县户口垦田、钱谷入出,盗贼多少,上集簿、丞尉以下岁诣郡课校其功。"

再看中央课郡。西汉,丞相、御史二府为中央受计的主管机关,但丞相、御史各有侧重。丞相主要负责岁终殿最,所谓殿即为下功,所谓最即为上功,御史大夫主要负责按察虚实真伪,对那些政绩好的地方官则嘉奖,反之则重罚。

考课另一系统,各公卿守相或各部门主官对其下属人员的考课。按其功劳和能力高低,作为迁降赏罚的依据。

中国古代对官吏的考核,在秦汉是以才德功绩取人的"考课法";在北魏则是论资排辈的"年劳法"。《文献通考·选举考》记载:"虞书三载考绩,三考陟黜幽明,此古帝王考课之法。董仲舒言古之所谓考功者,以任官称职为差,非谓积日累久也。故小人虽累日不离于小官,贤才虽未久不害为辅佐。今则不然,累日以取贵,积久以致官,是以廉耻贸乱,贤不肖混淆,未得其真,此后世年劳之法。二法虽相似而其意实相反。"据楚刃同志说:"考课法"和"年劳法"不同之处有二:一是考核方法不同。"黜"是罢免,"陟"为擢升。"考课法"是对官吏三年考核一次,三考后酌情予以升降,是用时间来检验他们的政绩;"年劳法"则是以为官年月来计算官吏们的资历,年月久的资历就深,反之则浅。二是考核结果不同,行"考课法",贤能者升,愚昧者降,不久便见分晓;行"年劳法",三年成一考,三考转一阶,不问贤愚,比肩同转,只要没有犯过罪,都能慢慢升上去。于是,任官用不着细心察访人才,只要找那些年龄大的,资历深的就行了。②

唐代考课分为两级进行,有司考与校考之别。所谓司考,就是以百司之长,每年考核其属吏的功过,按优劣分为九等并公布于众。所谓校考,就是在司考的基础上,再送尚书总考,皇帝并敕派使臣以校之。其考课标准流内官与流外官有别,中央官与地方官也不尽相同。依唐朝官制规定,一品至九品官,称流内官,不入九品的称流外官。对流内官考课标准是"四善""二十七最"。《旧唐书·职官二》载:"凡考课之法,有四善:一曰德义有闻,二曰清慎明著,三曰公平可称,四曰恪勤匪懈。善状之外,有二十七最:其一曰献可替否,拾遗补阙,为近侍之最。其二曰铨

---

① (唐)杜佑:《通典》卷三十三,北京,中华书局,1984 年。

② 楚刃:《中国封建社会用人资格问题》,《学术月刊》,1985(3):78~79 页。

衡人物,擢尽才良,为选司之最。其三曰扬清激浊,褒贬必当,为考校之最。其四曰礼制仪式,动合经典,为礼官之最。其五曰音律克谐,不失节奏,为乐官之最。其六曰决断不滞,与夺合理,为判事之最。其七曰都统有方,警守无失,为宿卫之最。其八曰兵士调习,戎装充备,为督领之最。其九曰推鞫得情,处断平允,为法官之最。其十曰仇校精审,明为刊定,为校正之最。其十一曰承旨敷奏,吐纳明敏,为宣纳之最。其十二曰训导有方,生徒充业,为学官之最。其十三曰赏罚严明,攻战必胜,为将帅之最。其十四曰礼义举行,肃清所部,为政教之最。其十五曰详录典正,辞理兼举,为文史之最。其十六曰访察精审,弹举必当,为纠正之最。其十七曰明於勘覆,稽失无隐,为勾检之最。其十八曰职事修理,供承强济,为监掌之最。其十九曰功课皆充,厂匠无怨,为役使之最。其二十曰耕耨以时,收获成课,为屯官之最。其二十一曰谨於盖藏,明於出纳,为仓库之最。其二十二曰推步盈虚,究理精密,为历官之最。其二十三曰占候医卜,效验居多,为方术之最。其二十四曰讥察有方,行旅无壅,为关津之最。其二十五曰市廛不扰,奸滥不作,为市司之最。其二十六曰牧养肥硕,蕃息孳多,为牧官之最。其二十七曰边境肃清,城隍修理,为镇防之最。”一个官吏,若品德全面达到了规定要求,称为“四善”。若本职工作完成的好,即可获得“一最”。依照这个标准,将官吏的表现分为九个等级。亦即“一最以上,有四善,为上上。一最以上,有三善,或无最而有四善,为上中。一最以上,有二善,或无最而有三善,为上下。一最以上,而有一善,或无最而有二善,为中上。一最以上,或无最而有一善,为中中。职事粗理,善最不闻,为中下。爱憎任情,处断乖理,为下上。背公向私,职务废阙,为下中。居官谄诈,贪浊有状,为下下。”[1]“对其流外官。本司量其行能功过,立四等考第而勉进之。”[2]清谨勤公为上,执事无私为中,不勤其职为下,贪浊有状为下下。对于流内的地方官如州牧、刺史、县令的考核还要同所管辖地区的政治经济状况相联系。评等的办法,是以前一年的土地、人口数字分别作为基数,户籍每增减十分之一就升、降一等;土地每增加十分之二进考一等,而减少十分之一则降考一等。唐中期以后设置了节度使,又规定了各使职的定考标准。如:“销兵为上考、足食为中考、边功为下考。”[3]此外唐朝还根据一些实际情况制定临时考课标准。唐初,户口减损,劳力不足,太宗下诏曰:“刺史县令以下官人,若能使婚姻及时,鳏寡数少,量准户口增多,以进考第。如其劝导乖方,失于配偶,准户口减少,以附殿失。”[4]安史之乱后,

---

① 《旧唐书·职官》,北京,中华书局,2012年。
② 《旧唐书·职官》,北京,中华书局,2012年。
③ (宋)欧阳修:《新唐书·百官四下》,北京,中华书局,2012年。
④ 《册府元龟》铨选部考课一,濮阳,中州书画社,1983年。

唐代宗两次下诏:"其刺史县令宜以招缉户口、垦田多少,用为殿最。"①

唐代的官员,不论职位高低,从制度上来说,每年都经过一定的考课手续,称为小考。每隔四年(或三、或五年)又举行一次,称为大考。小考评定被考人的等第,大考则综合数年中的等第以决定迁降赏罚。这种考课作为官吏黜陟制度依据的作用主要表现在两方面:一是官吏职务改变的依据。官职有高低、闲剧、内外之分(一般重内轻外),按着官吏核等第上下,或去高就低,从剧入闲,由内出外,或反之。有政绩者,"五品以上量加升进,六品已下有付吏部即量等第迁转"②。玄宗开元三年(公元715年)下诏规定:县令在任有政绩,带上考者,"选日优与内官";刺史考上等的,"量与京官"③。 二是官吏品阶升降的依据。唐代九品以上职事官皆有品阶,从正一品到从九品下共三十个。品阶不仅是官吏任职、升迁的资格,而且决定着他们的社会地位和各种待遇。唐制规定:入仕之后,以四考(每年一考)为限,四考中上,可进一阶;一考中上,进一阶;一考上下,进二阶;中上以上都加禄一季;中下以下退一等,夺禄一季;如犯私罪考在下中以下,犯公罪考在下下并解任免官,夺当年俸禄。④

封建官吏黜陟制度作为封建官吏制度的重要环节,它虽然具有维护剥削关系,镇压人民和巩固等级特权的阶级性质,但是它以"贤能"或"赏罚"作为官吏升降的原则,这对于巩固国家的统治,多多少少能起一点作用。

宋朝统治者十分重视官吏的考核,把它作为官吏升迁的重要依据。

从考核内容看,宋王朝对于中央官仍以唐代"四善""二十七最"为标准,设审官院主办,对地方官则归考课院主办,以八件事为标准。一曰举官当否;二曰劝课农桑;三曰增垦田畴;四曰户口增益;五曰尖利除害;六曰事实案察;七曰平反狱讼;八曰觉察盗贼。但是宋朝考课官吏的内容与标准并不是一成不变的,而是直接或间接地受到当时社会经济条件或政治斗争形势的制约,其基本内容是由封建国家面临的主要问题和中心任务所决定的。下面以北宋为例深入分析之。北宋考课制度的实行,大体分为三个阶段,太祖、太宗、真宗为前期,突出特点表现在三性上,即:适应性、针对性、程序性。所谓适应性,是说宋代考课制度是在前代考课法的基础上产生并加以补充的。例如962年,宋太祖下令重申唐代考课法,突出以户口增减定州县官殿最,并确定实协法。⑤ 所谓针对性,是说针对当时存在的主

① 《册府元龟》铨选部考课一,濮阳,中州书画社,1983年。
② 《旧唐书·职官二》,北京,中华书局,2012年。
③ 《册府元龟》铨选部考课一,濮阳,中州书画社,1983年。
④ 《唐六典·考功郎中》,北京,中华书局,1982年。
⑤ 《续资治通鉴长编》卷三,北京,中华书局,1985年。

要问题而规定考核的重点。北宋初年，摆在统治集团面前的中心问题是如何使长期动乱后的国家稳定下来，为此一方面削弱藩镇势力；另一方面大抓生产恢复、财政收入和社会治安。与此相适应，考核官吏的重点为劝课农桑、户口增益、剪除"盗贼"。所谓程序性，是说对官吏考核的先后次序。当时是先地方、后中央，重点是路府州县各级地方官。而考核主要方式严密了历纸制度。978 年首次颁布《令录簿尉历子令书式》，标志着历纸制度产生。所谓历纸是类似功过记录单一类的表格，由所属部门注明该官的举止、治事功绩、善状与过犯等，以备年终评定考第，任满决定黜陟。如幕职州县官由吏部南曹发给历纸。京朝官赴外任者发给御前印纸。仁宗、英宗、神宗为考课实施的中期，主要体现在考核的地位和作用有所提高。仁宗时，比较注重对于中层外任京朝官转运使和提点刑狱使臣的考课。英宗赵曙是个"有性气，要改作"的人物，即位后，就把两次被考为劣等的吏部郎中，知磁州李田责降去做监淄州盐酒税务。[①] 宋神宗即位后，任用王安石等人变法，以考课按察为手段，力求"凡职皆有课，凡课皆责实"[②]，促使在任官僚推行新法。哲宗、徽宗、钦宗为考课实施的后期。此时，朝中掌握权的重臣们屡次重申考课之法，使神宗所规定的考课标准定型化，亦即："德义有闻、清慎明著、公平可称、恪勤匪懈为四善；狱讼无冤、催科不扰为治事之最，农桑垦殖、水利兴修，为劝课之最，屏除奸盗、人获安处、赈恤困穷、不致流移，为抚养之最。"[③]形成了知州课县令，监司课知州，监司汇总后考课层次。

1204 年，金朝仿照唐朝法令，制定了官吏考课标准。概括说来以"四善十七最"为标准。《金史·百官志一》记载："四善"即：德义有闻；清慎明著；公平可称；恪勤匪懈。简言之：德、慎、公、勤四字。就是对各类职官品德的共同要求。十七最是针对各个不同部门而制定的具体要求。亦即专门才能的考察。"十七最"即：礼乐兴行，肃清所部，为政教之最；赋役均平，田野加辟，为牧民之最；决断不滞，与夺当理，为判事之最；铃束吏卒，奸盗不滋，为严明之最；案簿分明，评拟均当，为检校之最；详断合宜，咨执当理，为幕职之最；盗贼消弭，使人安静，为巡捕之最；明於出纳，物无损失，为仓库之最；训导有方，生徒充业，为学官之最；检察有方，行旅无滞，为关津之最；隄防坚固，备御无虞，为河防之最；出纳明敏，数无滥失，为监督之最；谨察禁囚，轻重无怨，为狱官之最；物价得实，奸滥不行，为市司之最；戎器完肃，扞守有方，为边防之最；议狱得情，处断公平，为法官之最；差役均平，盗贼止息，为军职之最。

① 《续资治通鉴长编》卷二零八，北京，中华书局，2005 年。
② 《文献通考·选举考一二》，太原，山西古籍出版社，2003 年。
③ 《宋会要·职官》，开封，河南大学出版社，2008 年。

228

　　考课官吏具体办法：根据被考人职官不同,政绩好坏和所得善最多少决定升降。如县令及其以下诸官,有三最以上并且具备四善或三善者为上等官,升官一等;三最以上有二善者为中等官,升官时可减少两个资历;三最以上有一善为下等官,升官时可减少一个资历。而节度判官、防御判官、军判以下等官,一最而有四善或三善为上等官,升官时可减少一个资历;一最而有二善为中等官,升为该官原所在官阶中的最高等;一最而有一善为下等官,升为该官原所在官阶的上等。如果官吏既能管军又能治民被称为"廉能者",按着"廉能官之制"处理,根据治军、治民官吏升降条件结合考虑,而决定其"甄擢"。

　　1217 年,金朝又制定了"行辟举县令法",以六事考县令。其一曰田野辟;二曰户口增;三曰赋役平;四曰盗贼息;五曰军民和;六曰词讼简。以上六事皆具备的县令为上等,升职一等;兼四事者为中等,升官时可减少两个资历;其次为下等,升官时可减少一个资历,否则为不称职的县官。"罢而降之"。[①] 由此可见,金朝考核官吏办法,规定十分详尽,其目的使之功过分明,从而选贤任能,任善罚劣。因此,考课凡中等者,政治上升迁或为升迁创造条件,经济上加俸。

　　元代官吏考课方法主要采用计月制,根据职务规定其任职的期限。据《通制条格·选举·选格》云:"诸职官随朝以三十个月日为任满,在外以参周岁为满","吏员须以九十个月方得出职。"这就是说元朝诸衙门及行省、宣慰司官,常例 30 个月为一考,三考为一任。外任官常例 36 个月为一考,三考为一任。吏员必须 90 个月方能出职(即方是有品阶的官吏)。

　　计月制的考课制是把做官的年限,资历作为升迁的依据。《元史·选举四·考课》云:"凡官员考数,省部定拟,从九品拟历三任,升从八。正九品历两任,升从八。正八品历三任,升从七。从七历三任,呈省。正七历两任,升从六。从六品通历三任,升从五。正六历两任,升从五。从五转至正五,缘四品阙少,通历两任,须历上州尹一任,方从四品。内外正从四品,通理八十月,升三品。"

　　不过计月制考课制,不利于巩固封建地主阶级的统治。因此,忽必烈对这种考课制进行了调整。中统三年(1263 年),"诏置簿立式,取会各官名、籍贯、年甲、入仕次第"。大德元年(1297 年),"外任官解由到吏部,止于刑部照过,将各人所历,立行止簿,就检照定拟"。可见这里簿立式、行止簿实质上是官吏的档案,是"其功过,以凭黜陟"[②]的根据。中统五年(1265 年),又:"拟五事考校而为升殿:户田增,田野辟,词讼简,盗贼息,赋役均。五事备者为上选,三事有成者中选,五事俱不举者黜。"即五事都具备者,称为上选升一等。达到其中三项者,称为中选,

　　① 《金史·百官志一》,北京,中华书局,2012 年。
　　② 《元史·选举四》,北京,中华书局,2012 年。

按常例提升。五条要求全部没有做到者,黜降一等。至元九年(1272年),又对五事考校量定升降,重新规定:"以五事备者为上选,升一等。四事备者,减一资。三事有成者为中选,依常例迁转。四事不备者,添一资。五事俱不备者,黜降一等。"①换言之,五事具备者为上选,升一等。达到其中四项者,升迁官阶时可减一资历。达到其中三项者,称为中选,按常例提升。达到其中一项者,升迁官阶时增加一资历。五条要求全部没有做到者,黜降一等叙用。

职官升迁,从七品以下属吏部,正七品以上属中书省。六品至九品,由中书省牒署拟授,称为"敕授",一品至五品由皇帝下制书任命,称为"宣授"。②

明朝统治者十分重视官吏的考核。主要有两种:一曰考察;二曰考满;以考满为主。考满是按照任职年限,三年为一考,六年再考,九年通考。三考亦即九年为满。考其做官的年限、资历作为升迁依据。考核分三个等级即称职、平常、不称职三等。《明吏·选举志三》云:"考满,论一身所历之俸,其目有三:曰称职,曰平常,曰不称职,为上中下三等。"考察又分对京官考核的"京察"与对外官考核的"大计"。大致以三年为期,以守(操守)、常(才能)、政(政绩)、年(年龄)考察功过。《明史·选举志三》云:"考察,通天下内外官计之,其目有八:曰贪、曰酷、曰浮躁、曰不及、曰老、曰病、曰罢、曰不谨。"

清朝对官吏考核分两种,即考满和考察。所谓"考满"是按照任职年限,三年初考,每逢子、卯、午、酉年举行,六年再考,九年通考。所谓"考察"又分对京官考核的"京察"与对外官考核的"大计"。考课具体措施,是以"四格八法"加以衡量、对照,评定官吏的职守与政绩状况。"四格"是:守(操守)、才(才能)、政(政绩)、年(年龄)。每格分为三等。守分廉、平、贪;才分长、平、短;政分勤、平、怠;年分青、中、老。凡才长守廉政勤年轻为第一等,才平守平政平年中者为第二等;缺才守贪政怠年老或才长政勤而守平者为第三等。"八法":曰贪、曰酷、曰浮躁、曰不及、曰老、曰病、曰罢、曰不谨。凡贪酷者革职治罪,罢软不谨者革职,治事浮躁与才力不及者降调,年老与有疾者休致。后以贪、酷治罪乃司法刑狱所掌,不列入官吏正常考核范围,因而清朝通常以"四格六法"为考察官吏的准则。

四、致仕制度的变化与完善

封建社会致仕制度分为三个发展阶段,每一阶段各有特点。抓住这些特点,我们便可分析出当时统治者构建这种制度的目的。

---

① 《通制条格·选举·王事》,杭州,浙江古籍出版社,1986年。
② 《元史·选举》,北京,中华书局,2012年。

1. 封建社会致仕制度沿革

首先,战国秦汉为致仕制度确立时期。这时,封建专制主义中央集权制初步形成。在战国时,奴隶制经济形态逐渐转变成封建地主制经济形态,反映在文官制度上便是世卿世禄制崩溃,官僚制度确立。《战国策·秦策一》记载:秦"孝公死,惠王代后,莅政有顷,商君告归"。告即告归。《后汉书·樊准传》云:"沛国赵孝……告归乡里。"注曰:"告归,谓休假归也。"商君告归,除因公子虔等人告发其"欲反",秦惠王要逮捕他,他据商邑发兵抵抗外,直到死基本上没有参与政事。可见这里的告归实际上就是退休。另据东汉班固等编撰的《白虎通义·致仕》记载:官吏"年七十……耳目不聪明,跂踦之属是以退老"。在西汉,"仁乃病免"①。杜延年为御史大夫,"遂称病笃","罢就第"②。在东汉,尚书郑均"以病致仕"③,太尉郑彪"以病乞骸骨"④。可见,这时官吏致仕明确而且具体,要有两个条件即年龄条件、身体条件,二者是并列的。

其次,三国魏晋南北朝为致仕制度发展时期。由于加强皇权,削弱相权的需要,这时封建专制主义中央集权突出变化是由秦汉的三公列卿向隋唐三省六部过渡。反映在致仕制度上便是无定制。表现在以下几方面:(1)年虽七十,政府不令退休,但本人要求退休者。曹魏时田豫,"征为卫尉,屡乞逊位。太傅司马宣王以为豫克壮,书喻未听。豫书答曰:'年过七十而以居位,譬犹钟鸣漏尽而夜行不休,是罪人也。'遂固称疾笃"⑤。(2)也有年未到七十者,但以老病退休者。如李催"入为光禄大夫,例降为侯,茂性谦慎,以弟冲宠盛,惧于盈,遂托以老疾,固请逊位。高祖不夺其志,听食大夫禄,还私第"⑥。(3)也有身体健壮,国家仍需要,虽年过七十仍任官者。北魏太武帝时,罗结任侍中,年一百零七岁,精爽不衰,"因除长信卿,年一百一十,诏听归老……朝廷每有大事,驿马询访焉。年一百二十岁卒"⑦。

再次,隋唐宋为致仕制度完善时期。这时封建专制主义中央集权进一步发展。鉴于唐末出现藩镇割据的混乱局面,宋朝统治者进一步加强皇权,以二府三司制代替三省六部制。与此相适应的致仕制度进入了完善阶段。大致有四种情况:(1)官吏一般七十致仕。《隋书·炀帝纪》记载:大业五年(609年)诏曰:"年七十以上,疾患沉滞,不堪居职……其官至七品已上者,量给廪以终身。"《通典·

① (汉)班固:《汉书·万石卫直周张传》,北京,中华书局,2012年。
② (汉)班固:《汉书·杜周传》,太原,山西古籍出版社,2004年。
③ (南朝)范晔:《后汉书·郑均传》,北京,中华书局,2012年。
④ (南朝)范晔:《后汉书·郑彪传》,太原,山西古籍出版社,2005年。
⑤ (晋)陈寿:《三国志·魏书》卷二十六,太原,山西古籍出版社,2004年。
⑥ (晋)陈寿:《三国志·魏书》卷四,北京,中华书局,2005年。
⑦ (北齐)魏收:《魏书·罗结传》,北京,中华书局,2012年。

致仕官》记载:"大唐令诸职事官七十听致仕。"宋初王彦超说:"朝廷之制,七十致仕。"①真宗时:"文武官七十以上求退者许致仕。"②(2)父母丧亡可以辞职服丧。隋文帝时,皇甫诞大理少卿,"明年迁尚书右丞,俄以母忧去职,未期,起令视事"③。另《新唐书·高祖纪》记载:武德二年(619年):"初令文官遭父母丧者,听去职。"(3)因病或其他理由,亦听致仕。《隋书·林公卿传》记载:文帝征公卿入朝,"公卿患聋,不堪吏职……(开皇)十四年上表请致仕,敕以本官还第"。或"年虽少,形容衰老者,亦听致仕"④。(4)也有因吏职需要,年过七十而致仕的。《旧唐书·赵宗儒传》记载:文帝时,赵宗儒拜检校司空兼太子太傅,"寻拜疏请老,(太和)六年诏以司空致仕,是岁九月卒,年八十七"。宋真宗时,个别武官可延长到八十岁致仕⑤。可见这时官吏致仕条件仍然是身体条件、年龄条件。不过二者不是并列的,对那些年过70岁的官吏一般法律明文规定必须致仕,如国家需要可过70致仕,而对那些年虽少,但身体不好的也听致仕。

最后,元明清为致仕制度鼎盛时期。这时封建专制主义中央集权高度发展,突出表现在掌管行政事务的内阁代替沿用一千多年的宰相,而清代皇帝机要班子——军机处又取代明代内阁。与此相适应的致仕制度十分完善并且致仕年龄已有下降趋势。据《元史·选举四》记载:"诸职官年及七十,精力衰耗,例应致仕。"到了明朝官吏致仕年龄有明显下降。据《大明会典》记载:"文武官六十以上者,皆听致仕。""老疾不能任事者以及软弱无能的官吏,则随时勒令致仕。"官吏六十致仕之制大概最早见于金朝。《金史·章宗一》云:"有官职俱至三品,年六十以上致仕。"当时金朝正由奴隶制向封建制转变时期,大概老者重保守,轻者重进步所致。后来年过60岁致仕被明朝朱元璋所沿袭并成为其加强行政效率的重要组成部分。深获明太祖朱元璋信任的李善长于洪武四年(1371年)因"疾致仕"⑥,年仅57岁。承旨知制诰,深得朱元璋宠信的学士宋濂,也于洪武十年(1377年)致仕,年仅68岁。清代官吏致仕条件基本沿袭明代,唯武官根据其年龄和品秩高低而有不同规定:自副将以下,年满60岁概予罢斥,参将54岁为限,游击51岁为限,都司、守备48岁为限,千总、把总45岁为限。其目的是"军营最重朝气,最忌暮气之缘"。⑦

---

① 《宋会要辑稿》职官七七之二九,开封,河南大学出版社,2008年。

② 《续通鉴长编》卷五十二,咸平五年五月丙申朔条,北京,中华书局,1985年。

③ 《隋书·皇甫诞传》,北京,中华书局,2012年。

④ 《通典·致仕官》,北京,中华书局,2012年。

⑤ 《宋会要辑稿》职官七十七,开封,河南大学出版社,2008年。

⑥ 《明史·李善长传》,北京,中华书局,2012年。

⑦ 肖永清:《中国法制史简编》(上册),太原,山西人民出版社,1981年,398页。

中国在两汉时期退休制度基本确立。中国官吏致仕制度建立要比西方至少早 1500 年。因此,研究退休制度必须对中国古代致仕制度深入研究。当然,我们强调退休制度起源于我国,并非守缺抱古,而是溯本求源,得出正确结论。

2. 官吏致仕待遇及其特点

官吏年老致仕,随之而来的便是国家对致仕官吏的待遇问题。"使辞朝之叟,不恨归于闾巷矣。"[①]

起初,致仕官吏待遇并没有明确规定,汉朝官吏致仕逐渐形成一套完整的人事制度。于是致仕官吏待遇便成为致仕制度的重要组成部分。纵观整个中国封建社会,官吏致仕待遇种类繁多,归纳起来有以下几种:

俸禄待遇。凡达到法定退休年龄都能得到部分或全部原官职俸禄。《汉书·万石卫直周张传》记载:周"仁乃病免,以二千石禄告老"。二千石禄,即月俸谷数一百二十斛。又《汉书·孝平帝本纪》记载:"孝平元始元年,天下吏比二千石以上年老致仕者,参分故禄,以一与之终其身。"即此千石以上的官吏致仕,朝廷给其原官职俸禄三分之一,以示尊贤。唐宋时,官吏致仕俸禄待遇有了明显增加。《唐会要》卷六十七记载:"以太子少傅兼吏部尚书萧昕为太子少师、右武卫上将军鲍防为工部尚书、前太子詹事违建为秘书监并致仕,仍给半禄及赐帛。""特命赐其半焉,致仕官给半禄料,自昕等始也。"半禄即原官俸的二分之一。宋朝神宗元丰五年(1082 年)规定,对那些"亲冒矢石,见阵立功"的武官可升转两级,并在致仕后领取全俸[②]。这是为了奖励曾经为国杀敌,浴血奋战的带兵将领而作出的一项新规定。

赐金待遇。官吏年老致仕而获得赐金是中国封建社会致仕待遇的又一种形式。《汉书·韦贤传》记载:韦贤"以老病乞骸骨,赐黄金百斤"。薛广德为御史大夫,"乞骸骨"赐"黄金六十斤"[③]。又《后汉书·郑张徐胡列传》记载:"太尉郑彪以疾乞骸骨,元和元年,赐策罢,赠钱三十万。"

赐物待遇。官吏年老致仕而获得实物是中国封建社会官吏致仕待遇的第三种形式。《汉书·杜周传》记载:皇帝赐杜延年"牛酒,加致医药"。明太祖朱元璋时,兵部单安仁"请老归,赐田三千亩,牛七十角"[④]。

升级待遇。中国封建社会中后期,又出现官吏致仕时而升级待遇。唐朝"太

---

① (北齐)魏收:《魏书·肃宗纪》,北京,中华书局,2012 年。

② 《宋会要辑稿》职官七十七,开封,河南大学出版社,2008 年。

③ (汉)班固:《汉书·薛广德传》,北京,中华书局,2012 年。

④ 《明史·单安仁传》,北京,中华书局,2012 年。

和元年四月,检校右仆射兼太子少傅杨于陵,以左仆射致仕,特恩令全给俸料"①。唐朝尚左,可见杨于陵致仕不但给全俸而且升迁一级。另《元史》卷八十四记载:"大德七年(1303 年),三品以下,於应授品级,加散官一等,令致仕。"

特殊礼遇。中国封建社会的统治者为了巩固统治,加强行政效率,还把致仕作为一种荣耀的风气加以提倡。每逢大典及讨论国家大事,要么"朝请",要么"访之"。这可看做致仕官吏的特殊礼遇。《后汉书·李通传》云:李通以大司空职而退休,"听大司空印绶,以特进奉朝请"。《晋书·王祥传》云:王祥虽以年老致仕,皇帝诏曰,王祥"不朝,大事皆咨访之"。唐朝官吏致仕是件荣耀事情。天宝三年(744 年)太子宾客贺知章致仕还乡,唐玄宗亲自为之赋诗惜别说:"岂惟崇德尚齿,抑亦励俗劝人。"②可见致仕不只是崇德尚齿即敬重旧人,还在于励俗劝人,树立榜样,教育后人,影响社会风气。

综观中国古代官吏致仕制度具有如下特点:从官吏致仕待遇看,以赐物与赐金相结合在封建社会前期尤显,以俸禄与升级相结合在封建社会后期突出。前者是致仕制度初步形成时期的一大特点,后者则是致仕制度完善的标志。从官吏致仕范围上看,由窄到宽。春秋以前仅限于"大夫",而两汉及其以后则扩大到除皇帝以外的所有百官。从致仕官吏级别看,由小到大。春秋以前主要是限于大夫级,并不包括诸侯。而两汉以后,丞相、三公致仕屡见不鲜。《资治通鉴·汉纪》记载:"丞相(韦)贤以老病乞骸骨……丞相致仕自贤始。"唐太宗时名相房玄龄,唐玄宗时名相宋璟,南宋时尚书令何尚之,明朝左丞相李善才等均年老致仕。从致仕官吏的年龄上看,由大到小。中国封建社会前期官吏致仕年龄均为 70 岁,而金明清致仕官吏年龄由 70 岁下降到 60 岁,甚至 55 岁。《清史稿·选举六》记载:"年老休致,例有明文,乾隆二十二年,定部、院属官五十五岁以上,堂官详加甄别。"这大概是国家机关"最重朝气,最忌暮气"之故。从致仕官吏身体看,要求越来越严。起初并无具体规定,两汉时把年龄与身体并列作为致仕官吏条件,唐朝变为"年虽少,形容衰老者亦听致仕"。"若齿力未衰,亦听厘务"③。可见这时致仕官吏的身体条件重于年龄条件。对那些身体尚佳,虽年过 70 岁,但亦听"整务";而那些身体衰老,虽年未及 70 岁但亦听致仕。

3. 官吏致仕制度的地位与作用

如前所述,致仕制度先秦时期出现萌芽状态,两汉时期正式确立。致仕制度一经产生便被以后历代王朝所沿袭,并且不断发展,完善,因时而变,长盛不

---

① 《唐会要》卷六十七,上海,上海古籍出版社,2006 年。

② 《唐诗纪事》卷十七,北京,北京燕山出版社,2010 年。

③ 《唐会要》,上海,上海古籍出版社,2003 年。

衰。这说明官吏致仕在整个文官制度中地位是何等重要,被历朝统治者所重视。

致仕制度被历代所沿用是由这种制度在国家机构中所起的重要作用所决定的。它对官僚队伍的新陈代谢,增强国家机关的活力,使官与民的比例更加合理具有重大意义。

第一,官吏致仕可以加速官僚队伍新陈代谢。唐代大诗人白居易在著名的《秦中吟·不致仕》诗中说:"七十而致仕,礼法有明文。""年高须告老,名遂合退身。"相反还有"可怜八九十,齿堕双眸昏。朝霸贪名利,夕阳伏子孙"的老臣在要位。正因为如此,唐朝统治者对退休者一方面表现尊敬照顾老者;另一方面造成一种致仕荣耀的社会风气,以此励俗劝人,使那些"齿堕双眸昏","夕阳伏子孙"的老臣赶快致仕,改变当时"躁竞求进者多,知止求退者少"的局面[①],从而加强官僚队伍新陈代谢,巩固统治。

第二,官吏致仕制度的实施,能增强国家机关的活力,有助于提高行政效率。致仕制度的实施使那些年迈丧失工作能力或因事不能工作者让位于新人。《元典章》记载:对年老职官"驰驱仕途",其原因是"因疲倦误事,或被举劾,不能保全其晚节"。其实质上是为了提高封建政权的办事效率。清朝统治者认为:"上承命令,下赖指挥,按日督操更非精力稍衰者所能胜任。"[②]这虽是指军队而言,推而广之,同样也适用于国家其他机关,增强国家机关的活力,更好地使国家机器正常运转。

第三,官吏致仕制度的实施,可以使在职官吏与民口比例趋于合理。综观整个中国古代社会,凡是政治上比较稳定,经济上有所发展的诸朝或时期,致仕制度都较为完善,因而使官吏与民口比例趋于合理。现列表观之。

朝代	官员数	民户数	民口数	民户民口数年代	官员:民户数(单位人/户)	官员:民口数(单位人/人)
西汉	7 500	12 233 062	59 594 978	平帝元始二年	6.13/万	1.26/万
东汉	7 567	9 237 112	53 256 229	和帝光兴元年	8.2/万	1.42/万
唐	18 805	7 069 565	41 419 712	玄宗开元十四年	26.6/万	4.54/万
元	16 425	13 179 781	58 818 286		12.46/万	2.79/万
明	24 683	10 654 362	59 873 305	太祖洪武十四年	23.17/万	4.12/万
清	27 000	92 699 185	341 423 857	宣统三年	2.91/万	0.79/万

① (南宋)李焘:《续资治通鉴长编》卷四十三,咸平元年正月庚辰条,北京,中华书局,1985年。
② 肖永清:《中国法制史简编》(上册),太原,山西人民出版社,1981年,397页。

以上诸朝在历史上存在较长久,考其原因除了政治上比较稳定,经济上有所发展外,与官吏和民口比例较合理关系甚大。一方面严格致仕制度;另一方面对那些年及 70 岁而致仕者加以奖励。宋开国元勋王彦超预先写好"求致政表",因此,加太子太师致仕,造成致仕荣耀的社会风气①,而对那些年过 70 岁,身体欠佳者而不愿致仕者给予惩处。宋太祖时,大理卿剧可久年过 70 岁被诏为光禄卿而致仕②。由此可见,致仕制度是使官吏与民口趋于合理的重要手段之一。

第七节　监察机制的变化与发展

监察机制确立与发展是伴随着国家政令沿着统治阶级意识行使的又一治国平天下的举措。认真探索封建社会监察机制的发展趋势是一项有意义的研究。

一、监察机制的确立

秦汉时期建立了以丞相、太尉、御史大夫为代表的军事、行政、监察三权分立的中央政府机制,标志着中国古代监察制度的确立。

1. 秦汉御史制度的建立

秦汉御史长官之比较。秦始皇于公元前 221 年建立了专制主义的中央集权制,并实行了三公之制。其中三公之一即是御史大夫,官署称为御史大夫寺,又称御史府。御史大夫地位非常显赫。《汉书·百官公卿表》云:"御史大夫,秦官,位上卿,银印青绶,掌副丞相。"其本职是:"典正法度","举劾非法。"《汉书·朱博传》记朱博奏言:"高皇帝以盛德受命,建立鸿业,置御史大夫,位次丞相,典正法度,以职相参,总领百官,上下相临,历载二百年,天下安宁。"到西汉末年,御史大夫的地位和职权也发生了变化。《汉书·百官公卿表》记载说:"成帝绥和元年,更名大司空,金印,紫绶,禄比丞相……哀帝建平二年,复为御史大夫。元寿二年,复为大司空。"这里除了名称改来改去之外,重要的是"金印,紫绶,禄比丞相",和原来"银印,青绶","秩中二千石"相比,身份和地位显然是大大提高了。在身份上和丞相完全一样,成了名副其实三公。③御史大夫的地位和职权的提高实质上是皇权与相权斗争的结果,它说明皇权的加强而相权的削弱。值得注意的是秦和西汉时的

---

①　《宋史·王彦超》,北京,中华书局,2012 年。

②　《续资治通鉴长编》卷三,建隆四年八月丙戌朔条,北京,中华书局,1985 年。

③　安作璋,熊铁基:《秦汉官制史稿》(上册),济南,齐鲁书社,1984 年,53 页。

御史大夫既是御史府的最高长官,又是副丞相,"外佐丞相统理天下"。因此,在隶属关系上虽有监察职能,但又多少受到丞相统制。东汉之时,御史府的职能又缩小,监察职能从御史府分离出来,由御史台(或称兰台)职掌,长官称为中丞。于是两汉的监察长官的区别,实质是大夫制与中丞制的区别。具体说:"大夫制是由位列三公的御史大夫兼任监察全责,为御史府最高长官;中丞制是由原御史大夫的副贰中丞主持御史台务,成为御史台最高长官,而御史大夫则脱离了御史系统,成为行政长官。由大夫制走入中丞制是伴随着皇权的加强和相权的削弱而变动的。"①这说明东汉御史台的建立和中丞制的实行,标志着我国古代专门监察机构的确立,监察与行政分离的趋势。

秦汉中央政府监察机构之比较。秦代中央监察机关以御史大夫为长,下设御史中丞、侍御史或柱下御史。"御史中丞,秦官也,掌贰大夫。"②"侍御史於周为柱下史,老聃尝为之。秦时张苍为御史,主柱下方书,亦其任也。又云,苍为柱下御史,明习天下图书计籍。"③值得注意的是侍御史无定员,分别掌管古今国书、律令、土地、山川、户籍等。西汉时,中央监察机关仍以御史大夫为长,但其机构成员明显增多。"初汉御史大夫有两丞,一曰御史丞,一曰中丞,亦谓中丞为御史中执法。"④"御史员四十五人,皆六百石。其十五人依绛给事殿中,为侍御史,宿庐在石渠门外。二人尚玺,四人持书给事,二人侍前中丞,一人领馀,三十人留寺理百官事。"⑤另据《历代职官表·都察院表》记载,西汉监察官名共15个,即御史大夫、御史中丞、御史丞、御史中执法、御史内史、治书侍御史、给事中、侍御史、御史主簿、御史属、御史掾、御史少史、督运漕侍御史、绣衣御史、监御史等。东汉的监察机关分为两支:一是御史台;二是司隶校尉。从东汉光武帝开始,改御史府为御史台,呈行政与监察分治趋势后,御史独揽行政之权。而御史台专司地方官监察之职,其长官为御史中丞。胡广《汉官解诂》云:"建武以来,省御史大夫官属入兰台。兰台有十五人,特置中丞一人以总之。此官得举非法,其权次尚书。"这批入侍兰台的15人,即为西汉时给事殿中的侍御史。东汉侍御史职同西汉,察举非法。司隶校尉主要监察三公之下朝廷百官、京师及其周围各郡。《后汉书·百官四》对司隶机构的员额及职官设置分工有明确记载:"从事史十二人。本注曰:都官从事,主察举百官犯法者。功曹从事,主州送署及众事。别驾从事,校尉行部则奉引,录

---

① 邱永明:《中国监察制度史》,上海,华东师范大学出版社,1992年,78页。

② 《初学记·职官下》,北京,中华书局,1962年。

③ 《通典·职官六》,北京,中华书局,1984年。

④ 《通典·职官六》,北京,中华书局,1984年。

⑤ 《汉官仪》,北京,中华书局,1985年;《通典·职官六》,北京,中华书局,1984年。

众事。簿曹从事，主财谷簿书。其有军事，则置兵曹从事，主兵事。其余部郡国从事，每郡国各一人，主督促文书，察举非法，皆州自辟除，故通为百石云。假佐二十五人。本注曰：主簿录阁下事，省文书。门亭长主州正。门功曹书佐主选用。孝经师主监试经。月令师主时节祠祀。律令师主平法律。簿曹书佐主簿书。其余都官书佐及每郡国各有典郡书佐一人，主一郡文书，以郡吏补，岁满一更。司隶所部郡七。"可见，司隶之长官为司隶校尉，下属十二从事为主要官吏，即都官从事、别驾从事、簿曹从事、兵曹从事、功曹从事，以及七个郡国从事。而假佐一类官吏低于从事。

秦汉地方政府监察机构之比较。秦始皇统一中国后，在地方初设 36 郡，后为 40 郡。为了加强对地方政权的监督，故置郡监御史，或称"监"。《史记·秦始皇本纪》云，秦统一六国之后，"分天下以为三十六郡，郡置守、尉、监"。其"监"即监郡御史。其属有从事。《史记·萧相国世家》云：秦末，萧何为泗水郡卒史时，与"秦御史监郡者与从事常辨之"，"秦御史欲入言征何，何固请，得毋行"。至于御史属官机构，因资料缺乏，不详。秦代县级机关是否设置御史监县，未见史籍记载。西汉初年仍因袭秦制。至武帝元封五年（前 106 年）置部刺史。"初置刺史，部十三州"，每州领若干郡，成为 13 个监察区。此时刺史"乘传周行群国，无适所"，"常以八月巡行所部，录囚徒，考殿最，初岁尽诣京都奏事"[1]。值得注意的是刺史初置无椽属和幕僚，无固定治所，但是至东汉之时，又成为有固定的治所的地方组织。别驾从事和治中从事是刺史的重要属吏之长。其中别驾从事的职掌"校尉（刺史）行部，则奉行录事"，治中从事"主众曹文书"。[2] 具体说："汉有别驾、治中、主簿、功曹书佐、簿曹、兵曹、部郡国从事史、典郡书佐等官，皆州自辟除。"[3]

2. 皇帝亲自督察

皇帝亲自督察包括两方面：一是巡行；二是谏议。

"巡行"直至战国之时，还是国君、相国、郡守均有的行为。但是到了秦代，由于秦始皇集政权、军权、行政权于一身，只有皇帝才有"巡行"的资格。《史记·秦始皇本纪》先后记载了五次巡行，或称为"巡""游""东行郡县"。在秦始皇的刻石中也称为"亲巡""东游""览省""周览"等。所行之地相当于今日的陕西、甘肃、河南、河北、山东、安徽、江苏、浙江、湖北、湖南等地。其目的一是为之歌功颂德；二是通过巡视，考察地方的实际情况。后者，无疑具有监督地方官吏活动性质，是秦朝监察制度的重要组成部分。

---

① 《通典·职官十四》，北京，中华书局，1984 年。

② 《通典·职官十四》，北京，中华书局，1984 年。

③ 《通典·职官十四》，北京，中华书局，1984 年。

通过巡行,使秦始皇更深入地了解基层的情况。正如公元前 210 年秦始皇出游会稽时所立的石刻中说:"兼听万事,远近毕清,运理群物,考验事实,各载其名。贵贱并通,善否陈前,靡有隐情。"①

谏议作为君主专制制度的一种补充,早在先秦之时,就已存在。它包括进谏与纳谏,应当说,当是"君主没有必须纳谏的限制,臣下也没有必须进谏的义务,在这方面没有任何制度上的规定"②。可是随着社会发展,秦汉的谏议有了进一步发展。前者包括两部分,一是设置谏官;二是建立议事制度。后者则表现为皇帝纳谏行为的增强。秦时的谏官有谏议大夫,给事中。秦置谏议大夫,"掌议论,无常员,多至数十人,属郎中令。"③给事中的职责,"掌顾问应付","日上朝谒,平尚书奏事,分为左右曹。以有事殿中,故曰给事中"④。秦设议事制度,凡遇有军国要务,如立君、分封、宗庙、戍边等,设朝议,召集丞相、太尉、御史大夫诸臣议政。秦初定天下的"议帝号"和"置郡县"便是有力的佐证。两汉时谏官应当说比秦时有所增加,《汉书·百官公卿表》云:"大夫,掌论议。有中大夫、太中大夫、谏大夫,皆无定员,多至数十人。武帝元狩五年初置谏大夫,秩比八百石。(武帝)太初元年改名中大夫为光禄大夫,秩比二千石。太中大夫秩比千石如故。"可见,汉代的大夫、有中大夫、太中大夫,谏大夫(东汉改为谏议大夫)。他们都是谏官。与此同时,两汉之时,中央决策系统中的各种会议也具有谏议性质。如由皇帝亲自主持的御前会议,参加者除丞相、御史大夫等国家的主要官员外,其余都是皇帝临时指定参加的有关人员。这个会议对封建国家的重大问题进行讨论研究。由宰相主持的宰辅会议,参加者是中央朝廷的重要官员,主要讨论军国大事。此外,还有百官会议,它是为了更广泛地征求意见,以使某些决策更加稳妥而开的会议。一般地说,由皇帝下诏举行,由宰相主持会议。以上三会议涉及的内容相当广泛,如立君、储嗣、宗庙、郊祀、封建、功赏、民政、法制、同姓、大臣、边事、典礼、历法、都邑、食货、选举等国家的政治、经济、司法、财政、国防、礼仪等方面问题。这些会议有集思广益的作用,而且具有谏议性质。

3. 置构监察

所谓置构监察即是从中央与地方关系角度,论述中央与地方设置机构对地方政府进行综合监察。

秦汉以来,地方行政体制徘徊于多与少、地域大与小之间。地方郡县多,相对

---

① 《史记·秦始皇本纪》,北京,中华书局,2012 年。
② 刘泽华:《中国传统政治思想反思》,上海,上海三联书店,1987 年,155 页。
③ 《通典·职官三》,北京,中华书局,1984 年。
④ 《通典·职官三》,北京,中华书局,1984 年。

说所辖地区小。多不便监察,但容易控制。地方郡县少,相对说所辖地区大。少便于监察,但不便控制。具体说秦朝有郡 40 个,监察易而控制难;汉有郡国 103 个,监察难而控制易。汉武帝兼顾二者优点,去掉二者不足。于是在郡国之上,另设监察区——13 部,置刺史以监郡国。

秦朝开创我国监察制度先河,到汉代这一制度的演变大致经过四个阶段:秦始皇统一中国,在中央设立了三公,其中御史大夫除了政务外,渐由执掌文书进而参加国政,渐掌有监察的职务。因此秦时御史大夫是副丞相,又是监察长官。而在地方执行监察职权的是郡监御史,负责监察郡内及其所属官吏,加强了皇帝对中央,中央对地方的控制,提高了地主阶级国家机器的效能。这是第一阶段。汉初,地方机构实行郡国双轨制,因此,当时主要矛盾是中央政权与王国政权的矛盾,中央与郡县政权矛盾被推到次要矛盾上去。因此,中央没有必要在郡县设监察机构。这是第二阶段。当异姓王被消灭后,中央集权加强一些。公元前 192 年,相曹参奏请惠帝派御史出监三辅即京兆、冯翊、扶风。秦朝开创的监察制度得到恢复,但这时同姓王的权力很大并有相当大的独立性,因此,中央的监察制度很难有效地进行。这是第三阶段。汉武帝时彻底战胜了侯国势力,侯国制已名存实亡,完全丧失了独立性。这样原来处于次要地位的中央与郡县政权矛盾上升为主要矛盾。事实要求对地方政权实行监察。于是武帝元封五年(前 106 年)设立了刺史制度,并把地方分 13 个部即冀、幽、并、兖、徐、青、杨、荆、豫、益、凉、交趾、朔方。每部设一个刺史。在京都附近者叫司隶校尉。各部根据武帝手订"六条"对所属郡国实行监察。这是第四阶段。所谓"六条"的内容是:

"一条,强宗豪右田宅逾制,以强凌弱,以众暴寡;

二条,二千石不奉诏书遵承典制,倍公向私,旁诏守利,侵渔百姓,聚敛为奸;

三条,二千石不恤疑狱,风厉杀人,怒则任刑,喜则淫赏,烦扰刻暴,剥截黎元,为百姓所疾,山崩石裂,妖祥讹言;

四条,二千石选署不平,苟阿所爱,蔽贤宠顽;

五条,二千石子弟恃怙荣势,请托所监;

六条,二千石违公下比,阿附豪强,通行货赂,割损正令也。"[1]

上述监察内容,突出地反映了汉武帝设置刺史的目的在于严防郡守与地方豪强势力相互勾结,形成不利于中央集权的地方割据。因此,刺史的设立是加强中央集权制的措施。从汉武帝的手订"六条"看,重点在防范地方最高长官郡守及秩在二千石的地方长官与地方豪强勾结,形成不利于中央集权的地方割据。

---

① (汉)班固:《汉书·百官公卿表上》注引《汉官典职仪》,太原,山西古籍出版社,2004 年。

　　刺史为什么能够发挥作用呢？从西汉制度本身来看,秩卑权重是取得成功的重要原因。刺史秩六百石,而郡国守相为二千石。在朝见皇帝的仪式中,班序按秩位的高低排列,刺史远在郡国守相之后,而当刺史单独会见郡国守相时,刺史位于守相之上。可见在地方上,任何职位高的地方官都要无条件地接受刺史的监督。显然监察地方官的刺史,由于位卑,容易被中央政府驾驭,相反,又不易超越监察范围去干涉地方行政事务。同时,监察者与被监察者秩位悬殊,他们之间私人联系较少,不易结党营私,枉法舞弊,起到了"小大相制、内外相维"①的历史作用。

　　这里需要指出的是,各部是监察区,而不是一级政权。刺史只是中央派出的监察官,而不是郡守以上的地方官。他们无权处理地方长官的失职,而只能上报中央。刺史作为中央集权在地方的代表,是与地方政权相对立的,他对加强中央对地方的了解和控制,维护中央集权是有利的。因此,这种地方监察制度在当时有其进步作用及合理性。

二、监察机制的发展

　　秦汉时建立的御史制度,奠定了封建专制主义中央集权国家监察机关的基础。魏晋南北朝时期,这一制度又得到了发展,主要表现在,将东汉时名义上仍属少府的御史台改为直属皇帝的中央机关,并且皇帝还允许御史"风闻责事",其权势更加显赫。但这时御史的机构庞大,职权不清,地方也无固定的监察机关。隋唐时期中央与地方政府机构的调整为封建监察制度的进一步发展和健全创造了历史条件。

1. 三台制的建立

　　隋朝初年,中央实行三省制。其中,门下省是侍谏议机关,掌审查政令及封驳诸事,执司监察职能。隋炀帝即位,进一步改革中央政府机构,又增置谒者、司隶二台,与御史台令称三台,独立行使监察职权。

　　御史台。东汉以后,御史中丞为御史台长官,隋为提高御史台的地位,又重置御史大夫以御史大夫1人为御史台的长官,初从三品,专掌纠察。设治书侍御史2人,秩从五品,后为正五品,为大夫之副。省殿内御史员,增设监察御史员为16人,加阶从七品,又署主簿录事2人。隋炀帝大业五年(609年),又降长官御史大夫阶为正四品,减治书侍御史为从五品;又增侍御史为正七品,掌侍从皇帝左右

---

① 顾炎武:《日知录》卷九《部刺史》,上海,上海古籍出版社,2006年。

进行纠察。御史台对以下行为者有权弹劾。一是违反法令者；二是品官不理朝政者；三是监授人员不举贤才者；四是以权谋私者。

谒者台。内置司谒大夫1人，从四品，大业五年（609年）改为正四品；司朝谒者2人副之，秩从五品。其属官有：丞、主簿、录事、通事谒者、议郎、通直、将事谒者、谒者、散骑郎、承议郎、通直郎、宣德郎、宣义郎、徵事郎、将仕郎、常从郎、奉信郎，此外还有无定员的散员郎。当然以上诸官时设时废。谒者台的主要职掌通过出使慰问，持节授官，受理申奏冤枉等行使监察权。

司隶台。它是隋代专察郡县的监察机关。置司隶大夫1人，正四品，设别驾2人以副之，从五品，分察畿内，1人按察东都（今河南洛阳），1人按察京师（今陕西西安）。并设刺史14人，正六品，掌巡察京畿外诸郡。诸郡从事40人，佐刺史巡察。司隶台以"六条"巡察京畿内外。《隋书·百官下》云："一察品官以上理政能力。二察官人贪残害政。三察豪强奸猾，侵害下人，及田宅逾制，官司不能禁止者。四察水旱虫灾，不以实言，枉征赋役，及无灾妄蠲免者。五察部内贼盗，不能穷逐，隐而不申者。六察德行孝悌，茂才异行，隐不贡者。"据邱永明同志分析，隋之六条与汉代六条有明显的区别：其一，监察对象的范围不同。如果说汉代六条规定刺史监察对象是强宗豪右、二千石地方官员及其子弟，那么隋之六条将监察对象扩大到品官以上，赋予刺史以更大的权力。其二，监察重点不同。汉代刺史的监察重点首先是强宗豪右"阳宅逾制"，其次是纠察二千石郡守"阿䞍豪强"。而隋之六条监察重点是考察品官理政能力和纠察贪残害政。其三，考察官吏行为的内容不同。汉六条着重考察地方官不奉诏书、违背典制、滥施刑罚、不遵法纪、依附豪强、蔽贤宠顽。隋六条着重监察地方官镇压盗贼、申报灾荒、征收赋役及荐举人才方面的是与非。[①]

2. 三台制的变化

唐朝的监察机构有了明显的加强，中央设置独立的监察机构——御史台，亦称"宪台"，"肃政台"。武后时，肃政台分为左、右两台，又称"左台""右台"。御史台的最高负责长官是御史大夫，正三品，有副手2名，称御史中丞，正四品下。其职掌是"掌持邦国刑宪典章，以肃正朝廷"[②]。有权弹劾百官，参与大狱的审讯和监督府库的出纳，是朝廷的重要机构。御史台下属机构有三：台院、殿院和察院。其长官品阶不同，职掌分明，构成一个十分严密的监察系统。

台院是御史台的基本组成部分，在监察官中地位较高。其长官称侍御史，从六品下，额定四员，其职主要是纠举百官及入阁承诏知推、弹、公廨杂事。一则推

---

① 邱永明：《中国监察制度史》，上海，华东师范大学出版社，1992年，213～214页。

② 《旧唐书·职官志》，上海，上海古籍出版社，2003年。

即推鞫狱讼，其形式有西推、东推和三司推。西推、东推是台院将对中央及诸州的审讯事务划为东、西两个部门，规定"凡有制敕付台推者，则按其实状以奏；若寻常之狱，推讫断于大理"①。三司推则是一科特别审判，"其事有大者，则诏下尚书刑部、御史台、大理寺同案之，亦谓此为三司推事"②。二则弹即弹劾。《唐六典》卷十三云："侍御史掌纠举百僚。"弹劾违法的官吏是侍御史的基本职责。三则公廨杂事，即处理台内的日常事务。由于台院职权重要，地位较高，受到特殊重视，或由皇帝直接指派，或由宰相、御史大夫商定由吏部选任。

殿院仅次于台院。殿院长官殿中侍御史位次于台院侍御史，从七品下，额定六员，其主要职掌是"殿廷供奉之仪式"③。"纠离班、语不肃者"④。可见殿中侍御史执掌纠察朝仪、检查朝班时百官的仪态行履，以维护皇帝不可侵犯的尊严为主要职务。此外还有推按狱讼、监京城仓库和分巡两京的任务。

察院的长官是监察御史，正八品上，额定 10 员，在监察官中品阶较低，但权限大，职掌范围也十分广泛。其职权是："分察巡按郡县、屯田、铸钱、岭南选补、知太府、司农出纳、监决囚徒。监祭祀则阅牲牢，省器服，不敬则劾祭官。尚书省有会议，亦监其过谬。凡百官宴会、习射，亦如之。"⑤此外，巡查馆驿、监仓库、监诸军，也属监察御史的职掌范围。唐朝以"道"为监察区，全国共分 10 道（后增为15 道），每道设巡察史，隶属察院监御史管辖。监察御史在御史台中品级虽低，但任务最重，权力也大，是皇帝设置在地方上的耳目。

唐初，监察御史仍按汉代"六条问事"进行纠弹。以后，为了监督官吏对于皇帝诏令意旨的遵行，加强统治机构效能的发挥，进一步扩大了监察御史的职权。为了加强中央对地方的监督，唐朝还建立了定期的巡视监察制度，由皇帝派出专使大臣考察地方官吏，以行赏罚。为了保证御史行使监察权，允许御史"独立弹事"，可以不预先经过御史台长官，而直接向皇帝奏弹。但御史的监察活动，必须在皇帝的直接控制下进行。中宗时曾下诏："每弹人必先进内状，许乃可。"此后遂成为定制。此外，唐朝还设置了谏官组织，有左右散骑常侍，左右谏议大夫，左右补阙，左右拾遗等。谏官的主要任务是研究国家决定的政策、法令以及某些重大措施和制度，如认为不妥，有权向皇帝规谏。唐朝的统治者，从长期的统治经验中，觉得这种规谏有助于皇权的行使和封建国家的统治，同时也是对宰相的一种

①　《大唐六典·御史台》，北京，中华书局，1982 年。
②　《通典》卷二十四《职官六·御史台》，北京，中华书局，1984 年。
③　《大唐六典》卷十三，北京，中华书局，1982 年。
④　《新唐书·百官志》，北京，中华书局，2012 年。
⑤　《旧唐书·职官志》，上海，上海古籍出版社，2003 年。

监督,因此,设置专官执掌。

3. 三台制的特点

在中国封建社会,监察职能是否真正贯彻实施,关键取决于皇帝对监察的支持程度。

总的看来,隋朝前期,由于隋文帝吸取南北朝时期某些朝代政治风气败坏的教训,注意严惩枉法官吏,因此监察制度具有巩固其政权的特点。一般地说,这时凡证据确凿,情节严重者都能严肃处置。如隋文帝在处罚官吏时,即使皇亲国戚、朋友、同学也不宽容。他的儿子杨俊"盛治宫室,穷极侈丽",文帝以其奢侈,免其并州总管职务。当时左武卫将军刘昇认为这样处罚太重,文帝以"法不可违",坚持自己的意见。[①] 但是到了隋炀帝时,由于炀帝本人非常奢侈腐化,又重用奸臣,监察则变成为昏君杀戮无辜者的工具。如炀帝欲扩建汾阳宫,令张衡上建筑方案奏批。张衡因规劝:"比年劳役繁,百姓疲敝,伏愿留神,稍加折损。"炀帝从此怀恨在心,不久便借机将张衡降为榆林太守,而重用奸臣裴蕴为御史大夫。又如司隶大夫薛道衡在文帝时"久当枢要",以才学享有盛名。炀帝即位后,他上《高祖文皇帝颂》,炀帝阅读以后极不高兴,以薛道衡"忆高颖邪",令裴蕴逮捕入狱。

在中国封建社会监察制度的发展演变史中,唐朝监察制度已经是比较成熟、健全和定型了。如果以开元、天宝年为界,我们就会发现这一制度有两个明显的特点。其前期,监察制度在发展中规模逐步完备。武德、贞观年间,统一局面形成不久,御史台机构刚刚恢复,台院、殿院和察院的建置还不很健全,分工也不甚明确。但大致可看出一轮廓,即殿中侍御史的职责主要在朝廷范围,侍御史的职责也主要是纠弹中央各部门的官吏,监察御史的职责主要是弹劾州县的不法之官。到了玄宗开元年间,御史台的组织机构已逐步健全,并且中央对地方州县的监察制度也渐渐严密起来。到了中宗神龙二年(706年),明确设置了十道巡按使。至此,中央对地方的监察制度完全形成。但是,唐朝后期,监察机构权力削弱,御史地位下降。安史之乱后,藩镇割据,御史台对地方的监察被剥夺了。主要表现在:地方节度使、观察使多兼御史台长官的头衔。中央对地方实施监察职能的巡按使逐渐演变成为地方行政机构的官员。尚书省户部、盐铁、度支三司官出使地方,有监察官职能。也就是说,监察官和行政官合二为一。随着监察机构被削弱与分割,御史的地位也日益下降。唐朝前期,御史台长官多上升为宰相或为宰相所兼以及御史可以风闻奏事和不向大夫、中丞咨禀的旧制被取消了。同时,御史在行使职权时受到极大的限制。《唐会要》卷六十云:神策军以"职在禁密,但移牒而

---

① 《隋书》卷四十五《文四子·杨俊传》,北京,中华书局,2012年。

已,御史未尝至",便是最好的例证。

综上所述,唐朝不仅扩大了监察机关组织,赋予御史更广泛的监察权,而且还设立了谏官系统,这对于肃正封建的政治纲纪,巩固专制主义中央集权制度和发挥官僚机构的统治效能,都起着重要的作用。唐朝监察机关组织与职权的扩大,是反映专制主义中央集权制度日益发展的一个重要标志。同时,随着监察权力被削弱,唐朝也开始由盛转衰了。

三、监察机制的完善

宋代中央监察系统由御史台和谏院两部分组成。御史台系统基本沿唐制,谏官系统至宋代已发展到顶峰阶段,组织独立,自成系统。不过此时出现了台谏合一的趋向,至元朝初年已完全走向台谏合一制。台谏合一是中央集权制度发展的必然结果。它使监察权得到高度集中,使皇权便于直接控制监察机关。

1. 台谏合一的趋势

宋代以前,御史、谏官职责分明。御史主弹纠官邪,肃正纪纲,监督官吏;谏官掌规谏讽喻,献可替否,是监督君主的。宋代则开创了台谏合一之端。宋元丰改制后,御史台职责是:"掌纠察官邪,肃正纲纪。大事则廷辨,小事则奏弹。"[①]谏官的职责是:"凡朝政阙失,大臣至百官任非其人,三省至百司事有违失,皆得谏正。"[②]可见此时,御史、谏官都拥有对百官的监察之权。

御史台长官:宋时御史大夫无实任,御史中丞是实际上的长官。下属三院:台院(侍御史隶此,为御史中丞副贰)、殿院(殿中侍御史隶此)、察院(监察御史隶此)。另置推直官二人,专治御史台所辖之狱事。

谏院长官为左右谏议大夫。宋仁宗明道年间,陈执中为谏官,屡请置院,遂在唐制谏官基础上,于门下省设立谏院,以分属门下与中书的左右谏议大夫、司谏、正言等谏官,隶于谏院。

宋朝于地方设置监司机构,兼掌对地方官的监察。宋监司有一套完整的机构和制度,被称为"外台"。它包括转运司、提点刑狱司、提举常平司。

转运司长官有转运使、副官、判官。初仅主军兴粮饷,自太平兴国二年(977年),令藩镇支郡直属京师后,转运使才真正成为监司官。他们的职责不仅掌一路财赋,保障上供朝廷的需要与地方本身开支,而且管一路之民政,为州府监县的上级监督,是每路的监察官。恰如《资治通鉴长编》卷二二云:"宜令诸路转运使

① 《宋史·职官四》卷一六四,北京,中华书局,2012年。
② 《宋史·职官一》卷一六一,北京,中华书局,2012年。

察部下官吏,有罢软不胜任、怠惰不亲事及默货扰民者,条其事状以闻。"

提点刑狱司长官设提点刑狱公事。设于太宗淳化二年(991年),中经几次变化,至神宗熙宁年间才固定不变。其职责,掌察一路狱讼及察地方官员。故提点刑狱又称宪司。

提举常平司,其长官亦称提举常平使,南宋时称提举常平茶盐公事。始设于熙宁年间。其职责,掌常平义色、免役市易、坊场河渡,仍刺举官吏。恰如《文献通考》提举条引《哲宗正史职官志》云:"掌按察官之事。"

宋朝地方监察系统还有一点要提及的即"通判"。通判的地位比较特殊,初期既非地方副长官,又非地方长吏的属官,而是专门监察地方长吏知州的特殊官吏,号称"监州"。宋初惩五代藩镇之弊端,赵匡胤乾德年间下湖南,即开始设诸州通判。建隆四年(963年)下诏:"知府公事并须长吏、通判签议连书,方许行下……职掌倅贰郡政,凡兵民、钱谷、户口、赋役、狱讼听断之事,可否裁决,与守臣通签书施行。所部官有善否及职事修废,得刺举以闻。"[1]可见州内一切政令必须州内主要行政长官联署方能生效。通判还可以随时向皇帝报告州内状况,成为皇帝在地方的耳目。整个宋代,通判的权限是有变化的,初是皇帝派地方监察官,元丰改制后为地方的副长官,南宋时通判地位较北宋时低,只是"入则贰政,出则按县;有军旅之事,则专任钱粮之责,经制、总制钱额,与本郡协力拘催,以入于户部"。[2]

总之,宋代在中央采取台谏制,在地方采取以监司为主,辅以通判的监察系统,实际上是前代监察制度的集大成。它主要表现在如下几方面:(1)废除了唐代宰相的御史任用权,改由皇帝直接控制台谏的任命权。其实质是发挥台谏相对独立性,有效地监督政府与宰执大臣,从而加强皇权。(2)未经两任县令者,不得为御史,以保证御史具有实际封建统治经验,以便于更好监察百官,维护封建统治。(3)宋以前历代的监察制度,大致采取如下办法:在中央,一是单一监察制,如两汉置御史台。一是多元监察制,如唐朝台、谏分立;在地方,一是中央派官员常驻地方,如秦代的监御史,汉时刺史(前期)、隋朝的司隶台。二是临时派出使者巡察,如南朝的台使、唐朝的采访使、巡按使、按察使等。而宋代在中央采取了台谏合一,在地方以监司为主,辅以通判为特点的监察制度,实质上取消了谏官对君主的监督,皇帝独占监察权,既加强了对地方官吏的监察,又分割了监察官事权,使他们不能专权,从而加强皇权。

2. 台谏机关完全合一

宋代的监察制度虽然出现了台谏合一的趋向,但是台谏两个机构仍然并立,

---

① 《宋史·职官七》卷一六七,北京,中华书局,2012年。
② 《宋史·职官七》卷一六七,北京,中华书局,2012年。

没有完全合一。元朝开创了台谏合一的先例,不再专设谏官,其谏职便转到御史身上。在至元五年(1268 年)置御史台时,忽必烈曾明确指出,台官"职在直言,朕为汝君,苟所行未善,亦当极谏,况百官乎"。① 因此,李克礼为监察御史认为:"生民之利害,社稷之大计,惟所见闻而不系职司者,独宰相得行之,谏官得言之。今朝廷不设谏官,御史职当言路,即谏官也。"②到文宗天历年间,发展到"今日之事御史言之"③。使台官、监察御史行谏官之职。

就监察组织机构而言,元代在继承唐宋之制的基础上,又有进一步发展。唐宋御史台下设台院、殿院、察院,元朝不再专设台院,只留察院,把台院的职权并入察院,又将殿院改为殿中司。取消原台院,反映了御史台的内部组织机构从三院制向一院制过渡的趋势。

御史台是元代的中央监察机构,既称中央御史台,亦称中台或内台。台内官员设左右御史大夫 2 人,为台长,均为从一品。由于元代尊右,以右御史大夫为首,俗称"头大夫"。御史中丞 2 人,均为正二品,为御史台副长官,但必要之时,可主台务。《元史·张雄飞传》云:"(至元)十六年,拜御史中丞,行御史台事。"御史中丞之下设侍御史 2 人,秩从二品;治书侍御史 2 人,秩正三品;殿中司仅设殿中侍御史 2 人,正四品。元代御史台官员的职权为"掌纠察百官善恶,政治得失"。

行御史台和诸道肃政廉访司是元朝地方监察机构。其地位统制于各道宪司,而总隶内台管辖。就性质看,行御史台是中央御史台的派出机关。

行御史台有二,一是江南诸道行御史台。又称南行台或南台。1277 年始置江南御史台于扬州,1286 年迁于建康(今江苏南京)以监察东南诸省即江东、江西、浙东、浙西、湖北、湖南、广东、广西、福建和海南十省。其组织机构,设官品秩同内台(御史台)。1297 年,江南诸道行御史台,设定 9 人,即御史大夫 1 人,中丞 2 人,侍御史 2 人,治书侍御史 2 人。各道初置监察御史 10 人,文宗天历元年(1328 年)为 24 人,后定制为 28 人。二是陕西诸道行御史。它是由世祖至元二十七年由云南提刑按察司升为云南诸道行御史台的。1297 年,"移治陕西,号陕西诸道行御史台"。④ 管辖陕西、甘肃、四川和云南四个行中书省的监察,并统汉中、陇北、四川、云南四省。其组织机构为大夫 1 人、御史中丞 2 人、侍御史 2 人、治书侍御史 2 人、经历 1 人、都事 2 人、照磨 1 人、架阁库答勾 1 人、承发司管勾兼狱丞 1 人、掾史 12 人、蒙古必阇赤 2 人、回回掾史 1 人、通事 2 人、知印 1 人、宣使 10 人、典吏 5 人、库

①　《元史·张雄飞传》,北京,中华书局,2012 年。
②　《元史·李元礼传》,北京,中华书局,2012 年。
③　(元)虞集:《道园学古录》卷五《送杜立夫归两蜀序》,长春,吉林出版集团,2005 年。
④　(元)苏天爵:《元文类》卷三十,《御史台记》,上海,商务印书馆,1915 年。

子 2 人。察院,品秩同内察院。监察御史 20 人,书吏 20 人。中书省的腹里之地,以及河南、辽阳等省的监察,由中央御史台直接管领,并统制山东、山西、河北、河南、淮东、淮西、山南和辽东八省提刑按察司。[①]

诸道肃政廉访司。初称为提刑按桑司,领四道,即山东东西道、河东陕西道、山北东西道、河北河南道。每道设官 6 人。后又不断增建道制,1291 年改称肃政廉访司,1293 年"遂定为二十二道"。[②] 就其性质看,道是中央御史台的直属机关。其组织机构是:廉访使二员,正三品;副使二员,正四品;佥事四员(两广、海南仅 2 人),正五品;经历 1 员,从七品;知事 1 员,正八品;照磨兼管勾 1 员,正九品;书吏 16 人。译史、通事各 1 人,奏差 5 人,典吏 2 人。各自履行法定的责职,[③]凡辖区的钱谷、官吏奸弊等,都有权纠察。

可见,元朝从中央到地方所建立的严密的监察机构,以保证中央对各级官吏实行有效的监察。

四、监察机制的鼎盛

明清是我国封建社会后期,就国家政府机构而言,应当说更便于皇帝集权。因此作为皇帝集权的重要组成部分——监察机制亦十分发达。

1. 台都科制的创立

明朝统治者对百官监察十分重视,把它作为维护朝廷纪纲的重要组成部分。早在朱元璋统一中国前,吴元年曾置御史台,设左右御史大夫,御史中丞,侍御史,治书侍御史,殿中侍御史,察院监察御史等官。朱元璋对御史们勉励说:"国家立三大府,中书总政事,都督掌军旅,御史掌纠察,朝廷纪纲尽系于此。而台察之任尤清要,卿等当正己以率下,忠勤以事上,毋委靡因循以纵奸,毋假公济私以害物。"[④]并以郑愈、汤和为御史大夫,刘基、章溢为御史中丞。

洪武十五年(1382 年)改御史台为都察院。为什么这一建制要变更呢? 主要是胡惟庸之狱的缘故。《明史》卷七十三云:"自十三年(1380 年)胡惟庸之狱,始罢御史台。所云罢御史台者,非罢御史,罢其总领之御史大夫也。时但设左右御史中丞,而分巡之监察史。"当时左丞相胡惟庸掌"生杀黜陟"大权,这是朱元璋不能容忍的。故洪武十四年正月,朱元璋以阴谋政变的罪名杀了胡惟庸,废除了丞

---

① 《元史·百官志二》,北京,中华书局,2012 年。
② 《元史·百官志二》,北京,中华书局,2012 年。
③ 《元典章》卷六《廉访司合行条例》,天津,天津古籍出版社,2011 年。
④ 《明史·职官志二》,北京,中华书局,2012 年。

相制,六部长官直接对皇帝负责。六部的尚书均为正二品官。《明史·职官二》云:"吴元年置御史台,设左、右御史大夫,从一品。"可见,从官品看,六部长官均低于御史台长官。朱元璋既要发挥御史台监察百官的作用,又要防止御史台长官高于六部长官而侵夺君权。这就是"罢御史台者,非罢御史,罢其总领之御史大夫。时但设左右御史中丞"。《明史·职官二》云:"十三年专设左、右中丞,正二品。"这样六部长官与监察百官的长官平级,达到互相牵制,加强皇权之目的。

《明史·太祖本纪》记载:洪武十五年十月丙子"置都察院"。都察院的组织机构是:左、右都御史,正二品;左、右副都御史,正三品;左、右佥都御史,正四品。其属,经历司,经历 1 人,正六品;都事 1 人,正七品。司务厅,司务 2 人,从九品。照磨所,照磨 1 人,正八品;检校 1 人,正九品。司狱司,司狱 1 人,从九品。此外还有 13 道监察御史 110 人。

都察院的职掌。《明史·职官二》云:"都御史职专纠劾百司,辨明冤枉,提督各道,为天子耳目风纪之司。凡大臣奸邪、小人构党、作威福乱政者,劾。凡百官猥茸贪冒坏官纪者,劾。凡学术不正、上书陈言变成宪、希进用者,劾。遇朝觐、考察,同吏部司贤否陟黜。大狱重囚会鞫于外朝,偕刑部、大理谳平之。其奉敕内地,拊循外地,各专其敕行事。"

明代除都察院外,还创立了独立监察权的六科给事中的组织。给事中自唐朝开始一直是门下省职掌封驳的官。明初曾沿用旧制,如太祖实录载:"洪武六年三月乙巳,定设给事中十二人,秩正七品。看详诸司奏本及目录旨意等事。分为吏、户、礼、兵、刑、工六科,每科二人。"洪武十五年废中书省,提高六部地位后,六科给事中的职权和机构发生显著变化。从六科给事中的职权看,洪武十五年前,仅仅"看详诸司奏本及目录旨意等"。而洪武十五年后,《明史·职官三》云:"掌侍从、规谏、补阙、拾遗、稽查六部百司之事。凡制敕宣行,大事覆奏,小事署而颁之;有失,封还执奏。凡内外所上章疏下。分类抄出,参署付部,驳正其违误。"从每科分工来看,洪武十五年前,"仅为吏、户、礼、兵、刑、工六科",分工既不明确,又不具体。而洪武十五年后,则不同。《明史·职官三》云:"吏科,凡吏部引选,则掌科(印),同至御前请旨。外官领文凭,皆先赴科画字。内外官考察自陈后,则与各科具奏。拾遗纠其不职者。户科,监光禄寺岁入金谷,甲字等十库钱钞杂物,与各科兼斯之,皆三月而代。内外有陈乞田土、隐占侵夺者,纠之。礼科,监订礼部仪制,凡大臣曾经纠劾削夺、有玷士论者纪录之,以核赠谥之典。兵科,凡武臣贴黄诰敕,本科一人监视。其引选画凭之制,如吏科。刑科,每岁二月下旬,上前一年南北罪囚之数,岁终类上一岁蔽狱之数,阅十日一上实在罪囚之数,皆凭法司移报而奏御焉。工科,阅试军器局,同御史巡视节慎库,与各科稽查宝源局。而主德阙违,朝政失得,百官贤佞,各科或单疏专达,或公疏联署奏闻。"可见,这时每科职责清楚,分工细腻,而且"虽分隶六科,其事属重大者,各科皆得通奏。但事属某科,则列其科为首。"①从六科给事中机构看,洪武十五年前,最多给事中 12 人,秩正七品,每科 2 人。而洪武十五年后,各科"给事中一人,正一品,左、右给事中各一人,从七品。给事中,吏科四人,户科八人,礼科六人,兵科十人,刑科八人,工科四人,并从七品。"②六科给事中的创置,对于地位和职权都已提高了的六部,起着钳制作用,同时亦限制都察院的权力过大,用意在于使皇帝便于从中操纵。都察院与六科给事中虽有一定分工,但并非绝对的。它们既有为加强君主专制服务的共同点,又有互相纠举,争权夺利的不同点。这种重叠的监察机构,并没有给明朝带来清明的吏治。

清朝中央监察机构主要变化有三。

一是都察院长官名称的变化。清初立都察院之时,设承政 1 人,左右参政各 2 人。③ 世祖顺治元年(1644 年),改承政为右都御史,再改参政为左副都御史。三年,定左副御史满、汉各 2 人。五年,定左都御史满、汉各 1 人。左都御史的品秩,初制,满员为一品,汉员为二品。顺治十六年(1659 年),改满、汉均为二品。康熙九年(1670 年),仍升满员为一品。世宗雍正八年(1730 年),皆升为从一品,永为定制。④

二是组织机构的变化。雍正以后,为了集中皇权,取消了六科给事中历来负责封驳皇帝诏旨的职权,将六科并于都察院。都察院所属六科给事中与 15 道(后增为 22 道)监察御史,合称"科道",分别负责对内外官吏的纠察。1745 年,以左都御史和左副都御史执掌院务,右都御史和右副都御史例为地方总督、巡抚的兼衔。

三是机构增多了。都察院自身办事机构有:经历、都事二厅、质月处、督催所,承办院内行政事务。其长官职掌为:经历厅和都事厅。清初,都察院设经历满汉各 1 人,都事满汉各 1 人,掌出纳文移。又有笔帖式 10 人,掌翻译。其职掌几经变化,最后定制为:吏、户、刑等部关涉事件,归并经历掌管;礼、工、刑等部事,归并都事掌管。到光绪年间,经历厅下设印房、稿房、火房、承发科、知印科、封简科和注销科,置经承 12 人,分别在各房、科承办具体行政事宜。⑤ 值月处职掌:与六部当月处同。督催所负责督催各厅、各道等承办事件。

---

①　《明史·职官志三》,北京,中华书局,2012 年。
②　《明史·职官志三》,北京,中华书局,2012 年。
③　《清史稿·职官二·都察院》,北京,中华书局,2012 年。
④　《清史稿·职官二·都察院》,北京,中华书局,2012 年。
⑤　崐冈,李鸿章:《光绪会典事例》卷一四七《书吏事例》,北京,中华书局,2012 年。

都察院下属机构有六科、十五道、五城察院、宗室御史及稽查内务府御史处等。其中十五道、五城察院下节论及,此不赘述。

六科亦即吏、户、礼、兵、刑、工六科,掌勘察官府公事。雍正元年(1723年)始隶都察院。吏科,稽核人事。户科稽核财赋。礼科稽核典礼事务。兵科稽核军政。刑科稽核刑名案件。工科稽核工程。每科设掌印给事中和给事中满汉各1人,为24人。而六科的属吏,吏、户、兵、刑四科各有笔帖式15人,礼、工二科各10人,共为80人。六科又有经承63人。故六科掌印给事中、给事中和笔帖式、经承的官吏是167人。

宗室御史处,又名"稽查宗人府衙门"。初设于雍正五年(1728年),其长官由15道的宗室御史2人兼管,1人掌印,1人协理,下设经承3人。

稽查内务府御史处,又名稽查内务府御史衙门。初设于乾隆三年(1738年)。其长官初设御史4人稽查,后改以协理陕西道及掌贵州通满御史2人兼管,下设经承3人。办理稽查内务府事务。

综上所述,都察院是清代主管监察的总机关,也是历代监察制度发展的最后形式。其所属机关有:六科、十五道(清末22道)、五城察院、宗室御史处、稽查内务府御史处。清代统治者始终重视这个机构。因为朝廷与地方的政事,无论大小都可以监察。不过他们权力的大小,要以专制皇帝给他们多少权为转移。一般地说,有作为的皇帝,能广开言路、直言纳谏,则监察权就大些。相反皇帝昏庸,诽视直言,倘有触犯,易受谴责或贬斥,则监察权就小些。

2. 道制系统的建立

明朝地方上的监察主要通过道监察御史和御史巡按地方制度。

明朝在地方上,设置了13个监察区,每区称道,13道监察御史共110人,其人员之多为历代之冠。

13道监察御史,主要职掌"察纠内外百司之官邪,或露章面劾,或封章奏劾。在内两京刷卷,巡视京营,监临乡、会试及武举,巡视光禄,巡视仓场,巡视内库、皇城、五城,轮值登闻鼓"。[①] 可见,监察范围十分广泛。

明代还建立了御史巡按地方的制度,名为巡按御史。他们是皇帝的代表。《明史·职官志》称:"巡按则代天子巡狩,所按藩服大臣、府州县官诸考察,举劾尤专,大事奏裁,小事立断。"如,明穆宗时,右金都御史海瑞巡抚应天十府。他执法如山,刚棱不挠,"属吏惮其威,墨者多自免去","所司懔懔奉行,豪有力者至窜他郡以避"。"吴中弊政,自海瑞到后,革除过半"[②],一度庶政清平。可见这种巡按御

① 《明史·职官志二》,北京,中华书局,2012年。
② 《明史》卷二二六,《海瑞传》,北京,中华书局,2012年。

史对监察百官,维护统治者的统治起到了重要作用。

清朝在地方上设置十五道和五城察院之制。

15 道是按省区划分的机构,每道置监察御史,监察地方。计分京畿道、河南道、江南道、浙江道、山西道、山东道、陕西道、湖广道、江西道、福建道、四川道、广东道、广西道、云南道、贵州道 15 道。其职掌"监察御史掌纠察内外百司之官邪,在内刷卷、巡视京营、监文武乡会试、稽查部院诸司,在外巡监、巡漕、巡仓等及提督学政,各以其事专纠察,朝会纠仪,祭祀监礼,有大事集阙廷预议焉"[1]。一般各道均设监察御史,不过其人数不一。京畿、江西、浙江、福建、湖广、河南、山西、陕西八道,均是满、汉各 1 人。江南道是满、汉各 3 人;山东道是满、汉各 2 人。四川、广东、广西、云南、贵州只有掌印监察御史(其他各道均设此官),没有监察御史。

五城察院是稽查京都地方的机构,分中、东、西、南、北五城,每城设一衙门,都称"察院"。其长官名为"巡城御史",初为满、汉、汉军各 1 人,雍正元年改为满、汉各 1 人,经承 20 人。其职掌"专司京师访缉逃盗、稽查奸宄等事"[2]。"五城御史各率所属,办理地方之事,厘剔奸弊,整顿风俗"[3]。

第八节　军事制度的发展

国家要巩固,军事是基础。先秦有作为的统治者都十分注意军事制度的构建。至封建社会诸朝军事制度的发展突出表现为制度种类繁多、编制严谨、兵种多样化、军队数量增长。

一、征兵制与职业军制

秦朝在统一全国之前,已经拥有一支实力强大的军队,这支军队是赢得兼并战争胜利的重要工具。统一全国以后,秦始皇为了实现对全国的专制主义统治,进一步加强了由皇帝直接掌握的统一的封建军队。

在秦朝短暂的统治期间,军事活动一直没有停止。频繁的军事活动要求经常保持一支庞大的常备军,因此秦朝实行征兵制度,规定农民要服两年固定的兵役,但事实上统治者为了战争的需要,却可以随便征发,既不限于农民,也无所谓期

---

① 马端临:《清文献通考》卷八十二,杭州,浙江古籍出版社,1988 年。
② 崐冈,李鸿章:《光绪会典事例》第一零三一卷,北京,中华书局,2012 年。
③ 崐冈,李鸿章:《光绪会典事例》第一零三一卷,北京,中华书局,2012 年。

限。例如,秦始皇时由于北筑长城,南戍五岭,兵不敷用,便大量征发罪人和有市籍的商人当兵。

秦朝征兵以郡县为单位,郡县各设有专门的官吏主管征兵和训练事宜。在数以百万计的秦朝军队中,有用于守卫京师由郎中令率领的部队和负责镇压地方人民反抗由郡尉率领的郡兵。此外,还有用于戍守边疆的部队。

军队的编制形式是部曲制。每部下属若干曲。曲以下有千人,其长官称二五百主;500 人,其长官称五百主;100 人,其长官称百将;50 人,其长官称屯长;5 人,其长官称伍长等建制。

秦朝虽在中央和地方分设专职武官太尉和郡尉,统率和训练士兵,但军队的最高指挥权和将帅的任免权,完全由皇帝掌握。军权的集中是皇帝专制大权的重要保证。公元前 209 年陈胜、吴广领导的农民大起义把秦朝军队打垮了,秦王朝的统治也随之瓦解,从而有力地说明了军队是秦朝封建专制国家的主要支柱。

西汉在武帝以前,兵制与秦朝基本相同,自武帝时起中央建立了由皇帝直接掌握的职业军队,推动了封建兵制的进一步发展。

汉朝的军队分为京师军和地方军两部分。地方军包括“材官”(步兵)、“车骑”(骑兵)、“楼船”(水兵)等。其任务是镇守地方和用于征战。地方军的统率,在郡为都尉(即郡尉),在王国为中尉。

京师军有南军和北军,分别由卫尉和中尉统率,负责卫戍京城,保卫皇室,镇压京师地区人民的反抗。

汉武帝时由于对外战争频繁,国内阶级斗争形势也趋向紧张,为了巩固京师,开始招募士兵,扩大了北军,共改编成八校尉:中垒、越骑、步兵、长水、射声、屯骑、相骑、虎贲,各掌兵 700 人。由执金吾(即前中尉)统率。同时唯恐北军偏重,不易节制,又在南军中设立期门军和羽林军,加强由皇帝直接掌握的禁军实力。由于这支军队主要用于警卫宫廷,因此军队的成员都是选自西北的所谓“良家之子”。这支军队由郎中令率领。

汉朝期门、羽林军和北军中招募而来的士兵,是封建的职业军队。在我国兵制的发展史上,职业军队的创设是从西汉开始的,这是加强中央集权最主要的措施之一。

汉朝的军队由皇帝总揽,无论京师或地方军的调动,均需以皇帝的虎符为凭。平时主管军政的机关,中央为太尉(大司马),地方为都尉,遇有战争由皇帝临时委派大将军统一指挥作战。边疆地区为了抵御外族入侵,设置大量戍守部队,由边郡太守和都尉统辖。

为了保证庞大的兵源,汉初实行征兵制。汉人自 23 岁开始服兵役 2 年,其中有一年在本郡服役或到京师陵庙宫殿充当卫士,名为正卒;另一年去边郡充当戍卒。无论正卒、戍卒期满后都还乡为民,因而带有寓兵于农的性质。但封建政府却经常根据需要,随时征调,人民直到56岁才能免除兵役。汉武帝时,开始实行募兵制。由招募而来的职业军队,与临时征调的军队相比,具有较强的战斗力。

东汉时,为了加强中央集权,废除了征兵制度和地方兵制度,所有的车骑、楼船、材官,都遣散还乡,参加生产。原来的正卒、戍卒都改由招募而来的中央职业军担任。中央军仍分南北军,只在组织上略有改变。政府还常用减罪的办法,招募犯罪的人戍守边疆。后来随着地方豪强势力的发展,地方政权为当地豪强所把持。他们把依附农民组成私人军队,称为"部曲",发展成强大的地方军阀势力。而中央由于职业军队人数不多,力量薄弱,失去了对地方控制的能力。因此黄巾起义爆发后,东汉政府不能不主要依靠地方军阀豪强的武装来进行镇压。而在镇压起义过程中,军阀割据势力进一步发展,终于形成汉末军阀混战的分裂割据的局面。

汉朝建立的庞大军队,是封建国家的重要支柱和镇压人民的最主要、最凶恶的暴力工具。例如,对关东农民起义,汉武帝实行军事镇压,"斩首大部或至万余级"。[①] 东汉在镇压黄巾起义中,仅皇甫嵩所率领的官兵就屠杀了黄巾军二十余万人。同时这支军队也抵御和反击了匈奴贵族的入侵,保护了边境人民生活的安全和经济发展,促进了各族间的经济和文化的交流。但是频繁的战争,耗费了大量的人力、物力,带给人民的灾难是十分沉重的。

二、中外军制与世兵制

由于三国两晋南北朝是封建割据和混战时期,因此各朝统治者都建立了一支庞大的军队。虽然各朝军事制度不尽统一,而又经常变动,但军队的本质都是封建国家进行割据战争和镇压人民反抗的工具。

魏晋军队有"中军"(中央军)和外军(地方军)之分。曹魏时中军有:武卫、中垒、中坚、领军、护军各营,以及东汉以来的五营兵,由中央"领军将军"统率。至西晋,中央常备军扩展为七军、五校。七军:左卫、右卫、前军、后军、左军、右军、骁骑。五校:汉之地营、屯骑、步兵、长水、射声,均由中军将军统率。魏晋中军最多时达十余万人,其主要职能是戍守京师,同时也用于对全国人民反抗的镇压和进行割据战争。至于魏晋南朝的州郡兵,由都督诸州军事统率。由于都督州军事多兼刺史,从而表现了地方机关军事化的倾向。西晋初期为削弱地方势力,取消了

---

① (汉)班固:《汉书·酷吏传》,北京,中华书局,2012年。

刺史兵权,实行王国置军制度,大国三军 5000 人,次国二军 3000 人,小国一军 1500 人,均由中尉率领。"八王之乱"以后,王国兵逐渐转为州郡兵。

北朝在北魏初期,实行部落兵制。以后仿南朝军制进行改革,中央设宿卫兵——羽林、虎贲,由左右卫、武卫等将军分别统率,而以领军为总管。外军有州郡兵,由州都护和郡都护统率,在边境要隘之处。还建立军镇,设置镇兵。镇兵是专为防止北方外族入侵的重要边防武装。镇兵的设置是巩固北魏统治的重要措施。孝文帝迁都洛阳以后,仍有十个左右的军镇。镇兵长期戍守边塞,数目庞大,据《魏书·薛虎子传》载,仅彭城一镇,"在镇之兵,不减数万"。镇兵由专门的军事机构"四厢大将"统辖而不属于州郡。其后随着阶级斗争的发展,镇兵也设于内地,由对外防御转向对内镇压。

魏晋南北朝时期,基本上实行募兵制。东晋和南朝则更多的以"免奴为客"的佃户负担兵役,因此士兵的身份很低,实际上等于农奴。以后改行强制抽丁的办法。汉代实行募兵制是为了加强士兵的战斗力,而这一时期的募兵制则反映当时缺乏稳固的政权。

为了保证兵源,后期比较普遍的实行世兵制度。所谓世兵制度,即一经为兵,世代相袭,父死子继,兄亡弟代。世兵之家称为军户或营户。由于士兵身份低下,因此,军户也是魏晋社会中卑贱的阶层。他们有与一般民户不同的特殊户籍,并且不受一般州郡管辖,而由军府专门机构管辖。世兵制度是封建国家强迫人民当兵的制度,因此多用严刑惩罚逃亡的士兵。如曹魏时兵士宋金逃亡,"金有母妻及二弟皆给官,主者奏尽杀之"[1],甚至"始适夫家数日,未与夫相见"的逃亡士兵的妻子,也被"大理奏弃市"[2]。由此可见,当时统治者对军队控制严格。

北魏军队主要由鲜卑人充当,实行征兵制,特别是京城和皇室警卫,完全由鲜卑壮丁组成的羽林、虎贲军担任。而边疆镇兵,则行世兵制,称为"府户""兵户"。其与南朝不同之处,开始镇兵地位较高,他们或者出身"中原强宗子弟",或者是"国之肺腑",他们留在京城或内地的同宗同族,往往是"上品通官"。这是统治者为了保证军队的忠实可靠而实行的办法。但是后来由于战争频繁,一般贵族不愿当兵,而大量罪人又被强迫至边塞为镇兵,因此府户、兵户的地位便逐渐低下。北魏末下诏书:"诸州镇军贯,元非犯配者,悉免为民。"[3]也就是说,除了罪人为兵者外,其余镇兵都升为平民。可见当时的镇兵地位已低于平民了。

这一时期在军事制度方面有比较重要意义的是北周建立的府兵制度。其机

---

① （晋）陈寿:《三国志·高柔传》,北京,中华书局,2012 年。
② （晋）陈寿:《三国志·卢毓传》,北京,中华书局,2012 年。
③ （北齐）魏收:《魏书·肃宗纪》,北京,中华书局,2012 年。

构为,设总领中外军事的"特节都督",以下分设 6 柱国、12 大将军、24 开府。每府各统一军,构成府兵系统。

北周实行府兵制的目的是为了加强中央的统治力量。府兵是从鲜卑的部落兵制发展来的,其基础是初步实行的均田制。可见府兵制是鲜卑部落兵制和封建经济相结合的产物。充当府兵的最初仅限于鲜卑贵族,其后始"广募关陇豪右以增军旅"。后来进一步实行"借民之有财力者为府兵",使府兵组织扩大到汉人,府兵中的高级将帅有鲜卑人,也有汉人,中级军官则多半是汉族关陇豪强地主。这就说明了北周政权不仅在政治上依靠汉族地主,在军事上也同样依靠汉族地主。但由于军队是统治阶级的最重要的工具,因此为了加强鲜卑贵族对军队的控制,北周统治者规定府兵统兵将领一律改为鲜卑姓,一般士兵也须以主将的姓氏为姓氏,实际上也是鲜卑姓氏。

在府兵制下,士兵另立户籍,身份较一般平民为高,并免除一切赋役负担,专心致力于训练和作战。同时由于府兵组织比较严密,因而拥有较强的战斗力。但从府兵制度整个发展过程来看,北周还处于初创阶段,至隋唐时始趋于完备。

三、府兵制与镇兵制

唐朝兵制,初期主要是沿袭隋朝的府兵制度,但在编制上有所扩充,规模比较完备。太宗时,全国建立了 634 府,兵力约 60 余万人。关中京师所在地区设立 261 府,兵力 20 余万,约占全国兵力 1/3。军府的部署采取内重外轻的原则,目的在于巩固唐朝的统治中心,加强中央集权制的实力基础,所谓"举关中之众以临四方"。唐初军府的分布显示了唐朝的兵力的雄厚和兵权的集中。

唐朝的军府分三等,兵 1200 人为上府,1000 人为中府,800 人为下府。军府专管军事,是军区。军府设折冲都尉与总毅都尉,统率和训练府兵。府下有团(200 人),设校尉;团下有旅(100 人),设旅帅;再下为队(50 人)、火(10 人),各设队正和火长。地方诸府由中央十六卫分别管辖,每卫设上将军、大将军各 1 人,将军 2 人。平时负责管理府兵轮番宿卫事宜,并统率卫兵保卫皇帝。战时,如经皇帝任命,可统率临时征调的府兵出征。

府兵制是征兵制,它是在均田制的基础上建立起来的,是一种封建的兵农合一的制度,由政府强迫依附于国有土地的农民负担兵役。因此,府兵的来源,由军府从所在的州县中挑选壮丁充当,年 20 入伍,60 岁免役,平时在家生产,农闲训练。每年轮番去京师宿卫,通常是一个月。遇有战争,由中央直接调动,临时委派将帅,统领出征。战事结束,将归于朝,兵归于府。府兵的"垦田籍帐,一与民同",

所使用的武器、装备和征途所需要的粮食,完全自备。按唐制:每一府兵须自备马一矢三十,以及横刀、衣装等;麦饭九斗,米二斗。每火府兵,须共备大驮或驴、幕帐戍具等。可见府兵制如果不以均田为基础是很难维持的。唐朝实行府兵制的结果;另一方面,减轻了国家的财政负担,保证了庞大的兵源需要;另一方面,也加强了唐朝的武装力量。唐朝在中叶以前,经常拥有一支超过百万以上的军队,这支庞大的武装力量,对于维护唐初的统一局面,巩固中央集权制度,起着重要作用。

然而,府兵虽然可以免去租、调、徭役,但事实上的负担,却比一般农民为重,府兵既不能随意地由狭乡迁至宽乡,而且随着兵役的频繁,征期也无所限制。政府对出征府兵的勋赏和优恤待遇也都取消了。以致"一人就役、举家便废",当府兵成为不堪忍受的苦役,府兵的逃亡也就无法禁止。特别是高宗、武后以后,土地兼并日益发展,均田制度遭到破坏,府兵制度难以继续推行,遂逐渐为募兵制所代替。

早在唐初,在主要实行府兵制同时,也有募兵制。太宗时就曾募兵十万以伐高丽。到玄宗开元十一年(723年),以"长从宿卫"代替府兵轮番宿卫中央的旧制。这种由招募而来宿卫中央的兵士,称为"骑",其后中央禁军基本上也由招募来的"圹骑"担任。开元二十五年(737年),又把募兵制普遍推行于边防军中,下诏允许各节度使就地募兵,从此府兵制彻底瓦解了。

府兵瓦解,代之而起的"镇兵"强大了。镇兵是用于边塞防守的军队,初由府兵轮换担任,后由募兵常驻,设有军官管辖,由各节度使总领,主要分布于西北边疆和重要地区。镇兵的设立,一方面捍卫了边疆、防御外族侵袭;另一方面节度使长期统率固定的士兵,逐渐地形成了强大的地方割据势力。并且由招募来的圹骑,既缺乏训练,兵源又混杂,很快便陷于废弛状态。因此,便形成了"猛将精兵皆聚于西北",京师及其附近的武备反而空虚的情势。天宝元年(742年),中央和地方军仅及边防军六分之一,唐初内重外轻的兵力部署遭到破坏。这是唐朝中央集权统治开始削弱的一个明显的征兆。

四、禁军制与养兵制

宋朝的统治者鉴于五代以来政权的更替和北宋的篡周,都是由于将领握有重兵,发动兵变的结果,因而为了维护统一的中央集权统治,北宋建立以后,便以集中兵权作为加强中央集权最基本和最重要的措施。

北宋分全国军队为禁军、厢军、乡兵、藩兵四种。其中禁军是主要的军事力量。禁军的来源,有全国招募的农民,有从厢军、乡兵挑选出的精丁。禁军在装备训练和待遇等方面,都比其他部队强,人数也最多,是皇帝亲自掌握的中央军队。厢军是各州守军,主要供地方官府役使,既缺乏军事训练,也没有战斗力,实际上是劳役部队。乡兵是由当地抽来的壮丁编成守卫乡土的地方武装。藩兵是由边疆民族的人民充当的边境守军。乡兵和藩兵都不是常设的武装,数量不多,也比较分散。

宋朝统治者对兵权的集中所采取的主要措施是:(1)解除和分散将领的兵权;(2)加强禁军,削弱地方部队。

宋太祖即位后第二年,就将禁军中的高级将领解除兵权,放出当节度使,把中级将兵提升上来。但过了几年又怕他们长久下去会危害皇室,乃有"杯酒释兵权"之举,又将他们放出当节度使。通过对节度使实行"稍夺其权,制其粮谷,收其精兵"的办法,把他们的军权、政权、财权收归中央,使他们完全变成一种虚衔。

继"杯酒释兵权"之后,又将总握禁军大权的"殿前都点检"和"殿前副都点检"撤销,以"殿前都指挥使"、"马军都指挥使"、"步军都指挥使"即所谓"三帅"分别统领禁军,使禁军将领的权力分散而削弱了。

与此同时,又将握兵权与发兵权分割。中央最高领导机关枢密院虽有发兵权,但不掌握军队,握兵之权则属于"三帅"。正如何坦所说:"天下之兵本于枢密,有发兵之权,而无掌兵之重。京师之兵总于三帅,有握兵之重,而无发兵之权。"[1]于是发兵权与握兵权便析而为二了。

宋朝统治者通过对将领兵权的解除和分散,来加强皇权对军队的控制。

在军队布局方面,加强禁军,削弱地方部队。据史书记载,宋太祖时有兵37.8万人,其中禁军19.3万人。太宗时增至66.6万人,其中禁军43.2万人。仁宗时达到125.9万人,其中禁军82.6万人。从增长的比例看,禁军从占50%增到66%。这是数量方面。在质量方面,地方部队的厢军,大多数没有训练,主要是服劳役,毫无战斗力,而禁军才是全国的最精锐的常备部队。

禁军也不都驻在京城,由于地方部队极为软弱,戍守地方和边疆的责任就不得不由禁军充当。

禁军的布局采取"内外相维"的制衡政策。半数驻守京城,其余戍守地方。目的在于"使京师之兵足以制诸道,则无外乱;合诸道之兵足以制京师,则无内变,内外相制,无偏重之患"。[2] 为了防止禁军长期驻守一地,地方将领拥兵割据,又实行"更戍法",规定禁军按期轮换戍守各地,使所有禁军经常往来于途,不得长期驻留一

---

① (宋)何坦:《西畴老人常言》,郑州,大象出版社,2013年。
② 《续资治通鉴长编》卷三二七,北京,中华书局,2005年。

地。表面上是使士卒"习山川劳苦,远妻孥怀土之恋"①,实际上则是借此达到"兵无常帅,帅无常师"②,"兵不知将,将不专兵"③的目的。然而由于"元戎不知将校之能否,将校不知三军之勇怯",遇有战事,临时凑合,必然要削弱军队的战斗力。

此外,宋朝还实行一种养兵制度。宋太祖总结了历代摧毁政权的两种主要形式——农民起义和兵变而认为:"不幸乐岁而变生,则有叛兵而无叛民""凶年饥岁则有叛民而无叛兵"。④宋朝采取上述一系列控制军队的办法,以防叛兵。其对付叛民的方法,在军事制度方面,便采取养兵制度。所谓养兵就是在荒年招募饥民为兵的募兵制度,用以缓和尖锐的阶级矛盾,瓦解农民起义。宋太祖认为这种办法,"可以为百代利"。

综上所述,说明了宋朝军事制度的中心问题,是削弱大将兵权,加强皇帝对军队的控制,并用养兵方法来瓦解农民起义。宋朝兵权的集中是前代少有的,而兵权的集中又是加强君主专制统治的最重要环节。但宋朝兵权的过分集中,虽然防止了将领的拥兵自重,却不可避免地削弱了军队的战斗力,这是封建军队和军事制度中的一个不可克服的矛盾。

与北宋对峙的辽兵制亦有自己的特点。辽军最高军事统帅是天下兵马大元帅,一般由皇太子或亲王担任,设天下兵马大元帅府。此外,还有大元帅府、都元帅府和大详稳司作为各方面军事统帅机构。同时,有大规模军事行动时,又设枢密院,负责制定作战计划,决定军队部署和下达作战任务。辽军的种类,据《辽史·兵卫志》记载,大致有:御帐亲军,它是皇帝直接控制的中央常备军。皇帝通过大详稳司统辖大皮室军,其下分为五军:左、右、南、北皮室军和黄皮室军,统帅由大到小分别为大详稳、都监、将军、小将军、军校、队帅等;宫卫骑军,是皇帝的私人戍卫军,其长官由大到小是宫使、副使、太师、太保、侍中等。大首领部族军,由各亲王大臣的私兵组成,平时由各亲王大臣指挥,战时统归皇帝调度。众部族军,主要任务是守卫四边,有战事以攻战为业,无战事以畋渔为生,是由辽周边少数民族军队组成。五京乡丁是乡兵性质的地方武装,是由男丁15岁以上,50岁以下的藩汉丁壮组成。

与南宋对峙的金朝兵制亦有自己的特色。金朝建立后,确立了皇权的统治,在中央建立了勃极烈制度。勃极烈是统领各部的军事统帅。金熙宗即位后废除勃极烈制,改用辽制,以都元帅府为最高军事机构。海陵王即位后,又废都元帅

①　《梦溪笔谈》卷二十五,武汉,崇文书局,2007年。
②　马端临:《文献通考》,太原,山西古籍出版社,2003年。
③　《宋史·兵志》,北京,中华书局,2012年。
④　(宋)晁说之:《嵩山文集》卷一《元符三年应招封事》,北京,北京图书馆出版社,2004年。

府,仿宋制设枢密院,由朝廷任命枢密使、副使,主管军事。在地方,军事机构主要是统军司、招讨司,在各路总管府中亦设有管理军事的官员。海陵王时,金朝形成了西北、西南、乌古迪烈三个招讨司和南方陕西、河南、山东三个统军司的格局。招讨司设招讨使一员,副招讨使二员;统军司设统军使一员,副统军使一员。金朝后期,废三招讨司、三统军司,改行枢密院和行尚书省作为地方军事机构。在基层,以猛安谋克为形式的全民皆兵制度。"猛安者千夫长也,谋克者百夫长也。""至太祖即位……始命以三百户为谋克,谋克十为猛安。"①同时,对于归附的各部落一律以猛安谋克之名称其首领,使所统军队有统一的组织,便于指挥。

金朝军队有四种类型。一是中央直辖军,包括禁军和机动军两种。其中禁军主要任务是担负宫廷宿卫及京城防卫任务,有时也出征作战。机动军是国家的战略预备队。二是地方驻屯军,金朝将所辖地区划分为 19 路,每路设兵马都总管 1 人。其主要任务是担负各路军所在地区的防卫事宜。三是边防军,金在与南宋、西夏、蒙古相邻 38 个府中都派驻边防军。这一军队有两种,即长期驻守边境的称为永屯军,轮流戍守的称为番屯戍军。其任务是负责边防安全之事宜。四是地方治安部队,在京师称之为武卫军。京师以外的五京,各设警巡院。各县设县尉,各要地设巡检使,以负责地方治安。此外,还有担负筑城及其他军事工程的守城军,担任军运、邮传及其他军中杂役的射粮等。②

五、怯薛侍卫军制与四军种制

忽必烈在平定李璮之乱后设立枢密院。它是元朝最高军事机构。鉴于诸侯尽专兵民之权的弊害,忽必烈采取断然措施,罢世侯、置牧守、军民分职。中统四年(1263 年)五月,即立枢密院以统兵,除四怯薛由天子或其亲任大臣节制外,"掌天下兵甲机密之务。凡宫禁宿卫,边庭军翼,征讨戍守,简阅差遣,举功转官,节制调度,无不由之"③。置院之初,没有院使,长官由皇太子兼任,后来设置知院,6 员,秩从一品;同知 4 员,正二品;副枢 2 员,从二品;佥院 2 员,正三品;同佥 2 员,正四品;院判 2 员,正五品;参议 2 员,正五品;经历 2 员,从五品;都事 4 员,正七品;承发兼照磨 2 员,正八品;架阁库管勾 1 员,正九品;同管勾 1 员,从九品等官。为了控制枢密院,自置院之始,四怯薛即各出代表 1 名,参与院议,中书省自至元二十八年(1291 年)后亦派平章政事 2 人参决院事。

---

① 《金史·兵志》,北京,中华书局,2012 年。
② 黄水华:《中国古代兵制》,北京,商务印书馆,1998 年,151～153 页。
③ 《元史·百官志二》,北京,中华书局,2012 年。

　　元朝军事制度，《元史·兵志一》说得比较清楚："世祖时，颇修官制，内立五卫，以总宿卫诸军，卫设亲军都指挥使；外则万户之下置总管，千户之下置总把，百户之下置弹压，立枢密院以总之。遇方面有警，则置行枢密院，事已则废，而移都镇抚司属行省。"

　　由上引文我们可以看出，元朝军事防卫可分为三大系统：一是宿卫系统；二是镇戍系统；三是临时的行枢密院系统。

　　宿卫系统主要任务是保卫皇帝和大都及上都的军队，由怯薛军和侍卫军构成。

　　怯薛军是由成吉思汗建立的。初为一万名有技能、身体健壮者组成。分为四队，每队由成吉思汗认为最亲信的那可儿博尔忽、博尔术、木华黎、赤老温四家世袭担任四怯薛之长。博尔忽家族掌第一怯薛，博尔术家族掌第二怯薛，木华黎家族掌第三怯薛，赤老温家族掌第四怯薛。其主要任务是保卫大汗的金帐和分管汗廷的各种事务，同时也是大汗亲自统领的作战部队。[①]忽必烈建立元朝后，基本上沿袭了这一制度。唯领第一怯薛的博尔忽早逝，子嗣尚幼，成吉思汗即以自己的名义领之，称之为"也可怯薛"，即大怯薛。博尔忽后人在元代改领第四怯薛，代替赤老温家族统治。

　　怯薛成员称为怯薛歹。怯薛歹不仅指宿卫宫禁的武卫队，还包括在内廷执役的亲信侍从，同样领属于怯薛之长。"怯薛制在元朝军制乃至官僚体制中都具有非常独特的地位。它不归枢密院节制，而由皇帝直接控制。怯薛歹没有法定品秩，但是却享有非常优厚的政治待遇。元朝皇帝与省院官员在禁廷商决国策，必有掌领当值宿卫的怯薛之长预闻其事。"[②]怯薛成员多是世袭的。少则万人，多则一万五千人。

　　宿卫系统除了怯薛军外，还有侍卫亲军。世祖中统元年（1260年）四月，"谕随路管军万户，有旧从万户三哥西征军人，悉遣至京师充防城军"[③]。同月又"征诸道兵六千五百人赴京师宿卫"[④]。开创了侍卫亲军之始。到了世祖至元元年（1264年）正式定名为侍卫亲军，并于世祖至元八年（1271年）将它扩充为左、中、右三卫。后又为左、中、右、前、后五卫。至元朝末年总共设置过三十余卫。卫设都指挥使或率使，品秩正三品，隶属于枢密院。考其侍卫亲军发展如此迅速的原因，无怪乎忽必烈建元后，怯薛军养尊处优，失掉了战斗力。原来侍卫亲军主要用于防卫以

①　韩儒林：《元朝史》，上册，北京，人民出版社，1986年，88～89页。
②　韩儒林：《元朝史》，上册，北京，人民出版社，1986年，308～309页。
③　（明）宋濂：《元史·兵志》，北京，中华书局，2012年。
④　（明）宋濂：《元史·世祖纪》，北京，中华书局，2012年。

上都、大都为中心的京畿腹地,逐渐也担负保卫大汗的金帐任务。编入侍卫亲军的人员,初期比较严格,仅有蒙古族或其他族人担当,汉人及南人不得参加。后来由于人员增加,一部分汉军和新附军也编入侍卫亲军。

元朝军队按照种族差异和征发地区的不同,主要有蒙古军、探马赤军、汉军和新附军四种。他们重点屯防的地区不同。

蒙古军是以蒙古人为主体,色目人为副编制而成的军队。《元文类》卷四十一《经世大典序录·政典总序·屯戍》云:"以蒙古军屯河、洛、山东,据天下腹心。"

探马赤军最早当是从兀鲁、忙兀、弘吉剌、亦乞烈思·扎剌、亦儿五蒙古部中抽调人马编制而成。据《史集》称,探马赤军是"从千户和万户中抽出""派到某地长屯戍"的军队[1],其地位似低于一般蒙古军。其主要"戍淮江之南,以尽南海"[2]。随着探马赤军的扩大,后来还包括了畏兀儿人、北方汉人等。

汉军是由金统治的北部中国以及较早归附蒙古的四川、云南居民,包括契丹人、女真人在内的汉人组编的军队,称之为汉军,其防卫主要是江淮以南及辽东等地区。

新附军是由南宋降军改编而成的军队。主要驻防江淮以南,不过"亦间厕焉"[3]。

此外,还有女真军、契丹军、高丽军、辽东的红军、福建的畲军、云南的寸白军等,皆不出戍,称"乡兵"。

临时行枢密院系统。《元史·百官志二》云:"国初有征伐之事,则置行枢密院。大征伐,则止曰行院。为一方一事而设,则称某处行枢密院,或与行省代设,事已则罢。"中统四年(1263年)置西川行枢密院,"管四川军民课税交钞、打捕鹰房人匠,及各投下应管公事,节制官吏诸色人等,并军官迁授征进等事"[4]。至元二十一年(1284年)置江南行枢密院,"掌调度军马之事"[5]。至大四年(1311年)置甘肃行枢密院。致和元年(1328年)置河南行枢密院,"专管调遣之事"[6]。天历二年(1329年)置岭北行枢密院,"掌边庭军务,凡大小事宜,悉从裁决"[7]。

这种因时而设的行枢密院目的很明确,专因征伐而置,多半设在交战地区。其中有的行枢密院虽有时掌民政,但主要是用来征伐或镇抚之目的。

---

① [伊利汗国]拉施特:《史集》俄译本,第1卷,第2分册,北京,商务印书馆,1986年,99页。
② 《元文类》卷四十一,《经世大典序录·政典总序·屯戍》,北京,商务印书馆,1936年。
③ 《元文类》卷四十一,《经世大典序录·政典总序·屯戍》,北京,商务印书馆,1936年。
④ 《元史·百官志二》,北京,中华书局,2012年。
⑤ 《元史·百官志二》,北京,中华书局,2012年。
⑥ 《元史·百官志二》,北京,中华书局,2012年。
⑦ 《元史·百官志二》,北京,中华书局,2012年。

综上所述，元朝除了怯薛军外，全国其他军队的调遣、军队人数、军职的迁调，统一由中央枢密院总领，并直接对皇帝负责。元朝是凭借军事暴力征服的手段建立起来的，又是实行军事封建统治的国家。因此，军队是元朝国家最重要的支柱。

六、东西卫制与营卫所制

明朝兵制，对内采取特务制度，即东西卫制。对外采取正规军制度，即营卫所制。

明朝统治者为了加强封建专制主义的皇权，除了对国家机构进行一系列调整和变动而外，还建立了皇帝耳目性特务制度，即锦衣卫、东厂、西厂。

锦衣卫来源是朱元璋即吴王位时所设的拱卫司，洪武十五年，朱元璋废丞相，提高六部地位，置六部给事中的同时，要求他的臣僚对他绝对忠诚，不允许他们对他有隐瞒或不满，便置锦衣卫。《明史·职官志五》说明了它的职务是："掌侍卫、缉捕、刑狱之事……凡朝会、巡幸则具卤簿仪仗，率大汉将军（共一千五百七员）等侍从扈行。宿卫则分番入直。朝日、夕月、耕耤、视牲，则服飞鱼服，佩绣春刀，侍左右。盗贼奸宄，街涂沟洫，密缉而时省之。"其组织机构是："恒以勋戚都督领之"[1]，从三品，后改为正三品。另设副使 2 人、御椅等 7 员。它的下面领有 17 个所，分置官。官的名目有千百户、总旗、小旗等。当时最著名的是高见贤、夏煜、杨宪和凌说。他们"专主察听在京大小衙门官吏，不公不法及风闻之事，无不奏闻"[2]。甚至连李善长等人也怕他们，日夜提心吊胆。

锦衣卫所属除 17 所外，还有南北两个镇抚司。北镇抚司，明成祖朱棣时增设，其职掌是"专治诏狱"。到了成化年间，"狱成得专达，不关白锦衣，锦衣官亦不得干预"，可见，北镇抚司权力极大。而旧设南镇抚司，"专理军匠"[3]。统治者看到锦衣卫之权日重，不放心，故特设北司、南司，使其与卫权互相牵制，分散权力，而自己从而衷之。

锦衣卫逮人，只凭驾帖。而驾帖是由逮人的特务拿了原奏到刑科签发，刑科在"姓名之下，以墨笔乙之，防增入"。[4] 后来特务们却不管这一套，不拿原奏，便叫

---

①　《明史·职官志五》，北京，中华书局，2012 年。
②　（明）刘辰：《国初事迹》，北京，中华书局，1991 年。
③　《明史·职官志五》，北京，中华书局，2012 年。
④　杨士聪：《玉堂荟记》卷下，北京，文物出版社，2013 年。

刑科签发。甚至到了成化年间，"不见有无驾帖""出于风闻"便可捕人。[①]

锦衣卫还设有监狱——锦衣狱。《明史·刑法志》载："锦衣卫之狱，太祖尝用之，后已禁止，其复用亦自永乐时。"狱中设有各种残酷的刑法，如械、镣、棍、剥皮、抽筋、钩背、大枷、立枷、断脊、堕指、刺心等。"其最酷者，名曰琶，每上，百骨尽脱，汗下如水，死而复生，如是者二三次。"[②]后来随着阶级斗争日益尖锐，锦衣卫负责伺察、侦捕和用刑的旗校（特务），到世宗嘉靖年间，最多竟达十五六万人。"其众自为一军"，"操练如制"。[③]

东厂是明成祖朱棣时开始设立的。明成祖永乐十八年（1420 年），山东唐赛儿发动起义。为镇压人民的反抗，明成祖朱棣在京师东安门外，增设东厂特务组织。《明通监》卷十七云："永乐十八年八月……置东厂于北京。初，上命中官刺事，皇太子监国，稍稍禁之。至是以北京初建，尤锐意防奸，广布锦衣官校，专司缉访。复虑外官瞻徇，乃设东厂于东安门北，以内监掌之。自是中官益专横，不可复制。"从这以后，一直到明亡，前后共计二百二十多年，没有停止活动。其任务是："缉访谋逆妖言大奸恶等，与锦衣卫均权势"[④]。

东厂直接受皇帝指挥，派去主持的宦官都是心腹。起初是各监中一人提督，到后来专用司礼秉笔第二人或第三人为之。其官衔全称是"钦差总督东厂官校办事太监"，简称"提督东厂"。厂内人员称主管东厂的太监为"督主"或"厂公"。其下设"掌刑千户一，理刑百户一，亦谓之则刑"。在千、百户之下的是掌班、领班、司房四十余名。专门到外面去缉访的是役长，有百余人。每一役长率领番子数人，计有一千余人。[⑤]

东厂每月分配一次访缉任务。其侦察访缉的范围非常广泛，上至官府，下至民间。《明史·刑法志三》云："每月旦，厂役数百人，掣签庭中，分瞰官府。其视中府会审大狱，北镇抚司考讯重犯者曰听记。他官府及各城门访缉曰坐记。某官行某事，某城得某奸，胥吏疏白坐记者上之厂，曰打事件。"所谓"听记"，记的是口供和拷打的数目，就在当晚或第二天早晨奏进。访缉的不仅是"得某奸"，甚至"关防出入"、"人命事件"、"地方失火"、"雷击何物"，每月月底的一天还要奏报京城内杂粮、米、豆、油、面等价钱。[⑥]遇有十分重大事件，要立刻上报，即使深夜，东华门关上，也要把奏折从门缝里塞进，里面人得知，立即秘奏皇帝。总之，外边事无大小，

① 《明史·宦官汪直》卷一五八，北京，中华书局，2012 年。

② 《明史·刑法志》，北京，中华书局，2012 年。

③ 《明史·兵志》，北京，中华书局，2012 年。

④ 《明史·刑法志》，北京，中华书局，2012 年。

⑤ （明）刘若愚：《明宫史》本集《内府职掌》，北京，北京古籍出版社，1980 年。

⑥ （明）刘若愚：《酌中志》卷十六，北京，北京古籍出版社，1994 年。

皇帝均要知道,以随时加强对地方的统治。

东厂访缉,为了万无一失,番役与地方的流氓无赖结合起来,作他们的外围帮凶。《明史·刑法志》云:他们"得一阴事,由之以密白于档头,档头视其事大小先予之金。事曰起数,金曰买起数。既得事,帅番子至所犯家左右坐曰打桩"。经过"打桩"清楚后,番役立即突入执讯之,如"贿如数,径去"。如稍不如意,"榜治之,名曰于酢酒","痛楚十倍官刑"。

西厂设过两次,一次是在明宪宗朱见深成化十三年(1477年),另一次是在明武宗朱厚照时。成化十三年,由于人民起义的不断发展,甚至京师地区也发生骚动。加之前一年黑眚现于宫中,一个妖人李子尤以符术和太监韦舍勾结起来,竟然私入大内,事情发觉后被杀。明宪宗朱见深颇感原有的厂卫组织不敷应用,于是让汪直带校尉12人,化装成百姓模样,出外侦察,时至一年多,外人竟不知道。朱见深就索性设置西厂,叫汪直提督厂事。《明史·刑法志三》云:"太宗建北京,命锦衣官校缉访,犹恐外官徇情,故设东厂,令内臣提督,行五六十年,事有定规。径者妖狐夜出,人心惊惶,感劳圣虑,添设西厂,特命直督缉,用戒不虞,所以权一时之宜,慰安人心也。"西厂权力与人数超过了东厂。西厂"所领缇骑倍东厂",其逮捕朝臣,"初不俟奏请"[1],有先下狱而后奏闻者,有旋执旋释,竟不奏闻者。其职务"四出刺民间阴事"[2]。后因遭到全国人民反对,"京城众口一词,皆以革去西厂为便"[3],曾一度被迫撤销。但至武宗时,宦官刘瑾专权,不仅恢复了西厂,而且在京师设立了由其亲自指挥的特务组织——内行厂。《明史·武宗本纪》卷十六:"正德元年(1506年)……十月戊午,以刘瑾掌司礼监,邱聚、谷大用提督东、西厂。"这两次设立西厂,内部组织情形,史书上都没有记载,但大约和东厂差不多。内行厂是刘瑾设立的,当时的统治者不但对一切臣民都不放心,就是对他们自己的特务也不完全信任,往往另外用一批特务来监察这一批特务。因此,内行厂的权力又在东西厂之上,并将东西厂列为内行厂的监视范围。

总之,锦衣卫、东厂、西厂、内行厂都是明朝皇帝实行专制统治的特务机构。厂由宦官主持,卫则任武将掌管。厂卫虽然系统不同,但它们之间关系极为密切,受皇帝指挥。如果皇帝倾向厂,则厂权就重于卫,相反,卫就凌驾于厂之上。厂卫是掌握在皇帝手中的得力的鹰犬。

明代的最高军事机构是兵部。明初京师诸卫分属于五军都督府。左府所属为留守等卫,右府所属为虎贲等卫,前府所属为天策等卫,后府所属为横海等卫,

---

[1]　(清)夏燮:《明通鉴》卷三十三,长沙,岳麓书社,1999年。

[2]　《正德实录》

[3]　《明史·刑法志三》,北京,中华书局,2012年。

中府所属为神策等卫。不久京师又设三大营,一曰五军,二曰三千,三曰神机。

明成祖朱棣又增京卫72人。分步骑军为中军,左、右掖,左、右哨,亦谓五军。五军内部设置相同,亦即提督内臣1人,武臣2人,掌号头2人;大营坐营官1人,把总2人,中营坐营官1人,马步队把总各1人。都督府的职权是:"掌军旅之事,各领其都司、卫所,以达于兵部。"①这样军权分成两部分:带兵权归五军都督府,发兵权属于兵部。

《明史·兵志一》云:"得边外降丁三千,立营分五司。"立营即三千营。五司:一司为掌执大驾龙旗、宝纛、勇字旗、负御宝及兵仗局什物上直官军。二司为掌执左右二十队勇字旗、大驾旗纛、金鼓上直官军。三司为掌传令营旗牌、御用监盔甲、尚冠、尚衣、尚履什物上直官军。四司为掌执大驾勇字旗、五军红盔贴直军上直官军。五司为掌杀虎手、马轿及前哨马营上直明甲官军、随侍营随侍东宫官舍、辽东备御回还官军。各司设:提督内臣2人,武臣2人,掌号头官2人,坐司官5人,见操把总34人,上直把总16人,明甲把总4人。

《明史·兵志一》又云:"征交阯,得火器法,立营肄习。"立营即神机营,队伍都是步兵。其三者关系是:"五军肄营阵,三千肄巡哨,神机肄火器。大驾征行,则大营居中,五军分驻,步内骑外,骑外为神机,神机外为长围,周二十里。"②平时五军营训练营阵,三千营训练巡哨,神机营训练火器。皇帝出征时,则大营居中,五军分驻,步军在内,骑军在外,骑外为神机,神机外为长围,周围20里,这就是明初三大营制度。

卫所是明代特殊的军事组织。1364年4月,朱元璋立部伍法:"其核诸将所部有兵五千者为指挥,满千者为千户,百人为百户,五十人为总旗,十人为小旗。"③明朝建立后,刘基在此基础上,"奏立军卫法"④:"自京师达于郡县,皆立卫所"⑤,在军事重要的地方设卫,次要的地方设所。大抵5600人为一卫,1120人为一千户所,112人为一百户所,百户所设总旗2个,每个总旗下设5个小旗,每个小旗为10人。其长官依次为指挥使、千户、百户。都指挥使司皆统于大都督府。洪武初年,朱元璋任承宣布政使司、都指挥使司和提刑按察使司共同组成省级政权机关,称作"三司"。分别管理行政、军事和司法。其中承宣布政使司,总管行政、民政、钱谷等事。长官为左、右布政使各1人,以下有参政、参议等官职。都指挥使司,

① 《明史·职官志》,北京,中华书局,2012年。

② 《明史·兵志一》,北京,中华书局,2012年。

③ 《明太祖实录》卷十四,北京,中华书局,2012年。

④ 《明史·刘基传》,北京,中华书局,2012年。

⑤ 《明史·兵志》,北京,中华书局,2012年。

管辖区的卫所,负责军务。设都指挥使 1 人,他是地方最高军事长官。提刑按察司,设按察使 1 人,掌管刑法。这样,原来由行中书省长官总揽的大权,便分散给三个方面。其结果,一方面,使地方机关职权趋向专一化,从而加强统治效能;另一方面,由于三司地位平等,虽共执一省政务,但互不统属。凡遇到重大政事,就要有都、布、按三司会议,上报给中央的部院。因此不仅分散了省级长官职权,而且造成三个机关间的牵制,以便于中央集权。

为了加强中央集权,明朝还建立了"督抚制度"。明初仿照汉代刺史制度,以省为单位,划分大监察区,派监察御史前往稽查,称为"巡按御史"。后来御史出巡,不仅行使监察权,有时也被皇帝特命兼管其他事务。如兼管行政、民政的叫"巡抚",兼管军事的叫"提督",兼管行政、财政和军事的叫"总督"。成祖永乐年间,开始创设巡抚制度,但这时的巡抚仍然是临时性的差使。宣宗以后,为了加强控制地方,以江南地区地大而要,专设巡抚。后又在内地及边疆地区设置,始成为定制。巡抚加有副都御史或佥都御史、兵部侍郎、提督军务、赞理军务等衔,以便行使监察职权。然而,巡抚遇有重要军事问题或与几省有关的问题,则无权处理。因而在代宗景泰年间,又创设总督制度。总督统辖几省或大省军队,加兵部尚书或侍郎衔。为了便于指挥文官,又加右都御史衔,握有监察权。凡不设巡抚地区,其职务均由总督兼领。督、抚地位和职权高于"三司",但终明之世,督、抚在组织上并不被视为正式省级地方官。直到清朝才正式确定地方督抚制度。

省以下分府、县两级。府、县之外虽有时根据需要设置州,但不作为一级政权机关。府设知府,京都设府尹,知府以下有同知、通判、推官等属官。明朝的府已无总管府和散府之分,但明朝的朱元璋任命他的亲侄儿朱文正为都督,节制中外军事。到洪武二十六年(1393 年),全国"共计都司十有七,留守司一,内外卫二百二十九,守御千户所六十五"。[①]

明代的卫所分内卫、外卫。内卫是守卫京师和皇宫的军队。外卫是散驻在全国各军事要地。其军士皆另立户籍,其身份是世袭的。各地的卫所受中央的五军都督府管辖,五军都督府受兵部领导。不过,兵部虽有任免、升调、训练之权,但不统兵,五军都督府虽有统兵权但无调兵权,调兵权均由皇帝直接掌管。

军募制是指军户制和募兵制。明朝初年卫所军士的来源,大抵四种,亦即"从征""归附""谪发""垛集"。所谓的"从征",就是原来参加农民起义军的"诸将所部兵"。所谓"归附",就是元朝的军队、元末各地起义部队和割据势力的部队失败后向朱元璋投降的军队。所谓"垛集",即明朝政府用强制命令征调民户为军。所谓

---

① 《明史·兵志》,北京,中华书局,2012 年。

"谪发"，即亦因"罪"谪发充军者。明朝统治者为保证兵源，防止士兵逃亡，将全国一部分的户口列入军籍称为军户。列入军籍者，父死子继世代为兵，其生活主要靠屯田维持，后改为国家发饷。由于粮饷极低，军官克扣，兵士"遂至逃亡"。明代中叶后，军户制就被募兵制代替。

募兵制是军户制遭到破坏，适应抵御倭寇的需要而实行的一种军事制度。其特点是士兵由招募而来，不再世袭，领取饷银。这一制度对保卫疆土、抵御外来侵略者曾起到了一定作用。

七、八旗绿营兵制与湘淮新军制

鸦片战争之前，清政府主要武装力量是八旗兵与绿营兵制。鸦片战争之后，清政府武装力量由湘军、淮军和新军组成。值得注意的是，不管哪种武装力量，其最高领导权均属皇帝。协助皇帝执掌军权的中枢机构先后是议政王大臣会议、军机处、各部，以及清末的陆军部、海军部、军咨处等。

八旗制度既是社会行政组织，又是军事组织。它是由努尔哈赤于1615年建立的。初为黄、白、蓝、红四旗，后将此四色镶之为八色，故称之为八旗。1635年皇太极继位成立蒙古八旗；1642年又成立汉军八旗，统领合为24旗，习惯仍称八旗。其组织结构为：每三百丁编一牛录，设一牛录额真；五牛录为一甲喇，设一甲喇额真，统领后称参领；五甲喇，组成一个固山，意为旗，置一固山额真，统领其副手为梅勒额真2人。清朝统一全国后，将八旗兵分为京营和驻防两部分，各有十余万人。京营八旗又称禁旅八旗，是都城禁卫军。其中由领侍卫大臣率领的侍卫和亲军直属于皇帝的正黄旗、镶黄旗、正白旗，负责侍卫皇帝、保护皇宫，称郎卫；由都统、统领、总统、管理大臣等率领的骁骑营、前锋营、护军营、步军营、火器营、健锐营、神机营等，负责拱卫京师，称兵卫。驻防八旗由将军、都统、副都统、守城尉、防守尉率领，分驻于全国各战略要地。[①]

绿营兵因以绿旗为标志，以营为建制单位故称"绿营"。它是清兵入关后，由于骑兵不善水战，而又要占领江南广大地区，招募汉人和收编汉人地主武装的需要建立起来的。绿营兵分马兵、战兵、守兵和水师四种。其长官由上至下分别是提督统率、总兵、副将、参将、游击、都司、守备、千总、百总、外委等官。绿营兵的主要任务是镇戍，其编制根据镇戍需要而确定。

湘军、淮军是在外国侵略者的大力支持、扶植下，用洋枪洋炮武装建立起来

---

① 黄水华：《中国古代兵制》，北京，商务印书馆，1998年，186～187页。

的。它们是清朝政府在镇压和剿杀太平天国革命运动中建立的汉族地主武装。曾国藩、李鸿章等因此而被启用为封疆大吏。由主要依靠满族官员到起用汉族官员掌握军政大权，直接原因是清政府重视汉族官员地方统治的经验和实力。而这种政策上转变的间接原因则是帝国主义施加的影响。正是在这样的背景下，1853 年 1 月曾国藩在团练基础上，在长沙开始编练陆师。9 月，移驻衡州（今衡阳），又创立水师，随即建衡州船厂，复设湘潭分厂，制造炮船，并配以购自外国的洋炮。兵员募自湖南"团丁"。粮饷由清朝政府拨给，属于"官勇"，称为"湘勇"，后来一般谓之"湘军"。1853 年，编修李鸿章为抗拒太平军，曾在其家乡安徽合肥参与办理团练，后来被太平军击败，投入兵部侍郎曾国藩幕府。1861 年，在曾国藩的支持下，李鸿章以淮南地主团练为基础编练"淮勇"。后来一般称之为"淮军"。总之，湘军、淮军是从地方实力地位起家的，然而它承担着国家军队的任务，并与帝国主义勾结在一起联合进攻、剿杀太平军和太平天国革命政权。可见，湘军、淮军是帝国主义封建势力统治中国的反革命暴力工具。

湘军、淮军的建制与八旗、绿营兵制不同。它以营为基本单位，在营下设四哨，每个哨设八个队。营、哨、队的军事长官分别是营官、哨官、队官。其兵员来源是招募同乡，组织原则是以县籍划分营。其饷源，一部分由国库支给；一部分由外国"支援"；一部分则由各省通过"协饷""捐输"；一部分从老百姓身上抢劫掠夺。

先看湘军编制。湘军以营为单位。陆师每营 500 人，其长官有营官 1 人，哨官 4 人。营辖前、后、左、右 4 哨，每哨设哨长。哨辖八队，每队设什长。水师每营官兵 447 人，有快蟹、长龙、舢板等船 21 艘。后来有船 30 艘。1854 年 2 月湘军建成，有陆师 13 营 6 500 人，水师 10 营 5 000 人。此外，还有夫役、工匠等，共 17 000 余人。后来，在这个基础上逐步扩大。

再看淮军编制。淮军仍以营为单位，其编制与湘军同。后来采用洋枪洋炮，编制应时而变，有洋枪队、开花炮队等。

清朝海军始建于 1861 年。1885 年设立海军衙门。海军和海军衙门的实权掌握在李鸿章之手。清朝海军的建制最初分为北洋、东洋、南洋三支舰队。光绪朝中期，海军扩建，分为北洋、南洋两支舰队，由北洋大臣李鸿章，南洋大臣曾国荃统辖。其中，北洋系统的势力和实力较大。

海军的建制：提督 1 人，总兵 2 人为舰队司令长官，下设副将、参将、游击、都司、守备、千总和把总。各舰的指挥员有管带、帮带、大副。

这时的海军在对外战争中毫无作战实力，中日甲午之战，一败涂地，甚至全军覆没。外丧国权，内耗巨资，其腐朽的实质暴露无遗。

湘军、淮军在中日甲午战争中遭到毁灭性打击，几乎全军覆没。为了镇压日

益高涨的反帝反封建的革命运动,维护腐朽的反动统治,清政府于 1895 年派胡遹
盞在天津小站训练新军,称为"定武军",聘用德国教官,操练洋枪洋炮。同年
10 月,由袁世凯主持训练,改"定武军"为"新建陆军",这就是北洋军阀的起源。当
时的新军共有 7 000 人,段祺瑞、冯国璋、曹锟和徐世昌等都是袁世凯的亲信部下。
1898 年,直隶总督兼北洋大臣荣禄节制新军和其他军队,称为"北洋三军"。北洋
军一词从此正式被采用。1901 年,袁世凯因镇压义和团有功,被任命为北洋大臣。
从此,北洋军由袁世凯控制掌握。

　　1905 年清政府为了统一和扩充新军编制,计划在全国建立 36 个镇。但是,这
个扩编计划未及完成,清政府就被推翻了。

　　新军的编制仿照帝国主义国家军队,分军、镇、协、标、营、队、推、棚。军的长
官为总统,总统以下依次为统制、协统、统带、管带、队官、排长、正副目。每镇包括
步、马、炮、工程、辎重等兵种。

　　新军具有明显的买办性,帝国主义通过洋教练,掌握军情,向新军灌输奴化思
想,使之成为镇压革命,维护侵略者在华统治秩序的工具。

第四章　太平天国的国家政治制度

鸦片战争后所建立的太平天国政权是旧式农民革命的最高峰。其规模之大，政权存在之久，国家政治制度之完善，是历次农民运动所不可比拟的。

第一节　太平天国的建立及其基本纲领

鸦片战争后，中国人民为了反抗封建主义的压迫和外国资本主义的剥削，曾爆发了百余次反帝反封建革命运动。其中太平天国革命运动表现尤为突出，不但建立了革命政权，给帝国主义、封建主义以沉重打击，同时太平天国政权所制定的基本纲领，描绘了几千年农民理想的太平乐园。

一、太平天国的建立

鸦片战争失败以后，清政府先后与英、美、法等侵略者签订了一系列不平等条约，使中国沦为半殖民地社会，中国的经济大门被迫向整个资本主义世界开放。闭关时代，人民受封建剥削，已经极其痛苦。鸦片战争后，又加外来的资本主义剥削，这种新式剥削破坏了中国手工业，使数千年来小农业与家庭手工业结合一体的自然经济，开始在某些地区趋于瓦解。更严重的是促使清朝统治者在全国范围内猛烈增加封建剥削的强度，在繁重得难以负担的旧捐税上，又加上新捐税，用以填补赔款和鸦片贸易亏额。鸦片战争后十年间，中国社会骤然遭遇史无前例的大变动，不论南方与北方、城市与乡村，全部震荡起来。旧的财政、经济、政治、礼教各种制度，更成为中国人民的祸害，新的人民的反封建革命运动，在这种时代条件下是必然要发生的。因此，自 1840 年起到 1850 年止，全国各地汉、回、藏、彝、瑶、壮等族人民所发动的起义和暴动约在百次以上。太平天国革命就是在这样的形势下爆发的。太平天国领袖洪秀全 1843 年和他的同学冯云山一起开始了他们的革命活动,创立了带有宗教迷信色彩的革命组织——"拜上帝会"。他们把基督教教义中的平等思想加上中国传统的大同思想和中国人民反封建斗争结合起来,向人民宣传平等和反清的思想。1845 年洪秀全写了《原道救世歌》《原道醒世训》和《原道觉世训》三篇文章,提出了政治、经济、民族平等的革命思想,把拜上帝会的教义大大发展了一步,奠定了太平天国革命的思想理论基础。同时选择了紫荆山险固地方作为根据地,通过各种形式开展了宣传和组织工作,准备发动革命起义。1850 年清朝官吏向鹏隘山烧炭工人(多数是上帝教教徒,是太平军初期的主要力量之一)敲诈勒索,并压迫上帝教教徒,激起了群众的公愤。拜上帝会认为起义时机已到,遂于 1851 年 1 月 11 日在金田村宣布起义,建号太平天国。1853 年 3 月太平军攻克南京后,将南京改称天京,作为都城,从此建立了一个与清朝封建政权相对峙的农民革命政权。

太平天国革命运动发生在中国古老的封建社会开始瓦解,初步进入半殖民地半封建的社会时期。当时,社会生活的主要矛盾仍是农民和地主间的矛盾,虽然资本主义经济成分也开始出现,但是中国的资产阶级和现代工人阶级尚未形成。因此,革命的主要任务是反对封建地主阶级的统治,而革命的主要动力和基本群众仍然是广大农民。所以,太平天国革命是反对封建剥削和封建压迫的一次农民革命。但是,太平天国所建立的各项革命制度和要求政治、经济、民族、男女平等的主张和精神,在客观上又必然地为中国资本主义发展开辟道路。因此,太平天国革命又起着民主革命先驱的作用,成为中国资产阶级旧民主主义革命的序幕。

太平天国革命虽然在性质上和中国封建社会历次农民革命基本相同,但它却是旧式农民革命的最高峰。因为它的规模之大、政权和军队制度之完整以及革命政权存在之长久,是历次农民革命所不可比拟的,特别是它提出和颁布了一个明确的革命纲领。

二、太平天国的基本纲领

1853 年太平天国定都天京后,颁布了建国的基本纲领——"天朝田亩制度"。这个纲领系统地提出了废除封建土地关系的根本目标,阐明了达到这个目标的途径,描绘了农民几千年理想中的太平乐园。

《天朝田亩制度》产生的依据:太平天国用军事编制把散漫的农民队伍组成为有严格纪律的统一战斗集体。在最初起义时,参加太平军的人,多半是全家参加。他们如果有田产,都要变卖后交给"圣库"。在作战中,一切缴获的财物都必须交公,绝对禁止"私取私藏"。在全军中实行一种大体平均的供给制度,这种制度维持相当长久。可以说,太平军过的是军事共产生活。这种对于维持军队战斗力具有重要作用的军事组织经验,成为《天朝田亩制度》的重要依据。[①]

纲领中首先规定了土地改革制度,并在此基础上,提出了政治、经济、军事、司法、保举、考试、教育、社会组织等各方面社会改革方案,所以它是指导人们从事生产和进行斗争的纲领,是太平天国的根本大法。

《天朝田亩制度》中规定:"盖天下皆是天父上主皇上帝一大家,天下人人不受私,物物归上主。"这就从根本上否定了地主阶级土地所有制。很明显,是要剥夺地主土地所有权,没收地主的一切土地。关于土地分配的原则,规定:"凡天下田,天下人同耕。此处不足,则迁彼处。彼处不足,则迁此处。凡天下田,丰荒相通。此处荒,则移彼丰处,以赈此荒处;彼处荒,则移此丰处,以赈彼荒处。"这是主张把土地平分给农民,其办法为:"凡田分九等。……分田照人口,不论男妇,算其家人口多寡,人多则多分,人寡则分寡;杂以九等。……好丑各一半。"并规定15岁以下受田数量为16岁以上的一半。此处又规定,每家除耕种外,还必须种桑织布,从事纺织业;必须养鸡畜猎,从事副业。"凡天下,树墙下以桑,凡妇蚕绩缝衣裳。凡天下,每家五母鸡,两母彘,无失其时。"每25家中,又配置一定的手工工匠,"农隙治事"。根据公有制原则,规定每家生产所得,除留个人所消费的部分外,全部交归"国库"。"凡收成时,两司马督伍长,除足其二十五家每人所食可接新谷外,余则归国库。凡麦豆苎麻布帛鸡犬各物及银钱亦然"。至于每家有"婚娶弥月喜事,俱用国库,但有限式,不得多用一钱""其余鳏寡孤独废疾免役,皆颁国库以养。"天国的英雄们就想建立一种以农业与手工业相结合和自给自足的小农经济生活为基础的社会产品公有并平均分配的社会组织,来实现"有田同耕,有饭同食,有衣同穿,有钱同使,无处不均匀,无人不饱暖"的理想社会。

在平分土地和生产物公有的基础上,"天朝田亩制度"还规定了以家作为基本单位的社会组织。其制以25家作为一个单位,设1两司马,4两司马设一卒长,5卒长设1旅帅,5旅帅设1师帅,5师帅设1军帅,1军共有13 156家。并采取古代寓兵于农的办法,规定每家出1人做伍卒当兵,即成乡兵,1军共13 156人。《天朝田亩制度》中说:"凡当收成时,两司马督伍长,除足其二十五家每人所食可接新谷外,余则归国库。"所谓国库,每25家设1个,但两司马要把国库收入上交到军一级。所以,由一个两司马统管的25家就成为理想的公有制社会的经济单位。这个制度要人们相信,只要按照上帝意志实行这样的公有制,几千年来贫苦

---

① 胡绳:《从鸦片战争到五四运动》,上册,北京,人民出版社,1981年,120页。

农民所梦想的人人饱暖幸福的社会就实现了。

以两司马为首的每25家是公有制经济的单位,同时也是执行文化教育、武装自卫、司法行政的职能单位。每25家中设一"礼拜堂",由两司马在那里"教读圣书","讲听道理"。还设立类似民兵制度:"每年每家设一人为伍卒",有警时参加杀敌捕贼,无事时为农耕田。民间诉讼由两司马处理,解决不了,逐级上报,直到军帅一级以至上奏天王。两司马还有责任每年一次把所属的各家中"有能遵守条命及力农者",向上保举,经过层层上级审核后由天王任命为官。对于已做官的人,也详细规定升和贬的制度:每年一次由各级"首领"审查他们有无"贤迹"与"恶迹",逐级上报,最后由天王决定加以"超升"或"谴谪"。

此外在制度中还提出一系列平等、自由的主张,规定天国的人民不论男女、民族和政治地位,都有参政、参军和受教育等权利,地位一律平等。军帅以下各级乡官由人民公举。并且制定各级官员的保举、黜陟制度。这些规定体现了政治、民族、男女平等的思想,使人民获得了参加国家管理的权利,也反映了农民朴素的民主要求。

《天朝田亩制度》在当时历史条件下具有伟大的革命作用。因为这个革命纲领从根本上否定了地主土地所有制,主张把土地平分给农民,并且显示了农民强烈追求平等自由的勇敢积极的革命精神。所以它具有彻底的反封建剥削和压迫的性质。《天朝田亩制度》把两千多年来农民反抗封建制度的要求和追求自由解放的愿望,发展和提高到了单纯农民战争所能达到的最高的思想水平和纲领水平。纲领对封建制度抨击得那样猛烈,对未来社会的前景和为了实现这一美好前景的具体措施规划得那样细致周详,很显然,它使农民和劳苦大众的反封建斗争更加坚决,使得他们的斗争目标更加具体、明确,并且使得革命群众对未来抱着更大的希望和更高的信心,从而大大增加了革命的战斗力量,以冲击反动的封建统治制度。因此,从它动员和鼓舞群众去冲击封建势力上说,起着极为巨大的作用。

但是,《天朝田亩制度》所规定的平分土地的办法和为农村社会设计的图案,都是农民的平均主义思想的产物。农民的这种平均主义思想,一方面,固然表现了在封建剥削和压迫下的农民对于土地的革命要求;但另一方面,它却是农业社会主义的空想,根本不可能实现。而且这个方案并不能使社会生产力向前发展,相反它却使社会生产力停滞在分散的小农经济的水平上。这是违反社会经济发展客观规律的。事实上,《天朝田亩制度》有关土地问题的规定并未实行过。因为土地与人口的配合情形非常复杂,不像想象的那样容易。同时清朝军队不断进攻,烧杀抢掠,天国领土常起变动,农村秩序无法安定。至于《天朝田亩制度》其他方面的规定,也未能完全实现。

1856 年太平天国领导集团内部发生内讧后，革命形势开始走下坡路。朝政在无能的洪仁发、洪仁达、蒙得恩等人的把持下趋于混乱昏暗，力量分散。1859 年4 月，洪秀全的族弟洪仁玕从香港到天京，为洪秀全所重用，被封为开朝精忠军师顶天扶朝纲干王，总理全国政事。洪仁玕总理朝政后不久，提出了革新内政的政治纲领——《资政新编》。

《资政新编》的主要内容是：①政治上的革新：主张加强中央政府领导权，要自大至小，由上而下，权归于一，内外适均而敷于众，加强乡官、乡兵建设；设立不受一般官吏节制的"新闻官"和"意见箱"，重视社会舆论和听取群众的意见；严禁结盟联党、贪污腐化和卖官鬻爵；在司法制度方面，主张善待轻犯，死刑改用吊死，加强感化教育等。②经济上的革新：主张修铁路、造轮船、设邮局，提倡开矿山、兴水利、办工厂、开银行等。此外，还主张与外国自由通商，平等往来；办报纸以提倡新风气等。

《资政新编》是在太平天国农民革命中提出的倾向发展资本主义的建设方案，无疑符合当时历史发展的要求，因而它在当时是具有进步意义的。不过，当时的中国还没有出现资产阶级，还缺少实现这个方案的阶级基础。而且，《资政新编》中丝毫没有触及土地这一农民的最根本问题，这就不能满足农民的革命要求。《资政新编》是洪仁玕从西方生搬进来的，与太平天国革命传统缺乏联系，因而也就不能为农民群众所接受。因此，它不可能也并没有产生什么实际效果。

正当太平天国内部逐渐趋于不稳固时，外国侵略者开始进行了公开的干涉。1860 年英法等国发动的第二次鸦片战争后，清政府完全屈服于外国侵略者，并且中外反革命力量决定进行军事合作，共同镇压太平天国革命。反动地主武装湘淮军在外国侵略者组织的"洋枪队""常胜军"的配合下，大举向太平天国进攻。反革命势力越来越大，太平天国终于无法坚持，战事节节失利。1864 年 7 月天京陷落，英勇斗争十几年的轰轰烈烈的太平天国革命，终于被中外反革命势力联合绞杀了。

第二节 太平天国的国家机构

太平天国革命是半殖民地半封建社会的农民革命，但它又是中国资产阶级旧民主主义革命的序幕。这种革命性质就决定了它的政权性质是农民民主政权。这个政权代表着农民阶级的利益，对农民及其他劳苦大众实行民主，对于清朝官吏、地主豪绅等"阎罗妖"实行专政，对外国侵略势力也实行坚决的打击。

太平天国的政权组织形式是君主政体。但它又不同于一般的封建君主政体，而是一种特殊的君主政体。因为它是在君主政体的形式下又包含着农民民主的内容,它是把君主政体和农民民主独特地结合在一起的政权形式。天国之所以采取这种形式是和它当时所处的历史条件分不开的。因为农民不是新的生产力代表者,它不能创造出来符合自己革命需要的新的政权形式,只能以旧制度为蓝本,组织自己能接受和所需要的政权形式。斯大林说过:"决不应该忘记他们(指农民)都是皇权主义者:他们反对地主,可是拥护好皇帝。要知道这就是他们的口号。"①太平天国的特殊君主政体就是农民这种口号的实现。

太平天国政权在革命发展的过程中,根据革命斗争的需要和劳动群众利益的要求,建立了一套比较完整的从中央到地方的国家机关体系。

一、太平天国的中央机构

太平天国的中央国家机关,由天王、王、侯、朝内职官、宫殿给事官和典官等组成。

(一) 天王

天王为国家的元首,是天国最高权力的执掌者。其职权非常广泛,凡是诏书、法律的公布、官爵的授予、职官的任命、军队的指挥、司法的最高裁判等,都要经他执掌和最后决定。太平军1851年攻克永安时推洪秀全为天王。洪秀全自称奉天父天兄之命,而为天下之万国真主称天王。天王又称万岁。

(二) 王、侯

天王下设有王、侯的爵位。革命前期,凡参加金田起义并立有重大功勋者由天王授封为王,可以世袭。王分四等:一等王是东王(杨秀清)和西王(萧朝贵);二等王是南王(冯云山)和北王(韦昌辉);三等王是翼王(石达开);四等王是燕王(秦日纲)、豫王(胡以晃)等。封东王为九千岁,管理东方之土。封西王为八千岁,管理西方之土。封南王为七千岁,管理南方之土。封北王为六千岁,管理北方之土。封翼王为五千岁。燕王、豫王均称千岁。虽以天王为最尊,但以东王杨秀清为人精明果断、赏罚严明,天王临朝而不理政,政权操于东王杨秀清之手。他可以自由发布命令,指挥所有军队,有代天父为言之权,所以实际上东王杨秀清地位最高、权力最大,掌握了天国的军政大权。其余各王在朝内有参与处理政务之权。定都天京后,凡商议军国大政,北王、西王、南王、翼王、顶天侯、丞相等官,均到东王府会商,议毕由北王同众官跪呼千岁,然后由杨秀清呈奏天王。1856年太平天国领导集团发生内讧。当清军包围天京形势暂时解除时,杨秀清趁机进一步扩大个人

---

① 斯大林:《和德国作家艾尼尔·路德维希的谈话》,北京,人民出版社,1956年,100页。

权势,"逼天王亲到东王府封其万岁"[①]。洪秀全虽答应杨秀清的要求,但立即密令在江西督师的韦昌辉、在湖北督师的石达开迅速返回天京。韦昌辉于 9 月 1 日,率领心腹 3 000 余人包围了东王府,次晨将杨秀清及其眷属、部下统统杀死。不久洪秀全下令又杀死了韦昌辉及其心腹二百余人。天国的军政大权又重归天王掌握。1859 年,继天王封洪仁玕为干王之后,先后又封陈玉成为英王、李秀成为忠王。但洪氏集团为了集权,防止各王专政,却又大封列王 90 余人,使各王互相牵制。以前王爵根据功勋来封,此后"日封日多……不问何人,有人保者俱准。……无功偷闲之人,各又封王"(李秀成自述)。这种滥封王爵,已失去了提高中央领导权的意义,变成了一种毫无目的的乱封,成了太平天国后期的主要弊政之一。

定都天京后,王之下又增设侯爵,也是世袭。侯的职权主要是管理文书,参与朝政,有的也率军出征。后期朝政紊乱,为劝众心,广施爵赏,于王之下设义、安、福、燕、豫、侯六爵。前期侯爵非金田首义曾建大功者不得封,自设六爵之后,渐封渐乱,一般官吏也都授爵位,封给六爵的人,多至不可胜数。

(三)朝内职官

在王侯以下朝内有很多官职。其中丞相最高,下有检点,侍卫将军,总制与监军、军帅、旅帅、卒长、两司马等十二级职官。

丞相一职仿《周礼》,分天、地、春、夏、秋、冬六官,各官又各设正、又正、副、又副 4 人,共计 24 人。如天官正丞相,又正丞相、副丞相、又副丞相。1856 年天京政变,改为吏部天官、户部地官、礼部春官、兵部夏官、刑部秋官、工部冬官,每部各有正、又正、副、又副,六部长官亦 24 人,这个殿前六部由天王直接领导。值得注意的是天将、朝将二官,此二官大约是 1860 年设立的。太平天国庚申十年以后《幼主诏旨》中始有天将、朝将等官名出现。古越隐名氏《越州纪略》:"其伪官国(此系衍字)王以下,有天将、朝将、主将。"胡长令《俭德斋随笔》:"其上于五等者为主将,又上则为朝将,为天将,天将而上则王矣。"这说明天将地位仅次于王的一级官。初期,仅封天王族弟洪仁政为一天将,与其同理朝政的李春发为二天将。后来发展到近四百。朝将一职均冠忠字,再另加一字为号,如忠孝朝将、忠逢朝将、忠莱朝将。

丞相之下为检点。《贼情汇纂·卷三》所列有《伪官等差总表》,检点为第七等官阶。按左一右二左三右四排列,再加殿前二字,如殿前左一检点,殿前右二检点,殿前左三检点……殿前右十检点。自第十一起,省去前字,改称殿左十一检点,殿右十二检点,总数 36 人。太平天国后期封赏甚滥,检点已超过原定官制的 36 人,而出现了第五十九检点。

---

① 李秀成:《李秀成自述》,见《太平天国》,第 2 册,北京,神州出版社,1952 年,787~840 页。

检点之下为指挥。指挥为太平天国第八等官阶,亦按左一右二左三右四排列,第十位以前以殿前左一指挥、殿前右二指挥编排和称谓。自第十一起,亦改称殿左十一指挥、殿右十二指挥,直至殿右七十二指挥止。但到了太平天国后期,则为卑官。

检点之下为将军。将军为太平天国第九等官阶,分炎(火)水木金土,各一至十,再分正副,如炎一正将军,炎一副将军至炎十正将军、炎十副将军,其余均照此设,总数100人。

据《太平军目》云:5人为伍,设伍长1人;5伍为两,设两司马1人(后设副职,称正司马、副司马);4两为卒,设卒长1人(后设副职,称正卒长、副卒长);5卒为旅,设旅帅1人;5旅为师;设师帅1人;5师为军,设军帅1人。军帅独任,至出师乃以监军统之,其上又有总制,自监军以下,悉受节制。另据《贼情汇纂·卷三》所列《伪官等差总表》云:以上诸官官阶是:总制,十等。监军十一等。军帅,十二等。师帅,十三等。旅帅,十四等。卒长,十五等。两司马,十六等。大体上以将军以上为朝内官,总制以下为军中官。

以上诸官,除丞相、检点、指挥、将军都由天王任命外,其他诸官均由顶头上司任用。他们在朝内一般是承诸王意旨,办理行政事务和文书,以及传达诏令而已。但奉命出征时,则赋有处理军民政务的大权。

丞相、检点、指挥、将军除正职者外,丞相另有平胡、恩赏丞相,他们都是酬功虚衔,不设属官,地位不得与六官丞相相并。检点、指挥、将军也各另设职同、恩赏二种。朝内各种职官的官阶与检点、指挥、将军相当者,分别称之为职同检点、职同指挥、职同将军,以示其官阶。恩赏是授给有功将士的虚衔。他们也都不设属官,地位与正职的检点、指挥、将军也不同。

(四)宫殿给事官和典官

宫殿给事官是管理天王府和诸王府事务的官员,主要有左右掌朝门、侍卫,司宫廷禁卫;左右史,司记事记言;左右掌朝仪,司礼乐等。他们的官阶大都是职同检点和职同指挥。

仅以天王府为例:天王府内设左右臣48人。其编衔自左一、右二、左三、右四至左四十七、右四十八止。管理天王言的左史、右史各2人。主管议定礼乐的左右掌朝仪2人。主管朝会传达天王言语的左右通赞8人,其编衔为左一、右二、左三、右四至右八。主管朝会赞礼的左右引赞8人。掌管朝门的左、右掌朝门各2人。此外还有伸后、大吉、太冲等24人,侍卫48人。

太平天国设有各种典官,管理各种专门事务。根据他们服务的对象,大致可以分为三类。第一类是专门为天王及诸王、侯服务的。如天王府有此种典官

1 527 人,东王有此种典官 1 018 人。西王早死,仅有典西舆 100 人。北王府有此种典官318 人。南王早死,仅有典南袍工人。翼王府、燕王府、豫王府也有多少不等的典官。第二类是办理中央政府事务的,如典簿书(司收发谕折)、典天牢、典刑罚(司监狱刑法)、典圣库、典圣粮(司库粮米出纳)、典织锦、典铁匠、典铜匠、典米匠、典竹匠、典石匠(司各有关生产)等。第三类是军中典官,办理各军军务。如宣诏书、典圣库、典圣粮、典买办、典油盐、典旗帜、典炮、典铅码、典红粉、典硝、典罪囚、典刑罚、拯危急、理能、典铁匠、典木匠、典竹匠、典绳索疏附、巡查、内医、掌医、功臣等。大概每军有典官 35 人,组设 23 种典官机关。

(五)女官

太平天国提倡男女平等,金田起义时,全家参军,当时即有女军和女官,到天京后设立女官的制度。朝内女官设有左辅正军师、右弼又正军师、前导副军师、后护又副军师各 1 人(天国官制以军师名位最隆,相当于历朝宰相,清大学士,前期设同样的军师 4 人,分别由东王杨秀清、西王萧朝贵、南王冯云山、北王韦昌辉担任)。女军师之下设天地春夏秋冬女正副丞相 2 人。再下也有女检点 36 人,女指挥 72 人,女将军 40 人等。其编制及级别与男官同。女官军师以下也有职同官和恩赏员额。4 军师在天王府工作,其他女官在诸王府等机关工作。她们的地位及权力与男官完全平等。女官的设置是旧中国历史上的创举,它开始否定了几千年来妇女在政治上无权的地位。

二、太平天国的地方机构

太平天国革命比历史上所有农民战争有更完备的制度,其中重要的一项就是在革命占领地区普遍建立了相当有效的地方政权组织。太平天国革命初期在攻克天京前,竭尽全力于军事行动,得地不守,没有组织地方政权。自定都天京后,才开始在所克之地派官镇守,建立了地方政权,组织了地方机关。即实行所谓守土乡官制。

太平天国地方机构,分守土官、乡官两级。守土官又分省、府郡、州县三级。乡官又分军帅、师帅、旅帅、卒长、两司马、伍长六级。

先看守土官。太平天国将新占领地原清政府的地方机构完全废除,凡是原清政府设置省道之地划为省,初置文将帅,后改为总理民务官。而将原设置的府设为郡,设置总制或相当于总制官衔者 1 人治理之。至于原设置的州与县,则统称为县,设置监军 1 人治理之。文将帅、总制、监军均为地方的行政长官,直接领导所属的乡官。其地方行政长官人选均由天朝任命,其职务既办理行政事务,又办理民间诉讼审判事务。不过这一制度后来也有些变化,尤其是总制和监军的人选上，出现了由各省主将直接任命，或由地方直接选举。据杨德荣《夏虫自诣》说："（咸丰十一年十月）闻偏门外设立山（阴）邑监军，免库房潘兰充之。余见伪绫天安有示云：本地居民，公同保举潘兰，精明强干，老成持重，爰特拔为监军。"另据《奉化县志》卷十一云：1861 年 11 月克复奉化时亦"以县人戴明学为监军"。这大概是人民所举的。

再看乡土官。守土官以下为乡官，乡官是太平天国的基层政权组织。其编制仿周制，实行军政令一制。最高为军帅，管辖 13 156 家；军以下编成 5 师，设师帅；师以下编成 5 旅，设旅帅；旅以下编成 5 卒，设卒长；卒以下编成 4 两，设两司马。两司马具体地组织 25 家的生产、分配产品、管理各家生活、对群众进行教育、解决各种诉讼事件，因此，这是基层政权中最基本的单位。两以下编成 5 伍，设伍长，伍长管辖包括本人家庭在内的 5 家，协助两司马工作。从军帅到伍长的编制和军队完全一样，他们都由人民公举本地人充任，其不自选自举者，则由军政长官就人民中有声望才干者任用之。

太平天国占领区内以 13 156 户为一军，造家册。普遍建立基层政权，遍置乡官。但是乡官的成分如何，这关系到革命后方是否巩固与农民经济利益有无保障，所以极为重要。乡官的产生是由人民公举的。这种制度一方面对革命发挥了很大效果，也是中国历史上未有的创举；另一方面由于界限不清，乡官制度内被阶级敌人混入，这种情况在革命后期更为严重，这是一个重大的缺点和教训。

乡官的任务是征收各种赋税，管理各种诉讼事件，打击土豪劣绅，率领乡兵协助太平军作战和侦察；教育群众，讲道理，组织生产，解决群众生活中的问题。由于《天朝田亩制度》未能完全实现，乡官也未能完全承担所规定的各项职能。但是，乡官在支援革命战争、镇压反革命势力和维持地方秩序方面作出了很多贡献。太平天国的乡官制度具有一定的民主精神，虽然这种民主的范围是有限的，但对发动群众，巩固政权曾起到很大作用，因而使敌人感到惊慌。《贼情汇纂》卷三云："贼之牢笼人士，联络方域，计盖无逾于此者。"

三、太平天国国家机构特点

太平天国国家机构的爵位和职官一直不分文武，具有明显的军政合一、军政兼管的特点，甚至军超过政，军是第一位的，政是第二位的。据《贼情汇纂》卷三所列《伪官等差总表》云：一等，东王、西王；二等，南王、北王；三等，翼王；四等，燕王、豫王；五等，侯；六等，丞相；七等，检点；八等，指挥；九等，将军；十等，总制；十一等，监军；十二等，军帅；十三等，师帅；十四等，旅帅；十五等，卒长；十六等，两司马。这是太平天国前期官制情况。首先从诸王产生看,1851 年 3 月洪秀全在东乡登基,称天王。12 月,洪秀全在永安定制,颁布封王诏令,封杨秀清为东王,萧朝贵为西王,冯云山为南王,韦昌辉为北王,石达开为翼王。1853 年 3 月,太平天国定都天京时,除天王外,仅剩东、北、翼三王。于是,洪秀全于次年 4 月、5 月又先后封秦日纲为燕王,封胡以晃为豫王。前期仅封七王。加之天王,共计八王。这八王均是战将兼军事统帅,这与当时太平天国的事务主要是战争紧密相连。再从诸王府的职掌看,据史载:东、北、翼三王府设吏、户、礼、兵、刑、工六部尚书。由于除天王外,诸王均受东王杨秀清节制,实际上东王府所属的六部成为中央政府的国务管理机关。他们名义上是管理政务,实则并未执其职。《贼情汇纂》卷三《伪官制·伪朝内官》说:"伪丞相二十四人,分天官、地官、春官、夏官、秋官、冬官正副又正又副四人。贼政令皆归伪东王,次则伪北王、翼王与议,六官丞相仅有其名,承意旨,具文书而已。"这段引文告诉我们,"六官丞相仅有其名","六官丞相"仅是民阶,并不执其职。天官丞相应管全国官吏的考核、升迁、调动等事务,而当时曾任天官正丞相的秦日纲掌军事,副丞相林凤祥是北伐军统帅。地官丞相应管全国土地、户籍、税收等事务,而当时地官正丞相李开芳为北伐军大将,副丞相李秀成领兵作战。春官丞相应掌管国家的典章法度、祭祀、学校、科举等事务,而当时曾任春官正丞相的胡以晃任军事,副丞相吉文元是北伐军大将。夏官丞相应掌全国武官选用和有关军事事务,而夏官正丞相黄玉昆办理军务,又正丞相周胜坤带兵在皖北作战,镇守庐州。秋官丞相应掌管国家的法律、刑狱等事务,而秋官正丞相朱锡琨掌军事,任北伐军大将,副丞相黄益芸是北伐大将。冬官丞相应掌工程、水利、交通等事务,而冬官正丞相罗大纲、又正丞相陈玉成均掌军事。可见六官丞相均没有掌本职工作,全掌军事,"六官之建,失其所掌"①。最后从地方国家机构看,分省、郡、县三级,分别由文将帅、总制、监军担任其长官,统称守土官。其下又有军帅、师帅、旅帅、卒长、两司马等为乡官。可见,太平天国地方国家机构的主要官吏与其军制是合二为一的,具有军政兼管的特点。

太平天国前期仅设王侯两爵,受封王者 8 人(加上天王),受封侯者共 11 人。②而后期增设义、安、福、燕、豫、侯六爵。《天朝爵职称谓》云:"六等爵名曰:天义、天安、天福、天燕、天豫、天侯。"受封者先封为某天侯,然后逐步升迁。如蒙得恩初为赞天侯,后升赞天豫、赞天燕、赞天福、赞天安、赞天义,封王后即为赞王。太平天国后期封爵甚滥,不仅对许多中下级军官加封六爵,连军中低级典官亦得封侯。

① 张德坚:《贼情汇纂·三伪官制·伪守土官乡官》,见《太平天国资料》,北京,科学出版社,1959 年。

② 张德坚:《贼情汇纂诸卷》,见《太平天国资料》,北京,科学出版社,1959 年。

如《护殿垙天侯任正典舆张兄弟名》。

太平天国的国家机构,中央采取王侯制,而地方基层却创立了乡官制,前者带有封建色彩,而后者具有一定的民主精神。这是太平天国国家政体的又一特点。洪秀全东乡称王,在一件诏旨里写道:"天父曰:我差尔主下凡作天王,他出一言是天命,尔等要遵。尔等要真心扶主顾王,不得大胆放肆,不得急慢也。若不顾主顾王,一个都难也。"[①]杨秀清以东王府侯相的名义发布《天情道理书》曾说:"天命扶主降凡尘,左辅躬膺大恩,禾乃师为天父定,以身赎病救黎民。兄弟雁行居第四,同扶真主建天京……我辈为臣当报国,忠贞独矢心要真。"又说:"人伦有五,孝弟为先","孝友既尽,出仕事君……只知有主,不知有身,鞠躬尽瘁,取义舍生"[②]。这里杨秀清讲"人伦有五","只知有主,不知有身","取义舍生",与洪秀全制定的《幼学诗》所说的《君道》《臣道》《家道》《父道》《子道》《夫道》《妻道》等一样,与封建伦理纲常完全一样。相反,太平天国政权的基层组织却实行民主选举制。《贼情汇纂》卷三《伪官制·伪守土官乡官》云:"乡官者,其乡人为之也。……令各州县并造户册,即于乡里公举军帅、旅帅等……为众姓所共推。"可见,乡官为"乡里公举","为众姓所共推",施行民主选举,直接民选,体现了人民当家做主的精神,在中国历史上是一大创举。

第三节　太平天国的官吏制度

太平天国为了加强各级国家机构的领导力量,满足日益扩大的统治地盘对官吏的需求,创立了官吏选拔、考核、考试等制度。

一、太平天国官吏保举制度

太平天国保举人才制度。《天朝田亩制度》说得十分详备:"凡天下每岁一举,以补诸官之缺。举得其人,保举者受赏;举非其人,保举者受罚。其伍卒民,有能遵守条命及力农者,两司马则列其行迹,注其姓名,并自己保举姓名于卒长。卒长细核其人于本百家中,果实,则详其人,并保举姓名于旅帅。旅帅细核其人于本五百家中,果实,则尚(上)其人,并保举姓名于师帅。师帅实核其人于本二千五百家中,果实,则尚(上)其人,并保举姓名于军帅。军帅总核其人于本军中,果实,则尚

---

① 《太平天国印书》(上册),南京,江苏人民出版社,1979 年,117 页。
② 《太平天国印书》(上册),南京,江苏人民出版社,1979 年,117~118 页。

（上）其人，并保举姓名于监军。监军详总制，总制次详将军、侍卫、指挥、检点、丞相，丞相禀军师，军师启天王。天王降旨调选天下各军所举为某旗，或师帅，或旅帅，或卒长、两司马、伍长。凡滥保举人者，黜为农。"

从上述引文可以看出：《天朝田亩制度》规定了"凡天下每岁一举，以补诸官之缺"。对于基层官吏，保举的标准有二：①遵条命；②力农者。办法是由两司马从所属人员中挑选符合上述条件的人，列其行绩，注其姓名，保举于卒长，由卒长考核并再行向上保举。这样按级向上层层考核保举直到天王，最后由天王降旨，分别选任。为了审慎起见，又规定："举得其人，保举者受赏；举非其人，保举者受罚。"这种由下层向上提名，层层考核鉴定，并力求实事求是的办法，是具有一定的民主精神的，在发挥人民的革命积极性、选拔革命人才、加强革命政权方面起到了很大的作用。但是，保举结果的决定权在于天王，所以它的民主精神是有局限性的。而且制度本身也没有明确适用的阶级界限，没有对封建地主、土豪劣绅等敌对阶级分子加以排斥，这就给阶级异己分子提供了钻进革命队伍、进行破坏活动、篡夺领导权的机会，从而给革命带来严重的影响。

值得注意的是，由于《天朝田亩制度》没有实行，每岁一举制也未能真正实行。但是基层国家官吏却实行了这种选官制度。《贼情汇纂》卷三《伪官制·伪守土官乡官》云："乡官者，以其乡人为之也。……令各州县并造户册，即于乡里公举军帅、旅帅等，……为众姓所共推。"这种乡官为"乡里公举"，"为众姓所共推"正是太平天国乡官实行保举制度的最好例证。

二、太平天国官吏招贤制度

为了广泛地收揽人才，太平天国还实行了招贤制度。太平军在所克之地或行军经过，出招贤榜招贤。如有的布告中说："天朝任官惟贤，需材孔亟。凡属武达文通之彦，久列于朝；专家曲艺之流，不遗于野……倘有一技之长，仰即报名投效，自贡所长。或由管长具禀，保荐入朝，量才录用。家口厚给资粮，不致失所，俾免内顾之忧，以慰从公之志。"[①]"天朝任官惟贤"，"倘有一技之长"，"量才录用"的思想，对于太平天国的政权巩固和吸收广大人民参加政权管理起到了一定的促进作用。正是在这种思想的指导下，太平天国军事领袖们在各地立局，设馆接纳人才。例如李秀成在杭州设招贤馆，在苏州设书局，对选拔人才，培育人才曾起过积极作用。

---

① 张德坚：《贼情汇纂》，见《太平天国资料》，第 3 册，北京，科学出版社，1959 年。

三、太平天国官吏考试制度

为了广泛吸收革命人才,太平天国又实现了文武官员的考试制度。考试制度分县、省、京三级。县试相当于明清的院试,省试相当于乡试,京试相当于会、殿试。1861 年改为乡试、县试、郡试、省试、天试五级。

洪秀全于 1851 年元月在广西桂平县领导了金田村起义,同年 9 月攻克永安,便开始实行开科取士的制度,1853 年定都天京后,使开科取士的考试制度更加完善。乡试每年正月举行(后改为二月)。县试每年 3 月举行,其考生是乡试中试者。郡试每年 4 月举行,其考生是县试录送者。省试,初是承郡试的考试,每年举行一次,辛酉十一年后改为 3 年一试。天试亦称京试,继省试后举行,初以每年 12 月天王生日之日举行,后改为 10 月幼主生日之日举行。同时东王杨秀清、北王韦昌辉、翼王石达开也在京都举行天试,分别称为东试、北试、翼试。因东王杨秀清八月生,故以八月初十为东试日,北王韦昌辉六月生,故以六月廿日为北试日,翼王石达开二月生,故以二月初一为翼试日。

考试内容仍用八股试贴体,但题目都出自“新旧约”和“天命诏旨书”,不用“四书”“五经”。后期因加试策论,题目范围更广一些。应试者不论门第出身,以及他省流寓之人,中试即录取。县试取中者为秀才,省试取中者为举人,举人由政府保送至天京参加天试。天试元甲三人,取中者为状元、榜眼、探花,封职同指挥;二甲无定额,取中者为翰林,封职同将军;三甲也无定额,取中为进士,封职同总制。武科情况可考的只有 1854 年在天京举行的一科,以天历四月初一为乡试,取中者为武举人,十五日再行会试,取中者为武进士。五月又加复试,武状元封职同指挥,榜眼、探花封职同将军,其余皆封职同总制。

四、太平天国官吏黜陟制度

为了表明“天朝之公”,太平天国规定了官职人员的升、罢黜办法,亦即黜陟制度。根据《天朝田亩制度》规定,黜陟的办法有两种:一是定期的,亦即“凡天下诸官,三岁一升贬,以示天朝之公。凡滥保举人及滥奏贬人者,黜为农。”二是不定期的,亦即“至内外诸官,若有大功大勋及大奸不法等事,天王准其尚下不时保升奏贬,不必拘升贬之年,但凡在尚保升奏贬在下,诬,则黜为农。”[1]考绩的标准是“贤

---

① 洪秀全:《天朝田亩制》,见《中国近代史资料选编》(上册),北京,中华书局,1977 年,74～76 页。

迹"和"恶迹",而贤与恶的具体标准是:"能遵条命及力农者则为贤","违条命及惰农者则为恶。"[1]升贬官吏具体职权根据被升贬官吏的大小而分三种情况:①"监军以下官,俱是在尚保升奏贬在下",即卒长保贬两司马和伍长,旅帅保贬卒长、两司马和伍长,师帅保贬旅帅、卒长、两司马和伍长,军帅保贬师帅、旅帅、卒长、两司马和伍长,监军保贬军帅、师帅、旅帅、卒长、两司马和伍长。②"惟钦命总制一官,天王准其所统各监军保升奏贬钦命总制。"③"天朝内丞相、检点、指挥、将军、侍卫诸宜,天王亦准其尚下互相保升奏贬。"最后由天王"降旨主断"。[2]

任何保升奏贬,都要求认真负责,要求有真凭实据。凡是乱保,乱奏者,要"黜为农"或判罪。这种制度反映了一定的民主作用。它对监督天朝各级职官,廉洁政治,选拔革命人才,从而保证和增强政权机关的革命作用有着积极的意义。但是,这种制度只适用于天朝的职官之间,并且也不是很普遍。它没有贯彻到广大群众中去,让群众也参加监督,这就使它缺乏广泛的群众基础。而且,官职人员升贬的最后决定权在于天王,所以这种制度也是有局限性的。太平天国领导集团发生内讧以后,政治上趋于衰退,在职官制度上出现了滥封滥赏、官爵冗滥的现象。这种制度也不像前期那样严明了。

太平天国这些任官和考核制度,反映了几千年来在封建专制制度压迫下毫无政治权利的中国农民,在政治上要求民主权利的愿望。它对发挥群众的革命积极性,发展和巩固革命政权有很大的作用,因此,在当时来说,它是进步的革命的制度。但是,由于历史条件和农民阶级的局限性,这些制度也存在许多根本性的缺点,如缺乏广泛的群众基础。到了天国后期,政治混乱,制度也遭到破坏。

第四节　太平天国的军事制度

太平天国的军队分为正规兵、女营兵、童子兵。尤其是女营兵的建立,是太平天国提倡男女平等、妇女解放的一大首创。它是对几千年封建伦理道德的一大冲击,标志着农民革命运动达到一个新水平。

一、太平天国的正规兵

太平天国自金田村起义,即按照《周礼》"五人为伍、五伍为两、四两为卒、五卒

---

[1]　洪秀全:《天朝田亩制》,见《中国近代史资料选编》(上册),北京,中华书局,1977年,74页。
[2]　洪秀全:《天朝田亩制》,见《中国近代史资料选编》(上册),北京,中华书局,1977年,74页。

为旅、五旅为师、五师为军"的旧制编组军队。其编制如下：5 人为伍,设伍长 1 人,兵 4 人；5 伍为两,设两司马 1 人,后设副职,称正副司马各 1 人；4 两为卒,设卒长 1 人,后设副职,称正副卒长各 1 人；5 卒为旅,设旅帅 1 人；5 旅为师,设师帅 1 人；5 师为军,设军帅 1 人。全军共计 1.3 万余人。

太平天国军事系统的形成大致经过两个阶段。天京定都前,基本上按地域编制,以县为单位 1 师 1 军。凡参加起义军的群众集中编到每县的 1 师 1 军中。如太平广西贵县黄旗、太平湖南道州黄旗等。天京定都后,其兵种有了增加,亦即水营、土营、陆营,而且军队番号又有了改定。

先看陆营。天京定都后,共有陆营 95 军。其番号不是按数字统一编列,而是按前后左右中的次序再加数字编列。如前 1 军至前 19 军,后 1 军至后 19 军,左 1 军至左 19 军,右 1 军至右 19 军、中 1 军至中 19 军。每军辖 5 师,师亦分前后左右中 5 营。如,前 1 军前营师帅,前 1 军后营师帅,前 1 军左营师帅,前 1 军右营师帅,前 1 军中营师帅。每师辖 5 旅,旅也分前后左右中 5 营。如前 1 军前营师帅前营旅帅,其他营旅帅以此类推。每旅辖 5 卒,卒用前后左右中和一二三四五编号,如前 1 军前营师帅前营旅帅前 1 卒长,后 10 军前营师帅后营旅帅后 1 卒长,其他卒以此类推。每卒辖 4 两,两用东西南北编号。东两司马即某卒长管下的第一两司马,南两司马即某卒长管下的第三两司马。每两辖 5 伍,伍长以刚强、勇敢、雄猛、果毅、威武五词编号。刚强伍长即某两司马管下的第一伍长,果毅即某两司马管下的第四伍长。每伍辖 4 个伍卒,伍卒以冲锋、破敌、制胜、奏捷四词编号。冲锋伍卒即某伍长管下的第一伍卒,奏捷伍卒即某伍长管下的第四伍卒。如前 1 军军帅管下前营师帅管下前营旅帅管下第一卒长管下第一两司马管下第五伍长管下第一伍卒。

再看水营。太平军初时无水军。太平军攻至武汉,始立水营,前期尚有水营 9 军。其制"亦如陆营之制,设总制以下诸官,惟师帅至多,有六百余人。所统旅帅,下至伍长、卒长、亦虚标分数,实则仅得十之三四。"[1]

最后看土营。据《贼情汇纂》云：土营是太平军到湘南得道州、郴、桂煤工人后才设立的,是穴地攻城的战斗部队。共有两军。其编制与陆营同。

二、太平天国的女营兵

太平天国定都天京后,颁布了《天朝田亩制度》,规定了按居民性别分别编入

---

① 张德坚：《贼情汇纂·伪军中官》,见《太平天国资料》,第 3 册,北京,科学出版社,1959 年,107 页。

男馆女馆,实行男女分营的军制,按其才能,分别编组于各馆各营。《金陵杂记》云:"女馆者何?贼匪破城之后,令合城男女分别住馆,不准私藏在家……其入馆者,每馆定以二十五人,其中立馆长,亦谓之两司马。或十余馆,或数馆,有一贼妇督之,谓之女伪百长,即伪卒长。其上又有女伪军师(帅),女伪监军,女伪总制等贼婆,皆广西山洞泼悍大脚妇女为之。女馆人数众多,亦分为各军。"①又据《金陵省难纪略》云:"女馆多在西华门,比屋而居,谓之女营,分前后左右中为五军。军置女军帅一……"据史载,女官的设置,计有女军师、女丞相、女检点、女指挥、女将军,与女总制、女监军、女军师、女卒长、及两司马等。罗尔纲先生在《太平天国史稿》增订本卷十二《兵·女军》说,太平天国有女军40军,女兵10万人。据说有女官6 584人。②

女营兵主要工作是普通体力劳动,也承担过守城职责,有时参加战争。《患难一家言》说:"驱之肩米、负煤。"《金陵被难记》云:"充挑水、抬泥等役。"《金陵癸甲纪事略》曰:"女伪官分领女子万人,抬砖挖沟,每日黎明出,黄昏返。"③《患难一家言》说:"嗣贼悉师出,城中空虚,又令(妇女)登陴守夜。"太平天国女军虽未组织专任作战,但有时参与战争。《张继庚遗稿·上向帅书二》说:"广西妇女宜尽诛戮,断不可姑息赦之,以其人皆勇悍,曾妆牌刀手出城拒战。"

三、太平天国的童子兵

关于太平天国的童子兵问题,郦纯先生在《太平天国制度初探》一书中谈的甚详,这里简述之。

太平军自金田村起义时,就有儿童参加。《贼情汇纂》卷八云:"凡军中兄弟,五十岁以下至十五岁以上,一闻圣角响,俱要装身赴各馆衙,听令杀妖。"④可见,当军情紧急时,就令儿童参阵。恰如《贼情汇纂》卷十一云:"是今之童子,皆他日剧贼……亦心腹之大患。"⑤据郦纯先生分析,儿童是分组于各军馆的,并无专由儿童组成的军队。儿童参战,依多数记载,以助阵呐喊为主,而无言及对儿童实施军训的。

---

①　张德坚:《贼情汇纂》,见《太平天国资料》,第4册,北京,科学出版社,1959年,622~623页。

②　陈鉴波:《中华民国春秋》,台北,三民书局股份有限公司,1981年,60页。

③　中国科学院历史研究所第三所近代史资料编辑组:《金陵癸申纪事略》,见《太平天国资料》,第4册,北京,科学出版社,1959年。

④　张德坚:《贼情汇纂》,见《太平天国资料》,第3册,北京,科学出版社,1959年,228页。

⑤　张德坚:《贼情汇纂》,见《太平天国资料》,第3册,北京,科学出版社,1959年,309页。

第五章 南京临时政府的政治制度

1894 年 8 月,孙中山在檀香山建立了兴中会,首次提出:"驱除鞑虏,恢复中华,创立合众政府。"合众政府是辛亥革命胜利后所建立的,它宣告了封建主义政治制度的破产,揭开了民主共和政体新的一页。

第一节 从皇权政府到南京临时政府

清朝末期,政治上,清政府内困外患,腐败无能,陷入深重危机而不可解脱;经济上,中国封建经济基础已基本解体,为中国资本主义经济的产生和发展提供了有利条件;思想文化上,变法图强、民主革命渐次成为社会仁人志士的共识,君主专制统治已欠缺政治统治的合法性基础;军事上,在帝国主义的侵略战争和农民起义的双重打击下,旧式封建军队衰微,具有明显买办性的新军成立,这表明原有的国家暴力机器(军队)只能勉强支撑清政府维护统治。总之,政治、经济、思想文化、军事这四个方面的因素决定了清王朝的灭亡和资产阶级共和国的创立。

一、政治因素

我们可以从三个方面来分析清王朝灭亡和资产阶级共和国创立的政治原因。

首先,从政治统治权力的角度看,中国的政治统治权力由鸦片战争前的清中央统治者一方掌握,发展到由帝国主义、清中央统治者和地方势力三方分享的局面。鸦片战争后,西方列强通过一系列不平等条约一步步地控制了清朝,成为中国的太上皇。而以慈禧为首的清朝统治者不思奋起,反而庆幸帝国主义仍继续保持其统治地位。慈禧甚至表示要"量中华之物力,结与国之欢心",放手卖国,清政府已完全成了"洋人的朝廷"。19 世纪 60 年代,由于受到农民起义的巨大冲击和洋务运动的盛行,中央集权被削弱。与此相反,地方权力系统却不断发展完善,造成与中央分权之势。最早同中央分权的是靠湘军起家的曾国藩,之后又涌现出了左宗棠、李鸿章、张之洞、袁世凯等地方实力派。总之,晚清中央权力布局的变化,是一个非常复杂的历史过程,出现这些变化原因也是多方面的,但是最根本的原因还在于来自外力的冲击和清王朝的软弱腐朽,封建专制主义的权力运行方式已经走到尽头。

其次,从阶级构成来看,随着中国由一个独立的封建社会向半殖民地半封建社会的过渡,中国社会的阶级构成也从原来单纯的封建地主阶级和广大农民阶级转变为更为复杂的状况,出现了新兴的阶级力量——中国无产阶级和资产阶级,引起了中国政治力量对比的变化。在无产阶级登上政治舞台之前,资产阶级的主要组成部分——民族资产阶级是站在时代前列的,他们有改良、革命的政治要求。

再次,从清朝中央政府的政治发展过程看,改良在近代中国没有出路,革命是近代中国的必由之路。从洋务运动到戊戌变法,从"新政"到"预备立宪",从清朝统治集团内部的有识之士到一批思想先驱者,他们为了缓解阶级矛盾,解救民族危机,都不止一次地尝试着运用"改良"的方式,希望能够圆满解决日益严重的社会危机。结果一次次地失败了。原因在于,在列强侵略加剧和清政府腐败不堪、中华民族灾难深重、阶级矛盾和民族矛盾尖锐对立不可调和的情形下,单纯改良可谓软弱无力、举措无方、穷途末路。这样,历史抛弃了改良,选择了革命。

二、经济因素

鸦片战争以来,可以十分清晰地看到,中国社会经济结构的演变出现了三方面的变化:一是中国封建制度的经济基础——传统自然经济在逐步解体。它主要表现为城乡手工业的衰落,家庭手工业与农业分离,农产品的商品化不断发展。二是外国资本的侵入,并且由少到多,由小到大,逐步把持了中国近代工业的重要部门,控制了中国近代工业命脉,是中国近代经济结构中占绝对优势的部分。三是中国资本主义经济开始产生和发展,它主要产生和发展在工矿业、交通运输业、金融业和商业中,而在农业中几乎没有什么发展。但是由于来自帝国主义的压迫、排挤和封建主义苛捐杂税等方面的压力,始终发展缓慢,在与外国资本主义的竞争中处于不利的地位,在社会经济生活中始终不占主导地位。总之,与鸦片战争之前相比,中国近代已从封建经济结构过渡到半殖民地半封建的经济结构。封建专制社会的经济基础逐步解体,难以为继,新兴的生产方式得以产生和发展。为了实现国家图强和资本主义经济的进一步发展,中国资产阶级必然要提出自己的政治主张。尽管中国资产阶级天生就是革命性和软弱性并存,但至少他们反对旧有的封建专制统治。改良不成,便只有革命一条路。简言之,社会经济结构的变化就从经济基础这一决定性方面要求结束封建专制统治,建立新兴的政治统治体系。

三、思想文化因素

从思想角度看,自戊戌变法以来的思想解放,使得中国的先进分子对清政府的态度由改良上升到革命。戊戌变法虽然失败,但它掀起了思想解放的潮流,起到了重要的民主主义启蒙作用。变法运动期间,维新派广泛传播西方资产阶级的民主思想和社会政治学说,并以此为武器,对封建专制统治和封建思想文化进行了前所未有的猛烈批判,从而为资产阶级革命运动的兴起作了思想理论上的准备。在 20 世纪最初的二三年中,维新变法思潮曾再度复兴。但是,随着时局的发展,康有为、梁启超等人保皇面目逐渐显露,维新派代表人物在思想上日趋保守,戊戌维新思潮迅速衰落,被民主革命思想取而代之。民主主义革命的目的是推翻清王朝的统治。民主主义思潮通过革命派大力宣传而得到迅速传播,涌现出了章太炎、邹容、陈天华三位著名的民主革命宣传家。特别是出现了中国民主革命伟大的先行者孙中山先生,他第一次全面提出了民主革命的纲领和理论,即三民主义。

从文化角度看,1905 年,清政府正式废除了实行 1300 多年的科举制度。此举有利于新式教育的兴起和开展,出现了一批新的知识分子,特别是留学生,接受资本主义的教育和熏陶,思想日益资产阶级化。在民族危难的刺激下,他们满怀救国热情,积极投身于爱国运动,并由此而纷纷走向革命,成为资产阶级民主革命的中坚和领导力量。此外,废除科举制度杜绝了中国传统读书人"学而优则仕"的做官途径,这样,维系传统社会秩序的骨干力量就被排斥在政治统治者之外。在变法维新的思潮影响下,这一群体就倾向于改良,及至后来又转而支持革命。可以说,科举制有利于扩大封建统治者的力量,是维系封建社会存在的强力支柱。科举制一废,在文化上大大加速了清政府的灭亡。

四、军事因素

从封建统治者的军事力量来看,鸦片战争后,西方列强还对中国发动了多次侵略战争,加之国力衰弱,统治者腐败,军队训练无方,清朝军队实力已是大为削弱。中日甲午海战,中国北洋水师全军覆没。八国联军侵华战争和义和团运动,更是沉重打击了中国封建军队。而在此前即开始训练的新军,在慈禧所倡导的"新政"中虽得到有力发展,但新军名义上是以清朝皇族奕劻为首,实则由袁世凯把持一切。袁世凯于 1905 年最先练成北洋 6 镇新军,而直到辛亥革命爆发时,全国建制完备的新军总共才编成 16 镇,且为新军将领自统。也就是说,一旦国家有变,清朝皇族手中几乎没有可直接控制调度的有力军队。

从资产阶级革命派的起义力量来看,他们的革命组织、行动力量、社会支持力度都已确立或大为提高。革命组织的建立使得反清革命走上有序领导道路,这些组织先后有华兴会、日知会、光复会和同盟会。特别是同盟会具备了近代资产阶级政党的规模,它的成立,使革命派有了统一的领导中心和明确的斗争目标,有力地推动着革命高潮的到来。同盟会成立后第二年起,革命派便开展武装斗争,接连发动起义,先后有萍浏醴起义,两广、云南起义和两次广州起义。这些起义虽然都遭失败,但革命的火焰已经点燃,革命党人在南方新军中已有相当实力。

最后从社会支持力度来看,清政府先后镇压了民众发起的爱国拒法和拒俄运动,制造了轰动全国的"《苏报》案",激起了社会极大义愤。全国广大群众已对现实充满反抗情绪,一遇适当时机,就将汇聚成一股强大的洪流。辛亥革命就是在 1911 年 5 月兴起的各省保路运动,特别是四川保路运动的影响下而爆发的。

第二节　南京临时政府的建立及其性质

1911 年 10 月 10 日爆发的辛亥革命,是我国伟大的革命先驱者、资产阶级革命领袖孙中山先生领导的资产阶级民主主义革命。这次革命推翻了腐朽的清王朝,结束了在中国延续 2000 多年的封建君主专制制度,建立了资产阶级民主共和制的南京临时政府,揭开了资产阶级民主运动的新篇章,在中国政治制度史上具有重要意义。

一、孙中山建立资产阶级共和国思想的由来

中国反帝反封建的资产阶级民主革命,准确地说,是从孙中山先生开始的。孙中山是中国近代民主革命伟大的先行者。

孙中山,名文,字逸仙,在日本从事革命活动时曾化名中山樵。他出生于广东省香山县(今中山县)翠亨村一个贫苦农民的家庭。民族的灾难,农村的残破,给

他留下了不可磨灭的印象。1878 年,孙中山远离祖国,投奔侨居檀香山的大哥孙眉,由孙眉资助基本上完成了中学学业。檀香山之行,使他接触了一个新天地,了解了美国的总统制国家政体,这是他一生中的转折点,为他后来提出共和国思想奠定了基础。正如他自己所回忆说:"始见轮舟之奇,沧海之阔,自是有慕西学之心,穷天地之想。"①中法战争、中日甲午战争中,孙中山目睹了清政府消极避战,清军连连失利,国内人民惨遭杀害,海外侨胞悲愤情绪。这一切促使孙中山认清了清政府的腐朽,坚决走上以武力推翻清朝反动统治的革命道路。

1894 年 11 月,孙中山在檀香山约请赞成反清革命的侨胞 20 余人,讨论并建立革命组织——兴中会。在会员的入会誓词中提出:"驱除鞑虏,恢复中华,创立合众政府。""合众"就是共和,在中国政治制度史上第一次提出了可以不要皇帝的命题。1903 年,孙中山在日本东京青山建立革命军事学校时,又提出了"驱除鞑虏,恢复中华,创立民国,平均地权"的革命主张。同年 7 月 30 日,中国同盟会建立时,孙中山又将上述十六字方针规定为中国同盟会纲领。1905 年 10 月,同盟会机关报《民报》创刊,孙中山在《民报发刊词》中将同盟会的十六字纲领概括为民族、民权、民生三大主义。所谓民族主义包括"驱除鞑虏,恢复中华"两项内容,即推翻清王朝的反动统治,变半殖民地半封建的中国为民族独立的中国;所谓民生主义,主要内容是"平均地权",亦即社会革命,这是孙中山用以解决土地问题的纲领;所谓民权的主要内容是"建立民国",即推翻封建君主专制制度,建立资产阶级的民主共和国。这是"三民主义"的核心,也是孙中山所说的政治革命。它以"天赋人权"的理论为基础,号召人们为自由、平等的民主政治而斗争。孙中山说:"中国数千年来都是君主专制政体,这种政体,不是平等自由的国民所堪受的。"②专制暴政的根本特征就在于广大人民毫无政治权利,任凭官吏宰割。"无论为朝廷之事,为国民之事,甚至为地方之事,百姓均无发言或与闻之权。其身为官吏者,操有审判之全权,人民身受冤枉,无所吁诉。"要改变这种状况,必得共和,舍此,不能解除人民身受的冤枉。他在《军政府宣言》中明确指出:"凡为国民皆平等以有参政权。大总统由国民公举。议会以国民公举之议员构成之。制定中华民国宪法,人人共守。敢有帝制自为者,天下共击之!"③同时,还提出在建立民国之后分为军法之治、约法之治和宪法之治三个时期,以逐步建设和巩固新建立的民主共和国。可见,"辛亥革命时期,他所为之奋斗的共和国,实质上只能是资产阶级共和国,但

---

① 孙中山:《复翟理斯函》,见《孙中山全集》,第 1 卷,北京,中华书局,1981 年,47 页。

② 孙中山:《三民主义与中国民族之前途》,见《总理全集》,演讲,甲,上海,上海民智书局,1930 年,2 页。

③ 孙中山:《伦敦蒙难记》,见《总理全集》,上海,上海民智书局,1930 年,2 页。

用资产阶级共和国来代替封建帝国,不仅是巨大的进步,而且是历史性的飞跃"[①]。

二、南京临时政府的建立及其发展

1911 年的辛亥革命是中国资产阶级领导的一次旧民主主义革命。它的发生是 19 世纪中叶鸦片战争以来,帝国主义侵略势力在中国加剧扩张,加速了民族矛盾和阶级矛盾斗争的结果。

早在 1895 年中日战争之前,中华民族便遭受到空前严重的民族危机。20 世纪初,帝国主义加紧瓜分中国:如英国曾进军西藏;法英势力向西北地区渗透;俄国驻兵东北不撤,企图建立"黄色俄罗斯";后来在东北地区又爆发了日俄战争。

在这种民族危机日益严重的形势下,劳动群众和一些爱国者都感到无法生活,愈益体会到必须起来进行挽救民族危亡的斗争。

腐朽的清政府在这种危机局势面前,不但不能保卫国家的利益,相反,却采取了"宁赠友邦,不与家奴"的反动政策,完全投降了帝国主义,成为封建势力勾结帝国主义共同压迫中国人民的工具。这个事实更加激起了广大人民的无比愤怒,使人们认识到中国之所以处于如此危机的境地,主要是因为卖国的清政府的腐朽无能,只有把它打倒,中国才能获得富强和独立。与此同时,清政府为了支付巨额赔款和加紧扩军,在经济上也加重了对人民的压榨。农村中广大农民纷纷破产,生活水平不断降低,严重地威胁着多数中下层群众。这一切使清政府同人民大众之间原来已经十分尖锐的矛盾更加激化了。于是,全国到处掀起了反清的革命斗争。据不完全统计,1909 年这样的反抗斗争就有 113 次,1910 年骤然增至 285 次。除了西藏、蒙古、青海、黑龙江等边远地区外,各省都普遍爆发了抗捐、抢米和反压迫的斗争,仅长江下游和两湖一带,在这一年发生抢米的风潮就有90 余次。

在广大人民群众反抗斗争的促进下,全国民主革命运动迅速地高涨起来。以孙中山为代表的资产阶级、小资产阶级的革命派,为了适应斗争形势的需要,由孙中山倡议,在 1905 年 8 月,合并了兴中会、华兴会、光复会等革命团体,成立了全国规模的资产阶级革命政党——中国同盟会,并提出了"驱除鞑虏,恢复中华,创立民国,平均地权"四大主张,作为组织活动的基本方针。

同盟会成立后,一面展开对改良派思想的论战,批判他们的"君主立宪"和散布仇视革命等言论;一面在中国南部和长江流域各省发动了武装斗争。前者,革命派击败了改良派在理论战线的影响,取得思想上的领导权,从而为资产阶级民

---

① 李时岳,赵矢元:《孙中山与中国民主革命》,沈阳,辽宁人民出版社,1981 年,120 页。

主革命奠定了理论基础;后者,动摇了清朝统治地位,推动了反清思想和革命活动在全国各地迅速高涨起来,从而为资产阶级民主共和国的诞生奠定了实践基础。

1911 年在四川、湖北、湖南和广东爆发了成为革命导火线的"保路风潮"。清政府为了镇压这些省份的人民,命令端方带领鄂军进入四川。这时湖北革命党人乘鄂军西调,武汉空虚,便积极准备举事。经过他们的许多宣传、发动工作,终于为起义创造了条件。10 月 10 日,在湖北新军中从事革命活动的革命党人团结受同盟会教育和影响的广大士兵,发动了武昌起义,打响了彻底推翻清朝反动统治的第一枪。武昌起义的成功,震动了全国,革命浪潮迅速席卷各地。不到两个月,全国 24 个省中有 14 个省响应,纷纷通电全国,宣布独立。清王朝终于被推翻。辛亥革命胜利和成功的意义,是结束了 260 余年的清王朝封建统治和 2000 余年的帝制,宣告了封建专制主义政治制度的终结。

武昌起义胜利后,革命党人面临的迫切任务就是建立革命政权。当时,同盟会对于这个胜利的到来并无充分准备,一时难以领导革命。曾经筹划这次起义的"文学社"和"共进会"的领导机关,已在事前遭到破坏,一些领导人被杀或逃散。革命是在没有领导的情况下继续向前发展的。

当起义的士兵攻克武汉后,马上遇到的是如何组织政权的问题。他们没有认识到应该由自己出面,而是希望别人来建立政权,领导他们。起义的第二天,革命党人和立宪党人在武昌前咨议局召开会议,讨论组织政府问题。革命党人接受立宪党人的提议,把一个曾经亲手杀害起义士兵的清军协统黎元洪硬拉出来当都督,推举湖北前咨议局长、立宪党人首领汤化龙担任民政总长,成立了湖北军政府。其内"最初设有参谋、军务、政务、外交四部和一个招贤馆(后改为集贤馆)。政务总长负主要行政责任,都督负主要军事责任"。[①] 为了处理当时的革命急务,革命党人中的一些骨干又组成"谋略处",实际负担起领导军政府的责任。

湖北军政府成立以后立刻宣布国号为"中华民国",主权属于人民,废除清朝皇帝年号,随后又陆续发布许多文告。在这些文告中对人民群众反抗封建压迫和剥削的斗争,表示了极大同情和支持,号召各地会党发动起义,推翻清朝统治。此外,军政府还制定了"中华民国鄂州临时约法",阐明人民享有民主、自由、平等的权利。这些措施,进一步激发了群众的革命热情,促进了革命运动更快地向前发展。

这时各省军阀和立宪党人,亲眼看到清朝统治的覆灭已成为事实,便都"见风转舵",赶紧成立都督府。有的省份仅在巡抚衙门换上一块军政府的招牌,就算革

---

① 徐争游等编:《中央政府的职能和组织结构》(下册),北京,华夏出版社,1994 年,69 页。

了命。当时革命党人由于事先既无周密布置，又不敢广泛地发动群众，当然只好把这种篡夺的阴谋，看成是革命成功的捷径。结果这些新出现的"革命政权"，很快就被旧势力所控制。

为了进一步夺取革命党人的权力，以黎元洪、汤化龙为首的旧官僚和立宪党人曾拟定了一个《中华民国军政府条例》，于 10 月 17 日公布执行。这时革命党人的"谋略处"已被取消，都督黎元洪兼总理，民政总长汤化龙兼法制局长，大批立宪派和旧官僚分任要职。军政府的实权完全掌握在这些旧官僚、政客集团手中。他们利用一切机会破坏"文学社"和"共进会"的关系，分化、打击革命党人。这些立宪党人和清朝旧官僚在窃取湖北军政府的领导以后，便积极从内部来控制革命的发展，使它尽可能带上温和的色彩。

随着革命形势的向前发展，旧的反动势力，自然要进一步窃取中央政权。1911 年 11 月 9 日，武昌方面以首义资格发出通电，请各省代表到武昌组织临时中央政府。11 日，江浙方面也建议独立各省在上海召开"各省都督府代表联合会"，组织中央政权。两个建议都是谋求本集团在临时政府中取得主要地位。第一次会议于 25 日在上海召开，并议决定名为"各省都督府代表联合会"。后来由于湖北集团的力争，代表会于 11 月底移到武汉开会。经过四天讨论，会议通过两项决议：一为"如袁世凯反正，公举为临时大总统"；二为"临时政府组织大纲"。很明显，前一决议，是立宪党人配合帝国主义、封建买办势力，对革命党人进行压迫和革命党人动摇妥协的结果；后一决议，则表明立宪党人企图通过大纲窃取中央权力，同时也表明了革命党人积极准备建立民主共和国的意图。

1911 年 11 月 30 日，武昌起义胜利的各省代表在汉口举行第一次会议，推谭人凤为议长，选王正廷、雷奋、马君武等为临时政府组织大纲起草委员，翌日草案通过并宣布实施。这是临时政府组成的根本法。

南京临时政府就是根据"临时政府组织大纲"建立的。临时政府组织大纲共分四章，仿照美国 13 州宪法的精神，采取总统制。大纲规定，临时政府是由临时大总统和行政各部、参议院、司法机关组成。

1911 年 12 月 29 日，江苏、浙江、安徽、江西、湖北、湖南、四川、广东、广西、福建、云南、直隶、山东、河南、山西、陕西、奉天 17 省代表，召开临时大总统选举大会，共出席代表 45 人，每省 1 票，共 17 票。孙中山先生得 16 票，当选第一任临时大总统。不久各省代表议决，增设副总统 1 人。次年 1 月 3 日黎元洪当选副总统。

1912 年 1 月 1 日，孙中山就任临时大总统，发表《临时大总统就职宣言书》："以忠于国，为众服务，至专制政府既倒，国内无变乱，民国卓立于世界，为列邦所公认,斯时文当解临时大总统之职。""尽扫专制之流毒,确定共和""合汉满蒙回藏诸地为一国""合汉满蒙回藏诸族为一人"。定国号为中华民国,定都为南京,规定红黄蓝白黑五色旗为国旗,国家用农历,以中华民国纪元。

从"临时政府组织大纲"中看出,临时政府采取了总统制共和国的形式。这是资产阶级国家的政权形式,也是中国资产阶级所企图建立的资产阶级共和国的形式。但这只是一种皮毛,是资产阶级的幻想而已,因为它的内容本身就否定了这一形式。如临时大总统的职权相当广泛,而又没有明确规定它对参议院负责,这就很容易让窃权者任意解释,而膨胀大总统的权力。这反映了立宪党人和旧军阀官僚早已蓄意让袁世凯做他们的领袖,并以此来吸引袁世凯的意图。而参议院的组织与职权的规定,则反映了立宪党人和旧军阀官僚通过参议院控制南京临时政府的意图。虽然组成参议院的参议员,绝大部分是革命派代表,但由于他们多是各省都督府所派,而各省都督府又多数掌握在立宪派和旧军阀官僚手中,这样参议员的言行不可避免地要受到他们所代表省的制约和牵制。至于各部改设国务员的规定,虽然革命派掌实权,但其他各派在国务员中势力也不可低估。

这样的政权,在半殖民地半封建社会的中国是行不通的。因此,在南京临时政府成立之后,帝国主义和国内反动势力便开始加紧破坏革命和篡夺政权的活动。当时帝国主义大力支持其走狗——袁世凯,对革命方面施加压力,以便在中国重新建立起大地主、大买办资产阶级的专政。为此,他们一方面不承认南京政府,扣留了全部关税,加剧南京政府财政上的困难;另一方面则对袁世凯集团继续给予财政援助和政治上、外交上的充分支持。

在这种情况下,南京临时政府成立后的主要活动,仍然是继续进行"南北议和"。所谓"南北议和"不过是中外反动派合作演奏的一场破坏革命的双簧戏。早在1911年11月底就由英国领事出面向南北双方提议调停。12月初双方代表开始在汉口英租界进行谈判,后来又转移到上海继续举行。在上海正式谈判开始前,北京各国使节举行会议,决定一致行动,对革命方面施加压力,促其妥协。结果在中外反动势力的联合进攻下,以孙中山为首的革命派,不得不退缩妥协了。1912年1月22日孙中山发表声明,表示只要清帝退位,袁世凯宣布绝对赞成共和,即由参议院选举他为临时大总统。袁世凯得到继任总统的保证后,就逼迫清帝退位,清帝溥仪在2月12日正式下诏退位。2月13日孙中山放弃临时大总统职务,15日参议院选举袁世凯为临时大总统。3月10日袁世凯在北京宣誓就职,4月5日参议院决议临时政府迁往北京。至此,资产阶级共和国和南京临时政府一同夭折。大地主、大买办的代表袁世凯就这样在中外反动势力的支持下,轻而易举地攫取了辛亥革命的全部成果。

1911 年,伟大的辛亥革命失败了。

三、南京临时政府的性质与特点

1912 年 1 月 1 日建立的中华民国临时政府是资产阶级民主革命的产物,是辛亥革命成功的一个标志。毛泽东同志指出,中国的"大总统……第一个是孙中山,他是好的"[①]。列宁也曾经说过:"这里的亚洲的共和国临时大总统是充满着崇高精神和英雄气概的革命民主主义者。"[②]

南京临时政府是革命的资产阶级临时政权,而不是革命派、立宪派、旧官僚三种势力的联合政府。一个政权的性质主要取决于由哪一集团掌握和它所实行的政策,而并不取决于都有什么人参加。其中主要看哪一个集团掌权,谁说了算。

首先,从形式上看,临时政府的总统、副总统、国务员共 11 人,其中,革命派 4 人,旧官僚 2 人,立宪派 2 人。此外,还有几乎没有作用的海军总长黄钟英是起义的舰长,司法总长伍廷芳和财政总长陈锦涛都是留学外国、深受西方影响的"法界前辈"和"理财专家"。虽然形势造成各派联合的局面,但是,政权基本上掌握在以孙中山为首的革命派手中。立宪派、旧官僚之所以担任副总统及内政、实业、交通等部总长职位,是革命派团结、借用他们的社会影响和经济力量的结果,而其实权又通过"部长取名,次长取实"的办法,掌握在革命派手中。从组织原则上看,临时政府是按照孙中山的主张采用美式的所谓总统制的原则组织而成的,而且,临时总统直接掌管九部三局。总统府的主要长官又基本上是革命党人。从参议院组成看,43 名参议员中,同盟会员 33 人,自治学社 1 人,绅士 1 人,立宪派只有 8 人,而且这 8 人中有半数是北方未独立省咨议局的代表,他们在临时参议院内几乎"未尝敢有所主张者"[③]。

其次,南京临时政府各项政策的制定和实施,也反映了资产阶级的意愿。从施政的总方针看,对内要实现民族、领土、军事、内政、财政的统一,对外要将清政府"辱国之举措与排外的心理,务一洗而去之,持和平主义。与我友邦益增睦谊"。[④] 从政治上看,南京临时政府宣布人民有选举、参政的"公权"和居住、言论、出版、集会、信教等"私权""许其一体享有公权、私权"。禁止蓄辫、缠足、赌博,严

① 毛泽东:《新民主主义的宪政》,见《毛泽东选集》,合订本,北京,人民出版社,1964 年,694 页。

② 列宁:《中国的民主主义和民粹主义》,见《列宁选集》,第 2 卷,北京,人民出版社,1962 年,424 页。

③ 谷钟秀:《中华民国开国史》,上海,泰东图书局,1917 年,49 页;胡汉民:《胡汉民自传》,台北,台湾传记文学出版社,1969 年,54 页。

④ 孙中山:《大总统宣言书》,见《总理全集》,台北,近芬书屋,1944 年,4 页。

禁种植和吸食鸦片。从经济上看,保护个人私有财产,颁布了保护工商业的规章:奖励华侨国内投资,发展工商业。从文化教育上看,宣布"凡各种教科书,务合乎共和民国宗旨,清学部颁行之教科书,一律禁用"。这些政策的实施无疑说明南京临时政府是资产阶级革命政权。

根据《中华民国临时政府组织大纲》,我们不难看出合众政府在体制上有如下特点。

一是临时政府采用总统制,临时大总统负有实际政治责任。临时大总统有统治全国、统率海陆军之权。虽然宣战、媾和、缔结条约、制定官制、官规、任免文武职员及国务员、外交专使的职权"得参议院同意",但是大总统不对参议院负责。同时,虽然临时政府体制仿造美国的总统制,但是美国总统是由公民直接或间接选举产生,而合众政府的总统是由参议院选出,由此开创了民国时期历任总统均由立法机关产生的先河。

二是参议院由各省都督府派代表组成。这是学习美国13州代表举行会议选举总统的方法,赋予地方以决定中央政府大权,致使临时政府具有联邦制色彩。

三是三权分立不完善,只有立法、行政的分立,而没有独立司法部门。原来虽然设置了司法部,但只是行政部门之一,立法机构只是地方势力的代表,还不能完全代表民意。[①]

第三节　南京临时政府的国家元首

合众政府是辛亥革命胜利后所建立的。它虽然仅仅在历史上存在了91天,但正如孙中山先生所说:是破天荒的伟大壮举。它宣告了封建主义政治制度的破产,揭开了民主共和制政体新的一页。

一、临时大总统

合众政府的国家元首称临时大总统始于孙中山。

从临时大总统的产生方式看,1911年11月30日,武昌起义胜利。各省代表在汉口制定了"临时政府组织大纲"。这个大纲依照北美13州宪法的精神,采取了总统制组织形式,并规定临时大总统由各省都督府代表选举,以得票满投票总

---

① 刘伟,饶东辉:《中国近代政体发展史》,武汉,华中师范大学出版社,1998年,114页。

数 2/3 以上者当选,而代表投票权,以每省 1 票为限。当时 17 省代表参加了会议,孙中山以 16 票当选了临时大总统。1912 年 1 月 1 日,中华民国临时政府宣布成立,孙中山在南京宣誓就职临时大总统。

临时大总统的职权包括:①行政权。经参议院的同意,由临时大总统制定官制、官规、任命国务员及派遣外交专使,并批准各部总长。②军权。临时大总统有统率海陆军的大权。③和战权。临时大总统经参议院的同意,有宣战、媾和及缔结条约之权。④设立法院权。临时大总统经参议院的同意,有设立临时中央审判所之权。可见临时大总统的职权并不算小,但与王权政府和皇权政府的国家元首相比,受到很大限制,亦即临时大总统任何重大决策,须受参议院的同意方可实施。这正是与以往任何国家元首相比的进步之处,也恰恰是孙中山创新之点。孙中山合众政府的建立,标志着统治中国 260 多年的清王朝的结束和延续 2000 多年的封建帝制的覆灭,标志着中国历史上资产阶级共和国的诞生。但是,它的胜利又是暂时的、局部的。这一方面体现在当时祖国南北并未实现统一,出现了孙中山的南京政府和袁世凯的北京政府并存对立;另一方面合众政府内部立宪派和官僚派,暗中勾结袁世凯破坏革命,使孙中山的临时大总统仅存在 91 天,其政权最终被袁世凯所掌握。

但是,孙中山并没有屈服。从 1917 年至 1923 年,孙中山曾先后三次在广东建立政权,同北洋军阀的北京政府相对抗。这体现了他在辛亥革命和"二次革命"失败后,为坚持民主革命,打倒军阀,统一中国,建立真正的民主共和国而艰苦奋斗、不断前进的革命精神,也是后来建立广东政府的前提和基础。因此,"孙中山是为我们祖国的独立和自由而奋斗终生的战士"[1],是"中国革命民主派的旗帜",是"全心全意地为了改造中国而耗费了毕生的精力,真是鞠躬尽瘁,死而后已"。[2]

二、总裁会议之主席

1917 年张勋复辟失败后,直系军阀首领冯国璋占据了大总统职位,皖系军阀首脑段祺瑞乘机僭任国务院总理。孙中山先生迭电提出"拥护约法、恢复国会、诛锄叛逆"的主张。段祺瑞拒绝恢复约法和国会,想要召集临时参议院,代行国会立法权,企图毁法造法。这引起了一些爱国、护法志士的不满。

这种不满,主要来自三个方面:一是以孙中山为首的"中国革命民主派"。他

---

[1] 周恩来:《在孙中山先生逝世三十周年纪念大会上的讲话》,见《人民日报》,1955-03-12。

[2] 毛泽东:《纪念孙中山先生》,见《毛泽东选集》,第 5 卷,北京,人民出版社,1977 年,311~312 页。

们对《临时约法》和国会制度是积极拥护的,以民主主义者的立场,反对北京政府的伪共和,身体力行,提出了护法的口号。二是来自北京政府内部,以海军总长程璧光和参议院院长林森、众议院院长吴景濂为首的北京政府的反对派,积极响应孙中山先生的护法主张,离开北京来到广州。三是西南各省军阀也顾虑北洋军阀段祺瑞政府利用临时参议院,代行国会立法权,向西南扩展势力,因此也极力反对段祺瑞政府,主张恢复旧国会,与孙中山"联合",以巩固自己的统治地盘。因此,孙中山先生于1917年7月6日乘海琛军舰由上海抵广州。当时广东省议会和督军陈炳焜等对孙中山等人表示欢迎。7月18日,孙中山先生与广东督军陈炳焜、省长朱庆澜商谈,邀请国会议员来粤召开国会和组织护法政府。接着海军总长程璧光和第一舰队司令林葆怿也于22日由吴淞率领全部舰队驶粤,8月5日驶入黄埔。同时,北京的国会议员纷纷南下,表示拥护约法。

国会议员大量南下,当然要召集会议。8月18日参、众两院议员到广州的共有130余人,其中包括参议院院长林森和众议院院长吴景濂。举行谈话后,决定组织国会非常会议。由于不足开会的法定人数,因此称之为非常会议,这个国会一般称为非常国会。

8月25日,来粤议员召开非常会议。29日,通过《国会非常会议组织大纲》。依该大纲所定,国会非常会议以现任国会议员组成,至内乱戡定、《临时约法》的效力完全恢复为止。非常会议设正副议长各1人,就现任两院正副议长推定之。30日,国会非常会议通过了《中华民国军政府组织大纲》,规定:为戡定叛乱,恢复《临时约法》,特组织中华民国军政府。军政府由国会非常会议产生,其组织法由国会议决,其主要人员由国会选举。军政府为护法的最高机关,设大元帅1人,总揽行政权,其地位既是国家元首,对外又代表国家;元帅2人,协助大元帅筹商政务。大元帅、元帅均由国会非常会议分次选举,以得票过投票总数之半为当选。9月1日,非常会议根据这个《大纲》选举大元帅,孙中山在91票中以84票当选。次日补选元帅2人,陆荣廷以76票、唐继尧以91票当选。这两个元帅,都是西南军阀,可见军政府主要是依靠西南军阀建立起来的。

9月10日军政府宣告成立,孙中山宣誓就职。大元帅府设在广州河南士敏土厂址。

军政府设在广州黄埔公园。军政府设都督若干人。《军政府大纲》第十一条规定:"以各省都督赞助者任之。"

军政府虽然成立,以护法号召全国,但其内部冲突颇为剧烈。陆荣廷和唐继尧被选为元帅,不愿和孙中山通力合作,陆荣廷甚至致电非常国会,反对另组政府。唐继尧也来电表示不受元帅之职。其他一些总长也多不愿就职,军政府陷于孤立的窘境之中。加之军政府内部对北京政府有和战两派,陆荣廷等人暗谋与北京政府的冯国璋、段祺瑞言和。孙中山先生则坚持必须恢复约法和国会。到了1918年1月9日,陆荣廷以北方主战派皖系军阀段祺瑞下台、直系军阀冯国璋发表停战布告为由,推出岑春煊为议和总代表。1月20日,主和分子联络西南各省实力派,组织所谓"西南自主各省护法联合会",并颁布所谓《中华民国护法各省联合条例》。这时桂系军阀终于动手逼走孙中山。他们收买了原属国民党左翼的众议院正副议长吴景濂、褚辅成,于5月4日,在议长吴景濂借口保护议会而擅自调来军警监视下,由非常国会通过了"修正军政府组织法案"。孙中山先生见事不可为,同日向国会非常会议辞去大元帅之职。5月5日,孙中山在辞职通电中斥责滇桂两系军阀"态度暧昧,置根本大法于不问"。又沉痛地指出:"吾国之大患,莫大于武人之争雄,南与北如一丘之貉,虽号称护法之省,亦莫肯俯首于法律及民意之下。……军政府虽成立,而被举之人多不就职,即对于非常会议亦莫肯明示其尊重之意。"[①]从此,西南护法组织又进入一个新阶段。

这时军政府依5月18日非常会议议决的《修正军政府组织大纲》改大元帅独任制为总裁会议制。军政府的性质,依据《修正军政府组织大纲》第一条规定:"中华民国军政府……行使中华民国之行政权。"第十六条又说:"军政府执行《约法》上之大总统职权时,依《约法》之规定,但须以代理国务院摄行大总统职务资格行之并对国会负责。"这说明军政府又具有国家元首资格。军政府设总裁会议,由总裁组成。总裁由国会选举,以得票过出席议员总数的半数为当选。"总裁以会议制行使其职权,总裁会议每次以推1人为主席。"5月20日,选出了政务总裁7人,即唐绍仪、唐继尧、陆荣廷、伍廷芳、孙中山、林葆怿、岑春煊。7月5日改组后的军政府宣告成立。8月21日军政府举行政务会议,推举岑春煊为主席总裁。总裁职权有八项:一是代表军政府,总揽会议。二是任免文武职员,但须国会同意。三是提案交国会议决。四是主持国内和战事宜,但和平条约非经国会同意不得签字。五是接受外国全权代表,办理外交,订立契约,但关于对人民有负担的契约须国会同意。六是募集内外公债,但须经国会议决。七是承认护法军队或救国军队的加入。八是统筹军备和作战计划。孙中山虽然被选为七总裁之一,但是实际权力已被西南军阀所篡夺,再不可能贯彻其"护法"主张,遂于1918年5月21日离开广州赴上海。

以"护法"为目的的军政府的建立,不仅仅"在反对北洋军阀反动统治这一点

---

① 孙中山:《辞大元帅职通电》,见邹鲁《中国国民党史稿》,第4册,北京,商务印书馆,1938年,1026页。

上,有一定的进步意义",孙中山维护它的尊严,维护民主和维护由其而产生的共和国的体制,这在毫无民主的半殖民地半封建的中国,有重大的积极意义和进步意义。但是,由于"护法"的口号,一方面已落后于形势的发展和群众的需要;另一方面其所依靠的是西南军阀,而西南军阀并不是真正要维护民主共和,只是利用孙中山的"护法"旗帜抵制段祺瑞的武力吞并政策。因此,其结果必然使军政府夭折,转而使之成为滇桂军阀维护其统治的工具。

三、非常大总统

1920年,南方军阀发生了粤桂战争。粤军陈炯明率部自闽回粤驱走桂系军阀广东督军莫荣新。岑春煊与陆荣廷、林葆怿等于10月24日发表联合宣言,解除军政府职务,于是国会和军政府无形取消。

1920年11月,孙中山自上海重返广州恢复军政府,宣言继续护法。他认为:"要平定西南,巩固民国基础,必须建立正式政府。"[①]1921年4月7日,国会非常会议(因当时到粤议员仅200余人,不足开会法定人数)和参众两院联合通过了《中华民国政府组织大纲》,孙中山"以228票对2票通过。被举为中国之大总统"[②]。因系非常国会选出,故习称"非常大总统"。其职权是总揽政务,发布命令,统率海陆军,任免文武官吏,对外代表中华民国,设各部掌管部务,各部部长由大总统任免。孙中山之所以撤销军政府,改设中华民国的正式政府,改总裁制为总统制,直接原因是军政府各总裁不能到政府办公,必须改组,才能发挥效能;基本原因是当时形势下,孙中山对政权问题有了新的认识。"仿南京政府办法在广东设立一个正式政府,以为对外之总机关。"[③]这个政权的使命即是以武力推翻北京非法政府,建设真正的民主共和政府。值得注意的是这一非常总统制,不设内阁,各部部长直接由大总统任免,接受大总统的指挥。同时任免政府高官既不必副署,又不必国会同意,整个《中华民国政府组织大纲》的条文没有做出国会对大总统进行制约的规定。7月,平定广西,孙中山又任马君武为广西省省长。10月8日,孙中山为"贯彻护法主张",提请非常国会通过了北伐案,把斗争矛头直指北京政府。11月15日,孙中山至桂林设立北伐大本营,以胡汉民为秘书长,李烈钧为

---

① 《民国时报》,1921-03-08。
② 菲利浦·海登:《新建设的中国》,见《民国日报》六周年纪念特刊,1922年。
③ 孙中山:《在广州军政府的演说》,见《孙中山全集》,第5卷,北京,中华书局,1985年,450~451页。

参谋长,许崇智、李福林、朱培德、彭程万、谷正伦分别为粤、福、滇、赣、黔军总司令。[①] 1922 年 5 月 4 日,孙中山发布北伐令,6 日赴韶关设大本营(原为桂林),改道从江西北伐,旋发布总进军令。以李烈钧为北伐军总司令,许崇智为总指挥,分兵三路,进攻江西。后因陈炯明叛变,北伐军回师。由于陈炯明得到帝国主义和直系军阀的支持,双方力量对比悬殊,第二次护法运动失败。8 月 9 日,孙中山乘英舰"摩轩号"离广州赴上海。

两次护法运动的失败,以护法为目的的两个广东政府的夭折,使孙中山先生认识到"护法断断不能解决根本问题",得出了南北军阀"如一丘之貉"的结论。它的失败表明了中国资产阶级旧民主主义革命已经陷入了绝境,进步的中国人在为国家和民族寻找一条新的解放道路。

四、大元帅

孙中山自辛亥革命失败后,一直坚持资产阶级民主革命派的立场,与北洋军阀政府相对抗,但是不断地遭到挫折,找不到革命出路。尤其是 1922 年 6 月,当孙中山从韶关前线回到广州的时候,陈炯明便发动他的部队袭击总统府,公开叛变,导致第二次护法运动失败。这次失败使他感觉到,仍采用依靠军阀打军阀的方法,革命是不能成功的,要取得革命胜利,就必须寻求新的道路和方法。

(一)孙中山晚年思想的伟大转变

俄国十月革命和五四运动都曾给孙中山以希望,中国共产党的成立,更给予孙中山以深刻的影响。对五四运动中群众的力量,孙中山认为:"于此甚短之期间,收绝伦之巨果,可知结合者即强也。……若诸君于此举足轻重之机来助我主张,予信北京政府从此更不能再拒吾人也。"[②]1921 年 8 月,他在复俄罗斯苏维埃共和国外交委员会的一封信中表示了要学习俄国的愿望。信中说:"我非常注意你们的事业,特别是你们的苏维埃组织,你们的军队和教育组织。"[③]同年,共产国际代表到中国。经李大钊介绍,曾到广西桂林会见了孙中山,向他提出了关于中国革命问题的两点建议:一是要有一个能联合各阶层尤其是工农群众的政党;二是要有革命武装的核心,要办军官学校。孙中山表示赞同这些建议。正当孙中山

---

① 毛思诚:《民国十五年以前之蒋介石先生》,第 3 册,台北,龙门书店,1965 年,95 页。

② 孙中山:《救国之急务》,1919-10-18,《在上海寰球中国学生会演讲》。

③ 孙中山:《致俄罗斯苏维埃社会主义共和国外交部信》,见《孙中山选集》(上卷),北京,人民出版社,1981 年,436 页。

在广州被陈炯明部队袭击的时候,亦即 1922 年 6 月,中国共产党发表了《第一次对时局的主张》。在这个文件中,一方面鼓励孙中山领导国民党所进行的民主主义斗争,赞扬他们"是革命的民主派";另一方面也对他们进行善意的批评,指出"民主派若不坚守革命的方针而与军阀妥协",不依靠群众,"永远不能用革命的手段从反动派代表军阀首领手里夺得政权"。尝过多次失败苦头的孙中山热情地接受了这种帮助和批评,逐渐觉悟到应当联合苏俄,联合共产党,接受中国共产党的建议,于 1922 年 9 月 4 日在上海召集了有中国共产党参加的研究国民党改组计划会议。又于 1923 年 1 月 26 日,与苏俄代表越飞发表联合宣言,正式确定了联俄政策下平等的中俄关系。孙中山在他的晚年,终于顺乎时代的潮流,找到了新的革命道路,开始了他一生中最伟大的转折。

(二) 孙中山建立大元帅府

孙中山在苦闷和绝望中,得到共产国际、苏俄政府和中国共产党的帮助,增加了勇气和信心。为了消灭陈炯明叛军,重新建立广东革命根据地,1922 年 10 月,孙中山将驻扎福建的北伐军改为讨贼军,任命许崇智为东路讨贼总司令。后又以滇军杨希闵、桂军刘震寰等组成了西路讨贼军。1923 年,孙中山通电讨陈,命令讨贼军"为国家除叛逆,为广东去凶残"[①],进军广州、逐出陈炯明。2 月 21 日,孙中山由上海返回广州,第三次在广州建立政权,重新建立大元帅府。其地址初为广州大东门外农林试验场,后迁到河南士敏土厂址。3 月 2 日,大元帅大本营组成,孙中山任大元帅,总揽军政大权,任免文武官员。

大元帅大本营的组织和职掌是非常性的,其特点如下:"第一,大元帅不由国会产生,故不对'民意'机关负责。第二,大元帅具有极大的权力。处理一切重要政务,指挥、调度各军,任免重要官吏,决定政府机关的设置或裁并,公布条例、发布命令等。第三,另设司法机关,这是历来所没有。"[②]总之,大元帅府既是军事最高统帅机关,也是当时广州地区的政权机关。

孙中山三次在广东建立政权,充满着失败的教训和成功的经验。这些经验和教训正是后来的广州国民政府汲取的"政治营养"。这种"政治营养"集中地表现在,它使孙中山认识到:要取得胜利,必须联俄、联共、扶助农工,舍此"断无成就"。

---

① 孙文:《孙大总统讨陈炯明电》,见《民国日报》,1923-01-05。
② 钱实甫:《北洋政府时期的政治制度》(下册),北京,中华书局,1984 年,456 页。

第四节 南京临时政府的中央机构及其职权

合众政府是按照资产阶级民主政治原理和"三权分立"原则组建的,实际是总统制民主共和政体。临时政府由行政、立法、司法机关三个部分组成,并以"抑制与均衡"的原则协调三部分,互相牵制,分工合作,保证资产阶级权力的行使。

一、南京临时政府的中央机构及其职权

1911 年 11 月 30 日,武昌起义胜利的各省代表在汉口举行第一次会议,推谭人凤为议长,选王正廷、雷奋、马君武等为"临时政府组织大纲"起草委员,翌日草案通过并宣布实施。这一草案是临时政府组织的根本法。

南京临时政府就是根据"临时政府组织大纲"建立的。临时政府组织大纲共分四章,仿照美国 13 州宪法精神,采取总统制。大纲规定,临时政府是由临时大总统和行政各部、参议院、司法机关组成。

(一)临时大总统和行政各部

根据"临时政府组织大纲"规定:临时大总统、副总统由各省代表选举并以得满投票总额 2/3 以上者当选。代表投票权以每省 1 票为限。可见,大总统和副总统是间接民主选举方式产生的。大总统"有统治全国之权","有统率海陆军之权",经"参议院之同意,有宣战、媾和及缔结条约之权",有"兼任免文武职员""任免国务各员及外交专使"之权,"有设立临时中央审判所之权",但需参议院同意。副总统"受大总统之委任代行其职权"。

临时大总统的直辖机关,可分为两类:一为总统府秘书处,内分总务、文牍、军事、财政、民政、英文、电报 7 科;二为法制局、印铸局、铨叙局、公报局、参谋部等机关。它们分别为总统的办公、参谋、秘书、法制、规章、新闻、印刷、铸造有价证券的协理部门。1 月 2 日总统任命胡汉民为总统府秘书长。

临时大总统领导下各部及其长官。1912 年 1 月 3 日,通过了孙中山所提各部总长、次长任命名单:陆军总长黄兴、次长蒋作宾;海军总长黄钟瑛,次长汤芗铭;外交总长王宠惠,次长魏宸组;司法总长伍廷芳,次长吕志伊;财政总长陈锦涛,次长王鸿猷;内务总长程德全,次长居正;教育总长蔡元培,次长景耀月;实业总长张謇,次长马君武;交通总长汤寿潜,次长于右任。值得注意的是,不但全部次长清一色是留学日本、欧美的青年知识分子,而且除汤芗铭已退出同盟会外,其余次长

都是同盟会的骨干。他们代理总长处理部务、制定政令、出席国务会议，所以当时有"次长内阁"之称。

临时大总统领导下的各部职权及其组织。陆军部管理陆军军事教育、卫生、警察、司法并编制军队事务，监督所辖军队官兵。其组织设有 2 处 7 局：秘书处、副官处，军衡局、军务局、军械局、军需局、军学局、军医局、军法局；海军部管理海军一切军政事务，监督所辖军队官兵。其组织设有 1 处 4 局：军机处，船政局、军政局、教务局、经理局；外交部管理外国交涉及关系外人事务、在外侨民事宜，保护在外商业，监督外交官及领事。其组织设有 1 处 4 司：秘书处，外政司、商务司、编译司、庶务司；司法部管理民事、刑事、诉讼事件及其他一切司法行政事务，并监督法官，其组织设有 1 厅 2 司：承政厅，法务司、狱务司；财政部管理会计、库币、赋税、公债、钱币、银行、官产事务以及监督所辖各官署的财政之事。其组织设有 1 厅 5 司：承政厅，会计司、库务司、钱法司、赋税司、公债司；内务部管理警察、卫生、宗教、礼俗、户口、田土、水利、工程以及其他公益事务。其组织设有 1 厅 4 局：承政厅，民治局、警务局、经理局、土木局；教育部管理教育学艺以及历象事务，监督所辖各官署学校，统辖学士教员；[①]实业部管理农、工、商、矿、渔、林、牧猎以及度量衡事务，监督所辖各官署。其组织设有 1 处 4 司：秘书处，农政司、工政司、商政司、矿政司；[②]交通部管理道路、铁路、航路、邮信、电报及运输造船事务，其组织设有 1 厅 4 司：承政厅，邮政司、航政司、路政司、电政司。

按照修正的"临时政府组织大纲"规定："行政各部设部长 1 人为国务员，辅佐临时大总统办理各部事务"并对总统直接负责。这样在临时大总统孙中山、副总统黎元洪之下，各部之上又设置了国务员一级机构。其组成成员是：陆军总长黄兴、外交总长王宠惠、教育总长蔡元培、内务总长程德全、实业总长张謇、交通总长汤寿潜、海军总长黄钟瑛、司法总长伍廷芳、财政总长陈锦涛。

（二）临时参议院

根据"临时政府组织大纲"的规定，设立临时参议院。临时政府成立后，就通电各省选派议员，在临时参议院未成立之前，由各省都督府代表会代行其职权。1912 年 1 月 28 日在南京召开临时参议院成立大会，到会者为广东、湖北、湖南、浙江、江苏、安徽、江西、山西、福建、广西 10 省，未到而以代表员代理者为云南、贵州、陕西、四川、奉天、直隶、河南等省，推举了林森为议长，王正廷为副议长，李肇甫为全院委员长。

---

① 据《临时政府公报》第 2～25 号，南京，1912 年。

② 各部职权，据《中华民国临时政府中央行政各部及其权限》第 2 条，见中华民国元年 1 月 30 日《临时政府公报》，南京，1912 年。

参议院议员成分如下：

同盟会员：林森、王正廷、李肇甫、王有兰、文群、汤漪、刘彦、彭充彝、欧阳声、时功玖、刘成禺、潘祖彝、陈承泽、常恒芳、凌毅、胡绍斌、陈陶怡、熊成章、黄树中、钱树芬、赵士北、金章、邓家彦、曾彦、张耀曾、席聘臣、段宇清、平刚、刘星楠、彭占元、刘懋、赵世钰、陈星南。

贵州自治学社（革命团体）：文崇高。

与革命派有密切联系的绅士：段汝骊。

立宪党人：张伯烈、杨廷栋、凌文渊、黄群、李奏、李鑫、谷钟季、吴景濂。[①]

其中革命派占临时参议院议员总数的81.4%，立宪派仅占18.6%。而且临时参议院的掌权者都是同盟会的会员，这说明革命派在临时参议院说了算，掌实权。而立宪派被吸收到临时参议院是革命派借重他们的社会影响和经济力量，在形式上造成各派联合的局面。

参议院是临时政府的立法机关。它"以各省都督府所派之参议员组织之"，"每省三人为限，其遣派方法，由各省都督自定之"。"参议院会议时，每参议员有一表决权。"由于它的临时性，议员不由民选产生。

临时参议院的职权，"临时政府组织大纲"规定：①立法权。"议决暂行法律。"②财政权。"议决临时政府之预算"，"检查临时政府之出纳"，"议决全国统一之税法、市制及发行公债事件。"③任免权。"临时大总统得制定官制官禄，兼任免文武职员；但制定官制，暨任免国务各员及外交专使须得参议院同意。"④外交权。"临时大总统得参议院之同意，有宣战、媾和及缔结条约之权。"⑤顾问权。"答复临时大总统咨询事件。"

参议院议决程序及规定包括：议决临时大总统交议事件。一般事项以到会议员的1/2票数通过有效成立；宣战、媾和、缔约等重要事项，须有到会议员的2/3票数通过有效成立，基本上是实行多数表决原则。参议院议决事件，由议长上报，经临时大总统盖印发交各部执行。

（三）司法机关

南京临时政府的司法机关是中央审判所，是高等法院。高等法院不受立法及行政机关的约束，独立行使审判权，但它在总的任务上对总统和参议院负有责任。"临时政府组织大纲"规定："临时大总统得参议院之同意，有设立中央审判所之权。"但没有具体规定司法机关的组织机构及活动原则，以后在临时约法中才确定

---

① 李时岳，赵矢元：《孙中山与中国民主革命》，沈阳，辽宁人民出版社，1981年，132页。

了一些资产阶级司法原则。①

二、中华民国军政府的中央机构及其职权

根据《军政府组织大纲》规定,军政府设置下列各部:外交部、内务部、财政部、陆军部、海军部。各部设总长 1 人,由国会分别选出(以得票过投票总数的半数当选),咨请大元帅特任。1917 年 9 月 2 日,非常国会选出唐绍仪为财政总长(未就职)、伍廷芳为外交总长(未就职,改任林森)、孙洪伊为内务总长(未就职,改任居正)、张开儒为陆军总长、程璧光为海军总长(后林葆怿继任)、胡汉民为交通总长(未就职),咨请孙中山特任。

依照《大元帅府组织条例》的规定,大元帅府设置参谋、秘书、参军三处,卫戍总司令、顾问和参议若干人。参谋处设参谋总长 1 人,参谋次长 2 人,陆、海军参谋若干人。秘书处设秘书长 1 人,酌设总务、外交、内政、财政、军事、交通、法制各科。参军处设参军长 1 人,参军若干人,设电报总管 1 人,电报生若干人。9 月 10 日,孙中山以大元帅名义任命李烈钧为参谋总长、章太炎为秘书长、许崇智为参军长、方声涛为卫戍司令、李福林为陆军总司令、林葆怿为海军司令。

从上述人员的政治背景分析,军政府主要由四种人构成:一是国民党,占大多数,如唐绍仪、孙洪伊、胡汉民;二是与国民党有历史渊源的政界要人,如伍廷芳(原南京临时政府司法总长)、章太炎(原南京临时政府枢宪顾问);三是海军,如程璧光、林葆怿;四是驻粤滇军,如张开儒(驻粤滇军师长)、李烈钧(前驻粤滇军总司令)。值得注意的是桂系与滇系未在军政府中占有位置,这与陆荣廷、唐继尧对军政府的态度有关。

军政府成立后,孙中山与西南军事实力派矛盾加剧,加之政府内部的以程璧光、唐绍仪、伍廷芳为代表的中间派不满孙中山的统治,被桂系军阀所利用,使其改组军政府的愿望得以实现。于是 1918 年 5 月 18 日,国会在政学会策划下,通过了《修正军政府组织大纲》,将大元帅制改为总裁制。5 月 20 日,非常国会选举总裁,孙中山的地位降为七总裁之一。

军政府设政务院,由政务员组成,政务院长和各总长均为政务员。政务院长由国会选举,经总裁会议任命,政务员辅助总裁,对国会负责。政务院下设 2 厅 7 部,即秘书厅、总务厅,参谋部、陆军部、财政部、交通部、内政部、外交部、司法部。

同时政务院又设"民意"机关参事会,由各省议会选出参事 2 人,经总裁会议

---

① 徐争游等编:《中央政府的职能和组织结构》(下册),北京,华夏出版社,1994 年,71 页。

任命组成,无省议会的地区,由当地法定机关选举。

军政府的军事机关除政务院所辖军事机关外,还有军事委员会和参谋部。军事委员会由各省军事长官所派的军事代表 1 人和军政府任命的军事委员会若干组成。参谋部与北洋政府参谋部同。

由以上的人员构成分析,改组后的军政府是以总裁的合议制代替大元帅的一长制。政府的主要领导成分变了,"资产阶级革命民主派的领袖孙中山被挤走了,追随孙中山的伍廷芳亦受排斥","军政府的大权落入西南地方实力派之手"。[①]

三、中华民国政府的中央机构及其职权

根据非常国会通过的《中华民国政府组织大纲》规定,政府设行政各部,由总统领导,部长由总统任免。

正式政府内设机构有:秘书厅、参军处、宣传委员会、法制委员会、总参议、庶务司、会计局。

正式政府下属机构及其行政长官包括:即政府各部首领在军政时期称总长,成立正式政府后改称部长。政府阵容如下:外交部长伍廷芳兼任财政部长、陆军部长陈炯明兼内务部长(后内务部长为居正)、海军部长汤廷光、参谋部长李烈钧、司法部长徐谦,另有大理院,未设院长,院务由司法部长处理,秘书长马君武,后为谢持,总参议胡汉民。

四、大元帅府的中央机构及其职权

1923 年 3 月 2 日,孙中山正式就任中华民国陆海军大元帅,政权机构的名称是"中华民国陆海军大元帅大本营"。它兼有军事统率和政府行政双重职能。

大元帅大本营机构设置如下:

大元帅大本营内设机构有:

总参议胡汉民,为大元帅智囊团首席成员,参议若干名,均为有一定声望之士,如田桐、张继、邓泽如、谢持、居正、戴季陶、丁惟汾、茅祖权、张知本、覃振、王法勤、王用宾等;

参军处参军长朱培德,10 月东征陈炯明以后由张开儒继任;

参谋处参谋长蒋介石,未到任,4 月辞职,先后由张开儒、李烈钧接任;

---

① 　陈端云:《现代中国政府》,长春,吉林文史出版社,1988 年,110 页。

秘书处秘书长杨庶堪，翌年1月改任广东省长后，由廖仲恺接任；

审计局局长刘纪文；

会计司司长王棠；

庶务司司长陈兴汉。

大元帅大本营下属机构有：

军政部部长程潜；

外交部部长伍朝枢；

内政部部长谭延闿，改任湖南省长兼湘军总司令后由徐绍桢接任；

财政部部长廖仲恺，5月改任广东省长后，由叶恭绰接任；

建设部部长邓泽如，后专任国民党党务，由林森接任；

海军部部长汤廷光；

参谋部部长李烈钧。

此外，还有如下机构：

航空局局长杨仙逸，牺牲后陈友仁继任；

宣传委员会委员长陈独秀，委员谭平山、刘成禺、黄昌谷等，12月该机构撤销；

财政委员会，成员均为兼职，有当时的大本营秘书长廖仲恺、财政部长叶恭绰、广东省长杨庶堪、广州市长孙科等30余人；

金库长林云陔，不久机构撤销，改设中央银行；

中央银行行长林云陔；

筹饷总局总办廖仲恺（兼）；

兵站总监罗翼群；

大理院院长赵士北，后因主张"司法不党"，孙中山以其违反"以党治国"下令免职，改任吕志伊；

总检察厅检察长卢兴原；

大元帅行营，设立于1923年6月的东征中，机构十分精干。孙中山任命蒋介石为行营参谋长，古应芬为秘书长。7月，蒋介石辞职回奉化，孙中山命高级参谋杨蓁暂代。

第五节　广州和武汉政府的建立及其性质的演变

1921年7月中国共产党诞生，使中国革命的面貌焕然一新。中国共产党在积极领导工农运动的同时，大力帮助孙中山改组国民党，并于1924年1月在广州召开了国民党第一次全国代表大会。大会正式通过了共产党员、社会主义青年团员以个人资格参加国民党,标志着国共合作的形成。1925 年 7 月 1 日国民政府在广州成立。随着北伐战争的节节胜利,国民政府于 1926 年底迁都武汉,又称之武汉国民政府。

广州、武汉政府在中国共产党的帮助和工农运动的推动下,根据革命发展需要,制订了许多切实可行的政治制度。但是,正当革命迅猛发展的时候,隐藏在革命队伍内部的国民党右派蒋介石、汪精卫,公开叛变革命,使国民政府变成了大地主大资产阶级专政的工具。

一、广州政府的建立及其施政纲领

广州政府是 1925 年 7 月 1 日在广州成立的。它是一个"国共合作"的"联合政府"①,是中国共产党在一定程度上领导的,"无产阶级在不同程度上参加了的,小资产阶级,民族资产阶级以及一部分地主阶级联合的,带有不同程度的新民主主义色彩的专政"。②

(一)广州国民政府的施政纲领

1923 年 11 月,中国共产党帮助孙中山召开了国民党改组特别会议,发表了《中国国民党改组宣言》。由孙中山委任 9 人组成临时中央执行委员会,起草了党纲草案。商定了共产党员以个人名义参加国民党的原则。

这次会议后,中国共产党中央委员会随即向各地方的党组织发出关于帮助国民党改组的通告,要求各地方党组织,在有国民党组织的地方共产党员立即加入国民党,帮助国民党地方组织改组;在没有国民党组织的地方,帮助其建立地方组织。在国民党地方组织选举出席国民党第一次全国代表大会代表和选举各该地方组织的领导机构时,力争共产党员和国民党员中的先进分子当选。

12 月初,孙中山多次发表演说,向国民党员讲述了革命的经验教训和改组的意义。他指出:"吾党历年在国内的奋斗,专用兵力;兵力胜利,吾党随之胜利,兵力失败,则吾党也随之失败。故此次吾党改组织一之目的,在于不单独依靠兵力,要依靠吾党本身力量。所谓吾党本身力量者,即人民之心力量也。"③"心力"与"兵力"同时使用,但以人民的"心力"做基础。他要求国民党员努力做到有组织、有系

---

① 毛泽东:《论联合政府》,见《毛泽东选集》,第 3 卷,北京,人民出版社,1991 年,976 页。

② 《新华社信箱.关于废除伪法统》,见《人民日报》,1949-03-14。

③ 孙中山:《要靠党员成功,不专靠军队成功》,见《孙中山选集》(下卷),北京,人民出版社,1956 年,474 页。

统、有纪律的奋斗;要学习俄国的方法、组织和训练进行改组。孙中山的这些宣传为改组国民党,为实行联俄、联共、扶助农工的三大政策制造了舆论。

1924年1月,国民党第一次全国代表大会在广州召开,到会代表165人。这些代表一半是由各省推选的,一半是由孙中山指定的。其中共产党人20多人。被指派的代表中,有共产党员李大钊等人,在各省推选的代表中,有毛泽东、林伯渠等人。孙中山指定胡汉民、汪精卫、林森、谢持、李大钊5人组成主席团,值日主持会议。大会正式通过了共产党员、社会主义青年团员以个人资格参加国民党,通过了《中国国民党第一次全国代表大会宣言》(以下简称《宣言》)、《中国国民党章程》等决议案。从此国民党改组成为工人阶级、农民阶级、小资产阶级、民族资产阶级革命联盟的组织形式。

在《宣言》中,孙中山所倡导并实施的联俄、联共、扶助农工三大政策是国民政府的施政纲领。他重新解释了三民主义,把仅仅适应旧民主主义革命的旧三民主义发展为新三民主义,它是国共合作的政治基础。这是旧三民主义的巨大发展,也是孙中山由旧民主主义者转变为新民主主义者的根本标志。

关于民族主义,在《宣言》中第一次提出了修改不平等条约,对外反对帝国主义,对内主张民族平等的新内容。主张"中国民族自求解放",以"免除帝国主义之侵略","中国境内各民族一律平等","承认中国以内各民族之自决权"。[①] 孙中山还主张中国同"被压迫的国家联合","把那些帝国主义都来消灭"。[②]

关于民权主义,主张普遍平等的民权,而对帝国主义及封建军阀则实行专政。主张以"五权分立为原则,即立法、司法、行政、考试、监察五权分立是也"。他着重指出:"为国民者,不但有选举权,且兼有创制、复决、罢免诸权。""近世各国所谓民权制度,往往为资产阶级所专有,适成为压迫平民之工具。若国民党之民权主义,则为一般平民所共有,非少数人所得而私也。……凡真正反对帝国主义之个人及团体,均得享有一切自由及权利,而凡卖国罔民,以效忠于帝国主义及军阀者,无论其为团体或个人,皆不得享有此等自由及权利。"[③]可见,新的民权主义批判了西方资产阶级共和制度,已发展到各革命阶级联合的共和制度了。毛泽东同志指出:"(新的)民权主义,是和我们所说的人民民主主义或新民主主义相符合。只许为一般平民所共有,不许为资产阶级所私有的国家制度,如果加上工人阶级的领

---

① 孙中山:《孙中山选集》下卷,北京,人民出版社,1956年,525~526页。

② 孙中山:《中国国民党第一次全国代表大会宣言》,见《孙中山选集》(下卷),北京,人民出版社,1956年,525~526页。

③ 孙中山:《中国国民党第一次全国代表大会宣言》,见《孙中山选集》(下卷),北京,人民出版社,1956年,526页。

导,就是人民民主专政的国家制度了。"①

关于民生主义。《宣言》中明确指出:"最要之原则不外有二:一曰平均地权;二曰节制资本。"前者主要表现在由国家制定土地法及地价税法等,以防止"土地权之为少数人所操纵","农民之缺乏土地沦为佃户,国家当给以土地资其耕作"。后者主要表现在凡具有独占性质或规模过大之企业,"由国家经营管理之,使私有资本不能操纵国民之生计","工人之失业者,国家为之谋救济之道"。②

总之,《宣言》确定了联合国内外革命势力,向帝国主义和封建势力坚决斗争的革命原则。它是经过共产党人的帮助,总结长期革命斗争经验教训的结果,是国共合作的政治基础,是国民政府的施政纲领。

(二)广州国民政府的建立及其组织机构

1924 年 10 月,孙中山平定了广州商团叛乱,使广东国民革命根据地得到了初步巩固。第一次东征讨伐陈炯明和平定滇军杨希闵、桂军刘震寰叛乱的胜利,使广州革命政权更加巩固。1925 年 6 月 15 日,国民党中央执行委员会政治委员会通过"改组大元帅府为国民政府"及"建国军改为国民革命军"等决议案。25 日,国民党中央执行委员会发表了政府改组宣言。7 月 1 日,公布了《中华民国国民政府组织法》,规定了广州国民政府的组织机构和活动原则。同时,国民政府宣告成立。

国民党的组织和国民政府的关系。国民党以其党章规定:党部共有中央、省、县、区及区分部五级。国民党全国代表大会为该党最高权力机关。其职权有四:(1)接纳及采行中央执行委员会和中央各部的报告;(2)修改该党政纲及章程;(3)决定对于时事问题应采取的政策和策略;(4)选举中央执行委员、候补执行委员和监察委员、候补监察委员。中央执行委员会是全国代表大会闭会后的国民党最高权力机关。其最高统治者初称总理。总理是全国代表大会和中央执行委员会的主席。主席和中央执行委员会的权力有五项:(1)对外代表国民党;(2)执行全国代表大会的决议;(3)组织并指挥各地党部;(4)组织该党的中央机关各部;(5)支配该党党费及财政等。中央执行委员会设常务委员会,由中央执行委员推定常务委员 9~15 人,常务委员会对中央执行委员会负责。中央执行委员会设秘书处,置秘书长、副秘书长各 1 人。下设组织、宣传、工人、农民、青年、妇女、调查、军事 8 部。国民党一大,改组了国民党中央的领导机构。孙中山当选为总理。当选为中央执行委员的有胡汉民、廖仲恺、李大钊等 24 人。当选为候补中央执行委员

---

① 毛泽东:《论人民民主专政》,见《毛泽东选集》(合订本),北京,人民出版社,1967 年,1367 页。

② 《中国国民党第一次全国代表大会宣言》,见胡华:《中国新民主主义革命参考资料》,北京,中华书局,1982 年,91 页。

的是邵元冲、张秋白、毛泽东等 17 人。当选为中央监察委员的是邓泽如、张继等 5
人。候补监察委员是蔡元培、许崇智等 5 人。中央执行委员 24 人中有共产党 3
人,候补中央委员 17 人中有共产党员 7 人。在中央执委会 41 人中,共产党员有
10 人,占 1/4。可见,共产党在国民党最高权力机关中占有相当的位置。

值得注意的是,与国民政府有密切联系的一个组织亦即政治委员会。其委员
初由孙中山指派,后来由中央执行委员会推定,设主席 1 人,由委员互推。下设
7 人组成主席团,此外设秘书长 1 人,秘书、办事员、书记若干人。其职权有二:
(1)在国民党中央执行委员会内,设政治委员会,以指导国民革命的进行。(2)关
于政治方针,由政治委员会决定,以政府名义行之。

国民党的组织和国民政府的关系,简单来说就是党治政府,亦即政党通过自
己的党员在国家行政机关中担任高职人员行使国家权力的一种政治制度。这种
政治制度与其他政治制度不同,它不是由宪法明文规定的,而是在政党干预政治
过程中逐渐形成的一种制度。具体来说,国民政府是由国民党所创设的,其组织
法是由国民党制定并修正的。国民政府的权力间接是由国民党给予的,主要表现
在国民政府主要官吏由国民党产生,由国民党中央执行委员会选任,特任。一句
话选官任命之权,皆掌握在国民党手中,国民政府一切政纲和政策皆由国民党制
定,而国民政府执行而已。

这种党治政府在组织制度上具有以下两个基本特点:

一是国民政府要接受国民党的指导和监督。《中华民国国民政府组织法》第
一条规定:"国民政府受中国国民党之指导及监督,掌理全国政务。"国民政府的委
员须由国民党中央执行委员会任免;国民政府要向国民党中央执行委员会负责报
告工作;对于政治方针和立法原则,要先由国民党政治委员会研究拟订方案,经中
央执行委员会审查通过后,交国民政府执行。这就表明国民党组织是革命政权的
重要构成部分,它的全国代表大会及其中央执行委员会实际上代行了国家最高权
力机关职权,国民政府则是从属它的国家政务的最高执行机关。

二是实行集体领导制和议行合一的原则。《中华民国国民政府组织法》规定:
"国民政府以委员若干人组织之","国务由委员会议执行之"。这就是以"委员会
议"的形式确立对国务实行集体领导的制度。这是在无产阶级的影响下采取的一
种新的领导制度。同时,在国民政府的机关里,既没有实行资产阶级的行政、立
法、司法的"三权分立",也没有实行孙中山的行政、立法、司法、考试、监察的"五权
分立",而是开始实行议行合一的一权制。一切权力都集中在国民党中央执行委
员会,而其他机关只是在它的统一的号令下分别行使其有关职权。

广州国民政府的中央机构由国民政府委员会、政府直辖处、行政各部、军事委

员会、监察机关、司法机关、各委员会等组成。

国民政府委员会。这是"掌握全国政务"的最高政权机关,由国民党中央执行委员会选出国民政府委员若干人组成。广州国民政府委员会 16 人。他们是汪精卫(汪兆铭)、胡汉民、谭延闿、许崇智、林森、廖仲恺、张继、于右任、古应芬、伍朝枢、程潜、戴季陶、张静江、孙科、徐谦、张人杰。其主席 1 人:汪精卫,由国民党中央执行委员会指定,当时职权只负责召集并主持国民政府委员会议或处理会议的一些日常工作,无有其他特权。下设常务委员 5 人:汪精卫、胡汉民、谭延闿、许崇智、林森。他们由国民党中央执行委员会推定,执行日常政务。国民政府委员会的职权是在国民党指导和监督下,掌理政务。其政务包含两方面内容:一是政务,由国民政府委员会议处理。二是常务由常务委员执行。一般说每周开两次会议,如有特殊情况,由主席临时召集会议。其主要内容是:听取国内情况的报告及研究对其应采取的政策;政府对外交活动应采取的行动;听取省政府报告及对其建议;听取国民政府各部委的报告及对其建议。国民政府公布法令时须"由主席及主管部部长署名。其不属于各部者由常务委员多数署名,以国民政府名义行之"。

国民政府直辖处。国民政府下设秘书、副官 2 处。秘书处受国民政府委员会主席或常委的指导,掌理秘书事务。其组织设秘书长 1 人,秘书、办事员、书记官若干人。下置总务、机要、撰拟 3 科。各置科长 1 人。总务科主要职权是掌铨叙、印铸、文书、收发、保管、会计、庶务及其他不属于各科的事项。机要科主要职权是委员会议的记录、文书编制、机要文件的撰拟、翻译、保存及典守印信。撰拟科主要职权是法令撰拟及函牍撰拟等事项。国民政府初期没有副官处,仅有值日副官,可视为副官处建立的萌芽。值日副官由国民政府副官轮流充任,受主席或政府秘书长指挥,负责承宣命令、府内军纪风纪、警戒和消防、交际及招待来宾、检查出入证章、物品等事宜。

行政各部。国民政府初只设有军事、外交、财政 3 部,以廖仲恺为财政部长、胡汉民为外交部长、许崇智为军事部长。后来又增加交通、司法 2 部,以孙科、徐谦分别任之。

外交部:1925 年 7 月成立,管理国际交涉及中外通商的一切事务。

财政部:1925 年 7 月成立,管理全国库藏、税收、钱币、会计、政府专卖、储金、银行及一切财政收支,并监督所辖各机关和公共团体的财政。

军事部:1925 年 7 月决定成立,但并未组成,详见后文军事委员会。

交通部:1925 年 11 月 13 日成立,管理全国路政、电政、邮政、航政及监督一切交通电气事宜。

司法部:1926 年 11 月改司法行政事务处为司法部,专掌司法行政事宜。

每部都设部长 1 人,次长 1 人或 2 人(设 2 人的仅有外交、财政、司法 3 部)。承国民政府的命令,管理各该部事务及监督所属职员,对地方高级官员执行该部事务有监察指示之责。部下设司、局、处、署,各部因事而设,同一部在不同时期亦有调整。司、局、处、署设长官各 1 人。之下分司科办公,置科长 1 人,科员、办事员、书记官助之。此外,还有其他部员如参事、技正、技士等。

以上各种均在国民政府委员会领导下具体执行各项事务,曾起到过一定的积极作用。但由于革命形势变化,各部长官不断变替。如:军事部长原定军阀许崇智并兼军事委员会主席,后改为蒋介石,财政部长廖仲恺被右派刺死后继任者是旧官僚古应芬等。因此,这些部门逐渐产生了本质的变化。

各委员会。国民政府初期,虽无正式立法机关,但关于法律的起草与审议,则设有专管法律的法制委员会。它直接隶属于国民政府,掌理拟订或审定一切法制事宜。其组织置委员 7 人,由政府委派,事务员 4 人,由该会委派。1926 年 4 月 12 日,国民政府明令法制委员会改为法制编审委员会。其组织置委员若干人,由政府委派,并互选 1 人为主席,此外还置事务员若干人,由该会委派。会内附设法律讨论会,由法制编审会聘请法学专家充任。教育行政委员会,直属于国民政府,内设常务委员 2 人,管理该委员会所管事务。下设行政事务厅,由秘书处、参事处、督学处构成。建设委员会委员由中央政治会议选若干人组成,并指定常务委员 7~11 人,由常委推 1 人为主席。内设秘书处,置秘书长 1 人,由常委中推 1 人兼任。该委员会主要职掌全国各项建设事宜。因此,委员会聘任国内外专家为委员或顾问,辅助该会技术性或专门性事宜。侨务委员会,由国民政府任命委员 5 人组成,并指定其中 1 人为主席。内设 1 处 4 科:秘书长,移民、组织、调查及交际 4 科。该委员会主要职掌侨务事宜。

司法机关。广州国民政府成立后,没有彻底废除旧的司法机关,基本上沿用民国初年的旧制,在中央设立大理院和总检察厅,受国民党中央执行委员会的指导和监督,分掌最高审判权和检察权。大理院设院长,下分民、刑各庭。庭内设庭长、推事、书记官长和书记官。总检察厅设有检察长、首席检察官、检察官、书记官长和书记官。广州国民政府成立初期没有设独立的司法机关,只是在大理院内附设司法行政事务处。1926 年 11 月改为司法部,其职权根据《国民政府司法部组织法》的规定:"司法部受国民政府之命令,管理全国司法行政,并指挥、监督省司法行政。"

监察机关。开始设监察院和审政院。监察院于 1925 年 8 月 1 日成立。其组织由监察委员 5 人执行政务,互选 1 人为主席,后又增设常务委员 1 人,由监察委员轮流充任以处理日常事务。1926 年 10 月 4 日,在 5 名监察委员之外,又增置审

判人员 3 人，分掌监察及审判事务。监察院下设组织变化甚大。1925 年 8 月
1 日，监察院下置 5 局 1 科：第一局掌总务和吏治。第二局掌训练和审计。第三
局掌监察邮电和运输。第四局掌监察税务和货币。第五局掌密查和检查。政治
宣传科主要宣传国民党方针和政策，指导党员和官吏遵守党规。同年 9 月 30 日，
改 5 局 1 科为 3 局 1 处 1 科：第一局掌监察考试和实业。第二局掌监察审计和财
政。第三局掌监察吏治和训练。秘书处掌文书、会计及庶务。政治宣传科职掌仍
旧。1926 年 10 月 4 日，改 3 局 1 处 1 科为 1 处 4 科：秘书处职掌仍旧。第一科考
查各种行政。第二科稽核中央及地方财政收入支出等。第三科弹劾官吏违法处
分及提出行政诉讼。第四科审判官吏、惩戒处分及行政诉讼。监察院下设组织机
构的变更，职掌的变化，反映国民政府对其重视。原因无怪乎政治路线确定之后，
官吏是一个决定因素。对其领导不是削弱，而是加强，使之成为更有利于统治者
统治的工具。审政院的前身称为惩吏院。它于 1926 年 2 月成立，接受国民党中
央执行委员会的指导监督和国民政府的命令，负责对官吏的惩处。其组织置委员
若干人，互选 1 人为主席。审理案件时，以委员 3～5 人组成合议庭，由主席任庭
长。此院下置秘书处，负责机要、文书、统计、会计、庶务等事。秘书处分科办公，
置秘书长、科长、科员、书记、雇员等。1926 年 5 月改惩吏院为审政院，同年 10 月
又将审政院并入监察院，并重新颁布了《修正国民政府监察院组织法》，设有监察
委员 5 人，其中只有 1 名共产党人，惩吏委员中则 1 名共产党人也没有，大多数是
右派、官僚，如谢持、邹鲁等人。

二、武汉国民政府的建立及其机构设置

1926 年 7 月开始的北伐战争，在中国共产党领导并参加下和工农大众的大力
支援下，获得迅速发展。其主要标志是国民革命从广东地区推进到长江流域，震
撼了帝国主义和封建军阀在中国的统治。武汉自 1926 年 9～10 月间，逐渐形成
全国革命运动的中心。11 月 8 日，广州国民党中央政治会议为适应革命时势之要
求，决定把国民政府及中央党部迁往武汉。

武汉国民政府于 1926 年 12 月从广州迁都武汉，至 1927 年 7 月汪精卫等公开
叛变革命止，统称为武汉政府时期。

（一）武汉国民政府的建立

1927 年 3 月 10 日至 17 日，国民党在汉口召开了二届三中全会。参加会议的
33 人，其中中央执行委员有吴玉章、林祖涵、宋庆龄、谭延闿、恽代英、宋子文、孙科
等 18 人；候补中央执行委员有毛泽东、董必武、邓演达等 11 人。由于出席者大多

数是共产党人和国民党"左派",所以这次会议的中心是防止个人独裁与分裂革命的活动,主要是反对蒋介石。这次会议通过的一些决议及相应的政府机关、军事机关的变化,特别是强调集体领导是有一定积极历史意义的。

会议作出的《统一党的领导机关案》中规定,全国代表大会为党的最高权力机关。大会闭会后,中央执行委员会行使最高权力,并对全国代表大会负责。在中央执行委员会全体会议前后之间,由9人组成常委会。他们是汪兆铭、谭延闿、蒋介石、顾孟馀、孙科、谭平山、陈公博、吴玉章、徐谦,对党务、政务、军事行使最终议决权。中央执行委员会下设政治委员会和军事委员会。中央执行委员会还有直属各部:组织部,汪兆铭为部长(初由吴玉章代);宣传部,顾孟馀为部长;农民部,邓演达为部长;工人部,陈公博为部长;商人部,陈其瑗为部长(后改为王法勤);妇女部,何香凝为部长;青年部,孙科为部长;海外部,彭泽民为部长。三中全会废除了国民党中央委员会主席制,采取了主席团制,由常委会互选秘书3人,执行日常党务工作。这实际上撤销了蒋介石的国民党常委会主席职务,说明了蒋介石在国民党常委会中地位的下降。

在《修正政治委员会及分会组织条例》中规定,政治委员会是中央执行委员会之下的最高政治指导机关。关于政治问题的决议案,须经中央执行委员会批准,交由国民政府执行。政治委员会由15人组成,他们是汪兆铭、谭延闿、蒋介石、孙科、顾孟馀、谭平山、陈公博、徐谦、吴玉章、宋子文、宋庆龄、陈友仁、邓演达、王法勤、林祖涵。政治委员会也废除主席制,由中央执行委员会指定7人组成主席团。他们是汪兆铭、谭延闿、孙科、顾孟馀、徐谦、谭平山、宋子文。另外根据革命需要,可在国内重要地区设立政治委员会分会。

在《中央执行委员会军事委员会组织大纲案》、《军事委员会总政治部组织大纲案》及《国民革命军总司令条例案》中,规定了"军事委员会为国民政府最高军事行政机关";"军事委员会一切会议之表决,以出席委员之过半数行之";军事委员会废除主席制,实行主席团制。军事委员会"主席团之决议及发布命令,须有主席团委员会四人签名方生效力";"军事委员会及军事委员会主席团所议决之重要案及办法,须经中央执行委员会通过方生效力","总司令是军事委员会委员之一";军官任免和出征动员,须经军委会决议,提交中执委通过,再交司令部执行。军事委员在组织方面,新规定委员的产生是由国民党中央执行委员会全体会议于高级军官中选出9~13人,并于不任军职的中央执行委员和候补执行委员中选出6人组成。主席团7人,其中由中央执行委员会指定不任军职的中央委员3人。他们是汪兆铭、蒋介石、李宗仁、唐生智、朱培德、李济深、谭延闿、程潜、徐谦、顾孟馀、孙科、邓演达、宋子文、冯玉祥、张发奎、何应钦并以汪兆铭、唐生智、程潜、邓演达、谭延闿、蒋介石、徐谦 7 人为主席团。军委会下设有总政治部、参谋处、军事制造处、海军处、陆军处、航空处、经理处、审计处、秘书处、军事教育管理处和革命军事裁判所。这些大纲案和条例案的规定,缩小了蒋介石这个总司令的权力。

(二)武汉国民政府机构设置

在《修正国民政府组织法》中规定:建立主席制,设立常委处理日常政务,国民政府委员由国民党中央执行委员会选任。国民委员会开会法定人数,由原来的全体委员过半数改为只需要国民政府所在地之委员的半数即为有效,同时国民政府又增设了劳工、农政、教育、实业、卫生 5 个部。国民政府委员有:汪兆铭、孙科、宋子文、于右任、徐谦、冯玉祥、程潜、谭延闿、陈友仁、李宗仁、谭平山、钮永建、蒋介石、柏文蔚、王法勤、吴玉章、何应钦、孔庚、彭泽民、经亨颐、黄绍雄、杨树庄、陈调元、朱培德、唐生智、李济深、宋庆龄、顾孟馀 28 人。其中国民政府常务委员会委员有:汪兆铭、孙科、谭延闿、徐谦、宋子文 5 人,以汪兆铭为武汉国民政府主席。下设外交、财政、交通、司法、农政、劳工、教育、实业、卫生等部,以陈友仁为外交部长、宋子文为财政部长、孙科为交通部长、徐谦为司法部长、谭平山为农政部长、苏兆征为劳工部长、顾孟馀为教育部长、孔祥熙为实业部长、刘瑞恒为卫生部长。值得注意的是国民党二届三中全会,通过了《统一革命势力案》,决定请共产党派干部参加国民政府与省政府,加强革命力量。故共产党人谭平山、苏兆征分别担任农政部长、劳工部长。共产党人参加武汉政府比较过去是一大进步。

国民党二届三中全会所通过的宣言和各项决议,是对蒋介石个人独裁的重大打击,提高了党权,支持了农民运动,密切了国共关系,维持了孙中山的三大政策。但是,这次会议由于受到了陈独秀右倾投降主义的影响,选举了当时还远在国外的汪精卫担任国民党中央和国民政府的主要领导职务,并继续让蒋介石担任国民革命军总司令。这就为后来发生的"四一二"和"七一五"反革命政变埋下了定时"炸弹"。

三、广州和武汉国民政府性质的演变

广州和武汉国民政府的性质演变经历了一个从量变到质变的过程。在这一过程中二政府的"国民"性逐渐转为"专制"性。

(一)蒋介石阴谋篡夺广州国民政府军政大权

蒋介石是浙江省奉化县溪口镇人,名中正,字介石。他得到上海流氓组织头子陈其美的一手提拔,挂着一个团长兼教练官的名义,经常出入娱乐场所。1920 年蒋介石便当上了上海交易所经纪人。1922 年后上海交易所恰好发生不景气的风潮，此路没有交上好运，他就想另从政治上重新寻找发财的捷径，此时陈其美已死，就要特别靠近孙中山。6月29日，蒋介石从上海到达广州，到永丰舰为孙中山作随从。1923年2月，孙中山在广州设立大元帅府，任命蒋介石为大本营参谋长。后来，又当上了黄埔军校校长兼粤军总司令部参谋长。

那么，蒋介石是怎样阴谋篡夺广州国民政府的军政大权的呢？蒋介石和以蒋介石为代表的新右派，隐藏在革命队伍内部，打着拥护孙中山三大政策的旗号，举着支持国共合作的招牌，玩弄反革命两面手法，一步一步地篡夺了领导权。

第一是在政治上。国民党"二大"召开前，蒋介石新右派在沙基惨案中害怕帝国主义；在第二次东征中害怕农民运动；在革命力量发展面前，表现动摇，企图限制。他公开要求把在黄埔军校和军队中的共产党员名单告诉他，要求共产党员或者退出共产党，或者退出黄埔军校和国民党。这个无耻要求，虽然在国民党"二大"上没有实现，但是把国民党右派的气焰鼓起来了，加之陈独秀对国民党右派在政治上让步，导致国民党"二大"选举结果出现了"右派势大，中派壮胆，左派孤立"的局面。大会选举了中央执行委员会，有汪精卫、谭延闿、胡汉民、蒋中正、谭平山、宋庆龄、陈公博等36人。其中共产党员只有7人，比原来计划的少了一半。接着大会又选举了中央监察委员会，当选为监察委员的有：吴稚晖、张静江、蔡元培、古应芬、王宠惠等12人。监委中右派占了绝对优势。

第二是在军事上。蒋介石亲手制造了骇人听闻的中山舰事件。蒋介石要篡夺军权蓄谋已久。他害怕革命力量的发展，更惧怕黄埔军校和军队内革命力量的增长。"当时黄埔军校内以共产党员为核心的青年军人联合会力量大大超过右派组织孙文主义学会的力量；军队中三个师的党代表，共产党占两个，九个团的党代表，共产党占七个，在连排班以及士兵中有了共产党的组织。"[①]这些是蒋介石篡夺军权的一大障碍。1926年3月18日，蒋介石指使其爪牙，以黄埔军校驻省办事处的名义，命令海军代理局长共产党员李之龙调派中山舰到黄埔候用。当中山舰开到黄埔时，蒋介石以共产党"阴谋暴动"的谣言为借口，于20日武装扣押中山舰，逮捕李之龙，拘留黄埔军校和国民革命军第一军中的全体共产党员。22日，国民党中央政治委员会在蒋介石的压力下作出了令苏联顾问季山嘉等回国，撤销第二师各级党代表，查办"不轨"军官决定。中国共产党被迫撤出了第一军的全部共产党员，并宣布解散中国青年军人联合会。4月16日，国民党中央党部和国民政府联席会议，改选了国民党中央政治委员会主席和军事委员会主席，由谭延闿、蒋介石分别取代汪精卫中央政治委员会主席和军事委员会主席。这样，蒋介石窃取了

---

① 朱建华等：《中国近现代政党史》，长春，吉林大学出版社，1990年，238页。

第一军的军权和国民政府军事委员会主席职务,进一步掌握了国民党的军事大权,为以后发动反革命政变准备了条件。

第三是在党务上。1926 年 5 月 15 日,国民党召开了第二届中央执行委员会第二次全体会议。会上蒋介石以"改善中国国民党与共产党间的关系"为名,提出了一个"整理党务案",目的是为了排挤、打击共产党。其主要内容是共产党应将其加入国民党的共产党员名册,交"本党中央执行委员会主席保管";共产党对参加国民党的共产党员"所发之一切训令,应先交联席会议通过";加入国民党的共产党员,"在高级党部(中央党部、省党部、特别党部)任执行委员时,其数额不得超过各该党部执行委员总数的三分之一";凡加入国民党的共产党员,"不得充任本党中央机关之部长。"①企图以此削弱和限制中国共产党在国民党中的地位。对此,陈独秀竟以共产党中央的名义,接受了"整理党务案"。结果,共产党人谭平山、林祖涵、毛泽东分别辞去国民党中央组织部长、农民部长、代理宣传部长和常务委员会秘书等要职。蒋介石做了组织部长并兼任了新设的军人部长,并捧出右派张静江当了中央执行委员会主席,甘乃光、顾孟馀任农民部长、宣传部长,叶楚伧任常务委员会秘书。6 月 4 日国民党中央执行委员临时全体会议又通过任命蒋介石为国民革命军总司令,统率陆、海、空各军。

蒋介石这三次向共产党的进攻,说明他已经背离了孙中山的三大政策,彻底地违背了国民党第一次全国代表大会宣言的精神,将中国共产党人排斥在国民党中央和国民政府领导机关之外,进一步篡夺了国民党的领导权,从而使他实际上由民族资产阶级右翼代表开始变成大地主、大资产阶级的代表,为以后发动反革命政变准备了条件。

(二)"迁都之争"是蒋介石发动反革命政变的信号

1926 年 11 月 26 日,广州国民党中央政治会议决定迁都武汉。会后,在粤的国民党中央委员会和国民政府分两批北迁。12 月,派出外交部长陈友仁、财政部长宋子文、交通部长孙科、司法部长徐谦和苏联顾问鲍罗庭以及随员 60 多人先到武汉筹备。12 月 7 日,国民党通电宣布广州的国民党中央及国民政府停止办公。

1926 年 12 月 13 日,先期到达武汉的中央委员和政府委员奉命组成"中国国民党中央执行委员会和政府委员会临时联席会议",简称武汉临时联席会议,负责国民政府和国民党中央的日常工作,执行最高职权。联席会议以徐谦为主席兼司法部长,叶楚伧为秘书长,鲍罗庭为顾问,陈友仁为外交部长,孙科为交通部长,宋子文为财政部长,此外还有宋庆龄、邓演达、吴玉章、唐生智、詹大悲、于树德、张发

---

① 参见:《国民党中央执行委员会档案》,南京,中国第二历史档案馆藏。

奎、蒋作密等。当时蒋介石也表示"赞成"联席会议代行"最高职权"。

1926年11月,北伐军占领南昌,蒋介石却把国民革命军总司令部设在这里。其目的是以军治政、以军治党,把他的司令部置于国民政府和国民党中央之上。可是,北伐军攻占武昌后,蒋介石亲眼看到两湖地区工农群众运动高涨,国民党左派和共产党人共同掌握着武汉革命政权,国民政府不但不受他的总司令部控制,而且总司令部还受到国民政府的节制。因此,蒋介石改变了他自己也曾提出过迁都武汉的主张。他一方面将嫡系部队布置于江西、福建一带,收编地方军阀,扩充实力,抢占地盘;另一方面把国民党中央主席张静江和国民政府代理主席谭延闿迎到南昌,同时,扣留了北上途经南昌的第二批国民党中央委员和国民政府委员,于1927年1月3日,在南昌召开中央政治会议第六次临时会议,以"政治与军事发展便利起见"为借口,擅自决定中央党部和国民政府"暂移南昌"。[①] 5日,他还以中国国民党中央执行委员会的名义发表了这项决定通电,以"南昌中央"与武汉中央相对抗,公开制造分裂。

迁都之争,实质上是蒋介石争夺国民政府领导权的重要步骤,是他准备叛变革命的一个信号。因此,中国共产党人和国民党"左派"坚决反对蒋介石移都南昌的图谋。1月9日,蒋介石到武汉再次提出迁都南昌问题。武汉人民集会,对其违抗国民党中央决定提出质问。2月9日,武汉国民党"左派"举行高级干部会议决定:实行民主,反对独裁,提高党权;扶助工农运动及召开国民党二届三中全会,并推选吴玉章、邓演达、徐谦、孙科、顾孟馀5人组成行动委员会,开展了一次以党权抵制军权的革命斗争。2月21日,"中央党部及国民政府即日在武汉正式开始办公",3月6日,被蒋介石扣留的国民党中央执行委员和国民政府委员赴武汉。这次"迁都之争"以蒋介石的失败而告终。

蒋介石迁都阴谋虽遭失败,但他以南昌为中心进行叛变革命的活动有增无减。一方面,他和英、美、法等帝国主义勾结,以取得他们的支持;另一方面,暗中与北京政府商谈"南北妥协"的条件。当这种勾结和商谈一完结,蒋介石便大胆地向革命进攻,加快了反革命政变的步伐。

(三)汪精卫对民众屠杀是武汉国民政府的政权性质转变的导火线

武汉国民政府的政权性质,可分为三个历史阶段。

在蒋介石"四一二"反革命政变前,武汉国民政府仍然是工人、农民、小资产阶级、民族资产阶级四个阶级联合的政权。这个阶段,在国民党"左派"和中国共产

---

① 参见:《中华民国史史料编稿,南京国民政府国史馆档案》(1927年1月),南京,中国第二历史档案馆藏。

党人的共同领导下,在政治上,继续执行孙中山的三大革命政策,坚持反对帝国主义和封建军阀。它积极依靠人民的力量收回汉口、九江英租界,顶住了英、美、日、法公使团的外交讹诈和军事威胁,维护了国家的主权。它积极支持工农运动,各地工人普遍建立了纠察队,工人的斗争由一般的政治、经济要求,发展到要求参加革命政权和参加企业管理。农民运动也有相当发展,"农民的主要攻击目标是土豪劣绅,不法地主,旁及各种宗法思想和制度,城里的贪官污吏,乡村的恶劣习惯"①。在军事上,北伐军继续兵分三路进军:东路军由赣东及闽北入浙,直逼杭州、上海;中路军由长江两岸向苏皖推进,与东路军会攻南京,并进入皖北阻止直鲁军南下;西路军主力进入豫南,并与在陕西的国民军取得联系,相机进入豫中。在经济上,采取了一些积极措施,没收军阀及其党徒的财产,统一财政,整理金融,发行公债及国库券。

在蒋介石"四一二"反革命政变后,至1927年5月中旬夏斗寅、许克祥叛变前,武汉国民政府继续保持着反帝反封建的革命性质,制定和执行了符合革命利益和人民要求的内外政策。不过这时一部分资产阶级右翼追随着蒋介石叛变了革命;但其另一部分却在汪精卫的率领下,以假"左派"的面貌隐蔽在革命阵营中。他们高唱革命词句,大叫"革命的左边来,不革命的滚开去",革命群众一时看不清他们的真面目,便拥戴他们的代表人物汪精卫担任了国民政府主席。这时武汉国民政府的政权性质有了变化,基本上成为工人、农民和小资产阶级联合专政的政权。民族资产阶级作为一个阶级来说,已经转入反革命阵营去了。这时国内形势的基本特点是,出现了三个政权(北京军阀政权、南京反动政权、武汉革命政权)和两个中心。革命中心仍在武汉,反革命中心则在南京。由于武汉国民政府处于帝国主义、蒋介石等内外反革命势力的军事包围、经济封锁形势下,武汉政府内部的汪精卫之流撕掉"左"的面纱,使武汉政府发生动摇,革命面临失败的危险。

在夏斗寅、许克祥叛变后,武汉国民政府在汪精卫集团的控制下,日益走向反动。夏斗寅是武汉国民政府所辖独立十四师师长,该师是为了防止四川军阀的进攻而驻扎在武汉西面的宜昌。1927年5月17日,夏斗寅率部叛变,乘武汉军队大部分赴河南北伐前线之机,企图推翻武汉国民政府。在此危急情况下,武汉国民政府急调卫戍武汉的叶挺部队反击,使武汉国民政府转危为安。1927年5月21日长沙驻军第三十五军第三十三团团长许克祥在其军长何键的策动下,率兵一千余人发动反革命政变,袭击湖南省工会、省农会及其他革命组织,捕杀共产党人。武汉国民政府主张用和平方法解决湖南问题,实际上纵容了许克祥叛变。在

---

① 毛泽东:《湖南农民运动考察报告》,见《毛泽东选集》(合订本),北京,人民出版社,1967年,14页。

这种情况下,汪精卫集团日益走向反动。他们利用已被其控制的国民党党政领导机关,发布一系列反动训令,压制工农运动。早在4月底,武汉国民党中央在汪精卫要求下,组织了查办湘、鄂、赣各省"过激"言行的特委。5月8日,通告农工群众团体,不准举行任何集会和示威游行。5月19日,武汉国民党中央发出"充分保护工商业者之利益",限制工人的"过火要求",禁止工人纠察队活动的训令。20日,发布了保护地主、富农的训令。24日,武汉政府发出"保护军人回产令",一律禁止土地革命,已没收的要"清查发还"。5月底,汪精卫集团通过武汉国民政府解散了湖北省两个最大的县农民协会——黄冈、黄陂农会。6月10日,汪精卫等在郑州与被反革命逆流所动摇的冯玉祥举行会议,决定公开反共。6月下旬三十五军军长何键在武汉国民党中央指使下,派兵在湖南"清乡"。29日,发布反共通电,捕杀共产党员。7月15日,汪精卫等控制的武汉国民政府不顾以宋庆龄为代表的国民党"左派"的坚决反对,悍然举行"反共"会议,公开背叛了孙中山所制定的国共合作政策。随后汪精卫等就和蒋介石一样对共产党员和革命群众实行大屠杀。这一切说明武汉国民政府已经不是工人、农民、小资产阶级联合专政的政权,而是大地主、大资产阶级专政的政权。

四、宁汉合流标志着武汉国民政府的解体

1927年4月12日,蒋介石在上海发动了反革命政变,把枪口对准了共产党和革命群众,仅3天就有300多人被杀,500多人被捕,5000多人失踪。同年7月15日,汪精卫在武汉也发动了反革命政变。他公开表示与共产党决裂,封闭了工会、农会等革命团体,提出了"宁可枉杀千人,不可使一人漏网"的血腥口号,屠杀了大批共产党员和革命群众。这说明以蒋介石为代表的南京国民党政府和以汪精卫为代表的武汉国民党政府都走上了反革命道路,宁汉(蒋汪)合流成为可能。

蒋汪有合流的契机,但仍存在着尖锐矛盾。汪精卫集团一方面"反共";另一方面东征讨蒋。以蒋介石下台为宁汉合作的条件,其目的是实现夺取国民党大权的野心。而蒋介石集团在反共的同时,主张联合北京政府的张作霖进攻武汉,消灭汪精卫势力,实现独占国民党正统地位。使宁汉(蒋汪)合流的关键人物是冯玉祥。他处在举足轻重的地位,他的态度如何,对时局会有很大影响。冯如果依附武汉方面,则威胁蒋介石;冯如果站在蒋介石一方,则威胁汪精卫。1927年6月8日,郑州会议上,冯玉祥提出了宁、汉协调一致的主张,将武汉政府"统一"到南京政府里去。蒋介石于8月12日离开南京到上海,次日通电辞职,以满足汪精卫的要求,达到以退为进、伺机卷土重来的目的。蒋介石下野促进了宁汉合流的实现。

8月25日,武汉国民政府宣布迁都南京,宁汉合流正式实现。国民党在组织形式上又归于统一。它标志着武汉国民政府的解体。

宁汉之所以能够合流,是因为帝国主义和国内反动势力大大超过革命力量。当北洋军阀势力土崩瓦解之后,帝国主义和中国封建势力都要物色新的代理人,建立新的政权,实行新的统治。

第六节　南京临时政府的地方机构及其职权

地方国家机构是中央国家机构的对称,是中央政府统治地方的基础。其基本职能是负责地方行政区域的政权工作。它工作的好坏直接关系到中央国家政权巩固与否。因此,中央政权都十分注意地方政权的建制问题。

一、南京临时政府的地方机构建制

武昌起义后,全国各地纷纷宣布脱离清政府而独立。但是,各省独立的情形又有所不同,有的宣布成立全省军政府,有的只是在省的某地区宣布成立军政分府或军政府。然而独立的各省之下的行政建制又不尽相同。如湖北取消清朝的省巡守道,建立府县行政体制,将武昌改为府,清朝的府、厅、州改为县,也有继续保留清朝的地方行政制度的。

（一）湖北军政府

湖北军政府于1911年10月11日上午于武昌成立。根据《鄂州约法》规定,军政府由都督、政务委员、议会、法司组成。

推举黎元洪为都督。他代表军政府总揽政务,统率陆海军,判定文武官制、官规,宣告戒严、大赦、特赦、减刑、复权,任命文武职员,授予勋章及其他荣典,公布法律,宣战媾和,缔结条约,遇着紧急情况,得以政务委员署名,发布代法律的制令。但是,缔结条约须要提交议会议定,发布代法律的制令后须要提交议会追认,认为议会议决的法律不妥当时,则说明理由,由政务员署名,交议会再议一次等。[①]任命汤化龙为总参议。

政务委员会依据都督命令执行政务,发布命令,编制会计预算,提出法律案于议会。但是,募集公债及缔结与国库有负担的契约,事先必须经议会议决。遇有

---

① 张难先:《中华民国鄂州约》,见《辛亥革命先著记》,北京,科学出版社,1958年,23页。

紧急情况时非常财政的处分及预算外的支出,事后提交议会追认等。① 政务委员会下设参谋部、民政部、交通部、外交部、庶务部、书记部、军需部等机构。

议会由议员组成,互推正副议长主持会议。议员由各厅、州、县用单记名选举产生,小县 1 人,大县 2 人。在议会内分别设立法律、财政、军政、教育、陈请、惩罚、审查资格 7 股。

法司以都督任命的法官组成,负责审理民刑事诉讼案,除了对妨害安全秩序的进行秘密审判外,其他一律公开审判等。②

1911 年 10 月 15 日,汤化龙等起草了《军政府暂行条例》并在革命党人的会议上通过。按照条例规定,军政府设立军令部,军务部,参谋部,政事部。在政事部下,设内务、外务、财政、交通、司法、文书、编制七局。25 日,军政部再次开会,修改了《军政府暂行条例》,根据这一条例重新调整了组织机构和人员。具体人事安排如下:军令部长,杜锡钧;军务部长,孙武;参谋部长,杨开甲;内务部长,冯开濬;外交部长,胡瑾;理财部长,胡瑞霖;交通部长,熊继贞;司法部长,张知本;编制部长,汤化龙。

总的来说,湖北军政府是资产阶级革命派用鲜血换来的,但是由于革命派在政治上较软弱,使湖北军政府成为资产阶级革命党人、封建军阀、旧官僚及立宪党人的联合政权,最终被反动势力控制了政府的领导权。

(二) 福建军政府

福建军政府为省级最高军政机关,其首脑为都督,下设政务院、参谋、司令三部及军事参议官、秘书官、参事官等。政务院下设八部即民政、外交、财政、军务、司法、教育、交通、警务。四直属局即叙官、法制,印铸、统计。政务院由正副院长和各部长组成院务会议。院及各部设顾问,由省"勋劳""学识""德望"的人员充任。都督总揽全省政务,院长总理机务。政务院院务会议的职权如下。

(1) 法律及预算案;

(2) 外国条约及重要外交事件;

(3) 关于官制或规则及执行法律命令;

(4) 各部主管权限争议;

(5) 预算以外支出;

(6) 各部交付的人民请愿;

(7) 留任官及地方官任免和升降;

---

① 张难先:《中华民国鄂州约》,见《辛亥革命先著记》,北京,科学出版社,1958 年,23 页。

② 张难先:《中华民国鄂州约》,见《辛亥革命先著记》,北京,科学出版社,1958 年,326 页。

（8）院长及各部长认为应议决事件；

（9）其他各部主管任务与高等行政有关的重要事件；

（10）其他应遵照法令议决事件。

上述事件议决后，必须由院长报请都督批准，才能执行。[①]

（三）南方其他地区的军政府

武昌起义的胜利，极大鼓舞了其他地区的资产阶级民主派，他们纷纷建立各地区的军政府与北洋军阀政府相对抗，为后人树立起光辉楷模。

在湖南，1911 年 10 月 22 日晨，同盟会湖南分会负责人焦达峰、陈作新率新军和洪江会合，发动了长沙起义。宣告成立"中华民国湖南军政府"，公举焦达峰为都督，陈作新为副都督。

在江西，在同盟会江西支部的策动下，九江新军于 10 月 23 日起义并成立九江军政府，有力地推动了沿江各地区起义，10 月 31 日，南昌光复，又成立了江西军政府。

在安徽，由于寿州革命派起义成功，合肥宣告独立，12 月 12 日，选举同盟会员孙毓筠为都督，安徽革命局势得以稳定。

在云南，10 月 30 日，同盟会员李根源等在昆明发动新军起义并于 11 月 3 日成立云南军政府，推新军三十七协统领蔡锷为都督。

在贵州，11 月 4 日，在同盟会贵州支部策动下，陆军小学堂学生和新军起义成功，并占领贵阳，建立军政府，推举新军教练官、同盟会员杨荩诚为都督。

在四川，最早宣告独立的是重庆地区，于 11 月 22 日成立蜀军军政府。继后，川南、川北、川东相继独立，11 月 27 日于成都成立了四川军政府，推举新军教练处会办尹昌衡为都督，同盟会员张培爵为副都督。

此外，在这一时期，广西军政府（沈秉堃为都督，王芝祥、陆荣廷为副都督）、沪军都督府（陈其美为都督）、浙江军政府（汤寿潜为都督）、江苏军政府（程德全为都督）、广东军政府（胡汉民为都督）、陕西军政府（张凤翔为秦陇复汉军大统领）、山西军政府（阎锡山为都督）等先后成立。

从此南方革命势力与长江上下游革命军连为一片，形成南方革命势力与北方反革命势力对峙局面，为封建政权灭亡、共和国体制的诞生与发展创造了客观条件。

不过就独立的军政府的政权性质看，掌握在革命派手中的省有上海、江西、安徽、广东、福建、陕西、山西、云南。掌握在立宪派和旧官僚手中的省有浙江、江苏、

---

① 李进修：《中国近代政治制度史纲》，北京，求实出版社，1988 年，157～158 页。

四川、广西。立宪派和旧官僚篡权者有湖北、湖南等省。

二、广州政府的地方机构建制

从 1917 年至 1923 年,孙中山曾先后三次在广东建立政权,同北洋军阀的北京政府相对抗。认真考察这三次地方政权的建制,对深刻认识孙中山这一"中国革命民主派的旗帜"具有重要意义。

(一) 中华民国军政府的地方机构建制

1917 年张勋复辟,引起资产阶级民主派的不满。孙中山于当年 9 月 1 日在广州建立中华民国军政府,并被选举为大元帅。

这个政权主要是依靠陆荣廷、唐继尧等西南军阀建立起来的,军阀所掌握的军队建制,比较多地反映到地方行政机构里边来。因而这个政权又称之为军政府,而不是纯行政组织,更多体现了军政合一的特色。这就注定了它是一个短命的政权,仅仅在历史上存有 8 个月。孙中山于 1918 年 5 月离开广州赴上海,宣告此政权终结。

(二) 中华民国政府的地方机构建制

1920 年 11 月,孙中山自上海重返广州恢复军政府,建立中华民国政府,并被推选为非常大总统。此时地方政府以省为制,陈炯明、马君武曾先后任广东省省长、广西省省长。但是由于这时资产阶级革命派手头没有亲自掌握军队,而军权牢牢掌握在地方军阀手中。因此这一政权亦逃脱不了短命的命运。孙中山于 1921 年 8 月再次离开广州赴上海。宣告中华民国政府及其地方政权破产。

(三) 广州大元帅府的地方机构建制

中华民国政府的破产教育了孙中山,仍采用依靠军阀打军阀的方法取得革命的成功是不可能的,要取得革命胜利,就必须寻求新的道路和途径。

孙中山晚年实现了伟大的思想转变,终于选择了走联俄、联共、扶助农工的新道路,于 1923 年 3 月在广州建立了第三次政权——即大元帅大本营。他本人亲任大元帅并在广州任命徐绍桢为广东省长,陈树人为省署政务厅长,从而开创了中国历史的新篇章。

三、广州和武汉政府的地方机构建制

广州政府于 1925 年 7 月在广州成立的。它是一个联合政府。1926 年 7 月北伐战争开始,为了适应革命时势要求,11 月 8 日,广州国民党中央政治会议决定把国民政府及中央党部迁往武汉,称之为武汉政府。

广州国民政府的地方机构。从组织层次上看,由原先省、道、县三级制,改为省、县两级制。从组织活动原则上看,将旧的行政长官独任制改为集体领导的委员会议制。从地方政权机关名称上看,将"省长公署"改为"省政府","县知事公署"改为"县政府"。总之,地方政权机关称"政府"始于广州国民政府。

省政府。此名最早见于 1926 年 11 月的修正省政府组织法。初置省务会议,后改为省政府委员会。省政府委员会由委员和主席组成。

省政府委员会委员历年不同。1925 年组织法规定 7 人。1926 年 11 月组织法规定为 7～11 人。1927 年 7 月组织法规定为 9～15 人。委员的产生由中央政府荐任。委员的种类有两点不同:一是兼厅与不兼厅之别。兼厅者亦即担任委员之外,兼任某厅厅长。不兼厅者亦即不兼厅务而专任委员。二是常务委员与普通委员之别。常务委员 3～5 人,由省政府委员会推选,其职权主要辅助主席处理日常事务。

省政府主席亦为委员之一。其产生方法,由省政府委员推选。其职权:召集省政府委员会议;代表省政府,执行省政府委员会的决议案;代表省政府,监督全省行政机关职务的执行;处理省日常及紧急事务。

省政府委员会的职权,依照 1925 年 7 月 1 日公布的《省政府组织法》第一条规定:"在中国国民党指导监督之下,受国民政府之命令,处理全省政务。"第五条规定:"于不抵触国民政府命令的范围内,得发布省单行规程。"

省政府下置 1 处 7 厅,下分述之:

秘书处,设秘书长 1 人,简任。秘书处内部组织,初期大略分科办公,至 1931 年方定型。其职权是:掌机要,撰拟、保存、收发文件,编制、统计及报告事宜,记录省政府各厅处职员的升迁事宜及其他不属于各厅事宜。

省政府设厅之多寡,历年并不一致。1925 年为 7 厅,1926 年为 6 厅,1927 年为 5 厅。下以 1925 年为例简述之。这一年省政府之下设民政、财政、教育、建设、商务、农工、军事 7 厅。各厅设厅长 1 人,简任,一般须在省政府委员中任命。具有下列条件之一者方能任命厅长:(1)曾任政务官 1 年以上者;(2)现任或曾任简任官 1 年以上,经审查合格者;(3)对国家有特殊勋劳,或致力国民革命 10 年以上,而有行政经验者;(4)曾任县长 6 年以上,或高级荐任官 4 年以上,具有特殊成绩,经奖励有案者;(5)曾任教育部立案的专门以上学校教授 2 年以上,副教授或讲师 3 年以上,并曾任荐任官 2 年以上,或简任官 1 年以上者;(6)在学术上,或者事业上,有特殊的著作经验,或贡献者。各厅内部组织,1927 年前并无规定,1928

年组织法才规定较详细。一般说来,各厅设秘书 1～3 人,承各该长官之命,办理秘书事务。厅下分科办事,科长 1 人,科员若干人。此外根据需要酌设技正、技士及视察员等职。科长为荐任或委任(后来规定为荐任)、科员为委任,至于技正、技士及视察员的官级,各法均无规定。

各厅的职权,依据 1928 年组织法简述之:民政厅掌市、县行政长官任免,行政经费,地方治安、卫生、选举、礼俗、宗教及有关土地行政事项。财政厅掌省税、公债事宜,财政预算、决算,省库收支事项及其他财政事项。教育厅掌省级学校、社会教育、学术团体、图书馆、博物馆及其他教育行政事宜。建设厅掌公路、铁路、航路、河工及其他建设行政事宜。商务厅掌商业保护监督、商品陈列、度量衡的检查和推行及其他有关商业事宜。农工厅掌整理耕地及垦荒,农田水利整治,工厂保护监督、生产及其他有关农工事宜。军事厅掌军务、军需、军法及其他有关军事行政事宜。

值得注意的是区行政公署。随着广东革命根据地的统一,国民政府着手统一民政,1925 年年底将广东全省划分为广州、两江、东江、北江、南路、琼崖 6 个行政区,每区设行政公署,署行政委员 1 人,为该区最高行政长官。其性质为省政府临时派出机关,目的是协助省政府尽快整顿县政,巩固革命根据地。各区行政委员组成广东省行政委员会,代替民政厅,在省政府指导下,主持全省民政。在各县行政初步整顿以后,国民政府于 1926 年 11 月撤销行政公署,由省政府直接领导各县行政。

县政府。依照 1926 年 10 月国民党中央、省区联席会议决议,县政权也采取委员制。由省政府任命若干委员组成县政府委员会并指定 1 人为委员长,总理一县之政。县政府内设财政、公安、教育、公路等局,局设局长,由县政府委员兼任。

市政府。国民政府于 1925 年 8 月 15 日建立了广州市政委员会,其委员由省政府从工会、农会、商会、教育会及其他职业团体中各选若干人,委任 1 人为委员长。市政委员会下设财政、工务、公安、卫生、教育等局。市行政会议是执行机关,由市政委员长和各局局长组成。市政委员会决议案由市政委员长咨请市行政会议执行,两者发生分歧,提交省政府裁决。

国民政府的地方机构,对广东革命根据地的巩固,改善国民政府的财政经济状况,曾起到过一定的积极作用。1925 年 12 月,广东省政府收入高达 400 万元,与 1924 年每月平均收入比较,增加 6 倍以上。但是也应当看到这些地方政权被旧官僚和国民党右派操纵得很厉害。例如,广东省省政府各厅厅长都是许崇智、古应芬、孙科、宋子文之流的人物,广州市政府委员长则是官僚伍朝枢,当一有条件,这些革命的地方机关随时可以变为反革命机构。蒋介石叛变后,广东省很快也跟着屠杀工农革命人民,就是例证。

第七节　南京临时政府的官吏制度

吏治措施是一个国家整个政治制度的重要组成部分,南京临时政府成立后,在 1912 年 1 月 2 日《修正中华民国临时政府组织大纲》中明确规定:"临时大总统得制定官制、官规兼任免文武职员。"[1]在临时大总统命令颁布的《中华民国临时约法》中指出:"中华民国之主权,属于国民全体。""人民对于官吏违法,损害权利之行为,有陈诉于平政院之权。"[2]尤其是孙中山在清末民初提出了"公仆观"思想令人称道。当代学者将其归纳为[3]:一是"只知道做救国救民事业"。[4] 二是"上而总统,下而巡差,皆人民之公仆"。[5] 三是"为民众服务"。[6] 同时,不管是文官还是武将,都必须十分称职,不可为个人谋权夺利。南京临时政府为了"拔取真材",对铨选官吏刷新吏治作了一系列规定。

一、官吏考试制度

孙中山对文武官吏的考试是非常重视的。临时约法中明文规定:"要设独立机关专掌考试权,大小官吏必须考试,定了他的资格,无论哪级官吏是由选举的,抑或由委任的,必须合格之后,方得有效。"同时,《建国大纲》第十五条中规定:"凡候选及格任命官员,无论中央与地方,皆经中央考试铨定资格。"南京临时政府将中央行政官和武官分为特任、简任、荐任、委任四种。《中华民国临时约法》第十一条规定:"人民有应任官考试之权。"实行考试权的方法有三种,即任命、选举、迭就新官员。这三者都需要经过考核。考核主要手段就是考试。考试又分为二:一是公职的候选人,一切人民代表机构的候选人,都需要经过考试才能取得被选举权。

---

① 中国第二历史档案馆:《南京临时政府》,见《中华民国史档案资料汇编》,第 2 辑,南京,江苏人民出版社,1979 年,5 页。

② 时事新报馆编:《法令、铨叙局官职令草案》,见《中国革命记》,第 19 册,上海,自由出版社,1911 年 2 月。

③ 杨兵杰:《中国近代公务员工资制度思想研究》,上海,上海财经大学出版社,2006 年 5 月,99～100 页。

④ 孙中山:《孙中山选集》(下册),北京,人民出版社,1981 年,582 页。

⑤ 孙中山:《孙中山全集》(第 6 卷),北京,中华书局,1985 年,211 页。

⑥ 孙中山:《孙中山选集》(上册),北京,人民出版社,1981 年,91 页。

二是任命官员的考试。这种考试又分为三种:(1)高等考试;(2)普通考试;(3)特种考试。高等考试和普通考试分别进行,即一方面以教育程度为根据;另一方面以任用等级为依据,两者是互相结合的。

当时的南京临时政府将考试分为文官和武官两种:

文官方面:南京临时政府的官员除特任外,分为三等九级,即简任、荐任、判任(或称委任)三等。第一级至第二级为简任官,第三级至第五级为荐任官,第六级至第九级为判任官。

武官方面:军队编制为军、师、旅、团、营、连、排、班。军官分三等九级。一是将军级,分为大将军、左将军、右将军;二是都尉级,分为大都尉、左都尉和右都尉;三是军校级,分为大军校、左军校和右军校,此外还有额外军官。陆军官佐,补官者有四:一是例官,二是特补,三是升补,四是考补。

关于地方官考举办法,据江苏、江西、福建等地有关地方官草案规定概括如下:(1)州县民政长,由该州县议会公举,报请都督府核准委任,但有违法及不称职时,除经议会纠举外,都督府得行文免职,由议会另行公举(州县议会未成立的地方,暂由都督府委任)。(2)各州县佐治职,由该州县民政长量才授职,电报都督府核准委任。[①]

湖北省自武昌起义后,即设立军政府,将该省分为府县。府设于省会,其余一律称县。府县设知事及书记、科长、科员、工师、工手掾史等职,分为总务、内务、税务、警务诸科。省县官员亦是通过考试铨选,其办法有明确的规定。如《鄂省暂行府县知事任免章程》规定:武昌府及各县,设知事一人,由内务部请考试师考选后,按其名次,呈由都督核准任命。考试分二项:一是文理,二是口问。考试师由20人组成,由都督直接任命。考试人的资格有五条,凡本省民国人,具备下列条件者,即可参加考试:(1)年龄在30岁以上,60岁以下者。(2)确有法律、政治文学知识者。(3)通晓地方情形者。(4)办事有成绩者。(5)无他种嗜好者。而考生只要取中二、三、四号中两号者,皆得为知事。

此外还有一种群举制度,即是不拘一格的由群众推选文武人才,襄助军政,共图建设民国的大业。南京临时政府创建以来,长江水师各自为政,没有统一指挥机关和领导人。在这种情况下,长江水师的将士呈请孙中山接纳他们推举人才的要求,并共同选举李传芬为水师22营统制,全体承认。孙中山后来委任了李传芬为水师将军。

招贤:南京临时政府还对确有真才实学的人,广为招纳。例如近代中国著名

---

① 时事新报馆编:《中华民国江苏暂行地方官制》,见《中国革命记》,第4册,上海,上海时事新报社,1912年,第8~10页。

的改良主义者容闳,学有专长,早年投奔太平天国,未能展其英才,后又投于清政府的洋务运动,亦未如愿。当孙中山被选为临时大总统后,容闳徘徊在美国。孙中山毅然发出敦聘,请他回归祖国,为振兴中华作出贡献。

顾问:南京临时政府使"人尽其才"的另一个表现,就是顾问的聘任。孙中山先生曾说:"推到春秋战国的时候,有很多国家,都是聘用客卿治国,像李斯相秦,楚材晋用,都是用外来的人治国家。"[①]1912年,孙中山任南京临时大总统时,在宣布第一任内阁成员的简任中,就聘请了四位顾问。其中有三名是客卿,即法制顾问寺尾享、副鸟义一,政治顾问犬养毅。并礼贤下士聘章太炎为枢密顾问。不但中央设有顾问,有些地方同样设有顾问。

弹劾:清王朝的御史制度在民国初建时,已不适用了。例如建议政事权,自然要划归人民代表机关和民意机关。考察官吏权划归铨叙机关。审判重案及辨明冤错假案,划归为司法机关等。孙中山在《中国革命史》中说:"各院人员失职,由监察院向国民大会弹劾之。"《中华民国临时约法》第十九条也规定:"参议院对于临时大总统,认为有谋叛行为时,得以总员五分之四以上之出席,出席员四分之三以上之可决弹劾之。""参议院对于国务员,认为失职或违法时,得以总员四分之三以上之出席,出席员三分之二以上之可决弹劾之。"孙中山任临时大总统时,曾发生过参议院弹劾司法次长吕志伊违法事件。

二、官吏俸禄制度

南京临时政府对俸禄制度从中央到地方,从文官到武将都作了规定。将中央各部局官佐的俸给分为三等九级,上等为将军级。又分为大将军(总长)现金160元,公债70元;左将军(次长)现金140元,公债60元;右将军(局长)现金120元,公债50元。中等为都尉级,又内分为大都尉(科长)现金100元,公债40元;左都尉(一等科员)现金80元,公债30元;右都尉(二等科员)现金60元,公债20元。初等为军校级,又内分为大军校(三等科员)现金40元,公债10元;左军校(额外)现金30元,公债5元;右军校(额外)现金20元,公债5元。最后又规定:"凡官佐,士兵及军属人员有兼差者,不准兼俸。"[②]此外,对于军队,南京临时政府还有一种临时规定:除出征外,凡留守军队一律发现金7成,3成作公债票。

地方官俸给不统一。例如《江苏军政府军部暂行章程》第五条、第十条有这样

---

①　孙中山:《国民党员不可以存心做官发财》,见《孙中山选集》,下册,北京,人民出版社,1966年,461页。

②　时事新报馆编:《中国革命记》,第6册,上海,自由出版社,1911年,4页。

规定:"各科视事繁简,酌用书记若干员,分为二等,其薪金如下:'一等每月12元,二等8元。'"本部各员,除书记工役照给薪工外,其余自部长至课员不给薪金,每月暂支津贴20元。'"①《浙江各府县暂定编制简章》第十四条规定:"府县民事长均暂为名誉职,不支薪水,每月支津贴40元。课员每月支津贴16元,其因公费用,得由公费开支,每月核实报销。"②《江西暂行地方官俸及公费章程》中规定"府县知事俸给如左:府知事月俸150元,县知事月俸百元。""课长月俸24元,课员月俸16元,司法课长月俸30元,司法课员月俸20元。""府县知事自辟文牍、庶务、会计、收发等员,月俸照课员一律。""府县内部各课分课录事,每人月薪6元或4元。"

三、官吏考核制度

南京临时政府要求各机关长官对于他们的僚属部下,随时考核他们的工作勤惰、优劣、迅速以及操行是否公忠、谨严廉洁乃至学识是否胜任,并有无增进,等等。根据考核结果,对于所属的员司分别记功或记过,嘉奖或惩处,等等。如《陆军人员补官任职令草案》总纲第五节中说:"凡全国一切现役军官佐,每年年终均由长官考绩一次,汇呈报该管长官,该管长官复出具考经、判决等次。"通过考绩,可以区分官员优劣,亦是激励官员向上和前进的好方法。③

四、官吏奖惩制度

孙中山任南京临时政府大总统期间,对官员的功过曾采取过有效的措施。它的原则是:以德为主,德才兼备,赏罚分明。建国不到两个月,就颁布了文官试验章程,慎重用人令、奖恤令及勋章章程,等等。凡有功将士,酌量赏以各等勋章,以示奖励。孙中山的哥哥孙眉,是南洋华侨资本家,在孙中山振兴中华的爱国精神影响下,几乎把全部资财献给革命,是个对革命有功的人。民国成立后,广东各界荐举孙眉当都督,要求孙中山下委任令。孙中山则认为搞革命,任职应唯才是举,人尽其才,量才而用,因此复电代为辞谢,并说授孙眉以官职,实则是害了他。同时,孙中山又说服孙眉,而专实业,不再想当官了。

为了实行奖惩制度,陆军部草定了《名等勋章章程》,勋章分三种。第一种称

---

① 时事新报馆:《中国革命记》,第6册,上海,自由出版社,1911年,3页。

② 时事新报馆:《中国革命记》,第17册,上海,自由出版社,1911年,4~5页。

③ 中国第二历史档案馆:《南京临时政府》,见《中华民国史档案资料汇编》,第2辑,南京,江苏人民出版社,1979年,172页。

九鼎勋章,第二种称虎罴勋章,第三种称醒狮勋章,三种勋章均分为九级,按照不同等级奖给有功民国的各将士,得勋章者,并由国家予一定的奖金。

五、官吏奖恤制度

历代对有功之人,都制定奖恤政策。孙中山先生也不例外,他对开国殉难先烈怀有无限的敬意,并始终不渝地认为民国所以能建立是与先烈们的鲜血分不开的。因此,当他被举为中华民国临时大总统时,一方面提请参议院迅速通过奖恤条例,成立稽勋局,着手处理开国前先烈奖恤事宜,以慰忠魂;另一方面又按论功抚恤,连续颁布若干奖恤令。如石凤鸣受伤治疗给恤令、奖恤吴录贞等令,奖恤刘道一令,等等。同时,又设立养济院、养济所等机构,使因公致残人员生活得到较好的照顾,并派人慰问先烈遗族,设法解决其生活困难。

六、办事运转制度

在《各部暂行办事章程通则》中有关政府工作人员办事细则规定得十分清楚。(1)各厅司依官制通则,及各该部官制,分掌部务,遇有互相关事件,会同协议,呈由次长送总长核定。(2)部中收到文件,由收发所汇呈承政厅,请总长阅后,分交主管各司,其不属于各司者,交承政厅。(3)各厅司收到文件,由秘书长及司长,分交各该科长拟稿,仍由秘书长、司长核准,呈由次长送总长核定。(4)凡法律命令案由总长授意于参事或司长拟稿,司长所拟之稿,呈请总长交参事审议后,再呈次长送总长核定,参事所拟之稿,则直接由次长总长核定。(5)总长核定之稿,发交录事缮写后,仍由主稿员核对,送承政厅盖印封发。(6)部中各员,自备名章一颗,遇有经办事件,应签名钤章,担任责任。若数员共办之件,并须连带负责。(7)各厅应拟之稿,除法律令案外,由总长交到后,即时起草,至迟不得逾三日,电复及紧急事件,随到随办。(8)办公时间凡宾友到署来会者,非属公事,概不延见。①
(9)一般不准兼职,特殊情况可以兼职,但不能兼俸。

第八节 《中华民国临时约法》剖析

《中华民国临时约法》(以下简称《临时约法》)是在南北议和中制定的,经参议

---

① 时事新报馆:《中国革命记》,第 30 册,上海,自由出版社,1911 年,1～3 页。

院讨论通过,于 1912 年 3 月 31 日公布的。参议院匆匆制定《临时约法》,反映了革命党人和立宪党人的各自意图。

一、《临时约法》的性质

以孙中山为首的革命派,之所以要急忙地制定与宪法具有同等效力的《临时约法》,其目的显然在于防范袁世凯独揽大权,希望通过《临时约法》,把自己的政治理想和革命已取得的成果用法律形式固定下来,通过扩大参议院权力和近似责任内阁制来限制袁世凯的权力。孙中山在向参议院辞职时,附带提出的三个条件中,有一条就是:"临时政府约法为参议院所制定,新总统必须遵守……"

至于立宪派之所以赞成制定《临时约法》,其原因一方面是要拥护袁世凯做他们的领袖来抵制革命;另一方面是想通过制定《临时约法》保障他们已经取得的权力,并增加向袁世凯讨价还价的资本。袁世凯当时以篡夺政治实权为第一,为欺骗人民,缓和革命斗争,以遂其窃国阴谋,所以也伪装民主,表示愿意"谨守约法"。因此,中国资产阶级盼望了几十年的代表他们利益的宪法产生了。它不是立宪改良派乞求来的,而是革命派以革命手段取得的。它不是确认革命政权并由革命政权保证实施的宪法,而是被革命派期待来约束反革命的宪法,它是经过参议院中各派斗争而妥协的产物。这就是《临时约法》的特点。

《临时约法》具有资产阶级民主共和国宪法的性质,是资产阶级意志的反映,是资产阶级民主革命所获得成果的记载,也是资产阶级企图巩固革命成果实行资产阶级统治的工具。但是,中国资产阶级革命既然是一个软弱的革命,立宪派和旧军阀官僚的代表在南京临时政府中具有相当大的势力,因此,在《临时约法》中也不能不反映他们的意志。在《临时约法》中,反映了双方的斗争和妥协,但从其主流说,它反映了资产阶级用法律形式来肯定共和制度的意志。

二、《临时约法》的基本内容

《临时约法》规定了国家性质、人民的权利义务和政府的组织机构,还规定了宪法的制定期限,在宪法施行以前,它与宪法具有同等的效力。《临时约法》共分七章(总纲、人民、参议院、临时大总统、副总统、国务院、法院、附则)五十六条,《临时约法》的总的精神是根据资产阶级民主、自由、平等的国家学说来肯定一个资产阶级民主共和国的方案。所以其主要内容就是推翻帝制,建立民国。

第一章规定:"中华民国由中华人民组织之。"(第一条)"中华民国之主权,属于国民全体。"(第二条)这反映了革命派"主权在民"的主张和西方资产阶级革命时期所谓民主、自由、平等的精神。这对"朕"即国家的封建制度来说,不能不说是一个进步。《临时约法》虽然规定了由中华人民组成中华民国,主权属于国民全体,但是,对于"人民"和"国民"没有作出具体说明,广大劳动人民的社会政治地位,不能从这些概念中得到反映,所以这种"主权在民"的主张,正是资产阶级超阶级国家观的表现,也正是决定国家本质的关键所在。此外,《临时约法》虽然肯定了这些民主原则,但也没有把同盟会原有的平均地权、男女平等等进步纲领反映出来。

第二章规定了资产阶级一般的民主自由原则。规定:"中华民国人民,一律平等,无种族,阶级,宗教的区别。"(第五条)人民享有:人身、居住、财产、营业、言论、出版、集会、结社、通信、信仰的各项自由。(第六条)人民有:陈诉于行政官署、诉讼于法院受其审判、对违法官吏诉讼于平政院、任官考制、选举和被选举的各种权利。(第七条至第十二条)同时还规定,人民有纳税和服兵役的义务(第十三条、第十四条)。

这些规定表现了资产阶级最大限度的民主精神。资产阶级用这些规定来反对封建等级特权制度,反对野蛮的封建专制统治和人身奴役是有巨大进步意义的。但是,不能不看到,《临时约法》只是空泛地规定了这些法律条文,没有实际的物质保障。并且从后来由同一参议院所制定的众议员、参议员选举法来看,它剥夺了当时全国人民中绝大多数人的选举权和被选举权,而让少数的资产阶级和封建贵族、地主、官僚继续维持统治。如众议员选举人的条件为:年纳直接税 2 元以上,有 500 元以上的不动产,小学以上毕业或有相当之资格。不论参议员或众议员,妇女都没有选举权和被选举权;不通汉语和不识字者没有选举权。《临时约法》和所有的资产阶级宪法一样,第十五条还规定了:"本章所载人民之权利,为增进公益,维持治安,或非常紧急必要时,得依法限制之。"这表明了资产阶级特别是地主、大资产阶级害怕人民的力量,即使对实际上只有极少数人才能享受的权利,他们也不放心,还要授予国会以随时剥夺人民权利的权力,以便肆无忌惮地实行镇压。这种规定是有利于封建势力和大资产阶级的,和同盟会、孙中山思想是有距离的。所以,孙中山对《临时约法》没有规定具体的民权,没有规定地方自治表示不满,曾说:"只有中华民国主权属于国民全体,第一条是兄弟所主张的,其余都不是兄弟的意思。"

《临时约法》还肯定了保护私有财产的原则,肯定了资本主义私有财产的不可侵犯。第六条第三款规定:"人民有保护财产及营业的自由。"这就是用法律形式奠定了资本主义剥削制度的基础。当时,资产阶级企图用这一条规定,突破帝国主义和封建势力的压迫,发展资本主义虽然是不可能的,但符合社会生产的发展,是有进步意义的。另一方面,保护私有财产神圣不可侵犯,归根到底,仍是为有产者服务的根本信条。

《临时约法》肯定用资产阶级三权分立的原则来组织国家机构。这是在临时政府组织大纲的基础上,补充修订而成的。

《临时约法》规定参议院为立法机关,行使立法权(第十六条),由参议院议决一切法律案、预算、决算、税法等;产生临时大总统,并有权弹劾临时大总统和国务员;对临时大总统行使某些权力如任命国务员、宣战、媾和、缔结条约、宣告大赦等具有同意权和最后决定权。《临时约法》第十九条第九款至第十二款规定:"得提出质问书于国务员,并要求其出席答复……得咨请临时政府查办官吏纳违法事件……对于临时大总统,认为有谋叛行为得以总员五分之四以上之出席,出席员四分之三以上可决弹劾……对于国务员认为失职违法时,得以总员四分之三以上之出席,出席员三分之二以上可决弹劾之。"扩大参议院权力,以限制临时大总统,是革命党人和立宪党人的主要目的,也是《临时约法》的重要内容。

对参议员的产生,《临时约法》规定:"参议院以……各地选派之参议员组织之。""……其选派方法,由各地方自定之。"(第十七条、第十八条)尽管没有像"临时政府组织大纲"那样明确规定参议员由各省都督府所派,但由地方自行决定参议员的方法,也是对地方势力的迁就,便于地方势力对参议员的控制。

《临时约法》规定,临时大总统和内阁为行政机关。《临时约法》不同于"临时政府组织大纲"的显著之处,就是改总统制为责任内阁制,增设国务总理。国务总理及各部总长,均称为国务员,国务员对议会负责。"国务员辅佐临时大总统负其责任。""国务员于临时大总统提出法律案,公布法律,及发布命令时,须副署之。"借此以限制临时大总统的专断,使国务员负所谓"连带责任"。

关于法院,"临时政府组织大纲"只是规定:"临时大总统得参议院之同意,有设立临时中央审判所之权。"没有具体规定司法组织之体制。而《临时约法》则在第六章规定了法院的专章:"法院依法律审判民事诉讼及刑事诉讼。""法院之审判,须公开之,但有认为妨害安宁秩序者,得秘密之。"特别是第五十一条规定:"法官独立审判,不受上级官厅之干涉。"第五十二条规定:"法官在任中,不得减俸或转职,非依法律受刑罚宣告,或应免职之惩戒处分,不得辞职,惩戒条规,以法律定之。"这是模仿西方资产阶级政治制度突出法院的地位,规定对法官的种种保障,来贯彻司法独立的原则。事实上,法官要受到阶级出身、思想意识、法律规定以及由临时大总统、司法总长任免的种种约束。这只能表明是统治阶级的内部分工,而法官则是从司法方面为统治阶级意志服务的工具。

《临时约法》就其基本内容来说,是表达了资产阶级意志,体现了同盟会纲领,并在一定程度上反映了人民意愿的民主共和国宪法性质的东西。毛泽东同志说过："民国元年的《中华民国临时约法》，在那个时期是一个比较好的东西；当然是不完全的，有缺点的，是资产阶级性的，但它带有革命性、民主性。"[①]

三、《临时约法》的简析

为什么说"它带有革命性、民主性"而又"不完全"呢？

《临时约法》是以孙中山的民权主义和黄兴、宋教仁的政党政治主张为指导原则的。它确认中华民国的资产阶级民主共和国性质，反对封建专制和任何专制。孙中山的民权主义是孙中山国家学说的核心，其基本思想是通过政治革命推翻帝制，确定资产阶级的政治领导和政治统治，建立资产阶级专政的资产阶级共和国，即以"民国"为国体。而政权组织形式，以"三权分立"为原则，孙中山起初赞成总统制，后来为了限制袁世凯的权力，同意了黄兴、宋教仁的政治主张，实行责任内阁制。正如《临时约法》说："中华民国之主权属于国民全体。"以宪法明确规定"主权在民"。这在中国历史上是第一次。在政体上，以三权分立为基本原则，对于国家机构，《临时约法》作出了明确规定。它规定了参议院为立法机关。总统制与内阁制相结合，由总统和内阁各部组成行政机关，对总统权力实行限制。司法机关即各级法院。法院实行独立审判、公开审判、法官终身制三原则。按照孙中山的五权宪法学说，中华民国政府应由总统及五院即立法院、行政院、司法院、考试院、监察院组成。但是，当时没有这样做，其目的主要在于限制总统权力，是从实际情况出发来考虑的。《临时约法》一般地规定了人民的政治自由和政治权利，实质上是保障资产阶级的权利。

《临时约法》确定的政治体制有什么特点？具有何种历史地位呢？

第一，总统制与责任内阁制相结合，总统和各部总长共同以"国务员负其责任"，互相负有连带责任。总统发布法律、法令，实行相关部总长"副署"，限制总统权限。其意图是约束袁世凯。这种国家机关的机制和政治组织体制是当时特殊形势下的产物。它对于防止个人独裁专制，实现权力均衡起到了一定作用。

第二，为了削弱总统权力，扩大参议院权力，一方面，总统发布法律、法令必须获得参议院的同意方能颁布实行；另一方面，对总统超出和违背宪法、法律的政治行为，参议院有权实行弹劾。

第三，为了防止和约束袁世凯之流毁法，《临时约法》的制定者还从宪法修改

---

①　毛泽东：《关于农业合作化问题》，见《毛泽东选集》，第 5 卷，北京，人民出版社，1977 年，127 页。

的程序上作了限制性的规定。如修改约法需有议员 2/3 以上票数通过,或者有总统提议,需要有议员 4/5 的票数通过方能成立、有效。

总之,《临时约法》肯定了辛亥革命的成果,肯定了主权在民的基本原则。它在中国政治制度上具有伟大历史转折的地位。但是,由于它缺少彻底地、不妥协地反帝反封建革命精神,形式上规定的人民自由、权利没有实际的保障,因此,它是"不完全"的。

由于南京临时政府被迫把政权交给反动头子袁世凯,而《临时约法》也随即被袁世凯所撕毁了。《临时约法》即使在其短暂存在的日子里也未曾实际施行。中国历史上的资产阶级性质的宪法之所以不能实施,其根本原因在于帝国主义要在中国维持殖民地统治,不容许建立资产阶级共和国;在于中国封建势力根深蒂固,还在各方面占统治地位,不容许出现民主政治;在于中国资产阶级软弱,无力完成反帝反封建的民主革命,没有实现资产阶级宪法的社会基础。宪法是阶级力量对比的反映,是夺得政权的阶级实行统治的工具,如果没有彻底摧毁敌人的反动政权,没有建立自己的经济基础和革命政权,特别是武装力量,便谈不到法律,谈不到宪法。辛亥革命赶跑了一个皇帝,改变了政府机关的组织和名称,但是没有根本打碎封建军阀官僚的国家机器,而半殖民地半封建的经济基础更是原封未动。在这样的基础上企图用资产阶级性质的宪法,来实现资产阶级共和国,这岂不是个天真的幻想!《临时约法》也必然成为一纸空文,而被反动派所撕毁。

第九节　南京临时政府的军事制度

辛亥革命及后来孙中山在广州建立三次政权先后失败,给资产阶级民主派提供了历史教训。而后孙中山又在广州与武汉建立合众政府取得了成功的经验。其中重要的教训与经验便是要想取得并巩固政权,必须有自己的武装力量。

一、资产阶级革命失败的重要教训

辛亥革命虽然以革命的暴力打碎旧的国家机器,建立了合众政府,推翻了统治中国 2000 多年的封建制度,结束了 260 多年的清王朝的统治,但是仅仅在历史上存在 91 天。考其主要原因:一是中外反动势力联合进攻新型的政权,对革命方面施加重压;二是革命取得胜利后没有迅速地建立自己的统一的武装力量,从而使浴血奋战取得的政权,在短时间内得而复失。

1917 年至 1923 年,孙中山先后三次在广东建立政权,表现了资产阶级民主派不甘军阀统治,建立真正的民主共和国,不断前进的革命精神。虽然,这三次政权的建立注意了军队在夺取政权中的重要作用,如中华民国军政府的建立依靠了陆荣廷、唐继尧的军队;中华民国政府的建立,不但在政府机关中,设置了陆军部、海军部等与军队相关的机构,于 1920 年 11 月 15 日,又在桂林设立北伐大本营,以胡汉民为秘书长,李烈钧为参谋长,许崇智、李福林、朱培德、袁程万、谷正伦分别为粤、福、滇、赣、黔总司令;大元帅府建立过程中,孙中山亲任大元帅,总揽军权,任命陈策为海防司令,何成浚为鄂军总司令,路孝忱为陕军司令。但是,这些军队的实权都掌握在军阀手中,孙中山及其资产阶级民主派仅仅是各军队中挂牌的军队长官。当革命形势发展暂且符合当地军阀利益之时,他们尚能使革命政权存在;当革命形势发展不利于某些军阀自身利益之时,他们便会要么与帝国主义势力勾结,要么与北洋军阀政府串通一气,叛变革命,使革命政权短时间内夭折,这是血的历史教训。这一历史教训使孙中山为首的资产阶级民主派吸取了充足的政治营养,使他们认识到:要取得革命胜利,必须联俄、联共、扶助农工,建立革命的武装,舍此"断无成就"。

二、革命武装的建立是国民政府巩固的根本保证

孙中山通过总结辛亥革命、二次护法运动的失败教训,使他逐渐认识到,"大凡建设一个新国家,革命军是万不可少的。……如果没有好革命军,中国的革命永远还是要失败。"[①]由于孙中山有了这样的认识,他便在苏联和中国共产党的帮助下,1924 年 5 月 5 日在广州国民政府成立前,就开始建立革命武装亦即中国国民党陆军军官学校,到 1926 年 1 月又改称"国民革命军中央军事政治学校"。因校址在广东的黄埔,所以简称为黄埔军校。这是我国第一所培养革命军队干部的学校。

黄埔军校参照苏联红军的政治委员制度建制,以蒋介石为校长,廖仲恺为党代表,直属于国民党中央执行委员会。校长和党代表为学校最高领导。下设政治、教练、教授三部。先后以戴季陶、邵元冲、周恩来、邵力子、熊雄为政治部主任,以张崧年、邵元冲、鲁易等先后为政治部副主任,胡汉民、萧楚女、张秋人、聂荣臻、安体诚任政治教官,恽代英为政治总教官。以王柏龄、叶剑英为教授部正、副主任。以李济深、邓演达为教练部正、副主任。顾祝同、钱大钧、刘峙、陈诚等为军事

---

①　孙中山:《孙中山讲演录》,见《黄埔广州军校政治部印本》,1926 年,314 页。

教官，何应钦为军事总教官。此外，还设有管理、军需、军医三部，后又增设教育长、军法处和参谋部等。

中国共产党派遣了周恩来、叶剑英、聂荣臻、恽代英、萧楚女等同志先后到军校担任负责工作，又派了许多共产党员和社会主义青年团员到军校学习，作为其中骨干，加之苏联派遣了顾问，供给了许多武器、经费，正是在苏俄、中共支持下，黄埔军校培养出一批军事人才。1924年年底，曾以第一期毕业生为骨干，成立了两个教导团。这支队伍，在统一广东革命根据地和北伐战争中起了很大作用，为广州国民政府诞生和巩固立下了汗马功劳。

1925年7月，国民政府成立后，为了进行北伐战争，统一全国，需要建立统一的革命军队。在中国共产党的领导和推动下，以黄埔军校学生为骨干，改编了一些旧军阀的军队共同成立了国民革命军，先后成立了八个军。

总司令：蒋介石

总参谋长：李济深

总参谋次长：白崇禧

总政治部主任：邓演达

第一军军长：何应钦　　　　党代表：缪　斌

第二军军长：谭延闿　　　　党代表：汪精卫　　　副党代表：李富春

第三军军长：朱培德　　　　党代表：朱克靖

第四军军长：李济深　　　　党代表：廖乾五

第五军军长：李福林　　　　副党代表：李朗如

第六军军长：程　潜　　　　副党代表：林伯渠

第七军军长：李宗仁　　　　党代表：黄绍竑

第八军军长：唐生智　　　　党代表：刘文岛

需要特别指出的是叶挺独立团。这个团1925年11月成立于广东肇庆市。它是周恩来亲自领导建立起来的，由共产党直接掌握的一支革命武装。它是由黄埔军校第一期毕业生中抽调出来的部分党员和各地调来的农民、工人组成。虽然后来属于第四军领导，但是实际上，干部的任命、调动和人员的补充，都是由共产党决定的，是一支北伐军中战无不胜、攻无不克、纪律严明、联系群众的模范部队，被广大人民群众誉为"铁军"。

国民革命军的建立，标志着国民政府有了自己的军队。它对国民政府的巩固，推翻帝国主义和封建军阀的统治，把革命推向全国起到了重要作用。革命政权由广东发展到湖南、湖北、福建、浙江、江西、安徽、江苏等省，革命势力从珠江流域发展到长江流域，震撼着黄河流域。它的建立是中国军制史上一次重大变革。

从军队的编制来看,分为军、师、团、营、连,一般皆采用"三三制",亦即三连为营、三营为团、三团为师、三师为军。从军队的组织机构来看,在各军中设立了党代表和政治部,进行政治教育和政治训练,主要由共产党人充当。它对改造旧军队,提高战士的觉悟,提高战斗力是有重要作用的。但是由于右倾投降主义者陈独秀放弃了党在军队中的领导权,导致了国民革命军八个军的军长没有一个是共产党人,而共产党人仅仅担任政治工作。结果就为蒋介石把持和操纵军队大开方便之门,把军队变成他反对革命、叛变革命的重要工具。这是中国革命沉痛的历史教训。

军事机关的组织机构。依照 1925 年 7 月 5 日公布的《中国国民政府军事组织法》规定,设立了军事委员会,它是国家最高军事领导机关。其职权是在国民党的指导和监督下,管理统率国民政府所辖境内的海陆军、航空队和一切军事机关。军委会由国民党中央执行委员会选任委员若干人组成,并指定其中一人为主席。下设政治训练部、参谋部、军需部、海军局、航空局、秘书厅以及兵工厂。这个委员会的主席最初为许崇智,后来被蒋介石窃据了。依照 1926 年 7 月 7 日制定的《国民革命军总司令部组织大纲》规定,总司令部设总司令 1 人,同时兼任军事委员会主席,并设总参谋长、总参谋次长各 1 人,参赞戎机,襄助总司令处理各项事宜。总司令的职权极大,不但直接统率海、陆、空军一切大权,而且还有指挥军、民、财政、交通等一切大权,亦即总司令"统一军令政令"。这个极重要的职位,也被蒋介石窃据了。

第六章 北洋军阀政府的政治制度

北洋军阀是在清末"新建陆军"的基础上发展起来的。袁世凯凭借这支武装力量,被中外反动势力所看中,在帝国主义和封建买办势力的积极支持下,自 1912 年起建立了北洋军阀政府。这个政府大致经历了五个时期,即 1912—1916 年的袁世凯统治时期;1916—1920 年皖系军阀段祺瑞统治时期;1920—1924 年直系军阀曹锟、吴佩孚统治时期;1924—1926 年皖、奉、国民军三系的联合统治时期;1926—1928 年奉系军阀张作霖统治时期。值得注意的是无论哪个时期,它的政权实质,都是投靠帝国主义的地主、买办阶级对中国人民专政的政权。

第一节 北洋军阀政府的性质与特点

就性质而言,北洋军阀政府是帝国主义和国内大地主买办阶级统治中国人民的工具。就特点而言,它是以复辟帝制为核心的专制独裁政权。

一、北洋军阀政府的建立及灭亡

辛亥革命失败,袁世凯窃国成功,中国就进入一个由帝国主义操纵、黑暗腐朽、军阀混战、反动的北洋军阀统治时期。

辛亥革命之所以失败,是因为它"没有解决中国广大人民和帝国主义、封建势力之间的矛盾,压在中国人民头上的两座大山——帝国主义和封建势力,不但未被打倒,相反,民族的危机和人民的灾难却更加深重了"①。革命只换来一个"民国"的空招牌,而中国的社会性质仍然是半殖民地半封建社会。中国资产阶级是

---

① 吴玉章:《辛亥革命》,北京,人民出版社,1962 年,153 页。

这次革命的领导阶级,由于它本身很软弱,既不能同帝国主义和封建势力进行坚决的斗争,又不敢发动农民起来革命,"因此,它在帝国主义和封建势力的强大压力面前,除了退却和妥协之外,再没有别的出路了"[①]。窃国大盗袁世凯就是在这种情况下,轻而易举地攫取了国家政权,建立了代表地主买办阶级的北洋军阀的反动统治。

袁世凯死后,在北洋军阀内部又分为直、皖、奉三大军阀系统,它们之间为了争夺中央统治权,在各自投靠的帝国主义支持下,进行军阀混战,给人民带来了严重的灾难。中国的军阀混战,是英、美、日、法、德等几个帝国主义国家,为了侵略中国,划分它们各自的势力范围,利用和操纵封建军阀,使之成为它们侵略中国的工具。因此,军阀混战的背后,实质是几个帝国主义国家为了争夺侵略中国的势力范围所进行的瓜分中国的斗争。

中国人民在北洋军阀统治时期,进行了反军阀的斗争。在斗争的过程中,越来越看清了帝国主义和封建势力是中国人民的死敌。特别是 1919 年以后,中国工人阶级登上了政治舞台,1921 年中国共产党成立,中国人民在中国共产党的领导下,把反帝反封建的革命斗争推向了一个新的发展阶段。1924 年以后,在中国共产党的领导下几个革命阶级联合进行了北伐战争,直接威胁着帝国主义和封建势力在中国的统治,使北洋军阀的统治日益削弱以致最后覆灭。

二、北洋军阀政府的性质及其特点

北洋军阀政权是迎合帝国主义和国内封建买办势力的需要建立起来的。它是在辛亥革命以后,帝国主义进一步侵略、掠夺中国,中国广大人民反帝反封建斗争日益高涨、民主观念日益深入人心的形势下,由一小撮军阀官僚买办集团建立起来的一个反革命政权。简单地说,它是帝国主义和国内大地主买办阶级统治中国人民的工具。

北洋军阀政权具有如下特点:第一,北洋军阀政权在一段时间里,打着中华民国的招牌,干着欺骗、迷惑群众的勾当,其实质是军事独裁和军事恐怖统治相结合。按其性质来说,是军事封建主义的政治制度。第二,北洋军阀政府的头子都是帝国主义的走狗,它的背后是其帝国主义主子。因此,北洋军阀政府一步一步地成为帝国主义宰割和控制中国的驯服工具。它在对外事务中执行投降帝国主义,出卖祖国领土、主权和权益的政策,成为历史上罪恶昭彰的卖国政府。第三,

---

[①]　吴玉章:《辛亥革命》,北京,人民出版社,1962 年,148 页。

北洋军阀政府的中央政府由形式上的统一走向公开分裂,由形式上封建军阀的中央集权制,变成公开的各军阀割据以及连年不断彼此的火并。其中皖系、直系、奉系以及滇系、桂系、粤系各自独霸一方。时而这派与那派火并,转而这派与那派又联合。第四,由于以上种种原因,北洋军阀政府头子的执政都是短命的。从袁世凯、黎元洪、段祺瑞、徐世昌、冯国璋,到张作霖,一个个走马灯式的上台与下台。这是半封建半殖民地社会的中国各帝国主义之间和封建军阀各集团之间矛盾的必然结果。

第二节　北洋军阀政府的国家元首

北洋军阀政府国家元首的正式称谓为大总统,但有时也称临时执政、陆海军大元帅等。

一、袁世凯时期的大总统

1912 年 1 月 22 日孙中山发表声明,表示只要清帝退位,袁世凯宣布赞成共和,即由参议院选举他为临时大总统。于是袁世凯逼迫清帝退位,并假惺惺地表示赞成共和。2 月 15 日参议院选举袁世凯为临时大总统。早在"南北议和"之时,以孙中山为首的革命派就着手制定《临时约法》,此法于 3 月 31 日公布,其目的是通过扩大参议院权力和责任内阁制来限制袁世凯的权力。对此,袁世凯恨之入骨,并于 1914 年 5 月 1 日,废止《临时约法》,公布了"袁记约法"——《中华民国约法》,通称《新约法》。

(一)袁世凯篡权四步曲

袁世凯为了实现他的罪恶目的,对内有步骤地摧毁资产阶级民主共和制度,对外不惜大量出卖祖国的领土主权,以换取帝国主义的支持。

袁世凯就任临时大总统后不久,就公开表示:凡从前清政府与外国签订的一切条约都应当"切实遵守","其已缔结未办之事,要迅速举办"。1913 年为了换取英、俄帝国主义对他的支持,经过几次欺骗性的谈判,不顾藏、蒙人民的意志,向英、俄承认了西藏的所谓"独立"和外蒙的"自治权",同年又承认了日本在满蒙五铁路的筑路权。帝国主义既然找到了这样一个忠实代理人,自然会积极地支持他。1913 年 4 月,美帝国主义首先承认这个封建买办的袁记军阀政府,10 月其他帝国主义国家也相继承认,从此袁世凯就进一步成为帝国主义在华的御用工具。

由于袁世凯得到了帝国主义的大力支持,他便放心大胆地、有步骤地对内展开摧毁资产阶级民主共和制的斗争。

第一个步骤是破坏牵制他集权的"责任内阁制"。责任内阁制是革命党人为了限制袁世凯专制独裁而采取的一种政治制度。根据《临时约法》的规定:"国务员于临时大总统提出法律案,公布法律,及发布命令时,须副署之。"[①]1912 年 8 月 25 日,中国国民党在北京成立,其《国民党政见宣言》又规定,所谓"责任内阁制","即总统不负责任,而内阁代总统对于议会负责是也。""凡总统命令,不特须阁员副署,并由内阁起草。"这是当时资产阶级所力图实现的制度。袁世凯不但绝对不能接受国民党所主张的责任内阁制,就是约法中内阁的副署权也是他所不能容忍的。1912 年 3 月 13 日,袁世凯任命唐绍仪为国务总理,组织第一届内阁。因为唐绍仪早在朝鲜时就与袁世凯"同患难","常以巨款接济袁氏"[②],在袁世凯任北洋大臣时期,唐氏则为袁之堂属,在北京时又为同僚。所以袁世凯以为,唐氏对于他,必须"如身使臂,如臂使指","立见成效"。[③] 这届内阁共 10 个部长,他们是外交总长陆征祥、财政总长熊希令、海军总长刘冠雄、教育总长蔡元培、工商总长王正廷、内务总长赵秉钧、陆军总长段祺瑞、司法总长王宠惠、农林总长宋教仁、交通总长梁如浩(后来由施肇基为交通总长)。其中司法、教育、农林、工商总长是同盟会会员,国务总理唐绍仪自参加南北议和后,在革命党人的影响下,思想上产生深刻变化,加入了同盟会。这样,同盟会员在阁员中占半数,被称为"同盟会中心内阁"。但内阁中要害部门皆受袁世凯的控制,内务、陆军、海军三部掌握在袁世凯的亲信手中,财政、外交总长都是改良派。尽管如此,袁世凯仍感到这个内阁妨碍他独裁专制统治,特别是唐绍仪任内阁总理以后,"每有要议,必就商于蔡(元培)、宋(教仁)二君。"[④]对于袁世凯破坏民主制度的行为,进行了一定的抵制,这就引起了袁世凯的猜忌。6 月间,袁氏利用唐绍仪内阁任命非袁嫡系的王芝祥为直隶都督和向比利时小笔借款之时机,加之经常煽动内务总长赵秉钧和陆军总长段祺瑞与之对抗,不经唐绍仪副署,就直接发布任免令,以致唐绍仪无法工作,迫使他于 6 月 15 日辞职,同盟会四个阁员也相继退出内阁。这是袁世凯破坏责任内阁制的开端。

唐绍仪的辞职和四位阁员的退阁正中袁世凯的下怀,他任命原外交总长陆征祥为国务总理,组织第二届内阁。史称"超然内阁"。"所谓超然内阁,是指这个'无色彩'的外交家既不属于袁系,又不属于同盟会系。实际上,这个庸人是袁的

---

① 《南京临时政府公报》第 35 号。

② 习庵:《三十年来燕京琐录》,上海,金马出堂。

③ 《辛亥革命前后——盛宣怀档案资料选辑之一》,上海,上海人民出版社,1979 年,256~266 页。

④ 黄远镛:《远生遗著》,第 2 卷,上海,上海商务印书馆,1927 年,6 页。

一个最好的工具。"①同年 7 月 18 日，陆征祥向临时参议院补提六个国务员名单：财政总长周自齐、司法总长章宗祥、教育总长孙毓筠、农林总长王人文、交通总长胡惟德、工商总长沈秉坤。当时引起了参议员的责难，提案遭到否决。袁世凯认为对陆征祥的打击就是对他的打击，于是他指使反动军警通电痛骂参议院，甚至诉诸武力威胁参议院。临时参议院在文武压力下，再次审议陆征祥提出的 6 个国务员名单。他们是财政总长周学熙、司法总长许世英、教育总长范源濂、农林总长陈振光、交通总长朱启钤、工商总长蒋作宾。7 月 26 日临时参议院再次开会，除蒋作宾未通过改派刘揆一外，其余五个阁员全部获得通过。加上无须提交临时参议院同意的第一届内阁的外交（陆兼任）、内务、陆军、海军四部总长，以蝉联方式进入第二届内阁，标志着陆征祥内阁最后形成。但随即临时参议院对陆征祥提出弹劾，吓得他称病移居医院，从此不肯出政。袁世凯干脆任命亲信赵秉钧代理国务总理。接着，袁世凯以反革命的两手对付资产阶级革命派。他以"破坏共和、图谋不轨"的罪名杀害武昌起义有功将领张振武、方维的同时，又隆重邀请孙中山、黄兴入京会谈，"共商国事"。孙中山和黄兴被袁世凯的伪善所迷惑。孙中山曾表示愿在十年之内修铁路二十万里，请袁世凯在同一时期训练精兵一百万。黄兴主动解散南方军队，并四处劝人加入国民党，甚至当面劝袁加入国民党，邀请袁手下的赵秉钧入国民党。9 月 22 日，袁世凯看大事已成，向临时参议院提出任命赵秉钧为内阁总理。在黄兴的疏通下，临时参议院通过了由参加国民党的赵秉钧组织的内阁，史称"国民党内阁"。值得注意的是赵秉钧加入国民党并非思想上的转变、立场上的变更，而是在袁世凯的授意下，以便充当袁氏的内线。赵秉钧就职以后，竟将国务会议搬到总统府召开，使袁世凯完全操纵了国务院。

第二个步骤就是进攻国会。《临时约法》第五十三条规定："本约法施行后，限十个月内，由临时大总统召集国会"，"中华民国之宪法，由国会制定"，"国会之组织及选举法由参议院定之。"据此规定，北京临时参议院于 1912 年 8 月制定公布了《国会组织法》和参议院、众议院《议员选举法》。其基本精神是国会采取两院制。这是继续贯彻《临时约法》的精神，企图建立一个资产阶级代议制的国会，有对抗专制独裁之意。

这些法令公布后，地主、官僚、买办、资产阶级就各自或相互勾结布置各种阵营，组织很多政党，从事竞选活动。一时政党林立，当时主要的有以下几个。

国民党。1912 年 8 月间，同盟会的宋教仁等热衷于议会政治，为了拉拢一些官僚政客，扩张势力，联合并入了统一共和党、共和实进会、国民共进会，进而改组

---

① 陶菊隐：《北洋军阀统治时期史话》，第 1 册，北京，生活·读书·新知三联书店，1957 年，136 页。

成为国民党。该党主张实行责任内阁制和地方自治,这是同袁世凯的矛盾所在。

统一党。这是章太炎的中华民国联合会和张謇的预备立宪公会合并组成的。该党完全支持袁世凯,是袁世凯的御用工具。

共和党。袁世凯为了在国会布置对抗国民党的力量,曾指使统一党于1912年5月间联合民社、国民协进会、民国公会等各党派组成共和党,标榜"国权主义",也就是拥护袁世凯封建买办的集权统治。后来统一党首领章太炎又分出,维持他的统一党。

民主党。1912年梁启超从日本回国后,就与汤化龙等立宪党人进行活动,要在国民党和共和党以外另组第三党。于是就联合共和建设讨论会、共和统一党、国民协进会、共和促进会、国民新政社等组成民主党。该党也是勾结袁世凯实行军阀专政的一个反动政党。

后来,为了在国会中对抗国民党,袁世凯指使统一党、共和党、民主党三党合并为进步党。因此,到第一届国会成立时,实际上只剩下两个大党,即国民党与进步党。这两个党在政权问题上拥护袁世凯基本上是一致的。其区别在于,国民党拥护袁世凯而又企图分割袁的权力,进步党拥袁而又赞成袁世凯集中权力。国民党还带有代表一部分中等资产阶级利益的色彩,但实际上,两党都是代表地主和大资产阶级两个不同集团的政党。大部分国民党侧重于代表新起的地主和大资产阶级,而进步党则侧重于代表旧存的大地主和大资产阶级。

在1912年年末到1913年年初,第一次国会议员竞选中,由于国民党利用了过去同盟会的基础和在各省中的影响,又吸收了许多官僚、政客全力在选举上角逐,所以在参众两院870名议席中,获得了392个席位(统一、共和、民主三党共占233席,其他255席是无党派和跨党者)。国民党竞选获胜,便兴高采烈地幻想实行政党政治。国民党的首领宋教仁到处演讲,并准备出面组织"国民党内阁"。国民党在国会中的得势及其积极活动,成为袁世凯独裁专制的严重障碍。于是,袁世凯就积极地布置来消灭国民党的力量。1913年3月20日,袁世凯派人刺杀了宋教仁,随后,又用武力镇压了国民党发动的"二次革命"。袁世凯又于1913年4月召开国会,成立宪法起草委员会。参议院正副议长张继、王正廷和众议院委员长林森都是国民党人,资产阶级右翼议员、老立法派汤化龙、陈国祥占据了众议院正、副议长的席位。实力较大的国民党议员主张先制定宪法,然后根据宪法精神选举正式总统。这又与袁世凯的意愿背道而驰。于是,他拉拢国会中另一大党进步党领袖之一熊希龄,让他组阁,成立所谓"第一流人才"内阁。这样,袁世凯初步控制了国会,开始以谋取正式总统为主要目标的一系列活动。9月,他指使心腹梁士诒出面,用金钱收买并联合了国会中的潜社、集益社等一部分议员,组成了公民党,决定"以正式总统选举为本党政策之第一步"①,在国会内部大肆活动。9月5日,国会在袁世凯内外夹击下,顺利地通过了先选总统后制定宪法的议案。由宪法起草委员会制定了一个新的《大总统选举法》,于10月4日在国会参、众两院的联席会议上通过并公布。袁世凯迫不及待地要在民国的第二届双十节就任正式总统,所以两院又开快车于10月6日进行正式总统选举。这一天,两院议员共到会759人。为了确保大总统官印到手,袁世凯派出几千名便衣军警、侦探、兵痞和流氓组成公民团,强迫议员选袁为大总统,否则不准选举人出议院一步。根据总统选举法规定:"总统选举以选举人总数三分之二以上之列席","得票满投票人数四分之三者为当选。"这些议员只好忍饿终日,连续三次投票:第一次开票结果,袁得471票,黎元洪得154票。第二次开票结果,袁得票497,黎也得162。直到第三次投票,袁才以507票对黎的179票,勉强达到投票人3/4的规定数而当选。

袁世凯当了正式总统之后,国会对他来说,已成赘物,便立即向国会展开进攻。11月4日,他借口国民党议员在"二次革命"中犯有"乱国残民""破坏统一"的罪行,下令解散国民党,撤销国民党360多人的议员资格,使国会不足法定人数,根本无法召开。袁世凯还在一次讲话中借题发挥,大肆攻击共和民主制度,说"民国以来,人民滥用民主自由,民意舆论全失真意。主张共和之人,托共和政治之名,行暴民政治之实"。不久,各军政长官纷纷通电,要求解散国会。1914年1月10日,袁世凯利用封建遗老建立起来的政治会议解散了国会,各地的自治会和省议会也被通令撤销。至此,辛亥革命所建立的各项民主制度完全被破坏。历史说明了在中国半殖民地半封建的社会里,资产阶级企图通过议会斗争达到其政治目的完全是一种幻想。

第三个步骤是扩大总统权力。根据《临时约法》的规定,总统的权力受到很大的限制,这当然不是袁世凯所能忍受的。1913年11月4日,袁世凯以种种借口,制造了一个御用机构"政治会议"。11月26日,袁世凯公布了政治会议的组织令,规定政治会议议员名额为80人。其中总统派8人,国务总理派2人,各部总长派1人,共10人。大理院派2人,蒙藏事务局派8人,22省各派2人,热河、西藏各派1人,蒙古各地将军共派4人组成。一说以李经羲为议长,朱家宝为副议长。前者系清末云贵总督,后者为安徽巡抚。由此可见,政治会议由袁世凯指定的一些军阀官僚、封建余孽和进步党人组成,完全是他实现其专制独裁统治的政治工具。按袁世凯的意旨,政治会议在1914年1月9日和2月4日分别议决解散国会和各省议会。

---

① 杨幼炯:《中国政党史》,香港,商务印书馆,1937年,75页。

　　袁世凯在当上正式大总统并解散国会之后,立即转过手来向孙中山所制定的中华民国《临时约法》开刀。要求"政治会议"修改约法。这个御用工具于1914年1月24日马上召开会议,成立一个新的造法机构"约法会议",议决了《约法会议组织条例》,规定由京师选举会选出4人,各省选举会各选出2人,全国商会联合会选举4人,蒙、藏、青海选举会联合选出8人,共同组成约法会议。这一组织纯属袁世凯一手炮制的傀儡机构,是由地主、官僚、买办、军阀和进步党人拼凑起来的班子。同年3月18日约法会议在北京开会,选出孙毓筠为议长,施愚为副议长。3月20日袁世凯提出《增修临时约法大纲案》,4月29日通过《中华民国约法》。5月1日,该法正式公布,废止民国元年3月11日的《临时约法》。这个"袁记约法"与旧约法完全不同,突出的一点,就是将大总统的权力规定得像专制皇帝一样。如总统除有权制定"官制、官规,任免文武职官","宣布戒严","召集"和"解散"立法院外,还有"发布与法律同等效力之教令"等不受任何约束的权力。

　　第四个步骤是脱掉总统外衣,复活帝制。袁世凯有步骤地摧毁辛亥革命所建立的民主共和制度,无限制地扩大总统权力,其目的就在于恢复君主制度,以适应帝国主义和中国的大地主大资产阶级的需要。在这些条件具备之后,他就必然地抛弃总统外衣,做个名副其实的皇帝。袁世凯复活帝制的活动很早就开始了,1915年8月则公开进行。他通过其党徒组织"筹安会""国民请愿联合会"等组织积极筹备复活帝制。与此同时,又以出卖国家主权取得了帝国主义特别是日本帝国主义的同意。10月,袁下令各省长官,指定各县官绅1人为"国民代表大会"代表,于各省举行"国体投票"。12月11日,袁世凯便授意参政院宣称:"全国民意业经决定君主立宪政体",推戴袁世凯为"中华帝国"皇帝。12日,袁就居然在北京居仁堂接受百官朝贺,大封官爵,并下令把民国五年改为"洪宪"元年,准备在1916年元旦正式登基。

（二）袁世凯时期大总统的职权

　　应当指出,袁世凯窃国夺权经历了一个历史过程。其权力亦是不断扩大的。考察这一权力扩大的轨迹,并给予规律性认识是十分必要的。

1. 内阁制政府时临时大总统的权力

　　1912年3月,袁世凯建立了封建买办政权。当时的国家政府是根据《临时约法》建立的。依据这部法律,袁世凯政权建立初期的政府制度采取责任内阁制。责任内阁制的主要内容之一便是对总统权力的制约。

　　以孙中山为首的革命派为了约束袁世凯,在《临时约法》中对总统的权力作了明确的规定:

　　从选举的程序和条件上看,根据《临时约法》规定:"临时大总统、副总统由参议院选举之，以总员四分之三以上之出席，得满投票总数三分之二以上当选。"大总统被选举的资格，根据《选举法》规定："中华民国人民，完全享有公权，年满四十岁以上，并居住国内满十年以上者，可被选举为大总统。"可见大总统被选举资格有四：国籍、享有公权、年龄、居住期限。副总统的选举同大总统选举同时进行，但分次投票。大总统的任期规定为 5 年，可连任一次，副总统任期无明文规定，事实上和大总统一致。

从临时大总统的职权上看，依据《临时约法》规定："代表临时政府、总揽政务、公布法律"，制定官制官规、任命国务员、外交大使公使，对外宣战、媾和、缔结条约，宣告大赦、特赦、减刑等职权。可见，这时临时大总统并非实际上的最高行政长官，只是居于国家之首的地位。

值得注意的是，虽然临时大总统的权力不小，但是与"临时政府组织大纲"规定的权限比较，是相对地缩小了。"这主要表现在临时大总统提出的法律案、公布法律、发布命令须要经过国务员的副署，才能发生效力。这是革命党人看到了临时大总统的位置落入袁世凯的趋势很明显，迫不得已采取的做法。这对袁世凯来说格格不入，但他在当时的条件下又不敢公开进行破坏，只好暂时承认。"①

2. 总统制政府时大总统的权力

1913 年 10 月 6 日，袁世凯胁迫国会选举他为正式大总统。10 日，在就任大总统时，他公开宣称要为集权专制而"修明法度，整饬纪纲"②。1914 年 5 月 1 日，袁世凯御用的《中华民国约法》公布了，简称《新约法》。它是对《临时约法》的篡改，也是对北洋军阀的否定。这部《新约法》的特点：一是取消责任内阁制度，代之以大总统统治权制度；二是不仅扩大了总统权力，而且取消了对总统的任何约束。因此，这部《新约法》所规定的国家政体不是一般资产阶级国家的总统制，也不是资产阶级国家的责任内阁制，而是总统独裁。说它"独裁"是因为"会之新法"与《临时约法》比较，"总统有广漠无限之统治权"③。具体表现在以下几方面。

其一，从职权上看，依据《新约法》规定，大总统"为国家元首，总揽统治权"，"代表中华民国"，"对国民之全体负责"。④ 大总统"总揽统治权"，即包括：①有制定官制官规、任免文武职官之权，取消其他任何限制。与《临时约法》之规定须交参议院议决，无疑权力已扩大。②有宣战、媾和、缔结条约之权。其中只有变更领

① 李进修：《中国近代政治制度史纲》，北京，求实出版社，1998 年，172 页。
② 金山、白蕉编：《袁世凯与中华民国》，上海，人文月刊社，1936 年，101 页。
③ 汪凤瀛：《致筹安全书》，《东方杂志》，第 12 卷，北京，第 10 号。
④ 袁世凯：《中华民国约法》，第 14、15、16 章，北京，商务印书馆，1915 年；《法令大全》，北京，商务印书馆，1915 年，50 页。

土或增加人民负担之条款,须经立法院之同意。与《临时约法》之规定:经参议院同意方能宣战、媾和及缔结条约比较,大总统的权力又有扩张。③有召集立法院、宣告开会、停会、闭会之权。与《临时约法》规定参议院得自行集会、开会、闭会相比,大总统的权力已在参议院之上。④有解散参议院之权,但须立法院同意。与《临时约法》规定无权解散参议院比较,大总统的权力进一步膨胀。⑤有宣布大赦、特赦、减刑、复权以及颁发爵位、勋章和其他荣典等权。这些大总统之权虽要经立法院同意,但立法院始终没有成立,由参政院代行,而参政院完全是袁氏的御用工具。因此,大总统这些须经立法院同意的权力条款,只是一纸空文。不难看出,元首直接控制行政,行政权力远远高于立法权,进而使袁世凯总揽了一切大权。

其二,从被选举资格看,1915 年元旦公布的约法会议制定的《修正大总统选举法》中规定,大总统的被选资格与《临时约法》不同有三,一是把原来较广泛的"中华民国人民"改为"有中华民国国籍之男子";二是把原定"住居国内满十年以上"改为"满二十年以上";三是把原定大总统任期五年,如再被选,得连任一次,改为大总统任期十年,连选连任无限制,并且新总统候选人由现任总统提名。

其三,从选举制度上看,大总统的选举完全废去了由国会议员组织选举的办法。

第一,关于大总统候选人的规定。除上述大总统的被选举资格所要求的四个条件外,实质只有 4 个人具备能当选下届大总统的条件,而且全受现任总统的支配:一是现任大总统自己,其余 3 人,由现任大总统"代表民意"从合格人中推荐,被推荐者由现任大总统手书在嘉禾金简上盖上国玺,放到总统府金匮石室里。金匮的管钥由大总统掌管,石室的掌钥由大总统、参政院院长、国务卿分掌。到选举时,现任大总统取出,并在大总统选举会上宣布。

第二,关于大总统选举会的规定。选举会由参政院参政和立法院议员各自互选 50 人组成,互选用记名连记投票法,以得票较多者当选。

第三,关于选举票计算方法的规定。选举会须有会员 3/4 以上到会,用记名单记书法投票,得票占出席人数的 2/3 以上者当选。

副总统的选举,也是由大总统推荐合格的 3 人,适用有关选举大总统的规定。

值得注意的是大总统任期规定 10 年,可连选连任。副总统不能"继任"大总统,只能"代行"3 天,以便办好补选大总统的手续,使原大总统书名于嘉禾金简的意中继承人接班。

3. 帝制政府时洪宪帝的权力

在中国,权力很重要,它往往使政治野心家和反动集团发昏、发狂、发疯。当权力由内阁制政府的临时大总统转总统制政府的正式大总统之时,袁世凯并没有感到满足,相反继续向帝制倒退。他在踢开国会,废除《临时约法》,制定《新约法》之后,一方面大造复辟帝制舆论;另一方面为实施帝制而修改官制。

毛泽东同志总结夺取政权的历史经验时指出:"凡是要推翻一个政权,总要先造成舆论,总要先做意识形态方面的工作。"[①]袁世凯也不例外,为了复辟帝制,他亦广泛大造反革命的舆论。1915年8月,袁世凯指使他的政治顾问,美国人古德诺在北京《亚细亚日报》发表一篇《共和与君主论》的文章,说:"中国不宜于实行民主立宪,宜实行君主立宪。"中国"如用君主制,较共和制为宜",否则"断无善果"。[②]接着又请另一顾问,日本人肖贺志雄抛出《共和宪法持久策》的文章,说中国不适合共和制度,只有像日本那样实行君主制度,国家才不会分裂。

舆论已经造就,行动接踵而来。袁世凯决意以"变更国体"实施其帝制的美梦。在未登皇帝宝座前,为了使国家制度适应专制皇帝的需要,作了如下几点改变。

其一,各省民政长改为巡按使。1914年5月23日,袁世凯颁行新的《省官制》,省民政长改为巡按使,省行政公署改为巡按使公署。道观察使改称道尹,机关为道尹公署。

其二,设立将军府。1914年6月30日,袁世凯宣布裁撤各省都督,京师设将军府,直属大总统,分派将军督理各省军务。不久,又公布了《将军行署编制令》,都督改称将军,将军公署称将军行署。将军各有名号,由大总统决定。派在各省的冠"武"字,如江苏的冯国璋是宣武上将军。

其三,恢复古代帝制官阶名称。1914年7月28日,袁世凯公布了《文官官秩令》,把文官分为9等,即上卿、中卿、少卿、上大夫、中大夫、少大夫、上士、中士、少士。

其四,恢复帝王祭孔、祭天制度。1914年9月,袁世凯亲自率文武百官至孔庙祭祀,发布《祭孔令》,制定《崇圣典例》《祀孔典礼》。10月,又到天坛祭天。

其五,恢复清朝"内阁奉上谕"的格式。1915年12月6日,袁世凯公布《修正大总统政事堂组织令》,改变国务卿职权,把国务卿承大总统之命监督政事堂事务,改为国务卿监督行政,向大总统负责;把大总统发布命令须国务卿副署,改为大总统发布命令由政事堂奉行钤印、国务卿副署。凡用大总统命令、钤用大总统印者,均改为政事堂奉策令或申令。

其六,大封功臣爵位。1915年12月15日,袁世凯册封黎元洪为武义亲王(黎

---

① 毛泽东:《在党的八届十中全会上的讲话》,《红旗》,北京,1967年,第9期,21页。

② 荣孟源、章伯锋:《近代稗海》,第3辑,成都,四川人民出版社,1985年。

未接受)。2日,又封龙济光等128人为公、侯、伯、子、男五等爵位。后又封一、二等轻车都尉70余人。

其七,改年号。1915年12月31日,袁世凯发通令,改1916年为"洪宪"元年。

其八,改变机构名称,恢复"陛见制度"。1916年元旦,袁世凯将总统府改为"新华宫",总统府收文处更名为奏事处,总统府护卫指挥处更名为大内指挥处。又制定公布《觐见条例》,恢复封建皇帝的"陛见制度"。

袁世凯的帝制活动一开始,在全国人民中间立即掀起了反袁浪潮。在全国人民声讨的形势下,帝国主义和一部分大地主大买办阶级的代表人物,也改变了积极支持袁世凯的态度。袁世凯终于被迫在1916年3月22日取消帝制,废除洪宪年号,但还企图保留总统的职位。不过,反袁的风暴继续扩大,袁世凯失去了凭借,再也无法维持他的统治。6月间,袁世凯在绝望中死去。这表明辛亥革命后,民主共和观念已深入人心,任何人也无法阻挡前进的历史车轮。

二、恢复"共和"时期的大总统

袁世凯死后,北洋军阀分裂,割据局面逐渐形成。全国大军阀有皖、直、奉三系,小一些的如晋系、滇系、桂系等。这些军阀,对民主共和制并不感兴趣,相反,对地盘、政权兴趣极浓。但有袁世凯的前车之鉴,除张勋外,再也没有人复辟帝制。他们先后打起恢复《临时约法》和国会的旗号,实施"民主共和"名义下的军阀专制,其最大特点是大总统的权力大小以背后支持他的军阀势力大小为转移。

既然军阀权力大于他们所支持的大总统的权力,那么,为什么他们还要争夺北京政权?"原因在于,自临时政府北迁起,北京政权就一直是个合法的政权,它不仅得到列强的承认,而且在国内一般人心目中,北京政权也是中华民国的中心。"[①]

袁世凯死后,军阀统治集团内部矛盾迅速表面化。首先表现在大总统的选举问题上,是以《临时约法》为根据,还是以《新约法》为根据。段祺瑞根据袁世凯生前炮制的所谓《新约法》,发表了一个由副总统黎元洪代行总统职权的通电。南方军阀唐继尧等,根据《临时约法》,认为黎元洪应该"继任"总统,而不是"代行"总统职权。所谓"代行"就是让黎元洪在三天内在金匮石屋中启示前大总统所预先推荐的三个名单亦即徐世昌、冯国璋、段祺瑞,组织总统选举会,选定1人为总统。所谓"继任"就是让黎元洪担任总统,因为黎元洪是北洋派以外的南方军阀代表。

---

① 刘伟、饶东辉:《中国近代政体发展史》,武汉,华中师范大学出版社,1988年,178页。

可见,他们斗争的实质都是企图以合法名义来扩大自己的势力,进行权力再分配。后来,段祺瑞被迫暂时让步。其原因在于徐世昌是北洋派元老,冯国璋是北洋派在东南半壁江山举足轻重的人物,而段祺瑞当时尚无力控制北洋派,如果段继任总统,必然会引起北洋派的更大分裂,也必然会招致西南护国军的反对。而黎元洪虽是南方军阀代表,但手无寸铁,不掌军权,还不如利用责任内阁之名,行军事独裁之实,以待时机成熟夺取更大权力。这就是段祺瑞后来同意推举黎元洪为总统的真正原因。这样,黎元洪于民国五年(1916年)六月七日,在北京东厂胡同私宅举行大总统就职典礼。后来,冯国璋被选为副总统。

这种新旧约法之争也反映在恢复国会问题上。对于这个问题,起初,段祺瑞是矛盾的:一方面,段氏并不坚决支持《新约法》,因为《新约法》以总统制为其主要内容,并不符合他所采取的责任内阁制的要求,而《临时约法》则以责任内阁制为其主要内容,对他反倒有利;另一方面,随着《临时约法》的恢复,国会也将得到恢复,段氏认为国会的恢复将会成为他推行个人军事独裁的一大障碍,因而,他要保持《新约法》而不愿意恢复《临时约法》。1916年6月25日,驻上海海军总司令李鼎新和第一舰队司令林葆怿、练习舰司令曾兆麟等发表宣言:"黎大总统虽已就职,北京政府仍根据袁氏擅改之约法,以遗令宣布,又岂能取信天下、餍服人心……今率海军将士于6月25日加入护国军,以拥保今大总统,保障共和为目的,非俟恪遵元年约法,国会开会,正式内阁成立后,北京海军部之命令,概不承受。"海军宣布独立,段祺瑞不能不有所戒惧。6月29日,段祺瑞请黎元洪下令恢复《临时约法》和国会。同日,又以大总统令,废黜国务卿,任命段祺瑞为国务总理。30日,改组内阁。其内阁名单如下:许世英任内务总长,陈锦涛任财政总长,段祺瑞兼任陆军总长,程璧光任海军总长,唐绍仪任外交总长,张耀曾任司法总长,孙洪伊任教育总长,张国淦任农商总长,汪大燮任交通总长。7月12日,改任孙洪伊为内务总长,许世英任财政总长,范源濂任教育总长。8月1日,任谷钟秀为农商总长。不久南方军阀取消军务院和西南各省独立,实现"统一"。

8月1日,国会重新开幕,南方的进步党和原国民党议员前往北京参加国会复会会议,选举了汤化龙、陈国祥为众议院正副议长,王家襄、王正廷当选为参议院正副议长,追认了段祺瑞为国务总理,莅会补行了黎元洪大总统誓礼,增补了冯国璋为副总统。

段祺瑞不是不想当总统,只是因为当时条件还不成熟,而采取了责任内阁之名,行军事独裁之实。这种情况的存在,必将使黎、段之间为争夺权力,矛盾加深。斗争的焦点主要表现在制定宪法和参加第一次世界大战问题上。

这场斗争,被人们称为"府院之争":"府"是指总统府,亦即黎元洪为代表的政治集团;"院"是国务院,亦即段祺瑞为代表的军阀政治集团。1916 年 8 月,国会恢复会议,着手制定宪法。当时国会内部的政治势力主要有三派:以谷钟秀、张耀曾、张继等为代表的反段派;以梁启超、汤化龙为首的拥段派;还有个段祺瑞指使其爪牙拼凑的御用党——"中和俱乐部"。这三派的斗争,从政治倾向上看,主要反映在拥段和反段的斗争上。斗争的焦点是以何种指导思想制定宪法。拥段派为了加强段的势力,主张中央集权,省长由中央任命;反段派代表资产阶级和与段祺瑞有矛盾的某些地方军阀利益,主张地方分治,民选各省省长。双方争执不下,1916 年 12 月 8 日在国会争辩激烈,竟互相辱骂,演出了武斗闹剧。

1917 年 2 月,在是否参加第一次世界大战问题上,"府院之争"更加表面化。德国宣布将以潜艇无限制封锁海面。美国宣布对德绝交,准备参战,要求中国与它采取一致行动,并提议借款给中国作参战军费。以总统府黎元洪为首的反参战集团与以国务院段祺瑞为首的主张参战集团,展开了一场激烈的斗争。双方斗争的关键并不在于是否参战,而在于由谁主持参战,以便从中捞到一笔帝国主义的借款,借以扩大自己的政治、军事势力。黎元洪借对德参战问题为契机,免去段祺瑞的国务总理职务。这反映了黎、段矛盾的"府院之争",是军阀内部争权夺利的斗争。结果张勋以借口"调停"黎段"府院"矛盾,于 1916 年 6 月又赶黎元洪下台。11 月 7 日张勋拥戴爱新觉罗·溥仪复辟帝制。段祺瑞反过来以反对复辟帝制为名,赶跑张勋。直系首领、副总统冯国璋又继黎元洪为总统。段祺瑞以"再造共和"为自命,复任国务总理,组成一个完全由皖系军阀控制的内阁。他们是汪大燮为外交总长,段祺瑞兼任陆军总长,刘冠雄为海军总长,汤化龙为内务总长,梁启超为财政总长,林长民为司法总长,张国淦为农商总长,曹汝霖为交通总长,范源濂为教育总长。可见,段祺瑞在袁世凯死后,继为内阁总理兼陆军总长,虽一时被免,但大部分时间,控制着北京政权。这是军阀混战时期的北京政权变迁的第一个阶段,亦即皖系军阀统治时期。

1918 年,大总统任期将满应当改选,段祺瑞想利用国会中的安福派(段授意徐树铮于 1918 年 3 月 7 日组织了安福俱乐部。其俱乐部占国会议员 470 余人中的 330 余人),选自己为总统,约张作霖任副总统。后因前总统宣扬其阴谋,乃改变其计划,利用安福派改选北洋军阀集团中处于清客地位的徐世昌为大总统,标志着"北京政府"进入了直、奉军阀联合统治时期。徐世昌自 1918 年 10 月 10 日就任大总统职,至 1922 年 6 月 2 日被迫通电辞职,除袁世凯外,为北京政府担任大总统最久之人。考其原因,政治路线确定之后,官吏的任用便是重要因素。其办法是频繁更替内阁阁员,以保证路线的实施。

徐世昌为什么在统治时期频繁更换内阁组织呢?无疑是为了保住自己大总

统的地位。为此,他组阁的指导思想是制衡原则。这种制衡原则主要体现在以下两方面。首先是国务总理的选择。当北洋军阀各派系力量强弱有明显差别时,总理的候选人必然出自于较强的派系,并根据支持较强派系后面的帝国主义国家的需要而转移。例如第二次内阁改组时,靳云鹏任国务总理便是一例。他是直、奉军阀曹锟、张作霖、吴佩孚等人一致赞同,美、英帝国主义国家共同认可的人物。当直、奉二军阀势均力敌,战事一触即发时,总理的候选人必然兼顾两个派系的利益,避免政变的发生,周自齐署理内阁总理便是一例。梁士诒是奉张作霖建议而组阁的,而梁氏的下台就对吴佩孚有利。取梁氏而代之的周自齐属于旧交通系,周氏的上台又对得起张作霖。其次是内阁阁员的组成。一般说来,力量较强大的派系在国务院中的阁员的比例要大,处于较弱地位的派系则比例较小。第二次内阁改组便是一例。整个阁员 9 人,其中直、奉系 5 人,他们是陆征祥、田文烈、靳云鹏、萨镇冰、付增湘,其中田文烈为内务总长兼农商总长;皖系 3 人,他们是李思浩、朱深、曾毓隽。

徐世昌任大总统时期,副总统的选举曾二度流产。加之他实行联奉抑直政策,日本又加紧扶植奉系军阀张作霖,对抗美、英支持的直系军阀曹锟、吴佩孚,1922 年 4 月,爆发了第一次直奉战争,以直系军阀胜利,奉系军阀失败而告终。徐世昌于 1922 年 6 月 2 日被迫辞职。曹锟、吴佩孚在"恢复法统"的口号下,赶走了"安福国会"选举的总统徐世昌,捧出了被张勋驱走的黎元洪当总统;撤销 1917 年解散国会的命令,恢复旧国会,标志着"北京政府"进入了直系军阀统治时期。

这个时期分为三个阶段,自 1922 年 6 月 11 日至 1923 年 6 月 13 日,黎元洪任大总统,称为政治上的过渡阶段。当时直系军阀从外表上恢复了《临时约法》规定的国家组织形式,以此欺骗人民,稳定政局,借以瓦解南方的护法运动,抵制当时各省地方军阀掀起的"联省自治",配合武力兼夺各省的"统一"政策。自 1923 年 6 月 14 日至 10 月 10 日,称为内阁摄行大总统职权阶段。该年 6 月 14 日,黎元洪为时势所迫辞职,依大总统选举法第五条规定:"大总统因故不能执行职务时,以副总统代理之。""副总统同时缺位时,由国务院摄行职务。"事实上这时张绍曾内阁早于黎元洪辞职。因此,这个内阁没有资格也没有任何理由可以摄行总统职权。自 1923 年 10 月 10 日至 1924 年 11 月 3 日,曹锟任大总统,称为军事独裁统治阶段。直系军阀迫使徐世昌辞职,其目的即为拥护曹锟任大总统,但为时势所迫,以黎元洪复职及恢复旧国会为桥梁来达到曹锟任"合法"大总统之目的。1923 年 10 月 5 日,曹锟为了通过国会把自己选成总统,便采用武力威胁和高价收买双管齐下的手法来操纵选举。当日,北京军警机关出动了大批人马,在北京西至西单牌楼、南至宣外大街布置了警戒线,并派保安队来回梭巡。无论国会人员或旁听人员,进入会场前必须经过人身搜查。同时,利用"出席费"、增加"餐费"、延长议员任期,甚至以 5000 元一张选票对国会议员进行拉拢和收买。届时国会出席者593 人,曹锟获得 480 余票,当选大总统。人们把这届国会称为"猪仔国会",把议员叫作"猪仔议员",把曹锟称为"贿选总统"。

不久国会在北京恢复,在参议院、众议院院长王家襄、吴景濂主持下,"猪仔议员"们通过了仅在 7 天之内赶制出来的北洋军阀统治以来的第一部宪法,时人称之为"贿选宪法"。孙中山指出,曹锟的贿选是"文明之国家所认为奇耻大辱者也","故中国人民认曹锟之当选总统,为一种篡窃叛逆行为,在理在势,皆须反对而讨伐之"。[①]

三、军阀纷争时期北京政府的国家元首

1924 年北京政变之后,先后成立两个政府,一是北京临时执政政府,二是北京军政府。这两个政府的共同特点是公开宣布不要《临时约法》和旧国会,废除民国初年的法统,国家政体由专制走向个人军事独裁。

(一)北京临时政府的执政

1924 年 10 月,吴佩孚的部将冯玉祥利用直、奉第二次战争时机,发动了"北京政变",迫使曹锟退位,结束了直系军阀在北京的统治。同时,奉系军阀张作霖也率部进入华北。这样,冯玉祥国民军和张作霖奉军成为第二次直奉战争的胜利者。但是,历史就是这样捉弄人,胜利者并非能够当上政府的直接统治者。事实证明,"北洋政府一向由战争胜利者操纵着,但不一定由他们直接担任领导职务"[②]。这是冯玉祥政治态度矛盾的产物:他一方面倾向于国民革命,拥护孙中山;另一方面又不同北洋军阀一刀两断。冯玉祥不捧张作霖上台,张作霖也不甘居冯玉祥之下。这样冯、张情愿将段祺瑞推到台上,起平衡作用。

1924 年 11 月 10 日,张作霖、冯玉祥到天津,与段祺瑞举行"天津会议"。会上决定组织中华民国临时政府,推段祺瑞为临时执政。

段祺瑞于 11 月 22 日入京,24 日就任中华民国临时执政职,声称:"此次组织中华民国临时政府,系为革新政制,与民更始。"[③]其实这个政府并不是什么"革新

---

① 孙中山:《孙中山致外交团请否认曹锟为总统电》,见《国父全集》,第 3 册,台北,台北出版社,1973 年,630 页。
② 陈瑞云:《现代中国政府》,长春,吉林文史出版社,1988 年,69 页。
③ 《政府公报》,1924-11-25。

政制",而是一种"集行政、立法、军事等一切大权于一身的'独裁制度'"。[①] 关于这一点,从段祺瑞公布的《中华民国临时政府制》便可窥见。其中规定:临时执政总揽军民政务,统率海陆军;对外代表中华民国;不设国务总理,但置国务员赞襄临时执政处理国务,分掌各部;政府命令及关于国务之文书由国务员副署;国务会议由临时执政召集,国务员由临时执政任命。由此可见,临时执政不仅是国家元首,还兼行政首长职务。

值得注意的是,这个时期北京临时执政府的实权掌握在奉系军阀张作霖手中,但皖系军阀段祺瑞也不甘示弱,企图通过一系列的反对措施来维护和加强其统治地位,其中主要措施是用新建的国家机构制约之。

(二) 北京军政府的陆海军大元帅

从广州出发的反帝反封建的北伐战争,在中国共产党的正确领导和各地工农群众的积极支持下,发展迅速,不到半年时间,就打垮了吴佩孚的军队,歼灭了孙传芳的主力,沉重地打击了帝国主义和北洋军阀的政治统治。在这种情况下,张作霖于1926年12月1日借15省"推戴"名义,任安国军总司令后,成为残存的北洋军阀各系共同归附的首领,并于1927年6月18日成立北京军政府,公布《军政府组织令》。7月12日又颁发《国务院官制》。

这个政府的全称为"中华民国军政府"。张作霖被孙传芳、张宗昌等将领拥为陆海军大元帅。根据《军政府组织令》规定,"陆海军大元帅于军政府时期代表中华民国,行使统治权",国务院是作为协助大元帅执行政务的机构。由国务总理及各部总长组成国务会议,议决命令、条约、预决算、宣战媾和、陆海军编制和官吏任免等事情。国务总理及各总长均由大元帅直接任免。

应当指出的是,军政府的组织制度与袁世凯、段祺瑞政府的一样,是一个极端反动的个人独裁制度。只是由于蒋介石中途叛变革命,才使这个政府苟延残喘,到1928年6月3日张作霖退出北京而宣告结束。它的结束意味着北洋军阀统治时期从此一去不复返了。

第三节 北洋军阀政府的中央机构及其职能

北洋军阀政府的中央机构及其职能的更替包括两个时期:一是袁世凯时期的中央机构及其职能,二是军阀混战时期中央机构及其职能。二者既有区别又有联

---

① 王世杰、钱端安:《比较宪法》(下册),上海,上海出版社,1947年,172页。

系,认真给予规律性疏理很有必要。

一、袁世凯统治时期中央机构职能及其变迁

袁世凯的统治是攫取辛亥革命的成果而建立的,资产阶级一方面把政权给了袁世凯;另一方面又企图用资产阶级民主共和制度来限制袁世凯的集权。但是,袁世凯的政权是地主、买办阶级的专政,它们要求君主专制制度。因此,这个时期资产阶级民主共和制与君主专制的斗争,就成为中心问题。由于辛亥革命在广大人民中播下了民主共和制的深刻影响,迫使袁世凯初期不得不采取内阁、国会、总统等"民国"的形式,但这对袁世凯来说,只不过是一种过渡形式,他的最后目的是要彻底消灭资产阶级民主共和制度,重建君主专制制度。

袁世凯的北京政府在政治制度方面,一是复古复旧沿袭封建社会各种国家机构,二是又建立了一系列矛头指向以孙中山为首的资产阶级革命派的政治统治体系。具体如下。

(一) 国会

国会的前身是临时参议院。国会由参议院和众议院组成。第一届国会是1913年4月8日成立的。由于两院议员来源不同,因此,必须分别加以说明。

参议员主要由各地区,由各行省、各地方分别选出。名额分配如下:由各省省议会选出,每省10名。由蒙古选举会选出,共计27名。由西藏选举会选出,计10名。由青海选举会选出,计3名。由中央学会选出,计8名。由华侨选举会选出,计6名。总计274名。[①] 参议员的选举资格是:凡有众议院议员被选举的资格,年满30岁以上者,得被选举为参议院议员。华侨选举会选出的参议院议员,除此项限制,须能通晓汉语者。[②] 参议院议员任期6年,每二年改选1/3。亦即各省省议会选出者,每省为1名,蒙古选举会选出者,西藏选举会选出者,青海选举会选出者,中央学会选出者,华侨选举会选出者各1名,共计27名。每名以抽签法均分为3班。第一班满2年改选,第二班满4年改选,第三班满6年改选。

众议员主要代表人口,按行省和地方选,每人口80万选出众议员1名,但不满800万的行省仍得选出10名。其名额分配如下:直隶省,46名;奉天省,16名;吉林省,10名;黑龙江省,10名;江苏省,40名;安徽省,27名;江西省,35名;浙江省,38名;福建省,24名;湖北省,26名;湖南省,27名;山东省,33名;

---

① 《国会组织法》,《政府公报》,北京,中华民主国务院,1912年。
② 《参议院议员选举法》,第3条,北京,中华民主国务院,1912年。

河南省,32 名;山西省,38 名;陕西省,21 名;甘肃省,14 名;新疆省,10 名;四川省,35 名;广东省,30 名;广西省,19 名;云南省,22 名;贵州省,13 名;蒙古,27 名;西藏,10 名;青海,3 名。共计 596 名。① 众议员的选举资格是:凡有中国国籍的男子,年满 21 岁以上,当编制选举人名册前,在选举区内住满两年以上,而又具有下列资格之一的,得有选举众议员的权利:①年纳直接税两元以上者,②有价值五百元以上的不动产者(但蒙、藏、青海以动产计算),③小学以上毕业者,④有与小学以上毕业的相当资格者。凡有中华民国国籍的男子,年满 25 岁以上者,可被选为众议院议员。但蒙、藏、青海地区则须通晓汉语者,方得被选为众议院议员。凡有下列情况之一者丧失选举与被选举权:①褫夺公权尚未复权,②受破产宣告确定后尚未撤销,③有精神病,④吸食鸦片,⑤不识字。凡有下列情况停止选举和被选举权:①现役陆海军人及在征调期间的续备军人,②现任行政、司法官吏和巡警,③僧道和其他宗教师者。但②③两项的限制,不适用于蒙、藏、青海。② 众议院议员任期三年,期满全部重选。

综观参众两院议员比较有如下特点:从当选资格或取得被选举权的条件来看,参议员一般略高于众议员。从议员分配名额和原则来看,参议员重于地域性,采取各地方单位平均分配制;众议员重于全国性,采取各地方人口比例分配制。因而,从总体上来看,众议员名额远远大于参议员名额。从选举方法上看,除蒙、藏、青海等特殊地区,两院议员均属间接选举制。

国会的职权和组织。国会的职权,依据《中华民国国会组织法》第十四条规定:在国民宪法未定以前,以《临时约法》所定参议院的职权为国民议会的职权,国民议会亦即权力机构。包括立法权、财政权、任免权、外交权、顾问权、受理请愿权、建议权、质问权、查辨权、弹劾权、大赦同意权等。国会两院均设议长、副议长各 1 人,由议员互选。其任期,参议院为两年,众议院为 3 年。两院各设三种委员会:全院委员会、常任委员会、特别委员会。两院各置秘书厅,由议长任命秘书长1 人,掌握院内一切事务,并分科办事:众议院秘书厅分置议事、速记、文书、会议、庶务五科,参议院秘书厅分置文牍、议事、速记、公报、会议、庶务六科。设秘书6 人,分掌各科事务;科员、事务员共计不得超过 30 人。两院各设警卫长 1 人,受议长指挥,掌办全院警卫事务。国会两院原则上职权平等,议事则分别举行。

由此可见,国会在当时历史条件下,对于限制袁世凯的独裁统治有一定的积极意义,是辛亥革命胜利成果的延续。正因为如此,袁世凯对此视为眼中钉、肉中刺,恨之入骨,怕得要命。1913 年 11 月 4 日,袁世凯又制造了一个御用机构"政治

---

① 《国会组织法》,《政府公报》,北京,1912 年 8 月 11 日。
② 《众议院议员选举法》,第 4～9 条,北京,1912 年 8 月 11 日。

会议",并于次年年初解散了国会和各省议会。"政治会议"虽然是个非法组织,但却是袁世凯手下的"立法机关"。因此有必要在此予以说明。

政治会议的前身为行政会议。1913 年 11 月,熊希龄内阁遵循袁世凯的意旨,执行其"废省"的主张,由袁氏下令增派中央政府代表,合并组织"政治会议"。其组织成员详见上节。其成员资格则定为"年在三十五岁以上,于行政界经验十年以上,明于世界大势品学兼优者。"①其组织机构,设议长 1 人,副议长 1 人,均由大总统在议员中任命。在议长之下设秘书厅,掌理会议预备事项、整理议案、文书记录及其他庶务。秘书厅设秘书长 1 人,由大总统委派,受议长领导,秘书 6 人,由秘书长呈报议长,最后由大总统任命。此外,另由秘书长任命书记员、庶务员、速记士、雇员等若干人。其职权是"议决事件,系大总统特交或议员建议者,由议长呈候大总统核实施行;其系国务院咨送者,即咨覆国务院"。② 1914 年 5 月 26 日,参政院成立时,始下令停止工作。它一开始就把停止议员职务、撤销国会和省议会,特设选法机构——约法会议,增修《临时约法》作为政治会议的主要内容。

袁世凯早就对孙中山所制定的中华民国《临时约法》十分不满,多次提出要求修改。政治会议秉承袁氏意旨于 1914 年 1 月 24 日议决成立约法会议,制定了《约法会议组织条例》,主要任务是增修《临时约法》及其重要的附属法规等。这样政治会议"既为政府之咨询机关,即无参与增修根本法律之职责,本会议依据法理,参之时势,金为宜于现在之咨询机关及普通立法机关以外,特设选法机关,以造民国国家之根本法。"③可见,这时政治会议只能算为咨询机关,约法会议则是最高的"选法机关"了。其组织成员详见上节。其成员资格是:中华民国国籍年满 35 岁以上的男子,认定有下列资格之一者:①曾任或现任高等官吏五年以上而确有成绩者;②曾在国内外专门以上学校,学习法律政治三年以上毕业或曾由举人以上出身学习法律政治而确有心得者;③"硕学通儒富于专门著述而确有实用者"。"被选举人不受地域的限制。"④其组织机构,设议长副议长各 1 人,由议员互选。下设秘书厅,分文书、议事、纪录、庶务四科。秘书长 1 人,由大总统任命,受议长领导。秘书科共 9 人,由秘书长呈请大总统任命。此外,还有秘书长委任的科员、速记士、书记士等若干人。⑤

约法会议以议决增修约法及附属于约法的重要法案为其职权,于 1914 年

---

①　《国务院通令》,见《东方》,第 10 卷,第 6 号。

②　《政治会议规则》,第 19 条。

③　《政治会议呈大总统文》,见《政府公报》,1914 年 1 月 13。

④　《约法会议组织条例》,第 1 条,见《政府公报》,1914 年 1 月 27 日。

⑤　《约法会议秘书厅组织会》,见《政府公报》,1914 年 2 月 24 日。

2月18日举行开会式,4月29日议定新约法,5月1日,由袁世凯公布,史称《中华民国约法》(以下简称《新约法》),同时废除《临时约法》。《新约法》一共10章68条,主要内容则是改责任内阁制为总统制,"大总统为国家之首,总揽统治权",拥有召集或解散立法院,公布法律,任免官员,宣告和战,统率全国陆海军,缔结条约,宣告戒严等一切大权。撤销国务院,在总统府下设政事堂为办事机构,政事堂以国务卿为首脑。设参政院代行立法机关职权,参政由总统任命。可见,约法会议是袁世凯一手导演出来的,为其实行独裁统治的得力工具之一,而这个会议所制定的《新约法》则是他完成其专制独裁统治的法律程序的重要一环。至此,这个约法以法律形式把袁世凯的总统权力扩大至和封建皇帝一样。约法会议虽然是非法组织,但是它在维持袁世凯反动统治方面却起到了重要作用。

(二)大总统(前文已叙,此不赘述)

(三)内阁

国务院是行政机关。根据《临时约法》规定:国务院由总理及各部及其总长组织。总理和总长通称国务员。国务院设外交、内务、财政、陆军、海军、司法、教育、农村、工商、交通10个部。1912年6月26日公布的《国务院官制》规定:"国务总理为国务员首领,保持行政之统一",可见国务总理有特殊地位。

第一,国务总理是实际的行政首长,也是国务院的首长,在国务员中居于领袖的地位。国务总理由大总统提名,经国会同意后任命,其余国务员由总理提名,经国会同意后再由总统任命。第一届唐绍仪内阁的组阁程序就是如此。

第二,国务总理负责全面工作。其余国务员只负责有关其部务工作。

第三,国务总理担任国务会议主席。

第四,为了保持行政的统一,国务总理对于各部总长的命令或处分认为有碍时,得先中止,再行取决于国务会议。

第五,国务总理依其职权或特别委任,得发布院令,就所管事务,得对地方长官发布训令和指令。[①]

国务院内部组织是秘书厅。国务院设秘书长1人,简任;承总理之命,掌理秘书厅事务。秘书6人,荐任,分掌宣达法令,撰拟及保管机要文书,典守印信等。佥事6人,荐任,分掌撰拟文书,编纂记录,保管文书国籍,翻译文电,核对文稿,收发文件,以及掌理会计庶务等项。主事6人,委任,辅助佥事分办各项事务。《修正官制》取消首席秘书,改定佥事为12人,主事为24人。

秘书厅分课办事。分为八课即总务、内政、外文、财政、边务、军政、编纂、

---

① 徐争游等编:《中央政府的职能和组织结构》(下册),北京,华夏出版社,1994年,84~85页。

庶务。

袁世凯于 1914 年 5 月 1 日公布了《新约法》，取消《临时约法》及其所体现的责任内阁制，以集权的乃至独裁的总统制代之。原来的国务院和国务总理不存在了，另于总统府置政事堂，设国务卿 1 人；各部的组织虽无变化，地位和性质已不同。总长由国务员而降为总统的属员了。

政事堂是最高的行政中枢，除国务卿之外，主要是左丞和右丞各 1 人，特任，参议 8 人，审议法令。

政事堂组织和职权如下[①]：

法制局设局长 1 人，参事 12 人，佥事 6 人，编译 6 人，主事 10 人。其职权是拟定法律、审定各部命令、撰定和审定礼制、调查并翻译各国法令等。

机要局设局长 1 人，参事 6 人，佥事 16 人，主事若干人。其职权是颁布命令、核拟各项电文、收入京外官署文牍电信、审核各部事务、与政事堂其他局所接洽事件、编辑档案等。

铨叙局设局长 1 人，参事 2 人，佥事 6 人，主事 12 人。其职权是文官任免、升转、资格审查、考试、功绩考核、恩给及抚恤等。

主计局设局长 1 人，参事 4 人，佥事 4 人，主事若干人。其职权是筹议财政，稽核预算，财务文件拟定和保存等。

印铸局设局长 1 人，参事 2 人，佥事 4 人，技正 2 人，技士 6 人，主事 10 人。其职权是造印官用文书、刊行公报法令、铸造勋章、徽章、印信等。

司务所设所长 1 人，佥事 2 人，主事若干人。其职权是政事堂人员进退登记、官财官物的保管和购置、政事堂经费预算和决算等。

政事堂直辖机构共有 5 局 1 所。5 局即机要、法制、铨叙、印铸、主计。1 所即司务所。

政事堂是总统的办公厅，通过政事堂，袁世凯可以把一切实权集中在府内。在政事堂内部，左右丞和国务卿的地位相差无几，实权亦不相上下。这样，政事堂本身不会出现专擅局面。

政事堂下属各部如下：外文部总长 1 人、次长 1 人，参事 4 人、秘书 4 人、佥事 36 人、主事 60 人。下设政务、通商、交际三司，每司设司长 1 人。内务部总长 1 人、次长 2 人、参事 4 人、秘书 4 人、佥事 44 人、主事 90 人。下设民治、警政、职方、典礼、考绩五司，每司设司长 1 人。财政部总长 1 人、次长 2 人、参事 4 人、秘书 4 人、佥事 40 人、主事 70 人。下设赋税、会计、泉币、公债、库藏五司，每司设司长

---

① 《政事堂组织和职权》，见《政府公报》，1914 年 5 月 6 日、9 日、18 日。

1 人。司法部总长 1 人、次长 1 人、参事 4 人、秘书 4 人、佥事 19 人、主事 60 人。下设民事、刑事、监狱三司,每司设司长 1 人。陆军部总长 1 人、次长 4 人、参事 4 人、秘书 8 人。下设军衡、军务、军械、军学、军需、军医、军法、军牧八司,每司设司长 1 人。海军部总长 1 人、次长 1 人、参事 4 人、秘书 6 人。下设军衡、军务、军械、军学、军需、军法六司,每司设司长 1 人。教育部总长 1 人,参事 3 人、秘书 4 人、佥事 24 人、主事 42 人。下设普通教育、专门教育、社会教育三司,每司设司长 1 人。农商部总长 1 人、次长 1 人、参事 4 人、秘书 4 人、佥事 32 人、主事 50 人。下设矿政、农林、工商、渔牧四司,每司设司长 1 人。交通部总长 1 人、次长 2 人、参事 4 人、秘书 6 人、佥事 32 人、主事 70 人。下设路政、路工、邮传、综核、铁路会计、邮传会计六司,每司设司长 1 人。

由以上观之,《新约法》公布后,各部地位已有变化,职权和组织也有所不同。从各部总长地位来看,明显下降。《临时约法》时期,各部总长即是国务员,国务员即是行政的决策者。袁氏新法时期,改内阁制为总统集权制,各部改为隶属大总统之下,成为大总统的附属机关。从职权来看,原来各部总长均有一定的职权,总长也是各部职权的行使者。现在总长本身在法律上没有固定职权,只是代表一部行使职权。总长的职权主要有以下几项:①承办大总统之命,管理本部事务,监督所属职员及各官署;②对于各省巡案使及各地方最高行政长官的执行本部主管命令,有监察、指示责任;③关于主管事务对各省巡按使及各地方最高行政长官的命令或处分,认为违背法令或逾越权限时,呈请大总统核夺。从各部组织方面来看,也有若干变化。总长仍是各部 1 人;次长则内务、财政、陆军、交通四部各 2 人,其余 1 人。总务厅仍旧,取消设局,一律设司。

(四) 司法机关

大理院是最高审判机关。设院长 1 人,特任,总理全院事务。下设民事和刑事若干庭,分别执行审判案件。各庭设庭长 1 人,推事若干人。前者,由推事或推丞兼充,后者又称庭员。庭长、推事、推丞等,通称审判官。大理院的职权有:①终审,不服高等审判厅第二审的判决而上告的案件,或不服高等审判厅的决定或命令按照法令而抗告的案件;②第一审并终审,依法属于大理院特别权限的案件。

总检察厅和大理院相配设置,独立行使职权。总检察厅设检察长 1 人,简任;监督总检察厅事。设检察官 2 人以上。其职权:①遵照刑事诉讼律或其他法令的规定,实行搜查处分,提起公诉,实行公诉,并监察判决的执行。②遵照民事诉讼律或其他法令的规定,为诉讼当事人或公益代表人,实行特定事项。[①]

平政院是办理行政诉讼的机关。平政院置院长 1 人,由大总统任命。其下为评事 15 人,由平政院院长、各部总长、大理院院长及高等咨询机关等密荐具有下列条件之一者,呈由大总统任命:①荐任官以上行政职 3 年以上著有成绩者;②任司法职 2 年以上著有成绩者。

平政院分三庭,每庭以平政院评事 1 人为庭长,由平政院院长,呈请大总统任命之。平政院又置肃政厅,但独立行使其职权,主要对国家行政高级官吏的纠缠及对人民未陈诉之事提起行政诉讼。书记处,下置记录、文牍、会计、庶务四科,其书记官有两种:荐任书记官由平政院院长呈请大总统任命,委任书记官由平政院长任命。又置平政院总会议,以院长和评事组成,研讨院之大事。值得注意的是平政院惩戒委员会。它的主要职权是对评事和肃政厅长官肃政使的惩戒处分。该会由大总统选任平政院或大理院院长为会长,委员 8 人,由平政院评事、肃政厅肃政使、大理院推事、总检察厅检察官选任。

平政院的职权可分为二:一是纠弹,二是行政诉讼。前者主要对各部总长或官吏中下列违法行为之一者:①违背宪法;②行贿受贿;③营私舞弊;④"渎职殃民"。后者主要对中央或地方各级组织或官吏有下列违法行为之一者:①中央或地方最高级行政官署之违法处分,致损害人民权利,经人民陈诉者;②中央或地方行政官署之违法处分,致损人民权利,经人民依诉讼法的规定,诉愿至最高行政官署,不服其决定而陈诉者。

二、军阀混战时期国家机构职能及其变迁

袁世凯死后,帝国主义失去了共同统治中国的总工具,开始各自寻找和培养自己得力的工具,扩张自己的力量。日本帝国主义找到了以段祺瑞为首的皖系军阀和以张作霖为首的奉系军阀,作为侵略中国的忠实走狗。英、美帝国主义却扶植以曹锟、吴佩孚为首的直系军阀,作为侵略中国的工具。这样,中国就出现了各派军阀混战割据和相互争夺中央统治权的局面。

(一)军阀混战时期"北京政府"的变迁

斗争的主要形式是变集中统治为军阀割据,斗争主要表现在内阁改组及其长官人选的变化方面。

一是北京政府五次改组。

---

① 钱实甫:《北洋政府时期的政治制度》,上册,北京,中华书局,1984 年,128～129 页。

第一次内阁改组。袁世凯死后，徐世昌一直是段祺瑞扶植的傀儡，但他并不愿意居于傀儡地位。1918年10月10日，他就任大总统职，便发布命令，解除段祺瑞国务总理职，以钱能训代之。12月20日任命钱能训为国务总理。次年1月11日，内阁改组告成，任命钱能训兼任内务总长，陆征祥为外交总长，靳云鹏为陆军总长，刘冠雄为海军总长，朱深为司法总长，付增湘为教育总长，曹汝霖为交通总长，龚心湛为财政总长。

第二次内阁改组。第一次世界大战结束后，美、英、法、日等帝国主义国家于1919年1月，在巴黎召开"和平会议"。会议无理拒绝了中国政府提出的取消帝国主义在华特权的正义要求，反而决定由日本接受德国在山东的特权。北京政府竟准备在"和约"上签字，激起全国人民的愤怒，爆发了著名的"五四"爱国运动。"五四"运动的爆发，国内外爱国志士亦纷纷讥评政府的内政外交的失策。徐世昌鉴于当时形势的严重，于6月13日，任命龚心湛暂代国务总理。11月5日任命靳云鹏为国务总理。靳是皖系的要员，徐世昌的门生，张作霖的儿女亲家，又是直系大将曹锟的换帖兄弟。这个提议得到直、奉军阀曹锟、张作霖、吴佩孚等人的一致赞同，是直、奉两系军阀联合起来的一个重要标志。12月3日内阁全部改组，任命陆征祥为外交总长，田文烈为内务总长，李思浩为财政总长，靳云鹏兼任陆军总长，萨镇冰为海军总长，朱深为司法总长，付增湘为教育总长，曾毓隽为交通总长，田文烈兼任农商总长。在陆征祥未到任前，由陈箓暂代外交总长职务。值得注意的是由于外交问题、学潮问题无法解决，财政上又陷于绝境，特别是直皖两系战争就要爆发，1920年5月14日，靳云鹏提出辞职。北京政府只得派海军总长萨镇冰暂代国务总理。

第三次内阁改组。1920年7月，美、英两国支持的直系军阀曹锟、吴佩孚联合奉系军阀张作霖对日本支持的皖系军阀段祺瑞发动战争。双方军队混战于河北涿县、高碑店和杨村一带。结果，皖系失败，段祺瑞从此下台。直皖战争，以直系军阀胜利而告终，是直奉两系共同把持北京政权的转折点。7月24日，徐世昌将原北京政府皖系财政总长李思浩、司法总长朱深、交通总长曾毓隽免职。8月9日，徐世昌又重新任命靳云鹏为国务总理暂兼陆军总长。11日内阁全部改组：颜惠庆任外交总长，张志潭为内务总长，周自齐为财政总长，董康为司法总长，范源濂为教育总长，王鸨斌为农商总长，叶公绰为交通总长，靳云鹏兼陆军总长，萨镇冰为海军总长。值得注意的是，在直皖战争中，日本帝国主义看到皖系军阀威风扫地，便抛弃皖系，大力扶植奉系，指使奉系联直倒皖。直奉两系共同把持的北京政府，实际上是英、美、日三国的共同侵略工具。但是，由于帝国主义相互间的矛盾，又迅速导致了直奉战争。因此，徐世昌又得根据帝国主义的需要，重新改组内阁,否则连一天也活不成。

第四次内阁改组。直皖战争后,直系取代皖系,反映了美、英在华势力的扩张和日本在华势力的挫折。但日本并不甘心,便找到了奉系军阀作为侵华工具。于是亲日派奉、皖两系又重新联合,对抗亲美英派的直系。加之直系军阀势力向南方各省发展,奉系军阀向长江流域扩张计划屡遭失败。因此,张作霖组织了"讨直大同盟"。徐世昌亦对直系军阀的专横不满,意欲引奉系为己援。因此,当1921年12月18日靳云鹏内阁因财政困难而辞职时,徐即于24日应张作霖的建议,任命梁士诒为国务总理,颜惠庆为外交总长,高凌蔚为内务总长,张孤为财政总长,鲍贵卿为陆军总长,李鼎新为海军总长,王宠惠为司法总长(王未到任前由董康代理),黄炎培为教育总长(后由周自齐继任总长),齐耀珊为农商总长,叶公绰为交通总长。

第五次国务总理改组。靳云鹏组阁与直系军阀比较接近,为奉系军阀所不满。而梁士诒组阁,承奉系军阀张作霖的意旨处理政务:一方面拉拢皖系,撤销直皖战后被政府通缉的段芝贵、张树元等人;另一方面助奉抑直,对前政府允为吴佩孚军筹军饷三百万元的诺言不理。对日本表示退让。因此,1922年1月23日,梁士诒因各省督军、省长联电反对其政策,乃托病请假,赴天津。徐世昌不得已,特任外交总长颜惠庆暂兼代国务总理。梁士诒既不辞职,又不复职,代理总理颜惠庆坚决不肯再代下去了。1922年4月8日,徐世昌任命直奉两系可以同意的周自齐为国务总理。

二是皖、奉军阀联合,北京政府再建。

1921年中国共产党诞生后,工农革命运动迅速高涨。由于革命形势迅速发展,促使军阀内部发生分裂,吴佩孚的部将冯玉祥利用直、奉第二次战争的时机,于1924年10月发动"北京政变"。11月2日,曹锟被迫宣告退位,结束了直系军阀在北京的反动统治,"北京政府"进入了皖、奉联合统治时期。

北京政变后,冯玉祥将所部称为国民军,于10月25日通称:中华民国国民军会议,公推冯玉祥为总司令兼第一军军长,胡景翼为副司令兼第二军军长,孙岳为副司令兼第三军军长。冯玉祥等在北苑举行会议,批准颜惠庆内阁辞职,任命黄郛代理国务总理兼教育、交通两总长,王正廷为外交兼财政总长,王永江为内务总长,李书城为陆军军长,杜锡珪为海军总长(未到任),张耀曾为司法总长,王鮀斌为农商总长(未到任由刘治洲代)。这个内阁是以冯系为中心的临时混合内阁。

北苑会议讨论时局时,与会者认为:直系军阀虽然失掉在北京政府执政的机会,但吴佩孚尚有十余万部队,不甘屈服而继续挣扎。同时认为山东督军郑士琦地位重要,如郑氏支持我们,则吴佩孚前后受敌,而郑士琦系段祺瑞老部下。因此,孙岳临时提议请段祺瑞出山,以联皖打直。此项主张,到会者一致同意。于是在××年 10 月 27 日,段祺瑞被推举为国民军大元帅。11 月 20 日在冯玉祥和张作霖的支持下,段祺瑞就任临时执政职。同时黄郛内阁辞职。24 日公布临时政府条例,以唐绍仪为外交总长,龚心湛为内务总长,李思浩为财政总长,吴光新为陆军总长,林建章为海军总长,章士钊为司法总长,王九龄为教育总长,杨庶堪为农商总长,叶公绰为交通总长。不久,冯玉祥被张作霖、段祺瑞排挤,北京政府便成为奉系军阀把持下的段祺瑞执政府。段祺瑞于 1925 年 12 月 26 日和 1926 年 3 月 4 日先后两次改组内阁,最后任命贾德耀为国务总理,颜惠庆为外交总长,屈映光为内务总长,贺德霖为财政总长,贾德耀兼任陆军总长,杜锡珪为海军总长,杨文恺为农商总长,卢信为司法总长,马君武为教育总长,龚心湛为交通总长。

值得注意的是,这个时期奉、皖两个派系军阀争夺北京政权十分激烈,段祺瑞企图通过一系列的措施来维护和加强其统治地位。在建立国家机构方面,主要措施有:

第一,建立"善后会议"。北京政变后,中国共产党为揭露段氏政府的阴谋诡计,于 1924 年 11 月发表的《第四次对于时局的主张》中,又重新提出了召开国民会议的主张。孙中山先生也于 11 月 10 日发表了《北京宣言》,明确表示反对帝国主义和封建军阀的政治立场,提出了"召集国民会议以谋中国之统一与建设"的主张。[①] 段氏为使其统治合法化,抵制破坏中国共产党和孙中山倡导的国民会议,于 12 月 23 日公布《善后会议条例》,规定会员资格是:①有大勋劳于国家者;②讨伐贿选、制止内乱各军最高首领;③各省区及蒙藏青海军民长官代表;④有特殊资望学术者,由执政聘任特派,不逾 30 人。1925 年 2 月至 4 月,在北京召开善后会议,以许世英为秘书长,出席人员仅 86 人,选举赵尔巽、汤漪为正副议长。这个会议虽然议决了《国民代表会议条例》和军事、财政两个善后委员会条例,但是,在全国人民反对下,段氏所策划的国民代表会议终未能成立。

第二,成立"军事善后委员会"和"财政善后委员会"。派王士珍、陈宧、田中玉、魏宗瀚、曲同丰、吴纫礼、孔绍斐、黄慕松为军事善后委员会委员,以王士珍兼任委员长;派梁士诒、黄郛、杨永泰、卢学溥、汪士元、张嘉鲦、金兆蕃、杨德森、王章祐、叶景华、黄元蔚、陈同纪、梁敬卿、王其渊、万兆芝、费保彦为财政善后委员会委员,以梁士诒兼任委员长。段祺瑞成立这两个委员会的目的是把全国的军权和财权控制起来,以维持其反动统治。

第三,成立临时参政院。1925 年 4 月 7 日段氏执政临时内阁议决成立临时参政院,以辅佐执政。5 月 1 日段氏派赵尔巽、汤漪、汪大燮、熊希龄、王家襄、徐绍

---

① 孙中山:《宣言》,见《国父全集》,第 4 册,台北,台北出版社,1973 年,69～71 页。

桢、黄郛、刘骥等 30 人为临时参政院参政,并派赵尔巽为临时参政院院长,汤漪为副院长。从参政的身份和段氏指派的代表看,这个参政院实际上是军阀官僚的代表院,是维护段祺瑞统治的智囊团。

1925 年吴佩孚东山再起,自称"讨贼联军总司令",通电讨奉。1926 年 1 月,张作霖也致电吴佩孚,解释误会。在这一时期,北京政府中枢一时无主,北京的政局由吴佩孚和张作霖共同控制。4 月 20 日,胡惟德兼署国务总理,摄行临时执政权。后吴、张商量,任命颜惠庆为国务总理,摄行总统职务,并任郑谦为内务总长,施肇基为外交总长,顾维钧为财政总长,张景惠为陆军总长,杜锡珪为海军总长,王宠惠为教育总长,张国淦为司法总长,杨文恺为农商总长,张志潭为交通总长。6 月 22 日,颜惠庆因奉军不满而辞职,特任海军总长杜锡珪兼代国务总理。10 月 5 日,杜锡珪因故辞职。以财政总长顾维钧代理国务总理。这个时期,内阁更替之所以频繁,是因为奉直两军阀争夺政权的结果,都想建立一个有利于自己统治的中央政权。总理的变更只是一个形式,而实质是由哪个派系掌权。

三是奉系军阀独控的北京政府成立。

在北京政府国务总理因派系权力之争而更替频繁之时,奉系军阀张作霖为了挽救北京政权的垂危命运,于 1927 年 6 月 8 日组成军政府。

国民革命军北伐进展迅速,吴佩孚、孙传芳的部队相继被挫败。1926 年 12 月 1 日,在各派军阀推举下,张作霖在天津就任安国军总司令,内设三个厅:以郑谦为总务厅长,于国瀚为军务厅长,毓麟为秘书厅长。为了保全奉、直"合作"关系,仍保持顾维钧内阁。不过这个内阁只是为奉系筹措军饷和办理外交的附属机关。由于张作霖不重视这个内阁,还在安国军总司令部设立了外交、财政、政治三个讨论会:以孙宝琦、陆宗舆为外交讨论会正副会长,以梁士诒、曾毓隽为政治讨论会正副会长,以曹汝霖、叶恭绰为财政讨论会正副会长。这三个讨论会,实际上是一切重大问题的决策机关,阁外内阁。1927 年 6 月 18 日,张作霖在北京就任中华民国海陆军大元帅。在北京组织中华民国军政府。军政府置国务员,辅佐大元帅执行政务。国务员如下:潘复为国务总长,沈瑞麟为内务总长,阎泽溥为财政总长,王荫泰为外交总长,何丰林为军事总长,姚震为司法总长,刘哲为教育总长,张景惠为实业总长,刘尚清为农工总长。这个军政府是张作霖个人专制独裁的工具,国务员实质上是大元帅的雇员,大元帅以军事首领的名义,兼有军政两权。

(二)军阀混战时期中央机构的组织和职权

反袁斗争推翻了袁世凯的独裁统治。但是,由于这次斗争半途而废,北京政权依旧掌握在袁世凯的余孽手里。不过,鉴于历史条件的变更,人民觉悟程度的变化,尤其是中国共产党的诞生,逼迫统治者实行应时而变的国体。因此,军阀混战时期的各个阶段中央机构的组织形式和各部门的职能也有很大变化。了解这些变化,对于我们认清北洋军阀统治的真面目不无裨益。

1. 国会

第一届国会根据《国会组织法》,于1913年4月8日成立,1917年6月12日,被黎元洪非法第二次解散。当时国务总理段祺瑞亦不肯恢复第二次解散的国会,相反悍然制造了御用国会亦即临时参议院,其主要任务是修改《临时约法》所定有关国会的各种法规,以便过渡组成"正式国会"。1918年2月17日公布《修正中华民国国会组织法》《修正参议员选举法》《修正众议院议员选举法》等。8月12日"国会"成立,临时参议院解散。史称"第二届国会",又叫"新国会"。由于它是段祺瑞御用团体安福俱乐部一手包办制造而成,而这个俱乐部会址在北京西单安福胡同,所以又叫"安福国会"。它从1918年8月12日成立至1920年8月30日解散,实际上仅存在两年。

新国会分为参议院和众议院,参议员168人,众议员406人,参议员选举分两种:由地方选举会选出,每省5名,每特别行政区1名,蒙古15名,青海2名,西藏6名。由中央选举会选出,第一部10名,第二部8名,第三部5名,第四部4名,第五部2名,第六部1名。参议员选举权的资格有两方面。一是一般条件亦即中国国籍的男子,年满30岁以上者。二是特殊条件亦即参加中央或地方选举会的不同要求。凡参加地方选举会选举的,必有下列条件之一:一是曾在高等专门以上学校毕业或有相当资格而任事满3年的,或曾任中等以上学校校长,教员满3年的,或有学术著述及发明经主管部门审定过的;二是曾任荐任以上官满3年,或曾任简任以上官满1年,或曾受勋的;三是年纳直接税百元以上或有不动产值5万元以上者。蒙古、青海的地方选举会由王公世爵、世职组织,西藏地方选举会由驻藏办事长官会同达赖喇嘛、班禅喇嘛组织。凡参加中央选举会选举者,分六部组织:第一部曾在国内外大学毕业并以其所学任事满3年的,或曾任国立大学校长、教员满3年以上的,或有学术著述及发明经主管部审定过的;第二部包括退职大总统、副总统、国务员及曾任特任官满1年以上或曾受三等以上勋位的;第三部包括年纳直接税1000元以上,或有100万元财产,经营农工商业经主管官厅证明的;第四部包括有100万元财产的华侨经驻在领事馆证明的;第五部包括满洲王公具有政治经验的;第六部包括回部王公具有政治经验的。参议员被选举权的资格,除上述条件外,年满须35岁以上者,蒙、藏、青海、回部、华侨的被选举人,须通晓汉语。[1]

---

① 钱端升等:《民国政制史》,上册,北京,商务印书馆,1989年,125~126页。

众议员选举原则,以人口多寡、分省区选举。每人口满 100 万选出 1 名,人口不满 700 万的省,可选出 7 名。不满百万的特别行政区,亦得选出 1 名。具体名额分配如下:直隶,23 名;奉天,11 名;吉林,7 名;黑龙江,7 名;江苏,27 名;安徽,18 名;江西,24 名;浙江,26 名;福建,16 名;湖北,18 名;湖南,18 名;山东,22 名;河南,22 名;山西,17 名;陕西,14 名;甘肃,10 名;新疆,7 名;四川,22 名;广东,20 名;广西,13 名;云南,15 名;贵州,9 名;京兆,4 名;热河,3 名;察哈尔,2 名;归绥,1 名;川边,2 名;蒙古,19 名;西藏,7 名;青海,2 名。众议员选举权资格亦有两方面。第一是一般条件亦即中国国籍的男子,年满 25 岁以上,编选选举人名册以前,在选举区内住居满 2 年以上者。第二是特殊条件亦即并具有以下条件之一者:①年纳直接税 4 元以上;②有 1000 元以上的不动产,蒙、藏、青海得以动产计算;③小学以上毕业;④有与小学以上毕业的相当资格。众议员被选举资格,除上述条件外,须年满 30 岁以上者。①

国会议员的任期:参议员分班改选制亦即全部议员以抽签法分为三班,第一班满二年改选,第二班满四年改选,第三班满六年改选。换言之,每两年改选1/3。后改为每三年改选1/2。众议员三年。议长、副议长初为二年,后改为三年。②

第二届国会议员与第一届国会议员比较有如下特点:①提高了取得选举权的资格。从参议员选举资格看,第一届国会不同的选举方法,产生了不同身份的参议员,而不同的选举方法则决定了参议员的选举资格。比如:参议员由各省议会选举的、由蒙古和青海选举的、由西藏选举的、由中央学会选举的、由华侨选举会选举的。仅由省议会选举的参议员条件之一者便是要求有 5000 元以上的不动产。第二届国会参议员选举资格要高于第一届国会参议员。仅财产一项就比第一届国会参议员高出 10 倍,亦即有不动产值 5 万元以上。从众议员选举资格者看:第一届国会众议员要求年直接税两元以上而第二届国会则要求 4 元以上;第一届国会众议员要求有价值 500 元以上的不动产而第二届国会则要求 1000 元以上不动产。提高国会议员财产资格,有利于达官、巨富等人物当选;②减少了两院议员名额。第一届国会参议员为 264 名,而第二届国会参议员为 186 名。第一届国会众议员为 565 名,而第二届国会为 353 名。议员数额减少说明选举面小,议员的权利大;③废除以前由各省省议会选出参议员的规定,而采取了地方与中央分别选出的办法。

1922 年 6 月,奉直两系军阀内战,以直系胜利,奉系失败而告终。大总统徐世昌因有袒护奉系嫌疑而下野。曹锟、吴佩孚则以恢复法统为名,联合十省区督军

---

① 钱端升等:《民国政制史》,上册,北京,商务印书馆,1989 年,137 页。
② 《修正国会组织法》,第 3 条,见《政府公报》,1919 年 1 月 25 日。

省长,电请黎元洪复职。6月11日,黎元洪入京摄行总统职务,旧国会亦于8月1日在京集会。曹锟以武力威胁和高价收买为手段,当选为大总统,并于10月10日入京就职。史称之为贿选总统,而这次国会被称为"猪仔国会"(此会于1922年8月1日至1924年11月24日)。接着迅速通过了《中华民国宪法》。它规定:国会以参议院、众议院构成之,议员不得兼任官吏,参议员任期六年,众议员任期三年。不过这时两院的性质则有明显区别:①众议院有若干职权是参议院所没有的,亦即众议院认为大总统、副总统有谋叛行为时,得以议员2/3以上列席,列席人员2/3以上同意弹劾之。②众议院认为国务员有违法行为时,得以列席人员2/3以上同意弹劾之。③众议院对国务院议决案有不信任否决权。总之,名义上是两院,而实质上是一院,否认了两院平等地位。

此外,这个时期还有一些非法的造法、立法机关或它的代理机关。这些组织在维护军阀的反动统治上起过某些作用,简略说明如下。

(1) 善后会议(1925年2月1日至4月21日)设议长、副议长各1人,由会员互选。委员人选,由临时执政聘请或派充。其会议的职权有议决国民代表会议的组织方法;改革军制;整理财政;议决临时执政交议事项。善后会议置秘书厅,由临时执政任命秘书长1人主持。

(2) 军事善后委员会。设委员长1人,副委员长2人,均由临时执政于委员中派充。下置事务处,设处长1人,由委员长呈请临时执政派充。委员包括参谋总长,陆军总长,海军总长,执政政府军务厅长,财政总长,各省区军政长官,各边地办事长官,中央直辖各总司令,经政府指派的各军最高将领,具有军事学识、经验,由临时执政派充的5人至8人。其职权为议决减缩军队,国军配备,溢额官兵的消纳等。

(3) 财政善后委员会。置委员长1人,副委员长2人,均由临时执政于委员中派充。委员包括:财政总长、交通总长、审计院长、各省区军民长官,具有财政学识、经验者,由临时执政派充10人至16人。其职权为议决筹划国家岁出岁入,国家税、地方税,增加关税,整理内外债,筹划裁兵经费,及其他财政重要事宜。

(4) 临时参政院(1925年7月30日至1926年4月10日)。置院长、副院长各1人,均由临时执政就参政中特派。参政由各省区军民长官各派代表1人;各省省议长1人,京兆、热河、察哈尔、绥远、西康及蒙、藏、青海长官各派1人;边防督办、宣抚使、各总司令及指定的各总司令或各军最高将领各派代表1人;内外蒙古、西藏、青海、回部及华侨,由执政共派16人;各省区法定团体的会长互选1人;由临时执政派充20人至30人组成。下置秘书厅,设秘书长1人,由临时执政特派或简派。秘书6人。厅下置文书、议事、速记、编辑、会计、庶务6科,各科设科长1

人,科员共 60 人。临时参政院的职权是:议决善后会议、财政善后委员会、军事善后委员会等执行事项,消弭和调停省间或省内的纠纷事宜,议决与外国宣战、媾和或缔结条约案,募集内外公债,增加租税事项,议决省自治的促成,在国宪和省宪未施行前应先规定的省自治暂行条例,对临时执政随时提出咨询事项的议决。

2. 大总统(前文已叙,此不赘述)

3. 内阁

贿选总统时期的内阁,称之国务院,置国务总理 1 人,下置内务、财政、外交、陆军、海军、司法、教育、交通、农商总长各 1 人。国务总理和总长均称国务员。国务总理的任命,须经众议院同意。国务员赞襄大总统对众议院负责。

临时执政时期的内阁。临时执政以国家元首的身份兼为行政首长。国家的行政权力集于临时执政一身。临时执政既是国家元首,又是国家行政机关首脑,总揽军民政务,统率海陆军,对于外国,为中华民国的代表。临时政府置国务员,赞襄临时执政,处理国务。临时政府的命令和关于国务的文书,由国务员副署,并由临时执政命国务员分给外交、内务、财政、陆军、海军、司法、教育、农商、交通各部。1925 年 12 月,段祺瑞又复置国务院,任命国务总理,但以内阁之名,行无独立职权之实。①下设秘书厅,置秘书长 1 人;厅下置科处。科分第一科至第五科。其职掌大体是:一科,发布命令、公报、人事、典守印信;二科,撰拟;三科,编辑、谒见、档案;四科,庶务;五科,会计。处分会议、电务二处。各科、处均设主任 1 人。

军政府时期内阁。奉系军阀张作霖于 1927 年 6 月 10 日就任陆海军大元帅,7 月 12 日,公布《国务院官制》。

军政府之下置国务院,以国务员组成。所谓国务员,包括国务总理和各部总长,内置参议 8 人,简任,承国务总理的命令审议法令。国务院下属机构分两个系统:一是直属机关,二是部属机构。

先看直属机关,亦即一厅四局。一厅是秘书厅,置秘书长 1 人,简任,承国务总理之命,管理厅务,秘书 10 人,荐任;佥事 24 人,荐任;主事 72 人,分为若干科、司办公。必要时可置额外职员,但不能超过额内职的总数。秘书厅的职权是:国务会议的准备、法令的传达、文书的撰拟和保管、文卷的编纂和纪录。四局:一是法制局,置局长 1 人,简任,承总理之命,管理局务;参事 8 人,简任;佥事 6 人,荐任;编译 6 人,荐任;主事 10 人。其职权是撰拟、审定法律案、命令案、礼制案,调查编译各国的法制,保存法律令的正本。二是铨叙局,置局长 1 人,简任,承国务总理命管理局务;参事 2 人,简任;参事 6 人,简任;编译 6 人;主事 14 人。其职权

---

① 《政府公报》,1925 年 12 月 27 日。

是关于文官考试、审查、注册、考核、奖罚及其文官行免及迁转。三是统计局,统计局内部人员与铨叙局同。其职权是关于各部和社会统计事宜,统计报告及交换各国统计表等。四是印铸局,置局长1人,简任;参事2人,简任;佥事4人,主事10人,技正2人,技士6人。其职权是印制政府公报、法令、职员录,提供办公用纸及制造勋章、徽章等。

再看部属机构。依照1927年7月13日政府公报公布的各部官制规定,各部均由国务员分管,直属大元帅,由大元帅任免,标志着国务总理的职权和地位下降。

外交部,设总长1人,简任;次长1人,简任;总务厅长1人,简任。下置一局三司:情报局,设局长、副局长各1人,简任,均由参事兼任。政务司、通商司、条约司,每司置司长1人,简任。此外部属官员还有参事4人,简任;秘书8人,荐任;佥事36人,荐任;主事60人,委任;外交部职权是管理国际交涉和居留外人并管理外侨民事务,保护在外商业。

军事部,设总长1人,简任;次长4人,简任,分掌各署。下置参谋、陆军、海军、航空四署,署长由次长兼任。参谋下置六司亦即第一司至第六司。每司设司长1人,简任。陆军署七司亦即军衡、军务、军械、军学、军需、军法、军医。每司置司长1人,简任。海军署六司,即军衡、军务、军械、军学、军需、军法。每司置司长1人,简任。航空署二司亦即机械、管理。每司置司长1人,简任。司下置科。军事部职权是掌参谋及陆军、海军、航空行政。

内务部,设总长1人,简任;次长1人,简任;总务厅长1人,简任。下置六司:民治、职方、警政、土木、礼俗、卫生。每司置司长1人,简任。此外部属官员还有:参事4人,简任;秘书8人,荐任;佥事56人,荐任;主事70人,委任;技正4人,荐任;技士10人,委任。内务部职权是管理民生行政、地方行政、选举、赈恤、救济、慈善、感化、人户、土地、著作、出版、土木工程、礼俗、宗教及卫生行政事务。

财政部,设总长1人,简任;次长3人,简任,分掌盐务和烟酒署事务。总务厅长1人,简任。下置二处二署,即盐务署、烟酒署和印花税处、官产处。五司,即赋税司、会计司、泉币司、公债司、库藏司。每司置司长1人,简任。此外部属其他官员还有:参事4人,简任;秘书6人,荐任;佥事50人,荐任;主事125人,委任;技正2人,荐任;技士3人,委任;编纂6人,荐任。财政部职权是总管国家财务,管理会计、出纳、租税、公债、泉币、政府专卖、储金、保管物及银行事务并监督地方公共团体的财政。

司法部,设总长1人,简任;次长1人,简任。下置三司亦即民事司、刑事司、监狱司,每司置司长1人,简任;总务厅长1人,简任。此外部属其他官员还有:参事 4 人,荐任;秘书 8 人,荐任;佥事 30 人,荐任;主事 50 人,委任;技正 1 人,荐任;技士 1 人,委任;编译 2 人,荐任;通译 4 人,委任。司法部的职权是管理民事、刑事、诉讼登记、公证、监狱、幼年犯感化、出狱人保证、犯罪预犯、督促法典完成、监察法令执行及其他一切司法行政。

实业部,设总长 1 人,简任;次长 1 人,简任;总务厅长 1 人,简任。下置三司亦即劝业司、商务司、矿政司。每司设司长 1 人,简任。此外部属其他官员还有参事 4 人,简任;秘书 4 人,荐任;佥事 30 人,荐任;主事 45 人,委任;技正 10 人,荐任;技士 20 人,委任;技监 2 人,简任。实业部的职权是管理商矿及其他实业行政。

农工部,设总长 1 人,简任;次长 1 人,简任;总务厅长 1 人,简任。下置四司亦即农林司、工务司、渔牧司、水利司。每司设司长 1 人,简任。此外部属其他官员还有:参事 4 人,简任;秘书 4 人,荐任;佥事 32 人,荐任;主事 50 人,委荐;技正 10 人,荐任;技士 20 人,委任;技监 2 人,简任;工厂监察官 6 人,荐任。农工部职权是管理农、林、工务及渔、牧、水利事务。

交通部,设总长 1 人,简任;次长 1 人,简任;总务厅长 1 人,简任。下置四司亦即路政司、邮政司、电政司、航空司,每司置司长 1 人,简任。此外部属其他官员还有参事 4 人,简任;秘书 6 人,荐任;佥事 34 人,荐任;主事 102 人,委任;技正 14 人,荐任;技士 26 人,委任;工厂监察官 2 人,荐任。交通部的职权是管理监督并规划全国路政、邮政、电政、航政等事务。

教育部,设总长 1 人,简任;次长 1 人,简任;总务厅长 1 人,简任。下置三司亦即普通教育司、高等教育司、社会教育司。每司置司长 1 人。此外部属官吏还有:参事 4 人,简任;秘书 8 人,荐任;佥事 24 人,荐任;主事 42 人,委任;技正1人,荐任;技士 2 人,委任。教育部职权主管全国学校教育之事。

由此可见,军政府是北洋军阀统治时期变化最大的一个阶段。考其原因无疑是奉系军阀张作霖实行军事独裁统治,加强镇压从广东出发的北伐军和全国人民。

4. 司法机关

军阀混战时期司法机关为了适应统治者专制独裁的需要有了进一步加强,主要体现在司法机关进一步扩充及组织机构的严密化。

从大理院组织机构来看,依照 1919 年 5 月 29 日和 1920 年 12 月 17 日公布的《大理院办事章程》规章,增置书记厅,设书记官长 1 人,下置二处亦即总务处、民刑事处。总务处分设文书、记录、会计三科办公。民刑事处初设民事科和刑事科。后来为了镇压人民的需要,将民事科由一科扩大为四科,刑事科由一科扩大为二科。1925 年,又增置编辑处,主要任务是编印公报,判例要旨汇览,解释判例要旨汇览等。设编辑长 1 人,编辑主任 5 人,编辑 14 人。

从总检察厅组织机构来看,依照 1920 年 4 月 5 日公布的《总检察厅办事章程》的规定,总检察厅增置书记处,分设文牍、统计、公计、庶务四科,各科设主任书记官 1 人。

第四节　北洋军阀政府的地方机构

北洋军阀政府的地方政府的机构是完整的。尽管北洋军阀政府中央机构的主要头目变换十分频繁,但是每一届政府都特别注意地方政府的建设。

一、大总统统治时期的地方机构

大总统统治时期的地方机构,与其中央机构一样,以"民国"的外壳,行封建军阀独裁专政之实。

(一)地方立法机关

辛亥革命时期各省设立临时立法机关。大总统窃取政权后,由于民主共和国观念尚高,迫于当时形势,只好默认既成事实,并于 1913 年 4 月 2 日公布《省议会暂行法》,亦称《省议会法》。但是,大总统对其恨之入骨,他撤销国会不久,又于 1914 年 2 月 28 日将议会全部解散。

省议会的组织,设有议长、副议长各 1 人,由议员互选之,任期 3 年。下设秘书,根据《省议会暂行法》规定,由议长任免。其名额,由省议会自定。各省省议员的名额,由中央规定,其人数各省不同。根据各省第一届省议会名额,具体数字如下:直隶,184 名;吉林,40 名;江苏,160 名;江西,140 名;福建,96 名;湖南,108 名;河南,128 名;陕西,84 名;新疆,40 名;广东,120 名;云南,88 名;奉天,64 名;黑龙江,40 名;安徽,108 名;浙江,152 名;湖北,104 名;山东,132 名;山西,112 名;甘肃,56 名;四川,140 名;广西,76 名;贵州,52 名。

省议会的职权:①议决权,包括下列事宜需省议会议决:省预算、决算、省税、使用费、规定费的征收、省债募集,省库有负担的契约、省财产和营造物的处分和买入等;②监督权,包括受理本省人民对于本省行政请愿事件,对本省行政长官违法行为,提出弹劾,对本省内官吏认为有违法、纳贿事情,请省行政长官查办等;③建议权,对于本省或其他事件有意见时,省议会随时向省行政长官提出建议。

（二）地方军政机关

省级政权组织。初期,在形式上基本采取辛亥革命时期的组织形式,即以都督府为省级最高机关,掌民政与军政,长官称为都督。不久,大总统为了建立独裁统治,提出了军民分治之策。于 1913 年 1 月颁布各省地方行政官厅组织令和都督府组织令。1914 年 6 月 30 日,又下令裁撤各省都督府,实行军政分离的组织原则。民政由大总统府管辖,而军政由将军府管辖,以段祺瑞为建威上将军,兼管将军府事宜。

先看地方军政机关。省最高军政机关称为将军行署。其长官称为将军,督理某省军务。1914 年 6 月 30 日,大总统任命张勋为定武上将军,兼长江巡阅使。朱家宝加将军衔,督理直隶军务。张锡銮为镇安上将军,督理奉天军务,兼节制吉林、黑龙江两省军务。孟恩远为镇安左将军,督理吉林军务。朱庆澜为镇安右将军,督理黑龙江军务。靳云鹏为泰武将军,督理山东军务。田文烈加将军衔,督理河南军务。阎锡山为同武将军,督理山西军务。冯国璋为宣武上将军,督理江苏军务。朱瑞为舆武将军,督理浙江军务。李纯为昌武将军,督理江西军务。倪嗣冲为安武将军,督理安徽军务。段芝贵为彰武上将军,督理湖北军务。汤芗铭为铭武将军,督理湖南军务。陆建章为威武将军,督理陕西军务。张广建加将军衔,督理甘肃军务。杨增新加将军衔,督理新疆军务。胡景伊为成武将军,督理四川军务。唐继尧为开武将军,督理云南军务。龙济光为振武上将军,督理广东军务。陆荣廷为宁武将军,督理广西军务。姜桂题为昭武上将军,兼热河都统,督理热河军务(福建、贵州不设将军)。

将军之下又有会办及帮办,辅佐将军办理军事行政。一般来说,会办比帮办有尊严。但均由中央从各省内现任军职者中任命。会办或帮办由中央任命,其中有简派者亦有特派者。之下又有参谋长 1 人,由本部呈请大总统简任,无一定任期,去留一决定于中央命令,二决定于军政长官爱憎。其职为辅佐军政长官赞军务。参谋一般定为 5 人或 6 人。其职为辅佐长官,分任各种军事事宜。其等级分为上校、中校、少校、上尉四等。参谋长之下又有:副官长 1 人、副官 4 人至 6 人、书记 2 人、课长 4 人。

省最高军政长官的职权主要管辖该省内陆军。其行使职权时,遇有牵连民政事宜,应与地方民政长官协议行之。

再看地方行政机关。这个时期地方行政机关的演变,以 1914 年 5 月 23 日为界,分为前后两个阶段。前期省行政长官,称为民政长。省行政机关,称为行政公署。其行政长官有两种类型:一是专任者,如江苏、江西、福建、湖北、山西、四川诸省;二是兼任者亦即省军政长官(都督,兼任行政长官,除上述六省行政长官外,均属于此种类型)。省行政公署下设一处四司:总务处,内务、财政、教育、实业四司。

总务处不设处长,以民政长名义执行公务。根据 1913 年 1 月 8 日公布《划一现行各省地方行政官厅组织令》(以下简称《划一令》)的规定,内置秘书、科长、科员。其编制和员额,由省行政长官拟定后,由国务总理呈请大总统核定。当时陕西省呈报,共列职官 43 人。其中秘书 6 人,科长 4 人,科员 30 人,技正 1 人,技士 2 人,雇员尚不在内。及至国务会议决议案于 1913 年 9 月经财政部通过后,总务处所设员额,始有较严限制。仅从奉天行政公署总务处员额,可见当时各省的一般情况。奉天行政公署总务处设秘书 1 人,科长 3 人,科员 8 人,雇员则不在内。秘书由民政长官呈国务总理,荐请大总统任命,科员和技正由各民政长官委任。总务处的主要职权是办理机要、印信、统计、报告编制、人事记录、文件收发、会计庶务等项。

内务、财政、教育、实业四司均置司长 1 人,承民政长官的指挥,总理本司事务。司长由省民政长呈大总统简任。司下分科办事,一般设二科至四科。科设科长 1 人,总理科务。科长由省民政长呈国务总理呈大总统荐任。科长之下设科员若干人,分理科务。科员由民政长委任。各司的职权是:内务司掌选举、公共团体、赈恤、救济、公私慈善事业、户籍、征兵、行政区划、土地调查、官产、官物、警察、出版、道路、土木工程、河堤、海港、水道工程、保存古物、医疗卫生以及交通事业。财政司掌监督征收赋税、编制地方预算、决算、公债及地方金融等。教育司掌公立学校职员、图书审查、教育博览会、私立大学和公私立专门学校、外国留学生以及植物园、图书馆、博物馆、美术馆、文艺、音乐、戏剧等。实业司掌农业、水利、林业、渔牧业、工业以及对外贸易等。

后期省行政长官,由原民政长改为巡按使。省行政机关由原行政公署改为巡按使公署。

巡按使为省内最高行政长官,掌省内一切职权。至 1916 年讨袁运动兴起,黎元洪就任总统后,遂于 1916 年 7 月 6 日下令,各省行政长官名称为省长,而省行政机关则称为省长公署。巡按使为特任职,由大总统任命,并无资格限制。其类型有二:一是专任者,二是兼任者亦即由所在省份军政长官兼任行政长官。其任期亦无一定,而以中央之意旨决定去留。

巡按使或省长的办公地称为巡按使公署或称为省长公署。其下设置二厅:政务厅、财政厅。

政务厅置厅长 1 人。根据 1914 年 5 月 23 日公布的《省官制》规定:厅长由巡按使荐任,呈大总统简任。其待遇,各省略有不同。其职权总理厅务。值得注意的是政务厅长须回避本籍。厅下分设总务、内务、教育、实业四科。各科均设主管者 1 人,总理各科事务。由巡按使自委掾属。其称谓,各省略有不同。如:奉天称为主任,江苏称为科长,云南称为金事。即使一省各科主管人的称谓不同时期亦有变化。如,河南1914年7月称为科长,而1915年8月则改为主任,科下分职,各省亦有不同。奉天科下分股,湖南科下分课,而河南兼而有之。总务科下分股,而内务、教育、实业各科则不分职。

各科的职权分工明确。总务科掌地方行政官的进退、行政诉讼、印信、译电、文件收发、档案保管、购置物品、编制预算等。内务科掌公共团体、区域规划、人口户籍、征兵、赈恤、救济、礼教风俗、古物保存、土木工程、官产、官物、消防卫生等。教育科掌师范学校、中小学校、普通实业学校、通俗教育、文艺音乐、美术馆、博物馆、图书馆、植物园、外国留学生等。实业科掌农、林、牧、工、商等事宜。

财政厅置厅长1人,总理厅务,由财政部呈请大总统简任。其任期为三年,任满,成绩卓著者,仍可连任。财政厅长与政务厅长不同之点,一般多系专任而不采兼任。厅之下设总科、征榷、制用三科。每科置科长1人,承厅长之命掌理本科事务,由厅长委任,须财政部和所在省分民政长官处注册。科长之下,置一、二、三等科员,承长官之命,助理各科事务。此外各科尚有科员若干。

财政厅的主要职权是“财政厅长奉大总统之命,管辖全省财政征收官吏,及考核兼管征收之县知事,综理省税出纳,执行各种税法,催提各属款项,筹计中央需要,支配全省经费,办理预算、决算”等。

此外,还有省政会议机关,各省因本地情况自置一些机构。如湖南置巡按使公署办公室、奉天省置巡按使公署营务处等。因并非统一之制,从略。

大总统统治时期,省下设道。道的行政长官初名为观察使,其办公地称为观察使公署。民国三年(1914年)五月改称道尹,其办公地为道尹公署。道内置内务、财政、教育、实业四科,每科置科长1人,总理科务,由观察使经省民政长呈国务总理荐请任命。科长之下有科员,由观察使呈省民政长委任。一般来说,四科科员不得超出16人。道行政长官的职权是管理道内行政事务,颁布道的单行章程,监督所属各县的行政长官,监督道内的财政和司法,节制道内的地方武装力量——巡防警备队。

道下设县。县的行政长官是县知事,其办公地称为知事公署,内置第一科,第二科,事繁的县可增设至四科,每科设科长1人,科员若干人。县知事,由省行政长官直接委任。服从省的指示、命令,接受道的监督。县知事的职权为综理县的政务,监督所属官吏。还可颁布县的单行章程,指挥县内的警备队。在许多地区,县知事还兼理司法审判事宜。1914年12月30日中央政府公布地方自治试行条例,县下分若干自治区。大致每县分为8个至16个自治区,区设区董、区副各1人,受县知事的监督。区以下为乡,是由地主豪绅把持的直接压迫和统治人民的基层政权。

二、军阀混战时期的地方机构

地方机构作为统治者政治统治体系重要组成部分,在军阀混战时期处于不断地发展、变化的过程中。这种发展、变化的根本原因是社会环境和政治统治体系之间相互作用的结果,是政治统治体系对环境的依赖性决定的。

(一)地方立法机关的变化

地方立法机关,在军阀混战时期,突出变化是南方联省自治运动中出现了省议会。1920年湖南督军谭延闿以避免卷入南北战争为借口发表通电,主张湖南自治。进步党人梁启超、熊希龄进一步主张仿照美国联邦制,由各省制定省宪法,实行"自治"并召开联省会议,成立联省自治政府。浙江、湖南、四川、广东等省先后颁布了"宪法"。下面以《湘宪》,即湖南省宪法称的省议会加以说明。

省议员选举资格,《湘宪》规定,在省内连续居住两年以上并有法定住址,而无下列情形之一的,均有选举权:(1)患精神病;(2)被剥夺或停止公权尚未复权;(3)受破产宣告尚未撤销;(4)吸食鸦片;(5)营业不正当;(6)未受义务教育。

省议员被选举权资格,湖南"修正"省宪规定:年龄须满30岁,由各县间接选出,取得被选举权资格须有下列条件之一:(1)国内外专门学校毕业;(2)曾任荐任职一年以上,委任职三年以上而无过失;(3)曾任本省县议员三年以上;(4)曾任中等以上学校校长、教员二年以上;(5)曾任省公法团体职务五年以上。

省议员任期三年。省议会由议员组成。设议长、副议长各1人,由议员互选。

省议会的职权,《湘宪》规定:议决关于省事权事项的法律、预算、决算、公产和营造物的处分;质问省政院;对省长、政务员、省法院长、审判员等有违宪行为提出弹劾;受理省民请愿;答复省政院咨询事件;议决中央政府立法,缔约和军事行动及其他依法属于省议会事项。

省议会会议分常会和临时会两种。常会每年开两次亦即每年3月1日和9月1日,会期各为两个月。

可见,"联省自治"是军阀之间保持地方割据和争夺地盘的一种手段。而由其产生的省议会,以"民主"为招牌,也"不能建设民主政治国家"。而"是明目张胆地为提倡武力割据","加上一层宪法保障"[①],其"无非是封建的残局之下,军阀专政、

---

① 中国共产党:《第一次对于时局主张》,见《先驱》,第9号。

军阀割据的必然现象和趋势"①。

（二）地方行政机构的变化

黎元洪继任总统后，地方最高行政长官的突出变化是军政分离。1916 年 7 月 6 日，申令各省督理军务的长官为督军，各省督办民政的巡按使为省长。使地方政权分散，军政制约，加强中央集权。但是，由于黎元洪本身没有实力，加之军阀力量过大，中央与地方各自为政的局面并没有改变。

省长为地方最高行政长官。其办公地称"省长公署"。其下大体上都设有政务、财务、教育、实业厅（司）、处。省长往往由地方军阀头目兼任，即使不兼，则担任省长的也必然是他的僚属。

省还设有省议会。由正、副议长、议员若干人组成，议员由间接选举产生，任期三年，连选得连任。议员的选举人和被选举人都有性别、财产、教育程度等严格限制，这样选出的议员大都是封建买办阶级的代表人物。省议会的职权，有议决本省单行条例，预算、决算、税收等权力，也有对本省行政及其他事项提出建议，管理本省人民请愿，对本省行政长官提出弹劾等。因此，它是为了标榜民主政治，粉饰军事独裁的地方统治而建立的。

省以下设道。其行政长官，民国初年称"观察使"，办公地称"观察使署"。1914 年 5 月以后，改为道尹，办公地称为"道尹公署"。其职权是在省行政长官的监督下，管理道内行政事务，颁布道的单行规章，监督、考核所属各县行政官吏，监察道内财政和司法，节制道内的地方武装力量——巡防警备队。

道以下设县。县的行政长官称"县知事"。由省行政长官直接任命，依据省的指示、命令和规章制度，综理县内的政务。还可颁布县的单位章程，指挥县境内的警备队。

县以下为城镇、乡，基本上沿袭大总统统治时期所设，其政权，由地主豪绅把持。值得注意的是山西的区村制度和云南的村治。山西的村较小，数量较多，由县直接统辖村不方便，故在县和村之间设区一级，作为行政机关的补助，称之为"区村"制度。区，1918 年开始，1922 年普遍推行。各县分为 3～6 区，置区公所，设区长 1 人、雇员 1 人至 2 人、区警 4 人至 12 人。区长由省委任，直属县知事，主要掌理县署委办事件，督饬村长办理行政事务。村多半百户以上，村以下编制原则是：五家为邻，设邻长；五邻为间，设间长。村公所由村长、副村长和间长组成。云南的村治由 1924 年 7 月开始实行。村的自治组织为村议会和村长。村议员按村户口数而定：百户为 5 人，百户以上每增加 50 户增加议员 1 人。议长、副议长

---

①　蔡和森：《蔡和森文集》（上），长沙，湖南人民出版社，1978 年，72～73 页。

各 1 人，由议员互选。议长一般以村长充任，由监督机关委任。

除省、道、县的设置而外，还有"联省自治"。所谓"联省自治"是与"武力统一"相对抗的一种对策。一般地说，把持中央政权的大军阀都主张"武力统一"。而各地军阀则主张"联省自治"，把"联省自治"作为抵制"武力统一"，保住自己地盘的一种手段。当然搞"联省自治"也有欺骗人民，缓和争民主反军阀的用意。因此，从 1920 年至 1922 年，形成了所谓联省自治运动。其具体做法是省先行制定省宪，实行省自治，然后由自治各省组织联省会议，制定国宪，选举中央政府，实现国家统一。1920 年 11 月，湖南首先宣布自治，接着浙江、广东、四川等省亦相继起草省宪。其实浙江省军阀的"自治"是为了对抗直、奉系军阀的侵入，而西南军阀宣布"自治"及"联省自治活动"，则旨在阻挠、破坏孙中山的北伐计划。虽然湖南、浙江等省的省宪罗列了一些民主词句，但没有真正的民主内容，其目的无非是维护帝国主义和封建势力的统治。它只能使中国在半殖民地半封建的泥潭中越陷越深，而不能给中国带来任何有益的结果。中国共产党在 1922 年 6 月 15 日发表的对于时局的主张中指出："联省自治不但不能建设民主政治的国家，并且是明目张胆的提倡武人割据，替武人割据的现状加上一层宪法保障，总之封建式的军阀不消灭，行中央集权制，便造成袁世凯式的皇帝总统；行地方分权制，便造成一般武人割据的诸侯，哪里能够解决时局？"[①]

第五节　北洋军阀统治时期的官吏制度

官吏是构成国家政权的最基本的要素，是国家机器的操作者，是实现国家各项职能的主体。因此，北洋军阀时期的统治者十分注意官吏制度，以此加强并巩固其统治。

一、北洋军阀统治时期官吏的选拔

北洋军阀统治时期，官吏的选拔是通过公开考试的方法来考查应考者的知识和才能，并以考试成绩的优劣为依据，录取后方能委任职务。这种考试制度始于 1913 年，经 1915 年和 1919 年两次补充和修改，使之完善。未经考试而做官的，以甄别、甄用方法决定去留。

---

① 　中国共产党：《第一次对于时局主张》，见《先驱》，第 9 号。

文官考试分为高等考试和普通考试两种。

高等考试由中央统一进行，典试委员会主持。典试委员会成员，由国务院总理呈请大总统就下列人员任命：(1)大学校长；(2)大学、法科大学学长和教授；(3)法制局长；(4)铨叙局长；(5)法制局参事；(6)各部参事；(7)大理院推事；(8)平政院评事。委员会包括委员长1人，主试委员若干人，监试委员1人或2人。

高等考试的程序有变化。1913年分为甄录试、初试、大试三次。甄录试(笔试)的科目有：国文、历史、地理、笔算。凡在中等以上学校毕业或有相当资格者，可免此试。初试分主科和附科两种。主科包括国法学、民法、刑法、国际法、行政法、经济法、财政学；附科包括有：商法、政治学、民事诉讼法、刑事诉讼法、通商条约。主科全考，附科选考一种。考试合格者，授予学习员证书，二年后呈请大试。大试的科目有：现行法令解释，设案判断，草拟文牍。初试和大试先用笔试，再用口试。1915年改为四试，前三试为笔试，最后一试为口试。第一试考"经义"一道，史论一道，现行法令解释一道。第二试、第三试分别考专门学科，专业有：政治、经济、法律、文学、物理、数学、化学、冶金、机械、林学、兽医等22类(科目繁多从略)。第四试为口试。1919年亦为四试，但内容有变化。第一试国文一题。第二试、第三试分别考专门学科，除以上所列22类外还有政治经济、地质、机织、染色、窑业、酿造、图书、商业、蚕业、水产十类。第四试由典试官、襄校官3人以上，就应试人曾经笔试的各科再行口试。

高等考试应试者资格是凡年满25岁的中国男子(1913年为21岁)有下列条件之一者，均得应考：(1)本国国立大学或高等专门学校修习各项专门学科3年以上，得有毕业文凭者；(2)教育部指定的外国大学或高等专门学校修习各项专门学科3年以上，毕业有文凭者；(3)教育部认可国内私立大学或高等专门学校修习各项专门学科3年以上，毕业有文凭者。

高等考试应试者四试(1913年为三试)平均合格者，方能录取，录取后再学习二年，成绩优良者，候补官职。因为高等考试是中央统一办理的，所以这些人多半是担任简任以上的官职。

普通考试分两种类型：一是中央各官署普通考试；二是地方各官署普通考试。前者由中央各官署就署内荐任官中选派组织典试委员会，后者由各省行政长官于所辖荐任官和官立中等以上学校教员中选派组织典试委员会。一般委员会包括委员长1人，主试委员若干人，监试委员1人或2人。

普通考试程序有变化。1913年规定的考试科目有：国文、历史、地理、笔算、法学通论、经济学。此外，根据中央和地方各官署需要人员应掌事务增加一二科目。1915年改为三试：第一试试国文一道，第二试分行政职和技术职两类，前者试宪法大纲、现行法令解释、策问、文牍等科，后者按各专业考试至少四题。第三试为口试。1919年仍分之三试。第一试、第二试为笔试，第三试由典试官、襄校官三人以上的出席，就应试人曾经笔试的各科口试。

普通考试应试者资格是，凡是年满20岁以上的中国男子，具有下列条件之一者，均可应考：(1)有应文官高等考试资格之一者；(2)教育部指定或认可的技术专门学校毕业有文凭者；(3)经地方考试及格取充"选士"的；(4)曾任委任以上文职。

普通考试三试平均成绩合格，方能录取。录取后先学习一年，期满学习成绩优良者，授委任职，以待候补。

凡未经文官考试而任用官吏者，需要"甄别"。其内容有五：(1)检验毕业文凭；(2)调查经历；(3)检查成绩；(4)考验学识；(5)考试经验。甄别合格者，给予合格证书。若不合格，或无文凭、无经历而服官后又无成绩可取者，予以免官。[1]

值得注意的是1915年9月30日公布的《文官甄用令》规定：当官者必由现任官(包括特任文职，各特别行政区行政长官，依《文官任职令》规定得呈请荐任文职的简任长官)保荐。被保荐者要么是已通过高等或普通文官考试的，要么已任实职5年以上确有特别成绩的。

二、北洋军阀统治时期官吏的任用

北洋军阀统治时期，官吏的任用最主要的包括等级、资格、待遇等。由于所任官的类别不同，其任用的标准也有差异。

首先，谈行政官。何为行政？有广义和狭义之分。从广义上说，凡是政府的活动，属于执行任务的，包括政务和事务都可称为行政；从狭义上说，行政就是指国家行政机关单纯事务性的活动。我们这里所谈的行政官，是就广义而言，亦即从事政务和事务活动的人。

行政官的等级，又称官等。从任用方面来说分四等，即特任、简任、荐任、委任。特任是由大总统特令任用的官。简任属于国务院或直属国务总理的，由国务总理呈请大总统就合格人员中任用的官。属于各部或直属于各部总长的，由各总部长商承国务总理呈请大总统就合格人员中任用的官。荐任属于国务院或直属国务总理的，由所属长官经由国务总理呈请大总统任命。属于各部或直属各部总长的，由各部总长经由国务总理呈请大总统任命。委任由所属长官任命。诸官的任命状，特任和简任官由大总统署名、盖印，国务卿副署；荐任官盖用大总统印，由

---

[1] 《文官甄别法草案》，见《政府公报》，1913年1月9日。

国务卿署名;委任官由所属长官署名盖印。

行政官的任用资格,根据 1913 年 1 月 9 日公布的《文官法草案》的规定:简任官的任用,须拥有下列条件之一:①现任或曾任三等荐任文官,但教官、技术官和依特别任用法任用的不在此限;②曾任简任文官满一年以上,但教官、技术官在职年数除去计算;③曾任简任文官并受文官高等考试及格者。荐任官的任用须有下列条件之一:①文官高等考试及格者;②曾任荐任文官满一年以上,但教官、技术官在职年数除去计算;③现任或曾任审判官、检察官满一年以上,得任为司法部荐任文官;④现任或曾任北京大学校及官立中等以上经教育部认可各学校的教官满一年以上,得任教育部荐任文官。委任官的任用,须有下列条件之一:①文官普通考试及格者;②文官高等考试初试及格者;③文官高等考试及格者;④曾任委任文官满二年以上;⑤曾任各官署雇员满三年以上。

秘书的任用,是特殊的。秘书人员多系长官的亲信,不限资格任用,亦即不在资格上予以限制。

行政官的待遇主要体现在官俸上,一般以月计算,称为月俸。支付单位是"元"。大总统月俸 2.4 万元,公费 4 万元,交际费 4 万元;副总统年俸 10 万元,公费 2 万元。国务总理月俸 1500 元,各部总长月俸 1000 元。简任以下各等文官月俸见表 6-1。①

表 6-1　文官月俸表　　　　　　　　　　　　　　　　　　单位:元

	简 任		荐 任		委 任				
	一等	二等	三等	四等	五等	六等	七等	八等	九等
一　级	600		360			150			
二　级		500	340			140			
三　级		400		300		130			
四　级				280			115		
五　级					240		105		
六　级					220		95		
七　级					200			80	
八　级								75	
九　级								70	
十　级									60
十 一 级									55
十 二 级									50

———————

① 钱实甫:《北洋政府时期的政治制度》,下册,北京,中华书局,1984 年,353 页。

其次,谈外交官。外交官,广义上讲应属行政官,因有其特殊性,故简述之。

外交官的等级分为特任、简任、荐任,其要求与行政官同。所不同的是:须经资格审查手续,由资格审查委员会委员长呈报大总统核准。外交官的待遇主要表现在月俸上,其标准如表6-2。①

表6-2 外交官月俸表

单位:元

官　　　等	特任	简　　任		荐　　　任			委　　任	
		一等	二等	三等	四等	五等	六等至九等	
衔	大使	公使	公　使大使馆参　事	参赞	参赞	随员	主　　事	
一　　级	1000	600		360			六等	150
二　　级			500	340				140
三　　级			400		300			130
四　　级					280		七等	115
五　　级						240		105
六　　级						220		95
七　　级						200	八等	80
八　　级								75
九　　级								70
十　　级							九等	60
十一级								55
十二级								50

（月给本俸）

最后,谈司法官。司法官,从广义上讲亦属于行政官,但他有别于一般行政官和外交官,故简述如下:

司法官的任用等级亦分特任、简任、荐任。其任用资格如下:(1)凡在国内外学习法律一年半以上,曾任法官或教授法律一年半以上者,得任为地方、初级各厅的法官。(2)凡在国内外学习法律三年以上的,得任为高级厅的法官。(3)凡在国内外学习法律三年以上并有经验者,得任为大理院和总检察厅的法官。司法官的待遇主要体现在月俸上,其标准如表6-3。②

表6-3 司法官官等、官俸简表③

单位:元

官　　　等	特任	简　　任		荐　　　任		
		一　　等	二　　等	三　　等	四　　等	五　　等
大 理 院	院长	庭　长	庭　长推　事	推　事		

---

① 钱实甫:《北洋政府时期的政治制度》(下册),北京,中华书局,1984年,369页。

② 钱实甫:《北洋政府时期的政治制度》(下册),北京,中华书局,1984年,373页。

③ 钱实甫:《北洋政府时期的政治制度》(下册),北京,中华书局,1984年,373页。

官　　等		特任	简　　任		荐　　任		
			一　等	二　等	三　等	四　等	五　等
总检察厅			检察长 首席检察官	首席检察官 检察官	检察员		
高等审判厅			厅　长	厅　长	庭　长 推　事	庭　长 推　事	
高等检察厅			检察长	检察长	首席检察官 检察官	首席检察官 检察官	
地方审判厅				厅　长（京师）	厅　长	厅　长 庭　长 推事	推　事
地方检察厅				检察长（京师）	检察长	检察长 首席检察官	检察官
初级审判厅						厅　长	厅　长 推　事
初级检察厅						检察长	检察长 检察官
俸给	一　级	1000	600		360		
	二　级		550		340		
	三　级			500	320		
	四　级			450	300		
	五　级			400	280		
	六　级					260	
	七　级					240	
	八　级					220	
	九　级					200	
	十　级					180	
	十一级						160
	十二级						140
	十三级						120
	十四级						100

三、北洋军阀统治时期官吏的惩戒

惩戒是统治者"强化"官吏制、消除某种行为，以利于自己统治的一种重要手段。所谓惩戒是对国家官吏的"过失"而给予的处分和处罚。1913年1月9日公布的《文官惩戒法草案》主要内容如下：

惩戒条件。凡国家官吏有下列情况之一者应受惩戒:(1)违背职守义务;(2)玷污官吏身份;(3)丧失官吏信用。

惩戒处分,分为六种:(1)褫职。褫夺其现任的官职,两年内不得复任。褫职后因办理其他公务有异常劳绩者,满一年后可以撤销其处分。(2)降等。依其现任的官职降一等改叙。如无等可降,则减其月俸 1/3。(3)减俸。依其现任官的月俸为准,减少支给,其数为 1/3 以上,2/3 以下。(4)停职。期间为一月以上,6 月以下。(5)记过。由所属长官登记,如一年内记过三次,予以减俸。(6)申诫。由惩吏院呈请国民政府或通知所属长官以命令行之。

处罚主要是官吏犯赃治罪。1914 年 6 月 5 日公布的《官吏犯赃治罪条例》的规定,官吏犯赃分两种情况:枉法者赃在 500 元以上的处死刑;不枉法者赃在千元以上的处无期徒刑。1921 年 3 月 29 日公布的《官吏犯赃治罪条例》对上述条例又有所修正,具体内容:(1)官吏有收受贿赂或其他不正当利益者,处有期徒刑,并科 3000 元以下罚金。(2)官吏对于违背职务上的行为犯同上罪者,处无期徒刑或有期徒刑,并科 5000 元以下罚金。又因而违背职务上的行为,处死刑、无期徒刑或有期徒刑,并科 5000 元以下罚金。司法官犯以上两罪者,加重本刑。(3)对于官吏付贿赂或其他不正当利益的,处有期徒刑,并科 2000 元以下罚金。(4)官吏侵占公款逾 5000 元以上者,处无期徒刑或有期徒刑,并科 5000 元以下罚金。官吏犯(1)、(2)、(4)各罪,所收受的贿赂或利益,一律没收;若全部或一部不能没收时,追征价额。

四、北洋军阀统治时期官吏的恤金

官吏的恤金是整个官吏制度重要的组成部分。北洋军阀时期的统治者为了使现任官吏更好地为其效劳,镇压广大人民的革命活动,又制定了恤金制度。

恤金的类型:终身恤金、一次恤金、遗族恤金。

终身恤金亦即官吏满职 10 年以上,因老、因病、因公伤而不能任职者,至死亡止,国家给其一定的俸金。具体说有下列情况之一者,方得终身恤金:(1)年满 60 岁以上自请免官者;(2)因身体衰弱、残废不胜职务者;(3)依《文官保障法》休职期满者;(4)因公受伤,身体残废不胜职务者;(5)因公受病,致身体残废或精神丧失不胜职务者。其退职后的待遇,给原俸 1/6 俸金;在职 10 年以上,每增一年得加给 1/60。

一次恤金亦即官吏在职满一年以上退职者,得在退职时一月俸额内,给一次恤金;每增一年,加给月俸 2/10。

遗族恤金亦即在职官吏死亡者,国家给其亲属一定的恤金。官吏有下列情况之一者,其亲属可获遗族恤金:(1)在职满 10 年以上死亡者;(2)受终身恤金的退职者、死亡者。其恤金金额是死亡者终身恤金的 1/2 范围内。在职未满 10 年而有下列情形之一,其亲属也可获遗族恤金:(1)因公致死;(2)因公受伤退职后死亡;(3)因公受病退职后死亡。其恤金金额是死亡者终身恤金的 2/3 范围内。应受遗族恤金的顺序是子、妻、孙、父母、祖父母、同父母兄弟、同父母兄弟之子。

第六节 北洋军阀政府的军事制度

北洋军阀政府的最大特色便是北洋军阀。它是由封建军阀武装割据而建立起来的政府,因此,军事制度在中央政府和地方政府中占有重要地位。袁世凯信奉"有兵则有权"的信条,更增添了北洋军阀政府的军事特色。

一、中央军事制度

中央的军种有陆军、海军,空军尚未正式建立。中央政府军事机关设有陆军部、海军部。每部设参谋总长、次长各 1 人。

其中陆军部分设军衡司、军务司、军械司、军学司、军需司、军医司、军法司、军马司(应改为军牧司)。各司设司长 1 人,司下为科,每司设科不等。下设参事、秘书、金事、主事、技监、技正、技士若干。此外还有副官、纂译官若干人。至 1927 年北系军政府时期,将陆军部改为陆军署,归军事部统管。下设机构除与以前相同的,又增设科长一职。陆军部直辖机关有二:一是陆军监狱内设典狱 1 人,书记 2~4 人,看守长 1~4 人,看守若干人,技士 1~2 人,医士若干人;二是陆军测量局内设局长 1 人,三角、地形、制图三课,各设课长,各课分设班,各设班长 1 人,测量学校设校长 1 人。

中央陆军有步、骑、炮、工程、辎重等兵种。1916 年 6 月前有拱卫、禁卫军、13 个陆军师和 17 个混成旅。其编制为师、旅、团、营、连、排诸级。每级军事最高长官分别为师长、旅长、团长、营长、连长、排长。此外还有中央直辖部、京师宪兵营、陆军部卫营等军队。

海军部分设军衡司、军务司、军械司、军需司、军学司、军法司,每司设司长 1 人。司下设科,每司设科数不等。下设参事、秘书、金事、主事、技监、技正、技士若干人。1927 年海军部改为海军署,归军事部统辖。海军部直辖机关主要有:一是海军总司令,直属海军总长,总司令处和驻在地方的公署直属海军部;二是海军舰队司令,直属海军总司令;三是海军军港,直属海军部;四是海道测量局,直属海军总长。

海军的编制,初设直属海军总长的总司令,指挥各舰队。舰队分为一、二舰队和练习舰队。各舰队设司令,下设参谋、副官、轮机长、军需长、军医长、军法长等官。各舰设舰长、副舰长各 1 人。此外还有训练营、鱼雷营、海军医院等建制。

值得注意的是,1927 年 6 月北洋军政府又设航空署,内设机要、管理二司,表明北洋军阀政府已有空军管理机场,以适应时宜的需要。

二、省级政府军事制度

1911 年辛亥革命推翻了清朝封建专制统治。在地方上,废除巡抚制度,改为都督制。这时,省级政府的军事机关称为都督府,军事首长称为都督。1913 年 1 月 8 日颁布了《现行都督府组织令》以下简称《组织令》,各省都督府内设机构开始整齐划一。

值得注意的是省级政府军事长官,不同历史时期称谓亦有变化。1914 年 7 月 18 日公布了《将军行署编制令》,改都督为“将军”。1916 年 7 月,黎元洪又命改“将军”为督军。1922 年至 1925 年北洋军阀政府又改督军制为督办制,督军公署改为“督办某省军务善后事宜公署,督军改为督办军务善后事宜”①。奉系军阀张作霖主宰北洋军阀政府地方军事制度基本同前,只是在 1925 年将川边特别行政区改为“西康特别行政区”,设“西康屯垦使”为军政长官。

省级政府军事机关,或称都督府、将军行署、督军公署、督理公署、督办公署②,虽名称不一,但其内部机构大同小异。一般设参谋长 1 人,参谋 4~6 人,副官长 1 人,副官 3~6 人,书记(后称为书记官)2 人。下设机构有军务、军需、军医、军法 4 课,各课设课长 1 人,课员 2~4 人(1928 年改为 4~11 人)。根据《组织令》规定,课长受参谋长指导。1928 年,改为设督办 1 人,参谋长 1 人,公署分置参谋、副官两处,军务、军需、军法、军医 4 课。③

三、跨省与临时性军事制度

跨省与临时性军事制度的建立主要体现在跨省军事机构的出现和临时性军

---

① 钱实甫:《北洋政府时期的政治制度》,上册,北京,中华书局,1984 年,258 页。
② 李进修:《中国近代政法制度史纲》,北京,求实出版社,1988 年,248 页。
③ 陈瑞云:《现代中国政府》,长春,吉林文史出版社,1988 年,90 页。

事机构的问世两个方面。它们都是北洋军阀政府在地方上实施统治的重要措施。

先看跨省的军事机构，就其名称来说，主要有巡阅使署和经略使署。它们的辖区多半两省，有的三省、四省，个别的还有无省区的。如川粤湘赣经略使署、蒙疆经略使署、两湖巡阅使署、直鲁豫巡阅使署、东三省巡阅使署、长江巡阅使署以及粤闽、两广、闽浙等巡阅使或经略使署。其军事首长或称经略使或称巡阅使。其下属机构大同小异，一般有参谋长。下设八处：秘书处，秘书若干人；参谋处，参谋若干人，且分为一、二、三等级；副官处，副官若干人，且分为一、二、三等级；政务处，下设内政、外交二科；军务处，下设军械、考绩二科；军需处，下设会计、粮服二科；军医处，下设医务、卫生二科；军法处，设军法官若干名。其职责按规定分别为：参谋长秉承巡使命令，办理署内一切事务；秘书处管理机要；参谋处管理军事计划；副官处管理宣达事项；政务处管理军务行政；军务处管理军队；军需处管理军需；军医处管理军队卫生；军法处管理陆军军法等。[①] 另据钱实甫先生研究巡阅使得酌设顾问和咨议各若干人，以备咨询。又得设宪兵司令 1 人，宪兵 300 人。至于编制以外的人员和机构也颇为不少，巡阅使均可自由决定。如直鲁豫巡阅署设"驻系侦缉处"。[②]

再看临时性军事机构。该机构"是根据该地区军阀的实力兴衰而设立或废弛的，所以称之为临时性的军事机构"[③]。一般指护军使署和镇守使署。

护军使署职权据所辖区省有两种不同情况。"一是有的省区未设省军事机关，它就成为该省的最高军事机关，其职权、地位、组织与其他省军事机构相同；一是在设有省军事机关的省区，它们辖有的范围和职权，只是限于该省一定区域。"[④] 如 1923 年 9 月至 1924 年 2 月，在漳厦护军使署，仅控制漳州、厦门二地区的地方治安，而闽北设立的护军使署仅负责闽北地区的地方治安。

无军政长官省份的护军使直属中央，而有军政长官省份的护军使是属于省军政长官的下属。前者如 1912 年至 1916 年黑龙江的朱庆澜和贵州的刘显世；后者如 1917 年年初，杨善德调为浙江督军，命卢永祥继任浙沪护军使。"护军使的公署，称为护军使署。无军政长官省区的护军使署，其编制和员额均比照省军政长官公署的规定。有军政长官省份的护军使署，其编制和员额也参照省军政长官公署的规定，但员额不得超过它的三分之一。"[⑤]

---

① 中国第二历史档案馆藏：《北洋传》，见《中华民国史档案资料汇编》，第 1 辑，南京，江苏人民出版社，1979 年，121 页。

② 钱实甫：《北洋政府时期的政治制度》，上册，北京，中华书局，1984 年，255 页。

③ 韦庆远：《中国政法制度史》，北京，中国人民大学出版社，1989 年，501～502 页。

④ 韦庆远：《中国政法制度史》，北京，中国人民大学出版社，1989 年，501～502 页。

⑤ 钱实甫：《北洋政府时期的政治制度》，上册，北京，中华书局，1984 年，260 页。

镇守使署多半设在边疆和重要城市。其目的,一是笼络地方省有实力的小军阀,二是镇压边区和重要城市。

镇守公署的长官称为镇守使,由大总统简任,多由师长、混成旅长、旅长兼任。又设镇守副使,参谋 1~3 人,参谋本部荐请大总统任命;副官 1~3 人,由陆军部呈请任命;设军需官、军医官、军法官各 1 人,书记 2 人。镇守使署还有比较特别的,职权和编制均不同一般。如晋西镇守使兼办屯垦、禁烟等项行政,所辖区内又系蒙汉杂处,任务较繁重,因增设秘书 1 人,并分置两科,各设科长 1 人、科员 3 人。

综上所述,北洋军阀统治时期的地方上的军事制度是十分强大的,但其轴心是随地方军阀势力强弱而消长的,这种现象的出现充分反映了处于半殖民地半封建的中国社会特点。

第七章 国民党政府的政治制度

国民党统治时期的政治制度发展大体经历了广东革命政府、北伐战争时期政府和蒋介石反动集团的国民党政府三个阶段。以蒋介石为首的国民党反动政府是建立在买办的、封建的国家垄断资本主义基础之上的大地主、大资产阶级镇压广大劳动人民的工具。国民党反动政府虽然颁布了一系列法律来建立和巩固国家制度,但实质都是企图将蒋介石反动独裁的法西斯统治"合法化",最终难逃葬身于人民革命战争汪洋大海的命运。

第一节 国民党南京政权的产生及其阶级本质

正确认识国民党政府的产生背景和阶级本质,对深刻研究国民党政府的政治制度具有重大的指导意义。只有了解国民党政府的阶级本质,才能找到蒋介石反动政权的一系列制度、政策的基础,从而有力地揭露和批判所谓"合法化"的国民党政府政治制度的反动独裁、封建买办之内核。

一、国民党南京政权的产生

1927 年蒋介石集团在帝国主义和封建主义的策动下发动了反革命的政变,在南京建立起大地主、大资产阶级的反动政权。

这个反动政权之所以能在大革命失败后立刻建立起来绝不是偶然的,有它的社会原因和历史原因。首先,由于 1927 年革命的失败,半殖民地半封建的社会经济制度和封建军阀官僚的统治机构没有被摧毁,重新建立反动政权的社会基础仍然存在。其次,国内外的一切反动势力都迫切需要蒋介石这个新工具重新建立起反人民的集中统治,来代替已僵死的北洋军阀政府。同时,国民党反动派在叛变之前,曾伪装参加过革命,并盗用了国民党和三民主义的名义,因而能在群众中进行一时的政治欺骗。最后,当时中国共产党还处于幼年阶段,缺乏更多的政治经验和斗争经验,特别是陈独秀机会主义的错误,使得反动集团没有受到更大的阻碍便实现了反革命的意图。正像毛泽东同志指出的:"那时候的党是幼年的党,没有清醒的头脑,没有武装斗争的经验,没有针锋相对的方针。"①

国民党反动政权的实质,依然是代表城市买办阶级和乡村豪绅阶级的利益。和北洋军阀相比,其阶级本质、阶级内容没有根本改变,都是封建阶级和买办阶级的政权。所不同的只是形式上,这个新式军阀在实行反革命军事专政之前,曾在一定限度内参加过革命,举着"革命旗帜"并有其他各种辅助组织作为实现反革命的统治工具。

关于国民党反动政权的阶级本质,毛泽东同志早在 1928 年 10 月所写的《中国的红色政权为什么能够存在?》一文中就曾给予经典说明:"现在国民党新军阀的统治,依然是城市买办阶级和乡村豪绅阶级的统治,对外投降帝国主义,对内以新军阀代替旧军阀。"②

这里所说的城市买办阶级和乡村豪绅阶级的统治,就是指大革命失败后,蒋介石建立的大银行买办与大封建地主的政权。在这里,毛泽东同志不仅指出国民党反动政权和北洋军阀政权本质的一致性,而且也清楚地看出其间的不同特点。亦即它是新式的、国民党式的军阀统治,而不是旧式的、北洋军阀式的军阀统治。

毛泽东同志正确回答这个问题,不但使我们能深刻认识国民党反动政权的阶级本质,对研究国民党政权的政治制度有着重大指导意义,就是对当时的革命斗争也有极大贡献。因为这一问题直接牵涉我们党对国民党反动政权所采取的一系列政策的基础,同时也是彻底粉碎一切反革命派种种谬论的有力武器。

国民党反动政权和旧军阀反革命统治所不同的新式法西斯独裁,乃是其最基本的国民党反动统治特点。它的形成是半殖民地半封建社会政治、经济发展的结果,也是受到了当时国际因素的重要影响的结果。

从国内来看,官僚资本的形成与发展是推动国民党政权法西斯化在经济上的重要因素。我们知道,旧中国的官僚资本是依靠帝国主义,勾结封建势力,直接利用国家政权,通过血腥内战及掠夺全国财富的道路形成起来的,当它发展到国民党四大家族时已经登峰造极。由于四大家族对工人、农民、小生产者及民族资本

---

① 毛泽东:《抗日战争胜利后的时局和我们的方针》,见《毛泽东选集》,第 4 卷,北京,人民出版社,1960 年,1130 页。

② 毛泽东:《中国的红色政权为什么能够存在?》,见《毛泽东选集》,第 1 卷,北京,人民出版社,1960 年,51 页。

家的空前掠夺,在半殖民地半封建的中国出现了垄断资本。国民党反动政权不仅要服务于这个垄断资本,依赖于垄断资本,而且还能促进四大家族官僚资本的加强。因此,在形成和发展中的官僚资本迫切要求一个极为反动的政治制度、政治组织与它相适应,只有这样,才能充分保证官僚资本的巩固和发展。

1927 年大革命失败后,阶级力量对比的变化,革命与反革命的激烈斗争是国民党政权法西斯化在政治上的重要表现。这个道理非常明显,国家的政治制度、政治组织的变化,是直接与阶级斗争的发展变化密切联系着的。由于中国从"五四"运动以来,进入新民主主义革命时期,工人阶级已成为独立政治力量走上政治舞台,这引起了中国社会的阶级关系与力量对比发生很大的变化。特别是第一次国内革命时期深深播下的革命种子,中国工人阶级及其先锋队——共产党和党领导下的农民运动日益发展壮大,使得大地主大买办阶级的旧式统治已经不能维持下去,在这样的情况下,为了巩固统治就必须采取更为野蛮、更为恐怖的法西斯专政。

国际方面的因素尽管是次要的,但我们亦不能忽视。自第一次世界大战,特别是伟大的十月社会主义革命以来,资本主义本身爆发了总危机。在这个时期,帝国主义的一切矛盾都进一步尖锐化,国内劳动人民的革命与殖民地半殖民地的民族解放运动日益高涨。这就使得资本主义国家的统治者感到不能再用议会制度和资产阶级民主的方法来进行统治。德、日、意等国先后在 1929 年至 1933 年间建立起法西斯的独裁制度。这种国际法西斯化的浪潮,不能不对国民党政权的法西斯化产生极大的影响。

国民党反动政权的法西斯化虽然是上述交互影响下形成的,但根据"一定国家在历史、社会和经济方面的情况及其民族特点和国际地位,法西斯的发展和法西斯独裁本身是在各个不同国家内采取各种不同的方式的"[①]。

因为国民党统治的中国是一个半殖民地半封建的国家,封建的、买办的经济关系和政治关系占统治地位,中国的法西斯主义不仅代表了大资产阶级和帝国主义的利益,而且也代表了封建地主的利益。它以掠夺农民为其主要的财富来源,以保护封建的殖民地化的农业生产关系和充当为国家垄断资本的买办为其主要的经济活动,以疯狂的对内屠杀、反异己、反人民的战争代替对外的民族侵略战争。法西斯制度就是恐怖的特务统治,蒋介石国民党在这方面不但尽力效法德、日、意等国的统治方式、方法。另外,也吸取了中国历史上某些封建王朝进行特务统治的反动经验,这一切都说明国民党的法西斯主义是反映中国半殖民地半封建

[①] （苏联）季米特洛夫:《季米特洛夫选集》,高宗禹等译,北京,人民出版社,1953 年,42 页。

社会的特色,是一种封建的、买办的法西斯主义。

二、国民党南京政权的基本特点

国民党反动政权是建立在买办的、封建的国家垄断资本主义的基础之上,由大地主、大资产阶级专政的半殖民地半封建的政权。它代表着大地主、大官僚资产阶级的利益,是他们手中用以保护自己并镇压广大人民反抗的工具。

南京国民党反动政权的建立是依靠帝国主义支持,依靠发动反共反人民内战起家的,以反动集团为支柱,实行独裁统治的封建法西斯政权。它具有如下特点:

第一,它是一个卖国政权。为了取得帝国主义的支持,1927 年 5 月,南京政府建立不久,就发表媚外宣言,表示对外"不采取暴动手段",即不让中国人民进行反帝斗争。同年 7 月,又发表媚外声明,宣布它的外交政策维持半殖民地地位的中外"友好关系"。同年 10 月,蒋介石访问日本期间,承认日本在中国东北的"特殊利益"。11 月,他从日本回国,发表了对外方针的谈话,声称"要联系各国共同对付第三国际",自愿充当国际帝国主义反共反苏的工具。同月,蒋介石又同美帝国主义签订了美蒋关系密约,确定了亲美的外交政策。由于蒋介石对美政策,使帝国主义的对华投资和对华商品输出大量增加。他们通过各种方式,逐步控制中国的政治、经济、军事、文化大权,使中国进一步沦为帝国主义的殖民地、半殖民地。

第二,它是一个法西斯政权。法西斯政权是帝国主义时代垄断资本所采取的最残暴、最野蛮的一种政治制度,是垄断资产阶级所实行的公开的恐怖专政。蒋介石本人就是上海金融界里的大买办、大投机商。当他笼络一些买办、政客、党棍、流氓建立军事独裁政权以后,他不仅投靠帝国主义,而且依靠自己的政治军事实力,与买办地主阶级密切结合起来,形成了以蒋、宋、孔、陈为代表的垄断财政寡头专政,垄断了全国的经济命脉。正如毛泽东同志所指出的:"这个垄断资本,和国家政权结合在一起,成为国家垄断资本主义。这个垄断资本主义,同外国帝国主义、本国地主阶级和旧式富农密切结合着,成为买办的封建的国家垄断资本主义。这就是蒋介石反动政权的经济基础。这个国家垄断资本主义,不但压迫工人农民,而且压迫小资产阶级,损害中等资产阶级。"[①]他们为了攫取超额利润,钳制人民的反抗,对共产党及广大人民群众实行最残暴的法西斯独裁统治。据不完全统计,从 1927 年到 1928 年上半年被国民党反动政权杀害的人的数量达 33.7 万多。1935 年 11 月,清华大学等 11 校救亡通电中曾描述:"奠都以来,青年之遭杀

---

① 毛泽东:《目前形势和我们的任务》,见《毛泽东选集》,合订本,北京,人民出版社,1967 年,1149 页。

戮者,报纸记载有三十万人之多。而失踪监禁者更不可胜数。杀人不快,更施以活埋,禁之不足,复加以毒刑,地狱现形,人间何世。"这就是对国民党蒋介石的法西斯统治的悲壮控诉。说明这个政权是中国历史上最残暴、最反动的一个政权。

第三,它是一个靠反共反人民内战起家的政权。从"四一二"反革命血腥镇压开始,就长期进行反共反人民的反革命内战,并间或在反革命内部进行排除异己的战争。国民党反动政权建立初期,四分五裂,八方割据,派系林立。最初宁、汉、沪国民党争夺"党统",蒋介石是靠内战统一国民党的,这时南京政权和北京政权争夺领导权,蒋介石也是靠内战"统一"了中国的。同时,他把枪口对准共产党及其领导的革命力量。从最初的十年内战,到抗日战争的消极抗日积极反共,最后发展到解放战争中发动全面内战,进行全面进攻和重点进攻,整整打了22年。其战争规模之大,时间之久,手段之残忍,也是历朝历代所少见的。然而历史的辩证法却适得其反,靠军事起家,最后陷入人民战争的汪洋大海之中,反被人民群众用战争赶到孤岛之上。

毛泽东同志曾经指出:"独裁、内战和卖国三位一体,这一贯是蒋介石方针的基本点。"[①]这个基本点恰恰也是国民党反动政权的基本特点。

三、国民党南京政权的基本政治制度

国民党反动政权是以封建、买办的法西斯统治为最本质的特征,对内实行残酷的镇压和掠夺,对外进行广泛的卖国活动。在第二次国内革命战争时期,蒋介石建立起"统一"的政权后,一方面采取了残酷手段大批屠杀革命群众;另一方面又玩弄各种欺骗伎俩,企图将反动独裁的法西斯统治"合法化"。为达到这一目的,先后制定了一系列的"根本法"。这些"根本法"是《训政时期纲领》、《训政时期约法》和《五·五宪草》,其共同点就是以法律形式把国民党反动的国家制度固定下来。其实质就是国民党一党专政和蒋介石个人独裁。这是国民党反动政权的基本政治制度。

《训政时期纲领》是1928年10月3日由国民党中央执行委员会常委会通过的,共分为六条,基本内容可概括为四点:(1)训政时期由中国国民党全国代表大会行使国家政权,闭会期间由国民党中央执行委员会执行;(2)训练国民逐渐行使选举、罢免、创制、复决四种治权以便打下立宪政治的基础;(3)国民政府总揽行政、立法、司法、考试、监察五种治权,以奠定宪政时期"民选政府"的基础;(4)中华

---

① 　毛泽东:《蒋介石在挑动内战》,见《毛泽东选集》,合订本,北京,人民出版社,1967年,1030页。

民国国民政府组织法的修正与解释，由中国国民党中央执行委员会政治会议议决行之。

从纲领的基本内容中不难看出，国民党是以党的全国代表大会来代替全国国民大会；国民政府要受中国国民党中央执行委员会的操纵和监督；国民政府应遵照国民党的意志来行使职权。这一切都说明广大劳动群众根本不能参与国事，一切国家权力全部属于代表大地主、大买办资产阶级利益的国民党。

国民党反动的国家制度，是在 1931 年 5 月 5 日召开的国民会议上通过的，同年 6 月 1 日由"国民政府"明令公布的《训政时期约法》中论述得非常详尽。

《训政时期约法》制定的目的主要是为了把建立政权以来所掠夺的政治、经济果实用法律形式固定下来，同时欺骗劳动群众和舆论界，进一步达到巩固法西斯统治的目的。

《训政时期约法》是以《训政时期纲领》为基础的，内容分为八章，共八十九条。其中除规定一些有关"国民生计""国民教育"的条款以及假惺惺地给予人民以"权利""自由"外，曾用很大篇幅来确认国民党一党专政的法西斯国家制度。

《训政时期约法》第三十条规定："训政时期由中国国民党全国代表大会代表国民大会行使中央统治权"，"中国国民党全国代表大会闭会时，其职权由中国国民党中央执行委员会行使之"。

可见，国民党全国代表大会及其中央执行委员会，乃是国家的最高权力机关，这不仅从本质上也从形式上破坏了蒋介石所标榜的"中华民国"。

《训政时期约法》第七十二条、第七十三条、第七十四条还规定："国民政府设主席 1 人，委员若干人，由中国国民党中央执行委员会选任"，"国民政府主席对内对外代表国民政府"，"各院院长及各部会长以国民政府主席之提请，由国民政府依法任免之"。非常明显，国民政府主席的地位是凌驾于各院院长之上的，是政府首脑，"总揽中华民国之治权""统帅海陆空军""行使宣战、媾和及缔结条约之权"，等等。而当时蒋介石是国民政府主席。国民政府所拥有的一切大权实际上都属于他。

此外，《训政时期约法》所规定的国家制度又以高度的、反革命的集中制原则为基础。省、县、中央之间有着严格的从属关系，地方法规与中央法规不能抵触，否则无效。地方工商业专利及专卖特许权均属中央。

总而言之，《训政时期约法》是一部法西斯独裁法和一党专政法。它比《训政时期纲领》又进一步以"根本法"的形式确立了一党专政和个人独裁的法西斯统治形式。

《训政时期约法》实行以来，无数人民惨遭反动派的杀戮，人民反抗蒋介石统治的情绪日益高涨。特别是在 1931 年至 1936 年,日本帝国主义大举进攻,严重威胁中华民族的生存,全国人民在共产党的领导下掀起要求停止内战、要求民主、要求抗日的运动的时候,反动政府深恐人民民主抗日的怒潮动摇自己的统治基础,感到过去颁布的《训政时期约法》在实践中太不得人心了,为了继续欺骗人民,削弱中国共产党对人民的影响,反动集团又玩弄起"制宪"的花招。

1936 年 5 月 1 日,国民党反动政府立法院的立法会议三读通过了《中华民国宪法草案》,国民政府于 5 月 5 日公布,故又称《五·五宪草》(以下简称《宪草》)。

这个《宪草》坚决保障四大家族的经济利益,根本没有反映出当时人民群众的共同愿望。除了极虚伪地给予人民以"权利""自由"外,用宪法形式确认蒋介石个人独裁是它的根本特点。《宪草》几乎用 3 章的篇幅比较详细地规定这方面的问题。第四章规定"总统为国家元首",又统率全国陆、海军,依法公布法律,发布命令,行使宣战、媾和、缔结条约以及大赦、特赦、减刑复决等权力。

在总统与五院的关系上,虽然规定五院分别掌握各项最高统治权,实际上权力却集中于总统一人之手。根据《宪草》,行政院为国家最高行政机关,行使国家有关重要的行政权力。不过行政院不对国民大会负责,而对总统负责。行政院正、副院长、各部部长及各委员会委员长也由总统任命。此外,还拥有变更行政会议决议案的权力。可见,总统实际上掌握了国家的最高行政权力。

立法院形式上是"中央政府行使立法权的最高机关",它不向总统负责,不过这种最高立法权是形式的,因为总统可以不经立法院而颁布紧急命令,总统对立法院的决议案在公布或执行前有"复决权"。在这种情况下,立法院再维持原案是非常困难的。可见,总统能在极大程度上干涉立法院的实际活动,使法院听从自己摆布。

在总统和监察院的关系上,监察院形式上掌握弹劾、惩戒大权,但对总统、副总统来说则无能为力。按规定对国家元首提出弹劾案,必须有监委 10 人以上的提议,全体监委半数以上的审查才算成立,成立后该案还要向国民大会提出,最终才能决定罢免与否。这样的复杂程序非常不容易行使,况且监委都是蒋介石的忠实走狗,又怎么会弹劾总统呢?

综上所述,总统成为集中一切大权的独裁者,中央、地方的机关组织都要受他的约束。

应当指出,无论《训政时期纲领》《训政时期约法》还是《五·五宪草》都贯穿着"权能分治"和"五权分立"的学说。

所谓"权能分治",就是人为地把国家权力分成政权和治权两部分。前者归"有权的人"掌握,后者归"有能的人"掌握。所说的"有权的人"即是社会上那些

"后知后觉"和"不知不觉"的群氓、阿斗。而所说的"有能的人"是指社会上"先知先觉"的杰出人物。很显然，这种理论是建筑在唯心主义历史观和社会观的基础上，把阶级社会错误地看成是由"先知先觉""后知后觉"和"不知不觉"的个人构成的，这样就掩盖了国家政权的阶级本质。众所周知，政权属于人民，治权属于政府，管政权叫作"权"，管治权叫作"能"，将两者完全割裂开来，是极端错误的。因为政权不是抽象的东西，乃是阶级统治所必需的暴力工具，谁掌握了它，谁就有了治权。政权、治权是统一的而不是分割的，真正的民主政治便是人民权利和政府权力的统一，是人民直接参加国家管理。如果人民没能在实际上掌握各种权力机关，在国家生活中又不能表现其意志，那么选举、罢免、创制、复决等权利也不过是伪装民主的一些花样而已。国民党反动派就是打着孙中山提出的"权能分治"的旗号，加以歪曲，进而排斥广大人民参加政治生活，控制全部国家机器，掩盖其个人独裁和法西斯统治的实质。

所谓"五权分立"，原是在资产阶级"三权分立"理论基础之上加上考试、监察两种权力。孙中山认为三权分立制度不但不完备，而且流弊很多。主要在于选举的弊病和议会的专横，所以吸取了中国历史上的"科举制度"和"御史制度"的精神，在立法、司法、行政三权之外，又加上考试权和监察权。资产阶级的"三权分立"既然是便于资产阶级的统治，那么"五权分立"与"三权分立"并无本质区别。当然我们在批判资产阶级分权原则时，不是批判它把组成国家机构的各个机关的治权划分得更明确、更具体，而是批判资产阶级用分权来掩盖国家机构的本质，掩盖国家机构是实现阶级统治权的工具的实质。因为，在阶级社会中，无论是立法、行政、司法还是监督、选拔等权力，都是为统治阶级服务的。况且蒋介石把自己打扮成孙中山的"忠实"信徒，表面上把国家机构分为五部分亦即行政、立法、司法、监察、考试，实质上只是个人独裁和法西斯的集中统治。[①]

第二节　国民党政府的国家元首

国家元首是主权国家对内对外的最高代表，是国家的国际人格的体现和象征。国民党政府作为当时中国能够对外行使主权的唯一政府，在元首制度的安排上，都是以蒋介石个人的权力意志为转移的，国民政府主席的设置及其权力完全掌握在蒋介石个人专制独裁的控制中。

---

① 　参见王惠岩，张创新：《中国政治制度史》，下册，长春，吉林大学出版社，1989 年，183～184 页。

一、国民党与国民政府的关系

国民党与国民政府的关系,简单说来就是党治政府,亦即党通过自己的党员在国家行政机关中担任高职人员行使国家权力的一种制度。这种制度与其他政治制度不同,它不是由宪法明文规定的,而是在政党干预政治过程中逐渐形成的一种制度。这种党治政府在组织制度上,具有以下两个基本特点:

一是国民政府要接受国民党的指导和监督。《中华民国国民政府组织法》第一条规定:"国民政府受中国国民党之指导及监督,掌理全国政务。"国民政府的委员须由国民党中央执行委员会任免,国民政府要向国民党中央执行委员会负责并报告工作;对于政治方针和立法原则,要先由国民党政治委员会研究拟订方案,经中央执行委员会审查通过后,交国民政府执行。这就表明国民党是政权的重要构成部分,它的全国代表大会及其中央执行委员会实际上代行了国家最高权力机关的职权,国民政府则是从属于它的国家政务的最高执行机关。

二是实行集体领导制度和议行合一的原则。《中华民国国民政府组织法》规定:"国民政府以委员若干人组织之","国务由委员会议执行之"。这就以"委员会议"的形式确立了对国务实行集体领导的制度。这是在无产阶级的影响下采取的一种新的领导制度。同时,在国民政府的机关里,既没有实行资产阶级的行政、立法、司法的"三权分立",也没有实行孙中山的行政、立法、司法、考试、监察的"五权分立",而是开始实行议行合一的一权制。一切权力都集中在国民党中央执行委员会,而其他机关只是在它的统一号令下分别行使其有关职权。

国民党同国民政府的关系具体可从如下几个方面说明:

(1)国民政府之根本法由国民党制定。国民政府把国民党总理的遗教、遗嘱奉为根本法;《国民政府组织法》《训政时期约法》及《训政时期纲领》等,皆由国民党中执会首先通过,交国府公布。上述诸法的解释权亦属中执会。

(2)国民政府权力的渊源为国民党。就立法的程序而言,国民政府组织法即由中执会执行,故政府之权力既由党给予,给予多大权才有多大权。就实质言,《训政纲领》为国民党以及国民政府的最高准则。该纲领规定训政时期由国民党代表国民行使所谓政权(选举、罢免、创制、复决四权),而由国民政府行使所谓治权(立法、司法、行政、考试、监察五权)。又规定由国民党全国代表大会行使中央统治权。这些规定,都说明国民政府的权力来源于国民党。

(3)国民政府主要官吏由国民党任免。国民政府之主席、副主席、委员及五院院长,皆由国民党中执会产生;特任官及高级政务官之人选,皆须中央政治会议的讨论决议。实则除一般公务员可由考试途径任命外,一切政务官之任命,皆须经国民党。1929 年,国民政府通令,各机关用人,先尽国民党员任用;裁员,先从非党员裁减。

(4) 国民政府之施政纲领及政策,皆由国民党供给。一切立法原则、施政方针、军政大计、财政计划,首先在国民党内发源,而成熟于中央政治会议;政治会议决议,交国民政府执行。国民政府仅是执行机关。

(5) 国民政府之施政方针及政绩须受国民党的监督。《训政时期约法》将政权分给国民党,治权分给国民政府,即寓有以党监督政府之意,又设中央政治会议为党政媒介。国民政府受中政会之指导,也是一种监督。此外,中央监察委员会对国民政府亦有监察之权。

二、军政时期的国民政府主席

国民党的政治制度进程可以分为三个时期:(1)军政时期。从 1924 年广州革命政府成立到 1928 年北伐成功;(2)训政时期。规定军政时期结束后 6 年,即 1935 年完成,然实际上 1936 年虽公布了《中华民国宪法草案》,直到 1946 年才召开了制宪国民大会;(3)宪政时期。1947 年,国民党六届三中全会研究如何结束训政、促进宪政、做好行宪准备诸问题。

1927 年 3 月,在武汉的国民党中央委员召开二届三中全会,修改《国民政府组织法》,决定不设主席,实行常务委员负责制。初期的国民政府,在国民党中央的指导和监督下掌控全国政务。国民政府采取委员会形式,委员由国民党中央执行委员会选举,任期不定。委员中由中央执行委员会提出 5～7 人为常务委员,执行日常政务。除了 1927 年的《国民政府组织法》规定不设主席外,其他时期均由中央执行委员会在推选国民政府委员时,指定 1 人为主席。一切政务由委员处理,主席只是名义上的国家元首。之所以这样规定,是由于孙中山逝世,国民党内群龙无首,相互倾轧,采取委员制,摒弃主席集权制易为各派所接受。同时也由于既实行党治,一切方针大计皆由国民党决定,国府只不过是执行机关,主席无须集权。

从规定来看,主席也没有什么高出其他委员之权,只是负责召集国民政府委员会议,至于公布法令等其他文书,是由主席与主管部长或常委署名,以国民政府的名义进行。在不设主席时,签署文件须有委员 3 人以上署名。

三、训政时期的国民政府主席

国民政府主席是"训政时期"国民政府的最高代表和国家元首。根据《中华民国训政时期约法》规定：国民政府设主席 1 人，由中国国民党中央执行委员会选任。从主席的任期看，1931 年以前蒋介石担任主席时，尚无任期规定。但是，当蒋介石将"主席"职位"让位"林森之后，1932 年 3 月 15 日公布的《中华民国国民政府组织法》规定："国民政府主席任期两年，只得连任一次。"从主席的职权看，它原来具有所谓"代表国民政府接见外使，并举行或参与国际典礼"以及"兼中华民国陆海空军总司令"①之权。蒋介石任国民政府主席时，权力甚大，不仅有公布一切法律、命令之权，而且"各院院长及各部会长，以国民政府主席之提请，由国民政府依法任免之"。② 1928 年 10 月，蒋介石被选为国民政府主席兼海、陆、空军总司令，得以指挥军政；1930 年又复兼任行政院长，集大权于一身，实已超过任何总统制之总统。1931 年，蒋介石为了缓和国民党统治集团的内部矛盾，曾一度辞去国民政府主席的职位，以"泥菩萨"著称的林森当上了作为"盖印"机器的傀儡主席。主席的权力大大削弱，规定政府主席"不负实际政治责任"，各院院长、副院长"由中国国民党中央执行委员会选任之"，"国民政府主席不得兼其他官职"。③ 1943 年 7 月，林森在重庆死去后，蒋介石以行政院长代理主席成为正式主席，主席职权随之发生变化，不仅恢复到了 1931 年以前的状况，而且大大扩大了：从主席不负实际政治责任改为独揽军政大权；从五院正副院长由国民党中央执行委员会选任改为主席选任；从五院院长对国民党中央执行委员会负责改为对主席负责；从主席任期两年、连任一次改为任期三年、连选连任。从而在政治制度上强化了蒋介石的个人集权。这些都说明了国民政府主席的职权大小是随着蒋介石的身影而变化。同时这些规定的变化，也反映了国民党内部各派系之间斗争的变化及因人设事的陋习。

四、制宪时期的国民政府总统

1945 年 11 月 15 日，蒋介石一手包办的伪国民大会在南京召开，通过了以 1936 年的《五·五宪草》为基础的《中华民国宪法》，宣布宪政开始。其实质是为蒋介石的专制独裁政权披上一件合法的外衣，并用以抵制中国共产党和各民主党派

---

① 《中华民国国民政府组织法》，见《政府公报》，1928 年 10 月 8 日。
② 《中华民国训政时期约法》，见《政府公报》，1931 年 6 月 1 日。
③ 《中华民国国民政府组织法》，见《政府公报》，1931 年 3 月 15 日修正公布。

组织民主联合政府的要求。

根据《中华民国宪法》的规定,国民党政权体制采取国民大会下的总统个人独裁制,国民政府主席改为总统。"总统为国家之首,对外代表中华民国"(第三十五条)。"总统统帅全国陆海空军"(第三十六条)。"总统依法公布法律",有"发布命令"之权。"总统依本宪法之规定,行使缔结条约、宣战及媾和之权"(第三十八条)。总统有宣布戒严,"行使大赦、特赦、减刑及复决之权"(第三十九条和第四十条)。总统有"任免文武职员","授予荣典"之权。同时,还特别赋予总统发布紧急命令的特权。《中华民国宪法》第四十三条规定:"国家遇有天灾或灾害、瘟疫或国家财政经济上的重大变故,须为急速处分时,总统于立法院休会期间,得经行政院会议之决议,依紧急命令法,发布紧急命令,为必要之处置",而不负任何政治上或法律上的责任,从而使得蒋介石可以更加肆无忌惮地滥施权力。虽然在该条内规定总统"须于发布命令一个月内提交立法院追认,如立法院否决时,该紧急命令立即失效"。但是这一点"限制",在不到一年后召开所谓第一届国民大会第一次会议时,以"戡乱战争"需要为理由,通过了《动员戡乱时期临时条款》,作为宪法的补充条款,规定:"总统在动员戡乱时期,为避免国家或人民遭受紧急危难,或应付财政经济上的重大变故,得经行政院会议立决议,为紧急处分,不受《宪法》第三十九条或第四十条所规定程序之限制。"

根据宪法实行总统制后,取消了"国民政府"的名称,在总统之下设立了一个总统府,作为蒋介石进行反共反人民内战方针、政策、命令、指示的总枢纽和总工具。此外,根据宪法,行政院院长改为总统提名、立法院同意任命。总统、副总统缺位,或总统任满解职还未选出新总统,或选出还没就职时,由行政院长代行总统职权,但不得超过三个月。

第三节　国民党政府的中央政体演变

蒋介石国民党政府代表大地主、大官僚、大买办及其帝国主义主子的利益,是封建、买办、法西斯的统治。为掩盖和粉饰自己憎恶的面孔,欺骗人民,蒋介石标榜所谓"民主",进行政府中央体制改革,其实质只能是卖国、独裁,变本加厉地推行蒋介石个人法西斯专制统治。

一、五院制政府体制

从 1928 年 10 月国民党中常会宣布进入"训政"时期,至 1948 年 5 月转入"宪政"时期的 20 年中,国民政府实行五院制。五院制就是南京国民政府的中央政权机构,其组织系统分为三级:第一级为国民政府,包括国民政府委员会、国民政府主席;第二级为行政院、立法院、司法院、考试院、监察院;第三级为五院所属各部、会。

(一)国民政府委员会

国民政府委员会是沿用广州国民政府的组织形式,是蒋介石背叛革命,标榜"民主",粉饰"民国",实行个人独裁的一个幌子,是国民党实行一党专政的工具。这个组织的名称,1928 年 10 月公布的《中华民国国民政府组织法》称之为"国务会议",1931 年 11 月改称"国民政府会议",1931 年 12 月公布的《修正中华民国国民政府组织法》又称之为"国民政府委员会",此后一直沿用这一名称。从国民政府委员会的组织人员看,先后有变化:初期"国务会议由国民政府委员组织之,国民政府主席为国务会议之主席","国民政府设主任委员一人,委员十二人至十六人。"①至 1931 年公布的《国民政府会议章程》,确定"国民政府会议"分"常会"和"全体会议"两种。"常会"每星期举行一次,由国民政府委员、中央政治会议的国民政府委员中 9~11 人出席。此外,国民政府直属各院、部、会及五院所属各部会主要官吏,随时通知列席。"全体会议"由国民政府主席或"常会"的决议而召集,开会时,以在京出席人数过半数为法定人数。1931 年国民党四届一中全会决定:五院正副院长、各部、会长及现役军人不兼国民政府委员。而由国民党中无足轻重的人来扮演傀儡。1932 年 1 月公布的《国民政府委员章程》规定,国民政府委员会会议无定期,由国民政府主席或经 1/3 以上政府委员的提议由国民政府主席召集,以在京人出席人数过半数为法定人数。从国民政府委员会的职权上看,应时而变。初期的"国务会议"在表面上还仿行"合议制",掌握着一定的权力,主要表现在"国务会议处理国务","院与院间不能解决之事项,由国务会议议决之","公布法律,发布法令,经国务会议议决"。② 1930 年蒋介石任行政院院长后,国务会议的职权大大缩小,仅保留"议决院与院间不能解决之事项"之权。而"国务会议处理国务"条被删去。"公布法律、发布法令"条被"经关系院院长、部长副署","国民政府主席署名后","始生效力"③所代替。可见国民政府委员会权力缩小。特别是自 1931 年国民党四届一中全会后,国民政府或五院直属各部、院会长官及现役军人不兼国府委员后,国府委员几乎以不重要人员充任,所以国民政府委员会只是徒有虚名,不起任何实际作用了。

---

① 《中华民国国民政府组织法》,见《政府公报》,1928 年 10 月。
② 《中华民国国民政府组织法》,见《政府公报》,1928 年 10 月。
③ 《修正中华民国国民政府组织法》,见《政府公报》,1931 年 12 月。

(二) 国民政府主席

国民政府主席是"训政"时期国民政府的最高代表和国家元首,其职权随蒋介石的去留而变化。凡蒋介石担任国民政府主席期间,其职权就很大:有公布法律、命令,统领陆、海、空三军,直接提名任免五院正、副院长及其所属各部、委的长官,领导行政院等权力。蒋介石不担任国民政府主席时期则随之修改《国民政府组织法》,将其权力缩小,规定国民政府主席"不负实际责任",并"不得兼任其他官职"。具体说:"从广州与武汉国民政府时期到南京国民政府前期(1931年6月以前)国民政府采取委员制,即使没有国民政府主席也只是单纯的会议主席;1931年6月至1931年年底,国民政府主席的权力明显提高,合议制被放弃;1931年年底至1943年9月,国民政府主席成为虚位元首;1943年起恢复1931年6月之制。"[①]

(三) 国民政府直属各处

国民政府直属有文官、参军、主计三处,以承办国民政府主席交付的各项事宜。

文官处主要掌理国民政府委员会会议及政府内一切文书、机要、印铸等事项。内设文官长1人,特任,奉国民政府之命,综理文官处处务。下置秘书8～12人,简任,掌理撰拟重要文稿,承办文官长所交事项。下设2局1室即文书局、印铸局和人事室。文书局设局长1人,下分科办公,置科长、科员、书记官等,主要掌理文书收发、保管、撰拟、编审以及法律命令的公布和其他机要事宜。印铸局设局长1人,下分科办公,置科长、科员、技正、技士等,主要掌理公报法规和职员录用等的编辑刊行,勋章、奖章、奖旗、纪念章的设计、制造、登记及委办的其他的印铸事宜。人事室设主任1人,下置职员若干人。主要掌理国民政府内常设或临时机构由文官处调用职员的人事,及文官处应管理的任免升降及考勤奖惩抚恤的核拟等事宜。

参军处主要掌理典礼总务,承转军事报告事宜。内设参军长1人,特任,参军8～12人,简任。下设2局2室:典礼、总务两局,人事、秘书两室。典礼局设局长1人,并设科办公室,置科长、科员、书记等官若干人,其职权主要负责国庆日及其他纪念日典礼,接待外宾,阅兵出巡,国际礼仪及其他大典和礼节等事项。总务局设局长1人,分科办公,置科长、科员、书记等官若干人,其职权:举行典礼的布置、国府警卫,卫生医药及来宾登记和处内出纳。人事室设主任1人,职员若干人。其职权主要负责处内人事事宜。秘书室设主任秘书1人,秘书2人,均荐任,分科办公,置科长、科员若干人。其职权主要办理本处机要、文书、编撰及图书档案的

---

① 付春杨:《民国时期政体研究(1925—1947年)》,北京,法律出版社,2007年,108页。

保管等事务。此外参军处还设卫队和军乐队，其编制由参军处自定。

主计处主要掌管全国岁计、会计、统计等事宜。设主计长 1 人，特任；主计官 6 人，简任；秘书科员若干人。下置岁计、会计、统计 3 局，各局置正副局长各 1 人，以下分科办公，置科长、科员。必要时聘用专门人员并酌用雇员。主计处设主计会议，由主计长和主计官组织，其职权是议决各机关主办岁计、会计、统计人员的任免，岁计、会计、统计制度的拟定和修订等事宜。

（四）五院及所属机关

五院是南京国民政府机关体系中的核心，是实现国民党一党专政，实现蒋介石个人独裁统治的基本组成部分。五院即行政院、立法院、司法院、考试院和监察院，分别行使所谓最高的行政权、立法权、司法权、考试权和监察权。

五院制就其形式说来，渊源于孙中山的"五权分立"学说。而"五权分立"学说又是在总结 17～18 世纪西方资产阶级思想家分权思想的基础上而产生的。早在 17 世纪，英国的洛克就主张把国家权力一分为二：一是立法权，实现这个权力的机关是议会，而这个权力主要给予新兴的资产阶级；二是行政权，也叫执行权，这个权力由君主掌握。到了 18 世纪，法国的启蒙思想家孟德斯鸠在洛克分权思想的基础上，从君主的权力中又分出一部分，称为司法权，从而创立了立法、行政、司法三权分立的学说。孙中山总结了西方三权分立思想，又吸取了中国历史上"科举制度"和"御史制度"的精神，在立法、司法、行政三权之外，加上考试权、监察权，形成了"五权分立"的思想。所有这些分权思想，当资产阶级反对封建专制和夺取政权时，有一定的进步意义。但是应当指出，所有这些分权思想，它们的出发点都是把国家权力看作调节与保护整个社会利益的超阶级力量。当资产阶级掌握国家政权之后，分权原则便成了粉饰资产阶级专政，欺骗人民群众的工具，特别是代表大地主、大资产阶级利益的蒋介石集团更是盗用"五权分立"的学说，用来为国民党一党专政和蒋介石的个人独裁统治服务。1928 年 10 月 8 日公布的《中华民国国民政府组织法》中，确定了五院制的国家管理形式。其组织情况如下：

行政院。行政院是国民政府的最高行政机关，也是五院中地位最重要、职权最广泛、组织最庞大的一个部门。设院长、副院长各 1 人，初期由中央执行委员会选任，后改为由国民政府主席在国民政府委员中，提请中央执行委员会选任。[①] 初期，院长、副院长任期无规定，后来改为任期至多不能超过国民政府委员的任期。院长的职权是：（1）综理行政院全院事务。（2）监督所属各部署、各委员会及其他所属机关事务。（3）由行政院院长提请国民政府主席依法任免各部部长、政务次

---

① 《修正中华民国国民政府组织法》，见《政府公报》，1933 年 9 月。

长、常务次长、各委员会委员长、副委员长、委员。(4)主持行政会议。行政会议由行政院院长、副院长、各部部长、各委员会委员长组成,会议时,以行政院院长为主席。

行政院行政会议的职权:(1)提出立法院的法律案;(2)提出立法院的预算案;(3)提出立法院的大赦案;(4)提出立法院的宣战媾和案、条约案,及其他重要国务事项;(5)荐任以上行政司法官吏的任免;(6)提出行政院各部及各委员会间不能解决之事项;(7)其他依法律或行政院院长认为应付行政院会议议决的事项。①

行政院内置秘书、政务 2 处。秘书处设秘书长 1 人,简任;秘书 6～10 人,其中 4 人简任,其余为荐任;科员 10～20 人,委任。秘书处分科办公,主要负责:文书收发、编制、保管、分配事项,文件的撰拟、翻译事项,本院委任职员的任免事项,典守印信、会计庶务事项及其他不属于政务处主管事项。政务处设处长 1 人,简任,参事 4～6 人,其中 4 人简任,其余荐任。分科办公,设科长及科员 8～16 人,委任。政务处主要负责提出于国务会议或国务会议发交本院的决议事项;提出于立法院或立法院咨送本院事项;撰拟命令事项,但属于秘书处管者,不在此限。

此外,行政院为了审核、撰拟各种文件,由行政院长临时委派秘书、政务 2 处某些人分组办事。每组设主任 1 人,由院长简任秘书、参事中人兼任,委员 5～7 人。为解决特定事务又设各种委员会及派视察员到各省市视察。

行政院下设各部各委员会及其职权。内政部,负责全国范围的内务行政。外交部,负责国际交涉、在外侨民、居留外国人及中外商业的一切事务。军政部,负责陆、海、空军行政事务。财政部,负责全国财政事务。实业部,负责工商、农林行政事务(1930 年 11 月农矿和工商二部合并为实业部)。交通部,规划、建设、管理、经营全国国有铁路、国道及监督省有、民有铁道。教育部,负责全国学术及教育行政事务。卫生部,负责全国卫生行政事务(1921 年撤销,成立卫生署隶属内政部,1936 年改属行政院)。司法行政部,负责全国的司法行政事务(1928 年改为司法行政署隶属于司法院,1931 年 12 月改属行政院,1934 年改隶司法院,后来又改隶行政院)。蒙藏委员会,掌理关于蒙古、西藏行政及各种兴革事项。侨务委员会,负责本国侨民的移置、保育等事项。建设委员会,负责全国城乡建设行政事务。劳工委员会,负责全国劳工行政事务。禁烟委员会,负责全国禁烟行政事务。

以上各部设部长 1 人,政务次长、常务次长各 1 人;各委员会设委员长、副委员长各 1 人,均由行政院院长提请国民政府分别任免。

---

① 《中华民国国民政府组织法》,见《政府公报》,1928、1931、1933 年。

立法院。1928 年 12 月 5 日设立,名义上是国民政府的最高立法机关。设院长、副院长各 1 人,初期由国民政府委员会选任,无一定任期。① 1931 年 12 月公布的《修正中华民国国民政府组织法》又规定立法院院长、副院长"由中国国民党中央执行委员会选任之"。后来改为"由国民政府主席于国民政府委员中提请中国国民党中央执行委员选任之",并规定立法院长"对国民政府主席负责"。② 同时规定立法院长任期不能超过国民政府委员任期。院长的职责是:(1)负责全院院务和所属机关;(2)提请立法委员的任免;(3)主持立法会议。

立法会议由立法院长及其委员组成。立法委员一般有 49～99 人,"由立法院长提请国民政府主席依法任免之"③。立法院会议每周至少举行一次,各院院长、各部部长、各委员长可列席,陈述意见,但没有表决权。其议事一般以中央政治会议移交议案为第一位,以国民政府移交议案为第二位,以各院移交议案为第三位,以委员的提议案为第四位。立法院会议以立法院院长为主席。立法院委员任期两年,不得连任,不得兼任其他官职。④ 立法院立法会议的职权是:"议决法律案、预算案、大赦案、宣战案、媾和案及其他重要国际事项。"⑤但实际上并不享有最高立法权,唯国民党中央和蒋介石之命是从,只不过是一个形式上享有决议权的最高质询机关而已。

立法院内置秘书、统计、编译三处。秘书处置秘书长 1 人,简任;秘书 6～10人,其中 4 人简任,其余的荐任。下分科办公,置科长及科员 10～20 人,委任。秘书处的职权与行政院秘书处的职权大致相同。统计处设处长 1 人,简任;以下分科办公,科长 4～6 人,荐任;科员 10～20 人,委任。统计处的职权是调查编辑全国的法律、政治、经济、社会统计事项及编辑刊行统计年鉴和单行本报告表册事项。编译处设处长 1 人,简任;编修 4～6 人,简任。以下分科办公,设科长若干人及科员 10～20 人,委任。编译处的职权是关于本国法规的编辑、刊行事项,关于各国法制的编译事项,关于立法参考资料的检讨事项,关于特别编译事项。

立法院下设法制、外交、财政、经济、军事等委员会。各委员会的职权为审议院长交议案、立法院会议议决交审查案、该委员会提议案及由各委员会移送的与该委员会相关之案。"各委员会的委员由立法院委员分任之。""各委员会设委员长一人,由院长指定之。"⑥

此外,立法院还有一些为特种工作设置的临时的各种特种委员会,如民法、刑

---

① 《中华民国国民政府组织法》,见《政府公报》,1928 年 10 月 8 日。
② 《中华民国国民政府组织法》,见《政府公报》,1933 年。
③ 《中华民国国民政府组织法》,见《政府公报》,1933 年。
④ 《中华民国国民政府组织法》,见《政府公报》,1933 年。
⑤ 《中华民国国民政府组织法》,见《政府公报》,1933 年。
⑥ 《立法院组织法》,见《政府公报》,1928 年 11 月 20 日。

法、商法、自治法、劳工法、土地法、宪法草案起草等委员会。

立法院对于中央政治委员会交议案只得对内容进行审议，院长对已经院议否决之案不得提请中央政治委员会交院复议，所以立法院立法时，无时不受中央政治委员会的节制。这就是国民党一党专政下立法机关的特点。

司法院。1928年11月设立，是国民政府的最高司法机关。设院长、副院长各1人，其产生与立法院长大致相同，任期无定。司法院长的职权是：（1）综理全院事务；（2）为司法会议和统一解释法令会议的主席；（3）关于特赦、减刑和复权事项，由司法院长提出；（4）对行政法院及公务员惩戒委员会的审判，认为必要时，得出席审理；（5）担任最高法院院长及所属各庭庭长会议的主席。

司法院初无会议，至1935年始定司法院会议。每月开常委会两次，院长认为有必要时，可临时召集。院长会议由司法院和直辖各机关长官及高级人员组成。司法院会议职权是司法审判、管理惩戒及行政审判，并且有权解释法律、变更判例。关于特赦、减刑及复权，由司法院长提请国民政府核准施行。

司法院内置秘书、参事二处。秘书处的组织设置和职权与行政院秘书处大致相同。参事处设置参事4～6人，简任。其职权是撰拟审核关于司法的法律命令事项。

司法院下设的直属机构，前后有所变动。1928年10月20日中华民国公布的《司法院组织法》规定："设司法行政署，司法审判署，行政审判署，官吏惩戒委员会。"后根据1931年12月26日《修正中华民国国民政府组织法》规定改"设最高法院、行政法院及公务员惩戒委员会"。

最高法院是全国最高审判机关，对于民、刑事诉讼案件，依法行使最高审判权。设院长1人，为特任，由司法院长提请国民政府任命，其人选"由司法院长兼任"。院长综理全院事务，但不得指挥审判。最高法院配置检察署，置检察长1人，简任，指挥监督并分配改制的检察事务；检察官7～9人，简任，处理检察一切事务。下设书记官长、书记官若干人，荐任或委任，分掌书记、文牍、记录、编案、统计等事务。下置民事一庭和刑事三庭，每庭设推事5人，简任，其中1人为庭长，各庭为合议制，合议审判以庭长为审判长。

行政法院是全国行政诉讼审判机关。设院长1人，特任，综理全院行政事务，兼任译事并充庭长。下置法庭2～3个，设庭长1人，译事5人，简任。此外还有书记官长、书记官若干人。行政法院与最高法院为平行机关，分理行政诉讼、普通诉讼。中国实行此制，源于欧洲大陆。

公务员惩戒委员会，除法律另有规定外，负责一切公务员的惩戒事宜。它分为中央和地方两种。中央公务员惩戒委员会于1932年6月在南京成立，设委员长 1 人,特任,其人选得由司法院副院长兼任;委员 9～11 人,简任。委员须年满 30 岁,对政治法律有深切的研究,并具有下列条件之一者:(1)曾在国民政府统治下简任职公务员 2 年以上或荐任职 5 年以上者。(2)对国民党有特殊勋劳,或致力于国民党工作 10 年以上者。其职权是掌管全国荐任以上公务员及中央各官署委任职公务员的惩戒事宜。地方公务员惩戒委员会分设在各省。各置委员长 1 人,由各省高等法院院长兼任;委员 7～9 人,由各省高等法院中庭长及推事中选派 3～5 人,其余就各省府中现任的荐任的公务员中选派及各市选派高等法院分院或地方法院庭长及推事兼任,负责各省市委任职公务员的惩戒事宜。

考试院。于 1930 年 1 月 6 日成立,是国民政府的最高考试机关。设院长、副院长各 1 人。其产生与立法院长大致相同,任期初期无定,1933 年修正国民政府组织法后,其任期亦因国府委员任期三年的规定而有所限制。院长的职权是:(1)综理全院事务;(2)指挥并监督所属机关;(3)提请任免所属官吏;(4)主持院务会议。

考试院的院务会议决议并行使考试权和铨叙权,有权就其主管事项向立法院提出议案。

考试院内置秘书、参事二处。其设置和职权与司法院设置秘书、参事二处大致相同。

考试院下设一会一部:考选委员会、铨叙部。考选委员会置委员长 1 人,特任。副委员长 1 人,委员 7～11 人,均简任。内设第一、第二、第三、第四等处。设秘书长 1 人,秘书 4～6 人,处长 4 人,科长 12～16 人及科员若干人,并由考试院聘任专门委员 20～40 人,计划一切考选设施。考选委员的职权是:(1)关于考选文官、法官、外交官及其他公务员事项;(2)关于考选专门技术人员事项;(3)关于办理组织典试委员会事项;(4)关于考选人员的册报事项;(5)关于举行考试其他应办事项。铨叙部设部长 1 人,特任;政务次长、常务次长各 1 人,简任。由考试院院长提请国民政府依法任免。内置总务、登记、甄核、考功、奖恤五司和铨叙审查委员会。诸司设秘书、参事、司长、科、视察、科员等。铨叙审查委员会以政务次长为主席,参事、司长及有关的科长组成。铨叙部的职权是:(1)关于公务员的登记事项;(2)关于考取人员分类登记事项;(3)关于成绩考核登记事项;(4)关于公务员任免的审查事项;(5)关于公务员升降转调的审查事项;(6)关于公务员资格的审查事项;(7)关于俸给及奖恤的审查登记事项。

监察院。1931 年设立,是国民政府的最高监察机关。设院长、副院长各 1 人。其产生、任期与立法院院长大致相同。其职权是:综理全国监察事务。监察委员及审计部部长、次长等任命,由监察院长提请,主持监察会议,由监察委员互选产生。

监察院会议,由院长和委员组成。委员初为 19~29 人,后改为 29~49 人。其产生方法,由监察院院长提请国民政府主席依法任命,但因后来主席不负实际政治责任,故事实上等于院长任命。至 1931 年 12 月公布的《修正中华民国国民政府组织法》又规定,监察委员之半,由法定人民团体选举。另外,"监察院监察委员不得兼任中央政府及地方政府各机关之职务"。[①] 后改为"监察委员不能兼任其他公职"[②]。范围又进一步扩大。监察会议行使弹劾审计的职权。

监察院内置秘书、参事二处。秘书处与其他院秘书处同。参事处掌撰拟审核关于监察之法案命令事项及院长交办事项。

监察院下置监察使(署)和审计部。监察使由监察院院长提请国民政府主席特派各处,行使弹劾之权。监察使由监察委员兼任,初无定期,至 1936 年 4 月始定为 2 年。检察署下设总务、调查二科,置科长、秘书、科员、调查员、助理员、会计员等襄助之。审计部设部长 1 人,特任;政务次长、常务次长各 1 人,简任;审计 9~12 人;协审 12~16 人;稽查 8~10 人,分三厅一处办公,分别执行审计和稽查职务。审计、协审等在职人员中,不得兼任其他官职或律师、会计师、技师和公私企业机关之任何职务。审计部在各省省政府所在地或直隶于行政院的市政府所在地设审计处,行使审计权。其职权包括:监督政府所属全国各机关预算的执行,审核政府所属全国各机关的预算及执行,审核政府所属全国各机关的收入和支付命令,稽查政府所属全国各机关财政上的不法或不忠于职务的行为。必须指出的是监察委员提出弹劾案时必须由院长另指定 3 名监察委员审查、经多数同意始能成立,而被弹劾的人则依照地位不同由不同的惩戒机关分别处理。

值得注意的是五院之间的关系既是平等独立的,又是相互制约的。"行政、司法、考试、监察四院提出的法律案要由立法院通过,行政、立法、司法、监察四院的人事任用均受考试院制约,而行政、立法、司法、考试四院都在监察院监察范围之内。但是由于政权由国民党中央行使,实际上整个国民政府合为执行机关,五院分立只是执行权的内分工。"[③]

总之,五院制就其形式来说,源于孙中山提出的"五权分立"学说。但是就其实质来看,它是国民党蒋介石在帝国主义和大地主、大资产阶级需要一种新的形式以代替破产了的北洋政府的统治形式下,盗用"五权分立"的思想而产生的一种政权构成形式。这种政权构成形式是国民党蒋介石反对共产党、镇压广大人民的

---

① 《中华民国国民政府组织法》,见《政府公报》,1928 年 10 月 8 日。

② 《修正中华民国国民政府组织法》,见《政府公报》,1931 年 12 月 30 日。

③ 付春杨:《民国时期政体研究(1925—1947 年)》,北京,法律出版社,2007 年,152~153 页。

政权机关。它的出发点是把国家权力看作调节与保护整个社会利益的超阶级的力量,掩盖了国家机构是实现阶级统治权的工具的实质。"这种分权只不过是为了简化和监督国家机构而实行的日常事务上的分工罢了。"[①]因此,国民政府的五院,实质上并不是分立的,它们都是体现以国民党为代表的大地主大资产阶级的意志,在共同的政治基础上为国民党的专制独裁统治服务。它们都是由国民党中央执行委员会和蒋介石亲自任免,并在其指挥和约束之下进行活动。因此,五院根本没有也不可能是真正分立的,而仅仅是分工而已。

二、战时政府体制

抗日战争时期,国民党统治下的国家政权本质没有变,依然是大地主、大买办阶级、大银行家的法西斯专政。国民党政府"仍旧保持其自 1927 年发动内战以来的寡头专政制度"[②]。但是,从国家统治形式看,为了适应抗日战争和蓬勃兴起的人民民主运动的新形势,在原来的国家机关体系的基础上作了某些调整。调整的总体趋势是国民党封建买办法西斯专制制度进一步加强。

(一)战时政治体制变化的两种趋向

抗日战争全面爆发后,国民党和国民政府逐步转入战时体制。战时体制的变化有两种趋向。其一,专制独裁体制更加强化。国民党蒋介石利用对外战争的非常时期,把权力进一步高度集中于其个人。他在国民党内以总裁身份代行总理职权,取得了凌驾于国民党一切组织之上的至高无上的权力;以国防最高委员会委员长的身份统一指挥党、政、军各部门;借战时之机,取得了不以平时程序的紧急处置权和个人决定处理党、政、军务的特权。这使他的个人权力不受任何约束,从而在国民党一党专政的基础上,把蒋介石的个人独裁发展到了顶峰。这构成了战时体制变化的基本特征和主要趋向。其二,在中国共产党、各民主党派、民众团体和广大人民群众强烈要求民主政治的压力下,国民党蒋介石被迫采取了向民主宪政过渡的某些措施。在这一时期,国共两党重新合作,建立了广泛的抗日民族统一战线。中国共产党及其领导下的抗日武装、根据地抗日民主政权得到合法地位,名义上均隶属于国民政府。中国共产党领导人在国民政府机关任职(如周恩来任国防最高委员会政治部副部长)。共产党人、民主党派及民主人士参加了国民参政会。这些虽然只是形式,而且在抗日战争中、后期,随着国民党蒋介石消极

---

① 恩格斯:《7 月 4 日的妥协会议》,见《马克思恩格斯全集》,第 5 卷,北京,人民出版社,1956 年,224～225 页。

② 毛泽东:《论联合政府》,见《毛泽东选集》,合订本,北京,人民出版社,1967 年,939 页。

抗日、积极反共的活动愈演愈烈，上述所谓民主宪政的过渡措施均名存实亡。但这毕竟是个重要变化。这又构成了战时体制变化的另一种趋向。

专制集权的强化（这是基本的和主要的）和要求实现民主政治（这是次要的和从属的）两种趋向，规定了战时体制变化的基本格局。随着国民党蒋介石日益积极反共、消极抗日，使得后一种趋向未能得到发展和实现。这两种趋向互相排斥，又互相影响：权力集中便于个人独裁，民主越少则民主呼声越高。民主运动的发展，一方面，对国民党蒋介石起推动和冲击作用，迫使其增设民主性机关，采取一些措施作出某些实行民主政治的表示；另一方面，要求民主的斗争对国民党蒋介石又有刺激作用，引起其反感和警惕，从而更加强化其集权独裁统治，更加抵制民主政治。尤其在抗日战争中、后期，其专制独裁统治变本加厉，反共反民主愈演愈烈。国民党蒋介石顽固坚持专制独裁，与民主政治对立到底，正是其必然灭亡的重要原因之一。

抗日战争时期，蒋介石个人权力能够高度膨胀，专制独裁体制得以强化，固然有蒋介石强烈的独裁欲望和需要等个人因素，但还有其更深刻的社会历史原因。第一，对外战争的环境需要国家权力更加集中统一，赋予最高领袖以紧急处置权。蒋介石正是利用了抗日战争的特殊历史条件，把个人独裁推到了最高峰；也正是因为战时的历史条件，使得个人集权名正言顺，并能暂时被人们接受。第二，在实行国共合作，实现抗日民族统一战线的情况下，国民党为了维护自己的统治地位，也需要推出自己强有力的代表人物以统一党内各派，集中权力，全力对付共产党。蒋介石把中国共产党看作争夺领导权的危险对手，极力遏制中国共产党力量的发展壮大。为此，国民党内各派系的斗争趋向缓和。在抗战前曾被蒋介石打击排挤而被开除出国民党的冯玉祥、汪精卫、胡汉民、阎锡山等国民党元老均撤销原处分，恢复了党籍。国民党在内部趋向统一的基础上，推出自己强有力的代表人物蒋介石，并赋予他高度集中的权力，与中国共产党抗衡，维护国民党的统治地位。第三，蒋介石具备了充当独裁者的有利条件。他在抗日战争以前就已经有了很高的地位和很大的权力。抗战开始前后，国民党内曾经能与之分庭抗礼的几个对手，已经无法同他抗衡。蒋介石一身兼任数要职：国民党中央常委会主席、中央政治委员会主席、国民政府军事委员会委员长、国防最高会议主席等。加之抗日战争初期，蒋介石抗战比较积极，具有较高威望。

向战时体制转化的标志是1938年3月在武汉召开的国民党临时全国代表大会。这次大会决定设立国民参政会作为战时最高"民意"机构。大会之后建立了最高国防委员会以统一指挥党、政、军各系统。这表明国民党和国民政府的体制在形式、组织机构和职能上都发生了一些重大变化。

（二）党、政、军集权机关的建立

抗战开始后，为统一指挥党、政、军以适应"抗战需要"，国民党中央常务委员会于 1937 年 8 月决定将"中央政治会议暂停，改为国防最高会议，党政各部均参加，每星期开会两次，以汪（精卫）为主席，岳军（张群）兼任秘书长"。8 月 12 日，召开国防最高会议及党政联席会议，决定以蒋介石为海、陆、空军大元帅，以军事委员会为抗战最高统帅部，另设国防参事会，"网罗各党派及社会名流为参议员，亦以汪（精卫）为主席"[①]。根据《国防最高会议组织条例》的规定，它对国民党中央政治委员会负责，其决议案要报告中央政治委员会或送中央政治委员会备案。但从实际权力看，它已代替了中央政治委员会的地位，享有最高政治指导的权力，成为国防最高决策机关。同年 10 月，国民党中央常务委员会决定中央政治会议停止开会，其职权交给"国防最高会议"代行。这样一来，无论是从形式上还是实际上，它都享有最高的政治权力。

为了进一步加强独裁统治，国民党中央执行委员会于 1939 年 1 月将"国防最高会议"改为"国防最高委员会"。其组织成员包括委员长 1 人，由国民党总裁任之。汉口国民党临时全国代表大会决议通过了蒋介石为中国国民党总裁。因此，蒋介石是国防最高委员会的法定委员长。国防委员由中央执行委员会常务委员、监察委员会常务委员、国民政府五院正副院长、军事委员会委员组成，并由委员长于委员中指定 11 人为国防最高委员会常务委员。根据同年颁布的《国防最高委员会组织大纲》规定，它为统一指挥党、政、军的最高机关，代行国民党中央政治委员会的职权。凡中央执行委员会各部会及国民政府五院、军事委员会及其附属之各部、委，兼受国防最高委员会的指挥。国防最高委员会委员长蒋介石，又是国防最高委员会会议主席。他"对于党、政、军一切事务，不得依平时程序，以为命令便宜之措施"。国防最高委员会会议以委员长为主席，"常务会议除依法出席之委员外，其他有关人员……得由委员长制定列席"。

可见国防最高委员的设置目的，绝不是为了统一党、政、军的指挥以适应"抗战需要"，而是借抗战之名，集国家大权于蒋介石一身，完全是适应其个人专制独裁的需要。不难看出，"国防最高委员会"是一个党、政、军的集权机关。它的建立充分标志着蒋介石权力的无限扩大和国民党反动统治的进一步法西斯化。

（三）国民党国民政府机构的改变

1943 年秋，"不负实际政治责任"的国民政府主席林森患病而死，由蒋介石继任这一个职位。在这样的情况下，过去的国民政府组织法显然不适用了。1943 年

---

① 陈布雷：《陈布雷回忆录》，上海，上海二十世纪出版社，1949 年，71 页。

9 月,国民党中央常务委员会在蒋介石授意之下,修改了国民政府组织法。1943年《中华民国国民政府组织法》(以下简称新《组织法》)与 1931 年《修正中华国民政府组织法》(以下简称旧《组织法》)相比较,主要有了如下几点变化:

关于国民政府主席职权的变化。旧组织法规定:"国民政府主席为中华民国元首,对内、对外代表国民政府,但不负实际政治责任。"因此,这样的国家元首并无实权,只是象征性、仪式化和礼节性的作用。而新组织法规定:"国民政府主席为中华民国元首,对外代表中华民国。"这样的国家元首掌握了行政实权,将原来的"不负实际政治责任"的国民政府主席修改为"负实际政治责任"的国民政府主席,进而变成了国家真正的行政首脑。旧组织法规定:"国民政府主席不得兼任其他官职。"而新组织法规定:"国家主席为陆、海、空军大元帅。"这一变化表明蒋介石又控制了军事大权。旧组织法规定:"国民政府主席任期二年,得连任一次。"而新组织法规定:"国民政府主席任期三年,连选得连任。"从国家元首任期看,由原来的二年改为三年。从国家元首连任次数看,由原来的连任一次改为连选连任,无限制。这实质上是实行国家元首终身制。

关于国民政府主席和五院关系的变化。从五院负责对象看,旧组织法规定:"行政、立法、司法、监察、考试各院,各自对中国国民党中央执行委员会负责。"而新组织法明确规定:"五院院长,对国民政府主席负责。"这表明五院由原来对国民党中央执行委员会负责改为对国民政府主席蒋介石一个人负责。从五院政府院长任命看,旧组织法规定:"各院设院长、副院长各一人,由中国国民党中央执行委员会选任之。"而新组织法规定:"国民政府五院院长、副院长,由国民政府(即蒋介石——编著者注)于国民政府委员中提请中国国民党中央执行委员会(国民党中央执行委员会总裁是蒋介石——编著者注)选任之。"至此蒋介石的个人独裁已经达到了登峰造极的地步。总之,国民政府主席和五院关系变化的基本点是原先五院独立行使治权并各自对国民党中央执行委员会负责,现在改为分别行使治权,对国民政府主席一人负责。一言以蔽之,这大大扩大和加强了蒋介石个人的独裁权力,提高了主席的统治地位。这绝不是把过去主席的一切职权简单地加以重新恢复,而是国民党反动政权的进一步集权化和法西斯化。

关于国民政府内部的变化。除行政院外,其他各院及其直辖部、会,大体依旧。行政院的组织变动最多,改组后设内政、外交、军政、财政、经济、交通、教育、农林、社会、粮食等部及蒙藏、侨务、赈济等委员会。此外,还设置了各特种委员会,如县政计划委员会、行政效率促进委员会、管理中英庚款理事会等。战前的"铁道部"并入"交通部","实业部"改为"经济部","卫生署"改隶属于"内政部",原国民政府的"经济委员会"及"建设委员会"均撤销……国家机关这种反复无常的增减,除了便于对人民的镇压和控制,就是适应反动集团内部的分赃,此外,则别无其他理由。

(四)推行"行政三联制"

抗日战争时期,国民党政府为了使其腐烂的政治躯体得到一线生机,增强党、政、军机关工作的效能,推行了"行政三联制"。

所谓"行政三联制",是把一切工作分为计划、执行、考核三个步骤进行,国防最高委员会则是三者的联系和决策机关。这个"行政三联制"是在1940年3月国民党的中央人事行政会议上提出来的。

在计划方面,成立了全国总的设计机关——中央设计局。蒋介石兼任设计局总裁。其职权是审议全国政治、经济、建设计划和预算,党政制度机构重要法规和政策的调整和建议。

在执行方面,成立了"五院",以秘书长,各部、会次长,主任秘书,各省政府以秘书长为幕僚长,处理日常工作。

在考核方面,成立了综合考核机关——党政工作考核委员会。由蒋介石兼任委员长。有时组织考察团,考察中央及地方的党政工作。

总之,设计局、幕僚长、党政工作考核委员会均在国防最高委员会直接统治下行使职权。其工作一般程序是中央设计局制定各种方案,经国防最高委员会批准,交幕僚长及有关方面执行,党政工作委员会负责考核各级党政部门对方案的执行情况,并将考核的结果报告国防最高委员会核办。

国民党顽固派曾吹嘘"行政三联制"是什么"加强政治效率的有效措施",是什么"万能政府建立的道理"。其实,"行政三联制"是蒋介石控制和监督各级党政机构的重要工具。其最大的结果之一是造成和加剧了国民党政府机关之间的重叠和矛盾。

(五)特务组织的扩大

抗日战争开始后不久,蒋介石为了维护其一党专政的法西斯统治,提出了"全国党化"和"全国特务化"的方针,强化特务统治,大搞特务恐怖统治,并对特务组织进行了改组。

国民党政权的特务组织形形色色,五花八门,互相牵制,各有其主。其中最大最毒辣的有两个,一个是"中统",另一个是"军统"。

"中统"最初源于陈果夫、陈立夫为首的"CC"系集团。1937年4月,以"CC"系集团为基础组成的"党务调查处"和军委会特务处合并,成立了国民党政府"军事委员会调查统计局",由陈立夫兼局长,党务调查处改为第一处,军委会特务处改为第二处。后来由于内部派系矛盾和斗争,一、二处分道扬镳。1938年8月,蒋介石把第一处扩大为"国民党中央执行委员会调查统计局",简称"中统"。局长是朱家骅,实际由副局长徐恩曾负责。在国民党各省市党部普遍设立调查统计室,省市以下设立专人,并在学校、工厂、社团组织中广泛建立"党员调查网",进行各种特务破坏活动。其活动重点是国民党政府机关、文化团体和大学、中学。"CC"系特务头子李敬斋曾说:"我们对民众运动最好是利用国民党的老办法,就是包而不办,我们不办,也不许别人办。"蒋介石则密令各省党、政、军高级官长,对共产党的"任何公开或秘密之组织及民众运动,如经发现,即勒令解散,并予以应得之处分"[①]。为此,蒋介石把特务派到党政机关中去,扩大对各级机关的督察;派到外事局系统中去,控制外交活动;派到交通机关和警察系统中去,掌握全国交通机构和警察系统;派到国营公司中去,保护官僚资本,独占对外贸易;派到各种官办、私办文化教育机关、学校和文化团体中去,进行包办文化,统治文化,实行奴化教育……可以说,蒋家特务布满全国,国统区简直成了一个特务世界,对广大人民进行着残酷压迫和野蛮的统治。

"军统"的前身是蒋介石亲手建立的"中华民族复兴社",亦即"复兴社"。1938年8月,由原"军事委员会调查统计局"第二处扩展为"国民政府军事委员会调查统计局",简称"军统"。局长是贺耀祖,实际由凶恶残忍的副局长戴笠负责。"军统"特务组织机构异常庞大,内部设有十几个处、室,外部设"区""站",其特务组织系统遍布全国各地区各部门。军统特务组织主要任务是对中国共产党、八路军和新四军进行窃取情报、安置内奸等破坏活动,用暗杀、绑架、密捕等残暴手段,迫害共产党人和爱国民主人士。同时也伸手到蒋帮军事、政治、警察、外交及交通部门,进行内部监视和控制活动。为了完成这些任务,军统不仅有内外勤特务四五万人(不包括武装特务部队),而且还开办特务训练班,大量培植特务分子。仅在"中美特种技术合作所"开办的特务训练班,6年中就培养、训练了五万多名特务分子。中美特种技术合作所是1943年聘请美国特工专家,由中美双方联合在重庆成立的,以戴笠为主任,美国军官梅乐斯为副主任,参加这个"合作所"的美国特务就有一千多人。该所除在重庆设有"渣滓洞"和"白公馆"两座集中营外,并在重庆、上海、上饶等地设立"训练班"和法西斯监狱,还建立了特务武装"别动军"。仅以上饶集中营为例,据《上饶集中营》一书记载,千万抗战、建国的有用人才,在集中营中"过着苦行、苦役、饥饿、疾病、枪杀及精神毒害的生活"。"在长期无限的苦役中,并施金(针刺腹部)、木(打屁股)、水(灌辣椒水)、火(如烤小猪)、土(活埋)、风(冬夜赤身挂在树上)、饿(不给吃饱)、病(不给药、不准医)、疲(使人终日不能休

---

① 《共产党问题处理办法》,国民党秘室颁布,1939年10月。

息)等刑,以使志士们'痛苦'地死去。"可见,这些集中营实质上是杀人如麻的特务秘密监狱。

"中统"和"军统"作为蒋介石加强法西斯统治的重要组成部分,从中央到地方,从城市到乡村,遍及政治、军事、经济、文化等各个领域,疯狂迫害共产党人、爱国民主人士和革命者,犯下的滔天罪行罄竹难书,令人发指。

除此之外,1938 年 9 月国民党为网罗大批青年从事反革命活动,成立了一个新的青年反动组织——三民主义青年团(以下简称"三青团"),以"谋全国青年意志之统一,能为之集中"。"三青团"设团长一人,由蒋介石兼任团长,在组织系统上受"军统"操纵。在中央团部之下,分设支团部、区团部、分团部、区队、分队等。"三青团"利用欺骗、威胁等卑鄙方法,将大批青年吸收进去充当特务,从事恐怖、暗杀及其他反革命活动。这也是国民党控制青年的一个重大措施。

三、行宪政府体制

抗日战争胜利后,广大劳动群众自然渴望过和平生活和进行国家建设,因而坚决地反对内战,要求结束一党专政,成立民主联合政府。人民这些要求在旧政协的一些决议中大体反映出来。然而,国民党反动派不但不给人民以自由、民主,拒绝共产党许多合理的建议,反而撕毁停战令和政协协议,与美帝国主义相勾结发动了比以前规模更大的内战。

在全国人民的一致谴责和反对下,国民党反动集团不能不有所顾虑。他们除了进一步加强军事镇压外,又进行了一些政治欺骗活动,这些活动也体现在政府体制的种种变化上。

(一) 伪"国大"的召开和伪"宪法"的制定

蒋介石发动了全面内战后,由于初期军事上暂时占优势,并在我军主动撤离的情况下,曾占领了一些地区和城市。但我军执行毛泽东同志制定的正确作战方针,以歼灭敌人的有生力量为主要目标,不计较一城一地的得失。美蒋反动派不了解我方实施这些措施的重大意义,竟被冲昏了头脑,在美国特使马歇尔的直接导演下,于 1945 年 10 月 11 日发出单独召开伪"国大"的命令并准备制定宪法。

召开伪"国大"和制定伪"宪法",是一个继续欺骗人民和镇压人民革命的毒狠阴谋。他们企图以此作为法宝,一则用来抵制全国人民所要求的联合政府,把由狐群狗党凑成的"国民大会"叫作"民意"机关,把制宪的把戏称为"还政于民";二则用伪"国大"来给蒋介石抹点粉,把腐朽的法西斯"训政"的法统,摇身变为法西斯"宪政"的法统;三则给反人民的内战制造"理由",谁不赞成他这样做,谁就是破坏"民主"和"统一"，就有"理由"宣布"讨伐令"进行反人民的内战。

毛泽东同志早在《论联合政府》一书中就揭露了蒋介石的阴谋："不顾广大人民和一切民主党派的要求，一意孤行地召开一个由国民党反人民集团一手包办的所谓'国民大会'，在这个会上通过一个实际上维持独裁反对民主的所谓'宪法'，使那个仅仅由几十个国民党人私自委任的、完全没有民意基础的、强安在人民头上的、不合法的所谓国民政府，披上合法的外衣，装模作样地'还政于民'，实际上，依然是'还政'于国民党内的反人民集团。谁要不赞成，就说他是破坏'民主'，破坏'统一'，就有'理由'向他宣布讨伐令。这是一个分裂的方针，中国人民是坚决反对这个方针的。"①

按政协决议，真正的国民大会应当在内战完全停止，政协各项决议已付诸实施，人民自由权利已获得保障之后，由改组后的各党派共同组成的民主联合政府召集。但是，国民党在美帝国主义的支持和导演下，一手包办的国民大会于11月15日在南京开幕。参加伪"国大"的代表，前后共一千六百多人，国民党占85％的席位，绝大多数代表均系10年前蒋介石集团用制定、圈定、贿选、舞弊等方法产生的。其中多数是军阀、政客、汉奸、党棍、流氓、豪绅、特务等民族败类。除国民党以外，还有两个政治乞丐党，即以曾琦为首的"青年党"和以张君劢为首的"民社党"。少数"社会贤达"如王云五、傅斯年、胡霖等也参加了国民大会。当时参加大会与否，被舆论界认为是对任何党派和个人的考验，不参加的称作"落水""堕入妓院的火坑"。

伪"国大"开了40天，于12月25日闭幕。这次大会的中心任务是制定并通过《中华民国宪法》，故又被称为"制宪国大"。

《中华民国宪法》分为"总纲""人民之权利义务""国民大会""总统""行政""立法""司法""考试""监察""中央与地方之权限""地方制度""选举、罢免、创制、复决""基本国策""宪法之施行及修改"14章，共175条。这个伪"宪法"与《训政时期约法》和《五·五宪草》一脉相承。它完全是保护四大家族的利益，把国家看作私有物，视人民如牛马，站在地主和买办官僚资产阶级反动立场上，镇压和束缚广大人民群众的枷锁。最主要的是以根本法的形式确认了蒋介石独裁专制的国家制度。这个国家制度主要内容和特点是：

以"民主共和国"之名，行蒋介石法西斯专政之实。宪法"总纲"表面上打着"中华民国之主权属于国民全体"的旗号，而实际上，宪法又赋予蒋介石至高无上的、超国家的权力。（详见本章上节）

---

① 毛泽东：《论联合政府》，见《毛泽东选集》，合订本，北京，人民出版社，1967年，968～969页。

以"国民大会"之名,行蒋介石个人独裁之实。象征着"民主"的"国民大会"实质上是蒋介石手中镇压人民的工具,欺骗人民的遮羞布。《宪法》第二十五条规定:国民大会"代表全国国民行使政权",即代表国民行使选举权、罢免权、创制权和复决权。并规定创制权和复决权仅为修改宪法,而且只有"全国有半数之县市曾经行使创制、复决两项政权时,由国民大会制定办法并行使之"。这实质上剥夺了国民大会的创制权和复决权。剩下的是选举和罢免总统、副总统的权力。但是《宪法》第二十八条规定:国民大会代表 6 年选一次,大会 6 年开一次,况且在大会休会期间,又无常设机构,所以充其量只不过在形式上有选举和罢免二权而已。

以五院各行其责为名,行蒋介石唯一的太上皇之实。行政、立法、司法、监察和考试五院,是总统的附属机关。宪法曾用五个专章来叙述五院的组成及职权。"五权分立"实质上是分而不立,权力完全为蒋介石所掌握。从宪法的一些条款中能清楚地看出,五院院长、副院长及其他一些高级政府官员大部分都是由总统直接或间接来决定的。如行政、司法院、考试院的院长、副院长就是由总统提名、经立法院或监察院的同意而任命的。五院的职权也受到总统约束,五院之间的争执要由总统召集"有关各院院长会商解决",甚至五院的组织也要由总统公布法律来规定。

以"地方自治"为名,行专制主义中央集权制之实。为了标榜民主、自由,掩盖法西斯独裁的中央集权制度的实质,宪法曾假惺惺地宣布实行"地方自治"。规定省、县实行自治,省县得召集民众代表大会,设立地方议会;地方首脑要由民众选举;地方议会的议员也要由选民选举产生。这些规定,表面看来好像有些民主气味,但实际上反动派从来未能真正实现"地方自治"。因为反动派要巩固自己的统治,保证中央对地方实行政治压迫和经济控制,就不能实行什么"地方自治"。那是与中央严格集权根本对立的。正因如此,宪法用一切方法将"地方自治"规定的条目化为乌有。"地方自治机关"的职权非常小,仅能执行一些教育、卫生、交通及农村中有关方面的事宜;省一级不能制定重要的地方法规,省、县只能依照总统颁布的省县自治通则办事;"地方自治机关"的官吏也不是由群众通过选举方式产生的,而是经过中央指定和委派,不过是表面上走走选举的形式罢了。

国民党召开的伪"国大"及其制定的伪"宪法",完全暴露了国民党政府的独裁、卖国、专制的法西斯本质,因而,遭到了国民党和其他民主党派爱国人士的强烈反对。1946 年 11 月 16 日,周恩来发表《对国民党召开"国大"的严正声明》,指出:"这一'国大'是违反政协决议与全国民意,而由一党政府单独召开的。中国共产党坚决反对。""这一'国大'还要通过一个所谓宪法,把独裁'合法'化,把内战'合法'化,把分裂'合法'化,把出卖国家与人民利益'合法'化。""中国共产党人坚决不承认这个'国大'。"又指出"中国共产党愿同中国人民及一切正为和平民主而努力的党派，为真和平民主奋斗到底"[1]。1946 年 11 月 14 日，民盟也发表声明："民盟历次宣言，拥护政协决议，一切行动，以此为唯一的依据，同仁等愿竭尽最后一切努力，以求政协决议关于国大召开以前各项手续之完成。完成以后，即一致参加国大。未完成以前，决不参加。"[2]三民主义同志联合会重庆分会、中国民主建国会重庆分会、九三学社等 21 个人民团体，也于 1946 年 11 月 10 日联合发表《我们对召开国民大会的意见》，呼吁全民起来制止国民党当局的分裂行为。甚至，被一般人认为受国民党党化教育最深的北平市立第四中学的学生们，在回答"你对'国大'有何感想"的测验时，也回答："这是耍把戏！""与曹锟猪仔国会无异！""与敌伪时代的汪记政权有何不同！"就连美国的报纸《纽约先驱论坛报》都不得不承认，在"国民大会"上"听蒋主席演说的都是反动分子"。因此，伪"国大"的召开，伪"宪法"的通过，意味着国民党终于把一条绳索套到了自己的脖子上。

（二）"国民政府"的改组和"多党政府"的成立

宪法制定后，接着又演出了"宪法"丑剧的第二幕——改组"国民政府"，并于1947 年 4 月中旬重新修订公布了《国民政府组织法》。和过去相比，这次改组有几点不同：首先，扩大了国民政府委员会的职权，规定它为最高国务机关，诸如立法原则、施政方针及其他重要事项须经该委员会讨论、决议；其次，在国府委员会的人选上也有变动，按过去的组织法，国府主席和委员都由中国国民党中执委选任，而修正的组织法则改为，国府主席、副主席由中执委选任，国府委员的人选由主席于国民党党外人士中选任。

蒋介石竟然恬不知耻地宣称：这个政府是"自由主义政府"，是一个"多党政府"，是什么"介乎训政与宪政之间的政府"，并表示要容纳所谓的"民主党派"和"社会贤达"参加，作出准备行宪的姿态。国民政府委员共 29 位，其名额分配如下：国民党 17 席，青年党 4 席，民社党 4 席，社会贤达 4 席。4 月 8 日，蒋介石宣布"改组"国民党政府。孙科任南京国民政府副主席兼立法院院长，张群任行政院院长，居正任司法院院长，于右任任监察院院长，戴传贤任考试院院长。4 月 23 日，张群宣布组阁，以王云五为行政院副院长，民社党、青年党曾琦、左舜生、陈启天、余家菊、张君劢等人分别占有若干个部长或政务委员的职位。

其实"多党政府"的内幕，不过是在人员组成上，多了一群卖国的老手、封建余

---

① 周恩来：《对国民党召开国大的严正声明》，见《周恩来选集》，上卷，北京，人民出版社，1980 年，242~244 页。

② 民盟中央文史资料委员会：《中国民主同盟大事记》，北京，民盟中央临时中央工作委员会，1979年，83 页。

孽、政治贩子、官僚和政治乞丐等人物。扮演改组政府主要角色的是"民社"和"青年"两个政治乞丐党和一帮无耻政客。如曾琦是青年党的代表人物,曾任青年党执政委员会主席。他早在政协会议召开前,就与国民党合谋,会议中,积极主张要求共产党交出军队,把人民军队"化"给大地主大资产阶级专政的国家。他积极参加伪"国大"、伪行宪大会并为国民党的反革命内战出谋划策。又如张君劢是民社党的代表人物,曾任民社党的主席。他曾任段祺瑞政府的"国际事务评议会"书记长。中国共产党成立后,他又反对马列主义传播,被称为"玄学鬼"。他积极参加伪"国大",并于1947年4月17日和曾琦同国民党签订了所谓"新政府之施政方针"十二条,向国民党提出民社党参加国民党政府的名单,为国民党"改组政府"装潢门面而效劳。

应当看到这"多党政府"不过是用来掩盖一党专政和个人独裁的幕布。因为"多党政府"的大权仍被国民党反动派掌握。按《修正组织法》规定,国府主席不能从其他政党中选任,并要对国民党中执会负责,五院院长、国府委员会也必须由主席决定,对主席负责。可见,这与过去的一党专政的政府没有本质区别。

从上述各方面分析,不难看出政府改组与"多党政府"的建立,丝毫没有改变国民党政府的反动本质。正如毛泽东同志指出的:"蒋介石的一切政治欺骗由于蒋介石的迅速扮演而迅速破产,一切出于反动派意料之外,什么召开国民大会制定宪法呀,什么改组一党政府为多党政府呀,其目的原是为着孤立中共和其他民主力量,结果却是相反,被孤立的不是中共,也不是任何民主力量,而是反动派自己。"[1]

(三)"行宪国大"的召开和蒋桂矛盾的加深

"制宪国大"以后,蒋介石为使其统治合法化,迫不及待地筹备召开"行宪国大"。1947年6月13日,成立了以张厉生为首的"选举总事务所",受到国民党内一部分人的反对。但蒋介石一意孤行,又于1947年11月成立了以孙科为主任的国民大会筹备委员会,国民党中央也成立选举指导委员会,负责筹办国大的一切事宜,并于当月匆匆举行国大代表选举。

蒋介石集团为了绝对控制"行宪国大",对所谓"民选"代表选举作出种种限制。蒋介石说:"党员参加竞选,必须由党提名,绝对禁止自由竞选。任何党员如不听命令,自由竞选,党部即开除其党籍。"[2]国民党、民社党、青年党党员参加竞

---

① 毛泽东:《蒋介石政府已处在全民的包围中》,见《毛泽东选集》,合订本,北京,人民出版社,1967年,1122页。

② 蒋介石:《在六届四中全会上的闭幕词》,见《蒋介石秘密文件》,下册,南京,1947年9月13日,440页。

选,"须由各所属政党提名","用选民签署手续登记提名者,以无党派者为限"①。1947年3月31日公布的《国民大会代表选举罢免法》第二十一条又规定:"经五百人以上选举人之签署,或由政党提名,得登记为候选人。"由于国民党与民社党、青年党之间明争暗斗,致使国大代表迟迟选不出来,"行宪大会"不得不延期举行。

1948年3月29日至5月1日,国民党政府在南京召开"行宪国大"。其中心议题是"选举总统和副总统"。按照"制宪国大"通过的"宪法"规定,总统的权力受到立法院的限制,总统仅是礼仪上的国家元首而已。蒋介石一度表示不愿做总统候选人,并提出胡适为候选人,而愿意"担任政府中除正副总统外任何职责",亦即要当掌握实权的行政院院长。张群知道蒋介石不愿就任总统,是因为其权力受到"宪法"限制,就串通国民党、民社党、青年党以及"社会贤达",在"国民大会"的"宪法"之外,提出并通过了"赋予总统以紧急处置的权力"的办法,在其党徒吴敬恒、于右任等200余人又群起"劝进"之下,蒋介石则表示尊重"民意",并于4月19日被推上了总统宝座。副总统的选举更加暴露了国民党统治集团内部的矛盾。围绕副总统选举,早在国大前,国民党各派系就展开了激烈争夺。李宗仁和孙科是副总统有力的竞争者。孙科得到广东派和"CC"派的支持,又有蒋介石暗中撑腰。李宗仁不仅有桂系实力,而且美国也有意扶持他。4月2日,蒋介石召见李宗仁,指出副总统候选人已由中央提名孙科,希望李宗仁退出竞选。李宗仁当即表示绝不退出,并申明若党内不被提名,就在党外搞独立竞选。② 同时表示竞选的程潜、于右任与李宗仁结成联盟,反对副总统候选人由中央提名。第一次选举,蒋介石的意见被否决。4月23日,南京《救国日报》载文披露了孙科私生活而给予孙科严重打击。于是蒋介石又用金钱为程潜助选,以图分散李宗仁的选票。第二次副总统选举又遭破产。之后,蒋介石突然要程潜退出竞选,并将选票改投孙科,许诺补偿他的全部竞选费用。于是程潜、李宗仁联合起来弃选。蒋介石见势于己不利,急忙于26日发表声明,说绝对没有控制选举的意思,同时又让国民党中央执行委员会和国民大会主席团派要员"劝请三位副总统候选人继续竞选"③。28日,"行宪国大"进行第三次选举。29日,"行宪国大"进行第四次选举。尽管蒋介石亲自坐镇指挥,孙科仍以1295票对1438票败选,李宗仁以微弱优势取得了副总统职位。④ 李宗仁竞选胜利,使国民党内部派系斗争特别是使蒋、桂之间的矛盾加剧了。

---

① 参见《南京国民政府档案》,南京,中国第二历史档案馆藏。
② 国务院档案馆:《中美关系资料汇编》,第1辑,北京,世界知识出版社,1960年,859页。
③ 国民大会秘书处:《国民大会实录》,第1篇,南京,国民大会秘书处,1940年,279页。
④ 国民大会秘书处:《国民大会实录》,第1篇,南京,国民大会秘书处,1940年,280页。

蒋介石当上"民选"总统,并于 1948 年 5 月 25 日正式宣誓就职。但"选举"总统的丑剧,不仅未能挽救其必然垮台的命运,反而更加暴露了其虚伪、孤立的处境,加速了其灭亡的过程。

(四)国民党政府组织机构的主要变化

这一时期,国民党政府组织虽然基本上还沿用抗日战争期间的组织体系,不过随着政治形势的发展,反动统治的加强,在某些方面也有所改变。

首先,由于 1948 年 5 月 20 日蒋介石正式就任"总统",为准备所谓"行宪"问题便命令取消了"国民政府委员会",另在"总统"下设"总统府"。根据新公布的《总统府组织法》的规定,"总统府"内设秘书长 1 人,承"总统"之命综理"总统府内一切事宜";设参军长 1 人,承"总统"之命办理有关军务事项;另有资政、参政若干人,是"总统"的咨询顾问人员。此外,在"总统府"下还设有一些直属机关。

其次,国民党反动派为进一步实行大规模的内战,加紧对革命力量的镇压,在军事机关方面也进行了改组。1946 年 5 月 15 日"国防最高委员会决议"撤销"军事委员会"和"军事部",于 6 月 1 日组成"国防部"。"国防部"承主席之命,综理军令、军政事宜。以白崇禧任部长,秦德纯、郑介民任次长。下设 6 厅 11 局:第一厅厅长于达,主管行政;第二厅厅长郑介民,主管情报;第三厅厅长郭汝瑰,主管作战;第四厅厅长杨孔业,主管后勤补给;第五厅厅长方天,主管编制训练;第六厅厅长钱昌祚,主管国防科学。副官局局长陈春霖,主管人事行政;政工局局长邓文仪,主管政治训练;预算局局长赵志尧,主管财政预算;民政局局长刘翔,主管战地民政;保安局局长唐纵,主管保安部队编练;监察局局长彭位仁,主管监督;史政局局长吴石头,主管史政;军法局局长刘千俊,主管军法;兵役局局长戴高翔,主管兵役;预备干部管理局局长蒋经国,主管干部;保密局局长毛人凤,主管防谍保密。

地方设立了重叠的内战指挥机关,如将原来的"军事委员会委员长行营"改为"国防主席"的"行辕"(这是内战的直接指挥机关),在"行辕"之下,各重要地区设立了"绥靖公署",并划分若干"绥靖区"。后来又在各地行政区设立了所谓的"剿匪总司令部"。

非常明显,上述各个军事机关的变动,其目的都是为了集中力量进行反人民的内战。

再次,伪"五院"任免程序和组织机构上的变化。从组织机构上看,主要是伪行政院的变化。根据 1948 年 5 月 13 日重新修正公布的伪《行政院组织法》,伪行政院主要设 4 会 15 部。4 会是资源、蒙藏、侨务、诉愿审议 4 个委员会。15 部是内政、外交、国防、财政、教育、司法行政、农林、工商、交通、社会、水利、地政、卫生、粮食、主计部。1949 年年初,机构又有所削减。从五院长官任命程序上看,行政院院长由总统提名，立法院同意任命；司法、考试两院院长改由总统提名，监察院同意任命；监察院监察委员改由各省、市议会和蒙古、西藏地方议会及华侨团体"选举"产生。

最后，是特务机关的改组。由于"国民党中央调查统计局"，简称"中统"，其罪恶活动激起了全国人民的深恶痛恨，于是 1947 年改称"党员通讯局"，1949 年 3 月又划归内政部，改称"内政部调查局"，妄图借此遮掩世人耳目，逃避人民的惩罚。"国民政府军事委员会调查统计局"，简称"军统"，隶属于国防部第二厅，专门从事对我军和解放区的军事谍报和武装破坏活动。同时还建立了直接隶属于国防部二厅的武装特务组织"国防部绥靖纵队"，分布全国各地，从事各种破坏活动。

第四节　国民党政府地方行政体制

国民党政府地方行政体制经过从广州国民政府到南京国民政府的不断充实和调整，逐步发展完善。1925 年 7 月 1 日广州国民政府成立之后，国民党政府地方行政体制发生很大变化。从组织层次上看，由原先北洋军阀政府时期的省、道、县三级制改为省、县两级制，从而减少地方政权层级，便于加强中央集权。从组织活动原则上看，将旧的行政长官独任制改为集体领导的委员会制。从地方政权机关的名称上看，将"省长公署"改为"省政府"，"县知事公署"改为"县政府"，可以说，把地方政权机关称为"政府"始于广州国民政府时期。

1927 年 4 月 12 日，以蒋介石为首的国民党右翼势力，发动了反革命政变，另立了国民党中央和国民政府，与武汉的国民党中央和国民政府相对抗。4 月 18 日开始在南京办公，标志着国民党南京国民政府的建立。南京国民政府成立之后，从省政府到最基层的保甲组织，建立了一整套地方政权机构，作为实现国民党一党专政和蒋介石个人独裁统治的工具。

一、省政府

1931 年 3 月 23 日公布的《修正省政府组织法》规定：省政府依国民政府建国大纲及中央法令，综理全省政务，在不抵触中央法令的范围内，可以对省行政事项发布省令并可以制定省单行条例及规程，但关于限制人民自由、增加人民负担者，非经国民政府核准不得执行。

省政府初置省务会议，后改为省政府委员会。省政府委员会由主席和委员组成。省政府委员会委员人数历年有所不同。1925年《省政府组织法》规定为7人。1926年《修正省政府组织法》规定为7~11人。1927年《省政府组织法》规定为9~15人。1931年《修正省政府组织法》规定为7~9人。委员全部由中央政府简任。委员的种类有两点不同：一是兼厅与不兼厅之别。兼厅者亦即除了担任省政府委员之外，还兼任某厅厅长；不兼厅者亦即不兼厅长而专任省政府委员。二是常务委员与普通委员之别。常务委员3~5人，由省政府委员会推选，并由常务委员会互推1人为主席，其职权主要是按照省政府委员会决议执行日常政务。

1927年7月8日南京国民政府颁布《省政府组织法》，废除了广州国民政府时期建立的常委制，改设主席制。省政府主席也是委员之一，由省政府委员推选或由省政府就省政府委员中任命。现任军职者不得兼任省政府主席或委员。省政府主席及委员也不得兼任他省行政职务。省政府主席有权召集省政府委员会会议；代表省政府执行省政府委员会的决议案；代表省政府监督全省行政机关职务的执行；处理省政府日常及紧急事务。省政府主席因故不能执行职务时，得由省政府委员互推1人暂行代理主席职务，期限为1个月。根据1931年《修正省政府组织法》的规定，除例会外，如果有3名委员提议，或者主席认为有必要时，也可以召集临时会。省政府委员会开会时，省政府委员不得派代表出席。省政府委员会有权在不抵触中央法令范围内，对于省行政事项发布省令，制定省单行条例及规程；有权停止或撤销所属各机关违背法令、逾越权限的命令或处分；决议是否增加或变更人民负担，确定和变更地方行政区划、省预算决算，处分省公产或筹划省公营业，执行国民政府的委托、地方自治监督，省行政设施及其变更，咨调省内国军及督促所属军警团防绥靖地方以及省政府所属全省官吏任免等事项。

省政府内设秘书处，其组织形式至1931年才定型。秘书处置秘书长1人，简任，承省政府主席之命，综理秘书处事务；秘书1~3人，荐任，承长官之命，办理机要事务。秘书处视事务繁简还可以分科办公，科置科长1人，荐任，总理科务；科员4~12人，委任，分理科务。秘书处的职权包括掌理一切机要及省政府委员会会议事项，撰拟、保存、收发各种文件，掌理会计庶务事项，编制、统计、报告各项事务，记录省政府各厅处职员的升迁、转调等事务，掌"典守印信"以及其他不属于各厅的事项。

保安处，置处长、副处长各1人，由省保安司令呈请军事委员长任免。保安处内置1室4科。处长办公室设参谋、秘书各2人，译电员、办事员、书记各若干人。各科设科长1人，科员、办事员、书记各若干人。保安处的职权是关于军事计划、机要文件的制定与保存，保安部队及民众自卫组织的编练、整理、调查、奖惩、作战计划，关于收集情报、统计报告，军事预算、决算、营选修缮及其他有关军事事宜。

省政府下置厅。省政府设厅多少,历年也并不一致。1925年《省政府组织法》规定设有民政、财政、教育、建设、商务、农工、军事七厅。1926年《修正省政府组织法》规定设立民政、财政、建设、教育、司法、军事五厅,在必要时可以增设农工实业、土地公益等厅。1927年7月《省政府组织法》规定设有财政、民政、建设、军事、司法五厅。同年10月改为民政、财政、建设、教育、农工、实业、土地七厅。以后诸年应时均有增减。根据1931年《修正省组织法》,设置了民政、财政、教育和建设四厅。各厅设厅长1人,简任,由国民政府就省政府委员中任命,综理各厅事务,指挥监督所属职员及所辖机关。1925年《省政府组织法》规定厅长必须具备下列条件之一:(1)曾任政务官一年以上者;(2)曾任简任官一年以上,经甄别审查合格者;(3)对国民党有特殊勋劳,或为国民党效劳10年以上有行政经验者;(4)曾任县长6年以上,或高级荐任官4年以上,具有特殊成绩,经奖励有案者;(5)曾任教育部立案的专门以上学校教授2年以上,副教授或讲师3年以上,曾任荐任官2年以上或简任官1年以上者;(6)在学术上或事业上,有特殊的著作经验或贡献者。各厅的内部组织,1927年以前并无规定,1931年的《修正省政府组织法》规定,各厅处各设秘书1~3人,荐任,承各厅处长官之命,办理机要事务。各厅还可以根据事务的繁简,分科办事。每科设科长1人,荐任。科员4~12人,委任,承长官之命,办理各科事务。在必要时,各厅还可以设技正、技士、技佐及视察员。

各厅在不抵触中央法令或省政府委员会决议的范围内,可以对主管事务发布厅令。而当各厅之间或者与专管机关之间发生职权争议时,由省政府呈请行政院裁决。各厅各自的职权范围,根据1931年公布的《省政府组织法》规定:民政厅,掌理县、市行政长官任免,县市所属地方自治及其经费,警卫、卫生行政、选举、赈灾及其他社会救济、劳资及佃业的争议,礼俗宗教,禁烟和各种土地测丈、征收及其他土地行政事项。财政厅,掌理省税及省公债、省政府预算、决算编制、省库收支、省公共财产管理及其他财政事项。教育厅,掌理各级学校、社会教育、教育及学术团体事项,还有图书馆、博物馆、公共体育场及其他教育行政事项。建设厅,掌理公路、铁路的建筑、河工及其他航路工程以及不属于土地行政的测丈和其他建设行政事项。此外,省政府在必要的时候,还可以增设实业厅及其他专管机关,主要掌理农林、蚕桑、渔牧、矿业的计划、管理、监督、保护和奖励,整理耕地和垦荒、整治农田水利、改良农业经济。防除动植物病虫害和保护益鸟益虫,保护监督和奖励工商业,工厂和商埠、商品的陈列和检查,检查和推行度量衡,农会、工会、商会、渔会及其他农业、工业、商业、渔业、牧业等团体以及其他实业行政事项。在没有设立实业厅之前,上述事务由建设厅掌理。

二、行政督察专员公署

行政督察专员公署是省政府的辅助机关和派出机构。它是国民党南京政府围剿革命根据地、进行反共反人民的内战活动的产物,是血腥镇压人民的工具。它的前身是"党政委员会"。1931 年 7 月,蒋介石自任总司令,调集了 30 万军队对江西革命根据地进行第三次军事围剿,为了统一指挥有关反革命"围剿"事宜,在接近革命根据地的各重要地区划分若干区域,建立了"党政委员会分会"。每分会辖三县,设委员长 1 人,后来也称"行政督察""行政督察专员"。其工作地称为"行政长官公署"。1932 年 8 月 6 日南京国民政府颁布了《各省行政督察专员公署组织条例》,将这些在接近革命根据地,为统一指挥有关反革命"围剿"而建立的组织,统称为"行政督察专员公署"。南京国民政府设置和推广行政督察专员公署的动机,虽然也是出于其地方行政管理的客观要求,但主要还是为了配合其军事上"围剿"革命根据地和工农红军的需要。

1936 年 3 月 25 日和 10 月 15 日,行政院先后颁布、修正了《行政督察专员公署组织暂行条例》,明确规定:为整顿吏治、绥靖地方、增进行政效率,各省划分若干行政督察区,设置行政督察专员公署,作为省政府的辅助机关。行政督察专员公署可以在不抵触中央和省的法令范围内,订立单行规则或办法,并呈报省政府报行政院及主管部会备案;但关于限制人民自由、增加人民负担、变更组织或预算等事项,非经依法核准,不得执行。

行政督察专员公署设专员 1 人,由行政院院长或内政部部长呈请国民政府简派,承省政府之命,推行法令并监督指导统筹辖区内各县市行政;秘书 1 人,由行政督察专员遴选合格人员呈请省政府咨由内政部转请荐任;科长 2～4 人、视察 1 人,由行政督察专员遴选合格人员呈请省政府委任,准以荐任待遇;技士 1 人或 2 人、科员 2～4 人、事务员 3～6 人,由行政督察专员委任;在必要的时候还可以擢用雇员。

行政督察专员除有特殊情形外,还应兼任驻在地之县长,与县政府合署办公,并兼任该区保安司令。有权指挥监督辖区内各县市的保安团队、水陆、公安、警察及一切武装自卫的民众组织,部署并指挥围剿、清乡等反动事宜。抗日战争爆发后,行政督察专员不兼县长,另设专门机构,将专员公署与保安司令合并,借以加强督察专员的行政监督权和军事指挥权。行政督察专员的职权包括审核及统筹辖区内各县市行政计划或中心工作,审核辖区内各县市地方预算决算,审核各县市单行法规,巡视并指导辖区内各县市地方行政和自治,考核辖区内各县市行政人员的工作成绩,奖惩辖区内各县市行政人员,召集区行政会议,处理辖区内各县市之间的争议以及省政府交办的事项。

行政督察专员可以随时召集辖区内各县市长及其所属局长或科长,以及本公署的秘书、科长,视察主持区行政会议,讨论各县市应行兴革事宜,确定行政计划方案。在必要的时候,经行政督察专员邀请,各县市办理地方自治事业的人员、保安人员、地方团体代表与负有声望并热心公益的人员也可以列席会议。行政督察专员对于辖区内各县市的地方行政,除了随时派人去考察外,每半年还必须亲自轮流巡视辖区内各县市一周。行政督察专员如果认为辖区内各县市长的命令或处分违法或者不当又来不及呈报省政府核办时,可以命令撤销或纠正,但事后还要补报省政府核查。行政督察专员对于辖区内各县市长及所属工作人员成绩,应该每年考核一次,拟定奖惩意见后呈报省政府;如果所属各县市长存在违法失职行为,也应该随时密呈省政府核办。

广州国民政府建立之初,取消了北洋军阀统治时期实行的地方行政省、道、县三级制中的道这一层级,而采取省、县两级制。所以,虽然行政督察专员公署是介于省政府和县政府之间的行政管理机关,但国民党政府并不承认它是一个地方行政层级。如国民政府内政部长黄绍竑认为,行政督察专员公署的设立,以"不破坏省、县两级制为原则"[1]。蒋介石也指出:"行政专员之管区为单纯行政区域而非地方自治团体","只系横面之扩张而非纵体之层递","故虽属暂行政制,然按之省县自治二级制,固根本不变,即与总理建国大纲之规定,亦依然锲合。"[2]根据1936年公布的《行政督察专员公署组织暂行条例》规定:行政院"得令各省划定行政督察区,设置行政督察专员公署,为省政府辅助机关"[3]。此条例也未明确行政督察专员公署究竟是不是一个行政层级的问题。但问题是,这种"辅助机关"是省在其下设置的管理某区县政的机关,拥有管辖区内行政、军事、军法事务,审核财政预决算,制定单行法规等项重大事务的督察权和管理权。所以,早就有人认为这类行政督察专员制度"为省、县两级制之规定不符"[4],这种观点显然认为行政区制度的实施突破了省县两级制而具有省—行政督察专员区—县三级制的性质。事实上,行政督察专员由临时成为常设,其职权愈来愈重,已成为地方行政管理中的一个实际层级。而且由于行政督察专员公署的法律地位是省政府管理县的辅助机关,因此说它是省政府管理县的一个层级也是符合事实的。这种二级一辅制也就

---

①　孔庆泰:《国民党政府政治制度档案史料选编》,下册,合肥,安徽教育出版社,1994年,458页。

②　孔庆泰:《国民党政府政治制度档案史料选编》,下册,合肥,安徽教育出版社,1994年,472页。

③　孔庆泰:《国民党政府政治制度档案史料选编》,下册,合肥,安徽教育出版社,1994年,492页。

④　孔庆泰:《国民党政府政治制度档案史料选编》,下册,合肥,安徽教育出版社,1994年,456页。

是通常所称的"虚三级制"。

行政督察专员公署这一辅助层级的设置,是中国省、县之间行政管理演进中的一个重要环节。它上承此前历史上的州、道监察制尤其是北洋军阀时期的道制,并在此基础上进一步充实和发展,使国民党政府的地方行政管理体系较为合理和科学,并对抗日战争时期中国共产党领导的各敌后抗日根据地的地方行政管理制度产生了重要影响。抗日战争时期,行政督察专员制在中国共产党领导下的各抗日根据地普遍推行。据统计,截至 1945 年 3 月,各抗日根据地共建立了 104 个专员公署[①],足见此制推广之普及[②]。

三、市政府

广州国民政府于 1925 年 8 月 15 日建立了广州市政委员会,其委员由省政府从工会、农会、商会、教育会及其他职业团体中各选若干人,委任 1 人为委员长。市政委员会下设财政、工务、公安、卫生、教育等局。市行政会议是执行机关,由市政委员长和各局局长组成。市政委员会决议案由市政委员长咨请市行政会议执行,两者发生分歧时,提交省政府裁决。

南京国民政府成立后,市政府是其城市政权机关。根据 1928 年 7 月和 1930 年 5 月南京国民政府公布的《城市组织法》规定,市有两种类型:特别市与普通市,或称院辖市与省辖市。特别市现在称直辖市,亦即不入省、县行政管理,直接由中央五院管辖。凡这样的市必须具备下列条件之一者:(1)中华民国首都;(2)人口百万以上的都市;(3)在政治上、经济上有特殊情形的都市。如:上海、北平、天津等。普通市亦即不入县行政管理,直接隶属省政府管辖。凡这样的市必须具备下列条件之一者:(1)人口在 30 万以上者;(2)人口在 20 万以上,但其所收营业税、牌照税、土地税,每年合计占该地总收入 1/2 以上者。

城市置市长 1 人,是市政府的最高行政长官。市长办理市自治并受监督机关的指挥,执行中央或省委办事项。市长由市民大会选举产生,任期 3 年,可以连选连任。一般说来,院辖市市长简任,由国民政府主席任命。省辖市市长兼任或荐任,由省政府呈请国民政府主席任命。市长综理全市政务,指挥监督市属各机构官吏;在不抵触国家法令的前提下,可以以市长名义公布单行法规;市长还有向市参议会提案权。市政府内置秘书处,设秘书长 1 人,由市长兼任或荐任。秘书 1 人,由市长荐任或委任。参事 2 人,由市长兼任或荐任。秘书处分科办公,下设科

---

① 左言东:《中国政治制度史》,杭州,浙江古籍出版社,1997 年,510 页。
② 翁有为:《南京国民政府行政督察专员制度探析》,《史学月刊》,1997(6):26～31 页。

长、科员若干人。根据 1933 年立法院《修订的组织法》规定，院辖市的市政府下设局，省辖市的市政府下设科（公安局除外），科下设股或课。以院辖市的市政府为例。市政府之下设局，一般设财政、土地、社会、工务、公安、卫生、教育七局，因特殊情况可增设专理河道、港务及船政的港务局，专理交通、电气、自来水、煤气及其他公用事业的公用局等。局长的产生，据 1928 年立法院公布的《组织法》规定：院辖市的局长，荐任或简任，由院辖市的市长呈请国民政府主席任免。省辖市的局长，荐任，由省政府主席呈请国民政府主席任免。

城市还设有参议会，作为所谓的"地方自治机关"。但从参议会的实际组成和实际活动看，根本不是、也不可能是什么真正的民意机关，只不过是粉饰独裁统治的"民主"象征，实质上是地主豪绅买办阶级的代表机关。

市政府以下的基层组织最初划为区、坊、闾、邻四级。5 户为邻，设 1 邻长；5 邻为闾，设 1 闾长；20 闾为坊，设 1 坊长；10 坊为区，设 1 区长。1933 年 5 月 19 日国民政府又重新颁布了《组织法》，改为区、保、甲三级，区设区长 1 人，副区长 1 人，任期 2 年，连选连任。保设保长 1 人，副保长 1 人。甲设甲长 1 人，长之下设户长。可见，这种基层职权的组织形式是中国封建社会统治农村基层职权形式在城市中的延续，所不同的是又加上了法西斯的内容，进而变成蒋介石实行一党专政的最基层的专政工具。

四、县政府

依照 1926 年 10 月国民党中央、省区联席会议决议，县政权也采取委员制。由省政府任命若干委员组成县政府委员会并指定一人为委员长，总理一县之政。县政府内设财政、公安、教育、公路等局，局设局长，由县政府委员兼任。

南京国民政府建立之后，县政府在整个国民党统治体系中占有十分重要的地位，是实现国民党一党专政和蒋介石个人独裁统治的最直接的工具。县政府可以依法律所定代行县内国家行政；依省法规所定代行县内省行政；执行本县自治行政；监督县属自治；编制县预算决算以及掌理其他依法律及省法规属于县政府的事项。按照 1930 年国民政府修正公布的《县组织法》规定：县置县长 1 人。初期，由省民政厅提请，然后由省政府任命。后来改为由省民政厅提出合格人选 2～3 人，经省政府决议择一任用。县长受省政府的监督，办理全县自治事项；受省政府的指挥，执行中央及省委办的事项。县政府的秘书、科长等由县长呈请省民政厅委任，县的各局局长，由县长就考试合格人员中选派，呈请省政府核准委任。县长对于所属机关及职员有监督权。对于失职者，县长可令其停职或派人暂时代理，并有呈请省政府罢免权。县长还有向县参议会提案权,兼理司法权,甚至还有兼办军法事务权。这说明县长是国民党反动政治体系中最重要的地方政权的长官。县长之下置秘书1～2人,其职权甚大,可以秉承县长之命办理各种机要事务,总核文件,承办职员进退,掌典守印信,并掌管县政会议事项及其他不属于各科事项。当县长外出时,秘书还可代行其职务。

根据1928年国民政府公布的《组织法》规定:县下的科是县政府内置机构,县下的局是县政府下设机构。后来时分时合,至1937年6月,废除局制定为科制,此后采取了单一的设科之制。过去县政府设公安局、财政局、建设局、教育局、卫生局、土地局、社会局、粮食管理局等,现称第一科、第二科、第三科、第四科。一般说来,第一科掌理民政及公安事宜,第二科掌理地方财政事宜,第三科掌理教育事宜,第四科掌理建设事宜。每科置科长1人,秘书、科员若干人。取消县政府统治层级,目的是加强县长的权力,进一步发挥基层政权的反动作用。

根据《县组织法》规定,县设县参议会,作为所谓"人民代表机关"。这是国民党粉饰发动独裁统治、欺骗人民的所谓"民意"机关。

县政府以下的基层组织最初是区、村、闾、邻。最初10户为邻,后改为5户为邻,设邻长1人。最初5邻为闾,后改为25邻为闾,设闾长1人。100户以上为村,设村长1人。20～50村为区,区设区长。1929年后改村为乡。以后随着国民党政权的法西斯化,各县皆取消原基层组织,重新组织保甲。

五、区、乡政府

根据国民政府1939年9月19日公布施行的《县各级组织纲要》,区的划分以15～30乡(镇)为原则。区署是县政府的辅助机关,代表县政府督导各乡(镇)办理各项行政及自治事务。在未设区署之区,由县政府派员指导。区署设区长1人,指导员2～5人,分掌民政、财政、建设、教育、军事等事项,非甄选训练合格人员,不得委用。区署所在地设警察所,受区长的指导,执行地方警察任务。区内设建设委员会,聘请区内声望素著人士担任委员,作为区内乡村建设的研究、设计、协助、建议机关,由区长担任主席。

乡(镇)的划分以10保为原则,不得少于6保、多于15保。1941年8月9日公布施行的《乡(镇)组织暂行条例》规定:乡(镇)设乡(镇)公所,置乡(镇)长1人,受县政府的监督和指挥,办理本乡(镇)自治事项以及执行县政府委办的事项,并且置副乡(镇)长1人或2人襄助之。乡(镇)长兼任乡(镇)中心学校校长及乡(镇)国民兵队队长。但是在经济教育发达的区域,则不能兼任乡(镇)中心学校校长。乡(镇)长不得兼任保长或甲长。乡(镇)长和副乡(镇)长由乡(镇)民代表会就公民中具有下列资格之一者选出:(1)经自治训练及格者;(2)普通考试及格者;(3)曾任委任职以上者;(4)师范学校或初中以上学校毕业者;(5)曾办地方公益事务著有成绩者。乡(镇)长、副乡(镇)长的任期为2年,连选连任。

乡(镇)公所设民政、警卫、经济、文化四股,每股各设主任1人,民政股、文化股、经济股主任由乡(镇)长、副乡(镇)长及中心学校教员分别兼任,警卫股主任应由乡(镇)国民兵队队副兼任。乡(镇)公所各股视主管事务之繁简及地方实际需要,酌置干事。除了户籍应有1人专办外,可以由中心学校教员分别兼任,并置专任事务员1人或2人。在经费不充裕的地方,各股也可以酌量合并,或者仅设干事。

六、保甲制度

保甲制度是中国传统的人口户籍管理制度,也是中国历史上为应付战乱,统制民力,实行人口军事化管理的一种制度。它历史久远,源于中国春秋战国时期秦国商鞅变法中的"什伍连坐法"。经宋朝王安石定保甲加以推广,后来经过明清两朝的不断完善,使之成为封建社会最基层的政权组织形式。国民党蒋介石为了实现一党专政和个人独裁的目的,把这种适应专制主义中央集权制的基层政权组织形式重新抬出来,以适应其统治需要。1931年,国民党在江西修水等43县试行保甲,[①]标志着这项制度初步实施。1932年8月国民政府颁布了《剿匪区内各县编查保甲户口条例》,开始在接近革命根据地的地区建立保甲制度,1934年以后,逐渐推广到全国。国民党政府推行的保甲制度又是加进德、意法西斯精神的混合物。这一点可以从保甲组织的任务看出,其任务可概括为"管""教""养""卫"。所谓的"管"亦即清查户口,稽查出入境居民,监视居民言行。实行"联保连坐",即五户之间,一户犯法,株连各户。并在《保甲规约》中,强迫广大人民承担协助搜捕共产党人和革命者的任务。所谓"教"是进行国民党"党化"教育、法西斯教育和反革命宣传,欺骗和麻痹人民。所谓"养"亦即勒索、摊派各种苛捐杂税,以养大大小小官吏和反动军队。所谓"卫"亦即组织壮丁队伍修筑碉堡、公路,组织反革命武装(民团),分期集训,搜捕革命者,镇压人民。可见,"管""教""养""卫"实质上就是蒋介石实行的恐怖专政。

根据1932年8月颁布的《剿匪区内各县编查保甲户口条例》及《鄂豫皖三省

---

① 冉绵惠,李慧宇:《民国时期保甲制度研究》,成都,四川大学出版社,2005年,64页。

剿匪总司令部实行保甲训令》的规定,保甲的组织,以户为单位,户设户长,以家长担任;10 户为甲(不得少于 6 户、多于 15 户),设甲长,甲长由本甲内各户长公推;10 甲为保(不得少于 6 甲、多于 15 甲),设保长,保长由本保内各甲长公推。1941 年 8 月 9 日国民政府公布施行《乡(镇)组织暂行条例》规定:保长受乡(镇)长的监督指挥,办理本保自治事项及执行县政府委办事项。并置副保长 1 人襄助之。保长兼任国民学校校长及国民兵队队长。在经济教育发达的区域,则不兼任国民学校校长。保长不能兼任甲长。保长、副保长由保民大会就公民中具有下列资格之一者选举产生:(1)师范学校或初级中学毕业,或有同等之学力者;(2)曾任公务人员或在教育文化机关服务 1 年以上卓有成绩者;(3)曾经训练及格者;(4)曾办地方公益事务者。保设办公处,处理本保公共利益事项。保办公室设民政、警卫、经济、文化干事各 1 人。民政干事由副保长兼任,警卫干事由国民兵队队副兼任,经济、文化干事由国民学校教员担任。如果没有相当人员,也可以由 1 人兼任二职。

根据《剿匪区内各县编查保甲户口条例》,保长受区长的指挥和监督,负责维持保内的安宁秩序。其职权包括:监督甲长执行职务;辅助区长执行职务;教诫保内住户毋为非法事项;辅助军警搜捕"匪犯";察看、管束曾参加反动或曾受"赤匪"胁从,现已悔过自新者;处罚违犯保甲规约事项;分配督率保内应办防御工事的设备或建筑;执行规约上的赏恤;处理怠职罚金;编制经费的收支、预算、决算以及其他依法令或保甲规约的规定应该由保长执行的事项。

甲长受保长的指挥和监督,负责维持甲内的安宁秩序。其职权包括:辅助保长执行职务;清查甲内户口,编制门牌,取具联保连坐切结;检查甲内奸宄及稽查出境入境人员;辅助军警及保甲搜捕"匪犯";教诫甲内住户毋为非法事项以及其他依法令或保甲规约的规定应该由甲长执行的事项。

保甲内各户的户长必须一律签名加盟于保甲规约,并且要联合甲内他户户长至少 5 人,共具联保连坐切结,声明结内各户互相劝勉、监视,绝无"通匪"或"纵匪"情事,如有违反者,他户应立即密报惩办,如果瞻徇隐匿,各户负连坐之责。各户户长遇有下列情事发生时,应即报告甲长:(1)如有形迹可疑之人潜入者;(2)留客寄宿及其别去或家人出外经宿之旅行及归来者;(3)出生死亡或因其他事故,致户口上之变动者。

保甲制度规定人民只有种种任务和责任,却没有半点权利。保长、甲长因执行职务需要本保或本甲共同协力时,甲长可以随时召集甲内各户长分配任务;保长可以随时召集保内各甲长分配任务。当遇到"御匪"或建筑碉楼、堡寨、公路等事务需要多数居民共同工作时,保长、甲长可以将保甲内 18 岁以上、45 岁以下的男子编成壮丁队,由保、甲长督率分任之。壮丁队遇军警搜捕时,应受军警官长的指挥,尽力协助,当搜捕追剿已达本区域以外时,亦应受军警官长的指挥,互相应援。各保甲壮丁在有军事政治的必要时,要特编武装民团,分区分期实行集合训练。保甲组织所有的经费,都由保甲内"经户征集",这样不但增加了老百姓的负担,而且也给土豪劣绅敲诈勒索、乘机渔利以方便。

值得注意的是保甲制度之所以在国民党时期得以复活,是因为一则当时中国自给自足的自然经济占主体的封建经济基础没有得到根本转变;二则是国民党蒋介石"剿灭共产党"的战略迫切需要。[①]

总之,国民党政府推行的保甲制度是封建主义和法西斯主义的混合体,是强加给广大人民的一副枷锁,是强化南京国民政府统治的工具。国民党五届三中全会文件曾说:"值兹非常时期,民众应有严密组织,以资运用,地方应有自己力量,以助国防,均有赖于保甲制度之健全。"[②]而人民称它:"保甲,保甲,人人披锁又戴枷;保长去拿锁,县长去掌把(印柄)。"

第五节 国民参政会的设立及其性质

国民参政会,是国民党在抗日战争初期组织设立的,容纳国民党、共产党及其他抗日党派和无党派人士共议国事的政治组织。国民参政会正式成立于1938年,但是它的名称早在1932年就已经出现。[③] 1932年12月19日,国民党召开第四届中央执行委员会第二次会议,决定成立国民参政会,并决定定期召开国民参政会会议。但由于各种原因,国民党的这一决议并没有真正实行。在这以后的几年间,人们也再没有提及有关建立国民参政会的事情。与早期的筹议并没有直接关系,国民参政会在1938年正式成立完全是战时局势所使然。"九一八事变"以后,日本帝国主义全面实施变中国为其殖民地的侵华战略,先是侵占了东北,继而又步步向东蒙和冀北进逼,国内政治形势巨变。国难当头,共产党以民族大义为重主张停止内战,一致抗日,建立抗日民族统一战线。共产党的主张遭到坚持"攘外必先安内"政策的国民党顽固派的拒绝。经过多次的谈判与斗争,一直到"七七事变"爆发,国共两党才达成共识,实现第二次合作。国共两党重新合作,其他各民主党派也要求集中全民族的智慧与力量,共同抗日。所以国共合作以后,国民党

---

① 冉绵惠,李慧宇:《民国时期保甲制度研究》,成都,四川大学出版社,2005年,2页。

② 罗家伦:《中国国民党五届三中全会内政部工作报告》,见《革命文献》,第七辑,335页。

③ 孟广涵:《国民参政会纪实续编》,重庆,重庆出版社,1987年,593页。

政府在积极组织正面战场对日作战的同时,也进行了一些政治方面的改革。内容之一就是成立国防最高会议,并在国防最高会议下设立国防参议会。国防参议会的成员由国防最高会议主席指定和聘任,参议员为各方贤达和志士。国防参议会每周召开 1～2 次会议,主要听取政府有关报告,讨论政府交办商议的事项。国防参议会是国民参政会的胚胎。[①] 但各党各派和广大的无党派人士对设立国防参议会的做法既表示赞成和欢迎,同时又感到不满足。一是因为它的成员数量太少(最多的时候也不过 75 人),二是它的职权也非常有限。他们纷纷要求扩大民主范围,建立一个真正能代表全国人民利益,既有对政府的建议和咨询权,又能商量国事和拥有计划内政外交权力的民意机关。1938 年 3 月 1 日,中共中央在给国民党临时全国代表大会的电函中指出:“为增强政府与人民间的互信和互助,为增加抗战救国的效能,健全民意机关的建立已经成为刻不容缓的当务之急。”“同时此机关不仅有建议和对政府咨询的作用,而且能有商量国事和计划内政外交的权力。”在广大人民的呼声中,适应抗日战争的需要,1938 年 3 月 29 日至 4 月 1 日,国民党在武汉召开临时全国代表大会,大会通过了《设国民参政会案》。紧接着,4 月 7 日,国民党第五届中央执行委员会第四次全体会议通过了《国民参政会组织条例案》,指出:“组织国民参政机关,团结全国力量,集中全国之思虑与识见,以利国策之决定与推行。”4 月 12 日,国民政府公布实施了《国民参政会组织条例》(以下简称《条例》)。《条例》第一条申明:“国民政府在抗战期间,为集思广益,团结全国力量起见,特设国民参政会。”7 月 6 日,国民参政会在武汉举行第一届第一次大会,至此,国民参政会正式设立。国民参政会的召开使全民抗战进入了新的阶段,标志着现代中国民主政治建设迈出了可喜的第一步。这个组织从 1938 年 7 月至 1947 年 5 月共召开四届十三次会议。其间由于国民党不接受共产党参政员在三届三次参政会上提出的成立联合政府的主张,共产党拒绝参加 1945 年 7 月以后召开的第四届国民参政会会议。

一、国民参政会的性质

对于国民参政会的性质是什么,海内外学者各有论述。有人说国民参政会是“代表人民参政的中央民意机关”[②],有人说国民参政会是“战时相当的民意机

---

① 孟广涵:《国民参政会纪实》,上册,重庆,重庆出版社,1985 年,214 页。
② 孟广涵:《国民参政会纪实》,上册,重庆,重庆出版社,1985 年,8 页。

关"①，还有人说国民参政会是"咨询建议机关"②。最近出版的《中华民国史大辞典》称参政会为："国民政府在抗日战争时期设立的咨询和建议机关。"③这些提法都有一定的根据，但又有其片面性。更确切地讲，国民参政会应该是国民政府在抗日战争时期设立的中央咨议机关。咨议，咨询、议事和督政之结合，超出咨询机关之任，未及民意机关之权。国民参政会的咨议性质是由当时外部环境和内部原因两个方面的因素决定的。

从外部环境来看，国民参政会的性质主要受到三大因素的影响：一是团结抗战的总目标，二是社会变"训政"为"宪政"的普遍愿望，三是国共合作与冲突的关系。团结抗战是参政会的总目标，它要求参政会不能重蹈宋人"议论未竟兵已渡河"和民国早年议会乱象的覆辙。回归"宪政"是三民主义建国大纲的遗教，早日结束"训政"也是民心所向。"太平洋战争"爆发后，国际"民主国家"的统一战线也要求国民党改变自身形象，走"宪政"之路。而国共合作与斗争则希望参政会能起到某种居中调停的作用，即使在延安称参政会为"政府实行反共计划的御用工具"以后，亦有国共双方代表在参政会三届二次会上公开报告谈判情况以求公议和1945年7月国民参政会派代表团访问延安之举。这三方面力量的合力作用，从外部大环境上决定了参政会的作用与意义，恰如毛泽东等7位中共参政员所说的："进一步团结全国各种力量为抗战救国而努力"，"企图使全国政治生活走上真正民主化的初步开端"。国民参政会"咨议"的性质正是对这双重目标的作用和意义的贴切概括。

从内部原因来看，首先，国民参政会的咨议性体现在其参政员的产生和结构上。第一届国民参政会参政员由政府遴选组成。在民国参政会早期，此类机构的"遴选"大都使被遴选者依附于政府，但国民参政会遴选参政员的广泛性和精英性，较大地克服了这一弊端。在第一届参政会中，国民党籍的参政员只占了44.5％。但从第二届参政会开始，国民政府逐渐加大了参政员人数中的选举比重，结果就使国民党籍成员人数增加，非国民党人士或其他"文化团体""经济团体"人士逐届减少。形式上的民主逐步取代了实质上的民主。中共抗日根据地的参政会选举对类似的情况是按"三三制"的原则，并劝说超过"三三制"比例而当选的共产党员退出参政会。这说明民主宪政是一个系统工程，某一点形式上的单兵独进是不行的。所以，中共和其他各民主党派一直要求国民党只有承认各党派合法和平等的地位以及言论出版自由等，方可进行宪政下的政治竞争。至第四届国民参

---

① 孟广涵：《国民参政会纪实》，上册，重庆，重庆出版社，1985年，214页。

② 孟广涵：《国民参政会纪实》，上册，重庆，重庆出版社，1985年，135页。

③ 张宪文等：《中华民国史大辞典》，南京，江苏古籍出版社，2001年，1176页。

政会的参政员比例,中共及民盟参政员各占 4％和 5％,国民党参政员通过选举等途径则占到 84％,中共由此彻底退出了参政会。参政会的形式上的选举基础,亦使得该组织打起了自己的"民意"旗帜。1946 年 3 月,参政会四届二次会议就以这样的"民意"否定了同年 1 月国共及民主党派达成的政协协议。其次,从国民参政会的组织条例规定职权及其行使上看,参政会的主要职权有:(1)"政府对内对外之重要施政方针,于实施前,应提交国民参政会决议";(2)"参政会得提出建议案于政府";(3)"参政会有听取政府施政报告暨向政府提出询问案之权"。后增加的还有(4)"参政会得组织调查委员会,调查政府委托考察事项。前项调查结果,得由参政会提请政府核办。"(5)"政府编制国家总预算,应于决定前提交参政会或其驻会委员会作初步之审议。"这样从条文上看,国民参政会有决议权、建议权、询问权、调查权和国家预算初审权五项权力。作为行使这五项权力的保证,《国民参政会议事规则》第八条规定:"参政员在会场内自由发表言论,不受会外之干涉。"因此,国民参政会每次开会时,场面都是十分隆重的,除了各党派的参政员外,国民政府的元首、党政军首脑及各院部会长官都要出席会议。但这些权力又在不同程度的限制性条文下,有着不同的实现程度。参政会的决议案必须要"经国防最高会议通过"才能发挥效力,决议权实为政府所认为的"重要施政方针"的前置程序;建议权和询问权根据上述论证,是参政会两项较为能够正常行使的参政议事权力;调查权只有受到政府委托时才能行使,调查结果也要交政府"核办",至少不能针对中央政府进行平行制约;国家预算初审权则根本就未曾运用过。所以,国民参政会在其自身运行的内容和形式上都反映了其在抗战和民主宪政的进程中,具有过渡转型特点的献计献策、参政议政的咨议性质。国民参政会的这一特性使它成为民国国民大会召开前的"议会之先声"。①

国民参政会不是严格意义上的民意机关,更不是国民党所吹嘘的中国政治民主的窗口。但是,与实施了几千年的封建专制制度相比,和实施几十年的民国民主政制对照,抗战时期的国民参政会从内容到形式都有了一定程度的进步。首先,在内容上,一方面,各在野党派有了参政议政的机会,这些在野党派以积极、热情、诚挚、友好的态度与作为执政党的国民党坐在一起共商抗日救国大计;另一方面,国民参政会也提出并通过了一些促进民治的提案。如一届二次大会通过了邹韬奋等 74 人提出的《请撤销图书杂志原稿审查办法以充分反映舆论及出版自由案》,二届四次大会通过了沈钧儒等 54 人提出的《请政府重申前令,切实保障人民权利案》。首先,这些提案虽然没有得到切实的贯彻和实施,但它在客观上还是起

---

① 薛恒:《国民参政会性质之辨》,《江西社会科学》,2003(7)。

到了促使政府在一定程度上放松管制、开放民主的作用。其次,在形式上,它容纳了包括国民党、共产党在内的各抗日党派和无党派人士,为各党派提供了一个阐述各自政见的公开的、合法的讲坛。国民党通过这个讲坛兜售看起来民主,但实际上并不民主的货色;共产党通过这个讲坛将自己为国为民的一片赤诚大白于天下;而大多数中间党派则通过这个讲坛了解了共产党的主张,认清了国民党的本质。但国民参政会的民主始终只是有限度的民主,这在国民参政会的成立初期就已显现出来。当时,国共两党已经实现了第二次合作,但共产党和其他党派的参政员并不能以"党派代表"的身份出席会议,只能以地区和经济团体、文化团体代表的名义出席参政会会议。一切重大问题仍然取决于国民党中央执行委员会。而且,国民党的一些主要当权者,即使在国共合作期间也没有放弃过反共和限共的方针。国民党的这些做法,使得国民参政会在推进政治民主的建设上难有更大的作为。①

二、国民参政会的组织机构及其职权

有关国民参政会参政员的条件及其选定,《条例》规定:凡是有中华民国国籍的男女,年满三十岁,具备下列条件之一者得为国民参政会参政员:(1)"曾在各省市(指行政院直辖市而言)公私机关或团体服务三年以上,著有信望"者;(2)"曾在蒙古西藏地方公私机关或团体服务,著有信望;或熟谙各该地方政治社会情形,信望久著"者;(3)"曾在海外侨民居留地工作三年以上,著有信望;或熟谙侨民生活情形,信望久著"者;(4)"曾在各重要文化团体或经济团体服务三年以上,著有信望;或努力国事,信望久著"者。②《条例》规定,国民参政会参政员产生的办法是,分别由国防最高会议、各省市政府及省市党部联席会议、蒙藏委员会、侨务委员会提出候选人,然后由国民党中央执行委员会决定。从这我们不难看出,国民参政会的参政员不是由人民选举产生的,而是由国民政府指派的,而且参政员的产生只考虑地区性,不考虑阶级和阶层,并且把共产党和各民主党派的名额列入"文化团体"、"经济团体"之中。历届国民参政会参政员的人数是:第一届200名,第二届240名,第三届240名,第四届290名。按照《条例》规定的上述办法所产生的参政员,国民党人数总是处于绝对优势,而且国民党的参政员人数还一届比一届多,非国民党方面的参政员人数则一届比一届少。

---

① 吴海晶:《国民参政会若干问题探析》,《成都大学学报》,社科版,1999(2):6～8页。
② 四川大学马列教研室:《国民参政会资料》,成都,四川人民出版社,1984年,5～6页。

第一届国民参政会置议长、副议长各 1 人，由中国国民党中央执行委员会选任。虽然《条例》规定"现任官吏不得为国民参政会参政员"①，但议长、副议长不受此限，汪精卫、蒋介石先后担任过议长，张伯苓担任过副议长。第二届国民参政会将议长制改为主席团制。《条例》规定主席团"由国民参政会选举主席五人组织之，其人选不以参政员为限。""国民参政会及其驻会委员会开会时，由主席团互推一人为主席。"②第二届国民参政会主席团有蒋介石、张伯苓、左舜生、张君劢、吴贻芳。第三届国民参政会主席团有蒋介石、张伯苓、吴贻芳、莫德惠、李璜。后又补选王庞惠、王世杰、江庸为该会主席团，蒋介石为该会兼职。第四届主席团有张伯苓、王世杰、吴贻芳、莫德惠、李璜、江庸、王云五。其中蒋介石、王世杰等人曾担任过主席团主席。

国民参政会休会期间，设置国民参政会驻会委员会。最初，驻会委员会由参政员互选 15～25 人组成。第一届国民参政会于 1938 年 7 月、10 月，1939 年 2 月、9 月，1940 年 4 月分别召开大会五次，每次大会休会期间，驻会委员会委员均是 25 人。第二届驻会委员会组成改为"由国民参政会主席团及参政员互选 25 人由参政员互选十五至二十五人组织之"③。第二届国民参政会，于 1941 年 3 月、11 月分别召开大会两次。第三届国民参政会，于 1942 年 10 月、1943 年 9 月、1944 年 9 月分别召开大会三次。这五次大会，每次驻会委员会的委员均为 25 人。

国民参政会及其驻会委员会设有秘书处，"承议长之命，处理本会事务"④。秘书处置秘书长、副秘书长各 1 人，均由国民政府特派。⑤ 秘书长的职权是掌理本处事务，并监督指挥所属各职员。副秘书长则襄助秘书长掌理本处事务。下设秘书 3～5 人，初"由议长派充"，⑥后改为"由秘书长呈请国民政府简派之"。⑦ 秘书承秘书长之命，分掌特定事务。秘书处下置四组，分别是文书组、议事组、总务组和警卫组，各组设主任一人主管各组事务。因组不同，其职权也各不相同。文书组的职权主要是"文电之收发、撰拟缮校，编译及保管等"和掌"典守印信"。议事组的职权主要是编制议事日程、会议记录，编辑各种议案文件，整理提案、决议案和审查报告，会议和各委员会的开会准备、通知等，参议员出席缺席和表决人数，新闻发表、新闻记者的接洽及其他有关事宜。总务组的职权主要是编制本会的预算、

---

① 四川大学马列教研室：《国民参政会资料》，成都，四川人民出版社，1984 年，8 页。
② 四川大学马列教研室：《国民参政会资料》，成都，四川人民出版社，1984 年，15 页。
③ 四川大学马列教研室：《国民参政会资料》，成都，四川人民出版社，1984 年，7 页。
④ 四川大学马列教研室：《国民参政会资料》，成都，四川人民出版社，1984 年，41 页。
⑤ 四川大学马列教研室：《国民参政会资料》，成都，四川人民出版社，1984 年，44 页。
⑥ 四川大学马列教研室：《国民参政会资料》，成都，四川人民出版社，1984 年，41 页。
⑦ 四川大学马列教研室：《国民参政会资料》，成都，四川人民出版社，1984 年，44 页。

决算,款项出纳,购置和保管物品,制发各项出席、列席、旁听等的证章,参政员报到、登记,印刷会议文件及掌理不属于其他各组的事项。警卫组的职权主要是负责会场所在地和交通线的警戒、会场出入的警戒、防空、消防及其他有关本会一切警卫事项。组下置科,各科设科长 1 人,总干事、干事助理各若干人。初"各组主任由议长遴派,余由秘书长遴派之"。① 后改为"各组主任由秘书长遴聘或就秘书中指定兼任之;各组其余职员,由秘书长派充之"。

与全国设立国民参政会相适应,国民政府于 1938 年 9 月 26 日公布了《省临时参议会组织条例》。以后又陆续公布了《市临时参议会组织条例》《县参议会组织条例》。依此,在省、市、县也成立了与国民参政会同类性质的组织。

可见,就抗日战争时期国民参政会的整体而言,其"组织方式、人员构成、领导机构设置,完全依国民党意志行事,国民参政会组织及其领导权亦尽在国民党的控制之下。共产党、中间党派及其他持爱国民主立场的参政员人数寥寥无几,点缀而已"②。

国民参政会是个政治性的机构。同大多数政治性机构都拥有职权一样,国民参政会也拥有自己的职权。为其性质所决定,国民参政会的职权不是由人民授予的,而是由国民党中央执行委员会授予的。按照 1938 年 4 月公布的第一次《国民参政会组织条例》第五条、第六条、第七条规定:"在抗战期间,政府对内外之重要施政方针,于实施前,应提交国民参政会决议";"国民参政会得提出建议案于政府";"国民参政会有听取政府施政报告暨向政府提出询问案之权"③。1940 年修正《条例》时,国民参政会的职权增加一项:"国民参政会得组织调查委员会,调查政府委托考察事项。"④1944 年修正《条例》时,参政会的职权又进一步增加:"政府编制国家总预算,应于决定前提交国民参政会或其驻会委员会作初步之审议。"并在调查权中,增加了:"国民参政会或其驻会委员会,对于政府某种施政事项之真相,认为有调查之必要时,得提请政府调查,向国民参政会或其驻会委员会报告。国民参政会或其驻会委员会听取报告后,得提出建议,请政府核办。"⑤概括起来,国民参政会的职权共有五项:决议权、建议权、询问权、调查权、国家预算初审权。但国民党对国民参政会行使职权却有着种种限制。如《国民参政会组织条例》虽然规定政府对内对外的施政方针在实施以前应当提交给国民参政会决议,但同时

---

① 四川大学马列教研室:《国民参政会资料》,成都,四川人民出版社,1984 年,41 页。
② 陈瑞云:《国民参政会述略》,《史学集刊》,1984 年,第 3 期:44 页。
③ 四川大学马列教研室:《国民参政会资料》,成都,四川人民出版社,1984 年,7 页。
④ 四川大学马列教研室:《国民参政会资料》,成都,四川人民出版社,1984 年,14 页。
⑤ 四川大学马列教研室:《国民参政会资料》,成都,四川人民出版社,1984 年,26 页。

又规定,参政会关于政府对内对外的施政方针的决议案,必须"经国防最高委员会通过后,依其性质交主管机关制定法律或颁布命令行之"①。也就是说,这些决议最终只有经过国防最高会议通过才能生效,国民参政会的决议案能够施行的决定权完全掌握在国防最高委员会机构手中。而且"遇有紧急特殊情形",国防最高委员会委员长(蒋介石)既可以不"提交国民参政会议决",又可以不"经国防最高委员会通过",单"以命令为便宜之措施"。国民参政会的决议对政府也没有任何约束力,参政员提出的建议案也只不过是建议而已。至于后来增加的委托调查权和国家预算初审权,只是调查政府交办的事项,调查结果办与不办权还是在政府。对于预算初审权,国民参政会则从来就没有行使过。职权的名实不符,使得参政员的许多提案和参政会的许多决议都成为一纸空文。当然,这并不是说国民参政会在职权的行使上没有一点作为。在询问权的行使上,国民参政会成绩较大。事实表明,询问是参政员问鼎政治的有效形式,只有询问权才是国民参政员行使得最为充分的职权。② 可见,国民参政会其实只不过是国民党及其政府的一个咨议机关,它在某种程度上仍然是当权的国民党当局用来应付人民的一种形式上的民主。

国民参政会休会期间设置国民参政会驻会委员会,其初期职权为:"听取政府各种报告及决议案之实施经过。"③第二届国民参政会驻会委员会的职权又进一步扩大:(1)"听取政府各种报告。"(2)"促进业经成立决议案之实施,并随时考核其实施之状况。"(3)"在不违反大会决议案之范围内,得随时执行本会建议权暨调查权。"④当然驻会委员会职权的扩大并非无限度,而是在国民参政大会决议案允许的范围内,也就是说,这种权力的扩大仅限于咨议的范围之内。

国民参政会的组织机构以及所属各机构的职权如上所述,但真正能够行使这些职权并通过一项真正能够代表民意的建议并非是件容易的事。提议案是否能够通过主要取决于国民党政府是否需要,需要则能以"多数"票通过,不需要则不能通过。有关这个问题在国民参政会的中后期表现得更为突出。

三、国民参政会的历史作用

从 1938 年 7 月成立到 1948 年 5 月撤销,国民参政会在中国政治舞台上活跃了 10 年时间,经历了初期、中期、后期三个阶段,历四届,开大会 13 次。在抗战

---

①　四川大学马列教研室:《国民参政会资料》,成都,四川人民出版社,1984 年,26 页。
②　吴海晶:《国民参政会若干问题探析》,《成都大学学报》(社科版),1999(2):6～8 页。
③　四川大学马列教研室:《国民参政会资料》,成都,四川人民出版社,1984 年,7 页。
④　四川大学马列教研室:《国民参政会资料》,成都,四川人民出版社,1984 年,15 页。

8 年中,国民参政会共计召开三届十次大会,通过提案 1300 余件。这些提案"为国民党反动派政策张目和平淡无味者固然居多,'相当地反映了民众的意见'者亦为数不少"。[①] 但是通过的提案实施结果又各异。国民参政会提案的实施结果主要有三种情况:一是提案被通过,符合民意并且又被实施者属于进步作用;二是提案被通过,符合民意但没有被真正实施者属于政治欺骗;三是提案没有被通过,但符合民意,更谈不上被实施则属于反动作用。这些反映了国民参政会的历史作用并非是单一的,而是复杂的。

国民参政会成立初期,国民党还没有把国民参政会作为反共反人民的御用工具,由于国共两党和其他各民主党派与无党派人士的共同努力,国民参政会对于团结全国人民、发扬抗日民主、推动全民抗战起到了积极的作用。在国民参政会的号召下,全国人民同仇敌忾共赴国难,表现出了与穷凶极恶的侵略者血战到底,直至取得最后胜利的无畏气概。毛泽东曾说:"在目前抗战剧烈的环境中,国民参政会之召开,显然表示着我国政治生活向着民主制度的一个进步,显然表示着我国各党派、各民族、各阶层、各地域的团结统一的一个进展。虽然在其产生的方法上,在其职权的规定上,国民参政会还不是尽如人意的全权的人民代表机关,但是,并不因此而失掉国民参政会在今天的作用与意义——进一步团结全国各种力量为抗战救国而努力的作用,企图使全国政治生活走向真正民主化的初步开端的意义。"[②]事实上,这时的国民参政会也确实起到了"团结全国各种力量为抗战救国而努力的作用"。如第一届国民参政会第一次大会,确定了"抗战到底,争取国家民族之最后胜利"的国策,通过了《拥护抗战建国纲领案》《实行民主政治案》《在抗战时期改善民生案》及由共产党和中间派、群众团体参政员提出的《正式确定抗日各党派之合法地位》《严令废止党部及各级政府压抑民众救亡运动》等提案。一届二次会议通过了《关于持久抗战案》,一届三次会议通过了《确立民主法治制度以奠定建国基础案》,一届四次会议又通过了《请政府明令保障各抗日党派合法地位案》《为加紧精诚团结以增强抗战力量而保证最后胜利案》等提案,这些提案都是围绕着抗日、民主、民生三大议题提出的,在会议上都进行了热烈讨论。应当说第一届国民参政会的诸次大会还有一点民主气息,一点向上精神。这对于团结全民族抗战和改善国内政治状况,发动人民群众,都有不同程度的积极和进步意义。"因此,初期的国民参政会虽不能起决定政府政策和监督政府工作的人民代表机关的作用,但还可作为体现党派团结和批评政府措施的战时初步民意机关的

---

① 陈瑞云:《国民参政会述略》,《史学集刊》,1984(3):43～48 页。

② 毛泽东:《我们对于国民参政会的意见》,见《新华日报》,1938 年 7 月 5 日。

表示。"①

国民参政会中期,国民党逐渐转向消极抗日、积极反共,所以不时利用国民参政会混淆社会视听,制造反共摩擦。中国共产党同国民党顽固势力进行了针锋相对的斗争,团结争取了广大中间势力,使抗日民族统一战线的主张得到更加广泛的支持和拥护,使国共合作团结抗战的大局并没有因为国民党顽固势力的梗阻而遭到彻底破坏。抗日战争之所以能够坚持下去,并且取得最后的胜利,其根本原因就在于中国共产党对国共合作、对抗日民族统一战线的挽救。所以说,这一时期国民参政会的作用主要表现在欺骗性上。一方面空谈什么团结,谎说什么民主,另一方面却实行着国民党五届五中全会决定了的"溶共、防共、限共、反共"的方针。这种欺骗性主要反映在第二届国民参政会的两次会议期间。第一次大会是在"皖南事变"后召开的,会议的焦点和会内外的中心议题是对"皖南事变"的善后处理。中共参政员以国民政府采纳中共中央提出的"皖南事变善后办法十二条"②和董必武、邓颖超两参政员提出的"临时办法十二条"③作为出席参政会的条件。蒋介石却利用国民参政会,为其反共行为辩解并且挑拨离间,诬蔑共产党参政员要求"有特殊的地位",④更倒打一耙说共产党"为本会造成不良之先例"⑤。正如当时延安《新中华报》社论所析:"说的是团结,做的是分裂;说的是民主,做的是反动;说的是抗战,做的是破坏抗战;说的是巩固国防,做的是破坏国防,这就是亲日派和政府当局目前的阴谋诡计,这也就是当前时局危机的公开秘密。"⑥第二次大会是日美在华盛顿举行谈判后召开的。以蒋介石为首的亲美派由于怕侵犯自己的切身利益,表示举国一致,表面上暂时同意共产党强调各党派共同抗日的主张。大会重申了抗战决心,通过了《实行民主保障人民合法自决权》等提案。但是自"抗战以来,关于人民自由权利的保障,人民几年前就要求过,政府几年前也答应了。而事实上,今天却仍需参政员诸先生来请政府注意。据此而论,如何把国人的文字变成真实的东西,这还得全国人民更大的推动和努力"⑦。口头是一样,而做的却与其相反,这就说明,"国民党及其政府当局利用参政会作为破裂反

---

① 《新中华报社论(延安)》,见《新中华报》,1941年3月16日。
② 毛泽东:《为皖南事变发表的命令和谈话》,见《毛泽东选集》,第2卷,北京,人民出版社,1952年,773～774页。
③ 四川大学马列教研室:《国民参政会资料》,成都,四川人民出版社,1984年,155页。
④ 国民参政会秘书处:《国民参政会第二届第一次大会记录》,南京,国民参政会秘书处,1941年,10页。
⑤ 国民参政会秘书处:《国民参政会二届一次大会对毛泽东、董必武等参政员未能出席大会时间的决议》,南京,1941年3月16日。
⑥ 《拥护我党七参政员拒绝出席本届参政会》,见《新中华报》(延安),1941年3月16日。
⑦ 《推进民主政治》,见《新中华报》(延安),1941年11月26日。

共工具的政策绝不会有所改变"①。

国民参政会的后期,国民党阴谋发动内战,国民参政会亦成为其推行反共政策,鼓励内战,粉饰独裁的御用工具。但是,反对内战、反对独裁的民主人士,利用国民参政会的合法讲坛继续同国民党反动派进行斗争,直至国民参政会最后收场。这大致表现在第三届国民参政会三次会议中。这一时期,国民参政会中反动分子日益增加,有利于抗日、民主的活动日益减少。国民党反动派一方面在国民参政会中对共产党及中间派加紧压迫;另一方面则在战场上出现了豫湘大溃败的现象。此届国民参政会的历次会议上,由国民党操纵会议进行的反共活动,较从前更为露骨和公开。第二次会议上,何应钦竟在作军事报告时"百端诬蔑第十八集团军及中国共产党,颠倒是非,信口雌黄,历时一小时"。中共参政员董必武当即据实提出质问并驳斥其造谣诬蔑。后来由于"CC"分子王普涵、王亚明等人的叫嚣,使会议无法继续进行下去。董必武同志当即向大会主席团提出为抗议何应钦对中共的诬蔑而声明退席。"事后国民党方面,一面封锁董参政员退席及抗议之消息;另一方面则挟其在参政会中之指定圈定的压倒的多数,继续制造反共决议,于二十七日(二十六日)强迫通过所谓《关于十八集团军之决议》,诬蔑共产党破坏政令军令之统一。"②在第三届国民参政会的三次大会上,国民党都违背人民团结愿望,利用国民参政会这个表决机器,"以绝对多数通过"③组织延安视察团、建立统一的国防军、确立军人不干预政治之制度等反共决议案。

总之,国民参政会的历史作用是复杂的,在每个历史阶段其作用亦不同,即使在同一历史阶段中,作用亦不是单一的。不过国民参政会在成立初期,"团结全国各种力量为抗战救国而努力的作用"也是明显的。正因为如此,中国共产党才"以最积极、最热忱、最诚挚的态度去参加国民参政会的工作"④。武汉、广州相继失守以后,随着国民党消极抗日、坚持反共政策的发展,国民参政会内部仅有的一点民主气息,一点向上精神尽被压抑。国民参政会日益成为国民党粉饰专制统治,欺骗人民群众的工具。特别是在第三届国民参政会的诸次大会上,国民党都把斗争的矛头公开地指向中国共产党及其军队,这反映了国民参政会这个所谓的"民意机关"向着国民党反共反人民的御用工具的倒退。

---

① 《拥护我党七参政员拒绝出席本届参政会》,见《新中华报》(延安),1941-03-16。

② 《中共参政员董必武为抗议何应钦对中共的污蔑声明退席》,见《解放日报》,1943 年 9 月 29 日。

③ 国民参政会秘书处:《国民参政会第三届第三次大会记录》,南京国民参政会秘书处,1945 年 3 月。

④ 毛泽东:《我们对于国民参政会的意见》,见《新华日报》,1938 年 7 月 5 日。

第六节　国民党政府官吏管理制度

国民党南京国民政府成立以后,为了巩固政治统治,在学习西方近代文官制度和借鉴南京临时政府等文官法的基础上,建立和推行了一整套较为完整的官吏管理制度。南京国民政府的官吏管理制度按历史发展顺序可分为三个阶段:第一阶段为十年内战时期,第二阶段为抗日战争时期,第三阶段为解放战争时期。本节主要分阶段阐述南京国民政府的官吏考试、任用、考绩、奖惩、待遇制度。

一、官吏制度的实施

孙中山早在辛亥革命前就设想建立新的文官制度。中华民国临时政府成立后,他立即付诸实践。首先,于大总统下设铨叙局,掌理官员任免、升迁等事务;其次,督令法制局编撰各种文官法草案。一个月内,《文官考试委员官职令草案》、《文官考试令草案》和《任官令草案》等被制定出来。然而,这些法案的产生适值南北议和,未经参议院审议通过,更未得到实施。[1]

袁世凯任大总统时期,相继颁布了《文官任职令》《文官保障法草案》《文官惩戒条例》,初步形成了一套文官制度。但实施却极为有限,唯一值得提及的是1916年的文官考试和1914年试验性质的县知事考试。

长期的吏治混乱引起了社会的广泛不满,来自广大知识分子和中下层官吏要求建立新的官吏秩序的呼声越来越高。先进的知识分子大量汲取西方资本主义社会政治学说的养料,从国家进步的角度出发,把近代文官制度作为资本主义民主政治的重要内容加以宣传和倡导,要求建立新的文官制度。中国广大旧文人历来把学优登仕视为功成名就的理想和希望,把谋得一官半职视为重要出路。科举废除后,广大旧文人丧失了"入仕"机会。他们从利己的角度激烈抨击混乱的吏治,也要求建立新吏制。旧官场每逢长官撤换,总有大批官吏随之更动,有时如疾风扫落叶,无一幸免。这使中下级官吏缺乏稳定感,十分羡慕西方公务员制度对事务官的保障,希望无论政策变化、长官更替,自己都能凭借个人才学,在政府中稳定升迁。总之,官吏任用的混乱,使国民党政权行政效率低下,人事管理十分混乱。为了提高政府行政效率,加强对人民的管制,南京国民政府不得不改进其官

---

① 董卉:《南京政府公务员制度(1930—1937)考析》,见《近代史研究》,北京,1992(2):16页。

吏管理制度。

吏治腐败,已有的官吏管理制度声名狼藉,这是南京国民政府推行规范的官吏管理制度(或称公务员制度)的另一个重要原因。南京国民政府建立以后,在政治上放弃了孙中山的联俄、联共和扶助农工的三大政策;在组织上排斥中国共产党和广大进步人士;在人事方面,实行任人唯亲的政策,以对待蒋介石和国民党右翼的政治态度作为任用官吏的标准,强调"在国民党内从事革命的历史"。这里所谓"革命的历史"并不是跟随孙中山从事反帝反封建斗争的历史,而是指跟随蒋介石反共的历史。由于在用人问题上以蒋画线,造成一批投机政客、腐化分子混进南京国民政府,致使官吏素质不断下降,政府行政效率低下。为了加强对文职官员的管理,巩固国民党的统治,南京国民政府也迫切需要推行规范的官吏管理制度。

再从实践基础看,临时政府和北洋政府的文官法,都是参照西方公务员制度制定的,在许多方面不同于封建的官吏管理制度,开始向近代文官制迈近。第一,它开始区分政务官与事务官,将行政官员分为总统特令任命与铨叙局资格任命两部分,即将文官分为特、简、荐、委四等,特任为政务官,不受资格限制,由大总统特令任命,并可随时免职。特任以下事务官,依任用法由铨叙局任命,并受文官保护法保障,不得任意免职。第二,结束中国长期以来实物俸禄的历史,官俸一律以货币支付,并由年俸向月俸过渡。第三,将文官的范围由单纯的行政扩展到外交、司法、技术、警察。第四,废除封建的举荐、捐纳和荫庇,规定了事务官的任用一律以资格为根据。所有这些为南京国民政府制定规范的官吏管理制度提供了实践基础,并在此基础上作了重要变动。如在官吏的选拔方面,南京国民政府实质上与北洋政府一样都不重视以考试选拔文职官员,但是相对而言,南京国民政府还是增加了考试的种类和选拔的人数。在机构的设置方面,南京国民政府增设一批人事管理机构,如考试院、人事处、人事室等。考试院是中国近代第一个大型的考选铨叙机构,人事室是中国近代地方第一批独立的人事管理机构。这些机构的建立为规范的官吏管理制度(公务员制度)的制定和推行提供了组织保证。此外,南京国民政府还公布许多规章条例,对官吏考试、任用、考绩、奖惩、待遇等作了具体的规定。1933年3月1日,南京国民政府公布《公务员任用法》,标志着近代公务员制度的初步确定。以后,南京国民政府逐步将"官吏"字样改为"公务员"。①

需要指出的是,虽然从20世纪30年代以后,南京国民政府加紧推行公务员制度,但由于诸多因素的干扰,使得实践的效果相当差。首先是中央专制政权的

---

① 本节出于时间跨度上称谓的一致,在大标题处仍用"官吏"代替"公务员",但在具体内容阐述时则有所互换。

干扰。国民政府为了专制统治的巩固和长久,一面借用西方公务员制度,另一面又限制和破坏公务员制度,破坏考试院制定有关条款,将国民党党员和国民党军队的退伍军人塞入公务员队伍,保护他们免受公务员法的约束和冲击,限制非国民党党员进入政府,使公务员法具有浓厚的党治和军治色彩。其次是地方实力派的干扰。文官管理的公务员制度化过程,是中央集中用人权统一全国人事管理的过程。通过人事的统一管理,中央与地方之间,地方与地方之间可以互调、轮换、流动,达到调剂人才的目的。各地方实力派却把它看成是蒋介石集团进行人事浸透、瓦解实力派统治基础的阴谋。对公务员制度采取了坚决抵制的态度,阻挠公务员法的制定和推行。最后是连绵战事的干扰。总体来看,公务员制度在抗战之前的推行效果相对较好,而到了抗战时期及至解放战争时期,则公务员制度的推行步履维艰,流于形式,甚至是连形式都没有。其间缘由,不可否认连绵战事在很大程度上冲击了公务员制度的推行。而最重要的原因是蒋介石推行个人专制统治,任人唯亲,赏罚不明,是非不分,根本上欠缺推行公务员制度的决心和诚意。以上诸种因素就决定了南京国民政府推行公务员制度的实践效果相当差。但我们并不能因此而否认南京国民政府所制定的公务员制度本身有其借鉴意义,这也正是为什么我们要研究它的出发点。

二、官吏考试制度的变迁

人才通过考试而成为国家官吏,这正是中国古代选官制度上的一大精华。西方文官考试制度亦是汲取中国科举考试制度的精华而发明了国家公务员考试制度。这种制度亦被现代中国而吸取,并与中国传统的科举制度相结合,形成了具有现代中国特点的新型考试制度。

(一)十年内战时期的考试制度

南京国民政府从 1930 年成立考试院后,就着手推行公务员制度。在考试制度方面,南京国民政府先后公布了《考试法》和《考试法施行细则》,对考试的内容、种类、应考资格及考试的时间、地点作了详细的规定,建立了一套较为系统的公务员考试制度。

南京国民政府的公务员考试制度形式上仿照广州国民政府时期的考试制度,将参加考试的人员分为任命人员和专门技术职业人员。在考试的种类方面,公务员考试分为高等考试、普通考试和特种考试三种。在考试时间方面,为每年举行一次或隔年一次。[1]

普通考试和高等考试程序上一样，都分为三试，基本内容也一样。一试注重通才，是基础知识考试，包括党义、国文、宪法等；二试为专门知识考试，是为不同类别的考试人员设立的专业知识考试；三试为面试和成绩审查，考查应考人的处理问题的能力。所不同的是，高等考试是每年或次年在京城举行，其主考官为中央特派，考试及格者由考试院分发中央和地方以荐任职任用；普通考试则在京城和各省区举行，其主考官由国民政府简派，考试及格者由举办单位以委任职分发到本地各机关任用。

南京国民政府时期的公务员特种考试是一些特殊的任用机关，需要专门技术人员，由于考试要求资格与高等考试和普通考试不同，因而任用机关可以向考试院提出申请，另行专门考试。这类专门的技术人员主要指邮电、海关、财务、教育、会计、盐务等。

为了保障正式考试的顺利进行，南京国民政府建立了一套较为系统的监试制度和检定考试制度。1930 年 11 月 25 日国民政府首次公布《监试法》。1933 年 2 月国民政府修正《监试法》，法律对考试全过程作了具体明确的规定。检定考试是南京国民政府时期应考资格的考试。凡参加公务员考试的人员，首先必须通过检定考试。检定考试分为高等检定考试、普通检定考试和中医师检定考试三种。考试及格者，由检定考试委员会发给及格证书，获得参加各类考试的资格。

（二）抗日战争时期的考试制度

抗日战争爆发后，国民党政府丢失了大片国土，加上国民党统治区考试机构十分混乱，各种公务员考试均已无法正常进行，针对上述情况，国民政府对公务员考试的方式、方法作了重大的修改和变动。

1937 年 11 月，国民政府考试委员会拟订了《非常时期特种考试暂行条例草案》，制定了在抗日战争时期变通公务员考试的"基本立法原则"。1938 年 10 月、11 月，国民政府考试院又相继公布了《非常时期特种考试条例》和《非常时期特种考试实行细则》。在上述法规中，国民政府对抗日战争时期公务员考试"变通"的办法，作了原则性的规定，如取消定期举行考试的制度；取消试务处；举行特种考试应不设典试委员会，由考试院派员办理考试的具体事务；各种考试条例，由考试院根据实际情况决定；各类考试分为初试和再试。

《非常时期特种考试条例》等条例的公布，在试题拟定、资格审查、分类分科方面都转向降格和简单，特别是各类考试分为初试和再试，更是实质上降低了公务

---

[1] 林代昭：《中国近现代人事制度》，北京，劳动人事出版社，1989 年，217 页。

员考试的要求。因为按规定,初试通过以后,就可以进入机关"予以训练或分派学习",然后参加再试,这样,在初试及格以后,事实上等于录取,以后的再试由于有本机关的训练,变得很容易就可以通过。而初试的考试往往也简单,这样,普通公务员考试的要求就显著降低了。

抗日战争时期,国民党政府降低公务员考试要求,在客观上由于当时处于对日作战,需要简化考试手续。这本来是可以理解的,问题在于,当时国民党统治区吏治十分腐败,由于放宽考试的限制,把典试、试务作业交给任用机构,这就使考试中的营私舞弊更为盛行。在考试中,各主办机构均可以"根据实际情况而定"为名任意招收人员,这就使原来已经十分混乱的考选制度,越发变得徒有虚名。

(三)解放战争时期的考试制度

这一时期的公务员考试制度由于抗战胜利后,国民党政府推行了所谓的"制宪"和"行宪",在"行宪"后对公务员考试制度作了修改,故又可称为"行宪"后的公务员考试制度。

南京政府颁布宪法后,根据宪法中关于"公务人员之选拔,应实行公开竞争之考试制度"的规定,对考试制度进行了调整,并于 1947 年 7 月 21 日公布了修订后的《考试法》。南京政府为了鼓励公务员忠于职守,在"行宪"后特建立了升等考试制度,并于 1948 年 12 月 11 日公布了《公务人员升等考试法》,并使它与《公务人员考绩法》相辅而行,即公务人员的升等,兼采用考绩升等及考试升等。

高等考试和普通考试是南京政府"行宪"后选拔公务人员的主要方式。1948 年 9 月 18 日,南京政府发出举行"行宪"后第一次高等考试与普通考试的公告。公告对考区划分、考试资格、考试类别和考试程序都作了明确规定。这个公告发布后,由于南京政府在军事上迅速溃败,其政治统治很快被推翻,所以"行宪"后的高等考试和普通考试实际上并没有举行。

三、官吏任用制度的演变

通过考试而选拔官吏,随之而来的便是官吏的任用制度。综观南京国民政府的官吏任用制度主要包括官吏甄别审查、登记、分类、任用资格、任用程序及回避制度等。对此,南京国民政府发展不同阶段又有某些差异。

(一)十年内战时期的任用制度

官吏的甄别审查。南京国民政府建立初期,中央和地方机关十分混乱。为统一用人权,建立和推行新的文官制度,必须对旧官吏进行一次普查和淘汰。这项工作是由甄别审查完成的。

甄别审查是对现有官吏的审查,其标准分为资格和成绩两大类。资格是公务员的学识和经验程度。成绩是平时的工作成绩。资格分为"革命功勋"、学历、经历、考试及格四种。成绩类由各机关首脑和各级长官根据属僚、属吏的平时工作成绩予以评判,分别等差。等差分为甲、乙、丙、丁四种。按以上标准,审查结果为合格、降级、降等、不及格和不予甄别五种。考试院将审查结果上报国民政府或通知机关,不及格和不予甄别者予以免职,合格者按照原官等发给证书,仍以原官任用,降级、降等者按照应降等级发给证书,以应降之等级任用。

甄审以及随后的现有官吏登记是对混乱的官吏队伍采取的第一次强制性措施,是公务员制度建立不可缺少的一步。它对《公务员任用法》的制定具有重要意义。公务员任用资格规定过宽,不足以防仕途之滥,过严不足以网罗人才。甄审对官吏素质水平的调查,为制定资格适当的任用法提供了依据。

公务员的分类管理。南京国民政府对公务员实行分类管理,依产生方式不同,把公务员分为政务官和事务官。由国民党中央政治会议议决任命,不需经过铨叙的公务人员为政务官;由国民政府任命的公务人员为事务官。南京国民政府时期,政务官和事务官的区分并不十分严格,事务官可以晋升为政务官,政务官也可以转为事务官。公务员所包含官吏的种类不同,级别也不尽相同,为了便于管理,南京国民政府将公务员分为四等37级。第一等为特任,只有1级。主要包括国民政府的主席、五院的正副院长、各部部长、国民政府的文官长、参军长、行政院的秘书长、各省主席及驻外的大使。第二等是简任官员,共分为8个级别。主要官员有中央各部的次长、参事、局长;各省行政督察专员,地方各省,厅,局长,直属处长;驻外公使、总领事、技术官技监等。第三等为荐任官,共分12级。主要有中央同各部和各省(市)的科长、部分科员和地方上的县长、技术官技正。第四等是委任,共分16个级别。主要人员是中央及地方的科员、技术官技士。

公务员的任用资格。南京国民政府时期公务员需要具备一定的资格,不具备资格的公务员不得任用。关于公务员的任用资格,1929年10月公布的《公务员任用条例》和1933年的《公务员任用法》中作了非常详细的规定。《任用法》将考试及格作为任用的第一资格,规定凡"经高等考试及格或高等考试相当之特种考试及格者"有资格任荐任官;"凡经普通考试及格或与普通考试相当之特种考试及格者",有资格任委任官。各机关在任用荐委任官员时,"应就分发之考试及格人员优先任用"。学历也是任用的资格之一,"在学术上有特殊著作或发明,经审查合格者",可任简任官;在"教育部认可的国内外大学毕业而有专门著作经审查合格"者,可任荐任官;"专科以上学校毕业"者,可任委任官。任官经历也属任用资格之列:当荐任官升为简任官时,须曾任最高级荐任官两年以上;委任官升荐任官时,须曾任委任官两年以上；委任的任用须曾连任雇员三年以上。勋劳和工作年限也作为一项任用资格："曾于中华民国有特殊勋劳，或致力革命十年以上而有勋劳者"，可为简任；"七年以上而有成绩"者可为荐任；"五年以上而有成绩者"可为委任。

《任用法》还明确了各级官的任用程序。它规定，各机关将拟任简、荐职人员呈报国民政府内政部，内政部转交考试院审查，合格后由内政部以国民政府名义任命。委任职的任用由上级长官委任。

（二）抗日战争时期的任用制度

这一时期的公务员任用制度主要表现为在坚持《公务员任用法》的基础上，建立了人事统一管理制度。1940年12月27日，国民政府国防最高委员会讨论并制定了《党政军各机关人事机构统一管理纲要》。考试院铨叙部根据纲要的有关规定，又拟定了《人事管理条例》共11条，分别对人事管理机构的设置，人事管理机构的职责，以及人事管理人员的任用和监督作了详细的规定。1942年9月6日，国民党政府正式公布了《人事管理条例》，同时还决定废止1939年12月20日颁布的《各机关人事管理暂行办法》。至此，人事统一管理的制度正式建立。

《人事管理条例》颁布后，国民党政府为了加强人事管理工作，对人事管理人员的任用方法进行了明确规定，将一般公务人员任用过程中的简荐、委任制度第一次运用于各级人事管理人员的任用。其具体规定如下：考试院铨叙部部长为特任职（相当于现任的政务官）；铨叙部次长为简任职；人事处处长为简任职；人事室主任为荐任或委任职；人事管理为委任职；人事处所分之科、人事室所分之股，其主任科员（或办事科长）为荐任职，科员和助理员为委任职。人事处处长、人事室主任和人事管理员为主管人员，其余为佐理人员。主管人员的任免由铨叙部依法办理，佐理人员的任免由各该主管人员拟请铨叙部或铨叙处依法办理。

（三）解放战争时期的任用制度

《公务人员任用法》的颁布。南京政府宣布实行"宪政"后，根据《中华民国宪法》的有关规定，对公务人员的任用制度作了调整。1949年1月1日，南京政府明令废止1935年11月13日修正公布的《公务员任用法》，并于同日另行公布了《公务人员任用法》。在这个法规中，南京政府废除了原有公务员任用法中一些与宪法条文不符的规定，并对公务人员的任用制度增加了一些新的内容。1949年1月6日，考试院制定公布了《公务人员任用法施行细则》，对《公务人员任用法》的内容及实施办法作了详细的解释。然而，随着国民党在军事上的失败，南京政府很快被推翻，《公务人员任用法》也未能实施。

公务人员的任用标准和任用等级。南京政府为了标榜其所谓"民主"和"宪政"的精神,对原来的公务人员任用标准作了某些改变,确定了新的任用标准:规定以考试及格或铨叙合格者为任用标准,规定公务人员的才学应与所担任的职务相当,公务人员任用的范围禁止扩大。"行宪"后,南京政府把公务人员仍设置为简任、荐任、委任三等,但把各等新分设为一、二、三阶,必要时可设副职。这三等仅指事务官而言,如果把政务官和机关雇员包括在内,则公务人员可分为以下五个等级,即特任职、简任职、荐任职、委任职和雇员。

公务人员任用的程序。根据《公务人员任用法》的规定及其施行细则的解释,"行宪"后,公务人员任用有以下程序:其一,考试举行完毕后,由铨叙机关将考试及格人员按种类分发相当机关任用或学习。其二,初任人员先予试用一年,试用成绩合格,予以补实;但未具服务经历者,得依其职务,于试用前学习一年。其三,各等阶人员任用的具体程序是,委任职由主管机关就有任用资格者遴送铨叙机关审查合格后委任;荐任职由主管机关就有任用资格者开列名单送铨叙部审查合格后,送还原主管机关荐任;简任职由主管机关就有任用资格者开列名单附具详历说明,送铨叙部审查合格后,送还原主管机关请予简任。其四,公务人员经依法任用后,就发给资历证,凡考试任免、考绩奖惩及其他与人事管理有关事项,应由铨叙机关或人事管理机构分别予以记载,作为法定证明文件。

公务人员任用的回避制度。《公务人员任用法》第十二条规定,各级主管长官对于其配偶及三亲等以内的血亲姻亲,不得在本机关内任用,或任用为直接隶属机关之长官。但应回避人员之任用,在该长官接任以前不受前项的限制。规定和实行回避制度,是建立健全公务人员任用制度的一个重要方面。南京政府在"行宪"之后规定公务人员任用的回避制度,这一点是值得借鉴的。当然,南京政府不可能真正施行这项制度,且法规未得到施行,就是从当时实际官场看,流行于国民党官场的用人标准是"非亲即故,以长官之好恶、亲疏为进退人员之标准"[1]。

四、官吏考绩制度的沿革

考绩制度是官吏升迁的基础,应时而变的考绩制度的产生对南京国民政府统治具有重要意义。

(一)十年内战时期的考绩制度

考绩是公务员管理的重要环节,用以作为公务员晋升、降级、任免和待遇的重要依据。通过考核,可按素质高低以功绩大小选拔人才,防止以好恶、恩怨为标准

---

① 林代昭:《中国近现代人事制度》,北京,劳动人事出版社,1989年,216~219页。

用人。促使公务员尽心尽责,提高效率。

1929 年 11 月,考试院建立之前,国民政府就公布了《考绩法》。由于缺乏经验,此法有许多漏洞。1935 年 7 月,考试院又制定出《公务员考绩法》,将过去一年两考改为一年一考,三年一总考。年考每年 12 月举办,奖惩分为六等。它将考绩与晋级、升等与解职联系起来,奖优罚劣。总考和年考的最高奖励分别为升等和晋级,最高惩罚是解职。为防止各机关利用考绩徇私舞弊,以晋级升等做交易,《公务员考绩法》还对晋级、升等和解职率作了硬性规定,晋升的比率为:简任官每年人数不得超过 1/3,荐任官不得超过 1/5,委任官不得超过 1/7。荐任官升等不得超过现有荐任官的 1/10,委任官不得超过 1/20。使各机关每年公务员的平均晋升率限制在 22.3% 以下,升等率在 5% 以下。年考的解职率为 2%,总考的解职率为 8%,解职后所留空缺,以考试及格人员补充。[①]

《公务员考绩法》公布的时间比较晚,仅仅主持了两次考绩(1935 年、1936 年),加之抗战爆发,考绩在实施上受到影响,收效有限,仅从数字上看,第一届考绩人数为 8239 人,第二届为 8882 人,还不及全国公务员总数的 1/20。然而考绩法诞生的本身就是一个成绩。经中国古代历代的继承和发展,形成了一整套完整的考课(绩)制度,但至清朝后期便名存实亡了。在考绩荒废了近百年后,国民政府制定考绩法,恢复和确立考绩制度,无疑是具有很大意义的。另外,考绩制度的初步实施,亦起到提高行政效率的作用。

(二)抗日战争时期的考绩制度

抗日战争时期,国民党政府为了加强对公务员的管理,并使考绩工作适应抗战环境的需要,对考绩制度进行了调整。1939 年 12 月,国民党政府废除了 1935 年制定的公务员考绩法和公务员奖惩条例,另行颁布了《非常时期公务员考绩暂行条例》。其主要内容有:(1)采用年考制,其应考绩人员须经审查合格后任用一年者为限,不再举行总考;(2)考绩奖惩的内容在考绩条例中一并作出规定,不另定法律;(3)废除升等员额限制及年考总考必须淘汰人员的办法;(4)规定公务员的考绩以平时考查和每月记录作为依据;(5)规定工作学识操行的具体标准原在施行细则现移入本法;(6)增定了考绩成绩优良人员无等可升或无级可晋的奖励办法;(7)为奖励成绩特优、任职较久的公务人员特给奖章;(8)为奖励战地服务人员能确实完成任务的特给勋章;[②](9)规定公务员考绩的种类为平时考绩、年终考绩、临时考绩三种;(10)规定公务员的考绩程序依次为:初核、复核、核定登记和执行。

---

① 董卉:《南京政府公务员制度(1930—1937)考析》,见《近代史研究》,1992(2):16 页。
② 林代昭:《中国近现代人事制度》,北京,劳动人事出版社,1989 年,293 页。

上述公务员考绩暂行条例颁布后，一直沿用到1943年，同年12月26日，国民党政府对该条例进行了修改，定名为《非常时期公务员考绩条例》。此外，另制定了考绩条例施行细则23条。这个考绩条例对考绩年资、考绩奖惩等方面的规定有所放宽。抗日战争胜利后，国民党政府对《非常时期公务员考绩条例》又作了修改，并充实了一些内容，定名为《公务员考绩条例》，于1945年10月30日公布施行。

（三）解放战争时期的考绩制度

这一时期的考绩制度基本上没有变化，就是沿用前制。"行宪"后考试院的铨叙部依职责亦开展过甄核考功工作，但成效不大。

五、官吏奖惩制度的完善

官吏奖惩制度是奖勤惩罚的重要手段，是激励官吏忠于南京国民政府重要措施，它对于巩固其统治基础具有重要作用。

（一）十年内战时期的奖惩制度

公务员的奖励。南京国民政府对公务员的奖励分为升等、晋级、记功三种。升等就是提升官等。晋级即为晋升公务员的级别，晋升时一般升级不晋等。记功即对公务员予以记功奖励，总成绩列三等的公务员可以记功一次。另外，为了便于表扬成绩突出的公务员，南京国民政府于1935年11月1日颁布了《褒扬条例》，规定凡德行优异，热心工作的公务员均可受表扬。为了鼓励公务员为国民政府效劳，南京国民政府于1933年12月2日公布了《颁给勋章条例》，规定凡有功于中华民国或社会者，均可授予勋章。

公务员的惩罚。公务员的惩罚分为记过、降级使用和解除公职三种。记过即对公务员进行记过处分，按《公务员奖惩条例》规定，公务员总成绩列五等的要受记过处分。降级，就是降低公务员的级别（包括降等），公务员总考绩列六等的要被降级、降等使用。解除公职，就是将成绩较劣的公务员开除出公职人员队伍，不再留用。这是对总考绩列最低一等公务员的惩罚。

公务员的奖惩程序。简任职或荐任职公务员的奖罚经核定后，除解职应由铨叙部通知主管机关并提请考试院转呈国民政府免职外，其他惩罚和奖励由铨叙部通知各该主管机关分别办理。委任职公务员由铨叙部审查核定后通知各该主管机关办理。需要指出的是，南京国民政府将镇压革命人民列为考绩和奖惩的首要标准。它颁布的《剿匪期内各级行政人员奖惩条例》规定："凡击破、俘虏大股赤匪、土匪（指共产党领导的红军和党的地方武装）的，收缴枪支十支以上，对于剿共有重大贡献的公务员,均要受奖励,而对于剿共不力的公务员则交予有关机构严惩。"

（二）抗日战争时期的奖惩制度

奖惩的种类。抗战时期,公务员奖励和惩罚的种类比十年内战时期有所增加。其中奖励的种类分为晋级、加俸、奖金、勋章、奖状、记功等七种;惩罚的种类分为免职、降级、减俸、申诫、记过、留级六种。

奖励的具体标准和方式。晋级:经考绩总分数在 80 分以上的简任职公务员晋升一级,荐任委任职公务员晋升二级;总分数在 70 分以上的荐任委任职公务员晋升一级。加俸:公务员因考绩应晋级而无级可晋者,予以加俸。已晋升至各该官等最高级的人员,简任职给予年功加俸;荐任委任职给予简任荐任待遇;已晋升至各该职务最高级的人员给予年功加俸。奖金:经考绩总分数在 70 分以上的简任职公务员可酌给一个月俸额以内的一次奖金。勋章:"在战地服务人员,对于抗战直接有关工作能按照任务确实完成卓著效绩者",考绩时除依考绩条例给予奖励外,并得依勋章条例授予勋章;公务员在同一机关连续服务满 10 年,有 5 次考绩总分数在 80 分以上者,依勋章条例授予勋章。奖章:公务员连续任职在 5 年以上,有 3 次考绩总分数均在 80 分以上的,由铨叙部呈请考试院给予奖章。奖状:公务员因考绩应晋级,但有下列情形之一时改给奖状:(1)试署人员改为实授已予晋级至考绩时未满一年者;(2)升任职务已予晋级至考绩时未满一年者;(3)在考绩举行前已经晋级者。记功:各机关主管长官对于所属公务员进行平时考绩时,对其中表现优良的予以记功。

惩罚的具体标准和方式。免职:经考绩总分数不满 50 分者,予以免职处分;平时考绩时有三次大过者,也予以免职,并得视其情节依法交付惩戒。降级:在考绩时总分数不满 60 分者,降一级。此外,在平时考绩时有大过二次者,也给以降级处分。减俸、申诫和记过:公务员平时记过三次者,年终考绩时以记大过一次论,予以减俸处分;在年终考绩时,总分数虽在 60 分以上,但其工作分不满 30 分,操行或学识有一不满 15 分者仍以不合格论,分别酌予申诫、记过或减俸。此外,"公务员因考绩应降级而无级可降者,依其级差数目比例减俸"。留级:公务员在年终考绩时分数为 60 分以上者,虽为考绩合格,但不予奖励,而予以留级处分。[1]

（三）解放战争时期的奖惩制度

南京政府"行宪"后,为了维护其统治,强化了对公务员的管理。这表现在公务员的奖励制度基本上沿袭前制,而严格了公务员的服务纪律和惩戒处分。我们

---

[1]　林代昭:《中国近现代人事制度》,北京,劳动人事出版社,1989 年,297～298 页。

在此就对后二者的内容作一简要介绍。

公务员的服务纪律。为了整顿公务员的纪律，南京国民政府于 1939 年 10 月公布了《公务员服务法》。1947 年 7 月 11 日，南京政府重新修订和公布了《公务员服务法》。修订后的《公务员服务法》共有 25 条，对公务员的服务制度作了以下规定：(1)忠实义务：公务员应遵守誓言，忠心努力，依法律命令所定执行其职务；(2)服从义务：公务员对上级长官所发命令有服从义务，但对两级长官同时所发命令，以上级长官之命令为准；主管长官与兼管长官同时所发命令，以主管长官之命令为准；(3)保密义务：公务员无论现职或退职，均不能泄露机密事件；同时未得长官许可，不得以私人或代表机关名义，任意发表有关职务之谈话；(4)保持品位义务：公务员应诚实清廉，谨慎勤勉，不得有各种足以损失名誉之行为；(5)执行职务之准则：公务员执行职务，应力求踏实，不得以权谋私；(6)就职之规定：公务员接奉任状后，除特殊情况外，应于一个月内就职，有正当理由需延长者，应经主管高级长官特许；奉派出差，至迟应于一个星期内出发，不得借故迟延、私自回籍或往其他地方逗留；平时办公，应依法定时间，不得迟到早退；(7)兼职和投资之限制：公务员除法令所定外，不得兼任他项公职或业务，其依法令兼职者，不得兼薪及兼领公费；公务员投资于非属其服务机关监督之农、工、矿、交通等业的股份公司并成为股东，其股份总额不得超过所投资公司股本总额 11%，此外，公务员不得经营商业或投机事业。

公务员的惩戒。南京政府惩戒公务员的依据是《公务员惩戒法》。它是 1931 年 6 月 8 日公布施行的，以后经过几次修正。1947 年 7 月 1 日，南京政府对该法又作了一次修正。修正的内容有：(1)增加惩戒处分的种类，即增加"休职"类。此项休职，"除休其现职外并不得在其他机关任职，其时间至少为 6 个月；休职期满，准许复职"；(2)休职、降级、减俸、记过对于政务官不适用；(3)被惩戒人不论是政务官或者事务官概行移送公务员惩戒委员会审议；(4)惩戒机构由原来的多个机构，减少为只剩下司法院公务员惩戒委员会负责惩戒总统、副总统以外的各类公务员。

六、官吏待遇制度的变化

待遇是官吏为国服务、有义务遵守国家规定的法纪，同时也有权利获得国家保障。它包括职位保障、薪俸、退休、抚恤等。

（一）十年内战时期的待遇制度

职位保障：它是指公务员（事务官）在没有受刑法、惩戒法的宣判和处分的情况下受国家保护,任何人和机关不得予以随意免职,从而保证政府机构的稳定,使公务员安心工作,增进效率。中国历来没有官吏职位保障的传统,官吏随时有被解职和调任的可能,国民政府也始终没有制定和实施保障法。然而,为了保持政府工作的稳定性与连续性,减少人员大变动,国民政府曾有针对地采取了一些限制。1928 年,国民政府下令:"嗣后事务官不应随政务官每到一地便人员大换班,影响机关正常运转。"1934 年,国民政府通令,甄别审查合格人员为合法国家公务人员,各机关"不得无故免职"。后又在《公务员惩戒法》中规定,公务员"非依本法不得惩戒"。

薪俸:薪俸在国民政府建都南京后没有统一规定,官等官俸十分混乱,同等同级的人员待遇往往悬殊很大。为便于统一管理,考试院参考各国俸给法规,考察各地经济状况。在北洋文官俸给表例基础上起草了以官等支付薪俸的《文官俸给条例》,并附有文官俸给表草案(后改为《暂行文官官等官俸表》)。修改后的官俸表将各官等之间增加了一些级别,使公务员有了经常升迁的机会。1933 年 9 月,国民政府正式公布俸表,规定今后新任行政人员一律以该表为依据,其他俸给条例一律不得使用。

抚恤:它是政府对因公伤、病退职的公务员以及公务员亡故后其家属的经济补助。国民党政府初期没有制定《抚恤法》,沿用了袁世凯时期的《文官恤金令》。此令所规定的恤金十分苛刻,公务员病退或死后无保障。它的最大弊端在于迫使公务员在服务期间为日后积累钱财,利用职权受贿贪污,敲诈勒索。国民党政府于 1934 年 3 月公布了《公务员恤金条例》,大大提高了恤金金额。同时力图使抚恤制度更加完善,减少漏洞,又颁布了《公务员恤金条例施行细则》三十三条,规定恤金分为终身恤金、一次性恤金和遗属恤金,并对不同情况的退休和病、故人员的恤金作了详细规定。1943 年公布的《公务员抚恤法》便是在这两个法令基础上产生的。

(二)抗日战争时期的待遇制度

公务员的薪俸。抗战时期,国民党政府仍实行按官等支付公务员薪俸的办法,但对官等的规定有所改变。1941 年 9 月 27 日,国民党政府对《文官官等官俸表》进行了修正。根据该表的规定,公务员的任别分为特任、简任、荐任、委任四种。其中特任只有一级,俸额为 800 元;简任分八级,第一级为 680 元,从第二级至第五级每级递减 40 元,从第六级至第八级,每级递减俸额 30 元;荐任分 12 级,第一级为 400 元,第二级至第 12 级每级递减俸额 20 元;委任分 16 级,第一级为 200 元,第二级至第四级每级递减 20 元,第五级至第九级每级递减 10 元,第 10 级至第 16 级每级递减 5 元。1943 年 4 月,国民党政府又制定和颁布了《公务员叙级条例》,对公务员俸级的起叙、晋叙、比叙、降叙、改叙的标准作了规定。此后,国民党政府又制定了《雇员支薪考成规则》《公务员支给薪俸限制办法》《公务员铨定薪俸名册造送审核办法》等法规，对公务员薪俸的发放规定作了进一步的补充。

公务员的退休：关于公务员的退休，国民党政府在十年内战时期没有专门的法规进行规定，只是在《官吏恤金条例》和《公务员恤金条例》中有所涉及，到了抗战时期，才把退休与抚恤分开。1943 年 11 月 6 日，国民党政府颁布了《公务员退休法》，该法对退休法适用的范围、退休种类、退休金发放的标准和数量、退休金的取消等都作了详细规定。

公务员的抚恤：抗战时期，为抚慰殉职病伤的众多公务人员，从 1937 年 7 月至 1943 年 6 月，国民党政府机关与军事机关先后制定和颁布了《抗战伤亡文职人员从优核恤标准》《文职人员战地守土伤亡奖恤审核程序》《战时乡镇保甲长暨联保主任因公伤亡给恤标准》《法官及其他司法人员恤金审核办法》等一系列临时性抚恤法规，对各类公务员的抚恤作了很多具体规定。1943 年 11 月 6 日，国民党公布了《公务员抚恤法》，对除巡警外以组织法规定有员额、等级，并经铨叙合格或准予任用派用有案的公务员的抚恤，对抚恤金的种类、数量、领受与停止等均作了系统的规定。

（三）解放战争时期的待遇制度

公务员的薪俸：由于南京政府发动全面内战，军费支出浩繁，加上国统区经济趋于崩溃，物价飞涨，因而严重影响了公务人员的生活。在这种情况下，南京政府对公务人员的薪俸不得不作出调整。1947 年 5 月 9 日，南京政府规定，对于军、公、教人员的生活，凡底薪在 30 元以下者，照生活指数发给，超出者分级照指数折扣发给。1948 年 1 月 13 日，南京政府又规定，公教人员发薪，以 30 元为基础，按指数发给；30 元以上按指数发给 1/10，每三个月调整一次。1949 年 1 月 1 日，南京政府虽然公布了《公务人员俸给法》，但因国统区经济已处于崩溃状态而无法实行此法，不得不于同年 3 月 5 日又临时作出规定，即公务人员的待遇按生活指数发薪，把薪金基数提高到 60 元，60 元以上至 300 元者，发 20%；超过 300 元者，发 10%。[①]

公务员的退休：《公务人员退休法》是南京政府在 1943 年 11 月制定公布的。"行宪"后，南京政府对该法作了两次修订，作出了新的具体规定，如增列命令退休；将申请退休人员之年退休金给予百分比提高，最低为 45%，最高可达 60%；任职 15 年以上，年龄已满 60 岁，或任职 30 年以上之申请退休人员（包括其他法定情形），除给予规定百分比之年退休金外，其一次退休金均给予四个月俸。此外还

---

① 林代昭：《中国近现代人事制度》，北京，劳动人事出版社，1989 年，325～326 页。

有许多细致的规定,在此并没有完全列举出来。

公务员的抚恤:1947 年 6 月 25 日,南京政府对《公务员抚恤法》进行修订,重新公布。其修订的内容主要有:兼领遗属年抚恤金及一次抚恤金的要求与方式;遗属一次抚恤金的计算与领取;抚恤给予随现职人员待遇调整比例增给,但一次抚恤金之增给,以待遇总额的 50% 为限;年抚恤金给予,以 20 年为限。

第七节　国民党政府的军事制度

毛泽东同志曾经说过:"蒋介石代替孙中山,创造了国民党政府的全盛的军事时代。他看军队如生命,经历了北伐、内战和抗日三个时期。……为了反革命,他创造了一个庞大的'中央军'。有军则有权,战争解决一切,这个基本点,他是抓得很紧的。"[①]毛泽东同志一针见血地指出蒋介石"看军队如生命"的要害。依靠在北伐战争中篡夺国民革命军军权起家的蒋介石,深知军队在国家政权中的地位及其对巩固阶级统治的重要作用。

一、国民党政府的军事制度

"看军队如生命"主要体现在军权集中这一点上,为此,蒋介石建立了庞大的中央军。从制度层面讲,主要包括兵役制度、军事教育制度、军事人事管理制度、转业制度等。

(一)军事制度的基本特点

纵观国民党政府统治时期,其军事制度变化较大,综合起来,主要有以下几点[②]:

第一,军权集中。蒋介石在国民政府统治的 20 年中,虽然变换过这种、那种手段,但始终未放弃对军队的掌握。他任总统后,把法定应属于行政院的国防部队以及全国军队,都掌握在自己的手中,师以上的人员更调,都要由他亲批,军政大权集于一身,实行独裁统治。

第二,以军制改变或整编消灭异己。国民政府成立后,地方非嫡系军队(所谓杂牌军)大量存在,其中较著名者有东北军、西北军、川滇军、桂军、晋军、粤军等。

---

① 毛泽东:《战争和战略问题》,北京,人民出版社,1967 年,510 页。
② 中国军事史编写组:《中国军事史》·第 3 卷·《兵制》,北京,解放军出版社,1987 年,525～526 页。

为消灭杂牌军,蒋介石的办法:一是以编制限制杂牌军的发展。北伐战争后,定陆军为甲、乙、丙三种师编制,甲、乙两种,每师有九团或六团兵力,而地方军则多定为丙种,少数定为乙种,每师只有四团或六团兵力。二是利用作战使杂牌军损失后整编加以兼并。抗日战争时,多用地方军于第一线。如湘系军队,在上海战役损失后,全部由陈诚就其番号编成为蒋介石的嫡系;川军则是解放战争期间,大部分被蒋介石以整顿、补充为名,转化为他的嫡系部队。

第三,组建和充实了军、兵种。随着作战的需要和国内外工业发展的影响,在军队建设上,除海军因抗日战争无大发展外,空军部队已发展到一定规模;陆军的各兵种,也颇有建设,其陆军主力已组成了诸兵种合成军队,建立了独立的炮兵、工兵、辎重兵部队,以及少部分装甲兵、伞兵、防空兵、防化学兵、通信兵等部队。

第四,基本上统一了军事体制及编制。国民政府形式上统一了全国之后,对军队的编制、军衔、职称、人事制度、军事教育、军队补给、军法等都建立了一定的制度。这些制度在蒋介石的嫡系军队执行的较好;地方军阀如晋系阎锡山,仍自行其是。

第五,有了统一的补给系统。北洋军阀政府统治时期,各地方军的部队,多就地筹饷、筹粮。国民政府建立之后,逐渐形成了统一的补给系统。陆军由军政部,海、空军由海、空军总部的后勤系统补给。战时则按战斗系列,分建兵站总监(分监)部,按系统由上而下补给。

第六,由募兵制走向征兵制。辛亥革命前后,大量青年响应推翻清王朝的号召,参加革命军。国民政府掌握政权后,实行的仍是募兵制,直到1933年颁布《兵役法》,才实行征兵制度。但这种制度真正实行是在抗日战争开始之后。

综上所述,整个中华民国时期,虽然制定了一些军事制度,但并没有建立起独立的、完整的近代军制体系,这主要是半殖民地、半封建社会的性质决定的。

(二)军事制度的主要内容

兵役制度:南京国民政府建立初期基本上实行的是募兵制,亦即中央和各省自行招募,自筹军饷,来征集组织部队。同时强抓壮丁扩建部队,也有相当一部分军队是通过军阀混战,收编大量的旧军阀的部队。1933年6月17日公布了《兵役法》,并于1936年3月1日起实行征兵制。但该法实行条例草案的制定和实施的准备工作进行的时间很长,直到抗日战争后才正式实施。《兵役法》规定,兵役分为国民兵役和常备兵役两种。男子满18~45岁,在不服常备兵役时服国民兵役。常备兵役分为现役、正役、续役。平时征集检定合格的年满20~25岁的男子入营服现役,现役三年;期满退伍为正役,为期六年;再转为续役,至年满40岁,转为国民役;满 45 岁退役。这是一个义务兵役制的兵役法,但还保留着常备兵在"地方自治未完成之区域,得就年龄合格志愿服兵役之男子募充之"的募兵制的规定。其实,在国民党腐朽黑暗的统治下,兵役法有名无实,兵役机关成了拉兵、抓兵的强征机构。

军事教育制度:它分为部队教育(针对士兵)和军官教育制度。部队教育,无论北洋军阀政府或国民党政府都大体相同。部队正规教育为一年,其中半年为新兵入伍教育及基本教练,半年为应用(亦称战斗)教练。军队教育完全由建制的部队进行,各级长官及军士为当然的教员,训练内容分学科与术科,学科在课堂(寝室)进行,术科在操场及野外实施。国民党政府军队为适应作战的需要,战时一般将军队教育时间缩短为半年。战况紧急时,往往在新兵入伍后,仅实施短时间的射击训练,即令参加战斗。国民党政府将军官教育分为养成教育(学校教育)、培训教育和深造教育三个层次。第一,通过办学校培养和选拔军官。为了培养各级军官,南京国民政府确定了通过开办学校选拔军官的制度。一方面接收北洋军阀政权遗留下来的各种军事学校,稍加整顿继续兴办;另一方面根据形势需要和军队发展开办一些新的各科学校。其中比较正规和突出的要数黄埔军校和陆军大学。第二,对在职或失业军官的教育。对在职或经各部整编编余军官(又称失业军官),南京国民政府都要求加强对其教育与深造,以备现用或补用。为了达到教育与培养在职军官和失业军官的目的,国民政府除采取继办陆军大学、开办各种高等教育班、补习班等正式教育形式外,还采取短训、轮训的方法进行教育,其中较著名者有 1933 年 7 月开办的庐山军官训练团和 1939 年 2 月开办的南岳游击干部培训班。第三,技术军官的培养。为培养技术军官,国民政府接收和开办了众多专业军事学校,主要有:陆军军需学校、军医学校、步兵学校、炮兵学校、工兵学校、防空学校、机械学校等。

军事人事管理制度:它主要是指军职人员(尤指军官)的任免与升降制度、奖惩制度、考核制度和复员、转业制度。

第一,军官任免与升降制度。军官的任用:担任初级军官,必须经过养成(军校)教育,中、上级军官特别是幕僚人员必须是陆军大学毕业,行伍出身者,除非有特殊功绩,一般不擢用。军官军衔制度:一直分为将、校、尉三等,但级别略有变化。1935 年 3 月国民政府确定军官军衔体制为三等十一级,即区分为:(1)将官:特级上将、一级上将、二级上将、中将、少将;(2)校官:上校、中校、少校;(3)尉官:上尉、中尉、少尉。任免权限:将级人员由军事委员会指任,校级由军、师以上机构报请军事委员会任免;尉级以下人员各军、师可先命代理,每月汇报军事委员会核准。抗战前,国民党嫡系军队尚能执行,抗战期间除师长以上人员外,军、师长借口作战需要,自行任免。解放战争期间,人事制度更为混乱,从署主任到兵团各主官任意委派将级官员,因而将官充斥于市。军官的晋升:军衔升迁按资、绩进行,规定军队官佐每年都要进行考绩,考绩的结果即为本人的"绩",担任现军衔的时间则为"资",又称"停年",海军、空军军官任免晋升制度自成体系,要求比陆军更为严格,年限也相对长些。

第二,军官奖惩制度。国民党军队对军官的奖励有如下几种:传令嘉奖、记功、记大功、颁发勋奖、提前晋升。勋奖有奖章和勋章两种。奖章分为陆海空奖章、干城奖章;勋章一般为宝鼎勋章,抗战时还有胜利勋章和忠勤勋章,国民党对军官的最高勋章是"青天白日勋章"。对军人的惩罚,根据情节,一般是:申斥、记过、降职、禁闭、撤职留任、撤职。战时还采取"连坐法",规定各级官佐与下级同退则杀官佐,官佐不退而下级退致使官佐阵亡者,杀下属一级长官。

第三,军官考核制度。平时军官分官组进行考核,尉官以联队(团)为单位分组,校官以师为单位分组,将官全国范围内分组。这些军官在本组内开展考核,以比较优劣。这套方法完全是从日本军队照搬来的。1946 年 2 月,国民政府军事委员会曾颁布有《陆、海、空军官佐考绩条例及施行细则》,对军官考绩作了具体细致的规定。这个条例虽然制定得比较完善,但在颁布后并未能认真、顺利地执行。

第四,军官复员、转业制度。南京国民政府有军官复员与转业的制度,规定年老病弱不堪再任军职者应当复员和转业,满年限不能晋升之军官应当复员、转业或退伍。但是,这些制度并不健全,而且由于蒋介石需要拥兵自重以打击其他各派异己势力,以从事所谓的"剿匪",因而军官复员转业制度终究不过是一种名目,实际上复员转业的军官多仍在军中服役以备补用以便扩军,还有部分复员军官被安排到警、宪、特机构,作为正规部队的补充力量。

二、国民党政府的军事机构

国民党政府的军事机构,主要有军事委员会、参谋本部、训练总监部和军事参议院等。

军事委员会。军事委员会是沿用广州革命政府时期的名称。1928 年曾一度撤销。1931 年国民党政府等适应"剿共"的需要,于 1932 年 3 月 11 日正式确定军事委员会为国民政府的最高军事机关,设委员长 1 人,为蒋介石所把持。副委员长和委员若干人,由国民党中央政治会议选定,国民政府特任。值得注意的是参谋总长、军政部长、训练总监、海军部长、军事参议院院长及该会各厅主任是当然委员,并由委员中互推 3～5 人为常务委员,辅助委员长筹划一切事宜。其主要职权是:(1)国防绥靖之统率事宜;(2)军事章制及军事教育方针的最高决定;(3)军费支配及军需重要补充的最高审核;(4)军事建设及军队编遣的最高决定;(5)中将及独立任务少将以上任免的审核。在军事委员会之下,在各地设置军事委员会委员长行营、各绥靖公署、各卫戍司令部、各"剿匪"总司令部,各隶属于军事委员会或隶属军事委员会委员长,分别掌握各地的绥靖卫戍及"剿匪"事宜。

抗日战争爆发后,初改组军事委员会为大本营(后于 1938 年 1 月取消)。1937 年 9 月 17 日,国民党中央常务委员会决定,由军事委员会委员长行使陆、海、空军最高统率权,并授权军事委员会对党政军统一负责。1938 年 1 月,国民政府调整机构,军事委员会机构又有变更。经过调整,军事委员会下辖军令部、军训部、后方勤务部、海军司令部、航空委员会和防空委员会、军法执行总监等部,直接指挥行政院所属军政部。军事委员会由无所不包的组织,转变为真正领导军事的最高统帅机关。

1946 年 6 月,由于军事委员会机构重叠,职权分散,指挥运转不灵,国民党政府决定仿效美国,撤销军事委员会另成立国防部。由总统直接以国防部、参谋总长及其所辖厅、局幕僚处理一切军事事务,将原军事委员会委员长侍从室稍作精简,改为总统府参军处军务局。国防部区分为两部分:一是国防部部长直接掌握的部门,主要任务在于国防经费、物资的筹划、动员,负责和其他有关部门协商;二是参谋总长所掌管的各厅、局,是国防部作为军事领导机关的实体。此外,另设有陆、海、空、联合勤务四个总司令部,分别统御陆、海、空三军及联勤部队。

参谋本部。1928 年 11 月设立时直隶于国民政府,为国民党军队最高参谋机关,掌国防及用兵事宜。1932 年军事委员会成立后,直辖于军事委员会。设参谋总长 1 人,综理院部,统辖全国参谋人员、陆、海、空军大学校、测绘总局、测绘学校及驻外武官。参谋总长之下,置参谋次长,协助总长处理部务;本部分厅办公,各厅承总长、次长之命,具体负责军队的管理教育、编制调动、军事情报、作战方案等,为国民党重要的军事机关。

训练总监部。1928 年 12 月设立时直隶于国民政府。负责军事教育、校阅、督练等事。1932 年军事委员会成立后,直辖于军事委员会。内设总监 1 人,副监 2 人,参事 6 人,下设总务厅、步兵、骑兵、炮兵、工兵、辎重兵、交通兵、通信兵 7 监,国民军教育和军学编译 2 处。

军事参议院。1928 年 11 月成立时直隶于国民政府,1932 年军事委员会成立后,直辖于军事委员会。名为国民党最高军事咨询机关,实则为安置那些对蒋介石持不同政见而被明升暗降的军官,以及被夺去军权的非嫡系部队的军事长官的闲散机关。内设院长1人,副院长1人,参议90~180人,咨议60~150人,上将参议不得超过25人,中将参议不得超过50人。军事参议院下设2厅:总务和军事。前者内设文书和管理2科,后者设编纂和调查2科,分掌院内事务。此外为指导作战,还增设了各种军事研究会,委员由参议、咨议分任,各研究会各设主任委员1人,由院长在委员中指定。

第八章　人民民主政权的政治制度

人民民主政权是中国历史上一种从未有过的崭新的政治制度,是具有中国特色的无产阶级专政。人民民主政权的政治制度是把马克思主义基本原理同中国革命和建设的具体实践相结合的产物,是对马克思列宁主义国家学说的运用和发展。它对于中国革命的胜利和建设有中国特色的社会主义有着重要的作用和意义。

第一节　人民民主政权的性质与任务

政权的性质,指的是各个阶级在政权中的地位和作用,它表明了哪些阶级是政权的主人,哪些阶级是政权专政的对象。人民民主政权性质的核心是人民当家做主和中国共产党的领导。在新民主主义革命时期,由于各个历史阶段革命的性质和任务的不同,人民民主专政的性质和任务亦有所区别。

一、苏维埃政权的性质与任务

1931 年 11 月中华苏维埃工农兵第一次全国代表大会在江西瑞金召开,大会通过了《中华苏维埃共和国宪法草案》等文件,选举产生了中华苏维埃共和国中央执行委员会,宣告了中华苏维埃共和国临时中央政府的成立。它标志着中国历史上从未有过的政治制度,即人民民主政权的雏形——工农民主专政政权的建立。从此,在全国范围内出现了两个性质不同的、根本对立的政权:一个是代表工农革命群众的工农民主政权,即苏维埃政权;另一个是代表大地主大资产阶级的国民党反革命政权。

1934 年 1 月,第二次全国苏维埃代表大会通过的《中华苏维埃共和国宪法大纲》明确规定了苏维埃政权的性质："中华苏维埃政权所建立的是工人和农民的民主专政的国家,苏维埃全部政权是属于工人农民红军兵士及一切劳苦民众的。在苏维埃政权下,所有工人农民红军兵士及一切劳苦民众都有权选派代表掌握政权的管理,只有军阀、官僚、地主、豪绅、资本家、富农、僧侣及一切剥削的人和反革命分子,是没有选派代表参加政权和政治上自由的权利的。"关于苏维埃政权的性质,毛泽东在第二次全国苏维埃代表大会所作的报告中作了进一步的阐述。他指出,中华苏维埃共和国"是工农的政府,它实行工人与农民的革命民主专政,它对于工农和广大民众是广大的民主。同时,它又是一个专政,是对占人民中极少数的军阀、官僚、地主、豪绅和资产阶级的专政"①。由于民族资产阶级这时已经退出了革命,所以在这种历史条件下的人民民主专政,"是工人、农民和城市小资产阶级联盟的政府"②。工农民主政权"不但是代表工农的利益,而且是代表民族的利益。……因为工人、农民占了全民族人口的百分之八十至九十"③。由此我们可以看出苏维埃政权的性质。

首先,苏维埃政权完全是由中国无产阶级的先锋队——中国共产党领导的。早在中国共产党第六次代表大会《关于苏维埃政权组织问题决议案》中就指出:"党随时随地都应做思想上的领导者,而不应限制自己的影响。""党应预先保障其在苏维埃领导机关中的领导作用,因此,党须在苏维埃中,组织有威望的、能工作的党,以执行党的命令。"并且强调说,在苏维埃政权中"应绝对保证党的训令的执行"。④ 因此,从领导权上看,苏维埃政权既和国民党反动政权是根本对立的,又同第一次国内革命战争时期的广州、武汉国民政府有所区别。国民党反动政权是以江浙金融买办财阀为中心,以城市买办阶级和乡村豪绅地主阶级为阶级基础构成的买办军阀、流氓、政客、党棍、金融势力的混合体,是大地主大资产阶级反革命联盟的政权,这个政权的领导权主要掌握在以蒋介石为代表的大地主大资产阶级,以及背后支持他们的帝国主义国家手中。广州、武汉政府则是中国共产党在一定程度上领导的,"无产阶级在不同程度上参加了的,小资产阶级,民族资产阶级以

---

① 毛泽东:《中华苏维埃共和国中央执行委员会与人民委员会对第二次全国苏维埃代表大会的报告》,见《红色中华》,1934 年,1～26 页。

② 毛泽东:《论反对日本帝国主义的策略》,见《毛泽东选集》,第 1 卷,北京,人民出版社,1991 年,142 页。

③ 毛泽东:《论反对日本帝国主义的策略》,见《毛泽东选集》,第 1 卷,北京,人民出版社,1991 年,144 页。

④ 毛泽东:《中国的红色政权为什么存在?》,见《毛泽东选集》,合订本,北京,人民出版社,1967 年,50 页。

及一部分地主阶级联合的,带有不同程度的新民主主义色彩的专政"①。这个政权的领导权主要掌握在资产阶级"左"派手里,而中国共产党仅仅是在一定程度上领导。正是由于这个原因,再加上大资产阶级的叛变和革命队伍中机会主义者放弃革命领导权,使大地主大资产阶级篡夺了革命领导权。而苏维埃政权则不同,它完全是由中国共产党领导的工农民主专政。这是苏维埃政权的最主要特点。

其次,苏维埃政权是工农大众占绝对优势的政权。这从第一、第二次工农兵会议(苏维埃)全国代表大会代表名额的比例可以得到印证。第一次工农兵会议全国代表大会选出代表规定的工人、农民、红军、贫农代表的分配,大约是工人占12.5%,农民占75%,红军占10%,贫农占2.5%;②第二次全国工农兵会议代表大会中,工农比重占了90%以上;闽西根据地代表会议的代表,工人占45%,农民占45%,士兵占10%;闽西各县代表会议的代表,工人占40%,农民占50%,士兵占10%;永丰县第三次全县工农兵代表大会代表,工人占25.7%,贫农占58.4%,雇农占10.6%,中农占5.3%。毛泽东同志曾经指出:工农民主政权"是一个集中的权力机关,它依靠广大的民众……这个政府是工农的政府,它实行了工人与农民的革命民主专政"。"他是民众自己的政权,他直接依靠于民众。他与民众的关系必须保持最高程度的密切,然后才能发挥他的作用。……他的力量的伟大,是历史上任何资产阶级国家形式所不能比拟的。但他的力量完全依靠于民众,他不能一刻离开民众。"③工农大众在苏维埃政权中占绝对优势反映了哪个阶级掌权,哪个阶级在政权中说了算,反映了这个政权的阶级性质。

最后,苏维埃政权是对地主资产阶级实行专政的政权。苏维埃是工农民主专政的政权,它给予广大民众最广泛的民主权利,对于民众绝对不使用也不需要使用任何的强制力。但是,它对于地主资产阶级,即对于一切被革命推翻的剥削分子,则必须实行专政。因为他们已经背叛了革命,是剥削者,对苏维埃政权怀着极端的仇恨。特别是在十年内战时期,以蒋介石为代表的地主资产阶级反动派和反动军阀不断发起对苏维埃红色政权的疯狂进攻,企图消灭革命政权于萌芽之中,因此对这些人必须以暴制暴,实行最严厉的专政。

《中华苏维埃共和国宪法大纲》第一条明确规定了工农民主政权的基本任务和目的:"中华苏维埃共和国的根本法(宪法)的任务,在于保证苏维埃区域工农专

---

① 新华社信箱:《关于废除伪法院》,见《人民日报》,1949年3月4日。

② 厦门大学法律系等选编:《中华苏维埃共和国法律文件选编》,南昌,江西人民出版社,1984年,92页。

③ 毛泽东:《中华苏维埃共和国中央执行委员会与人民委员会对第二次全国苏维埃代表大会的报告》,中华苏维埃共和国人民委员会出版,1934年。

政的政权达到它在全中国的胜利。这个专政的目的,是消灭一切封建残余,赶走帝国主义列强在华的势力,统一中国,有系统地限制资本主义的发展,进行苏维埃的经济建设,提高无产阶级的团结力与觉悟程度,团结广大的贫农群众在它的周围,巩固同中农的联合,以转变到无产阶级专政。"正如毛泽东所说,"所有这一切,都是为了一个目的:推翻地主资产阶级在全国的统治,驱逐帝国主义出中国,将几万民众从帝国主义国民党的压迫剥削下解放出来,阻止灭亡中国的殖民地道路,建立自由独立领土完整的苏维埃中国"①。由此看来,苏维埃政权具有对内和对外两个方面的任务和职能:对内要消除大地主大资产阶级的统治,完成土地革命,消灭乡村的封建关系,推翻军阀政府;对外推翻帝国主义的压迫,实现彻底的民族复兴和解放,即彻底地完成反帝反封建的民主革命任务,以便为将来过渡到社会主义创造条件。

二、抗日民主政权的性质与任务

抗日民主政权是在红色政权的基础上发展起来的。这种政权不是地主资产阶级的反革命专政,也不是土地革命时期的工农民主专政,而是抗日民族统一战线性质的政权,是几个革命阶级联合起来对汉奸和反动派的民主专政。

那么,抗日民族统一战线性质的政权指的是什么呢? 为此,中共中央于1940年2月1日发出了《关于抗日民主政权的阶级实质问题的指示》,专门阐述和说明了抗日民主政权的性质问题。指示指出:"我们领导的政权,是抗日民主政权,是几个革命阶级联合的政权,是一切赞成抗日又赞成民主的人们的革命的专政。抗日民主政权在其阶级成分上,工农小资产阶级是主要的,然而应当吸收进步的中产阶级及进步士绅加入。抗日民主政权应当在政策上和实质上,都是抗日统一战线的政权,即一切拥护抗日民族统一战线、不投降、不反共、不倒退的人都应当吸收其代表加入政权,但绝不是大地主大资本家和工农小资产阶级的联合政权。"②关于抗日民主政权的性质问题,毛泽东同志也非常关注,在他的一系列著作中作出了明确的规定和阐述。

毛泽东同志在《中国革命和中国共产党》一文中指出:"在抗日战争中,在中国共产党领导的各个抗日根据地内建立起来的抗日民主政权,乃是抗日民族统一战线的政权,它既不是资产阶级一个阶级的专政,也不是无产阶级一个阶级的专政,

---

① 毛泽东:《中华苏维埃共和国中央执行委员会与人民委员会对第二次全国苏维埃代表大会的报告》,中华苏维埃共和国人民委员会出版,南昌,1934年。
② 中央档案馆:《中共中央文件选集》,第12册,北京,中共中央党校出版社,1991年,269页。

而是在无产阶级领导之下的几个革命阶级联合起来的专政。只要是赞成抗日又赞成民主的人们，不问属于何党何派，都有参加这个政权的资格。"①此后，毛泽东同志又在《抗日根据地的政权问题》《目前抗日统一战线中的策略问题》等著作中阐述了抗日民族统一战线性质政权的问题："这种政权，即是一切赞成抗日又赞成民主的人们的政权，即是几个革命阶级联合起来对于汉奸和反动派的民主专政。"②"它是和地主资产阶级专政相区别的，也和严格的工农民主专政有一些区别。"③总之，抗日民主政权必须确定为抗日民族统一战线性质的政权。从毛泽东以上的论述中我们可以看出，抗日民族统一战线性质的政权具有以下特点：

第一，抗日民主政权是无产阶级及其先锋队中国共产党所领导的政权。在当时的历史条件下，"离开了无产阶级及其政党的政治领导，抗日民族统一战线就不能建立，和平民主抗战的目的就不能实现，祖国就不能保卫，统一的民主共和国就不能成功"④。这种领导表现在各抗日民主政府不仅执行着党的统一的方针、政策，而且在组织上也实行党的一元化领导，每一个根据地有一个统一的、领导一切的党的委员会（中央局、分局、区党委、地委），因此，确定中央代表机关（中央局、分局）及各级党委（区党委、地委）为各地区的最高领导机关，统一各地区的党政军民工作的领导。中央代表机关及区党委、地委的决议、决定或指示，下级党委及同级政府党团、军队军政委员会、军队政治部及民政团体党团及党员，均需无条件地执行。这是抗日战争胜利的根本保证。

第二，抗日民主政权是以工农联盟为基础的。它代表反帝国主义反封建主义的各阶层人民的利益，"以工农为主体，同时容纳其他反帝国主义反封建势力的阶级"。工人、农民是抗日民主政权的基本群众，他们在这个政权中占大多数。而"其他反帝国主义反封建势力的阶级"，如城市小资产阶级、民族资产阶级等在抗日民主政府中有说话做事的权利，"给他们以选举权和被选举权，不能违背工农基本群众的利益"⑤。

第三，抗日民主政权中包括了一切赞成抗日又赞成民主的人们。在当时主要

---

① 毛泽东：《新民主主义论》，见《毛泽东选集》，第 2 卷，北京，人民出版社，1991 年，648 页。

② 毛泽东：《目前抗日统一战线中的策略问题》，见《毛泽东选集》，第 2 卷，北京，人民出版社，1991 年，750 页。

③ 毛泽东：《目前抗日统一战线中的策略问题》，见《毛泽东选集》，第 2 卷，北京，人民出版社，1991 年，750 页。

④ 毛泽东：《中国共产党在抗日时期的任务》，见《毛泽东选集》，合订本，北京，人民出版社，1967 年，241 页。

⑤ 毛泽东：《论反对日本帝国主义的策略》，见《毛泽东选集》，第 1 卷，北京，人民出版社，1991 年，160 页。

指的是民族资产阶级和欧美派的大地主大资产阶级。毛泽东曾经说:"这个政府的成分将扩大到广泛的范围,不但那些只对民族革命有兴趣而对土地革命没有兴趣的人,可以参加,就是那些同欧美帝国主义有关系,不能反对欧美帝国主义,却可以反对日本帝国主义及其走狗的人们,只要他们愿意,也可以参加。"①

第四,抗日民主政权既和地主资产阶级的反革命专政有区别,又和土地革命时期的工农民主专政有区别。这种区别主要体现在谁来行使专政和专政的对象两个方面。地主资产阶级的反革命专政,是大地主大资产阶级掌握权力的专政,他们专政的对象是反对他们的人民大众。而工农民主专政和抗日民主政权的专政是由工农大众掌握权力的专政,专政的对象,因革命形势与社会主要矛盾不同而有差异。前者的专政对象是城市买办阶级和乡村豪绅阶级,而后者仅是汉奸和反动派,那些除了汉奸和反动派以外的,包括大地主大资产阶级在内,只要不反对抗日民主,都不是专政的对象。

抗日民主政权的任务,就是要实现中国共产党在抗日战争中的总任务,即"放手发动群众,壮大人民力量,团结全国一切可能团结的力量,在我们党领导之下,为着打败日本侵略者,建设一个光明的新中国,建设一个独立的、自由的、民主的、统一的、富强的新中国而奋斗"②。这段引文告诉我们如下两个问题:一是抗日民主政权的任务,即打败日本侵略者,建设新中国。二是完成任务的方法:"放手发动群众,壮大人民力量,团结全国一切可能团结的力量。"这实质说的是统一战线问题。群众、人民主要是指工农群众,他们是统一战线中的主体。这里的"一切"是指在抗日战争特殊的历史条件下,统一战线不仅包括工人、农民、小资产阶级、民族资产阶级,而且还包括亲英美派的大地主大资产阶级。毛泽东同志在《目前的形势和我们的任务》一文中指出:"中国新民主主义的革命胜利,没有一个包括全民族绝大多数人口的最广泛的统一战线,是不可能的。"③由此可见,统一战线的任务就是组织革命力量"打败日本侵略者",建设新中国,这实质说的是武装斗争问题。敌人靠武装打倒,建设靠武装做支柱。在旧中国,帝国主义和封建主义结合起来对中国人民实行残酷的统治,采取政治欺骗和军事镇压的反革命两手,而在这两手中则是以军事镇压为主。在新中国,帝国主义也联合起来,企图把新中国扼杀在摇篮中。所以,中国人民也必须用革命的武装反对反革命的武装。武装斗争是中国革命的主要形式。打败日本侵略者,建设新中国,必须在

---

① 毛泽东:《人民共和国》,见《毛泽东选集》,第1卷,北京,人民出版社,1991年,156页。

② 毛泽东:《两个中国之命运》,见《毛泽东选集》,合订本,北京,人民出版社,1967年,927页。

③ 毛泽东:《中国军事形势的重大变化》,见《毛泽东选集》,合订本,北京,人民出版社,1967年,1153页。

中国共产党的领导下,进行武装斗争,才能实现。因为中国共产党能够根据不同情况制定出适合中国国情的正确战略策略,能够用批评与自我批评的方法联系人民群众,能够领导全国人民与敌人进行斗争。因此,党的领导是中国革命胜利的基本保证。总之,统一战线、武装斗争、党的领导是完成抗日民主政权任务的三大法宝。

三、新民主主义共和国的性质与任务

　　1939 年至 1940 年 1 月间,毛泽东同志先后写了《〈共产党人〉发刊词》《中国革命和中国共产党》《新民主主义论》等重要著作,形成了完整的新民主主义革命的理论。这些理论回答了在新形势下,中国向何处去? 中国的民族民主革命,究竟由谁来领导? 抗日战争胜利后中国要建立一个什么样的国家等一系列全国人民关心的问题。在《新民主主义论》中,毛泽东正式提出建立"新民主主义共和国"的主张,他指出:"我们共产党人,多年以来,不但为中国的政治革命和经济革命而奋斗,而且为中国的文化革命而奋斗;一切这些的目的,在于建设一个中华民族的新社会和新国家,在这个新社会和新国家中,不但有新政治、新经济,而且有新文化。这就是说,我们不但要把一个政治上受压迫,经济上受剥削的中国,变为一个政治上自由和经济上繁荣的中国,而且要把一个被旧文化统治因愚昧落后的中国,变为一个被新文化统治因而文明先进的中国。一句话,我们要建立一个新中国。"[①]

　　那么,这个新民主主义共和国究竟是什么性质的国家呢? 毛泽东进一步指出:中国革命胜利后所要建立的新民主主义共和国,"一方面和旧形式的、欧美式的、资产阶级专政的、资本主义的共和国相区别,那是旧民主主义共和国,那种共和国已经过时了;另一方面,也和苏联式的、无产阶级专政的、社会主义共和国相区别,那种社会主义的共和国已经在苏联兴盛起来",但"在一定历史时期中,还不适用于殖民地半殖民地国家的革命。因此,一切殖民地半殖民地国家的革命,在一定历史时期中所采取的国家形式,只能是第三种形式,这就是所谓新民主主义共和国。这是一定历史时期的形式,因而是过渡的形式,但是不可移易的必要的形式"[②]。我们"现在所要建立的中华民主共和国,只能是在无产阶级领导下的一切反帝反封建的人们联合专政的民主共和国,这就是新民主主义共和国"[③]。由此

---

① 毛泽东:《新民主主义论》,见《毛泽东选集》,第 2 卷,北京,人民出版社,1991 年,663 页。
② 毛泽东:《新民主主义论》,见《毛泽东选集》,第 2 卷,北京,人民出版社,1991 年,675 页。
③ 毛泽东:《新民主主义论》,见《毛泽东选集》,第 2 卷,北京,人民出版社,1991 年,675 页。

可以看出,新民主主义共和国的国家性质具有如下特征。

首先,无产阶级在新民主主义共和国中居于领导地位。新民主主义共和国的基本阶级构成是中国无产阶级、农民、知识分子、其他小资产阶级和民族资产阶级。历史已经证明,中国资产阶级不能肩负起领导新民主主义革命的任务。"中国资产阶级民主革命的政治指导者,已经不是属于中国资产阶级,而是属于中国无产阶级了。"①这时中国的民主主义革命,已经不是资产阶级领导的、以建立资本主义的社会和资产阶级专政的国家为目的的革命,而是无产阶级领导的、以在第一阶段建立新民主主义社会和各个革命阶级联合专政的国家为目的的新民主主义革命。因此,虽然新民主主义共和国不是无产阶级一个阶级专政的国家,但是无产阶级在几个阶级的联合执政中必须处于领导地位。无产阶级的领导权是新民主主义共和国政权理论的一个基本特征,也是最重要的特征。

其次,新民主主义共和国是统一战线性质的政权。毛泽东明确指出:"在今天的中国,这种新民主主义的国家形式,就是抗日统一战线的形式。它是抗日的,反对帝国主义的;又是几个革命阶级联合的,统一战线的。"②新民主主义共和国既不是资产阶级一阶级的专政,也不是无产阶级一阶级的专政,而是几个革命阶级,即无产阶级、农民阶级、小资产阶级和民族资产阶级的联合专政。这是新民主主义的国家区别于一般资产阶级民主主义国家的重要特征。

最后,新民主主义共和国是一种过渡性质的国家形式。中国社会的半封建半殖民地的性质,"决定了中国革命必须分为两个步骤。第一步,改变这个半殖民地、半封建的社会形态,使之变成一个独立的民主主义的社会。第二步,使革命向前发展,建立一个社会主义的社会"③。"这是两个性质不同的革命过程,只有完成了前一个革命过程才能有可能去完成后一个革命过程。""民主主义革命是社会主义革命的必要准备,社会主义革命是民主主义革命的必然趋势。"④在完成前一个革命过程,即资产阶级民主主义的革命之后,必须准备在一切必要的条件具备的时候把它转变到社会主义革命的阶段上去。因此,新民主主义共和国是"一定历史时期的形式,因而是过渡的形式"⑤,它的"前身是封建主义的社会(近百年来沦为半殖民地半封建的社会),它的后身是社会主义的社会"⑥。

在《新民主主义论》中毛泽东还提出了新民主主义共和国建立之后的一系列

---

① 毛泽东:《新民主主义论》,见《毛泽东选集》,第2卷,北京,人民出版社,1991年,672~673页。
② 毛泽东:《新民主主义论》,见《毛泽东选集》,第2卷,北京,人民出版社,1991年,676页。
③ 毛泽东:《新民主主义论》,见《毛泽东选集》,第2卷,北京,人民出版社,1991年,666页。
④ 毛泽东:《新民主主义论》,见《毛泽东选集》,第2卷,北京,人民出版社,1991年,651页。
⑤ 毛泽东:《新民主主义论》,见《毛泽东选集》,第2卷,北京,人民出版社,1991年,675页。
⑥ 毛泽东:《新民主主义论》,见《毛泽东选集》,第2卷,北京,人民出版社,1991年,559页。

的基本任务,即建设新民主主义共和国的政治纲领、经济纲领和文化纲领:

(1) 新民主主义共和国的政治纲领。新民主主义革命胜利之后,"所要建立的中华民主共和国,只能是在无产阶级领导下的一切反帝反封建的人们联合专政的民主共和国,这就是新民主主义的共和国"①,即新民主主义共和国的政权性质是无产阶级领导的、以工农联盟为基础的、几个革命阶级的联合专政,这是新民主主义共和国的"国体"。那么应该采取什么样的政体形式呢? 毛泽东指出:"中国现在可以采取全国人民代表大会、省人民代表大会、县人民代表大会、区人民代表大会直到乡人民代表大会的系统,并由各级代表大会选举政府……这种制度即是民主集中制。只有民主集中制的政府,才能充分地发挥一切革命人民的意志,也才能最有力量地去反对革命的敌人。""国体——各革命阶级联合专政。政体——民主集中制。这就是新民主主义的政治,这就是新民主主义的共和国。"②

(2) 新民主主义共和国的经济纲领。经济纲领是没收大银行、大工业、大商业归新民主主义国家所有,"凡是本国人及外国人之企业,或有独占的性质,或规模过大为私人之力所不能办者,如银行、铁道、航路之属,由国家经营管理之"。在农村,"没收地主的土地,分给无地和少地的农民,实行中山先生'耕者有其田'的口号,扫除农村中的封建关系,把土地变为农民的私产"。同时毛泽东还指出,新民主主义共和国"并不没收其他资本主义的私有财产,并不禁止'不能操纵国民生计'的资本主义生产的发展"③,即允许民族资本家的发展和富农经济的存在,因为这是中国落后的国情所决定的。这就是新民主主义共和国所应该建立和必然建立的内部的经济关系——新民主主义经济。

(3) 新民主主义共和国的文化纲领。新民主主义共和国的文化是在观念形态上反映新民主主义共和国政治和新民主主义共和国经济的东西,它是为新政治和新经济服务的。它在本质上是民族的、科学的和大众的文化。说它是民族的,因为它是主张反对帝国主义压迫,主张中华民族的尊严和独立的;说它是科学的,因为它反对一切封建思想和迷信思想,主张实事求是,主张客观真理,主张理论和实践相统一;说它是大众的,因为它是民主的,它为中华民族的劳苦大众服务,并应成为他们的文化。因而,民族的、科学的和大众的文化"就是人民大众反帝反封建的文化,就是新民主主义的文化,就是中华民族的新文化"④。

① 毛泽东:《新民主主义论》,见《毛泽东选集》,第2卷,北京,人民出版社,1991年,675页。
② 毛泽东:《新民主主义论》,见《毛泽东选集》,第2卷,北京,人民出版社,1991年,677页。
③ 毛泽东:《新民主主义论》,见《毛泽东选集》,第2卷,北京,人民出版社,1991年,678页。
④ 毛泽东:《新民主主义论》,见《毛泽东选集》,第2卷,北京,人民出版社,1991年,708～709页。

四、联合政府的性质与任务

　　随着世界反法西斯战争和国内抗日战争的即将胜利，国内的阶级矛盾又上升为主要矛盾，国民党反动派加紧备战，企图建立国民党一党专政的独裁统治。面对这种情况，中国共产党为了实现符合全国人民心愿的国内和平与国家的民主进步，提出了建立民主联合政府的主张。所谓联合政府，是指既不同于西方资本主义社会实行的资产阶级专政，也不同于当时苏联社会主义实行的无产阶级专政，而是实行以工人阶级为领导的人民大众的民主联盟的国家制度，即新民主主义的国家制度。早在《新民主主义论》中，毛泽东就提出了要在中国建立一个各革命阶级联合专政的新民主主义共和国的主张。而后，在1945年4月至6月召开的中国共产党第七次全国代表大会上，毛泽东代表中共中央作了《论联合政府》的报告，在这个报告中，毛泽东系统地阐述了建立民主联合政府的思想。

　　在《论联合政府》的报告中，毛泽东提出了废止国民党一党专政，建立一个民主联合政府的新民主主义的国家制度。如何理解这种国家制度的性质呢？首先，这种国家制度不是大地主大资产阶级专政的、封建的、法西斯的、反人民的国家制度。因为事实表明这种制度已经完全破产了。其次，这种国家制度也不应该是纯粹的民族资产阶级的专政。因为，在中国，民族资产阶级在经济上和政治上都表现得非常软弱和不成熟。更重要的是，中国已经产生了一个觉悟了的，在中国政治舞台上表现了强大能力的，领导了广大的农民阶级、城市小资产阶级、知识分子以及其他民主分子的中国无产阶级及其领袖——中国共产党。最后，这种国家制度也不是社会主义的国家制度。因为，目前，中国社会的性质还是一个半殖民地、半封建的社会，中国人民的主要任务还是反对民族压迫和封建压迫，现实的经济条件也决定了在中国不可能实行社会主义的国家制度。那么，这种新型的国家制度究竟是什么样的呢？

　　毛泽东认为，各国采取何种国家形态和政权形态，都是历史形成的。他以俄国为例指出：在俄国的政权机关中，即使是处于除了布尔什维克党以外没有其他政党的条件下，实行的还是工人、农民和知识分子的联盟，或党和非党联盟的制度，也不是只有工人阶级或只有布尔什维克党人才可以在政权机关中工作。因此，他指出："中国现阶段的历史将形成中国现阶段的制度，在一个长时期中，将产生一个对于我们是完全必要和完全合理同时又区别于俄国制度的特殊形态，即几个民主阶级联盟的新民主主义的国家形态和政权形态"[1]，即"建立一个以全国绝大多数人民为基础而在工人阶级领导之下的统一战线的民主联盟的国家制度，我们把这样的国家制度称之为新民主主义的国家制度"[2]。毛泽东认为，在这个联合性质的政权中，坚持无产阶级的领导地位是必要的，但这并不意味着无产阶级一个阶级独占政权。他说："毫无疑义，我们这个新民主主义制度是在无产阶级的领导之下，在共产党的领导之下建立起来的，但是中国在整个新民主主义制度期间，不可能、因此就不应该是一个阶级专政和一党独占政府机构的制度。只要共产党以外的其他任何政党，任何社会团体或个人，对于共产党是采取合作的而不是采取敌对的态度，我们是没有理由不和他们合作的。"[3]由此可见，民主联合政府既不是中国共产党最终要实现的、反映最高纲领的无产阶级专政的国家政权，也不是在新民主主义革命阶段要实现的反映一般纲领的、在无产阶级领导下几个阶级联合专政的国家政权，而是在废止国民党一党专政之后建立的、包括国民党在内的各党各派和无党派代表共同组成的一个民主联盟，其实质就是无产阶级领导的包括国民党在内的几个民主阶级联盟的政权形式。

在谈到联合政府的任务时，毛泽东认为，无论是临时性的联合政府，还是正式的联合政府，都是为了"团结一切愿意参加的阶级和政党的代表在一起，在一个民主的共同纲领之下，为现在的抗日和将来的建国而奋斗"[4]。

这个共同纲领又分为一般纲领和具体纲领两个部分。一般纲领是：建立一个独立、自由、民主、统一和富强的新中国。在政治上，建立一个以全国绝大多数人民为基础的、在工人阶级领导之下的、统一战线性质的新民主主义的国家制度，并采取民主集中制的原则，由各级人民代表大会选举政府，决定大政方针；在经济上，实行"耕者有其田"和"节制资本"的原则，国营经济、私人经济和合作社经济三者构成了新民主主义国家的经济成分；在文化上，推行为一般平民所共有的、民族的、科学的、大众的文化。实行一般纲领的目的，是要通过联合政府的过渡，把中国从目前的半殖民地半封建的国家和社会状况，推进到社会主义的国家和社会。

根据这个一般纲领，毛泽东还提出了中国共产党的具体纲领，主要内容包括：废止国民党一党专政，建立民主的联合政府和联合统帅部；取消一切镇压人民的言论、出版、集会、结社、思想、信仰和身体等项自由的反动法令，使人民获得充分的自由和权利；承认一切民主党派的合法地位；承认解放区的一切抗日军队和民

---

① 毛泽东：《论联合政府》，见《毛泽东选集》，第3卷，北京，人民出版社，1991年，1062页。
② 毛泽东：《论联合政府》，见《毛泽东选集》，第3卷，北京，人民出版社，1991年，1056页。
③ 毛泽东：《论联合政府》，见《毛泽东选集》，第3卷，北京，人民出版社，1991年，1062页。
④ 毛泽东：《论联合政府》，见《毛泽东选集》，第3卷，北京，人民出版社，1991年，1069页。

选政府;惩办贪官污吏,实现廉洁政治;给予全国人民以民主权利;实行农村改革,减租减息,发展农业生产;取缔官僚资本,扶助民间工业;改善工人生活,救济失业;取消党化教育,发展民族的、科学的、大众的文化教育;改善少数民族的待遇,允许各少数民族有民族自治的权利;保护华侨利益,扶助回国华侨,等等。其中"最重要的是要求立即取消国民党一党专政,建立一个包括一切抗日党派和无党派的代表人物在内的举国一致的民主的联合的临时中央政府"[①]。毛泽东关于联合政府的论述,反映了中国共产党和平建国的良好愿望,在国内外引起了巨大反响,得到了广大人民群众和各民主党派爱国人士的热烈拥护,赢得了民心,孤立了敌人,为解放战争的胜利奠定了思想基础。

第二节　人民民主政府的国家元首

国家元首的称谓是伴随着国家的产生而产生的。任何国家都要设置一定的机关来代表国家,这个代表就是国家元首。国家元首行使一定的职权,他的政治行为具有国家的象征和代表的意义。在新民主主义革命时期,人民民主政府的国家元首包括苏维埃政府的国家元首和联合政府的国家元首两个历史阶段。

一、苏维埃政府的国家元首

苏维埃政府的国家元首是伴随着无产阶级用暴力革命而打碎旧的国家机器而产生的。其国家元首形式则是集体元首,中央执行委员会主席团即是中华苏维埃共和国的国家元首。

(一)国家元首的形成

第一次国内革命战争失败后,中国共产党为了挽救革命的失败,坚持革命斗争,高举武装斗争的大旗,先后发动南昌起义、秋收起义、广州起义等一百多次武装起义,并建立了各自的工农武装队伍和革命根据地。为加强对全国根据地的统一领导,巩固和发展革命的胜利成果,1931年11月,中华苏维埃共和国第一次工农兵代表大会在江西瑞金胜利召开,成立了中华苏维埃共和国中央政府。12月1日,中华苏维埃共和国中央执行委员会发布布告:"从今日起,中华领土之内,已经有两个绝对不相同的国家:一个是所谓中华民国,它是帝国主义的工具,是军阀

---

① 毛泽东:《论联合政府》,见《毛泽东选集》,第3卷,北京,人民出版社,1991年,1065页。

官僚地主资产阶级用以压迫工农兵士劳动群众的国家,蒋介石、汪精卫等的国民政府,就是这个国家的反革命政权机关。一个是中华苏维埃共和国,是广大被剥削被压迫的工农兵士劳苦群众的国家。它的旗帜是……建立苏维埃政府于全中国……为全国真正的和平统一而奋斗。"这个布告的发表宣告了中华苏维埃共和国的诞生,标志着一个与国民党地主资产阶级专政的国家政权完全对立的工农民主专政的新型国家政权的诞生。它是中国共产党领导广大工农兵群众建立全国性政权的最初尝试,是"解放后建立的人民民主专政国家的第一个雏形"①。

任何国家都要设置一定的机关来代表国家,这就是国家元首。一个国家应该有国家元首作为自己的最高代表,而事实上差不多每一个国家都有自己的国家元首。《中华苏维埃共和国宪法大纲》虽然没有明确规定自己的国家元首制度,但是根据历史的和制度的推定,中华苏维埃共和国中央执行委员会主席团的产生已成为事实上的苏维埃共和国的国家元首,即集体国家元首。

1931年中华苏维埃共和国第一次全国苏维埃代表大会制定并颁布了《中华苏维埃共和国宪法大纲》和《中华苏维埃共和国中央苏维埃组织法》,其中规定,中华苏维埃共和国设置中央执行委员会主席团,作为中央执行委员会闭幕期间的全国最高政权机关,即全国苏维埃代表大会的常设机构。中央执行委员会主席团由中央执行委员会选举产生,并推举主席1人、副主席2～4人及主席团委员若干人。第一届中央执行委员会只推举毛泽东为主席,项英、张国焘为副主席,没有设立主席团。1934年1月,第二次全国苏维埃代表大会召开,为了加强对政权日常工作的领导,不但设立了主席(毛泽东)、副主席(项英、张国焘),而且还特别增设了主席团,由毛泽东、项英、张国焘、朱德、张闻天、博古、周恩来、瞿秋白、刘少奇、陈云、林伯渠、邓振询、朱地元、邓发、方志敏、罗迈、周月林等17人组成。

(二)国家元首的制度

中华苏维埃共和国的政权体制基本上是照搬照抄俄国苏维埃国家模式建立的。20世纪30年代前期,中国共产党内存在着把苏俄革命经验和共产国际的领导神圣化的倾向,加之中国共产党没有建立国家政权的经验,只能仿效作为当时世界上无产阶级政权唯一存在的苏俄模式。因此,中华苏维埃共和国从苏维埃的名称、机构设置、领导体制乃至领导人员的名称(如主席团、人民委员等)都是照搬苏俄的,甚至于选择俄国十月革命胜利纪念日作为成立日。俄罗斯苏维埃共和国建立初期,由劳动者代表组成的全俄苏维埃代表大会作为国家的最高权力机关。1936年宪法颁布后,撤销苏俄苏维埃代表大会,由普选产生的苏俄最高苏维埃代

①　刘德厚:《毛泽东人民民主国家思想的历史发展》,武汉,武汉大学出版社,2001年,101页。

替。苏俄中央执行委员会主席团(1936年改名为最高苏维埃主席团)既是最高权力机关的常设机关,又"是集体国家元首"①,集体行使宪法授予的国家元首的职权。相对苏俄模式的照搬,中央执行委员会主席团就当然是中华苏维埃共和国的国家元首。

所谓集体元首,就是由2人以上组成合议制的机关,由它的全体成员共同担任国家元首的职务,共同行使元首职权。构成集体元首的成员彼此之间,地位基本平等,拥有同等的权力。他们中虽然可能有一个人作为形式上的首长,但这种首长仅仅是对外的代表或者在内部集会时充任主席,并不具有超乎其他成员之上的权限。中华苏维埃共和国中央政府的主席,只是中央执行委员会主席团中的一个集体成员,《宪法大纲》没有特别规定主席应有的职权,也就无从谈到具有高于其他成员的个人权力。事实上,毛泽东作为主席团主席也只是主持主席团会议,代表中央执行委员会在全国苏维埃代表大会上致辞,并根据集体讨论通过的决议,发布中华苏维埃共和国中央执行委员会的命令,在发布命令的时候,还要由项英、张国焘两位副主席副署。至于毛泽东同志在实际政治生活中所发挥的重大作用,很大程度上不是倚仗他是中华苏维埃共和国中央政府的主席,而是他阐述的指导革命斗争胜利发展的正确思想和人格魅力在中国共产党中所生成的威望。

根据《中华苏维埃共和国宪法大纲》制定的《中华苏维埃共和国中央苏维埃组织法》规定:中华苏维埃共和国的最高政权机关是全国苏维埃代表大会;中央执行委员会是全国苏维埃代表大会闭会期间的最高政权机关,它向全国苏维埃代表大会负责并报告工作;中央执行委员会主席团是中央执行委员会闭会期间的全国最高政权机关,它对中央执行委员会负责并对其报告工作。由此可见,中华苏维埃共和国中央执行委员会主席团既是集体国家元首,又是最高国家权力机关的组成部分。国家元首作为最高国家权力机关的组成部分,这是无产阶级专政国家制度"使国家元首概念在历史上又发生了一次质的飞跃"②。在苏俄苏维埃国家政权建立以前,资产阶级革命的结果使资产阶级的代表掌握了立法权,而代表封建势力的国王仍保持他的行政权力,即资产阶级国家中,国家元首的概念被理解为行政权的最高机关。中央执行委员会主席团作为中央执行委员会闭会期间的最高权力机关,这就和中华民国的资产阶级国家元首制度无论在阶级本质上,还是在地位与职权上都有明显的不同。在中华苏维埃共和国中,实行"议行合一",在中央执行委员会之下设立人民委员会,为中华苏维埃共和国最高行政机关,负责指挥全国政务。它向中央执行委员会及其主席团负责并报告工作。中央执行委员会

---

① 许崇德:《国家元首》,北京,人民出版社,1982年,25页。
② 许崇德:《国家元首》,北京,人民出版社,1982年,8页。

主席团在中央执行委员会休会期间可以代表国家行使《宪法大纲》授予的一切对内对外权力。它对内领导国家政权,行使下列职权:监督中华苏维埃共和国宪法及全国苏维埃代表大会中央执行委员会的各种法令及决议的实施;停止或变更人民委员会和各人民委员部的决议和法令;停止或变更各省苏维埃代表大会及其执行委员会的决议或命令;颁布各种法律、命令;审查和批准人民委员会和各人民委员部及其他所属机关所提出的法令、条例和命令;解决人民委员会与各人民委员部之间的关系问题及各省苏维埃之间的关系问题。但作为国家元首的中央执行委员会主席团的地位不能超越中央执行委员会及全国代表大会,也不能与之相平行。主席团的行动必须对中央执行委员会及全国代表大会负责并受其监督。

"国家元首行使职权,他的政治行为具有国家的象征和代表的意义。"[①]国家如拥有国际人格,必须得到国际社会的认可。只有得到其他国家的承认,该国的国家元首才有可能获得认可。事实上,中华苏维埃共和国只是一个中国共产党领导的武装割据政权,只是得到了苏俄、德国、日本等国家中的共产党的承认,而没有得到任何国家的政府的认可,事实上也没有存在过任何外事活动。中央执行委员会主席团对外代表国家的国家元首形象也只是存在于人们的观念和设想中。

由以上的事实分析可以推定,中央执行委员会主席团是中华苏维埃共和国的集体国家元首,又由于当时特殊的时代背景和战争环境,它又不能称之为一种严格意义上的元首制度,只是为新中国成立之初的国家元首模式的建立提供了一次历史尝试。

二、联合政府的国家元首

联合政府的国家元首是伴随着抗日战争取得伟大胜利而产生的。它仍然实施着集体元首制。不过名称已改为中央政府委员会,当然其制度内容亦有很大变化。

(一)国家元首的形成

抗日战争开始后,为了实现国共合作共同抗日,1937年7月,中共中央向全国宣告取消中华苏维埃共和国政府。陕甘宁边区等抗日民主政权虽然取得了国民党政府的合法承认,但隶属于国民政府,没有共产党自己独立的统一的中央政权。由于国民党蒋介石的阻挠,国共两党的合作也没有建立起以国共两党为主体,吸收各方面抗日民主人士参加的固定的统一战线组织形式。1945年4月24日,在

---

①　许崇德:《国家元首》,北京,人民出版社,1982年,90页。

抗日战争即将取得胜利的前夕,中国共产党召开第七次全国代表大会,毛泽东作了题为《论联合政府》的政治报告。中国共产党代表中国人民希望实现和平民主的利益和要求,主张:在广泛的民主基础之上,召开国民代表大会,成立包括更广大范围的各党各派和无党派代表人物在内的同样是联合性质的民主的正式的政府,领导解放后全国人民,将中国建设成为一个独立、自由、民主、统一和富强的新中国。① 抗日战争胜利后,中国共产党努力争取实现国内和平与民主,而国民党蒋介石为继续实行专制独裁统治,悍然发动针对共产党和人民的全面内战。中国人民在中国共产党的领导下,被迫进行了人民解放战争。到 1948 年年初,人民解放战争的胜利已势不可当。4 月 30 日,中国共产党发布具有历史意义的《"五·一"劳动节口号》,再次特别提出:"各民主党派、各人民团体、各社会贤达迅速召开政治协商会议,讨论并实现召集人民代表大会,成立民主联合政府。"全国人民和各民主党派热烈响应。中国民主同盟、中国国民党革命委员会、中国民主促进会等民主党派先后发表声明和宣言,认为:成立联合政府是巩固和扩大爱国民主统一战线的必要步骤和实现新中国的正确途径。1949 年 9 月 21 日,中国人民政治协商会议第一次全体会议在北京胜利召开。大会制定并通过了《中国人民政治协商会议共同纲领》、《中国人民政治协商会议组织法》和《中华人民共和国中央人民政府组织法》,选举产生了中央人民政府委员会和全国政协委员会,确定了国旗、国歌和首都。10 月 1 日,在开国盛典上,毛泽东宣读中央人民政府公告,向全世界宣告伟大的中华人民共和国成立。至此,一个由中国共产党领导的,由各民主党派代表、无党派人士参加的,代表全国各族各界人民利益的民主联合政府诞生了。

解放战争时期,在复杂多变的战争环境下,各解放区只能因地制宜地根据本地区的实际情况建立各自的政权体制。解放区的政权体制存在着组织形式多样性和过渡性的特点。② 各解放区政权体制在机构设置、各部门职能、任务及相互关系等方面都缺乏明确的规定性和稳定性,各种机制都不够完善和健全。新中国成立之初,民主联合政府政权体制继承了解放区政权体制的很多特点,也不可避免地带有这种不完善的过渡性质,并一直延续到 1954 年第一部《中华人民共和国宪法》颁布,才对政权体制进行了较完善的调整。作为政权机构重要组成部分的国家元首,在联合政府政权期间的制度和法律文件中也没有得到明显的体现,只能从理论与实际的结合上以及有关法律规定中进行分析和界定③。

1949 年 9 月,中国人民政治协商会议通过了具有临时宪法作用的《中国人民

---

① 毛泽东:《论联合政府》,见《毛泽东选集》,第 3 卷,北京,人民出版社,1991 年,1029~1030 页。

② 史远芹等:《中国近代政治体制的演变》,北京,中共党史资料出版社,1990 年,283 页。

③ 张立荣:《论有中国特色的国家行政制度》,北京,中国社会科学出版社,2003 年,29~33 页。

政治协商会议共同纲领》以及《中华人民共和国中央人民政府组织法》。根据这两个法律，选举产生了中央人民政府委员会，毛泽东为主席，朱德、刘少奇、宋庆龄、李济深、张澜、高岗为副主席，选举了周恩来、董必武、陈毅等56人为中央人民政府委员会委员。根据《中华人民共和国中央人民政府组织法》的规定，中国人民政治协商会议所赋予中央人民政府委员会的职权，基本涵盖了国家元首代表国家行使的一切对内对外权力，即对外代表中华人民共和国，对内领导国家政权。职权的内容表明中央人民政府委员会就是联合政府时期的国家元首，是新中国"主权国家对内对外的最高代表"①。正如董必武在《说明〈中央人民政府组织法〉的报告》中所指出的："中央人民政府委员会的职权，各国宪法多规定为国家元首的职权。"

（二）国家元首的制度

中央人民政府委员会的具体职权如下：①制定并解释国家的法律，颁布法令，并监督其执行；②规定国家的施政方针；③废除或修改政务院与国家的法律、法令相抵触的决议和命令；④批准、废除或修改中华人民共和国与外国订立的条约和协定；⑤处理战争及和平问题；⑥批准或修改国家的预算和决算；⑦颁布国家的大赦令和特赦令；⑧制定并颁发国家的勋章、奖章，制定并授予国家的荣誉称号；⑨任免政务院、驻外大使馆、人民革命军事委员会、最高人民法院等国家机关的工作人员；⑩筹备并召开全国人民代表大会。由以上职权可见，中央人民政府委员会的权力大体可分为两部分：一部分为后来的全国人民代表大会常务委员会的职权，突出的体现就是拥有立法权。如1953年2月11日中央人民政府委员会第二十二次会议通过了《中华人民共和国全国人民代表大会及地方各级人民代表大会选举法》，并且筹备召开了1954年第一届全国人民代表大会。另一部分权力，是指中央人民政府委员会拥有根据1954年第一部宪法设立的中华人民共和国国家主席的职权。根据法律的如此规定，中央人民政府委员会不仅相当于国家元首，而且是当时政协全体会议闭会期间的最高国家权力机关。它是组织并领导国家政务的最高执行机关、国家军事的最高统辖机关、国家的最高审判机关和最高检察机关，在全部国家机关体系中处于最高地位。这种集国家最高权力于一身的国家元首制度，只能是人民民主国家在一种特殊历史时代的过渡形态。

中央人民政府委员会是一个合议制的机关，集体的意见发挥着重要作用。作为联合政府时期的国家元首，它显然又是一种集体国家元首的形态。中央人民政

---

① 中国大百科全书编委会：《中国百科全书·政治学》，北京，中国大百科全书出版社，1992年，144页。

府委员会由 63 人组成,其中,中央人民政府主席 1 人、副主席 6 人、委员 56 人、委员互选秘书长 1 人。根据《中华人民共和国中央人民政府组织法》规定,中央人民政府委员会每两个月举行一次会议,由中央人民政府委员会主席负责召集。主席根据需要,或者应 1/3 以上的中央人民政府委员的请求,或者应政务院的请求,可以提前或者延期举行会议。该法律还规定,中央人民政府委员会的会议,须有委员过半数出席始得开会,须有出席委员过半数同意始得通过决议。国家的重大问题都必须经过中央人民政府委员会的会议集体讨论,作出决定。从 1949 年 10 月至 1954 年 9 月,在中央人民政府委员会存在的这 5 年时间内,一共召开过 34 次会议,合议解决了大量国家生活中的重大问题。

联合政府时期的国家元首是集体元首,而特别值得注意的是,它与普通意义上的集体元首相比有显著不同的特征。中央人民政府主席是中央人民政府委员会的组成部分,亦即集体国家元首的组成人员之一。然而事实上,毛泽东主席在集体中的权力地位和实际作用要比其他成员更为重要。根据《中华人民共和国中央人民政府组织法》规定,当时中央人民政府主席的权力是相当大的。中央人民政府委员会的会议,由主席召集和主持,副主席和秘书长只是协助主席执行职务,委员则只参与讨论、提出意见并参与表决。主席领导中央人民政府的工作,并且在中央人民政府委员会闭会期间,领导政务院(1954 年改称国务院)的工作。另外,主席有权签发中央人民政府公告,公布法律、命令;可以代表国家进行重大外事活动,接见外国使节;而且,中央人民政府革命军事委员会主席也由中央人民政府主席兼任。可见,中央人民政府主席实际上独立行使了一部分属于国家元首的职权,对当时的政治生活发挥了极为重要而不可忽视的作用。联合政府时期的国家元首制度,可以说"是一种集体领导和个人负责相结合的元首制度"[①]。

第三节　人民民主政权的组织形式

人民民主政权的组织形式是由人民民主政权的性质和任务所决定的,是为这个政权的性质和任务服务的。其核心是民主集中制的组织原则和人民代表大会制、政治协商制的组织形式。由于新民主主义革命时期各个历史阶段革命性质和任务的不同,决定了人民民主政权的组织形式也有所区别。

---

① 　中国大百科全书编委会:《中国百科全书·政治学》,北京,中国大百科全书出版社,1992 年,33 页。

一、苏维埃共和国的建立及其组织形式

中华苏维埃共和国的建立是毛泽东工农武装割据理论指导下所取得的硕果，其政权的组织原则是民主集中制，并实行中央、省、县、区、乡五级制的政权组织形式，进而完成人民民主政权的任务。

（一）中华苏维埃共和国的建立

大革命失败后，中国共产党坚韧不拔地继续领导中国人民开展革命斗争，历经南昌起义、秋收起义、广州起义等一系列武装斗争，总结和开辟出一条工农武装割据夺取政权的革命道路。工农红军和革命根据地迅速发展，到 1930 年 6 月，以毛泽东领导开创的井冈山革命根据地为典范和中心，在全国已先后开辟了十几块革命根据地，并各自建立了苏维埃政权，遍及 10 余省 300 余县的一百多万人民。

在全国革命胜利形势发展的情况下，为了巩固和发展革命的胜利成果，加强对全国革命根据地的统一领导，集中一切革命力量更有效地打击敌人，1931 年 11 月 7 日至 20 日，第一次中华苏维埃共和国工农兵代表大会在江西省瑞金叶坪召开，出席这次大会的有来自中央革命根据地、湘赣区、湘鄂赣区、湘鄂西区、琼崖区、赣东北区以及红军和白区的代表共 610 名，90％是工农劳动群众的代表。会上通过了《中华苏维埃共和国宪法大纲》《土地法》《劳动法》及经济政策、少数民族问题等项决议，确定了红色政权的性质和政权组织形式，发表了对外宣言，宣告中华苏维埃共和国临时中央政府正式成立。20 日，中华苏维埃共和国第一次工农兵代表大会选出中央执行委员会，委员有毛泽东、周恩来、朱德、刘少奇、陈毅等 63 人。25 日，组织中央革命军事委员会，朱德为主席，王稼祥、彭德怀为副主席；27 日，中央政府执行委员会第一次会议上，选举毛泽东为中华苏维埃共和国主席，项英、张国焘为副主席；中央执行委员会下设人民委员会，为中华苏维埃共和国中央行政机关，毛泽东兼任中央执行委员会人民委员会主席，项英为副主席。人民委员会下设外交人民委员王稼祥，军事人民委员朱德，财政人民委员邓子恢，劳动人民委员项英，教育人民委员瞿秋白（在上海），教育人民委员部副部长徐特立，内务人民委员周以栗，工农检查人民委员何叔衡，司法人民委员张国焘，最高法院院长何叔衡，国家政治保卫局局长邓发，执行部部长李克农，劳动与战争委员会（1932 年 7 月成立）主席周恩来，委员另有项英、朱德、邓发、邓子恢，财政委员会（1931 年 12 月 18 日任命）项英为代理主席，委员另有范树德、毛泽民，邮政总局局长杨岳彬、总务厅厅长方维夏，《红色中华》（政府机关报）主笔周以栗，中央妇女生

活改善委员会主任周月林(女),中央印刷局局长张人亚。[①] 国都设在瑞金。

(二)中华苏维埃共和国的组织形式

国家机关没有适当形式,就不能代表国家,也就不能掌握统治阶级的权力;国家机关不健全,国家机器就不能正常运转,也就影响统治阶级权力的实施。根据《中华苏维埃共和国宪法大纲》确立的民主集中制的政权组织原则,中华苏维埃共和国先后制定了《地方苏维埃政府的暂行组织条例》《中华苏维埃共和国地方苏维埃暂时组织法》(草案)、《中华苏维埃共和国中央苏维埃组织法》等文件,对中央和地方政权组织机构及其职权作了具体的规定,组建了较为完整的国家机构体系。

1. 中央政权机关及其职权

依据《中华苏维埃共和国宪法大纲》的规定,中华苏维埃共和国建立了中央政权机构,并根据形势的需要于第二次苏维埃代表大会进行了某些调整,按照1934年2月公布的《中华苏维埃共和国中央苏维埃组织法》,中华苏维埃共和国中央政权体系设置为5个机构,即由全国工农兵代表大会、中央执行委员会、中央执行委员会主席团、人民委员会、最高法院组成。

全国工农兵代表大会(即全国苏维埃代表大会)是中华苏维埃共和国的最高政权机关,由各省苏维埃代表大会、中央直属市、直属县苏维埃代表大会及红军所选举出来的代表组成。全国苏维埃代表大会,每两年由中央执行委员会召集一次,遇有特殊情况,得延期召开;如必要时候,临时召开;有1/3的地方苏维埃要求,马上召开。它的工作职权是:制定和修改宪法及其他法律,决定全国的大政方针,撤换和变更中央执行委员会委员,听取并讨论中央执行委员会的报告以及其他需要提交代表大会决定的问题。第一届全国苏维埃代表大会的代表610名,第二届全国苏维埃代表大会的代表达800多人。

中央执行委员会是全国苏维埃代表大会闭幕期间的最高政权机关,可以代表国家行使代表大会赋予的一切对内对外权力。中央执行委员会由全国苏维埃代表大会选举产生。第一届全国苏维埃代表大会中央执行委员63人,第二届全国苏维埃代表大会中央执行委员173人,候补执行委员36人,不过"中央执行委员会的名额,不得超过五百八十五人"[②]。中央执行委员会对全国苏维埃代表大会负责并对其报告工作。它的全体会议每个月由中央执行委员会主席团召集一次,如有特殊情况得延期或临时召开。中央执行委员会的职权是:颁布各种法律和命

---

① 王健英:《中国共产党组织史资料汇编》,北京,中央党校出版社,1994年,163~164页。

② 厦门大学法律系等选编:《中共苏维埃共和国中共苏维埃组织法》,见《中华苏维埃共和国法律文件选编》,南昌,江西人民出版社,1984年,83页。

令,审核和批准一切关于全国政治上、经济上的政策和国家机关的变迁,选举主席、副主席以及主席团和人民委员会的人选,停止或变更中央执行委员会主席团、人民委员会及其他机关的法令和决议。

中央执行委员会主席团是中央执行委员会闭幕期间的全国最高政权机关。它由中央执行委员会选举产生,对中央执行委员会负责并对其报告工作。上一节我们已将中央委员会主席团称之为苏维埃共和国的集体国家元首作了专门介绍,此处不再赘述。

人民委员会是中央执行委员会的执行机关,即行政机关,负责指挥全国政务。人民委员会由人民委员会主席、各人民委员部的人民委员和工农检查委员会主席组成,其成员均由中央执行委员会在中央执行委员会委员中选任。人民委员会对中央执行委员会及其主席团负责,并按时报告工作。人民委员会在中央执行委员会所指定的范围内,有权颁布各种法令、条例,可以采取适当的行政方针。人民委员会的决议及其所颁布的各种法令、条例,要报告中央执行委员会主席团审核。人民委员会有权审查、修改或停止各人民委员部所提出的法令及其决议,如人民委员部对于人民委员会颁布的法令或命令有异议时,可向中央执行委员会及其主席团提出意见,但不得停止执行。人民委员会下设外交、劳动、土地、军事、财政、国民经济、粮食、教育、内务、司法等各人民委员部和革命军事委员会、工农检查委员会及国家政治保卫局。人民委员是人民委员部的领导者,由中央执行委员选任1人担任;由中央执行委员会主席团委任副人民委员1~2人。人民委员部之下设部务委员会,作为讨论和建议该部工作的机关,其委员由人民委员会任命,委员的人数,由人民委员会随时规定增减;人民委员为各部务委员会的主席。各人民委员的职权是:在他的权限内有单独解决一切问题的权力,但重要的问题须交给该部的委员会去讨论。各人民委员部视工作情况设若干局、处,局、处下设科,协助人民委员管理具体工作。工农检查委员会是监督国家工作人员的机关,负责监督国家机关、企业及一切工作人员正确执行政府的政策、法令;清除阶级异己分子、贪污腐化分子及动摇、消极分子等。国家政治保卫局是专门负责进行肃清、镇压反革命工作的机关,负责对一切反革命案件的侦察、逮捕和预审。革命军事委员会是国家最高军事机关。

最高法院是苏维埃共和国最高审判机关。为保障革命法律的效力,中华苏维埃共和国对司法机关采取"分立制",即在中央执行委员会之下设立最高法院管理审判工作,而人民司法委员部专管司法行政工作。最高法院判决即为终审判决,不得再行上诉,但其判决须依法经中央执行委员会批准。最高法院由全体委员会议及民事、刑事、军事3个法庭组成。院长1人、副院长2人及委员会委员均由中央执行委员会主席团委任。以最高法院院长为主席成立的全体委员会议,讨论并决定关于最高法院职权内各项重要的问题和案件。最高法院的职权是:对于一般法律做法定的解释;审查各省裁判部及高级军事裁判所的判决书和决议;审查中央执行委员会以外的高级机关职员在执行职务期间内的犯法案件(但中央执行委员的犯法案件,由中央执行委员会或主席团另行处理);审判不服省裁判部或高级军事裁判所的判决而提起上诉的案件,或检查员提起抗议的案件。同时,最高法院另设检察长1人,副检察长1人,助理检察员若干人。检察长、副检察长亦由中央执行委员会主席团委任。其职责是:预先检查案件的证据;代表国家出庭,襄助告发事宜;对最高法院全体委员会议的决议有不同意见时,得向中央执行委员会提出抗议等。

在中央执行委员会之下还设立审计委员会,由5~9人组成,设主任1人,副主任1人,均由中央执行委员会主席团委任。审计委员会的职权是审核国家的岁入与岁出,监督国家预算的执行。

2. 地方政权机关及其职权

为了加强地方苏维埃政权的统一建设,1931年11月,中华苏维埃中央执行委员会对根据地行政区进行重新划分,并于1933年12月22日重新颁布了《中华苏维埃共和国地方苏维埃暂行组织法(草案)》。随后,各根据地行政区域及地方苏维埃政权基本统一起来。中华苏维埃共和国地方政权实行省、县、区、乡四级制,城市据其管辖人数多少,分别隶属于中央、省、县、区,分别与省、县、区、乡同级。

(1)省级苏维埃机构及其职能

省苏维埃代表大会是省最高权力机关,由各县苏维埃代表大会和相应的红军单位选出的代表组成,每年由省执行委员会召集一次。其职权是:听取并讨论省执行委员会的工作报告,讨论和决定全省范围内的苏维埃工作方针;改选省执行委员会。

省执行委员会是省苏维埃代表大会闭会期间省"最高行政机关"[①],由省苏维埃代表大会选举产生,由执行委员会主席团召集,每4个月召开一次全体会议。省执行委员会向中央执行委员会和省苏维埃代表大会负责并报告工作。省执行委员会互推13~19人组成执行委员会主席团,为执行委员会闭会期间全省的"最高机关"[②]。主席团互推主席1人、副主席2人。主席团会议每7天召集一次。各

---

① 《中华苏维埃共和国宪法草案》第59条,见江西省档案馆、中共江西省委党校党史教研室编:《中央革命根据地史料选编》(下册),南昌,江西人民出版社,1982年,129页。

② 《中华苏维埃共和国宪法草案》第59条,见江西省档案馆、中共江西省委党校党史教研室编:《中央革命根据地史料选编》(下册),南昌,江西人民出版社,1982年,129页。

类会议除规定时间外,若有必要时,可召集非常会议,讨论紧急事项。省执行委员会下设各行政机关,大体上与中央相似,但也略有不同。一般设立劳动、土地、财政、军事、国民经济、粮食、教育、内务、裁判等部及工农检查委员会、审计委员会和国家政治保卫分局。这些机构除个别的以外,都受省执行委员会及其主席团和上级各有关人民委员部的双重领导。省裁判部在司法行政上隶属于中央司法人民委员部,在检查与审判方面则受临时最高法庭的节制;省审计委员会隶属于中央审计委员会,同时受省执行委员会及其主席团的指导与节制;只有国家政治保卫分局仅受国家政治保卫局的领导,而不受同级执行委员会及其主席团的领导。[①]

省苏维埃执行委员会在代表大会闭幕期间为最高的立法、行政、管辖机关,其职权如下:接受并执行上级机关苏维埃政府的命令和决议;接受并执行全省苏维埃代表大会的决议;遇紧急事项不能召集代表大会时,处理一切紧急问题,但事后须报告代表大会得其追认;接受和批准各县苏维埃政府的报告和建议;选举或撤换常务委员和出席上级或下级行政会议的代表;根据实际情况,决定选举代表大会的人数并接受上级的指示,召集代表准备对大会的一切报告,编定议事日程。

（2）县、区级苏维埃机构及其职能

县、区设工农兵代表大会,是县、区最高政权机关,县工农兵代表大会每 6 个月召开一次,区工农兵代表大会每 3 个月开会一次。工农兵代表大会选出若干执行委员和候补委员,并由该级执行委员推选出若干人组成主席团,为该级执行委员会闭会期间的政权机关。其职权与省级苏维埃政权机关大同小异。县、区执行委员会下设各行政机关,大体上和中央近似,一般设有劳动、土地、军事、财政、国民经济、粮食、教育、内务、裁判等部以及工农检查委员会、总务处等。其职权和机构与省执行委员会下设机构大体相当。所不同的是省不单设军事部,其职权由军区指挥部代行,而县、区设军事部;省设立审计委员会,县、区皆不设立,其预决算的审核,经财政委员会讨论后,报省审计委员会决定。

（3）乡级苏维埃政府机构及其职权

乡苏维埃是苏维埃政权的基本组织,"其主要特点是经常的代表会议制度,代表不脱离生产,散布在群众中"[②]。乡苏维埃全体代表会议选举 5～7 人组成主席团,它是苏维埃代表会议闭会期间的乡最高政权机关。由主席团推选主席、副主席各 1 人。乡苏维埃全体代表大会每 10 天由主席召集一次,主席团会议每 3 天由主席召集一次,遇重要问题临时召集会议。乡苏维埃的职权概括地说就是上传

---

①　史远芹等著:《中国近代政治体制的演变》,北京,中共党史资料出版社,1990 年,245 页。

②　厦门大学法律系等选编:《中共苏维埃共和国地方苏维埃暂行组织法(草案)》,见《中华苏维埃共和国法律文件选编》,南昌,江西人民出版社,1984 年,37 页。

下达,即接受上级机关的一切决议,接受并执行乡代表大会或群众大会的一切决议;同时,代表选民到苏维埃去工作,传达选民的意见,将选民所要进行的工作提交到乡苏维埃去讨论。乡苏维埃主席团之下不设部、局、科之类的机构,而是设立各种经常性的或临时性的专门委员会,如扩大红军委员会、优待红军委员会、慰劳红军委员会、没收征发委员会、防空防毒委员会、国有财产委员会、各季的农业生产委员会、查田委员会、教育委员会、粮食委员会、选举委员会、工农检查委员会、户口委员会等 25 个委员会。为了吸引大批工农积极分子参加工作,各种委员会建立到村,由乡苏维埃代表及工农贫民积极分子 5~9 人组成;设立主任 1 人,主持委员会的工作,负责处理各种问题。乡苏维埃建立村代表主任制,使每一村都有 1 个主持全村工作的代表主任,由他召集一村代表与居民开会讨论全村的中心工作。这样,乡苏维埃就成为密切联系群众、动员群众执行苏维埃工作的直接负责机关。"苏维埃依靠这一制度,同广大民众结合起来,它就使苏维埃成为最能发扬民众创造力的机关,使苏维埃成为最能动员民众以适应国内战争适应革命建设的机关"[1],从而最大限度地动员了民众,对于保障革命战争任务的完成和发展巩固苏维埃政权起到了重要作用。

(4)市级苏维埃政府机构及其职权

市作为苏维埃政府,严格说来并非是一级政权。它总是从属于省、县、区诸级政权之内,这是因为当时中国共产党的工作重心在农村,而城市并非是工作重点和主要争夺对象。因此,市苏维埃政府有四种类型:区属市苏维埃、县属市苏维埃、省属市苏维埃、中央直属市苏维埃。其组织机构和职权分别与乡、区、县、省的苏维埃相仿。

市苏维埃是全市最高政权机关,由全市选民直接选举代表组成。居民 5 万人以下的市,由市苏维埃全体代表会议直接选举主席团,作为市苏维埃代表会议闭会期间的全市最高政权机关。同时选出委员 21~25 人,候补委员 5~7 人,组成市执行委员会。而居民 5 万人以上的市,由市苏维埃全体代表选出委员 25~75 人、候补委员 7~11 人,组成市执行委员会,为市苏维埃全体代表会议闭会期间的全市最高政权机关,再由市执行委员会选举主席团,为市执行委员会闭会期间的全市最高政权机关。主席团的人数,因其隶属关系不同而有差异,区属市 5~7 人,县属市 7~11 人,省属市 11~19 人,中央直属市 19~25 人,其中均推选 1 人为主席,1~2 人为副主席。其职权是:一方面,代表选举他们的选民到苏维埃去工作,传达选民意见,把选民所要进行的工作,提交到市苏维埃讨论;另一方面,将

---

[1] 江西省档案馆等:《中华苏维埃共和国中央执行委员会与人民委员会对第二次代表大会的报告》,见《中央革命根据地史料选编》(下册),南昌,江西人民出版社,1982 年,309 页。

上级苏维埃指示,经过市苏维埃讨论之后,传达到群众中去。市执行委员会之下,设劳动、土地、军事、财政、国民经济、粮食、教育、内务、裁判等部。市苏维埃之下,划若干"市区",设立市区苏维埃,但是 4000 人以下的市及隶属于区苏维埃的市,不划分市区。市区苏维埃或区属市苏维埃下设各种经常的或临时的委员会28 个,职权与乡苏维埃政府下置同类委员会基本相同。

1933 年 7 月至 1934 年春,中华苏维埃共和国区域最大时共有 10 个省(江西、福建、闽赣、粤赣、赣南、湘赣、闽浙赣,湘鄂赣、鄂豫皖、湘鄂西),1 个中央直属市(瑞金),4 个中央直属县(瑞金、西江、长胜、太雷)。全国总面积近 16 万平方公里,人口 1000 余万。中华苏维埃共和国通过层级严密的地方苏维埃政权建设,使红色区域内的民众像网一样被组织在各级苏维埃政府之下,去执行政府的一切工作。这是工农民主制度优胜于历史上一切政治制度的最明显的地方。

二、抗日民主政权的建立及其组织形式

抗日战争时期,在中国共产党的领导下,人民武装力量在敌后不同地区纷纷建立抗日民主政权,其组织形式有自己的特点,其组织原则也有自己的特色,其组织结构又与抗日这一中心任务相匹配。

(一) 抗日民主政权的建立

抗日战争时期,中国共产党制定了抗日民族统一战线的政治路线,与国民党重新合作,共同抗日。经过 8 年浴血奋战,到 1945 年 8 月抗日战争胜利前夕,中国共产党及其领导下的八路军、新四军等抗日人民武装在北起内蒙、辽宁,南至海南岛的大部分地区先后开辟了陕甘宁、晋绥、晋察冀、冀鲁豫、冀热辽、晋冀豫、晋冀鲁豫、山东、苏北、苏中、苏南、淮南、皖中、浙东、广东东江、琼崖、湘鄂赣、鄂豫皖、河南等多个抗日根据地,辖区遍及全国 19 个省的大部或一部分,总面积约 95 万平方公里,人口达 9550 万。其中除陕甘宁边区政府外,其余的都是由抗日人民武装在敌后经过艰苦斗争建立起来的。在极端残酷的战争环境中,各抗日根据地粉碎了日本侵略者的军事扫荡和国民党蒋介石的 3 次反攻围剿,战胜了日本帝国主义和国民党的经济封锁,建立起各自的抗日民主政权。

陕甘宁边区是在第二次国内革命战争时期建立起来的老革命根据地。红军长征到达陕北后,它又成为中共中央所在地。为了适应抗日民族统一战线的政策,1937 年 9 月,陕甘宁革命根据地工农政府正式改名为陕甘宁边区政府。林伯渠任主席,张国焘任副主席。在中共中央的直接领导下,边区进行了政治、经济、文化各方面的建设,使边区成为模范的抗日民主根据地。由于政治民主、生活改

善和教育事业的发展,边区人民的抗日积极性空前高涨,有力地推动了全国抗日群众运动的发展。陕甘宁边区成了中国抗日运动的发祥地,全国人民进行抗战的指导中心,是敌后抗日根据地的总后方。

凡是建立抗日根据地的地区,都纷纷建立抗日民主政权,成立地方抗日联合政府。这些政权没有统一的中央政权,各抗日根据地联合政府之间,彼此不是从属、上下级关系,而是平行关系,处于平行地位。但是,它们都受中共中央统一领导,根据中共中央制定的抗日纲领和政策进行新民主主义的政治、经济和文化建设。在长期艰苦的民族抗战中,各抗日民主政权创造了崭新的完整的政权体系和民主制度,树立了全国抗日民主政治的楷模,对于巩固和发展边区,坚持持久战,争取最后胜利起到了重要作用。

(二)抗日民主政权的组织形式和组织原则

抗日民主政权的性质是:共产党领导各抗日革命阶级联合起来对于汉奸反动派的专政。这就决定了抗日民主政权必须贯彻统一战线方针,采取"三三制"的政权形式,不论民意机关,还是行政机关,都实行民主集中制的组织原则。

"三三制"是抗日民主政权的组织形式。毛泽东同志在1940年曾经指出:"在政权问题上,我们主张统一战线政权,既不赞成别的党派的一党专政,也不主张共产党的一党专政,而主张各党、各派、各界、各军的联合专政,这即是统一战线的政权。共产党员在敌人后方消灭敌伪政权建立抗日政权之时,应该采取我党中央所决定的'三三制'。不论政府人员中或民意机关中,共产党员只占三分之一,而使其他主张抗日民主的党派和无党派人士占三分之二。无论何人,只要不投降不反共,均可参加政府工作。任何党派,只要是不投降不反共的,应使其在抗日政权下面有存在和活动之权。"①又说:"根据抗日民族统一战线政权的原则,在人员分配上,应规定为共产党员占三分之一,非党的左派进步分子占三分之一,不左不右的中间派占三分之一。"②在抗日民主政权人员分配上,共产党员占三分之一,代表无产阶级和贫农。这是共产党在政权机关中实现领导权的必要保证。党外进步分子占三分之一,是因为他们联系着广大的小资产阶级群众,这样做对于争取小资产阶级将有很大的影响。中间派占三分之一,目的在于争取中等资产阶级和开明绅士,对于这一阶级阶层的争取,是孤立顽固派的一个重要的步骤。可见,"三三制"政权是真正能吸收各阶级各阶层中的优秀分子参加政府工作,发挥各阶级各阶层的力量,清洗那些在机关中部分脱离群众、不堪胜任的分子,更加提高政府的

---

① 毛泽东:《论联合政府》,见《毛泽东选集》,第2卷,北京,人民出版社,1991年,760~761页。
② 毛泽东:《抗日根据地的政权问题》,见《毛泽东选集》,第2卷,北京,人民出版社,1991年,742页。

威信及行政效率,更加密切政府与群众的联系,提高人民对政府的信任及抗战热忱,夺取抗日战争最后胜利的恰当的政权形式。

"三三制"民主政权的组织原则是民主集中制。在中共中央和毛泽东同志的领导下,边区政府在彻底摧毁旧的封建国家制度的基础上,按照民主集中制原则建立了一整套新民主主义的政治制度。在根据地的村、县、省、边区,均实行了各级人民代表大会制度,并由各级人民代表大会的代表以直接、普遍、平等、无记名投票办法选举各级政府,罢免政府人员,创制法律。而且下级政府服从上级政府,同级政府内部一切重大事项的处理都取决于会议(边区委员会议、专署署务会议、县务会议、区务会议、村务会议),少数服从多数,集体领导,分工负责。毛泽东同志曾经指出:"中国现在可以采取全国人民代表大会、省人民代表大会、县人民代表大会、区人民代表大会直到乡人民代表大会的系统,并由各级代表大会选举政府。但必须实行无男女、信仰、财产、教育等差别的真正普遍平等的选举制,才能适合于各革命阶级在国家中的地位,适合于表现民意和指挥革命斗争,适合于新民主主义的精神。这种制度即是民主集中制。"[①]可见,从"三三制"政权的组织形式到各级政权的最后建立都与此精神相符,都真正实行了民主集中制原则。

（三）抗日民主政权的组织机构

在整个抗日战争时期,由于各根据地处在战争环境和分割状态,始终没有、也不可能建立自己的中央政府或全国性政权。由于没有自己独立的中央政府,没有统一的组织法,所以各地抗日民主政权的组织机构和职能也不尽一致,名称也有所不同。但其基本结构大体相仿。边区抗日民主政权分边区、县、乡三级。适合这一时期统一战线的要求,抗日民主政权的组织形式是以参议会和抗日工农民主政府为各级政权的最高领导机关。另外,在边区与县之间设置行政督察专员公署,县与乡之间设置区公署。专员公署与区公署都不是一级政权组织,分别是边区和县的派出机关。

1. 抗日边区政权的组织机构

边区相当于省级政权,设立边区参议会作为边区的最高权力机关,是具有人民代表会议性质的民意机关。参议会由边区人民按普遍、直接、平等和无记名投票方式选出的参议员组成。沦陷区和部分游击区不能进行直接普选的地区,可以进行间接选举。参议员任期3年,连选得连任。为使边区参议会成为真正的普遍民主选举的权力机关,结合当时边区人民的客观实际,创造了许多民主选举方法。边区参议会一般设议长、副议长各1人,由参议会以无记名投票法互选产生。正、

---

① 毛泽东:《新民主主义论》,见《毛泽东选集》,第2卷,北京,人民出版社,1991年,677页。

副议长负责召集参议会,主持全面工作,并对外代表参议会。参议会由议员中选出 9 人为常驻议员,在大会休会期间,处理常驻会日常事务和参议大会移交的各项事宜。边区参议会每年开会一次,参议会常驻议员每月开会一次,必要时得临时召集会议。

边区政府(又称边区行政委员会)是边区最高行政机关。它由边区参议会选举、罢免,并对边区参议会负责,对其一切决议有服从义务。各抗日边区政府的委员会人数不等,如陕甘宁边区政府委员会由 13 名委员组成。边区政府综理全边区政务,组织选举,任免行政人员,制定预决算等,但须由各边区政府委员会讨论议决后方可施行;边区政府委员会的委员在参议会开会时均须列席,报告工作并回答质询。边区政府设正副主席各 1 人(称行政委员会者,设正副主任委员各 1 人),由边区参议会在边区政府委员中选举产生。边区政府主席是边区的最高行政首长,对边区参议会和边区政府委员会负责,统一领导全边区工作。边区政府设政务会议,为边区政府执行政务的领导机关。政务会议由政府委员及边区政府各职能机构的负责人出席举行,讨论决定边区政府的一切行动方针及具体工作。各边区政府下置机构不等,一般设秘书处、民政厅、财政厅、教育厅、建设厅、保安司令部、保安处、审计处。

行政督察专员公署(以下简称行署)是边区政府适应战争环境的需要和根据实地情况设置的派出机关。为了发扬民主政治,加强对县政权的领导,提高行政效率,边区政府将管辖区域划分为若干行政区域,设置行政监察专员公署监察和指导所属各县行政事宜。因而,按性质来说,它不是一级政权机关,而是分驻各战略区的边区政府的代表机关。行署根据行政需要,可在所在地代行边区政府的职权,并对边区政府负责。行政督察专员公署设专员 1 人,必要时设副专员 1 人,均由边区政府直接委派,或令驻当地军分区首长或县长兼任。行署下设室、处、科,在专员领导下分别执掌各项工作。

2. 抗日边区县政权的组织机构

县参议会是边区县政权的最高权力机关,它是由县公民选举的议员组成的。某些地区因环境的需要,可由县政府聘请部分本县抗战有功人士为县议员,其名额不超过本县议员的 20%。县参议员任期诸边区略有不同,一般为 2 年。县参议会设议长、副议长各 1 人,由议员以无记名投票选举产生,负责召集常会、临时会,主持全会工作,并对外代表县参议会。在参议会休会期间,由参议员中选出 5 人为常驻议员,处理常驻会日常事务。县参议会每半年召开一次会议,常驻会每月召开一次。

县政府是县最高行政机关。它由县长 1 人,必要时加选副县长 1 人以及委员

6～10人组成县政府委员会。县长、副县长、县政府委员由县参议会选举产生,并报请边区政府委任。其任期两年,连选连任,届期未满而调离或失职者,由县参议会改选,县参议会休会期间,由边区政府派人代理。县长为全县最高行政首长,统一领导县政府政务,并对边区政府、县参议会及县政府委员会负责。县政府下设秘书室和分掌民政、财政、教育、建设、粮食、保安等事务的6个科。县政府对边区政府和县参议会负责,在县参议会的监督和边区政府的领导下综理全县行政事务。全县重要事项须经县政府委员会决议后才得执行。

区公署是县政权领导村(乡)政权工作的重要枢纽和桥梁,并非一级政权,只是县政府的派出机关。为了加强县政府对乡政权的领导,在县之下划分若干区,每区辖3～5个乡。区设公署,辅佐县政府执行政务。区公署设区长1人,由县长遴选,经县政府通过,呈请边区政府民政厅核准任命。区长在县长和县各部门领导之下,综理全区政事,指导所辖各乡政务。区公署另设助理员3～5人,由县长任命,在区长领导之下,分办该区行政及教育、保安、经济建设等事宜。

3. 抗日边区乡政权的组织机构

乡是抗日民主政权的基层组织,根据辖区面积和人口有甲、乙、丙3种类型。乡政权是民主政治的基础。乡与村同级,只因根据地不同而称谓不一样。乡参议会是乡政权最高权力机关,由乡村群众直接选举产生的参议员组成,任期1年。乡参议会采取立法行政合一制,不设议长、副议长,开会时推举主席团3人主持会务,休会时不设常驻委员。乡参议会每2个月召开一次,必要时得召集临时会议。

乡政府是乡最高行政机关,由乡参议会选举的乡长、乡政府委员组成,其中乡长须经县政府委任,任期1年。乡政府领导全乡政务,对乡参议会和县政府负责。乡政府为工作需要,设有优待救济委员会、经济建设委员会、锄奸委员会、人民仲裁委员会、文化促进委员会、卫生保育委员会等各种委员会。各委员会由3～5人组成,由乡政府聘任,不脱离生产。

乡政府之下设行政村,设村主任1人;行政村之下设自然村,设村长1人。村主任、村长均由村民大会选举产生,每半年改选一次。村民大会是村内最高权力机关,村公所是村行政机关。抗日民主根据地的村政权,由于各地区具体情况不同,因而其领导关系、内部组织也不一样。由于村是抗日锄奸的堡垒,因此,各抗日边区对村级基层政权建设都非常重视。

三、人民民主政权的建立及其组织形式

在中国共产党的英明领导下,中国人民取得了八年抗战的伟大胜利,并不失

时机地建立了人民民主政权。在农村完成了由贫农团、新农会向人民代表会议的转变,在城市结束了由各界人民代表会议向人民代表大会的转变并在少数民族地区成立了自治政府和被解放的城市中实行了军事管制,这些创举对新生政权巩固与发展起到了重要作用。

(一) 人民民主政权的建立

自抗日战争胜利到中华人民共和国成立,是中国人民进行解放战争,夺取全国政权的时期。抗日战争胜利后,中国共产党针对蒋介石的"寸权必夺,寸利必得",以及发动全面内战的阴谋,采取了"针锋相对,寸土必争"的方针。一方面,力争和平、民主,制止内战;另一方面,努力发展人民力量,加强和巩固根据地,迅速地扩大解放区。截止到 1946 年 6 月,先后解放东北、热河、察哈尔、山东以及苏皖等地区,并建立了人民民主政权。这为粉碎国民党发动大规模内战的阴谋,进而解放全中国,建立人民民主专政政权奠定了基础。

全面内战爆发后,中国人民解放军在毛主席的正确战略方针的指导下,胜利粉碎国民党军队的全面进攻和重点进攻,很快由战略防御转为战略进攻,解放区得到迅速发展。到 1948 年 8 月,各解放区逐渐连成一片,形成华北、东北、西北、华东、中原等五大解放区,总面积达 235 万平方公里,占全国总面积的 20.5%。经过辽沈、淮海、平津三大战役的胜利,粉碎美蒋"和平攻势",中国人民解放军迅速向全国进军,推翻了国民党蒋介石的反动统治。到 1949 年 10 月中华人民共和国成立前夕,除西南、两广以外,中国大陆基本获得解放,从基层到各大解放区都建立了人民民主政权。

(二) 人民民主政权的组织形式

由于解放战争迅速发展,党的工作重心逐渐从乡村转向城市,以生产任务为中心的问题逐渐提到议事日程上来。人民民主政权机关为了适应客观情况,更有效地保证革命任务完成,出现了各种形式。主要有:新、老解放区逐步建立的各级人民代表大会制度;新解放区的城市实行的带有过渡性质的军事管制制度;少数民族地区开始实行民族自治制度。这些形式的完善与巩固,为中华人民共和国政治制度的建立奠定了基础。

1. 各级人民代表会议

全面内战爆发后,随着阶级关系和党的政策的变化,城乡解放区人民政权体制中的权力机关也随之发生了变化。这就是由抗日战争时期的参议会组织形式转变为农村中的贫农团、新农会、区村人民代表会议和城市中具有协商性质的各界人民代表会议,并逐步向人民代表大会制过渡。

贫农团、新农会是农村中排斥地主富农和其他剥削分子参加的临时性基层政

权,是在无产阶级领导下的农民群众向一切反动派实行专政的人民民主政权组织
形式。后来,在土地改革顺利进行或在土改完成后,在群众充分发动和觉悟大大
提高、组织程度大大加强的基础上,以农民直接选举产生的农会和贫农团为基础,
成立了区、村(乡)人民代表会议,作为区村两级正式权力机关,由它们选举成立政
府委员会,实行议行合一制。人民代表会议一经建立,就成为当地人民的权力机
关,一切应有的权力都归于代表会议及其选出的政府委员会。贫农团和农会则不
再是政权组织,而变成群众组织,成为人民代表会议的"助手"。在区、乡人民代表会
议普遍建立起来的基础上,再逐级召开县、省人民代表会议,选举产生县政府委员会
和省政府委员会。各级代表会议中,包括一切民主阶层亦即工人、农民、独立劳动
者、自由职业者、知识分子、民族工商业者以及开明绅士,亦包括各少数民族代表。
各级代表会议的代表,有权对各种问题发表意见,有赞成、怀疑、反对和保留意见的
权利,也有反映人民真实意见和向人民群众忠实传达、解释和贯彻决议的义务。

各界人民代表会议是已经解放的城市,在军管会和临时市人民政府领导下,
传达党的各项政策,联系群众的协议机关,其前身是临时的非固定的各界各业座
谈会。各界人民代表会一般由人民团体组成,其中包括工会、学生会、青年团、妇
女联合会等。其性质是市人民代表会议召开以前的临时政府的协议机关,是人民
代表大会的初级形式。它的优点是代表性比较广泛,能成为固定的经常的制度。
通过各界代表在会内、外的活动,能够把各阶层人民的意见集中起来,使政府更清
楚地了解社会生活各个方面的要求以及当时存在的问题,便于更准确地规定政府
的施政方针和重要措施。同时又可以把政府的政策、法令和施政情况传达到各阶
层中去,取得群众的拥护,成为人民群众自己行动的纲领。后来条件逐渐成熟,加
上直接或间接选举的代表增多,各界人民代表会议便逐步代行各级人民代表大会
的职权,并选举地方人民政府委员会,从而成为各级国家权力机关,而由它选举的
人民政府委员会则成为它的执行机关。

2. 解放城市的军事管制委员会

随着人民解放战争的胜利发展,人民解放军先后占领了许多大中城市。面对
城市政权建设的新问题,党中央总结了各地管理城市的经验,决定人口在5万人
以上的城市,在解放初期,一律建立军事管制委员会(以下简称军管会),实行军事
管制。军事管制制度成为新解放区的城市政权建设的主要形式,是一种临时性、
过渡性的政权形式。

军事管制的目的在于建立革命秩序,发动和组织人民力量肃清残余敌人,镇
压反革命活动和保障国家、人民生命财产的安全。军事管制的实质就是最初的人
民民主专政的特殊形式,它强有力地镇压了反动派,同时竭尽一切办法保卫、帮助

人民建立各级人民代表会议和人民政府,并且在条件成熟时把权力移交给当地的人民政府。

军事管制委员会一般由中国人民解放军总部、野战军总部、军区或前线司令部委任人员组成,它受人民解放军总部(或军区)的领导,作为该管区内管制时期的统一的最高军政领导机关,是城市的最高权力机关。它统管军政事宜,其任务比较广泛,几乎担负保护新解放城市的全部责任。其具体任务是:①镇压反革命分子的活动,肃清反革命的一切残余;逮捕战犯及罪大恶极的反动分子;解散一切反动党团和特务组织;收缴一切隐藏在民间的反动分子的军火武器及其他违禁品;②接收并管理一切公共的机关、产业、物资及其他一切公共财产,并没收官僚资本;③保障一切中国人民及守法的外国侨民生命财产的安全;保护工、农、商、学各界所有正当的权利;迅速恢复市政建设事业,恢复与建立正常的社会秩序;④动员一切公私力量沟通和建立城乡经济的正常关系,尤其是指导和组织公私各种力量解决城市人民的粮食和燃料的供应;⑤发动和组织革命群众团体,帮助建立系统的人民民主政权机关;⑥颁布戒严令或发布临时法令。

军事管制委员会为了执行各种具体任务,下置许多组织机构:设主任、副主任各1人;另设秘书长1人,在其领导下设秘书处、供给部、行政处等,负责处理对内对外一切日常工作及联络、供给等事项。军管会之下设立警备司令部、市政府、物资接管委员会、文化接管委员会等机构。

实行军事管制的城市地区,在一定时期要组织与召开各界人民代表会议,当具备一定条件时再召开代表会议。各界人民代表会议不但不会妨碍军管会的职权,相反通过这种组织形式可以了解和反映工作中存在的问题,便于联系各阶层人民和劳动群众,从而大大增强政府的工作效能。

军事管制制度是向人民代表会议制度过渡的一种制度,军事管制委员会只是过渡性的临时政权机构。至于军事管制期间的长短,依城市的情况而定,在城市秩序大体稳定之后,军管会就把城市的全部管理权交给当地的人民政府。一般说来,军管时间,大城市约需3~6个月,甚至更长。小城市约需几个星期或二三个月。不过"十万以上人口的大城市取消军事管制须先得中央批准"①。

3. 各大行政区的人民政府

随着解放战争的胜利进行,解放区范围不断扩大,原来各较小的解放区逐渐连成一片,先后形成了几个大的解放区,如陕甘宁边区、东北解放区、华北解放区、中原解放区、华东解放区等。革命形势的发展要求必须建立各大行政区政权,因

---

① 厦门大学法律系等选编:《中华苏维埃共和国法律文件选编》,南昌,江西人民出版社,1984年,37页。

地制宜地、有步骤有区别地采取适合于当地情况的办法,来推行各项政令,保证各解放区在政治、经济、革命等各方面政策上的统一和行政制度上的统一,以便集中力量进行全国规模的革命战争和更好地从事各方面的建设工作,为最终达到全国的统一作准备。

根据革命战争和解放区发展的实际情况,各大解放区先后陆续成立了大行政区的人民政权机关(大行政区人民政府委员会或军政委员会)。各行政区人民政府成为各区的最高政权机关,统一领导所属地区的地方政府。1946年8月,在哈尔滨召开东北各省代表联席会议,选举产生东北行政委员会,作为东北解放区临时性的最高政权领导机关,统一领导东北诸省解放区的行政工作。1949年8月,在沈阳召开东北人民代表会议,选举产生以高岗为政府主席的东北人民政府委员会,代替东北行政委员会。东北人民政府宣告成立,成为东北大行政区正式的最高行政领导机关。1948年8月,晋察冀和晋冀鲁豫两个边区政府合并,在石家庄召开华北临时人民代表大会,选举产生以董必武为政府主席的华北人民政府委员会。华北人民政府综理华北政务,管辖内蒙古自治区、察哈尔、热河、绥远等省。1949年2月,陕甘宁边区和晋绥边区合并,成立以林伯渠为政府主席的陕甘宁边区人民政府,统辖陕甘宁、晋南和晋西北的行政事务。在华中,在几个解放区连成一片的基础上,1949年3月,中原解放区临时人民代表大会在开封召开,选举产生以邓子恢为政府主席的中原人民政府委员会,成立中原临时人民政府,统一领导河南、两湖、两广和江西等地方政府。到1949年10月新中国成立之前,除尚未完全解放的华东、华南、西南、西北以外,各大解放区都建立了统一的人民政权。

各大行政区人民政府在政治、军事上都受党中央和人民解放军总部的统一领导,在贯彻党的方针政策以及完成各项过渡性的任务方面发挥了巨大作用,为建立全国统一的新政权奠定了基础。

4. 内蒙古民族自治地方政府

早从大革命时期起,内蒙古人民就参加了中国共产党领导的革命运动,并为争取民族自治而进行了长期不懈的斗争。抗日战争期间,内蒙古抗日军民在大青山建立了革命根据地,配合八路军抗击日寇。抗战胜利后,在中国共产党领导下,于1946年4月,在热河承德举行自治运动统一会议,决定由内蒙古自治运动联合会统一领导内蒙古人民的自治运动。1947年4月,内蒙古自治运动联合会在王爷府(即乌兰浩特)召开了内蒙古人民代表会议,通过了《内蒙古人民代表会议宣言》《内蒙古自治政府施政纲领》和《内蒙古自治政府暂行组织大纲》,选举产生了内蒙古临时参议会和以云泽(乌兰夫)为主席的内蒙古自治政府。5月1日内蒙古自治政府正式宣告成立。

内蒙古民族自治地方政府是内蒙古地区的蒙古族联合境内各民族,实行高级区域性自治的地方民主联合政府,是在中国共产党领导下的包括工人、农民、牧民、知识界、宗教界以及牧主和过去的王公在内的,极其广泛的人民民主统一战线政权。它并非独立自治,而是中国人民民主政权的组成部分。

内蒙古临时参议会是内蒙古自治区的最高权力机关。参议会是由蒙古族、汉族、回族等内蒙古地区的各民族人民选举组成的。临时参议会选出正副议长及驻会参议员共 9~12 人,主持参议会日常工作,并对其负完全责任。内蒙古自治政府是自治区最高行政机关,由临时参议会选举主席、副主席及委员共 19~21 人组成。内蒙古自治政府下设办公厅、民政部、军事部、财政经济部、文化教育部、公安部、民族委员会、参事厅和最高法院。

内蒙古自治政府以下的地方行政区划为四级制:①盟;②旗、县、市;③努图克、苏木。④基层政权组织为嘎查、村。各级地方行政区域的权力机关为各级人民代表大会。盟、旗、县、市各级地方政府均为民选,并由内蒙古民族自治地方政府加以委任,旗、县以下由旗、县政府加以委任。当时内蒙古民族自治地方政府所辖地区有呼伦贝尔、纳文慕仁、兴安、锡林郭勒、察哈尔 5 个盟,共 30 个旗、1 个县和 3 个市。

在少数民族聚居的地方实行民族区域自治,这是中国共产党解决国内民族问题的基本政策。内蒙古民族自治地方政府是在中国共产党领导下建立的我国第一个实行民族区域自治的民主政权,属于人民民主政权的组成部分。它的建立是中国共产党的民族政策的伟大胜利,是马克思主义的民族理论在中国的一次伟大实践,是单一制的多民族国家解决民族问题的创举和典范。内蒙古民族自治地方政府的建立是内蒙古人民在中国共产党领导下参加革命和民族解放斗争所取得的胜利果实,对推动全国解放战争的胜利,促进民族的团结和国家的统一做出了重要贡献。

第四节　人民民主政权的人事行政制度

我国的人事行政管理制度,最初萌芽于新民主主义革命时期的根据地。那时,由于战争环境的限制,不能制定系统的干部管理法规,也难于严格按照常规办事。但是,经过近 20 年的实践,还是形成了一些初步的规范,如任人唯贤的干部路线、德才兼备的干部标准,党管干部的根本原则,以及从战争中学习的干部培养方法等。这些初步的规范,对于贯彻党的组织路线和建设根据地政权,发挥了重要作用,并为新中国成立后人事管理制度的确立奠定了基础。

一、人事立法

在苏维埃时期,革命根据地的干部人事制度尚处于初创时期。党和苏维埃政府对干部的使用和管理等方面还没有专门制定法律法规,只是在一些其他的法律和决议中有过相关的规定。例如,1931 年 11 月,中华工农兵苏维埃第一次全国代表大会通过的《中华苏维埃共和国宪法大纲》规定:"苏维埃所建立的是工人和农民的民主专政的国家。苏维埃全部政权属于工人、农民、红军及一切劳苦民众。在苏维埃政权下,所有工人、农民、红军兵士及一切劳苦民众有权选派代表掌握政权的管理。只有军阀、官僚、地主、豪绅、资本家、富农、僧侣及一切剥削人的人和反革命分子,是没有选派代表参加政权和政治上自由的权利的。"[①]这样,苏维埃宪法大纲就以根本大法的形式对工农群众参加国家政权管理,同时剥夺剥削阶级的参政权作出了规定。又如,1932 年江西省苏维埃"一大"通过的《江西工农兵苏维埃第一次全省代表大会对苏维埃工作报告的决议》中规定了选拔苏维埃政府干部的标准:"一定要以斗争历史、工作能力、阶级成分、群众信仰等决定。""选举较积极的阶级分子为中心目标,特别吸引工人的积极分子参加政府工作。"但"各部部长人选要适当,至少也应该以能培养的充任"[②]。

抗日战争时期,党和抗日民主政府的人事立法工作在整个新民主主义时期革命根据地的人事制度史上有着重要的地位。制定正确的干部政策,颁布适宜的人事法规法令,是党和抗日民主政府为争取抗战胜利所采取的一项重要措施。与土地革命战争时期相比,这个时期的人事立法工作有以下三个主要特征[③]:

第一,确定了一条正确的党的组织路线,制定了一套正确的干部政策,肃清了"左"倾冒险主义与关门主义对党和政府干部工作的影响。例如,在干部的录用和选拔上,坚持"任人唯贤"的方针,改变和纠正了过去"任人唯亲"的宗派主义的偏向;并且大量吸收知识分子,纠正了过去排挤和打击知识分子干部的错误。

第二,由于这一时期与土地革命战争时期党与苏维埃政府所面临的形势以及所担负的任务有很大的不同,因此在许多具体的干部政策上差异较大。土地革命

---

① 韩延龙、常兆儒:《中国新民主主义时期根据地法制文献选编》,第 1 卷,北京,中国社会科学出版社,1981 年,8~9 页。

② 中央出版局:《江西省苏维埃第一次代表大会多种决议案的决议》,见《决议案汇编》,北京,中央出版局,1932 年,50 页。

③ 林代昭:《中国近现代人事制度》,北京,劳动人事出版社,1989 年,416~417 页。

战争时期,党和苏维埃政府的主要任务是用武装暴动和革命战争的形式推翻国民党政权,进行土地革命。当时,参加苏维埃政权管理的绝大部分是工人、农民和其他革命分子。抗日战争时期,党和抗日民主政府的主要任务是坚持和巩固抗日民族统一战线,为打败日本侵略者而奋斗。党和抗日民主政府的干部政策也是为这个目的服务的。例如,为了团结尽可能多的人进行抗日,抗日民主政府在人事安排上实行"三三制"原则。

第三,从这一时期所制定的人事法规来看,它比土地革命战争时期党和苏维埃政府所制定的人事法规要完善和成熟得多。它对于干部的管理、选拔、任用、登记、考核、奖惩、待遇等方面都以法规法令的形式作了较为详细和全面的规定。但是,由于各抗日根据地处在艰苦的战争环境中,分散性表现明显,还不具备条件制定出一套统一完整的人事管理法规。

在解放战争时期,随着解放区的迅速扩大和人民民主政权的巩固,党和人民政府在人事工作中又总结出了许多经验,使新民主主义的人事制度日趋成熟和完善。例如,1946 年 8 月通过的《东北各省市(特别市)行政联合办事处组织大纲》、1947 年 4 月通过的《内蒙古自治政府施政纲领》和《内蒙古自治政府暂行组织大纲》以及 1948 年 8 月通过的《华北人民政府施政方针》和《华北人民政府组织大纲》,这些纲领虽说实行的时间都不长,但为后来新中国政权的建设以及人事制度的完善提供了有益的经验。这一时期,由于党的工作重心的转移,党和人民政府的人事管理工作与土地革命战争时期和抗日战争时期相比,有如下特点[①]:

第一,干部的需求量急剧增加,干部的已有量和需求量发生了矛盾,供不应求的情况十分严重。为了解决这一矛盾,党和人民政府采取了很多措施,其中包括大量吸收和培养工人干部和知识分子,大批地把老解放区的干部调往新解放区,把人民解放军由战斗队转为地方工作队,等等。

第二,干部原有的知识结构和工作能力与现实的需要发生了矛盾。这一时期,党的工作重心开始逐渐从农村转入城市。这就需要一大批善于管理城市、领导经济工作的干部。而原有的干部一般只熟悉农村环境,善于领导农村工作和军事工作,不熟悉城市和经济工作。为此,党和人民政府采取了一系列办法:从城市工人中提拔出一批干部调往新解放区管理企业和其他经济部门;让从农村进入城市的干部尽快学会管理城市和领导经济工作;创办一些专门学校培养技术干部,对旧职员加以利用和改造,让他们为人民政权服务等。

第三,人事管理工作逐渐走向集中和统一。在土地革命战争时期和抗日战争

---

① 林代昭:《中国近现代人事制度》,北京,劳动人事出版社,1989 年,496～497 页。

时期,各根据地被分割在各地区,虽然实行党管干部的原则,但由于各地情况不同,人事管理工作也不可能统一规划和领导。到了解放战争时期,由于各解放区逐渐连成一片,大行政区政权相继建立,最后成立了统一的中华人民共和国。这样,原来分散领导的人事管理工作,逐渐走向了集中和统一的领导。

二、干部的选聘和调配制度

苏维埃时期的干部人事制度还处于初创时期,对于干部的选拔和任用只是在一些决议和指示中作出过有关规定。例如,1936 年 6 月 16 日中共中央根据共产国际的指示发出的《中央给苏区各级党部及红军的训令》中规定了苏维埃政府选人的标准:党要多提拔苏区的工人、贫农、雇农的领袖当选;必须吸引广大工农群众参加政府的各部各委的工作,必须使他们练习自己管理政权而密切群众与政府机关的联系。具体说来,苏维埃政权选人的标准可以归纳如下:(1)保证工农群众尤其是工人群众参加政府工作,干部主要从工农群众中挑选;(2)干部应当是经过斗争考验,对革命事业、对苏维埃政权绝对忠诚的人;(3)干部应当有一定的工作能力,有培养、发展的前途,能担负起领导责任;(4)干部应当是群众领袖,在群众中有一定的影响和威望。

苏维埃政府选拔干部的方式主要有以下三种:选举制、委任制和选任制。根据苏维埃政府的选举法和组织法规定,中央、省、县、区、乡和城市苏维埃等各级执行委员会委员、执行委员会主席和副主席,都通过选举产生。而各级苏维埃政府的大部分干部是通过委任的方式选拔出来的。《中华苏维埃共和国中央政府组织法》规定:最高法院的院长和副院长、刑事、民事和军事各法庭庭长、检察长及副检察长由中央执行委员会主席团任命;中央审计委员会主任、副主任及委员由中央执行委员会主席团任命;各人民委员部设置的副人民委员,也由中央执行委员会主席团任命;各人民委员部之下设立部务委员会,部委成员由人民委员会任命;地方各级苏维埃政府也可委任一部分干部和工作人员。选任制是把选举制和委任制综合起来选拔干部的一种方式。苏维埃政府有些干部通过选举方式选拔出来后,还必须经过上级有关部门的批准和委任,才能正式担任职务。例如,中央苏维埃组织法规定:人民委员会中的人民委员和人民委员会主席,必须由中央执行委员会选任;地方苏维埃组织法规定,地方各级苏维埃各部部长、副部长,必须报告上级执行委员会或主席团,经过上级各部审查并予以委任后,才能正式任职。

土地革命战争时期,党和苏维埃政府处在紧张的革命和战争环境中,干部调动频繁,也没有形成一套正规的干部调配制度。当时干部的调配工作,是临时根据党和苏维埃政府的中心任务进行安排的,主要的有以下几种调配方式:(1)从地区和工作方式上来说,可分为从白区调往苏区和从苏区调往白区的两种类型。例如,1931年8月27日中共中央作出的《关于干部问题的决议》规定:"为使全国干部,有适当的调剂与分配,必须在各地党之间,苏区与白区之间能够互相供给干部,要随时准备一部分供上级党部的调动,现在各白区党部,应积极地征调工人,军事人才,及各种技术专门人才,输出到苏区去。"[①](2)从组织系统和工作类别来说,可分为党务干部调往军事部门和党务干部调往政府部门的两种类型。大革命失败后,党以武装暴动和革命战争的形式从事革命运动。中央和地方各级党组织成立了专门的军事机构,派遣大批干部开展军事工作,组织地方暴动,建立工农红军。同时,为了加强革命根据地的政权建设,加强党对苏维埃政权的领导,中央和地方各级党组织派出一批实际经验丰富且领导能力较强的干部担任政府部门的工作。(3)从组织机构的级别来说,干部的调配方式可分为下级干部调往上级和上级干部调往下级的两种类型。

抗日战争时期,党和抗日民主政府坚持"任人唯贤"的选人标准。1938年10月,毛泽东在中共中央六届六中全会上论述党的干部政策时说:"在这个使用干部的问题上,我们民族历史中从来就有两个对立的路线:一个是'任人唯贤'的路线,一个是'任人唯亲'的路线。前者是正派的路线,后者是不正派的路线。""共产党的干部政策,应是以能否坚决地执行党的路线,服从党的纪律,和群众有密切的联系,有独立的工作能力,积极肯干,不谋私利为标准,这就是'任人唯贤'的路线。"[②]所谓"任人唯贤",就是在选拔干部时要考察和掌握干部的德与才两个方面的情况,必须同时兼顾,缺一不可。党的干部的标准是:忠于无产阶级事业,忠诚于党;与群众有密切联系;能独立决定工作方向并负起责任;遵守纪律。抗日民主政府干部的标准是:拥护并忠实于边区施政纲领;德才资望与其所负职责相称;关心群众利益;积极负责,廉洁奉公。

抗日民主政府干部的任用方式可分为选任、委任和聘任三种形式。抗日民主政府实行民主政治,制定了选举法规,规定除汉奸卖国贼、违法乱纪被剥夺公民权的人以及精神病患者外,年满18岁的居民,不分阶级、党派、职业、性别、宗教、民族、财产以及文化程度的差别,都有选举权和被选举权。人民通过选举,选出代表组成各级参议会。再由边区参议会选出边区政府正、副主席、政府委员和高等法院院长;由各县参议会选出正、副县长、县政府委员及地方法院院长。乡、村干部

---

① 《中共中央文件选编》(1931),北京,中央党校出版社,1983年,353~354页。
② 毛泽东:《中国共产党在民族战争中的地位》,见《毛泽东选集》,合订本,北京,人民出版社,1967年,493页。

一般由当地居民直接选出,并经上级机关批准。抗日根据地党的干部和军队干部一般实行委任制,一些政府部门的干部也由上级机关委任。聘任是用招聘的形式任用干部。例如,《陕甘宁边区各级参议会组织条例》规定,各级参议会议员由人民直接选举,但同级政府认为有必要时,可以聘请勤劳国事及在社会、经济、文化等各方面有名望的人为议员。实行聘任制,对于广泛吸收社会上各种有用之才为抗日根据地各项建设服务起了很大的作用。

抗日战争时期,干部的调配和交流遵循着下列原则:一是紧紧配合党和抗日民主政府的中心任务进行干部的调配和交流。无论是一块新根据地的开辟,还是开展根据地某一方面的建设,或是一个战役的进行,或是国统区党组织的恢复,都需要党和政府机关重新调动和配备干部。二是精简上层,充实下层,这是抗日战争时期政权系统干部调配和交流的原则。抗战初期,根据地的上层政权机构设置得过大,而基层政权机构却显得很薄弱,结果大批干部堆积在上层机关,基层干部则数量少质量差,影响了党和抗日民主政府的指示和法令在群众中的贯彻。为了改变这种状况,党和抗日民主政府实行精兵简政,大量精简上层机关的干部,并把其中很大一部分用来充实基层,加强基层政权的领导力量。三是合理使用干部,提高干部的素质和能力。在调配干部时,要了解现有干部的能力和工作特长,安排适当的工作给他们,尽量做到人尽其才,使他们的能力和水平能充分地发挥出来。在坚持上述原则的基础上,抗日战争时期党、政、军、民干部的调配和交流主要有上下交流、前方与后方交流、军队和地方的交流、党政民干部的交流和新老干部的交流等方式。

解放战争时期,由于解放区的不断扩大,对干部的需求量也急剧的上升。为了尽可能地满足这一要求,在选拔干部时,各解放区主要采取了以下办法:(1)从工人和职员中大量提拔干部。随着解放战争的迅速发展和新的大中城市的相继攻占,迫切需要一大批懂城市工商企业管理的干部。为此,1948年12月21日,中共中央根据在沈阳、郑州及其他城市中新提拔的产业工人和职员干部懂得工商业技术者对于接管大城市大工商业很能干很热情并发挥了很好作用的经验,向各解放区发出了《关于大量提拔培养产业工人干部的指示》(以下简称《指示》)。《指示》要求各解放区的党政机关,必须从一切解放区的产业工人和职员中,立即训练培养和提拔大批的干部,以便能够派遣他们和老干部一起去接管新解放的大城市及大的工商业,并参加党、政、军、民各方面的工作。并强调,在一切可能的地方,大批的培养、训练和提拔产业工人和职员干部,已成为目前全党性的迫切的中心任务之一。(2)大量吸收知识分子并从中选拔干部。1948年7月9日,中央就干部问题给中原局发出指示,要求尽量吸收知识分子,只要他们愿意参加革命,经过短期的训练之后,即可适当地分配工作给他们。同年10月,中央在《关于准备五万三千个干部的决议》(以下简称《决议》)中指出,要放手地大量使用及训练改造除反动分子以外的新解放城市中的企业人员和公教人员,以弥补城市工作干部的不足。《决议》还规定,要从国民党统治的大城市如平、津、沪、宁、杭、汉、渝、厦、穗、昆等地区大量吸收知识分子到解放区来,在加以必要的训练之后,即派往各种岗位上去工作。(3)从农民积极分子中选拔干部。解放战争时期,各解放区开展了轰轰烈烈的土地改革运动。在这场运动中,涌现出了一大批农民积极分子。党和人民政府从这批积极分子中选拔了一大批干部来充实农村基层政权和基层党组织。

解放战争时期,干部的调派工作仍然是围绕党的中心任务的完成来开展的。由于当时大规模的革命战争的进行和新解放区的相继开辟,党和人民政府在干部的调派工作中,坚持了以下两条原则:一是后方让前方,以及老区让新区的原则。1949年4月20日,中央军委在《关于解决干部缺乏问题给中原局的电报》中规定,解决干部问题的争执时,一般原则是后方让前方,老区让新区。二是调回本籍干部的原则。1949年6月11日,《中央关于准备三万八千个干部的布置》中规定,各地在给南方各省调派干部时,应尽可能抽选粤、桂、滇、川、黔各省籍干部,凡熟悉各省情况而又能抽出者,均应抽出派回。坚持这条原则,有利于干部迅速掌握新解放区的情况,尽快地适应环境和开展工作。

三、干部的考核和奖惩制度

干部的考核和奖惩制度,是干部人事制度中一项非常重要的内容。土地革命时期,由于人事制度的建设刚刚起步,关于干部考核和奖惩的制度还没有建立起来,只是一些很零散的规定。而解放战争时期干部的考核和奖惩又大都沿用了抗日战争时期所制定的制度。所以,这里重点阐述一下抗日战争时期的情况。

抗日战争时期,干部的考核和奖惩制度已被抗日民主政府的干部管理部门作为干部管理的一项制度确定下来,并相继颁布了专门的法规。在陕甘宁边区,1943年4月25日颁布了《陕甘宁边区各级政府干部奖惩暂行条例》。在晋察冀边区,1940年曾制定了《边区各级政府及边委会直属机关干部登记考核办法》,1943年10月又颁布了《晋察冀边区行政干部任免考核奖惩暂行办法》。在晋西北根据地,1941年5月公布了《行政干部奖惩条例》。在晋冀鲁豫边区,1943年9月又颁发了《晋冀鲁豫边区政权干部奖惩办法》。在山东根据地,山东战时工作推行委员会于1943年3月公布实行《修正山东省行政人员奖惩暂行条例》。在淮北的苏皖边区,1943 年也颁布了干部的奖惩条例,即《战时公务人员奖惩条例》。各抗日民主政府的干部考核和奖惩工作,无论在制度建设方面还是在实际贯彻方面,都取得了很大的成绩。

（一）考核的目的

各抗日根据地干部管理部门对干部进行考核,是为了实现以下几个方面的目的:

1. 通过对干部的考核,达到认识和了解干部实际解决问题能力的目的,为干部的提拔、使用以及奖惩等方面提供条件。

2. 通过对干部的考核,调动和提高干部的积极性和工作效率,克服干部管理过程中的官僚主义现象。

3. 通过对干部的考核,发挥干部管理的协调功能。

（二）考核的内容

干部考核的内容,大致包括干部的政治态度、业务能力、工作作风和个人道德等方面。根据 1943 年 10 月晋察冀边区政府颁布的《边区行政干部任免考核奖惩暂行办法的规定》,干部考核包括的内容有:

1. 政治文化之进步程度,政治情绪及坚定性。

2. 工作能力之强弱,完成任务之成绩,执行法令之程度,工作之责任心,积极性与纪律性,在人民或机关之威信。

3. 学习之勤惰,业务之纯熟与精通。

4. 生活表现,民主作风,个人道德之优劣。

（三）考核方式

干部的考核一般分为平时考核、定期考核、临时考核等几种办法进行。各部门、各系统的干部考核在本部门或系统内进行。一般由干部的所在机关进行,并由干部的任免机关查核,如晋察冀边区政府曾规定干部的考核,由所在机关进行,如果干部的所在机关不是他的任免机关,应将考核结果报告任免机关查核。平时考核是干部的平时表现,由任免机关与所在机关首长或主管部门负责人主持进行。如淮北苏皖边区政府曾规定各级政府成立人事考绩委员会,由该级各主管长官为主任委员,并指定本机关高级人员组成,该级各人事管理部门主管人为副主任委员,其中干部的初级考核由该级各考绩委员会执行,复核由该级各任免机关执行,离职时的临时考核由直属长官和本届考绩委员会联合进行。[①]

（四）奖惩的原则和标准

抗日根据地干部奖惩的原则是赏罚分明。陈云同志在《干部要严格要求自

---

① 林代昭:《中国近现代人事制度》,北京,劳动人事出版社,1989 年,450～451 页。

己》一文中指出:"爱护干部主要是政治上爱护。干部犯了三分错误,你把他当作十分,这是不对的,但是,完全不批评他,纵容错误,也不对。如果犯了严重错误不处罚,这样就不能教育他,也不能教育其他同志。""如果对于好的同志不赏,这就不能使他进步,也不能教育其他同志。所以,我们现在要提倡该赏就赏,该罚就罚。"①各根据地在这一原则的基础上,同时又考虑到自己的实际情况制定了干部的奖惩标准。下面仅以晋察冀边区为例。

在晋察冀边区,1943 年 10 月边区政府对干部的奖惩标准作了详细具体的规定。在奖励方面,规定符合下列条件者给予甲等奖:(1)能正确组织各种政策法令的彻底实现,并坚持制度、遵守纪律足资楷模者;(2)关心人民疾苦,能团结全民坚持斗争,领导生产,在人民中有崇高威信者;(3)在残酷的战时环境中坚持工作,完成重大任务,领导群众予敌人以重大打击者;(4)对业务深入研究而有重大的创造或贡献者。凡符合下列条件两项以上给予乙等奖:(1)一般能执行政策法令、坚持制度者;(2)尊重人民民主权利,爱护边区人力、财力和物力者;(3)服从领导,执行决议者;(4)对上下级均有良好关系,为群众所爱戴者;(5)战时能坚持工作者。

在惩处方面,规定有下列情形之一且情节严重,致使工作受到重大损失与不良者,予以撤职或撤职查办的处分:(1)丧失民族气节,泄露我方军事政治秘密者;(2)擅离职守者;(3)不经法定程序处人死刑者;(4)不经上级批准擅自增加人民负担者;(5)贪污或浪费公款达 2000 元以上者;(6)犯有其他重大过失者。具有下列情形之一使工作受到损失者,视其情节轻重酌予批评、警告、记过或撤职的处分:(1)战时不能坚持工作,放弃职责贻误工作者;(2)遗失机关秘密文件者;(3)不坚持制度,不执行上级决定,对工作敷衍者;(4)浪费边区人力、财力、物力者;(5)遗失公款公物者;(6)生活腐化、行为不检者;(7)滥用职权加害于人民、徇私舞弊者;(8)擅自代表机关发表有关政治影响的谈话者;(9)犯有其他较重之过失者。②

四、干部的培训和教育制度

培训是对现有干部管理技能提高的一种方法;教育是对现有干部管理观念的转变,学识提高以应对新事物出现的一种措施。对此,根据地的各级政府十分重视。

---

① 陈云:《干部要严格要求自己》,见《陈云文选》(一九二六——一九四九),北京,人民出版社,1984年,193~194 页。

② 林代昭:《中国近现代人事制度》,北京,劳动人事出版社,1989 年,455 页。

（一）苏维埃政权时期

1931 年 8 月共产国际执委主席团在《关于中国共产党任务的决议案》中指示中共要注意加紧和改善党内教育工作，"特别是在苏维埃区域里"要"建立很多的党校"。① 根据这个指示，中共中央在 1931 年 8 月 27 日作出了《中央关于干部问题的决议》（以下简称《决议》）。《决议》规定："苏维埃区域最近更需要特别去做提拔与训练干部的工作，经常利用这种公开的便利大规模的去举办各种人才的训练，如党校、政治军事学校等。"②各根据地遵循中央的精神，充分利用本地的人力、物力和财力，开展了干部培训工作，取得了较大的成效。

各苏区的干部培训可分为党的干部培训、苏维埃政府干部培训和红军干部培训三个方面。党的干部培训方式主要有：开办临时训练班培训干部、创办正规党校培训干部和在职干部培训三种形式。苏维埃政府干部的培训在政权建立初期主要是采取各种临时性训练班的形式，培训的内容也大多是具有扫盲性质的。为了使政府工作人员受到系统和正规的培训，在 1933 年开办了苏维埃大学。苏维埃大学分为普通班和特别班两个部分：普通班主要是针对文化水平不高的学员进行文化补习，时间不定；特别班分别设有土地、国民经济、财政、农村检察、教育、内务、劳动、司法 8 个班，学习内容分为理论、实际问题和实习三部分，学习时间为半年。此外，为了培养各种专业干部和专门人才，中央革命根据地还先后创办了中央农业学校、中央教育干部学校、中央列宁师范学校、高尔基戏剧学校、女子职业学校以及各种短期职业中学等各种专门学校。苏维埃政府通过上述各种方式，培训了大批干部和各种专门人才。这对加强苏维埃政权建设和其他事业起了重要作用。

为了提高红军干部的政治素质和军事指挥能力，党在各苏区创办了一批军事学校。早在井冈山时期，红四军就创办了军教导队，至 1930 年春，闽西、鄂西、赣南、湘赣、信江、洪湖、湘鄂赣等苏区，先后都办起了红军学校，专门训练红军的中下级干部。1931 年秋，根据中共中央军委和苏维埃军事委员会的决定，以闽西红军学校、红一方面军教导总队和红三军团随营学校为基础组建了中国工农红军中央军事政治学校。1933 年 10 月，中央军事政治学校又进行了扩编，扩编后的中央军事政治学校由红军大学校、红军第一步兵学校、红军第二步兵学校、红军特科学校和地方游击队干部学校五所红军学校组成。除以上军校外，中央苏区还有一些

---

① 中共中央党校教材审定委员会：《中共中央文件选编》（1931），北京，中央党校出版社，1983 年，394 页。

② 中共中央党校教材审定委员会：《中共中央文件选编》（1931），北京，中央党校出版社，1983 年，353 页。

为红军培养专门技术人才的学校。例如,1931年,在瑞金成立了红军军医学校,设有保健科、调剂班、看护班、卫生训练班等;1932年,成立了红军供给学校,设有供给队、会计队等;1933年,在原红军无线电学校的基础上,成立了红军通信学校,下设无线电、电话、旗语、司号等专业,还另外设有机务人员训练班。这些苏区的红军学校在红军干部的教育和培训方面做出了重大的贡献。它们不但使成千上万的红军指战员受到了政治理论和军事技术方面的训练,对红军干部队伍的建设和红军战斗力的提高起了重要作用,而且为后来党的军事干部培养教育工作提供了宝贵的经验。

(二)抗日民主政权时期

抗日战争时期,党和抗日民主政府总结了苏维埃时期干部教育工作的经验教训,同时结合抗日战争时期党、政、军等方面建设的需要,大力开展了干部教育工作,取得了很大的成效。这对于加强干部队伍的建设和干部素质的提高起到了重要的作用。

抗日战争时期干部教育的内容,是根据当时干部队伍的实际状况和革命事业发展的需要确定的,其主要内容分为政治理论教育、业务教育、文化教育和策略教育四个方面。政治理论教育的课程分为初级、中级和高级三个层次,初级课程有中国近代革命史、中国革命与中国共产党、游击战争、社会科学常识;中级课程有联共党史、马列主义;高级课程有政治经济学、历史唯物论与辩证唯物论、近代世界革命史。另外,各级课程都要学习时事政治,它又分为中国、日本和国际三个方面。上述课程作为初级党校、中级党校、高级党校干部学习的一般标准。关于业务教育的内容,中央在1942年《关于在职干部教育的决定》中作出了明确的规定:第一,是关于与各部门业务密切关联的周围情况的调查研究,如军事部门,研究敌我友三方情况,择其要点,编成教材,用以教育军事干部;第二,是关于与各部门业务密切关联的政策、法令、指示、决定的研究,例如财政工作人员,应熟悉财政政策与财政法令;第三,是关于各部门业务具体经验的研究,如党的组织部门,研究党的组织工作与干部工作的经验,加以分析综合,抽出要点,写成文件,教育所属干部;第四,是关于各部门业务的历史知识,例如党的宣传部门,把党的宣传工作历史的发展变化,加以叙述和总结,编成教材,以教育宣传工作干部;第五,是关于各部门业务的科学知识,例如军事干部研究军事科学、医务干部研究医学等。之所以进行文化教育,是由于党、政、军等部门中的许多新老干部出身贫困,从小没有上学的机会,造成文化水平低下,在学习上述的理论和业务知识时发生了很大困难。因此,文化教育就成了教育培训内容的一个重要方面。1942年2月中央在关于在职干部教育的决定中特别强调:对于一切文化水平太低或文化水平还不高的干部,除业务教育和政治教育外,必须强调文化教育,反对轻视文化教育的观点。在环境许可的地方,必须开办文化补习班。文化补习班可分为初级班和中级班两种。不识字或初识字的干部进初级班学习,成绩合格后再进入中级班学习。文化补习班的课程分为国文、历史、地理、算术、自然、社会、政治等。策略教育,指的是抗日战争时期我党实行国共合作的方针和统一战线的政策,但是有许多干部往往不理解统一战线中的策略问题,容易把复杂的问题简单化,发生了种种错误。因此,有必要进行策略教育。策略教育的材料和内容,主要使用党中央的宣言、决议、决定及其他关于策略的指示,中央领导同志的讲演、报告和文章,党报及其"文摘"中关于党的政策的重要文章,中央宣传部发布的政治简讯,当地高级党部关于策略的指示及策略经验的总结等。

抗日战争时期,干部教育的基本形式有在职学习、离职培训和秘密性的教育等。在职学习是抗日战争时期干部教育的一种主要形式。1939 年 3 月,中央干部教育部正式公布了《延安在职干部教育暂行计划》。当年 5 月 20 日,在延安召开了由各机关学校团体的代表一千多人参加的干部学习动员大会,毛泽东在会上讲话时强调了学习的意义,号召大家在工作、生产的百忙之中,挤出时间用来学习。此后,中央还对于在职干部的学习制度作出了规定,要求各级组织的领导干部,尤其是主要领导干部必须以身作则,与其他干部一同学习,还规定在职干部平均每日学习两小时,并保证持久性和经常性。离职培训是指干部脱离工作岗位到干部学校集中进行学习。由于当时条件的限制,能够进行离职培训的还仅限于一小部分干部。对于干部进行离职培训的机构有各级党校和各类干部学校。各级党校有创办于土地革命战争时期的中央党校,以及由各中央局、各分局及其以下机关兴办的地方党校。干部学校有中央研究院、军事学院、中国人民抗日军政大学、延安大学等。秘密性的教育指的是在国民党统治区大后方党对干部教育的一种方式。1940 年 10 月,中央宣传部发出了《关于大后方党的干部教育的指示》(以下简称《指示》)。《指示》要求对大后方党的干部进行党的建设、党的策略及党的工作等党内秘密性的教育,这一类的教育由于没有抗日根据地那种公开学习的条件,所以只能采取秘密的方式,通过党的秘密组织系统来进行培训教育。[①]

（三）解放战争时期

解放战争时期,干部的教育和培养主要有在职培养和离职培训两种方法。在职培养又可分为两种方式。一是增设副职,提拔和培养下级干部,这是解放战争时期党培养干部的一条新经验。中共中央在《关于准备夺取全国政权所需要的全

---

① 林代昭:《中国近现代人事制度》,北京,劳动人事出版社,1989 年,466～471 页。

部干部的决议》中规定,中央局(分局、工委)、区党委(省委)、地委、县委、区委等五级各种岗位,一律增设副职。挑选区、村两级的一批干部到县级担任副职,挑选一批县级干部到地委一级担任副职,挑选一批地委一级干部到区党委或省委一级担任副职,挑选一批区党委或省委一级的干部到中央局、分局或工委一级担任副职,使各级担任副职的干部能在实际工作中得到锻炼,以备将来提拔使用。

　　干部的在职教育,是干部在职培养的另一种方法。1948 年 11 月,中共中央华北局作出了《关于在职干部教育的决定》,要求华北解放区所有的党员和干部都必须努力迅速提高自己的理论水平、政治水平、政策与策略思想水平,文化水平低的党员和干部还必须尽快提高自己的文化水平。《决定》还规定了在职干部教育的学习内容,主要包括三个方面:一是学习马克思主义的基本理论、中国新民主主义的理论以及中国革命基本问题的知识;二是学习语文、数学、史地、自然以及社会发展史等文化课程;三是学习时事与政策。

　　解放战争时期,干部离职的培训主要有党校培训和其他干部学校及训练班培训两种方式。1948 年 7 月,中共中央发出了关于创办高级党校——马列学院的指示。指示规定高级党校的培养目标是为了比较有系统地培养党的领导干部和宣传干部。学员的条件是,必须有 5 年以上的实际工作经历,政治上思想上有相当的思考能力,政治正派,文化程度要能写文章或相当于高中毕业以上水平,党龄不限,候补党员也可以。学习期限为一年半,分三个学期。第一学期的课程包括社会发展史、中国通史(着重近代史)、近代西方史、世界经济地理;第二学期的课程有马克思主义哲学、政治经济学、科学社会主义;第三学期学习毛泽东思想与中共党史,同时进行专题研究。除此以外,还有各中央局、中央分局、各区党委所办的县级和县级以上的党校对干部进行离职的培训。同时,随着解放区的不断扩大,各解放区相继开办了一些干部学校和各类干部培训班,这些学校也培养了大批政治、军事、经济、文化、教育、卫生等方面的干部。

五、干部的职位和编制制度

　　根据 1931 年 11 月制定的《中华苏维埃共和国宪法草案》规定,中华苏维埃共和国临时中央政府设置以下的干部职位:中央执行委员会主席、副主席,中央执行委员会主席团成员,中央执行委员会委员,人民委员会苏维埃主席、副主席,外交人民委员,海陆空人民委员,劳动人民委员,财政人民委员,土地人民委员,司法人民委员,卫生人民委员,教育人民委员,工农检察人民委员,内务人民委员,交通邮电人民委员,国民经济人民委员,粮食人民委员,社会保证人民委员,国内外贸易人民委员,最高人民法院院长、副院长,中央政治保卫处处长。1934年2月临时中央政府执行委员会公布了《中华苏维埃共和国中央苏维埃组织法》,对上述职位的设置作了一些调整:一是减少人民委员的设置,规定只设人民委员会主席和外交、劳动、土地、军事、财政、国民经济、粮食、教育、内务、司法等10个人民委员,比原来减少了5个;二是对某些职位名称作了改变,如把原来的工农检察人民委员改称为工农检察委员会主席;三是增设了一些新的职位,如审计委员会主任、副主任。另外,各人民委员部还增设副人民委员1人或2人,最高法院增设检察长、副检察长各1人。以上是中央政府的设置,省、市、区、县、乡干部职位的设置根据《地方苏维埃政府暂行组织条例》的规定实行。

《中华苏维埃共和国宪法(草案)》还对苏维埃中央政权机关的干部编制作出了规定。规定中央主席团的干部人数为15人,中央执委是150人(最高限额),人民委员会19人(不包括下设的一般工作人员),最高法院7人(仅指最高法院会议的委员)。在1934年2月颁布的《中华苏维埃共和国中央苏维埃组织法》中,对中央政府的干部编制作出了调整和扩大:中央主席团25人(最高限额)、中央执委585人(最高限额),人民委员会24～36人(包括人民委员会正、副主席、各人民委员部正、副委员)、最高法院8人(不包括检查员)、审计委员会5～9人。地方各级苏维埃政府的干部编制按照1931年11月颁布的《地方苏维埃政府暂行组织条例》以及1933年12月颁布的《中华苏维埃共和国地方苏维埃暂行组织法》的规定实行。

抗日战争时期,在抗日民主政权的统一领导下,每个抗日根据地都建立了自己的边区政府,虽然每个边区政府都有各自的干部编制,但各根据地干部的编制情况又都差不多。所以仅举陕甘宁边区政府为例。陕甘宁边区又分为边区政府、边区各分区、边区县级、边区区乡级、边区市级五个级别。其中,边区政府各部门编制为:边区政府66人,教育厅25人,民政厅19人,建设厅26人,财政厅15人,审计处31人,粮食局30人,法院45人,招待所20人,总计277人;边区各分区的编制为:专员兼县长1人,秘书2人,署员2人,特务员1人,勤务兼通讯员1人,马夫1人,仓库主任1人,总计9人;边区县级干部的编制为:县长1人,秘书兼文书1人,管理兼收发1人,第一科科长1人,科员2人,第二科科长1人,科员1人,第三科科长1人,科员1人,裁判员1人,看守所长1人,伙夫1人,马夫通讯员1人,勤务员1人,仓库主任1人,总计16人;边区区乡级干部编制为:区长1人,助理员1人,伙夫1人,交通1人,乡长1人,总计5人;边区市级干部的编制为:市长1人,秘书1人,一科2人,二科1人,三科1人,裁判员1人,书记员1人,勤务1人,伙夫1人,通讯员1人,总计11人。

从以上的数字当中,我们可以看到抗日根据地边区政府的上层机构人员较多,而基层政权的人数很少,这样就造成了头重脚轻的状况,一方面,影响了基层工作的开展;另一方面,由于大量干部堆积在上层,也影响了行政工作的效率。鉴于上述情况,再加上抗日战争进入相持阶段,抗日根据地缩小,政府的财政经济也发生了很大的困难。党和抗日民主政府开展了大规模的精兵简政工作,力求建立人少事精、胜任职责为原则的政府,以避免机关庞大、冗员充塞、浪费人力物力现象的发生。通过实施精兵简政的政策以后,各抗日根据地政府都取得了很大的成效。精简了行政机构,大量缩减了干部的编制和其他脱产人员的数量,减少了财政开支和人民群众的负担。而且,加强了基层政权的领导力量,提高了机关的工作效率,转变了干部的工作作风。

解放战争时期干部的编制还是以精简为原则。一方面,是由于抗日战争时期实施的精兵简政政策取得了很好的成效;另一方面,是因为随着解放战争的发展,解放区的不断扩大,干部的供应满足不了日益增加的对于干部的需要。在这种情况下只能精简各级干部的编制,以便能够抽调出更多的干部去充实新的解放区。1948 年 12 月,中央制定了各级干部配备基数的规定,要求各地在抽调、训练以及配备干部时,按所规定的基数配置。共分为中央局一级、区党委一级、地委一级、县一级和区一级,共五级。每一级干部配备的基数如下:

中央局一级,各部委主要干部共需配备 43 人。(1)党委:书记 1 人,秘书长 1 人,机要科长 1 人。组织部:部长 1 人,干部科长 1 人,组织科长 1 人;宣传部:部长 1 人,宣传科长 1 人,分社社长 1 人,报社社长 1 人,重要编辑 2 人,出版 1 人,广播 2 人;社会部:部长 1 人,保卫科长 1 人,情报科长 1 人。民运:负责干部 3 人。(2)大学:校长、教务长共 3 人。党校:校长及教务长 3 人。(3)政府:主席 1 人,秘书 1 人,民教 1 人,公安 2 人,法院 1 人。财委会:正副主席各 1 人,财政 1 人,税收 1 人,交通 1 人,贸易 1 人,工业 1 人,银行 1 人,粮食 1 人,后勤 2 人。

区党委一级干部共 80 人。(1)党委:书记 1 人,秘书长 1 人。组织部:部长 1 人,干部科长 1 人,组织科长 1 人;宣传部:部长 1 人,宣传科长 1 人,教育科长 1 人。民运:负责干部 3 人。(2)政府:行署主任 1 人,秘书长 1 人,财经 3 人,税收 2 人,粮食 2 人,公安局长及科长共 3 人,民政 1 人,文教 2 人。

地委一级干部共 67 人。(1)党委:书记 1 人,秘书长 1 人。组织部:部长 1 人,科长或干事 2 人;宣传部:部长 1 人,科长或干事 2 人。民运:负责干部 2 人。(2)政府:专员 1 人,财经干部 40 人(包括各市镇税收干部),公安 5 人,文教 2 人。

县一级干部 26 人。(1)党委:书记 1 人,秘书 1 人;组织部长 1 人,组织干事

1人;宣传部长1人,宣传干事1人;群众团体2人。(2)政府:县长1人,秘书1人,财经干部8人,武装科长1人,武装干事2人,公安及干事3人,文教科长1人,文教干事1人。

区一级干部10人。(1)党委:书记1人,组织1人,宣传1人,民运干部2人。(2)政府:区长1人,武装2人,助理员2人。

六、干部的供给和福利制度

苏维埃政权时期,在干部的待遇方面实行军事共产主义的供给制。但由于当时的各根据地大多处于经济十分落后和贫困的农村环境中,再加上国民党反动派的军事围剿和封锁,以及"左"倾错误路线对经济的影响,苏维埃政府的财政一直非常紧张。这样就使各级苏维埃政府的行政费用开支和工作人员的工资受到很大的限制,政府干部和红军官兵都过着一种比较清苦的生活。据李维汉回忆说:"那时实行军事共产主义,搞供给制。每餐的菜都很少,菜是没有油的,盛菜的容器是铁制的小盆,菜连盆底都盖不住。每天上午10时到12时,我们就饿得发慌。晚上也是如此,心中发慌,就在床上躺一躺,休息一下又起来工作。"[①]在井冈山根据地,红军从军长到伙夫,除粮食外,一律吃五分钱的伙食;县、区以上政府工作人员的伙食费一般都低于红军的标准;乡以下工作人员则自带伙食,不由公家开支。其他根据地的情况也大抵如此。例如,川陕根据地在1933年2月对各级政府人员的待遇作出规定:县苏常委11人均需脱离生产,每人每月工资6元(伙食费在内);各部如需工作人员,经过常委或执委会会议,可酌量增加,但脱离生产者不得超过10人,工资酌给,不得超过5元。区苏常委7人均需脱离生产,每人每月工资5元(伙食费在内);各部增加的工作人员不得超过4人,工资不得超过5元。乡苏只有常委3人脱离生产,每人每月工资4元(伙食费在内);必要时可增加工作人员,但不得超过2人,工资不得超过4元。村苏不起伙,干部均不脱离生产。

抗日战争时期,党和抗日民主政府仍实行供给制度来解决干部的一般生活待遇问题。干部的生活供给大体上分为津贴费、伙食费、办公费、杂支费、路费、预备费、牲畜装备费、粮食、马草马料和服装等10个方面。而干部的供给标准是各根据地依据各自财政的收支状况和机关干部在生产中的自给数量来确定的。由于各抗日根据地所处的环境有很大的不同,再加上战争形势的影响,所以干部的供给标准在不同地区,甚至是同一地区的不同时间内也是不一样的。除供给制以

---

① 李维汉:《回忆与研究》(上册),北京,中共党史资料出版社,1986年,341页。

外,党和抗日民主政府从抗日根据地建设的需要出发,根据当时的条件和可能,还对各类不同情况的干部给以优待和照顾。例如,在文化技术干部的优待、干部的保健、干部伤亡的褒恤、妇女干部的优待以及干部家属的照顾等方面都颁布了专门的法令予以保障。这些措施的实施解除了干部的后顾之忧,调动了干部的工作积极性,对抗日根据地的建设和抗日战争的胜利起了积极的促进作用。

解放战争时期,供给制仍然是各解放区解决党、政、军、民干部待遇的一个主要的办法。同时,随着解放区的不断扩大和对大、中城市的相继占领,党和政府根据当时的情况,对原来的有关干部待遇的规定作了一些调整和修改,并补充了一些新的规定。同样是供给制,但与苏维埃和抗日战争时期相比,无论是供给的标准,还是供给的内容都有很大的不同。例如,在华北人民政府1949年颁布的《关于华北区现行城乡供给标准的修改与补充的决定》中,对华北解放区政府系统的干部供应标准为:柴金、津贴费、水电费、医药费、出差费、车马费(交通费)、烤火费、装备费、会议费、妇女干部生育费等等。除了干部的供给制之外,还对公营企业人员的工资、国民党统治区内工商企业的技术人员的待遇,以及因年老病弱退职人员的待遇、干部的褒恤等都作出了相关的规定。

七、干部的纪律与监督

苏维埃政权时期,干部的纪律与监督工作主要是借鉴了苏联监察工作的经验,它包括内部监督和外部监督两个方面。内部监督指的是党的监察机构对党员干部的监督和苏维埃政府人事监察机构对政府行政干部的监督。在1933年9月17日中共中央根据共产国际的指示作出的《关于成立中央党务委员会及中央苏区省县监察委员会的决议》中规定:为防止党内有违反党章,破坏纪律,不遵守党的决议及官僚腐化等情况发生,在党的中央监察委员会未正式成立以前,特设中央党务委员会;各省县则于最近召集的省县级党代表大会时选举省县级的监察委员,成立各省县监察委员会。《决议》还规定了中央党务委员会及省县监察委员会的职责和权力:以布尔什维克的精神,维持无产阶级政党的铁的纪律,正确地执行铁的纪律,保证党内思想和行动的一致,监视党章和党决议的实行,检查违反党的总路线的各种不正确的倾向与官僚主义及腐化现象等,并与之作无情的斗争。苏维埃政府的人事监察机构包括从中央到地方的各级工农检察委员会、控告局、检举委员会等。中央工农检察委员会具体负责对中央机关工作人员的监督,同时指导地方各级工农检察部门的工作。地方各级工农检察机关的任务是监督本级苏维埃政府机关正确地执行上级政府颁布的政治、经济、文化、教育等方面的法令、政策和方针;有权向各该级政府执行委员会建议撤换或处罚国家机关与国家企业的工作人员,而对于该机关或企业的工作设施,有直接建议之权;如果发现工作人员有行贿、浪费公款、贪污等犯罪行为,有权报告法院,给予法律上的检查和制裁。控告局是指工农检察机关为接受工农群众对苏维埃政府机关和企事业单位的控告,并调查控告的事实所设立的机构。而各级检举委员会是各级工农检察机关为开展检举运动和监察工作而设置的一种临时性的组织。

外部监督则是指来自于政权系统外部的监督,主要有苏区工农群众对干部的监督以及报刊舆论对干部的监督等等。工农群众对政府机关工作人员的监督方式主要有:(1)控告和检举有不轨行为的干部。工农群众可以以口头或书面的形式向工农检察机关和控告局检举、控告有侵犯群众权利和利益、贪污腐化、消极怠工等行为的干部;(2)组织突击队进行检查监督。突击队是各级工农检察机关为发动工农群众对干部进行监督的一种临时性组织。它可以公开地突然去检查某苏维埃机关或国家企业和合作社,以发现该机关或企业的不良现象,或者扮作普通工农群众到某机关去,暗中查看该机关工作人员的办事态度、工作速度等,以检验该机关的工作现状;(3)组织轻骑队进行监督。轻骑队是在团组织直接领导下的,由青年劳动群众组成的一种群众性的监察组织。它是以生产企业机关为单位组织而成的,主要的职责范围是检查本机关企业内部的官僚主义、贪污、浪费、腐化、消极怠工等不良现象;(4)组织同志审判会与群众审判会,即各级工农检察机关如果发现机关或企业内有官僚主义者和腐化分子时,可以组织群众法庭进行审判;(5)设立工农通信员。这是工农检察机关为联系群众和方便群众对政府工作人员进行监督,而在群众中设立不脱产的监察员的一种方式。报刊舆论对干部的监督,也是苏区干部监督制度的一项重要内容。当时,中央苏区发行了《红色中华》《青年实话》《红星》等30余种报刊。其中最有影响的是《红色中华》,它是中华苏维埃共和国政府的机关报。其宗旨之一便是组织红色区域内广大工农群众积极参加苏维埃政权,引导工农群众对于自己的政权尽到批评、监督、拥护的责任,指导各苏维埃的工作,纠正各级苏维埃在工作中的缺点和错误。

抗日战争时期,干部的纪律与监督同样是分为党的系统和政府系统两个方面。由于土地革命战争时期张国焘"右倾"分裂主义的错误给党的事业造成了严重的损失,因此,这一时期非常重视对干部的纪律教育。毛泽东在一次会议上曾指出:"鉴于张国焘严重地破坏纪律的行为,必须重申党的纪律:(1)个人服从组织;(2)少数服从多数;(3)下级服从上级;(4)全党服从中央。谁破坏了这些纪律,谁就破坏了党的统一。经验证明:有些破坏纪律的人,是由于他们不懂得什么是党的纪律;有些明知故犯的人,例如张国焘,则利用许多党员的无知以售其奸。

因此,必须对党员进行有关党的纪律的教育,既使一般党员能遵守纪律,又使一般党员能监督党的领袖也一起遵守纪律,避免再发生张国焘事件。"① 为了加强党的纪律,党的六届六中全会通过了《中共扩大的六中全会关于中央委员会工作规则与纪律的决定》和《中共扩大的六中全会关于各级党部工作规则与纪律的决定》等文件,对从中央到地方各级党的干部的纪律作出了较为详细的规定。政府系统干部的纪律,各根据地边区政府都有自己的规定,但这些规定都大同小异,都是参照党的纪律的规定,再结合本边区政府工作的实际情况来制定的。例如,在《陕甘宁边区施政纲领》的第八条规定:"严惩公务人员之贪污行为,停止任何公务人员假公济私之行为,共产党员有犯法者从重治罪。"1943 年 4 月,陕甘宁边区参议会还通过和颁布了《陕甘宁边区政纪总则草案》,共有 28 条,对政府工作人员的纪律作了详细的规定。

这一时期,党的系统对于干部的监督,在中央仍然是中央党务委员会,在地方是各级监察委员会。根据中共六届六中全会的规定,由中央局决定,在区党委之下设立监察委员会,具体职权有:(1)监察各种党的机关、党的干部及党员的工作与对于党的章程决议的正确执行;(2)审查党的各种机关的账目;(3)管理审查并决定对于违反党章党纪的党员的处分,或取消其处分;(4)审查并决定所有要求恢复党籍或重新入党者的党籍;(5)监察党员关于破坏革命道德的行为。对于抗日民主政府系统干部的监督,主要是来自于以下几个方面:(1)参议会的监督。抗日民主政府的各级参议会既是各级抗日民主政权的权力机构,同时又是人事监督机构,都拥有监察和弹劾行政人员和司法人员的职权;(2)各级干部管理部门的监督。各级干部管理部门通过考核、奖惩以及其他的形式对所管的干部进行日常的监督和检查;(3)群众监督。抗日民主政权实行的是民主政治,人民群众有广泛的民主权利,比如在各抗日根据地人民群众都享有选举、罢免、创制和否决等参政议政的权利,对于所选出的干部可以进行直接的监督,并拥有罢免权。

解放战争初期,党和政府的干部监察工作与抗日战争时期相比变化不大。随着解放战争的深入,国民党统治的垮台,我党在全国范围内执政党地位的确立,干部监察工作的重要性和紧迫性日益地显现出来。为此,中共中央特别作出了《关于成立中央及各级党的纪律检查委员会的决定》。决定对党的监察工作作出了一些新的规定。首先,党的监察机构的名称不再叫监察委员会,而是改称为纪律检查委员会。其次,这时的纪律检查委员会的任务和职权也比以前的监察机关的任

---

① 毛泽东:《中国共产党在民族战争中的地位》,见《毛泽东选集》,合订本,北京,人民出版社,1967年,494 页。

务和职权有所扩大,主要有以下三项:(1)检查中央直属各部门及各级党的组织、党的干部及党员违反党的纪律的行为;(2)受理、审查并决定中央直属各部门、各级党的组织及党员违反纪律的处分;(3)在党内加强纪律教育,使党员干部严格地遵守党纪、执行党的决议与政府法令,以实现全党的统一和集中。最后,各级纪律检查委员会的产生方式与以往的监察机关的产生方式也有不同。中央纪律检查委员会是在中央政治局领导下工作。各中央局、分局、省委、区党委、市委、地委、县委党的纪律检查委员会是由各该级党委提出名单,经上两级党委批准,在各该级党委会指导下进行工作。上级党的纪律检查委员会有权改变或取消下级党的纪律检查委员会的决定。

解放战争时期,政府系统干部的监督工作与抗日战争时期相比也有了新的变化。一是在大行政区人民政府中设立了专司干部监督的人事监察机构——人民监察院或人民监察委员会。例如,《华北人民政府组织大纲》规定,设立华北人民监察院为行政监察机关,以院长及华北人民政府委员会任命的人民监察委员5～9人组成人民监察委员会,华北人民监察院的任务是检查、检举并决议处分各级行政人员、司法人员、公营企业人员的违法失职、贪污浪费及其他违反政策、损害人民利益的行为,并接受人民对上述人员的控诉。二是设置通信检查员。通信检查员是人民监察院聘请的各机关企事业单位的在职工作人员,当他们在工作或生活中遇有违法失职、贪污浪费、违反政策及侵害群众利益的行为时,有权而且应该负责搜集材料,经其所属机关领导的审查,再向人民监察院以通信方式报告。三是在监察的程序和方式上也有一些新的规定。华北人民政府规定监察机关的工作程序为:(1)由监察院派人持证或介绍信下到某机关进行检查。各有关机关必须接受检查,提供必要的材料。人民监察院通过检查发现问题,或由通信检查员把问题反映上来;(2)人民监察院监察人员研究和讨论所调查案件的性质和程度,分别作出处理,对须交法院审判应受法律制裁者,交由法院审理;对须交各行政机关执行者,交由华北人民政府主席批处;(3)华北人民政府主席把呈报上来要求处理的案件,根据各行政机关的性质和案件的类别,批交各有关行政机关处理,或转交其他部门处理。华北人民政府监察机关的工作方式主要有三个方面:(1)加强监察工作重要性和必要性的宣传,提高各级政府机关及其工作人员对监察工作的认识,以便于监察机关开展检查和监督工作;(2)对拒绝接受监察机关监督检查的部门及其行政工作人员,由上级人民政府机关予以通报批评,并令其反省检讨,以排除监察机关行使职权时遇到的阻力;(3)把监察机关的行政监督与宣传部门的舆论监督结合起来,将案件查处的情况和处理结果公开登报示众。

八、对旧职员的利用与改造

对旧职员的利用和改造,指的是在解放战争后期,我党和政府对原国民党统治区内为国民党政权工作的旧公职人员如何对待和使用的政策问题。国民党政权垮台后,这些旧公职人员只有一小部分逃到了我国台湾、香港地区和国外,留在大陆的约有几百万人之多。如何处理这批旧公职人员就成了我党和人民政府在人事管理工作中遇到的一个新问题:一方面,这批人如果处理不好的话,就会扰乱社会秩序,反对人民政权,影响社会稳定和政治团结;另一方面,如果处理妥当,就会发挥这些人的技术和管理优势,为我们的政权建设服务。对此,我党和人民政府都非常重视。

1949 年 4 月,中国共产党制定的国内和平协定宣布,人民解放军、各地人民政府及中国民主联合政府在接交南京国民政府、各级地方政府与所属一切机构时,必须注意吸收其工作人员中一切爱国分子及有用之才,给以民主教育,并任用于适当的工作岗位,不使其流离失所。同年 9 月 16 日,毛泽东在《唯心历史观的破产》一文中再次阐述了我党和政府对待国民党旧职员的政策:"对于国民党的旧工作人员,只要有一技之长而不是反动有据或劣迹昭著的分子,一概予以维持,不要裁减。十分困难时,饭均着吃,房子挤着住。已被裁减而生活无着者,收回成命,给以饭吃,国民党军起义的或被俘的,按此原则,一律收留。凡非首要的反动分子,只要悔罪,亦须给以生活出路。"[①]

关于留用旧职员必须坚持的原则,中共中央在 1949 年 12 月发出的《关于处理旧人员问题致华中局的指示》中作出了规定:

(1) 接受国民党旧工作人员,包括所有接收的人员在内。对待政权机关与企业文教机关的人员,在教育改造和给以生活出路方面,是没有区别的。但是,对于高级的积极推行反动措施的政务官不宜留用,或另行处理。其他多数人员经过训练后,应分派到县、专署工作,以免这些机关陆续招聘人员,而上面养着人没事做。

(2) 留用,不仅是指留在原机关,而且包括调训、下乡工作、协助其转业等方式。至于退休养老,属于福利范围,不在此列。铁路部门应根据需要留用,冗员应酌量编掉,编余人员可分别受训或协助其转业。留用人员没有充分理由,不得拒绝调训、下乡或指派其他工作,拒绝者得取消留用资格。

(3) 待遇。留用人员无论是留用、任职或去职,都不能是原职原薪或原封不动。受训人员在受训期间的薪资,指解放后已调整过的工资再打 6～7 折,薪水低

---

① 毛泽东:《唯心历史观的破产》,见《毛泽东选集》,第 4 卷,北京,人民出版社,1991 年,1512 页。

的可以少打折扣。所有留用人员,都要适当减低原薪资,使在目前困难情况下都能生活。

(4)在有条件的地方,可以集中人力财力办大型的训练班,培养留用人员。知识青年也可以参加受训。如人多无法分配,可报上级机关统一调配。①

九、对党外民主人士的团结与培养

统一战线是我党取得新民主主义革命胜利的三大法宝之一。如何正确对待党外民主人士,不但是党和人民政府统一战线工作的需要,也是干部人事工作中的一项重要内容。团结和培养,是党和人民政府对待民主人士的正确态度,是争取他们同党和人民政府进行合作,取得新民主主义革命胜利的重要保证。

在抗日战争时期,抗日民主政权的性质是抗日民族统一战线的政权。无论是民意机关还是政府机关在人事干部的配置上都实行"三三制"的原则,即共产党在政权机关中的权力得以保证的前提下,抗日民族政权人员分配的比例为共产党占1/3,党外进步分子占1/3,中间派占1/3。

在解放战争时期,团结和培养党外民主人士的问题依然非常重要。毛泽东在党的七届二中全会的报告中指出:我党同党外民主人士长期合作的政策,必须在全党思想上和工作上确定下来。我们必须把党外大多数民主人士看成和自己的干部一样,同他们诚恳坦白地商量和解决那些必须商量和解决的问题,给他们工作做,使他们在工作岗位上有职有权,使他们在工作上做出成绩来。从团结他们出发,对他们的错误和缺点进行认真的和适当的批评或斗争,达到团结他们的目的。当时,对于党外民主人士的团结和培养主要有四种方式:(1)以诚恳和坦白的态度加强同党外民主人士的协商和交流,共同解决那些必须解决的问题;(2)吸收党外民主人士参加各级人民政权的组织和其他各项工作,并保证他们在工作岗位上能发挥作用;(3)从团结合作的愿望出发,对党外民主人士的缺点和错误进行认真和适当的批评,以提高他们的政治觉悟和政治水平;(4)对党外民主人士及其家属在生活上和政治上给予特殊的照顾。

第五节　人民民主政权的军事制度

党的领导、武装斗争、统一战线是新民主主义革命取得胜利的三大法宝。人

---

① 林代昭:《中国近现代人事制度》,北京,劳动人事出版社,1989年,523~524页。

民民主政权的军事制度经过土地革命、抗日战争和解放战争,不断地得到丰富和发展。例如,保证党对军队的绝对领导,全心全意为人民服务,以及人民战争等。这些军事原则和军事制度对于中国革命的胜利和建设事业的发展起到了重要的保障作用。

一、中华苏维埃共和国的军事制度

中华苏维埃共和国的军事制度的最大特点是,从建军开始便确立了党对红军的绝对领导,并在红军内部实行尊重士兵的民主制度和建立了以"三大纪律八项注意"为核心的革命纪律,同时在作战原则上又实行了机动灵活的游击战术,所有这些是我们克敌制胜的法宝。

(一) 红军的军事编制和领导机关

1927年8月1日,南昌起义打响了武装反抗国民党反动派的第一枪,标志着中国共产党独立领导武装和创造人民军队的开始。"八·七"会议以后,在全国各地,中国共产党发动和领导工农起义,组建了革命武装。1928年5月,中共中央发布《军事工作大纲》,正式给各地革命武装定名为"中国工农红军"。红军担负起武装斗争、组织群众、发展生产的三位一体的重任,成为共产党领导的为无产阶级政治服务的工具。

中国工农红军主要由中央领导的三大主力部队和其他红军部队组成。根据各地武装发展壮大的情况和形势发展需要,1930年5月,中共中央召开全国红军代表会议,决定对各地红军进行整编,以便集中力量。1930年8月,主要由南昌起义、秋收起义、平江起义的部队组成的红一军团和红三军团合编而成为中国工农红军第一方面军,朱德任总司令,毛泽东任总政治委员。红一方面军在1933年发展到全盛时期,曾拥有10万兵力。1931年11月,由鄂豫皖根据地的工农武装组编为中国工农红军第四方面军,徐向前任总指挥,陈昌浩任政治委员,全盛时期达到10万余人。1936年7月,由鄂中鄂西起义、桑植起义的工农武装组建的红二军团和在湘赣、湘赣鄂两根据地的工农武装组建的红六军团组编为中国工农红军第二方面军,贺龙任总指挥,任弼时任政治委员,达万余人。中国工农红军三大主力部队,成为红色政权的重要支柱,是粉碎国民党反动派围追堵截的坚强柱石。

经过各地红军的整编后,红军的编制逐步统一。根据1933年6月颁布的《中国工农红军暂行编制法》规定,红军共分班、排、连、营、团、师、军团(或军)、方面军八级;采用"三三"制,即1个军(或军团)辖3个师,1个师辖3个团,依此类推;设正职1人,副职2人。另有独立师、独立团及特种部队(如工兵、炮兵等)。团以上机关设有司令部、政治部(处)、供给部(处)、卫生部(队)及其他直属机关。除了正规红军,与它紧密配合的还有地方武装,主要是赤卫军和少先队,均为群众性武装。在红色区域广泛地建立赤卫军和少先队,是人民战争的主要表现。红军实行志愿兵制,主要依靠红军的行动和宣传吸引广大贫苦农民自愿参加,采用游击队、赤卫队、地方红军和主力红军逐步升级的办法扩充部队。这是在武装割据的条件下,红军发展队伍的一种创举。

中共中央早在 1925 年 10 月就设立中央军事部作为全党领导军事工作的最高机关。在大革命失败后,中共中央仍然保存中央军事领导机关的建制,也称军事部或军事委员会,均在中共中央领导下,统一指挥全国红军,负责一切军事工作。1931 年 11 月,中华苏维埃共和国成立以后,根据中华苏维埃一大的决议和中华苏维埃中央执行委员会的命令,于 11 月 25 日成立中华苏维埃共和国中央革命军事委员会(以下简称中革军委),由朱德任主席,王稼祥、彭德怀任副主席,统一领导各根据地红军的作战和建设。中革军委下设总参谋部、总政治部、总经理部、总供给部、总卫生部。此外还有红军中央军事政治学校、后方办事处、抚恤委员会等。中央革命军事委员会是党和政府的最高军事领导机关,其主要职权是管理红军组织与给养及军事训练,并指挥红军的作战行动。革命军事委员会及其附属机关的一切训令与命令,红军应立刻无条件执行。军委的建立标志着军事领导机关第一次由党的系统转为政府系统。

(二) 红军的军事制度

红军是新型的人民军队,是一个执行革命的政治任务的武装集团。党在创建和发展红军过程中,创制了一系列有特色的制度和根本的建军原则。这些制度和原则的实施,对红军的自身建设,完成红军所肩负的任务,粉碎国民党的多次围剿,起了重大作用。

1. 党对红军的绝对领导

为了实现党对军队的绝对领导,自 1927 年"三湾改编"起,红军确立党委制,即部队各级普遍建立党的组织:班设党小组,连设党支部,营、团建立党总支或党委。尤其是支部建在连上,保证了党的路线、方针、政策的贯彻执行。同时,红军的连、营、团设立党代表,1929 年改为政治委员,1930 年连的政治委员改称为政治指导员。他们是党和红色政权派到红军中的政治代表,作为该部队中党和政治工作的最高领导者,与同级军事指挥员同为军事首长,有过问该部队的一切行动的权力,在政治方面有单独发出命令之权。党委制是保证党对军队的统治,坚持集体领导,防止个人包办的重要制度,是发展自己、消灭敌人的核心力量。这项制度的建立,确立了党对军队的绝对领导,从组织上奠定了新型革命军队的基础。

为了加强党对军队的绝对领导,红军还确立了一整套政治工作系统和任务。1931 年 2 月,根据中央的决定,红军的团设政治处,师以上设政治部,中央革命军事委员会设总政治部,是最高政治机关。各级政治工作机关在上级政治部和同级党委和政治委员的领导下,管理红军中党的组织和政治工作。政治工作的基本任务是:进行党的路线、政策和马克思主义思想教育;提高战士的觉悟,提高部队的战斗力;动员和组织群众支援革命战争;瓦解敌军等。

2. 红军的民主主义

毛泽东同志在《井冈山的斗争》等文中深刻地阐述了红军的民主制度:从思想上看,官长不打士兵,使士兵感觉不是为他人打仗,而是为自己为人民打仗,这是清除封建雇佣军队的重要思想武器;从经济上看,官兵待遇平等,经济公开;从制度上看,连、营、团、军各级建立了士兵代表会和士兵委员会,作为军队的基层群众组织,参加部队管理,维护士兵利益,使士兵有开会的地方与说话的自由,保障了士兵的政治地位和民主权利。在红军内部,能否实行民主主义,不是一般问题,而是"根本态度问题,是尊重士兵、尊重人民问题"[①]。正因为如此,红军的物质生活即使很艰苦,"仍能维持不敝,除党的作用外,就是靠实行军队内的民主主义"。当然,这种民主是在军事纪律所许可的范围内,坚决反对要求极端民主的无纪律现象。

3. 红军的革命纪律

革命纪律是执行党的方针、路线、政策的保证。毛泽东同志对红军的革命纪律,一直十分重视。1927 年 10 月 24 日,毛泽东在江西遂川荆竹山向工农革命军宣布三大纪律:(1)行动听指挥;(2)不拿老百姓一个红薯;(3)打土豪要归公。1928 年 1 月 25 日,在江西遂川李家坪向工农革命军提出六项注意:(1)上门板;(2)捆禾草;(3)说话和气;(4)买卖公平;(5)借东西要还;(6)损坏东西要赔。1928 年 4 月 3 日,在湖南桂东沙田,将过去提出的"三大纪律""六项注意"一起向工农革命军宣布。以后在向赣南闽西进军时,又增加"不搜敌方士兵的腰包""洗澡避女人"。这样"三大纪律八项注意"就作为一个整体正式形成了。它体现了无产阶级军队的本质,是我军的光荣传统之一,是团结人民、打败敌人的有力武器。

4. 红军的作战原则

第二次国内革命战争的形势是敌强我弱。井冈山地区的红军和游击队,从1927 年 10 月开始,就进行了广泛的游击战争,积累了丰富经验。1928 年 4 月,朱德率部队上井冈山也参加了游击战争的实践,提出了游击战术的基本思想。1928

---

① 毛泽东:《论持久战》,见《毛泽东选集》,第 2 卷,北京,人民出版社,1991 年,512 页。

年 7 月 12 日，张世熙在万安暴动的报告中提出：“坚壁清野，敌来我退，敌走我追，敌驻我打，敌少我攻。”毛泽东同志将万安经验和井冈山斗争经验融合在一起，创造性地提出了游击战的基本作战原则，即“敌进我退，敌驻我扰，敌疲我打，敌退我追”的十六字诀。1929 年春，毛泽东同志在给中央的信亦即《井冈山革命根据地前委给党中央的信》中，第一次用文字形式将其报告给党中央。这是从实际出发，解决中国革命战争战略战术问题的开始，为红军后来全部作战原则的形成奠定了基础。

红军的各项制度的确立是人民解放军军制史上的创举，它的制定与实施是红军克敌制胜的法宝，为人民解放军后来的发展和壮大奠定了稳定的基础。

二、抗日民主政权的军事制度

根据抗日战争的需要，原中国工农红军主力部队改编为国民革命军第八路军，红军主力部队长征后，留在南方八省坚持斗争的红军游击队于 1938 年 10 月改编为国民革命军新编第四军。这两支军队为取得抗日战争的伟大胜利奠定了基础。

（一）抗日人民武装的编制和领导机关

抗日战争全面爆发后，根据国共两党合作抗日的协议，1938 年 8 月，中共中央军事委员会发布命令对中国工农红军进行改编。中国工农红军主力部队改编为国民革命军第八路军，朱德任总指挥（9 月改称总司令），彭德怀任副总指挥（9 月改称副总司令），叶剑英任总参谋长，左权任副总参谋长。下辖 3 个师：以原红军第一方面军和十五军团为主，编为一一五师，师长林彪，副师长聂荣臻；以原红军第二方面军为主，编为一二〇师，师长贺龙，副师长肖克；以原红军第四方面军为主，编为一二九师，师长刘伯承，副师长徐向前。全军共 4.6 万人。红军改编为八路军后，立即誓师开到抗日前线，不久便发展成为抗日战争的主力。此外，红军主力长征后，留在南方 8 省坚持斗争的红军游击队，于 10 月改编为国民革命军新编第四军，叶挺为军长，项英为副军长，张云逸为参谋长，周子昆为副参谋长。下辖 4 个支队和 1 个特务营，约 1.2 万人。1941 年“皖南事变”后，中共中央军委宣布重建新四军军部，陈毅任代军长，刘少奇任政治委员，张云逸为副军长。全军改编为 7 个师 1 个独立旅，共 9 万余人。

八路军、新四军的编制最初是根据国共两党达成的协议而确定的。八路军以师为基本战略单位，全军共 3 个师，每师定员约 15000 人，每师辖 2 个旅，每旅约 7000 人，旅下辖 2 个团，每团 2000 余人。新四军以支队（相当于旅）为基本战略单位，每支队 1800～4000 人不等。支队下设团，每团 700～2000 人不等。重建军部后,采用师、旅、团序列。随着人民抗日武装力量的不断壮大,八路军、新四军出现了番号小而编制大的特殊情形,编制实力远远超过一般的集团军和军。到抗战结束时,八路军已发展到100余万人,新四军也有近30万人。

1937年7月,为实现国共合作共同抗日,中共中央撤销了中华苏维埃政府,中华苏维埃共和国中央革命军事委员会亦不存在。8月,中共中央政治局洛川会议决定成立中共中央革命军事委员(以下简称中央军委),以毛泽东为主席,朱德、周恩来任副主席。中共中央军委成为敌后解放区人民抗日武装力量的最高统帅机构。中央军委下设总参谋部、总政治部及总供给部和总卫生部(1939年两部合并为总后勤部)。中央军委在八路军、新四军中的分设机构分别是前方军委分会(后称华北军分会)和新四军军分会。八路军最初设总指挥部,1937年9月以后改称总司令部,其机构设置为司令部、野战政治部和后勤部。新四军军部机构设置为司令部、政治部,1941年重建新四军军部时,增设供给部和卫生部。

抗日战争时期,抗日人民武装在中共中央的政治路线和军事路线的指引下,依靠人民战争的有力武器,从小到大,由弱变强,最后打败日本侵略者,取得了抗战的胜利。这支人民武装是抗日战争的柱石,成为中国共产党创建抗日敌后根据地和抗日民主政权的重要工具。

(二)抗日人民武装的军事制度

抗日战争时期,人民军队坚持了红军时期的优良传统,坚持党对军队的绝对领导,坚持政治工作制度,从而在抗日民族统一战线的条件下保证了人民军队的性质和宗旨,大大提高了军队的政治素质和战斗力。

1. 坚持党对军队的绝对领导

毛泽东同志曾一再指出,党对军队的领导,"这是完全必须的,不能动摇的"。共产党的正确领导,是人民武装的生命线、生存线,是八路军、新四军、民兵等抗日人民武装发展壮大的基本保证。

抗日战争时期,中国共产党始终没有动摇和放弃对人民军队的绝对领导。1937年7月,中央军委撤销只是中共放弃苏维埃国家政权的体现。8月,中共中央军委的重新成立,标志着其由政权系统又恢复为党的系统,更利于抗日民族统一战线中加强党对人民军队的直接领导。抗战开始后,红军和南方游击队改编为国民革命军都是在中国共产党直接领导下进行的,并且中国共产党派其优秀党员担任改编部队的主要领导,始终在军队中发挥决定性作用。10月,中共中央军委下令在八路军、新四军中恢复因国民党干涉而取消的政治委员制和政治部名称,除设置军事首长外,还配备与之并列的政治首长。11月2日,任命聂荣臻、关向应、张浩(1938年1月由邓小平接任)分别为一一五师、一二〇师和一二九师政治委员。中央军委总政治部也随之成立,任弼时任主任。随后,各旅、团恢复了政治部,任命了政治委员。此外,在团以上的政治部门设党务委员会,团政治处内设总支,营设分总支。

为了加强在游击战争行动中的集体领导和指挥,中共中央决定新四军、师、旅、团及独立行动的部队设置由军队和地方党组织合组的军政委员会(后改称军政党委员会),对军队实行军事系统和地方党的双重领导。军政委员会是党的秘密组织,不向下级宣布,由同级部队的司令员、政治委员、政治部主任和参谋长等主要负责人组成,主席一般由政治委员担任。各级军政委员会是军队中的集体领导机关,负责领导该部军事、政治和党的工作。1942 年 9 月,中共中央决定撤销军政党委员会,对各抗日根据地的党政军实行由中共中央代表机关(中央局和分局)及区党委、地委的一元化领导,恢复党委制,以保证党对军队领导的集中统一。

2. 坚持全心全意为人民服务的宗旨

全心全意地为人民服务是中国共产党领导的人民军队建立和发展的唯一宗旨。中国共产党所领导的"八路军、新四军,是革命的队伍。我们这个队伍完全是为着解放人民的,是彻底地为人民的利益工作的"[①]。"这个军队之所以有力量,是因为所有参加这个军队的人,都具有自觉的纪律;他们不是为着少数人的或狭隘集团的私利,而是为着广大人民群众的利益,为着全民族的利益,而结合,而战斗的。紧紧地和中国人民站在一起,全心全意地为中国人民服务,就是这个军队的唯一的宗旨。"[②]

抗战时期,在中共中央军委领导下,遵照全心全意为人民服务的宗旨,八路军、新四军各级部队中广泛开展了思想政治工作,进行民族教育和阶级教育,在部队中普遍进行了抗战目的、前途和建立抗日民族统一战线的教育。1942 年,在延安整风运动中,开展了马列主义的思想教育,要求全党全军为全体人民谋利益,反对宗派主义作风,纠正新军阀主义倾向,纯洁了军队的组织。

抗日战争时期,人民武装既是战斗队,又是工作队,也是生产队。他们到处宣传群众,组织群众,武装群众,帮助群众,"为团结我军,团结友军,团结人民,瓦解敌军和保证战斗胜利而斗争"[③]。八路军、新四军坚持官兵一致、军民一致、瓦解敌军的基本原则,普遍开展了拥政爱民运动,尊干爱兵运动,增强了军民团结,改善了官兵关系。同时还采取区别对待、打拉结合、分化瓦解的方针,大力开展瓦解敌军的工作,取得显著效果。至 1945 年夏,投诚、反正的日伪军共达 18 万余人。

---

① 毛泽东:《为人民服务》,见《毛泽东选集》,第 3 卷,北京,人民出版社,1991 年,1004 页。
② 毛泽东:《论联合政府》,见《毛泽东选集》,第 3 卷,北京,人民出版社,1991 年,1039 页。
③ 毛泽东:《论联合政府》,见《毛泽东选集》,第 3 卷,北京,人民出版社,1991 年,1040 页。

3. 坚持人民战争的指导原则

"革命战争是群众的战争，只有动员群众才能进行战争，只有依靠群众才能进行战争。"①抗日战争时期，进行人民战争的抗日武装，分为主力军、地方军和民兵自卫军三大类。主力军主要随时执行地方的作战任务，如抗日战争时期八路军的一一五师、一二〇师、一二九师；地方军的任务则固定在协同民兵、自卫军保卫地方和进攻当地敌人方面；民兵自卫军"是抗日战争中使全体人民军事化的一种优良制度，凡 16 岁至 45 岁之间青年壮年男女，依靠自愿原则组织于抗日自卫军内，受某种程度的军事教育与政治之训练，成为半军事性质的人民初级武装组织，担负他们本乡村的放哨警戒、侦察敌情、捉拿汉奸、坚壁清野、扰乱敌人等任务"②。地方军有了民兵自卫军，汉奸不易潜藏，土匪不易扰乱；主力军有了民兵自卫军，得到兵力的补充。民兵自卫军是一个广泛动员群众、武装群众进行人民战争的力量。

抗日人民的战争，除了拥有一支强大的正规军和雄厚的群众武装外，还有更为广大的非武装的革命群众。他们不但在后方动员参军、优待抗属、清除匪特、开展大生产运动等，而且积极支持前线，组织了运输队、破坏队、担架队、慰劳队等。这"就造成了陷敌于灭顶之灾的汪洋大海，造成了弥补武器等等缺陷的补救条件，造成了克服一切战争困难的前提"③。另外，在国民党统治区的西安、上海、南京、武汉、重庆、香港等地，中国共产党公开设立八路军办事处或八路军通信联络机构。通过这些合法机构，共产党加强了国统区的工作，动员群众，团结各界爱国人士参加抗日斗争，支持敌后抗日游击战争。因此，人民战争是人民武装取得最后抗日胜利，取之不尽、用之不竭的源泉。

三、联合政府的军事制度

为了适应战争形势的发展需要，1947 年 1 月，中共中央军委决定取消八路军、新四军的番号，并于该年 3 月，成立了中国人民解放军总部，正式将军队改称为中国人民解放军，并先后采取如下步骤：健全军队中党组织建设；开展整军运动；严明军队中纪律；发扬军中三大民主；坚持实施人民战争思想。所有这些对解放战

---

① 毛泽东：《关心群众生活，注意工作方法》，见《毛泽东选集》，第 1 卷，北京，人民出版社，1991 年，136 页。

② 毛泽东：《抗日游击战争的一般问题》，见《毛泽东文集》，第 2 卷，北京，人民出版社，1999 年，85 页。

③ 毛泽东：《论持久战》，见《毛泽东选集》，第 2 卷，北京，人民出版社，1991 年，480 页。

争取得最后胜利均起到重要作用。

（一）人民解放军的军事编制和领导机关

抗日战争胜利后,中国共产党力图避免内战,争取经过和平的道路创建新中国,逐步实现中国的社会政治改革。在一段时间内,共产党领导的人民革命武装在体制、编制和番号上仍保持了抗日战争时期的原状。同时,中共中央和中央军委加速调整战略部署,对各战略区的部队进行整编。直到国民党蒋介石撕毁停战协定和政治协议,悍然发动全面内战后,1947年1月,中共中央军委才决定取消新四军番号。3月,中共中央军委成立中国人民解放军总部,正式将军队改称为中国人民解放军,以朱德为总司令,彭德怀任副总司令,叶剑英任总参谋长(1947年8月以后由周恩来代理)。同时,军队的组织指挥体制也做了相应的改变:总部下辖各大军区和各野战军;各大军区下辖军区、军分区;各野战军下辖纵队。解放战争开始时,中国人民解放军拥有120余万人。

为了适应战争形势的发展,中共中央军委于1948年11月1日,颁布了《关于统一全军组织及部队番号的规定》,对全军编制进行了统一规定:军区分为一级军区(即大军区)、二级军区、三级军区和军分区;人民解放军分为野战部队、地方部队和游击队;设立野战军、兵团、军;军以下实行师、团、营、连、排、班并且每一层级为"三三制"编制;原来野战部队的纵队改称为军,旅改为师;地方部队以旅为最高单位,隶属各军区建制;游击队仍保留纵队、支队名称。随后,中国人民解放军野战部队整编为野战军,以其所在地区称为中国人民解放军西北野战军、中原野战军、华东野战军、东北野战军。1949年春,中国人民解放军发展到210余万人。1月,根据中央军委命令,西北野战军改称为第一野战军,由彭德怀任司令员兼政治委员,下辖2个兵团;中原野战军改称为第二野战军,由刘伯承任司令员,邓小平任政治委员,下辖3个兵团;华东野战军改称为第三野战军,由陈毅任司令员兼政治委员,下辖4个兵团;东北野战军改称为第四野战军,由林彪任司令员,罗荣桓任政治委员,下辖4个兵团。原以聂荣臻为司令员、薄一波为政治委员的华北野战军的3个兵团直属中国人民解放军总部指挥。同时,地方部队的番号基本不变,分别由西北、华北、东北、华东、中原五大军区管辖。遵照中央军委命令,南方4支较大的游击队分别改编为4个游击纵队,即中国人民解放军闽粤赣边纵队、粤赣湘边纵队、桂滇黔边纵队和闽浙赣边纵队。经过整编,大大提高了人民解放军的正规化程度,为解放战争的胜利,创造了极其有利的条件。

解放战争期间,中国共产党中央军事委员是中国人民解放军的最高统帅机关,代表中共中央发布军事命令,指挥全国人民的解放战争。随着战争形势的发展,人民革命胜利的曙光即将来临,1948年11月21日,中共中央军委改变名称,以"中国人民革命军事委员会"的名义,对外公开发布命令。中共中央军委主席为毛泽东,副主席有刘少奇、周恩来、朱德、彭德怀,秘书长杨尚昆。下设总参谋部,彭德怀兼总参谋长,叶剑英任副总参谋长;总政治部,由刘少奇兼主任,傅钟任副主任;后方勤务部,杨立三任部长。1949年10月9日,根据中华人民共和国中央人民政府委员会的决定,成立了中央人民政府人民革命军事委员会,逐步过渡为中国共产党和中央人民政府共同的军事统帅机关,统一管辖和指挥中国人民解放军及其他武装力量。毛泽东任主席,朱德、刘少奇、周恩来、彭德怀、程潜为副主席。直到1954年9月,中共中央决定撤销中央人民政府人民革命军事委员会,重新成立中共中央军委。

(二) 人民解放军的军事制度

解放战争时期,人民解放军的军事制度建设有了进一步的丰富和发展,为夺取新民主主义革命的最后胜利,建立全国革命政权做出了重大贡献。

1. 健全军队党委支部建设

党委支部建设,是实现党对军队的绝对领导的基本保证,始终是人民军队政治制度的重要议题。解放战争初期,从人民军队建设的历史经验教训中可以看到,抗日军政委员会虽然坚持了党的集体领导,但是在实现部队工作一元化领导,特别在加强团以下部队党委支部建设等方面,还有些不健全、不完善的地方。1945年,党的七大会议决定在军队中恢复组织各级党的委员会。1947年2月27日,中共中央又发出了《关于恢复军队中各级党委制的指示》。从此,人民军队团以上各级党委会就普遍恢复、建立并日益健全起来,并取消了抗战时期的部队各级党务会议。1947年7月28日,中共中央军委总政治部颁布了《中国人民解放军党委员会条例(初稿)》,这是人民军队历史上第一个党委会条例。该条例明确了党对军队绝对领导的原则,指出"其组织形式即在军队中设置各级党委员会,而以党委员会作为军队之一切领导与团结的核心"。条例对党委会的任务、职权、工作以及党委会的产生和机构等做了详细规定。1948年9月20日,中共中央发布《关于健全党委制》的决定,明确指出:"党委制是保证集体领导、防止个人包办的党的重要制度。"规定党、政、军各级党委必须建立、健全党委会议制度,一切重要问题均须交党委会作出决定,然后分别执行,强调集体领导和个人负责二者不可偏废。人民解放军各级党委坚决贯彻执行这一决定,加强了部队中党委制的建设。

支部建在连上,是中国共产党实现对人民军队绝对领导的核心。1948年10月,中共中央军委总政治部颁布了《关于支部工作条例草案》,明确指出:"支部是军队中党的组织基础,支部委员会是全连队的统一领导机关,一切上级党委的指示、决定及本连的政治军事经济等重大问题,一般都须经过支委会讨论决定,实现其全面的领导工作,借以保证和加强党对军队的绝对领导。"总之,解放战争时期,军队中的党委制不断健全,支部建设不断加强,并实行了党委统一领导下的首长分工负责制,这是我军战胜敌人的重要因素。

2. 开展新式整军运动

新式整军运动是以诉苦、三查、三整为中心内容的人民解放军的政治工作和民主运动的重要发展。1947 年年底至 1948 年夏,遵照中央军委的指示,全军利用作战间隙时间,先后进行了新式整军运动。人民军队通过新式整军运动,充分发动群众,采用诉苦(诉旧社会和反动派给予劳动人民的痛苦)的方式,通过查阶级、查工作、查斗争的方式,揭发批判部队中的组织不纯和思想不纯的现象,从而整顿军队的组织、思想和作风。

开展新式整军运动是官兵自我教育、互相教育的好方法,从根本上提高了干部、战士的政治觉悟,增强了组织性、纪律性,解决了部队中的斗志和团结问题。同时,开展新式整军运动加速了对补充到解放军的大批被俘的国民党士兵的改造过程。新式整军运动发扬了人民军队政治工作和民主运动的光荣传统,更加重视和加强了政治思想工作的建设。通过深入的政治思想工作,启发了官兵的觉悟水平,提高了部队的战斗力,对人民解放军的巩固、扩大和争取解放战争的胜利起到了重大作用。

3. 严格军队的纪律规范

人民解放军是一支纪律严明的部队,历来重视革命纪律在执行政治路线方面的重要作用。"纪律是执行路线的保证,没有纪律,党就无法率领群众与军队进行胜利的斗争。"[①]"共产党队伍的发展,思想的统一性,纪律的严格性。……这些条件是保证自己的政治领导的基础,也就是使革命获得彻底胜利而不被同盟者的动摇性所破坏的基础。"[②]由于革命形势不断变化,1947 年 10 月 10 日,中国人民解放军总部对"三大纪律八项注意"的内容作了统一规定,重新颁布,要求对全军进行教育,严格执行。三大纪律是:①一切行动听指挥;②不拿群众一针一线;③一切缴获要归公。八项注意是:①说话和气;②买卖公平;③借东西要还;④损坏东西要赔;⑤不打人不骂人;⑥不损坏庄稼;⑦不调戏妇女;⑧不虐待俘虏。

"三大纪律八项注意"是一个战略、策略和政策的大事,是能否夺取胜利的大事。人民解放军严格贯彻执行"三大纪律八项注意",对于提高军队的纪律性,密

---

① 毛泽东:《论新阶段》,见《解放》,周刊,1938 年第 57 期,12～17 页。
② 毛泽东:《中国共产党抗日时期的任务》,见《毛泽东选集》,第 1 卷,北京,人民出版社,1991 年,263 页。

切军民关系,加强战斗力,夺取和巩固政权具有十分重要的意义。

4. 发扬军队的三大民主

解放战争时期,人民军队继续发扬民主运动的光辉传统,民主生活有新的创造和发展。1948年1月,毛泽东第一次把军队内民主生活概括为政治民主、军事民主、经济民主。从政治民主上看,进行了新式整军运动,这是全军指战员有秩序、有领导地参加民主运动的一个例证;从经济民主上看,由战士选出的代表组成经济委员会,协助连队首长管理连队的经济、伙食;从军事民主上看,实行官兵互教,兵兵互教的群众性练兵原则,以及战斗中连队开会,发动士兵群策群力研究制敌方法。人民军队实行政治、经济和军事三大民主,达到了政治上高度团结、生活上获得改善、军事上提高技术和战术水平的目的,从而全面提高了部队的战斗力。

解放战争时期,人民军队在军事民主的基础上还广泛开展立功运动,制定了各种立功条件,立功计划,使人人、事事都有立功机会;并且,建立了功劳证、功劳簿、功劳状"三证"制度。这样就使立功贯彻在战争的全过程,即战前有计划,战中有表现,战后有记载。立功运动掀起了广大指战员英勇奋战,人人争当英雄模范的热潮,是我军革命英雄主义的新发展,是我军政治工作在解放战争中的一个创举。

5. 坚持人民战争的思想

解放战争的胜利,是人民战争的伟大胜利。人民军队坚持正确的军事路线和军事政策,通过高度的革命精神以及不断的胜利进军,感召着人民群众积极地投入到轰轰烈烈的人民战争中来,给予解放战争以热烈的支持。解放战争时期,人民军队仍然以志愿兵役制作为扩大我军的基本来源。由于解放区土地改革运动不断深入,广大人民群众政治觉悟不断提高,群众参军热潮高涨,使人民解放军迅速地壮大。同时,随着解放战争形势的胜利发展,国民党军队的投诚、起义和被俘的人员越来越多。人民军队根据党的政策,对他们采取反内战教育、土地改革教育和诉苦教育,提高了他们的阶级觉悟,转变了他们的革命立场,最终使他们成为坚定的人民解放军战士。

作为人民战争基础的民兵在解放战争中有了新的发展。在解放战争中,随着解放区的不断扩大,解放区人口不断增多。在中国共产党领导下,一切青年、壮年男女,都在自愿民主和不脱离生产的原则下组成民兵。民兵的人数由抗日战争末期220万人迅速发展到550万人。他们以无比巨大的热情、以源源不绝的人力物力给予人民解放军以空前规模的支援,成为人民解放军强大的后备力量和有力的助手。解放战争时期,是我国民兵建设的巨大发展阶段,在我国民兵史上建立了不朽的功绩。

主要参考书目

一、马列主义经典

1. 《马克思恩格斯选集》第 1～4 卷,北京,人民出版社,1972 年。

2. 《列宁选集》第 1～4 卷,北京,人民出版社,1960 年。

3. 《毛泽东选集》第 1～3 卷,北京,人民出版社,1991 年。

4. 《邓小平文选》第 1～3 卷,北京,人民出版社,1994 年。

5. 江泽民:《在庆祝中国共产党成立八十周年大会上的讲话》(2001 年 7 月 1 日),北京,人民出版社,2001 年。

6. 胡锦涛:《在中国共产党第十七次全国代表大会上的报告》(2007 年 10 月 15 日),北京,党建读物出版社,2007 年。

二、历史典籍

1. (清)胡培翚:《仪礼正义》,上海,商务印书馆,1932 年。

2. 陈垣:《元典章校补释例》,台北,"国立中央"研究院,1932 年。

3. (东汉)王充:《论衡》,上海,新文化书社,1933 年。

4. (明)董说:《七国考》,北京,中华书局,1956 年。

5. (清)徐松:《宋会要辑稿》,北京,中华书局,1957 年。

6. 范祥雍编:《古本竹书纪年辑校订补》,上海,上海人民出版社,1957 年。

7. (宋)李昉:《太平御览》,北京,中华书局,1960 年。

8. (北宋)王钦若等:《册府元龟》,北京,中华书局,1960 年。

9. (三国)诸葛亮:《诸葛亮文集》,北京,中华书局,1960 年。

10. 黄彰健:《明实录·明太祖实录》,台中,台中研院史语所,1963 年。

11. (汉)许慎:《说文解字》,北京,中华书局,1963 年。

12. 台湾银行经济研究室:《清圣祖实录选辑》,台湾,台湾银行经济研究室出版社,1963 年。

13. 沈云龙:《光绪会典》,台北,文海出版社,1967 年。

14. (五代)王定保:《唐摭言》,上海,上海古籍出版社,1978 年。

15. (汉)刘向:《说苑注今译》,台北,台湾商务印书馆,1979 年。

16. (唐)李肇:《唐国史补》,上海,上海古籍出版社,1979 年。

17. (宋)江少虞:《宋朝事实类苑》,上海,上海古籍出版社,1981 年。

18. (唐)唐玄宗敕撰:《大唐六典》,北京,中华书局,1982 年。

19. (清)徐松:《登科记考》,北京,中华书局,1984 年。

20. 陈萝雷主编:《古今图书集成》,北京,中华书局,成都,巴蜀书社,1985 年。

21. 中华书局编辑部编辑:《永乐大典》,北京,中华书局,1986 年。

22. (清)刘南楠:《论语正义》,见《诸子集成(一)》,北京,中华书局,1986 年。

23. (清)焦循:《孟子正义》,见《诸子集成(一)》,北京,中华书局,1986 年。

24.（清）孙治让：《墨子闲话》，见《诸子集成（四）》，北京，中华书局，1986年。

25.（清）郭庆藩：《庄子集解》，见《诸子集成（三）》，北京，中华书局，1986年。

26.（清）王先慎：《韩非子集解》，见《诸子集成（五）》，北京，中华书局，1986年。

27. 上海书店编：《二十五史》，上海，上海古籍出版社，1986年。

28.（清）王先谦：《荀子集解》，见《诸子集成（二）》，北京，中华书局，1986年。

29.（战国）慎到：《慎子》，见《诸子集成（五）》，北京，中华书局，1986年。

30.（秦）吕不韦：《吕氏春秋》，见《诸子集成（六）》，北京，中华书局，1986年。

31.（战国）商鞅：《商君书》，见《诸子集成（五）》，北京，中华书局，1986年。

32. 朱友华：《战国策选译》，上海，上海古籍出版社，1987年。

33.（隋）虞世南：《北堂书钞》，天津，天津古籍出版社，1988年。

34. 李宗侗：《春秋公羊传今注今译》，天津，天津古籍出版社，1988年。

35.（宋）孙逢吉：《职官分纪》，北京，中华书局，1988年。

36.（清）纪昀：《历代职官表》，上海，上海古籍出版社，1989年。

37.［日］仁井田升：《唐令拾遗》，长春，长春出版社，1989年。

38.（汉）董仲舒：《春秋繁露》，上海，上海古籍出版社，1989年。

39. 江灏等译注：《今古文尚书全译》，贵阳，贵州人民出版社，1990年。

40.（明）李贤等：《大明一统志》，西安，三秦出版社，1990年。

41.（汉）郑玄注，（唐）贾公彦疏：《周礼注疏》，上海，上海古籍出版社，1990年。

42. 薛安勤等：《国语译注》，长春，吉林文史出版社，1991年。

43.（清）钱仪吉：《碑传集》，北京，中华书局，1993年。

44.《满洲秘档选辑》，国史馆台湾文献馆，1997年。

45.（清）夏燮：《明通鉴》，长沙，岳麓书社，1999年。

46. 浙江古籍出版社编：《十通》，杭州，浙江古籍出版社，2000年。

47.（唐）吴兢：《贞观政要》，长沙，岳麓书社，2000年。

48.（宋）李心传，徐规点校正：《建炎以来朝野杂记》，北京，中华书局，2000年。

49.（清）赵翼，王树民校正：《廿二史札记校正》，北京，中华书局，2001年。

50. 方龄贵：《通制条格校注》，北京，中华书局，2001年。

51.（汉）刘向：《新序》，北京，中华书局，2001年。

52.（清）刘知几：《新世纪万有文库·史通》，沈阳，辽宁教育出版社，2005年。

53.（宋）李焘：《续资治通鉴长编》，北京，北京图书馆出版社，2006年。

54. 杨伯俊：《春秋左传注》，北京，中华书局，2006年。

55. 孙文良：《清太宗实录》，南京，江苏教育出版社，2006年。

56.（清）王梓材：《世本集览》，北京，北京图书馆出版社，2007年。

57.（清）孙希旦著，沈啸寰等点校：《礼记集解》，北京，中华书局，2007年。

58.（宋）王谠：《唐语林》，北京，中华书局，2007年。

59.（宋）宋敏求：《唐大诏令集》，北京，中华书局，2008年。

60.（宋）司马光：《资治通鉴》，北京，中华书局，2008年。

61.（清）王先谦：《东华录——东华续录》，上海，上海古籍出版社，2008年。

三、中国学者著述（古代部分）

1. 唐长孺：《魏晋南北朝论丛》，上海，上海三联书店，1955年。

2. 唐长孺：《魏晋南北朝论丛续编》，上海，上海三联书店，1959年。

3. 韦庆远：《明代黄册制度》，北京，中华书局，1961年。

4. 梁方仲：《明代粮长制度》，上海，上海人民出版社，1962年。

5. 郭沫若：《中国古代社会研究》，北京，人民出版社，1977年。

6. 胡如雷：《中国封建社会形态》，上海，上海三联书店，1979年。

7. 曾繁康：《中国政治制度史》，台北，华冈出版社，1979年。

8. 童书业：《春秋左传研究》，上海，上海人民出版社，1980年。

9. 李俊：《中国宰相制度》，台北，商务印书馆，1980年。

10. 杨伯峻：《春秋左传注》，北京，中华书局，1981年。

11. 肖永清主编：《中国法制史简编》（上册），太原，山西人民出版社，1981年。

12. 张德泽编著：《清代国家机关考略》，北京，中国人民大学出版社，1981年。

13. 田昌五：《古代社会断代新论》，北京，人民出版社，1982年。

14. 马非百：《秦集史》（上、下册），北京，中华书局，1982年。

15. 徐喜辰：《井田制度研究》，长春，吉林人民出版社，1982年。

16. 周谷城：《中国政治史》，北京，中华书局，1982年。

17. 李树喜：《中国人才史稿》，石家庄，河北人民出版社，1983年。

18. 王德昭：《清代科举制度研究》，北京，中华书局，1984年。

19. 安作璋、熊铁基：《秦汉官制史稿》（上下册），济南，齐鲁书社，1984年。

20. 中国社会科学院考古研究所编：《新中国的考古发现和研究》，北京，文物出版社，1984年。

21. 杨鸿年：《汉魏制度丛考》，武汉，武汉大学出版社，1985年。

22. 徐旭生：《中国古代的传说时代》，北京，文物出版社，1985年。

23. 马非百：《秦始皇传》，南京，江苏古籍出版社，1985年。

24. 姜明安：《行政法》，太原，山西人民出版社，1985年。

25. 黄留珠：《秦汉仕进制度》，西安，西北大学出版社，1985年。

26. 安作璋、熊铁基：《秦汉制度史稿》（上、下册），济南，齐鲁书社，1985年。

27. 许树安：《古代选举及科举制度概述》，天津，天津人民出版社，1985年。

28. 吕思勉：《中国制度史》，上海，上海教育出版社，1985年。

29. 王汉昌、林代昭：《中国古代政治制度史略》，北京，人民出版社，1985年。

30. 王汉昌主编：《中国古代人事制度》，北京，劳动人事出版社，1986年。

31. 王素：《三省制度略论》，济南，齐鲁书社，1986年。

32. 张亚初、刘雨：《西周金文官制研究》，北京，中华书局，1986年。

33. 张博泉：《金史论稿》，长春，吉林文史出版社，1986年。

34. 田昌五：《古代社会形态析论》，上海，学林出版社，1986年。

35. 左言东：《中国政治制度史》，杭州，浙江古籍出版社，1986年。

36. 张金：《中国政治制度史》，台北，三民书局股份有限公司，1986年。

37. 余英时：《士与中国社会》，上海，上海人民出版社，1987年。

38. 张秉楠:《商周政体研究》,沈阳,辽宁人民出版社,1987年。

39. 肖黎主编:《中国历代名君》,郑州,河南人民出版社,1987年。

40. 张晋藩、王超:《中国政治制度史》,北京,中国政法大学出版社,1987年。

41. 张国刚:《唐代官制》,西安,三秦出版社,1987年。

42. 刘泽华:《中国传统政治思想反思》,上海,上海三联书店,1987年。

43. 谢燮正:《中国人才制度史略》,长春,吉林人民出版社,1987年。

44. 陈茂同:《历代职官沿革史》,上海,华东师范大学出版社,1988年。

45. 李玄伯:《中国古代社会新研》,上海,上海文艺出版社,1988年。

46. 宋公文:《楚史》,开封,河南大学出版社,1988年。

47. 张晋藩:《中国古代行政管理体制研究》,北京,光明日报出版社,1988年。

48. 刘泽华:《专制权力与中国社会》,长春,吉林文史出版社,1988年。

49. 阎步克:《察举制度变迁史稿》,沈阳,辽宁大学出版社,1989年、1996年。

50. 周继中主编:《中国行政监察》,南昌,江西人民出版社,1989年。

51. 尹秀民:《中国古代人事行政概要》,济南,山东人民出版社,1989年。

52. 柏铮编:《中国古代官制》,北京,北京大学出版社,1989年。

53. 王其榘:《明代内阁制度史》,北京,中华书局,1989年。

54. 郝铁川:《周代国家政权研究》,合肥,黄山书社,1989年。

55. 杨鸿年、欧阳金:《中国政制史》,合肥,安徽教育出版社,1989年。

56. 王惠岩、张创新:《中国政治制度史》(上、下册),长春,吉林大学出版社,1989年。

57. 黄留珠:《中国古代选官制度述略》,北京,人民出版社,1989年。

58. 韦庆远:《中国政治制度史》,北京,中国人民大学出版社,1989年。

59. 闫文儒:《唐代贡举制度》,西安,陕西人民出版社,1989年。

60. 孔建民:《古代用人方略》,北京,中国政法大学出版社,1989年。

61. 左言东、徐诚:《中国古代行政管理概要》,杭州,浙江古籍出版社,1989年。

62. 余行迈:《中国古代官制》,上海,上海古籍出版社,1989年。

63. 李法宝:《官吏、官制、官文化及历史走向》,北京,职工教育出版社,1989年。

64. 谢维扬:《周代家庭形态》,北京,中国社会科学出版社,1990年。

65. 严耕望:《中国地方行政制度史》(甲部、乙部),北京,中国社会科学研究院历史语言研究所,
    1990年。

66. 朱凤瀚:《商周家族形态研究》,天津,天津古籍出版社,1990年。

67. 黄中业:《战国变法运动》,长春,吉林大学出版社,1990年。

68. 赵伯雄:《周代国家形态研究》,长沙,湖南教育出版社,1990年。

69. 蒲坚:《中国古代行政立法》,北京,北京大学出版社,1990年。

70. 李大生等:《中国人才史鉴》,哈尔滨,黑龙江人民出版社,1990年。

71. 刘嘉林主编:《回避制度讲析》,北京,中国人事出版社,1990年。

72. 严耀中:《北魏前期政治制度》,长春,吉林教育出版社,1990年。

73. 金诤:《科举制度与中国文化》,上海,上海人民出版社,1990年。

74. 奇秀:《中华古典行政机构设置体制》,北京,中国人事出版社,1991年。

75. 赵文禄主编:《中国古代求贤用能研究》,北京,光明日报出版社,1991年。

76. 秦闻一主编：《中国行政制度史纲》，郑州，中州古籍出版社，1991年。

77. 梁希哲、孟昭信：《明清政治制度述论》，长春，吉林大学出版社，1991年。

78. 闫步克：《察举制度变迁史稿》，沈阳，辽宁大学出版社，1991年。

79. 徐学林编著：《中国历代行政区划》，合肥，安徽教育出版社，1991年。

80. 刘泽华：《中国传统政治思维》，长春，吉林教育出版社，1991年。

81. 陈恩林：《先秦军事制度研究》，长春，吉林文史出版社，1991年。

82. 单远慕等编著：《中国廉政史》，郑州，中州古籍出版社，1991年。

83. 皮纯协等编著：《中外监察制度简史》，郑州，中州古籍出版社，1991年。

84. 曾小华：《中国政治制度史论简编》，北京，中国广播电视出版社，1991年。

85. 邱永明：《中国监察制度史》，上海，华东师范大学出版社，1992年。

86. 吴宗国：《唐代科举制度研究》，沈阳，辽宁大学出版社，1992年。

87. 李树喜主编：《中国人才史》，北京，中国国际广播出版社，1992年。

88. 董书城：《中国帝王术》，北京，中国国际广播出版社，1992年。

89. 徐扬杰：《中国家族制度史》，北京，人民出版社，1992年。

90. 韦庆远等：《清末宪政史》，北京，中国人民大学出版社，1993年。

91. 白钢：《中国皇帝》，天津，天津人民出版社，1993年。

92. 储考山：《中国政治制度史》，上海，上海三联书店，1993年。

93. 李治安、杜家骥：《中国古代官僚政治：古代行政管理及官僚病剖析》，北京，书目文献出版社，1993年。

94. 李元华：《中国古代科举与考试》，北京，北京出版社，1994年。

95. 霍存福：《权力场》，沈阳，辽宁人民出版社，1994年。

96. 张博泉、程妮娜：《中国地方史论》，长春，吉林大学出版社，1994年。

97. 关文发、颜广文：《明代政治制度研究》，北京，中国社会科学出版社，1995年。

98. 阎步克：《士大夫政治演生史稿》，北京，北京大学出版社，1995年。

99. 田广清：《古代治国方略》，成都，四川人民出版社，1996年。

100. 谢维扬：《中国早期国家》，杭州，浙江人民出版社，1996年。

101. 本书编写组：《中国历代政区沿革》，石家庄，河北教育出版社，1995年。

102. 徐连达、朱子颜：《中国皇帝制度》，广州，广东教育出版社，1996年。

103. 苗书梅：《宋代官员选任和管理制度》，开封，河南大学出版社，1996年。

104. 贾玉英：《宋代监察制度》，开封，河南大学出版社，1996年。

105. 白钢主编：《中国政治制度史》（十卷本），北京，人民出版社，1996年。

106. 何怀宏：《世袭社会及其解体》，上海，上海三联书店，1996年。

107. 田昌五、臧知非：《周秦社会结构研究》，西安，西北大学出版社，1995年。

108. 张帆：《元代宰相制度研究》，北京，北京大学出版社，1997年。

109. 陈茂同：《中国历代选官制度》，上海，华东师范大学出版社，1997年。

110. 李学勤：《中国古代文明与国家形成研究》，昆明，云南人民出版社，1997年。

111. 赵秀玲：《中国乡里制度》，北京，社会科学文献出版社，1998年。

112. 高光晶：《中国国家起源及其形成》，长沙，湖南人民出版社，1998年。

113. 朱子颜：《后宫制度研究》，上海，华东师范大学出版社，1984年。

114. 祝总斌:《两汉魏晋南北朝宰相制度研究》,北京,中国社会科学出版社,1998年。

115. 周继中等主编:《中国历朝行政管理》,北京,中国人民大学出版社,1998年。

116. 李世愉:《清代土司制度》,北京,中国社会科学出版社,1998年。

117. 刘统:《唐代羁縻府州研究》,西安,西北大学出版社,1998年。

118. 邱永明:《中国历代职官管理制度》,杭州,杭州大学出版社,1998年。

119. 邱永明:《中国封建监察制度运作研究》,上海,上海社会科学院出版社,1998年。

120. 邹永贤:《资治通鉴治国思想研究》,厦门,厦门大学出版社,1998年。

121. 周良霄:《皇帝与皇权》,上海,上海古籍出版社,1999年。

122. 宋立民:《宋代史官制度研究》,长春,吉林人民出版社,1999年。

123. 程妮娜:《金代政治制度》,长春,吉林大学出版社,1999年。

124. 苏秉琦:《中国文明起源新探》,上海,上海三联书店,1999年。

125. 诸葛忆兵:《宋代宰辅制度研究》,北京,中国社会科学出版社,2000年。

126. 徐俊:《中国古代王朝和政权名号探源》,武汉,华中师范大学出版社,2000年。

127. 虞云国:《宋代台谏制度研究》,上海,上海社会科学院出版社,2001年。

128. 张创新:《中国行政史论》,长春,吉林人民出版社,2001年。

129. 韦庆远、柏华:《中国官制史》,上海,东方出版中心,2001年。

130. 武玉环:《辽制研究》,长春,吉林大学出版社,2001年。

131. 游彪:《宋代荫补制度研究》,北京,中国社会科学出版社,2001年。

132. 马小泉:《国家与社会:清末地方自治与宪政改革》,开封,河南大学出版社,2001年。

133. 许兆昌:《周代史官文化》,长春,吉林大学出版社,2001年。

134. 任爽,石庆怀:《科举制度与公务员制度:中西官僚政治比较研究》,北京,商务印书馆,2001年。

135. 虞崇胜:《中国行政史》,北京,高等教育出版社,2001年。

136. 葛培贤、孙昕光、王世农:《历代名吏安民方略》,济南,山东人民出版社,2002年。

137. 滕明杰、贡绍海:《历代名家用人方略》,济南,山东人民出版社,2002年。

138. 朱亚非:《历代名君治国方略》,济南,山东人民出版社,2002年。

139. 马新:《历代名相施政方略》,济南,山东人民出版社,2002年。

140. 阎步克:《品味与职位:秦汉魏晋南北朝官阶制度研究》,北京,中华书局,2002年。

141. 陈长琦:《中国古代国家与政治》,北京,文物出版社,2002年。

142. 周书灿:《中国早期国家结构研究》,北京,人民出版社,2002年。

143. 李玉福:《秦汉制度史论》,济南,山东大学出版社,2002年。

144. 史海阳:《中国宰相传》,北京,中国人事出版社,2003年。

145. 左言东:《中国政治制度史》,杭州,浙江大学出版社,2009年。

146. 侯力:《中国政治制度史》,北京,中国人民大学出版社,2009年。

147. 蔡放波:《中国行政制度史》,武汉,武汉大学出版社,2009年。

148. 荣真:《中国政治制度史》,北京,对外经济贸易大学出版社,2010年。

149. 张鸣:《中国政治制度史导论(第2版)》,北京,中国人民大学出版社,2010年。

150. 张皓:《中国现代政治制度史》,北京,北京师范大学出版社,2010年。

151. 赵贵龙:《中国历代监察制度》,北京,法律出版社,2010年。

152. 虞崇胜:《中国行政史》,北京,高等教育出版社,2010年。

153. 孙季萍、冯勇：《中国官僚政治中的权力制约机制》，济南，山东大学出版社，2010 年。

154. 柏桦：《中国政治制度史》（第 3 版），北京，中国人民大学出版社，2011 年。

155. 王成、谢新清：《中国地方政府发展史》，济南，山东大学出版社，2011 年。

156. 钱穆：《中国历代政治得失》，上海，上海三联书店，2012 年。

157. 胡沧泽：《中国监察史论》，北京，中国书籍出版社，2012 年。

158. 柳正权：《中国古代行政程序》，北京，人民出版社，2012 年。

159. 严耕望：《中国政治制度史纲》，上海，上海古籍出版社，2013 年。

四、中国学者著述（近现代部分）

1. 陈旭麓：《近代中国的新陈代谢》，上海，上海人民出版社，1992 年。

2. 李新主编：《中华民国史》，北京，中华书局，1981 年。

3. 陈志让：《军绅政权——近代中国的军阀时期》，上海，上海三联书店，1980 年。

4. 李进修：《中国近代政治制度史纲》，北京，求实出版社，1988 年。

5. 林代昭等：《中国近代政治制度史》，重庆，重庆出版社，1988 年。

6. 史远芹等：《中国近代政治体制的演变》，北京，中共党史资料出版社，1990 年。

7. 谢俊美：《政治制度与近代中国》，上海，上海人民出版社，1995 年。

8. 王永祥：《戊戌以来的政治制度》，天津，南开大学出版社，1991 年。

9. 钱实甫：《北洋政府时期的政治制度》，北京，中华书局，1984 年。

10. 钱端升：《民国政制史》，上海，商务印书馆，1946 年。

11. 陈瑞云：《现代中国政府》，长春，吉林文史出版社，1988 年。

12. 袁继成等编：《中华民国政治制度史》，武汉，湖北人民出版社，1991 年。

13. 程幸超：《中国地方行政制度史略》，北京，中华书局，1948 年。

14. 胡春惠：《民初的地方主义与联省自治》，台北，台湾正中书局，1983 年。

15. 李达嘉：《民国初年的联省自治运动》，台北，台湾弘文馆，1986 年。

16. 李育民：《近代中国的条约制度》，长沙，湖南师范大学出版社，1995 年。

17. 朱建华主编：《中国近代政党史》，长春，吉林大学出版社，1990 年。

18. 朱国汉：《中国政党制度史》，合肥，安徽人民出版社，1995 年。

19. 杨幼炯：《中国政党史》，北京，商务印书馆，1969 年。

20. 谢彬：《民国政党史》，上海，上海学术研究会，1948 年。

21. 邹鲁：《中国国民党史稿》，北京，中华书局，1981 年重印。

22. 张玉法：《民国初年的政党》，北京，中央研究院近代史所，1985 年。

23. 李守礼：《民初之国会》，台北，台湾正中书局，1977 年。

24. 顾敦鍒：《中国议会史》，台北，台中东海大学，1962 年。

25. 吴宗慈：《中华民国宪法史》，北京，北京东方时报馆，1924 年。

26. 黄公觉：《中国制宪史》，上海，商务印书馆，1937 年。

27. 平心：《中国民主宪政运动史》，上海，进化书局，1937 年。

28. 周异斌、罗志渊：《中国宪政发展史》，上海，大东书局，1947 年。

29. 荆仁知：《中国立宪史》，台北，台北联经出版事业公司，1984 年。

30. 杨幼炯：《近代中国立法史》，上海，商务印书馆，1937 年。

31. 张知本等:《中国民主宪政的发展》,台北,台北中央文物供应社,1979年。

32. 杨幼炯:《中国近代法制史》,台北,台北中华文化出版事业社,1962年。

33. 展恒举:《中国近代法制史》,台北,台北商务印书馆,1937年。

34. 罗志渊:《近代中国法制演变研究》,台北,台北正中书局,1976年。

35. 谢振民:《中华民国立法史》,上海,上海正中书局,1948年。

36. 刘景泉:《北京民国政府的议会政治》,天津,天津古籍出版社,1996年。

37. 王颖:《新民主主义革命时期选举制度研究》,北京,中国社会科学出版社,2005年。

38. 李剑农:《中国近百年政治史》,北京,商务印书馆,2011年。

五、外国学者著述

1. [德]黑格尔:《历史哲学》,上海,上海三联书店,1956年。

2. [美]卡尔·奥古斯特·威特福格尔:《东方专制政治》,美国康乃狄格州纽黑文市,耶鲁大学出版社,1957年。

3. [古希腊]亚里士多德:《政治学》,北京,商务印书馆,1965年。

4. [美]摩尔根:《古代社会》(上、下册),北京,商务印书馆,1977年。

5. [英]洛克:《政府论》(上、下册),北京,商务印书馆,1981年。

6. [日]堀敏一:《均田制研究》,福州,福建人民出版社,1984年。

7. [美]霍布斯:《利维坦》,北京,商务印书馆,1985年。

8. [日]五十岚雅郎:《智囊团与政策研究》,上海,科学技术文献出版社,1986年。

9. [美]乔纳森·哈斯:《史前国家的演进》,北京,求实出版社,1988年。

10. [美]布洛克:《马克思主义与人类学》,北京,华夏出版社,1988年。

11. [德]康德:《法的形而上学原理》,北京,商务印书馆,1991年。

12. [日]西鸣定生:《二十等爵制》,北京,国际文化出版公司,1992年。